Poissons et Aquariums

Installez et faites vivre votre aquarium

LAROUSSE

21 Rue du Montparnasse 75283 Paris cedex 06

Auteurs
Gireg Allain, licencié en biochimie et animalier de longue date. Spécialisé en aquariophilie marine et fabrication d'aquarium.
A participé à la rédaction de nombreux ouvrages sur le sujet.
Philippe Burnel, passionné et spécialiste des cichlidés depuis 25 ans. S'est longtemps consacré à
l'Association France-Cichlid comme rédacteur de la *Revue française des cichlidophiles.*
Éric Cusimano, agronome des milieux tropicaux et intervenant au Museum aquarium de Nancy.
Spécialiste des plantes et des techniques d'aquarium.
Franck Delanoy, journaliste, spécialiste des plantes aquatiques.
Fabien Liberge, collaborateur régulier de la revue *Le Vivipare.*
Thierry Maître-Allain, auteur et journaliste aquariophile,
docteur de 3e cycle en océanologie biologique.
Marc Maurin, journaliste aquariophile,
président de l'International Betta splendens Club.
Marie-Paule et Christian Piednoir, photographes aquariophiles et journalistes,
créateurs du mensuel *Aqua Plaisir.*

Avec la collaboration d'Éric Mathivet et de Laurence Delpoux

Conseillers en aquariophilie
Marie-Paule et Christian Piednoir

Direction éditoriale
Édith Ybert, Tatiana Delesalle-Féat,
Catherine Delprat, Agnès Dumoussaud assistée de Manuela Loué pour la nouvelle édition.

Direction artistique
Laurence Lebot,
Emmanuel Chaspoul, assisté de Michel Delporte

Lecture-correction
Annick Valade, assistée de Madeleine Biaujeaud

Fabrication
Annie Botrel

Iconographie
Nathalie Bocher-Lenoir, Marie-Annick Réveillon

Conception graphique et mise en page
Christine Dufaut

Photographies
Aqua Press
M.P. & C. Piednoir, à l'exception des pages :
76, 290 *d*, 298, 310 *d*, M. Dune, 360 *g*, S. Weinberg

Illustrations
Charles Jaillard

Index
Thomas Winock

La liste des personnes et des sociétés que nous tenons à remercier figure à la page 336.

Distributeur exclusif au Canada : Messageries ADP, 1751 Richardson, Montréal (Québec)
ISBN : 2-03-560310-2

Préface

En ces temps où nous autres, anciens Gaulois, craignons à nouveau que le ciel nous tombe sur la tête, sous forme de pollution ou d'incident de degré supérieur à 5 dans une centrale atomique vieillie, la douce et hypnotique lumière de l'aquarium au fond de la salle de séjour est peut-être la meilleure réponse à notre angoisse. Faire vivre un aquarium chez soi a l'air facile. Mais les progrès foudroyants de l'aquariophilie, si l'on peut employer cette expression en évoquant le plus pacifique des loisirs, masquent la complexité de tout milieu, même artificiel et enclos dans un petit volume transparent.

En 1936, dit-on, des néons vivants originaires d'Amazonie – la découverte aquariophile du siècle – avaient fait sensation en voyageant par le dirigeable *Graf Zeppelin Hindenburg*, avant que ne soit inaugurée la première ligne transatlantique d'avion. Tandis qu'aujourd'hui des dizaines de milliers de poissons exotiques, appartenant à des centaines d'espèces différentes, arrivent, depuis les élevages de Singapour ou les bacs de transit d'Amazonie, sur les aérodromes de New York ou de Francfort, d'où ils sont « dispatchés » par des « transhippers » (transitaires) sur des « Garden Centers » (animaleries) : l'amateur n'a que l'embarras du choix, sinon de conseils, et cela n'étonne plus personne !

Rentré chez lui avec un « 150 litres » tout équipé qui tient juste dans son coffre (comme il l'avait fait naguère avec son ordinateur en promotion dans une grande surface), il lui suffit de presser un bouton pour que la lumière jaillisse, la pompe fonctionne, l'eau atteigne la douce température de 25 °C. Et d'attendre quelques jours de plus pour pouvoir admirer ses pensionnaires, quand son aquarium clefs en main aura atteint sa vitesse de croisière. Certes…, mais ne nous fions pas à l'apparente facilité de notre société de consommation, et, comme tous les experts nous le disent, lisons d'abord le mode d'emploi.

Cet ouvrage très illustré, rédigé avec bonheur par des amateurs chevronnés pour des amateurs de tous niveaux, est précisément le mode d'emploi de l'aquariophilie, la clef du passage des désirs à la réalité, du rêve à la pratique, un savant dosage de rigueur, de simplicité et de clarté qui permet à tous l'accès au « monde du silence », avec un maximum de données fiables. En prime, et sans éliminer tout à fait les termes scientifiques ou techniques, souvent indispensables, les auteurs sont parvenus à nous les expliquer et à nous les rendre abordables. En outre, l'aquariophilie marine et, en particulier, l'acclimatation des invertébrés, nouvel engouement, sont abordées sous leurs différents angles. L'amateur moderne, novice ou confirmé, trouvera donc ici de quoi assouvir pleinement sa passion. Grâce à ses toutes jeunes connaissances théoriques et pratiques, il pourra de nouveau rêver.

Jacques Géry,
Maître de recherches au CNRS (ER)

Sommaire

Les paragraphes précédés de ce picto concernent uniquement l'eau de mer.

LES DIVERS TYPES D'AQUARIUMS

Fenêtre ouverte sur la nature, l'aquarium recrée un fragment d'un monde de silence et de paix qui, à en juger par les aquariophiles de plus en plus nombreux, atténue le stress de la vie citadine. Selon vos souhaits, esthétiques et budgétaires, et vos objectifs, vous avez la possibilité d'aménager différents aquariums. Votre bac se fera alors l'écrin de la vie corallienne, le reflet vivant d'un coin touffu de l'Amazone ou encore la réplique imaginaire d'un univers inconnu où vous pourrez observer des êtres bien vivants évoluer et même se reproduire.

Les poissons rouges sont bien adaptés à l'aquarium d'eau douce tempérée, dans lequel la température est maintenue entre 16 et 22 °C.

L'aquarium d'eau douce tempérée

Des poissons rouges dodelinent de roche en roche. Les uns déploient des voiles légers avec d'amples mouvements, d'autres agitent frénétiquement une petite queue double. Certains ont des yeux globuleux, exorbités, ou bien un corps très haut. Délaissés à tort au profit d'autres espèces, les poissons rouges sont beaucoup plus variés que ne le laisse supposer la triste vision du spécimen solitaire dans son bocal. Si ce dernier est le plus connu, c'est qu'il représente les premières importations de Chine au XVIIIe siècle, lesquelles ont été suivies par les poissons de paradis (macropodes), dans les premières décennies du XXe siècle. Aujourd'hui,

les nombreuses espèces de poissons rouges disponibles dans le commerce diffèrent par leurs formes élégantes et même, malgré leur nom générique, par leurs couleurs extravagantes. Le ryukin blanc et rouge a l'air d'un clown avec sa curieuse façon de nager. Le shubunkin, souvent affamé, réclame sa pitance à la surface. Les orandas se chamaillent : entre courses-poursuites et réconciliations, le spectacle est captivant. Puis voici l'aérien queue-de-voile, les têtes-de-lion et les yeux-au-ciel, des variétés aux reflets métalliques, perlés ou délicatement nacrés.
Ces espèces et quelques autres sont parfaitement adaptées à l'aquarium d'eau douce tempérée, autrement dit à une eau filtrée et aérée restant à la température ambiante d'une pièce, soit entre 18° et 20 °C. Ce type d'aquarium, spacieux et planté de végétaux, offre l'avantage de mettre en valeur des poissons robustes et réputés « faciles ». Ce fut l'activité principale des pionniers, passionnés par l'univers aquatique, qui allaient ainsi construire les bases de l'aquariophilie tropicale moderne.

L'aquarium d'eau douce tropicale

Nous voici dans le secret des profondeurs d'une rivière amazonienne ou bien plongés dans l'exubérance, entre deux eaux enfiévrées d'un lac africain. L'extraordinaire diversité des espèces de poissons d'eau douce tropicale, désormais reproduites par les éleveurs – ce qui évite les prélèvements dans la nature –, séduit de plus en plus fréquemment les aquariophiles amateurs. Dans cette catégorie, il existe quatre sortes d'aquariums, tous dotés d'une eau variant de 24 à 30 °C. Que l'on souhaite posséder telle ou telle espèce, voir s'épanouir une végétation luxuriante ou mettre en place un décor rocheux dépouillé, chacun pourra trouver son bonheur.

Recommandé aux débutants, l'aquarium communautaire d'eau douce tropicale regroupe des espèces provenant de diverses régions du monde.

L'aquarium régional d'eau douce tropicale reconstitue une portion de milieu naturel – ici le lit d'un affluent du fleuve Zaïre, avec ses poissons et ses plantes.

L'aquarium communautaire

Dans la pénombre d'une pièce, la lumière filtre derrière la vitre. Entre les racines et les feuilles ondulantes, vous accrochez du regard le passage furtif d'un banc de néons bleu et pourpre, qui laissent dans leur sillage mille feux étincelants. Soudain, un poisson aux teintes pastel, irisé d'écailles bleutées, débouche derrière une racine. À mieux y regarder, vous distinguez, à travers la végétation dense, des poissons cachés à tous les étages. Ils restent immobiles ou se faufilent, se frayent un chemin dans le labyrinthe de chlorophylle à la recherche de quelques débris de nourriture.

Idéal pour les aquariophiles débutants, mais parfois décrié par les puristes, cet aquarium fait cohabiter des poissons et des plantes qui ne sont pas originaires de la même région. Certains poissons d'Amazonie nagent en effet dans le même type d'eau que leurs cousins éloignés d'Asie, ce qui rend possible la création d'un milieu qui n'existe pas dans la nature. Mais tout n'est pas si simple, car les poissons de certains grands lacs africains réclament une eau dure, chargée en calcium et en magnésium, alors que les merveilleux cardinalis préfèrent les eaux douces et acides du fleuve Rio Negro. L'aquarium communautaire obéit donc à des règles écologiques, déterminées en fonction de vos pensionnaires et de leurs différents besoins.

L'aquarium régional

Pour l'aquariophile averti, la reconstitution du milieu naturel est une forme d'aboutissement. Recréer le biotope d'une espèce en l'associant aux plantes et aux autres poissons qui peuplent la même zone géographique est alors infiniment gratifiant. Dans cet aquarium, tout se déroule en prise directe avec une réalité qui existe un peu ailleurs, à des milliers de kilomètres de votre vitrine, où un petit poisson fouille rageusement le sable, puis s'arrête, immobile, à l'aplomb d'une roche. Dans un coin du décor, un couple de cichlidés a élu domicile, promenant, à l'abri des regards indiscrets, une myriade d'alevins gloutons, qui avalent toutes les particules soulevées par leurs parents.

Un tel aquarium, réplique miniature d'un écosystème d'Amérique du Sud, doit réunir certains paramètres comme le sol, les roches, les racines et les plantes, associés à des composés chimiques de l'eau qui soient adaptés à vos pensionnaires : des poissons de fond du genre *Corydoras* et quelques cichlidés nains (*Apistogramma agassizii*, par exemple).

L' Asie offre aussi la possibilité de monter un aquarium régional en associant certains membres de la grande famille des cyprinidés, poissons vifs et joueurs, avec des poissons à labyrinthe, comme les gouramis multicolores ou encore les paisibles colisas. S'impose alors un tapis de plantes basses *(Cryptocoryne wendtii)*, assorties à *Limnophila spp.*, végétal à tiges, qui s'enchevêtrent dans des racines de tourbière. Les possibilités sont encore nombreuses, mais limitées à la place accordée à votre aquarium et à votre budget.

Dans un aquarium spécifique ne vit qu'une seule espèce, ici des cichlidés conchylicoles (Neolamprologus multifasciatus).

L'aquarium spécifique

Il s'agit de s'attacher particulièrement à une espèce ou à une seule famille de poissons dotés de caractéristiques communes. Néanmoins, les thèmes envisagés sont nombreux, sans pour autant faire appel à des installations encombrantes ou coûteuses.

Vous pouvez par exemple, dans un petit bac de quelques dizaines de litres d'eau, abriter des poissons conchylicoles du lac Tanganyka. Ils vivent dans des coquilles vides d'escargots. Chaque animal choisit alors la sienne, entreprenant de grands travaux de terrassement pour trouver l'emplacement idéal de sa « maison ». Le poisson déplace la coquille en la poussant par saccades avec la bouche ou bien déménage le sable de manière à la faire pivoter comme il l'entend.

Bien sûr, des aquariophiles passionnés par des cichlidés longs de 30 cm peuvent reconstituer une portion d'une rivière d'Amérique centrale, dans des bassins dépassant 1 000 litres d'eau ! Quoi qu'il en soit, le choix d'un aquarium spécifique est généralement motivé par une attirance spéciale pour une espèce à laquelle s'ajoute souvent un intérêt pour la reproduction.

L'aquarium hollandais

Ici, ce sont les poissons qui mettent en valeur les plantes, participent à leur équilibre, et non le contraire. Pour certains, c'est le nec plus ultra de l'aquariophilie, quand d'autres n'y voient que du jardinage !
Souvent de grand volume avec une large vitre frontale, l'aquarium hollandais est généralement encastré dans un mur, donnant ainsi l'impression d'une fenêtre ouverte sur une luxuriante forêt aquatique. L'entretien n'est pas facile, mais le résultat peut être une pure merveille : une jungle dense et colorée, réservée bien sûr aux spécialistes et amoureux des plantes.

Dans un aquarium hollandais, la priorité est donnée aux plantes. Une bonne connaissance de leur culture s'impose pour réussir dans cette spécialité.

L'aquarium d'eau de mer tropicale

Ventres bleus, gorges rouges, corps trapus rayés de jaune, les poissons marins promènent leurs habits de lumière entre les coraux. Celui-ci darde soudain son épine venimeuse, cet autre exhibe ses crochets. La vie foisonne. Toute la beauté d'un aquarium d'eau de mer tropicale réside en cette ambivalence que l'aquariophilie toutefois maîtrise, contrôle, pour éviter les accidents et profiter de ce paradis coloré.
L'esthétique occupe une place privilégiée dans cette activité qui se développe, mais reste pourtant peu pratiquée (5 à 10 % des aquariophiles, en constante progression). Deux raisons à ce frein : le coût des poissons et des équipements, plus

Dans un aquarium marin communautaire, il est possible de faire cohabiter des poissons originaires de récifs coralliens différents.

élevé qu'en aquariophilie d'eau douce, ainsi que la difficulté, néanmoins relative, de la mise en œuvre. Par ailleurs, il est vrai aussi que les reproductions de ces poissons sont rares en aquarium.

On recommande généralement à un débutant de commencer par l'eau douce avant de se lancer dans la réalisation d'un aquarium marin, qui présente deux variantes. Les mêmes règles régissent l'une et l'autre. Dans les deux cas, il vous faut garder à l'esprit que la quasi-totalité de vos pensionnaires proviendra directement du milieu naturel, soit des récifs coralliens.

L'aquarium communautaire

Toutes les mers tropicales ne possèdent pas la même densité de sel. Des poissons de la mer Rouge s'acclimatent mal avec leurs congénères des Caraïbes. L'aquarium communautaire peut toutefois réunir des poissons d'origines géographiques différentes à condition de tenir compte de la salinité de l'eau et de la compatibilité des espèces. Un labre aux couleurs éclatantes ne dérange pas un poisson-papillon. L'un est occupé à nettoyer les roches des algues qui les recouvrent ; l'autre, rayé de blanc et d'orange, picore de son long bec les ramures d'une gorgone. Là, entre les tentacules vert fluorescent, deux taches écarlates : un couple de poissons-clowns tendrement tapi dans les bras d'une anémone. Stop ! L'aquarium communautaire, pourtant grand – si possible même, très grand ! –, ne peut accueillir de trop nombreux habitants : les poissons d'eau de mer ont le caractère plus chatouilleux que leurs congénères d'eau douce. Il est rare aussi de pouvoir acclimater deux poissons de la même espèce, à plus forte raison une famille.

Un bac contenant au moins dix poissons doit dépasser un volume de 500 litres. Dans ce cas, vous pouvez alors inviter aussi un poisson-ange nain, bleu et orange, qui, blotti à l'entrée de son refuge, se fait déparasiter par un minuscule labre nettoyeur. Pour le fond, coraux morts, gorgones, algues et roches calcaires sont classiques, parfois mêlés à des décors en matière synthétique très prisés.

L'aquarium récifal, dans lequel on fait vivre une majorité d'invertébrés, est considéré par beaucoup comme le summum de l'aquariophilie.

L'aquarium récifal

Il est à l'eau de mer ce que l'aquarium hollandais est à l'eau douce. Le but est de recréer un échantillon du récif corallien. Coraux durs ou mous, crevettes, crabes, oursins, anémones de mer et autres invertébrés peuplent cet aquarium.

Celui-ci accueille, en revanche, peu de poissons, lesquels sont choisis pour leur bienveillance envers les invertébrés.

À travers les ramifications dentelées de coraux spectaculaires, un poisson-chirurgien, scalpels dressés, passe à côté d'un petit crabe ; un couple de mandarins navigue parmi ces « bouquets vivants » où des crevettes rouge et blanc happent avec leurs pinces des morceaux d'aliments.

En pleine lumière, des polypes coralliens déploient leurs tentacules à la recherche du plancton nourricier. Dans ce jardin extraordinaire, de longs coraux mous ondulent dans le courant. Le décor aquatique paraît à première vue à la fois minéral et végétal, alors qu'il traduit si bien une expression surprenante de la vie animale marine.

Les invertébrés ont certes des exigences, mais qui restent peu contraignantes pour leur soigneur. L'aquarium récifal peut « tourner » seul, à la seule condition que le matériel soit parfaitement adapté. En revanche, le bac est rarement d'un volume inférieur à 100 litres, avoisinant plus volontiers les 400 litres, et davantage, pour assurer l'équilibre de l'écosystème recréé.

La difficulté réside plutôt dans le choix du matériel : un terrain sur lequel s'affrontent les nouveautés commerciales et les constats scientifiques, qui préconisent ici l'autarcie totale, ailleurs la filtration avec écumage ou au contraire classique, les apports de composants divers ou non… Il vous faudra alors débrouiller le jargon de l'aquariophilie récifale, déterminant la part de ses intérêts industriels et financiers afin de choisir, pour vous-même, la meilleure technique.

L'aquarium d'eau saumâtre accueille des poissons qui vivent entre eau douce et eau de mer, à l'embouchure des fleuves ou dans les mangroves.

L'aquarium d'eau saumâtre

À la frontière de la mer et de la terre, la mangrove asiatique, avec son labyrinthe de racines de palétuviers où la lumière filtre à peine. Immobile, un poisson-archer guette. Déposez un insecte sur une feuille émergée et le voilà qui propulse un jet d'eau, déséquilibrant sa proie qui tombe à la surface. Il fonce pour l'engloutir. À un niveau inférieur de l'aquarium, des petits poissons-ballons survolent le fond sablonneux à la recherche d'escargots qu'ils déchiquettent avec leurs dents puissantes. Au-dessus d'eux, les scatophages et les monodactyles promènent leurs silhouettes altières entre les branches enchevêtrées.

L'aquarium d'eau saumâtre présente l'intérêt de maintenir les animaux qu'il abrite dans leur mode de vie originel. Les poissons y sont rarement très colorés et peu d'espèces de plantes, en dehors des mangroves, supportent cette eau légèrement salée. Le taux de sel dissous dans l'eau peut varier. Certains poissons vivipares ou les chandas, par exemple, réclament une salinité faible (2 à 8 g/l). Dans ce cas, le bac doit contenir au minimum 150 litres d'eau pour abriter un décor de racines et de branches. Le matériel utilisé est alors identique à celui de l'aquarium d'eau douce tropicale. Les espèces de mangrove ont besoin d'une salinité qui dépasse 15 g/l et d'un matériel techniquement proche de celui utilisé pour l'aquarium tropical d'eau de mer. Le bac est aussi plus spacieux, le spectacle, plus grand et plus mystérieux.

→ L'aquaterrarium

La berge d'une rivière tropicale vue sur tranche, en trois dimensions : l'air, l'eau et la terre. Çà et là, des fleurs émergent d'une végétation dense, orientant leurs corolles vers le ciel où brille la lampe d'un soleil artificiel. Les racines des plantes aériennes plongent leurs ramifications dans la zone aquatique traversée par un banc de poissons-arlequins. À la surface, un nid de bulles s'apprête à accueillir la progéniture des macropodes qui, dans les profondeurs, s'activent. On entendrait presque, déchirant le silence de la jungle, le cri d'un singe hurleur ! L'aquaterrarium réconcilie les amoureux des plantes tropicales aériennes et les passionnés d'aquariophilie d'eau douce, qui privilégient alors les poissons calmes comme les characidés d'Amérique du Sud, les petits cyprinidés ou les poissons à labyrinthe. L'eau, qui peut aussi être saumâtre, occupe environ un tiers du volume de l'aquaterrarium. La partie haute, réservée à la végétation, héberge parfois des batraciens de la forêt tropicale. Mieux vaut dans ce cas choisir un bac clos pour maintenir la chaleur et l'humidité autant que pour éviter de retrouver vos grenouilles ailleurs qu'à leur place ! Même pour un aquaterrarium qui n'accueille pas d'animaux, la hauteur doit rester beaucoup plus importante que pour un aquarium classique.

Un microbac sans entretien...
purement esthétique

Un cube de verre de 8 litres, une ampoule halogène, trois plantes, deux ou trois crevettes, et pourquoi pas un couple de néons ! Aquarium minimal, pour un maximum d'effet décoratif, tel est cet écrin de verdure qui prend avantageusement place sur un bureau, dans une cuisine moderne ou sur une commode rustique.

Ici, l'esthétisme prime. Inutile d'être un aquariophile averti pour entretenir ce bac, d'effectuer les changements d'eau de 2 litres toutes les semaines, de nettoyer les vitres et de tailler le *Microsorum pteropus* ou la mousse de Java qui envahissent le pied d'*Anubias barteri var. nana* ! Si l'absence de poissons est l'option choisie, aucun nourrissage n'est alors nécessaire, puisque les crevettes se contentent des algues, limitant ainsi leur développement. Dans cet écosystème minimal, seule l'adjonction de quelques gouttes de fertilisant viendra régulièrement troubler le calme qui y règne. Il a pour but de garantir une croissance régulière et la luxuriance des plantes. La température ambiante d'une pièce à vivre est parfaite pour ce cube aquatique : plantes et crevettes se satisfont d'une température comprise entre 18 et 25 °C. Si des poissons rejoignent cet aquarium, il vaut mieux choisir parmi des espèces préférant une eau tempérée. Un superbe mâle combattant rouge, un couple de *Tanichthys albonubes* ou de *Paracheirodon innesi* sont bien adaptés. Un emplacement de l'aquarium situé loin des rayons du soleil et une minuterie assurant la régularité de l'éclairage d'une durée de 10 à 12 heures par jour sont les clés de la réussite.

Un aquarium chinois... pour bien commencer

Ce bac thématique de 80 cm de large pour une profondeur et une hauteur de 40 cm contient environ 130 litres d'eau. La région du globe dont il est inspiré ne nécessite pas de chauffage et les poissons qui y vivent peuvent subir naturellement des écarts de températures importants. La chaleur d'une maison d'habitation leur convient à merveille.

Au nombre de vingt, les néons-cardinaux *(Tanichthys albonubes)* sont sans cesse en mouvement, et animent cet aquarium par leur comportement grégaire. L'aquariophile se délectera alors du spectacle, surtout en période de frai. En effet, il n'est pas rare de voir pondre les couples dans les touffes de plantes fines et denses. Un couple de *Macropodus opercularis,* appelé communément poisson-paradis, parcourt nonchalamment les espaces libres. Ce poisson fut l'un des premiers à être maintenu en aquarium. Lors de la reproduction, le mâle construit un nid fait de bulles et de salive. Il le bâtira dans un endroit calme avant d'y entraîner sa compagne. Autour du décor constitué de racines et de quelques roches prennent places trois espèces de plantes dont la forme et le développement permettent de créer une harmonie naturelle. Les *Cryptocoryne crispatula* au feuillage élancé tapissent l'arrière-plan, alors que les *Eusteralis stellata* et *Rotala wallichii* forment des bouquets. L'eau utilisée est issue du réseau d'adduction. Elle possède un pH de 7 et une dureté totale de 25 °f. C'est une eau classique, qu'une majorité de foyers ont à leurs robinets. La filtration est assurée par une pompe extérieure d'un débit de 250 l/h dont le rejet en surface assure l'oxygénation de l'eau. Ce bel aquarium chinois est éclairé par deux tubes fluorescents de 60 cm : l'un à dominante rosée pour mettre en valeur les poissons, l'autre de type horticole pour satisfaire les plantes.

L'Amazonie à portée de main...
l'aquariophilie au naturel

Tout au long de son cours, c'est une multitude de rivières qui se ramifient pour former le fleuve Amazone. Vouloir recréer dans un aquarium un biotope typique de ce gigantesque bassin hydrographique de 6 millions de km^2 est une gageure. C'est l'exceptionnelle biodiversité de cette région de la planète qui en fait l'un des thèmes de bacs les plus répandus parmi les aquariophiles. Dans cet aquarium de 80 cm de long et contenant environ 100 litres, la plantation est dense. Au centre trône un pied d'*Echinodorus grandiflorus*, avec à droite un bouquet de *Ludwigia repens x arcuata* au feuillage rosé lorsqu'il approche de la surface. Un bouquet d'*Hemianthus micranthemoides* orne le côté gauche, tranchant de son vert tendre, et à l'opposé c'est une touffe de *Microsorum pteropus* qui équilibre le regard. En arrière-plan, des brins de *Naja sp.* masquent le fond, et atteignent la surface.

Seules quatre espèces de poissons peuplent l'aquarium dont trois représentants de la grande famille endémique de cette région, les characidés. Emblématiques des eaux noires de l'Amazonie, les cardinalis *(Paracheirodon axelrodi)* éclairent le bac de leurs feux rouge et bleu. Quelques *Nematobrycon palmeri*, le tétra-empereur, et un groupe d'*Hyphessobrycon elachys* originaires du Brésil animent le fond et la zone intermédiaire de l'aquarium La surface est réservée aux poissons-hachettes, *Gasteropelecus sternicla*, toujours dans l'attente d'un insecte tombé à l'eau. Leur faculté à sauter implique de toujours bien couvrir l'aquarium. Dans cet écosystème réduit, l'eau est douce. Un mélange d'eau du robinet avec de l'eau osmosée permet de descendre la dureté totale à environ 8 ou 10 °f. Le pH doit être stabilisé aux alentours de 6 à 6,5 par l'ajout de gaz carbonique. Plantes et poissons n'en seront que plus satisfaits.

Gros poissons...
pour grand aquarium

La folie des grandeurs atteint parfois les aquariophiles et la démesure est alors de mise. Les aquariums de ces fanatiques dépassent allègrement le mètre cube, et parfois ce sont de véritables piscines qui accueillent, cela va de soi, des poissons de taille imposante.

Ici, pas question de maintenir des cardinalis ou de petits rasboras, les cichlidés d'Amérique centrale n'en feraient que leur menu fretin. Les individus de cet aquarium de 1 200 litres atteignent la taille de 30 cm à l'âge adulte, pour un poids frôlant le kilogramme. D'un caractère affirmé, ces poissons n'acceptent qu'une cohabitation restreinte. Dans un aquarium de 1 000 litres, deux couples de grandes espèces, comme par exemple *Vieja zonatum* et *V. synspilus*, acceptent la présence d'un couple de *Hypsophrys nicaraguensis,* d'un *Astronotus ocellatus* et de trois jeunes *Petenia splendida.* Il est illusoire de souhaiter voir ces poissons évoluer au milieu d'une végétation luxuriante ! Leur régime alimentaire et leurs capacités de terrassement l'interdisent !

Le décor est constitué de grandes racines et de roches afin de créer des cachettes pour les poissons les plus calmes. Les cichlidés d'Amérique centrale ne sont pas difficiles quant à la qualité de l'eau. Il tolèrent toutes les caractéristiques physico-chimiques, hormis les extrêmes, avec une préférence pour une eau moyennement dure (15 à 20 °f). Par contre, la filtration et les changements d'eau sont d'une importance capitale. Ces gros mangeurs ont besoin d'un filtre efficace, d'un débit de 2 à 4 fois le volume du bac par heure. Un tiers de l'eau est renouvelée toutes les 2 semaines. En matière de nourriture, ils acceptent tout ! Mais attention à l'obésité qui les guette.

Le genre « fourre-tout » *Cichlasoma* rassemblait nombre de gros cichlidés d'Amérique centrale, mais il y a quelques années les scientifiques ont tranché en le scindant. On rencontre donc aujourd'hui des nouveaux genres comme *Vieja, Cryptoheros, Nandopsis, Hypsophrys, Amphilophus,* etc. La précision des dénominations permet à l'amateur et aux professionnels de mieux s'y retrouver.

Un aquarium très zen...
pour jardinier aquatique

La beauté d'un aquarium d'inspiration japonaise ne laisse jamais indifférent. Mais au-delà de la simple beauté visuelle, il fait souvent place à l'incompréhension du message qu'il est censé transmettre ! Basée essentiellement sur la culture des plantes et l'esthétisme, la conception de ce type d'aquarium échappe encore souvent à notre culture occidentale, au même titre que les sushis et, à une moindre échelle, les bonsaïs.

Quelques characidés nagent pudiquement dans un espace aquatique cristallin laissé volontairement libre et consacré aux plantes. Un tapis de verdure aussi entretenu qu'un green anglais recouvre le fond de l'aquarium. De cette mer de *Pelia endiviifolia*, une mousse à croissance rapide, émergent çà et là des touffes de *Cyperus helferi*. En arrière-plan, un groupe d'*Hydrocotyle* atteint la surface. Seules trois roches grises se dressent tels des icebergs sortis d'une mer de verdure. Savamment choisies et disposées par le créateur de l'aquarium, elles orientent le spectateur vers un paysage aquatique d'une pureté sans pareille. C'est çà l'aquariophilie zen !

L'entretien de cet aquarium de 120 cm de long sur 50 de profondeur et 40 de haut est essentiellement un travail de jardinier et une veille régulière des qualités de l'eau. Un ajout de gaz carbonique et d'engrais assure les meilleures conditions de croissance et de verdeur des plantes. Une coupe régulière des *Pelia* évite leur prolifération anarchique, tout comme la taille et le bouturage de l'*Hydrocotyle*. Pour parfaire l'ensemble, aucun élément technique n'est visible. Toute la technique est placée dans le meuble design supportant l'aquarium, et seules deux extrémités de tuyau, l'arrivée et la sortie de la pompe de filtration, apparaissent discrètement. Le pouvoir anxiolytique d'un aquarium est à son sommet !

Sa majesté l'altum...
pour aquariophile confirmé

L'altum *(Pterophyllum altum)* partage avec le discus le trône royal de l'aquariophilie d'eau douce. Même si sa reproduction tient de la quête du Saint-Graal – bien que réussie à plusieurs reprises au Japon, aux États-Unis, en Allemagne et en France –, il obtient les faveurs de passionnés de plus en plus nombreux, délaissant alors le classique scalaire aux multiples variétés d'élevage.

Dans un aquarium de 2 m, ayant 60 cm pour profondeur et hauteur, et équipé d'un filtre interne à décantation, évoluent quinze *Pterophyllum altum* accompagnés par cinq *Corydoras adolfoï*. La maintenance d'altums, et de surcroît leur reproduction, demandent à l'aquariophile averti une bonne maîtrise de l'eau. En effet, les besoins des altums se résument en deux mots : douceur et acidité. Les quelque 700 litres d'eau de cet aquarium sont chauffés à 28 °C et subissent des tests fréquents, et l'ajout de gaz carbonique permet de maintenir un pH faible, de l'ordre de 6. Une filtration efficace dont le débit horaire avoisine le volume du bac, un nettoyage suivi des masses filtrantes et des changements d'eau osmosée réguliers permettent d'afficher des taux de nitrites et nitrates bien inférieurs aux normes. Pour la tranquillité de ces poissons facilement sujets au stress, il convient de limiter les interventions dans l'aquarium au strict minimum.

Dans un décor simplement constitué d'une cinquantaine de pieds d'*Anubias barteri var. nana* fixés sur des roches évolue donc ce banc d'altums. Dans la partie inférieure, les superbes *Corydoras aldolfoï* le ravissent des particules de nourritures qui ont échappées aux altiers scalaires.

Si par bonheur des couples se créent, il faut rapidement mettre en route un nouvel aquarium – d'une contenance d'environ 300 litres et possédant les mêmes types de décor et caractéristiques d'eau – pour isoler le couple élu. La suite fera peut-être du possesseur des ces superbes poissons un heureux aquariophile !

Coraux et poissons...
le bonheur aquariophile

Sous la lumière bleutée du crépuscule, poissons-chirurgiens, demoiselles et labres se faufilent entre les coraux. Quel plaisir de pouvoir admirer ce fac-similé d'un récif corallien ! C'est le but ultime de l'aquariophile, se coller au plus près de la réalité naturelle.

Même si la technique requise pour un tel aquarium est lourde, le résultat le vaut bien. La cuve de 1000 litres est la partie émergée de l'installation. Un petit dégagement situé derrière la cloison contre laquelle l'aquarium est adossé accueille l'arrivée d'eau osmosée, une évacuation, les deux écumeurs, le tube à ultraviolets, le réacteur à calcium pour assurer un apport suffisant en carbonates aux coraux, le réacteur à calcaire et sa cartouche de gaz carbonique et le tableau électrique pour piloter ce matériel. Impossible d'improviser si l'on souhaite un résultat optimal.

Les poissons et invertébrés vivent ici en parfaite cohabitation. Bien entendu, pas question d'héberger des poissons-perroquets, broyeurs de coraux, mais plutôt des espèces placides et sociables. Les poissons présents, *Chromis viridis, Coris gaimard, Oxycirrhites typus, Zebrasoma flavescens, Paracanthurus hepatus* ou *Acanthurus gahhm*, trouvent dans cet aquarium des conditions proches du milieu naturel. Ils côtoient un grand nombre d'espèces coralliennes des genres *Acropora, Euphyllia, Montastrea, Lobophyllia, Cynarina* ou *Montipora* pour ne citer qu'eux. L'ossature du décor, en quelque sorte la base du récif, est constituée par plusieurs dizaines de kilos de roches vivantes empilées avec précaution.

Les différentes espèces d'*Acropora* placées sous le flux lumineux d'une lampe de 400 watts, ont une croissance rapide. Elle peut atteindre 8 à 10 cm par an. Cette pousse permet de bouturer ce corail dur, et ainsi d'agrandir la surface de couverture de l'aquarium, mais aussi de limiter les prélèvements dans le milieu naturel.

Un récif à marée basse...
pour aquariophile marin confirmé

La mer se retire sur un récif de la côte indonésienne, laissant apparaître çà et là des trous d'eau où se sont fait piéger quelques jeunes poissons. Malgré la rudesse du lieu, des invertébrés s'y sont développés, fouettés par les vagues et chauffés par le soleil. C'est un peu l'histoire de ce microaquarium marin !

C'est un aquarium classique du commerce qui accueille une faune bigarrée : 60 litres d'eau de mer, un filtre à décantation interne de 8 litres thermoformé et occupant une face latérale de l'aquarium. La pompe d'origine a été remplacée par un modèle d'un débit de 300 l/h, et une seconde pompe de 200 l/h, installée dans un coin arrière, assure un fort brassage de l'eau, l'un des points clés de la réussite de l'aquarium marin. « L'entretien d'un grand aquarium est bien plus facile que celui d'un petit » : l'adage prend ici tout son sens. En effet, une vigilance quotidienne s'impose pour s'assurer du bon équilibre de l'écosystème. Cet aquarium a été conçu à partir d'animaux acclimatés depuis longtemps dans une cuve plus grande, aux conditions physico-chimiques irréprochables. Ce sont les mêmes qui ont été recréées dans l'aquarium de 60 litres. Le transfert des invertébrés s'est donc déroulé dans un temps très bref, sans choc important pour les animaux.

Le puissant éclairage est assuré par deux tubes fluorescents de 15 watts durant 12 heures quotidiennes. L'un des deux est riche en ultraviolets permettant aux coraux durs de prospérer. Un troisième tube à lumière bleue reste allumé 24 heures sur 24.

Les jeunes *Pterapogon kauderni* sont nés quelques semaines auparavant dans un autre aquarium. Ils nagent ici au milieu d'une belle collection d'invertébrés. La gorgone violette est la pièce centrale, autour de laquelle s'organise l'implantation. *Zoanthus, Parazoanthus, Actinodiscus, Discosoma* et *Carotalcyon* occupent le premier plan. La face arrière est tapissée de *Cladiella, Haliclona, Zoanthus* et *Favites*. Plus au centre, se sont des *Sarcophyton, Hydnophora* et sabelles qui complètent le décor.

Aménager un aquarium

Connaître les poissons, les plantes, les invertébrés, puis les choisir en fonction du bac que vous souhaitez aménager. Concevoir le paysage aquatique, d'eau douce ou d'eau de mer, au sein duquel vous les ferez vivre.

LES POISSONS

Vous souhaitez posséder un aquarium animé par ces êtres aux couleurs vives observés chez des amis, dans un aquarium public, chez un commerçant ou dans un magazine. Vous désirez recréer chez vous un morceau de nature aquatique. Lesquels choisir parmi tous ces poissons ? Les plus beaux, les plus petits, les plus grands, les plus rares, les plus étranges, les plus chers ? Nous allons tout d'abord vous guider dans votre choix, puis vous aider à connaître vos futurs pensionnaires. Ensuite, nous vous conseillerons pour préparer leur arrivée dans leur futur environnement, votre aquarium.

Comment choisir vos poissons ?

Ne vous fiez pas seulement à vos attirances, car il est nécessaire de respecter quelques règles pour éviter certains problèmes. Il vaut mieux orienter ses premiers choix vers des espèces courantes. Elles sont bien connues des commerçants et des aquariophiles, qui pourront vous aider à choisir et, par la suite, vous conseiller lorsque vos poissons seront en place dans votre aquarium. D'autres critères, comme l'aspect esthétique, le comportement ou la résistance aux maladies, sont à prendre en considération. D'autres encore dépendent du type d'aquarium que vous souhaitez réaliser.

La couleur

L'éventail des couleurs qu'arborent les poissons est assez large pour satisfaire tous les goûts. Chez certaines espèces, il existe des variétés qui se distinguent les unes des autres par la coloration : elles ont été obtenues en élevage, après de patientes sélections, et peuvent se croiser entre elles. Certains éleveurs asiatiques colorent artificiellement leurs poissons. Ainsi, mélangés à la nourriture, des pigments rouges finissent par donner aux poissons des couleurs écarlates. Pire, d'autres éleveurs vont jusqu'à peindre leurs poissons, à moins qu'ils ne leur injectent des colorants fluorescents. Ces pratiques commerciales, tristes et nuisibles, ne peuvent que décevoir les aquariophiles.

La forme

La forme du corps des poissons, ou morphologie, se révèle extrêmement diverse. Elle est souvent liée à leur mode de vie et sa simple observation permet parfois de deviner les habitudes des poissons. Vous pouvez associer plusieurs espèces de formes différentes, qui occuperont des niveaux distincts dans l'aquarium (surface, pleine eau et fond), contribuant ainsi à son harmonie et à son équilibre.

• **Forme allongée.** Les poissons de forme allongée, dite « en fuseau », qui représentent la majorité des espèces, sont de bons nageurs en pleine eau (cas du *Brachydanio rerio* et des néons, par exemple). Ceux-ci apprécient les zones déga-

Parmi les poissons les plus richement colorés figure Papiliochromis ramirezi. *En période de reproduction, les mâles sont particulièrement bariolés. Celui-ci veille et « ventile » les œufs pondus 2 jours auparavant.*

gées de l'aquarium et ne sont pas gênés par les mouvements de l'eau engendrés par le filtre ou par l'aération. Notez cependant que, chez une même espèce, il y a parfois des variétés qui se distinguent des autres par des nageoires de taille plus importante : elles sont moins adaptées à la nage.

• **Forme comprimée.** Les poissons au corps comprimé latéralement sont de moins bons nageurs. En milieu naturel, ils fréquentent les eaux lentes ou stagnantes. C'est le cas des gouramis, des scalaires et des discus. Leur corps est profilé pour se faufiler entre les obstacles. En aquarium, ils n'aiment pas les eaux agitées.

• **Forme plate.** Les poissons au ventre plat vivent souvent sur le fond, comme ceux des genres *Corydoras* et *Botia* en eau douce. Ce sont de mauvais nageurs.

• **Forme étrange.** Certains poissons ont des formes tout à fait originales, comme les poissons-haches d'eau douce (genres *Carnegiella* et *Gasteropelecus*), qui tiennent leur nom de leur morphologie. Ils nagent en dessous de la surface de l'eau.

La sociabilité

Il est préférable de choisir des poissons sociables, surtout si l'on désire faire vivre ensemble plusieurs espèces différentes. Les aquariophiles sont parfois surpris, voire déçus, de s'apercevoir qu'un poisson domine les autres, ou, pire, les attaque. Une erreur classique est de choisir systématiquement un ou

→ Des nageoires modifiées

Depuis de nombreuses années, des sélections successives en élevage ont produit des variétés de poissons aux nageoires nettement plus grandes que celles de leurs congénères sauvages. Citons principalement le célèbre guppy, mais aussi le poisson rouge. Ces modifications peuvent gêner ou ralentir la nage. Des aquariophiles et des biologistes se demandent s'il est bien nécessaire de créer ces variétés. Selon eux, il y a suffisamment de poissons dans la nature et dans le commerce pour satisfaire tous les goûts. Le débat reste ouvert, car sélectionner des animaux, même des poissons d'aquarium, peut aussi avoir un intérêt scientifique.

deux individus par espèce. Or, certains poissons vivent isolés, d'autres préfèrent se rassembler en bancs, au sein desquels ils se sentent en sécurité. Ces groupes présentent parfois une forme d'organisation sociale, avec un individu dominant. Des signaux imperceptibles à l'œil humain sont échangés entre les membres du groupe pour une bonne cohésion de l'ensemble, en particulier dans les déplacements et lors de la reproduction. Celle-ci se trouve facilitée par la vie en groupe : comme les chances de formation de couples augmentent, le taux de fécondité est plus élevé.

En aquarium, vous pouvez choisir 2 ou 3 espèces différentes qui aiment vivre en bancs (on parle alors de poissons grégaires), avec de 6 à 12 spécimens pour chaque groupe. Il vous reste alors la possibilité de compléter cette population par quelques autres espèces qui ont l'habitude de vivre isolées, par exemple certains poissons de fond.

La santé

Vous devez bien évidemment vous procurer des poissons en bonne santé. Pour cela, fiez-vous à leurs couleurs vives, à leurs nageoires déployées et à l'absence de marques suspectes (blessures, taches) sur leur corps.

Les poissons malades ou stressés présentent souvent un ventre amaigri, signe d'une mauvaise alimentation. Ils peuvent également porter des symptômes de maladies : les plus courants sont de petits points blancs ou des taches d'aspect cotonneux, toujours de couleur blanche. Leur coloration générale est moins vive, moins brillante que chez les poissons sains. Leurs nageoires peuvent aussi être abîmées et leur nage manque souvent de vivacité.

Parfois, en dépit de son allure saine lorsque vous l'achetez, un poisson « tombe » malade après son introduction dans votre aquarium : il était alors « porteur sain » d'une maladie qui aura trouvé dans votre bac les conditions favorables à son développement (qualité de l'eau, température). Pas d'affolement, il existe des médicaments efficaces.

La qualité de l'eau

Il est important que vos poissons soient adaptés à la qualité de l'eau de votre aquarium ; il faut donc la comparer à celle d'où proviennent vos futurs pensionnaires. En effet, certaines espèces demandent impérativement une eau acide, d'autres une eau dure, c'est-à-dire contenant du calcaire... De légères différences de qualité d'eau ne poseront pas de problèmes, si les poissons sont introduits avec précaution dans le bac.

La facilité de reproduction

La naissance en aquarium de jeunes poissons (ou alevins) est une grande source de joie pour tout aquariophile, débutant ou confirmé. Certains poissons se reproduisent assez facilement, surtout ceux qu'on regroupe sous le nom de « vivipares » (dont les alevins naissent formés). Nous vous les conseillons pour vous habituer aux exigences de la reproduction, et bien maîtriser l'élevage des jeunes, avant de vous consacrer aux espèces « ovipares » (pondant des œufs), de reproduction plus délicate.

Le coût

Même si l'équipement représente généralement l'investissement le plus lourd, ne négligez pas le coût des poissons. Les plus beaux ne sont pas forcément les plus chers et, inversement, les moins colorés ne sont pas toujours abordables.

Ce poisson de fond, Botia helodes, *n'est pas à placer en compagnie de petites espèces, car il risque de les attaquer.*

Achetez en fonction de vos moyens, et pensez qu'il faudra également vous procurer les plantes et les éléments du décor de votre bac.

Quels poissons pour quels aquariums ?

Selon les dimensions du bac, vous pouvez accueillir des poissons plus ou moins grands. En outre, ces derniers peuvent être plus ou moins nombreux, suivant divers critères.

Taille des poissons et taille du bac

Les plus petits bacs ne peuvent accueillir de grandes espèces, pour des raisons évidentes de taille, mais aussi parce que celles-ci ont besoin d'espace pour nager. On considère que la taille des poissons doit être proportionnelle à celle de l'aquarium. D'une manière générale, si vous possédez un bac de 100 litres, des individus mesurant de 5 à 8 cm à l'âge adulte sont parfaitement adaptés. Les poissons d'eau douce de 15 à 20 cm nécessitent un volume d'au moins 300 litres, et les plus grands, un volume minimal de 500 litres. La plupart des espèces marines doivent vivre dans des volumes d'eau supérieurs à 500 litres. Certaines, comme les poissons-papillons et les poissons-anges, nécessitent impérativement des bacs de 1 000 litres.

Nombre de poissons et volume d'eau

Il arrive souvent, dès la première introduction de poissons, de surpeupler l'aquarium. Or, cela peut avoir des conséquences fâcheuses. Pour qu'il y ait un équilibre entre les exigences des poissons, celles des plantes et les caractéristiques de l'eau, et pour le bien-être des pensionnaires, on compte habituellement un petit poisson (5 cm environ à l'âge adulte) pour 5 litres d'eau et un poisson de taille moyenne (8 à 9 cm à l'âge adulte) pour environ 8 litres d'eau. Ces données ne sont qu'indicatives et s'appliquent principalement à l'eau douce. On compte différemment pour les plus gros poissons, surtout en eau de mer, car ils ont besoin de volumes importants. Des indications de densité de population figurent dans le guide des espèces pour chaque poisson.

L'achat des poissons

La solution la plus courante est de vous rendre dans un magasin d'aquariophilie, où vous trouverez un choix assez large et où vous pourrez bénéficier du conseil des vendeurs. N'oubliez pas que vos futurs pensionnaires vont être brusquement changés de milieu, ce qui constitue pour eux un stress important. Pour limiter ce stress, vous devez préparer votre bac pour les accueillir.

Préparer l'arrivée de vos poissons

Lorsque votre bac a été aménagé et rempli d'eau, il faut attendre trois semaines avec de l'eau douce, et cinq à six semaines avec de l'eau de mer, avant d'introduire les poissons. C'est le temps nécessaire pour qu'un équilibre s'installe. En outre, les plantes auront commencé à s'enraciner et les poissons ne risqueront pas de les déterrer. En plus des plantes, prévoyez des abris (roches, racines) : les poissons, notamment les espèces farouches, s'y réfugieront le temps de s'habituer à leur nouvel environnement.

Où acheter des poissons ?

Si vous vous procurez vos poissons dans un magasin d'aquariophilie, ne précipitez pas votre achat. Une ou deux visites préalables vous permettront de prendre contact avec le personnel, d'obtenir divers renseignements et de vous faire une idée plus précise des espèces disponibles. Vous pouvez également vous procurer des poissons grâce à un ami aquariophile ou par l'intermédiaire d'un club. Les aquariophiles expérimentés se montrent toujours heureux de guider les débutants dans leurs premiers choix.

Le transport

Les poissons sont placés dans un sac étanche dans lequel l'eau ne doit pas occuper plus d'un tiers du volume. S'ils possèdent des nageoires épineuses, il est prudent de doubler le sac. Celui-ci doit être fermé de manière que l'air le gonfle : c'est un tour de main facile à acquérir, mais ne soufflez jamais dedans, vous y introduiriez du gaz carbonique, dangereux. Les plus petites

Combien de poissons puis-je mettre dans mon aquarium ?

En eau douce tropicale, pour un aquarium de 100 litres, il ne faut pas dépasser une vingtaine de poissons d'environ 5 cm. On peut donc choisir deux espèces nageant en pleine eau, pour chacune desquelles on maintiendra un groupe de 8 individus. Deux poissons de fond compléteront l'ensemble. Dans le même volume, avec des espèces qui atteignent 8 à 9 cm, vous pouvez faire vivre 10 à 12 poissons. Pour des volumes plus grands, les proportions restent les mêmes. Un bac de 300 litres peut donc accueillir environ 60 petits poissons, ou 35 de taille moyenne. En eau de mer, le nombre de poissons dans un bac est fonction du volume minimal nécessaire à chaque espèce, et de leur sociabilité. Il est courant de ne voir qu'un ou deux grands poissons dans un volume de 500 litres, parfois accompagnés d'un individu d'une autre espèce, plus petit.

espèces peuvent être transportées dans divers récipients en PVC (bouteilles d'eau minérale, par exemple), en respectant les mêmes proportions d'eau et d'air.
Dans ces conditions, un trajet inférieur à une heure ne pose pas de problème. Au-delà, ou par grand froid, prévoyez une isolation thermique (journaux, boîte en polystyrène) pour limiter la chute de température. S'ils ne sont pas trop brusques, les mouvements ne gênent pas les poissons ; en outre, ils favorisent l'oxygénation de l'eau.

L'arrivée dans l'aquarium

Évitez de commettre une erreur courante : ouvrir le récipient de transport et lâcher immédiatement les poissons dans l'aquarium. Cette méthode brutale est à proscrire : stressez le moins possible vos futurs pensionnaires, qui vont se trouver immergés dans un milieu différent.

Le transfert

Laissez flotter le récipient dans l'aquarium le temps que la température de son eau atteigne celle de l'eau du bac, soit environ autant que la durée du transport. Si votre aquarium est bien rempli, il est préférable d'enlever un peu d'eau pour éviter tout débordement. Ensuite, ouvrez le sac ou la bouteille et laissez-y entrer de l'eau de l'aquarium, à plusieurs reprises, pour homogénéiser les deux milieux. Lorsque le récipient est plein, transvasez seulement les poissons dans le bac. Si celui-ci est déjà peuplé, détournez l'attention des autres poissons en les alimentant. Vous pouvez également transférer les poissons le matin, avant l'allumage du bac.

Dans quel ordre procéder ?

Nous vous conseillons d'introduire vos poissons en une ou deux fois plutôt que un à un. En effet, les occupants du bac, même pacifiques, peuvent considérer les nouveaux venus comme des intrus et les agresser.
Si vous peuplez votre aquarium progressivement, commencez par les espèces les plus petites. Bien intégrées, elles seront moins stressées lors de l'arrivée d'espèces plus grandes.

Le temps d'adaptation

Après le transfert des poissons dans votre bac, vous risquez tout d'abord d'être déçu, et même inquiet, car ceux-ci vont très probablement se dissimuler dans le décor. Ils ne tarderont pourtant pas à réapparaître, une fois le stress passé, pour explorer leur nouveau milieu. Puis ils chercheront rapidement à s'alimenter. Il ne vous reste plus qu'à admirer le spectacle et à apprendre à connaître vos pensionnaires.

Suggestions de peuplement

Voici des poissons convenant à deux types d'aquarium d'eau douce tropicale : l'aquarium communautaire, appelé aussi aquarium d'ensemble, qui regroupe des espèces d'origines diverses, et l'aquarium régional, qui rassemble des espèces provenant de la même région.

La poche en plastique qui sert à transporter ces guppys est introduite dans l'aquarium auquel ils sont destinés ; elle y flotte le temps que la température de l'eau du sac et celle du bac s'équilibrent (20 à 30 minutes).

Le choix du peuplement dépend du type d'aquarium envisagé. Dans un décor abondamment planté, un banc de poissons peut être placé en compagnie de plusieurs espèces, solitaires, en couples ou en petits groupes.

Pour un aquarium communautaire

Originaires de différentes régions du globe, les occupants d'un aquarium communautaire n'appartiennent pas forcément à la même famille. Les espèces proposées ci-dessous sont réputées pour leur caractère paisible et peuvent cohabiter sans problème.

• **Poissons grégaires.** Il est préférable de maintenir ces poissons en groupes de quelques individus, afin qu'ils se sentent plus en sécurité. Tous nagent en pleine eau. La grande famille des cyprinidés comprend quelques espèces très robustes et dont la reproduction est assez facile à obtenir. Les danios, tel le rério (*Brachydanio rerio*, que certains nomment aussi « danio pyjama »), sont parmi les plus populaires, et beaucoup d'aquariophiles ont fait leurs premières armes avec eux. Avec ses allures de petite truite, le danio léopard *(Brachydanio « frankei »)*, vif et facile à élever, se montre tout aussi plaisant que le rério (dont il est probablement une variété). Le tanichthys *(Tanichthys albonubes)* n'a malheureusement pas d'autre nom français. Certains aquariophiles se souviennent peut-être qu'on le surnommait jadis « le néon du pauvre » (il brillait moins que le vrai néon – *Paracheirodon innesi* –, mais était nettement moins cher !). C'est un bon nageur, qui accepte une grande variété d'aliments. Chez les characidés, petits poissons des fleuves et rivières d'Amérique du Sud, le choix peut se porter, par exemple, sur le tétra citron *(Hyphessobrycon pulchripinnis)*, dont la reproduction est cependant délicate, et sur le tétra « nez rouge » *(Hemigrammus bleheri)*.

• **Poissons solitaires.** Tout en cohabitant avec d'autres espèces dans le bac communautaire, ces poissons de fond (qui demeurent souvent sur le sol ou sur les éléments du décor) peuvent vivre en solitaires. Leur bouche est entourée de quelques barbillons qui leur permettent de détecter leurs aliments, même dans l'obscurité.

Tout en longueur, le kuhlii (*Acanthophthalmus kuhlii*, ainsi que plusieurs espèces proches) est plutôt nocturne, mais il n'hésite pas à faire quelques apparitions lorsque l'aquarium est éclairé.

Les corydoras, aux allures de petits poissons-chats, sont des hôtes d'aquarium agréables et très résistants, notamment le corydoras fouilleur *(Corydoras aeneus)*, dont il existe une variété albinos, et le corydoras à trois bandes *(C. trilineatus)*. Ces poissons n'ont pas d'écailles, mais des plaques osseuses qui leur donnent un air un peu primitif. Leur reproduction n'est pas facile à obtenir pour un amateur.

Pour un aquarium régional

Nous avons choisi un exemple d'aquarium régional regroupant des poissons vivipares originaires d'Amérique centrale, qui sont parmi les plus connus en aquariophilie.

La plupart des vivipares appartiennent à la famille des poéciliidés : les plus célèbres sont les guppys, les platys, les xiphos, ou porte-épées, et les mollys. Résistants et sociables, ils ne pondent pas leurs œufs, mais donnent naissance à des alevins formés, d'où leur nom de vivipares (du latin *vivus,* vivant, et *parere,* enfanter), à la différence de la plupart des poissons, ovipares (qui pondent des œufs).

Les mâles se distinguent des femelles par une modification de leur nageoire anale en un organe qui sert à la reproduction, le gonopode. Les femelles « pleines » se reconnaissent à leur ventre rebondi. Tous les mois, elles peuvent donner naissance à plusieurs dizaines de jeunes (alevins), qui cherchent immédiatement à se nourrir.

Parmi ces poissons vivipares, les deux espèces de platys que l'on rencontre le plus souvent dans le commerce aquariophile, le platy commun *(Xiphophorus maculatus)* et le platy varié *(Xiphophorus variatus)*, peuvent se croiser, donnant de nombreuses variétés. Celles-ci diffèrent par leur coloration et la forme de leur nageoire dorsale.

Quant au guppy *(Poecilia reticulata)*, il représente certainement le plus populaire des poissons d'aquarium d'eau douce tropicale. Les formes sauvages (naturelles) de cette espèce sont très difficiles à trouver dans le commerce. On connaît surtout les variétés sélectionnées en élevage. Celles-ci se caractérisent par leurs nageoires dorsale et caudale bien développées et par leurs couleurs très variées, notamment chez les mâles. Le guppy fait l'objet de concours d'aquariophilie, au cours desquels les plus beaux spécimens sont présentés.

L'acclimatation de poissons marins, comme Holacanthus ciliaris, *demande une grande vigilance : contrôlez notamment le taux de nitrites, qui doit demeurer nul.*

→ Préparer l'arrivée des poissons marins

Aucun poisson marin ne doit être introduit dans le bac pendant une durée d'environ un mois après son installation. Il est alors prudent de mesurer le taux de nitrites, qui doit impérativement être nul. Choisissez des premiers occupants robustes, pouvant se nourrir d'aliments artificiels (cependant, les proies vivantes ou congelées sont toujours recommandées). Seules quelques espèces répondent à ces critères, notamment les poissons-clowns (genre *Amphiprion*) et les demoiselles bleues *(Chrysiptera cyanea)*, dont certaines parties du corps peuvent être jaunes. Prenez de grandes précautions lorsque vous introduisez les poissons marins dans votre bac et agissez sans précipitation. En effet, l'eau dans laquelle ils ont été transportés et celle du bac n'ont sans doute pas les mêmes caractéristiques (en particulier la température et la densité). Procédez comme pour les poissons d'eau douce, en n'oubliant pas que les espèces marines sont réputées plus fragiles.

L'organisme des poissons

Les poissons ont développé, pour s'adapter au milieu aquatique dans lequel ils vivent, toutes sortes de stratagèmes ingénieux. Ainsi, leurs nageoires leur donnent une grande mobilité, tandis que, grâce à leurs branchies, ils captent l'oxygène dissous dans l'eau.

Anatomie externe

Qu'ils soient petits ou grands, allongés ou plats, colorés ou ternes, tous les poissons possèdent des caractéristiques communes, qu'il est important de connaître lorsque l'on souhaite les faire vivre en aquarium. Nagoires, écailles, bouche, ligne latérale, etc., chaque élément ou organe composant l'enveloppe extérieure des poissons est en relation avec le milieu dans lequel ils baignent, ce qui leur permet de percevoir l'approche d'un prédateur, de reconnaître un partenaire ou de dénicher de la nourriture.

• **Les couleurs.** Déterminées par les pigments présents dans la peau, les couleurs peuvent changer, plus ou moins rapidement, dans différentes situations : comportement agressif, fuite, maladie, parade nuptiale et reproduction, ou encore camouflage (chez certaines espèces, les couleurs peuvent se modifier en fonction de celles du décor).

• **Les nageoires.** La nageoire dorsale sert au maintien de l'équilibre vertical du poisson. Lors des déplacements, elle se replie le long du corps pour faciliter le mouvement dans l'eau (hydrodynamique).

La nageoire anale, située en arrière de l'anus, joue un rôle d'équilibration, comme la dorsale.

La nageoire caudale est utilisée, en coordination avec la partie postérieure du corps, pour la propulsion et comme gouvernail.

Les nageoires pelviennes et pectorales, paires, servent aux différents changements de direction (surface/profondeur et gauche/droite), au freinage, ainsi qu'à la stabilisation du poisson sur le plan horizontal.

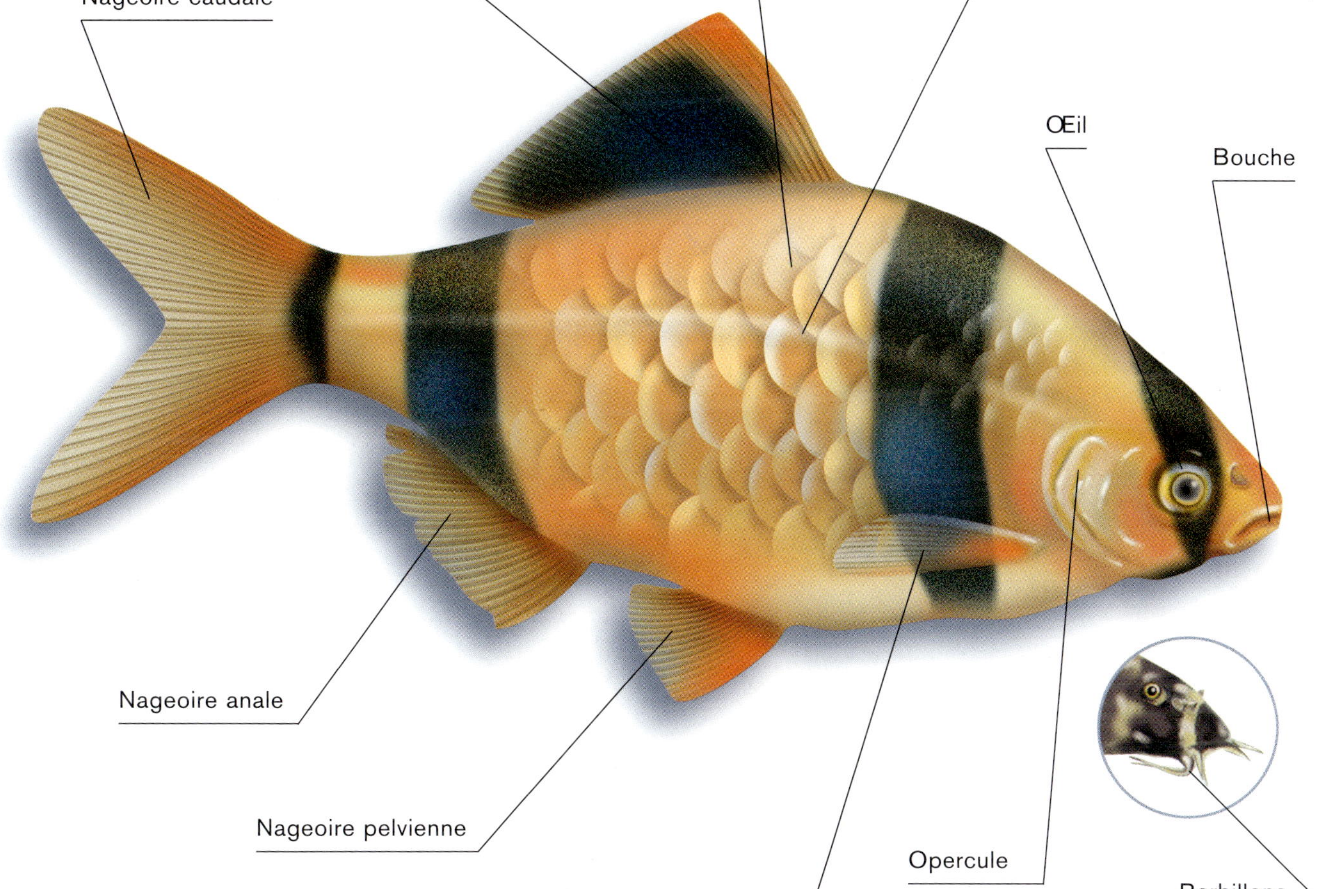

Les rayons qui soutiennent les nageoires se prolongent parfois en épines. Celles-ci peuvent blesser un autre poisson ou la personne qui les touche. À cause de ces rayons, des poissons peuvent s'accrocher dans les mailles d'une épuisette : soyez prudent pour les dégager.

• **Les écailles et le mucus.** Visibles par transparence, les écailles sont situées dans la peau. Le mucus, substance visqueuse qui recouvre celle-ci, possède, comme les écailles, un rôle protecteur. Il empêche la pénétration de micro-organismes pouvant causer des maladies. Nous vous déconseillons formellement d'attraper ou de toucher un poisson avec la main, vous risqueriez de léser sa peau. Des écailles abîmées ou qui tombent signalent une plaie accidentelle ou, plus probablement, une maladie de la peau.

• **La bouche.** Les poissons dont la bouche est en position supérieure s'alimentent sous la surface ; les poissons à bouche terminale (à l'extrémité de la tête) sont des chasseurs de pleine eau ; les espèces dont la bouche est en position ventrale s'alimentent sur le fond.
Les poissons carnivores possèdent une bouche assez grande, pourvue de nombreuses dents pointues, tandis que les poissons omnivores et herbivores possèdent généralement une bouche plus petite.

• **Les yeux.** Très mobiles, ils couvrent un large champ de vision, à la fois dans le plan horizontal et dans le plan vertical. Ils sont sensibles aux faibles intensités lumineuses, comme la clarté de la lune.

• **L'opercule.** Il recouvre et protège les branchies, laissant une fente à l'arrière, l'ouïe. Il participe, avec la bouche, à la circulation de l'eau, qui apporte l'oxygène : quand la bouche s'ouvre, l'opercule se soulève ; quand elle se ferme, il s'abaisse.

• **Les narines.** Elles ne servent pas du tout à la respiration – c'est le rôle des branchies –, mais à l'olfaction, c'est-à-dire la détection des odeurs. Cette fonction, très développée chez les poissons, est utile pour localiser des proies ou des prédateurs.

• **Les barbillons.** De nombreuses espèces qui vivent sur le fond possèdent des barbillons sensoriels autour de la bouche, utilisés pour la recherche d'aliments.

• **La ligne latérale.** Les déplacements d'objets ou d'animaux se traduisent dans l'eau par des vibrations ; celles-ci sont enregistrées par une série de pores, qui forment une ligne de chaque côté du corps. Grâce à la ligne latérale, les pois-

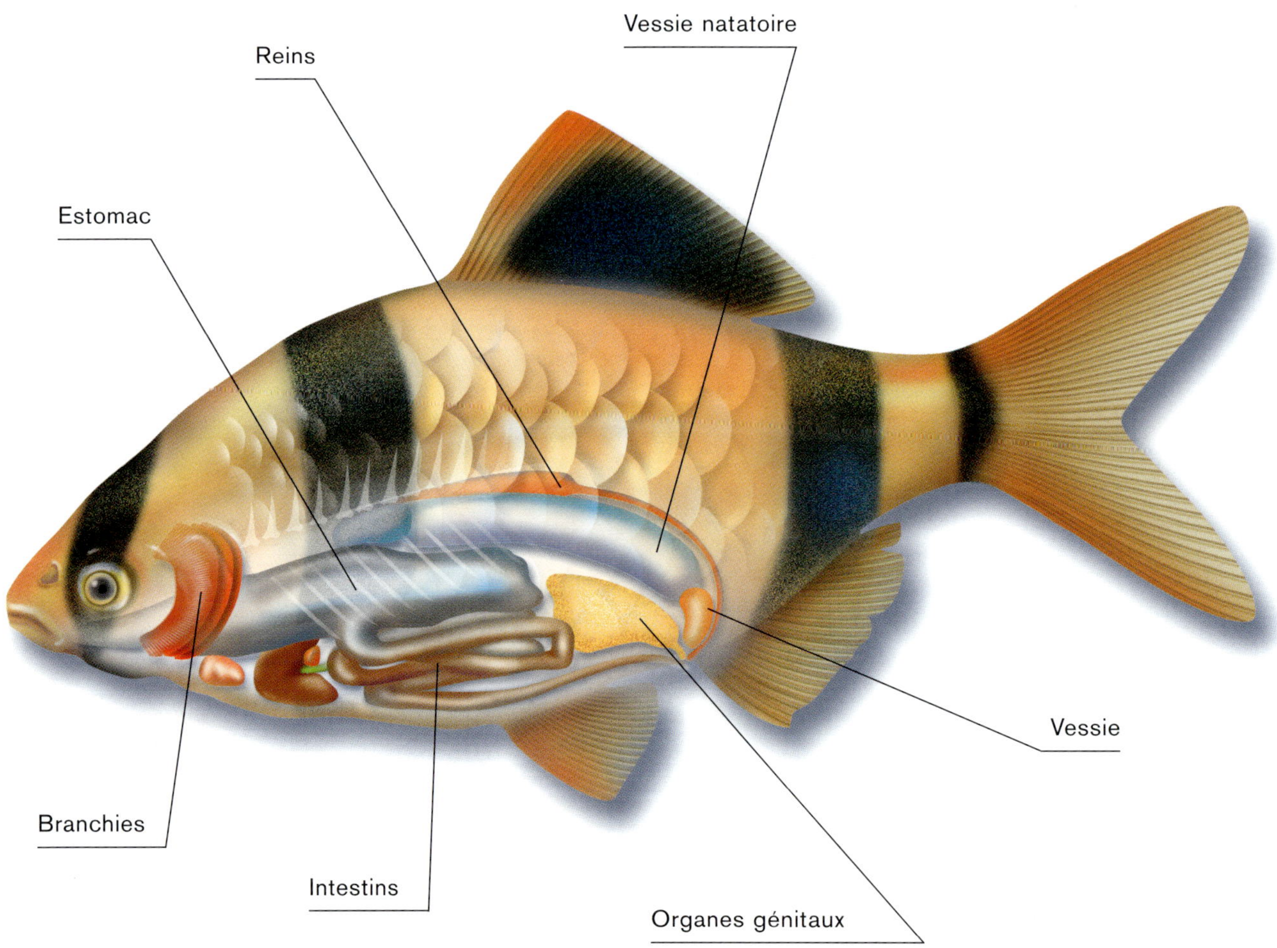

Un aquarium de guppys multicolores permet une bonne initiation à l'aquariophilie. Souvent considérés comme les poissons du débutant, les guppys se révèlent pourtant assez délicats.

sons peuvent repérer les obstacles, percevoir la présence de proies ou de prédateurs, et même vous détecter lorsque vous approchez du bac, les vibrations de vos pas étant transmises dans l'eau.

Anatomie interne

Bien que les poissons soient des animaux vertébrés comme nous, ils possèdent des organes internes tout à fait originaux, adaptés à leur milieu de vie, telles la vessie natatoire, qui leur permet de se maintenir entre deux eaux, ou les branchies, grâce auxquelles ils respirent dans l'élément aquatique. Ils sont également dotés d'organes similaires aux nôtres – cœur, estomac, foie, etc.

• **Les branchies.** Elles captent l'oxygène dissous dans l'eau ; elles sont très irriguées par le sang, ce qui explique leur couleur rouge vif. Les poissons des eaux courantes nécessitent plus d'oxygène que ceux des eaux stagnantes. Les besoins varient également en fonction de l'activité : un poisson qui nage et chasse consomme plus d'oxygène qu'un poisson immobile, un poisson qui digère en consomme plus qu'un poisson à jeun.

• **L'appareil digestif.** La paroi de l'œsophage contient des muscles qui permettent au poisson de recracher des aliments. L'estomac est assez grand et extensible chez les carnivores (certains peuvent avaler des proies dont la longueur atteint la moitié de la leur). Il est réduit chez les omnivores et les herbivores.

L'intestin est court chez les carnivores ; il est long chez les autres poissons (parfois jusqu'à dix fois la longueur du corps chez les herbivores).

• **La vessie natatoire.** En dépit de son nom, elle n'a aucun rôle dans l'élimination de l'urine. Remplie de gaz (on l'appelle également « vessie gazeuse »), elle sert au poisson à se stabiliser et à flotter entre deux eaux. Elle manque (ou est très réduite) chez les poissons de fond, ce qui explique que ceux-ci ne nagent guère en pleine eau.

• **Les reins et la vessie.** Les reins éliminent l'urine, dont certains composants renferment de l'azote et sont toxiques. L'excrétion urinaire, par la vessie, varie suivant les espèces ; elle est proportionnelle à la quantité d'aliments ingérés.

• **Les organes génitaux.** Appelés aussi « gonades », ils comprennent, chez les mâles, les testicules, qui peuvent atteindre 10 à 12 % du poids du corps en période de reproduction. Les ovaires des femelles sont granuleux, car ils épousent la forme des œufs. Avant la ponte, leur masse peut représenter jusqu'à 30 % du poids du corps.

Le discus, roi de l'aquarium

Parmi les aquariophiles, il y a trois grandes catégories. Ceux qui font de l'eau douce, possesseurs de cichlidés compris, ceux qui se sont orientés vers l'eau de mer, et puis les fanatiques de discus. Lorsque l'on possède des discus, on est dans une caste différente ! Il était donc impossible de ne pas consacrer quelques pages au discus, *Symphysodon aequifasciatus*, le roi des poissons d'aquarium.

Parmi les nombreuses variétés d'élevage de Symphysodon aequifasciatus *qui ont vu le jour depuis une vingtaine d'années, beaucoup sont des déclinaisons de bleus.*

Un poisson à part

Un corps aplati à la forme quasiment circulaire, des couleurs rappelant les poissons coralliens, un comportement paisible, le discus a tout pour lui. Sa nage est majestueuse, il cohabite facilement avec des bancs de characidés et il ne touche pas aux plantes. Décidément, c'est un poisson idéal. Oui mais... c'est un délicat qui demande des soins attentifs et une qualité d'eau irréprochable, bien souvent difficile à atteindre. Le discus n'est donc pas un poisson de bac communautaire, c'est réellement un poisson à part réservé à ceux qui peuvent s'y consacrer avec assiduité.

Originaire de bassin du fleuve Amazone, et des nombreux rios qui le forment, dont le célèbre rio Negro, les discus fréquentent les entrelacs des rivières calmes, les zones inondées et, en saison sèche, les lacs ainsi formés. L'eau y est très douce et acide, riche en acide humique dû à la décomposition des matières végétales, ce qui lui donne une couleur thé. La température est relativement stable, aux alentours

La maintenance du Discus *n'est pas réellement problématique. L'aquariophile doit être rigoureux et pouvoir leur offrir un aquarium spacieux, certaines conditions d'eau et un œil attentif.*

de 27 °C de jour comme de nuit et tout au long de l'année. Les discus évoluent par groupes, se faufilant entre les branchages et la végétation. Le courant d'eau est très faible, voir stagnant, et ne s'oppose pas au déplacement de ce piètre nageur. Il se nourrit essentiellement d'insectes et de larves qu'il trouve dissimulés dans le fouillis végétal recouvrant le fond.
Les poissons disponibles dans le commerce proviennent de l'élevage, asiatique dans la majeure partie des cas. C'est l'engouement des amateurs pour ce poisson depuis les années 1980, qui a fait se développer l'élevage intensif en Malaisie, Indonésie, Thaïlande et à Singapour, devenue la véritable plaque tournante de ce commerce.

Des poissons de toutes les couleurs

Les éleveurs ont obtenu des mutations spectaculaires à partir de sujets sauvages. Et depuis une quinzaine d'années sont apparues toutes sortes de couleurs. Ces sélections, parfois outrancières, mais bien souvent esthétiques, déclinent toutes les couleurs du bleu au rouge. Certains puristes ne jurent que par les formes sauvages, d'autres préfèrent toutes les variantes du célèbre « pigeon blood » apparu en Europe au début des années 1990. Un discus au corps bleu ciel rayé de rouge et la tête jaune orangé surprit plus d'un aquariophile. La mode était lancée, et avec elle la course vers de nouvelles variétés. Les précurseurs que furent Jack Wattley aux États-Unis, Bernd Degen en Allemagne ou Wayne Ng à Hong Kong ont fait connaître au grand public aquariophile des variétés de discus jusque-là inconnues. Leurs publications sont toujours des best-sellers de la littérature aquariophile.
Comme tout progrès a son revers, des excès sont vite apparus. En effet, pour accélérer la croissance et satisfaire les demandes, les éleveurs ont usé d'hormones et des colorants furent additionnés à la nourriture pour accentuer les couleurs. Le résultat est encore visible aujourd'hui sur certains sujets issus d'élevages peu scrupuleux : ils perdent leurs couleurs en quelques semaines et restent de petite taille. Les élevages étant de plus en plus sollicités, et la prophylaxie des lieux n'étant pas toujours parfaite, des maladies sont apparues, dont la terrible peste du discus. Des antibiotiques ont alors été administrés à hautes doses, rendant les vecteurs des maladies résistants aux différents traitements. Certaines fermes d'élevage ont vu tous leurs poissons trépasser. Les éleveurs se sont remis en question, et aujourd'hui la rigueur est de mise du fait de la concurrence et des critères qualitatifs exigés par les importateurs.

Un aquarium régional

L'aquarium d'ensemble pour des discus doit être spacieux, abondamment planté et pourvu de nombreuses cachettes. Une cuve de 150 sur 50 x 60 cm (soit environ 380 à 400 litres d'eau selon le volume du décor) est un bon choix pour maintenir 5 ou 6 poissons adultes. Le sol est constitué d'un sable de Loire fin. On lit parfois qu'un sol foncé, voire noir, est préfé-

Les premiers « Pigeons blood » *sont apparus au début des années 1990 en provenance du continent asiatique. Ils ont tout de suite séduit le public aquariophile.*

rable, mais par une sorte de mimétisme les poissons deviennent plus sombres qu'ils ne devraient l'être.

Le décor est agencé de manière à laisser un large espace libre au centre de l'aquarium. C'est l'endroit idéal pour nourrir les poissons. C'est aussi une façon de les attirer devant, car par un réflexe pavlovien bien connu, ils y attendent une hypothétique distribution d'aliments dès qu'une personne approche de l'aquarium.

Pour reproduire au mieux son biotope naturel, un dédale de racines de tourbières permet de créer un décor très apprécié. Des coins ombragés sont aménagés pour que les poissons se sentent en sécurité et puissent s'y réfugier. Le discus est un grand timide qui a besoin de temps pour s'habituer à son aquarium et on veillera donc à ne pas intervenir intempestivement.

Des végétaux adaptés aux espèces

Le choix des plantes n'a pas grande importance, mais des végétaux originaires d'Amérique du Sud aident à coller un peu plus à la réalité régionale du biotope. Un grand *Echinodorus* s'impose en position centrale et des plantes en brins, comme des *Ludwigia, Cabomba* ou *Hygrophila*, permettent de masquer l'arrière de l'aquarium. En avant-plan, des petits bouquets d'*Eusteralis* régulièrement bouturés et du *Micranthemum*, tapissent rapidement le sol.

Parmi les poissons pouvant facilement cohabiter avec les discus, il est bien sûr préférable de choisir ceux qui affectionnent les mêmes qualités d'eau. Les cichlidés nains et les membres de la grande famille des characidés sont en parfait accord. Attention à ne pas mettre des jeunes cardinalis avec des discus adultes, ils n'en feraient qu'une bouchée. Les petits poissons sont toujours introduits dans l'aquarium quelques jours avant les discus. Ce laps de temps leur permet de bien repérer les cachettes. Des tétras de taille moyenne comme *Hyphessobrycon socolofi* ou *Megalamphodus sweglesi* sont parfaits. Les cichlidés nains, dont les représentants d'Amazonie sont hauts en couleur et paisibles, apportent un plus dans l'ambiance de l'aquarium. Un ou deux couples d'*Apistogramma* ou de *Mikrogeophagus* (dont le célèbre *M. ramirezi*) sont tout à fait recommandés. Enfin, les corydoras sont incontournables pour finir les restes de nourriture que les discus dédaignent aller chercher au sol. *Corydoras sterbai* est l'un des plus adaptés du fait de son penchant pour les eaux chaudes.

L'éclairage de l'aquarium doit prendre en compte des besoins des plantes et des poissons. Dans notre cas, l'utilisation de trois tubes fluorescents est correcte. L'un sera de type horticole pour favoriser la végétation et les deux autres à dominante bleu rosé ; ils accentuent les couleurs des poissons. Un allumage trop brutal peut rapidement engendrer un stress des discus. L'utilisation de trois programmateurs décalés de 15 min à l'allumage comme à l'extinction évite ce désagrément.

Une eau parfaite !

L'eau est la clé de la réussite de la maintenance et a fortiori de la reproduction des discus. Les qualités physico-chimiques du milieu naturel sont stables et particulières. L'utilisation d'un osmoseur s'impose, car il est rare de trouver une eau de conduite dont les caractéristiques sont un pH de 6 et une dureté inférieure à 10 °f. Il convient en général de couper l'eau du robinet avec une eau adoucie artificiellement. Le passage sur un osmoseur est pratique, et c'est aujourd'hui une technique bon marché. Il est difficile de maintenir un pH dans des valeurs inférieures à 6, car le pouvoir tampon d'une eau douce est faible. Cela demande bien souvent un apport de gaz carbonique qui, au contact de l'eau, crée de l'acide carbonique. Cet apport se fait sous forme de gaz contenu dans une bouteille sous pression, ou par électrolyse. Dans les deux cas, le contrôle du pH en continu (indicateur coloré permanent ou pH-mètre électronique couplé à une électrovanne reliée à la bouteille de gaz) est indispensable pour régler précisément l'apport d'acide.

L'eau sous haute surveillance

Quant à la dureté, elle doit être faible, de l'ordre de 5 à 10 °f. Sa mesure n'est pas suffisante. En effet, certaines eaux ayant subi un traitement par adoucisseur ou permutation peuvent donner une lecture du test nulle, alors que des ions cationiques subsistent en grand nombre. La mesure de la conductivité est beaucoup plus fiable. Sa valeur optimale doit tourner aux alentours de 100 µs/cm (microsiemens/cm) affichée sur un conductivimètre électronique. Dans un bac d'ensemble, les changements d'eau doivent intervenir le plus fréquemment possible et en petite quantité (15% toutes les semaines). La filtration de l'aquarium de discus doit être efficace, mais pas brutale. Un filtre à décantation dont les masses filtrantes (ouate de Perlon et mousses bleues) sont nettoyées en alternance toutes les 2 à 3 semaines est bien adapté. Pour ne pas créer de courants trop forts, le débit de la pompe ne doit pas dépasser le volume du bac par heure. Une aération est parfois nécessaire si les poissons semblent souffrir d'un manque d'oxygène (respiration rapide). Une solution consiste à ne mettre en route l'aérateur que la nuit. Durant cette période les plantes rejettent du gaz carbonique et l'aération compensera le manque d'oxygène.

Une reproduction remarquable

Le but ultime pour un amateur de discus est de pouvoir reproduire ses poissons, d'obtenir des variétés remarquables et d'avoir en final des sujets adultes de belle taille.

Il est bien rare que l'improvisation le permette et une installation composée de plusieurs cuves équipées devient impérative si l'on veut mener à bien cette aventure.

La sélection des couples se fait au sein d'un groupe de discus adultes. Une fois repérés, les deux poissons sont installés dans un aquarium possédant des conditions d'eau identiques à celles de l'aquarium d'origine. Mais ici pas de décor, juste un support de ponte en terre cuite disponible dans le commerce ; à défaut, un pot de fleurs retourné fait l'affaire. Le nourrissage est primordial pour stimuler la ponte. Une distribution de plusieurs petites quantités quotidiennes d'aliments riches en protéines, comme une mixture à base de cœur de bœuf, de poisson haché, de céréales, d'épinards et de vitamines stimulera les poissons. Le surplus non consommé se déposant sur le fond est siphonné rapidement pour éviter toute montée d'ammoniaque.

Après la ponte

La température est portée à 30 °C et le pH fixé entre 5 et 6. La dureté totale est presque nulle (1 à 3 °f), tout comme la dureté carbonatée (0,5 à 1,5 °f) et la conductivité stabilisée entre 80 et 120 µs/cm. La femelle dépose ses œufs sur le support, de bas en haut, le mâle venant féconder à la suite. Les parents passent leur temps à ventiler le frai par des mouvements de leurs pectorales et décollent les œufs non fécondés qui blanchissent. L'éclosion a lieu au bout de 60 heures. Le couple mâchonne les œufs pour faire éclater la coquille (le chorion). Ils placent ensuite les larves sur le support, où elles adhèrent grâce à des glandes céphaliques contenant une sorte de colle. Six jours après la ponte, les larves se détachent et, après quelques hésitations, commencent à nager. Durant cette période, le corps des parents se couvre naturellement d'un mucus nourricier. Les alevins vont se nourrir de cette sécrétion durant parfois plus de 2 semaines. Ensuite l'éleveur donnera des nauplies d'artémias pendant une dizaine de jours, avant de prélever les alevins et de les faire grandir dans un bac à part. Des changements d'eau réguliers et des nourrissages de qualité permettent de mener à bien un élevage.

Beaucoup de déboires sont à prévoir lors des premières pontes. Le manque de maturité ou de réflexes innés – qui disparaissent à force de dénaturer les souches – en est souvent l'origine. Si la reproduction du discus en aquarium d'ensemble semble demander des moyens importants, elle n'est pas rare. Mais l'élevage des jeunes dans un tel aquarium est exceptionnelle, par manque d'asepsie et surtout à cause de la promiscuité.

L'aquarium de reproduction doit être le plus propre possible : ni sable, ni décor, seulement un support de ponte.

LES PLANTES

Dans un aquarium, les plantes jouent bien sûr un rôle décoratif, mais contribuent également à l'équilibre de celui-ci. Comme dans la nature, elles servent aussi d'abri aux poissons, surtout aux alevins, et même de support pour les œufs. Vous devez les cultiver dans les meilleures conditions possible, en respectant leurs besoins.

L'origine des plantes d'aquarium

La plupart des plantes d'aquarium d'eau douce ne sont pas des algues, mais des plantes à fleurs et, plus rarement, des fougères ou des mousses. Elles vivent généralement dans les marais (plantes palustres) ou les cours d'eau lents des régions tropicales. Certaines ont des caractéristiques particulières, comme les plantes entièrement flottantes – telle la lentille d'eau *(Lemna minor)* –, qui ne s'enracinent donc pas, ou les mousses et les fougères aquatiques, qui doivent souvent être fixées sur un support dur.

Dans le milieu marin, ce sont les algues qui dominent. Quelques espèces, notamment les caulerpes, s'adaptent bien aux aquariums d'eau de mer.

La plus grande partie des plantes d'aquarium n'est pas récoltée dans la nature, mais cultivée par des entreprises spécialisées. Les plantes palustres partiellement émergées en milieu naturel (plantes amphibies) sont cultivées dans un sol et dans une atmosphère tous deux saturés en humidité. La culture des plantes entièrement aquatiques se fait, bien sûr, en pleine eau.

La vie des plantes

À la différence des animaux, les plantes n'ont pas besoin de se nourrir aux dépens d'autres êtres vivants (animaux ou végétaux), mais puisent dans leur environnement les matières premières à partir desquelles elles assurent leur survie et se développent.

La photosynthèse

Sous l'action de la lumière, et en présence de sels minéraux, tous les végétaux absorbent du gaz carbonique (CO_2) et rejettent de l'oxygène (O_2). Ce phénomène accompagne la photosynthèse, par laquelle les plantes élaborent leur propre matière, grâce à un pigment vert, la chlorophylle, qui donne aux feuilles leur couleur dominante.

Les besoins des plantes

Outre le sol, dans lequel elles se fixent, les plantes ont besoin de divers éléments.

- **Le gaz carbonique.** Il est dissous dans l'eau et provient surtout de l'atmosphère et de la respiration des poissons. Dans la plupart des aquariums, il se trouve en proportion suffisante pour permettre le bon développement des végétaux. Un manque de gaz carbonique, donc de carbone, limite leur croissance.
- **Les sels minéraux.** Ils constituent un ensemble de substances indispensables à la croissance et à la reproduction. Présents naturellement dans l'eau et dans le sol, ils peuvent être apportés sous forme d'engrais. Les plus importants sont l'azote (que l'on trouve notamment sous forme de nitrates), le phosphore et le potassium. Ils sont absorbés par les racines, mais aussi par les feuilles des plantes entièrement aquatiques.
- **Les oligo-éléments.** Ce sont des éléments qui sont également indispensables, mais en très faible quan-

Ces nombreuses bulles témoignent de l'activité des plantes aquatiques sous l'action de la lumière (photosynthèse), au cours de laquelle elles rejettent de l'oxygène d'une manière spectaculaire.

tité. Parmi les oligo-éléments, on trouve le fer et le magnésium, dont l'insuffisance (carence) se manifeste par une « chlorose », c'est-à-dire un jaunissement des feuilles et un dépérissement de la plante.

• **La lumière.** La meilleure lumière provient du soleil, mais tous les rayons solaires ne sont pas utilisés : une plante absorbe surtout les violets, les bleus et les rouges. C'est pourquoi on emploie en horticulture des tubes ne produisant que ces radiations, ce qui leur donne une couleur rosée. Ils sont utilisés, parmi d'autres, en aquariophilie. La puissance et la durée de l'éclairement sont également importants.

Les plantes respirent le jour et la nuit, mais, la journée, la fonction respiratoire est masquée par la photosynthèse, phénomène au cours duquel les végétaux rejettent de l'oxygène (O_2) et absorbent du gaz carbonique (CO_2).

Comment choisir vos plantes ?

Environ 200 plantes d'aquarium sont disponibles sur le marché. Elles diffèrent par leur coloration, leur taille, leur forme, leur vitesse de croissance, et leurs conditions de culture.

La qualité de l'eau

Une plante, sauvage ou issue d'une culture, est adaptée à un type d'eau. Renseignez-vous pour savoir si elle peut vivre dans celle de votre bac. Il existe des espèces « passe-partout » qui supportent presque toutes les eaux et qui se cultivent facilement.

Photosynthèse et respiration

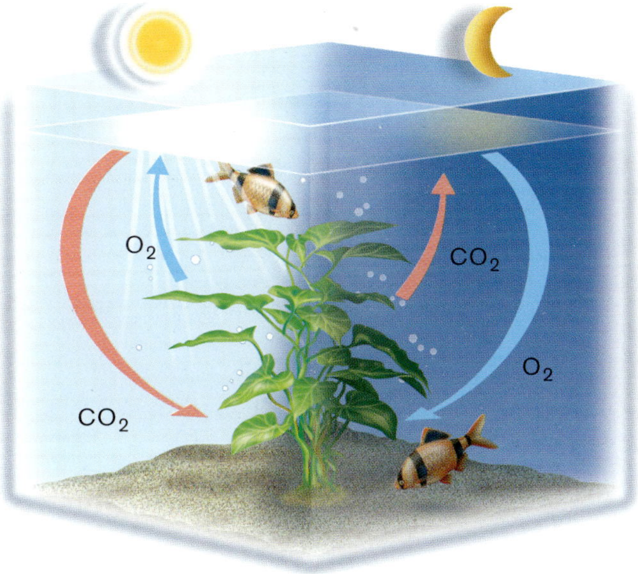

La taille et la vitesse de croissance

Les plus petites plantes sont parfaites pour le premier plan du bac. Elles grandissent lentement et leur taille maximale ne dépasse pas 4 ou 5 cm. Les plantes de taille moyenne (10 à 20 cm) ont naturellement leur place au second plan, en principe au milieu de l'aquarium. Elles se développent un peu plus rapidement. D'autres croissent assez vite, ce sont celles qui atteignent les plus grandes tailles. Elles sont parfaites pour masquer les parois latérales et la vitre arrière du bac.

La facilité de culture

Lorsque vous débutez, c'est principalement parmi les plantes réellement aquatiques que vous devez faire votre choix. Elles se reconnaissent aisément : elles s'affaissent et pendent plus ou moins à l'air libre. Ces plantes aquatiques sont fragiles : leur tige se casse assez facilement. Leurs feuilles sont souvent finement découpées. En dépit de leur apparente fragilité, ces plantes, surtout celles à tige bien développée, croissent et se reproduisent facilement en aquarium. Ce dernier critère est important pour tous ceux qui s'intéressent au développement des végétaux et à leur culture (cet aspect de l'aquariophilie est pourtant souvent délaissé par les débutants, mais aussi par les amateurs plus avertis).

Après les plantes réellement aquatiques, vous pourrez vous tourner vers les plantes amphibies, qui poussent dans les zones marécageuses. Leur culture est plus délicate, mais certaines, très résistantes, poussent bien en aquarium. Elles se reconnaissent à leur rigidité, et se dressent hors de l'eau.

Les plantes aquatiques proviennent des serres d'horticulteurs spécialisés. La plupart se cultivent dans une atmosphère saturée en eau.

Densité végétale et nombre d'espèces

La règle la plus classique est d'occuper au maximum la moitié du volume de l'aquarium avec des plantes de grande taille ou de taille moyenne. Installez quelques plantes de petite taille à l'avant du bac.

Évitez de choisir un trop grand nombre d'espèces différentes ; votre bac pourrait alors ressembler à un catalogue ! Il est plus judicieux d'opter pour deux ou trois espèces, en groupes. Dans la nature, c'est d'ailleurs ce qui se passe : il est rare qu'il y ait plus de quelques espèces végétales sur une petite surface.

Le coût

Le prix reste évidemment un élément déterminant lors de l'achat de vos plantes, mais certaines espèces sont peu onéreuses. En outre, grâce à des amis aquariophiles ou par les clubs, on peut se procurer des plantes gracieusement ou les échanger, ou encore obtenir des végétaux rares dans le commerce. Cependant, la plupart des plantes citées dans cet ouvrage sont disponibles dans les magasins spécialisés en aquariophilie.

Le transport

Les plantes à tige, qui grandissent et se multiplient facilement, sont commercialisées en plusieurs brins, la plupart du temps sans racines.

Les plantes à tige, de croissance rapide, sont placées en arrière, laissant de l'espace au premier plan pour des plantes basses, en rosette.

Les plantes sans tige, dites aussi « en rosette », se caractérisent par leurs feuilles disposées tout autour d'une base souterraine qui possède des racines. Les plantes en rosette sont souvent vendues à l'unité, en pots.
Il n'est pas nécessaire de transporter les plantes dans de l'eau. Un milieu fortement humide est suffisant pour un déplacement de une ou deux heures. On utilise du papier journal épais et humidifié, dans lequel les plantes sont soigneusement emballées. Pour les espèces les plus fragiles, vous pouvez employer les mêmes sacs qui servent au transport des poissons, gonflés avec de l'air atmosphérique.

Réussir votre plantation

Si certains aquariophiles procèdent à l'installation de leurs plantes dans un bac sans eau, il est toutefois préférable que celui-ci soit rempli : on peut ainsi immédiatement se rendre compte du résultat.
La plantation n'est pas une opération délicate, mais il vaut mieux l'effectuer sans précipitation. Elle dépend de critères esthétiques et du type de décor que l'on souhaite reconstituer. Elle doit également répondre à des impératifs techniques, portant sur l'enracinement et sur la pénétration de la lumière.

L'espacement

Les plantes ne doivent pas être trop serrées les unes contre les autres, ou contre les vitres : les racines ont besoin de bien s'étaler autour de la tige et la lumière doit pouvoir atteindre les feuilles les plus basses sans être arrêtée par les feuilles supérieures. Sinon, les feuilles du bas risquent de tomber, ce qui nuit à l'harmonie de votre plantation. Soyez patient si l'écartement des plantes donne tout d'abord l'impression que l'aquarium est un peu vide : elles vont se développer dans l'espace disponible.

La profondeur d'enracinement

Plantez les végétaux à tige sur quelques centimètres de profondeur, après élimination des feuilles les plus basses. Ne vous étonnez pas si ces pousses n'ont pas, ou ont peu, de racines : ce sont des boutures, c'est-à-dire des portions de tiges sur lesquelles des racines ne tarderont pas à se développer. N'enfouissez pas trop profondément les plantes en touffes : seules les racines et une petite partie blanche à leur base doivent être enterrées.
Toutes ces opérations peuvent être effectuées à la main, en creusant le sol avec les doigts, mais il existe dans le commerce aquariophile des plantoirs adaptés. Certaines plantes, notamment des mousses et des fougères, s'accrochent sur un support, une roche ou une racine. Vous pouvez les maintenir en place avec un morceau de fil de pêche.

L'esthétique

La conception du décor végétal n'est pas évidente, surtout si c'est votre première tentative. Nous vous conseillons d'étudier les photos de ce livre et de différentes revues, de visiter des aquariums publics et de vous inspirer des réalisations d'amateurs, à leur domicile ou dans des clubs aquariophiles. Vous avez le choix entre plusieurs possibilités.

L'harmonie d'une plantation est déterminée par le mariage des formes et des couleurs, ainsi que par l'échelonnement de la hauteur des végétaux. Ce décor est dominé par d'élégantes Limnophila sessiliflora.

La solution la plus classique est une plantation en « amphithéâtre » : les plus grandes plantes sur les côtés et à l'arrière du bac, les moyennes au milieu et les plus petites en avant. Cette disposition laisse un espace libre où les poissons peuvent nager et donne un effet de perspective lorsqu'on regarde l'aquarium de face. Groupez les plantes de même espèce pour former de petits bosquets. Celles qui se trouvent en exemplaire unique doivent être mises en valeur. Vous pouvez harmonieusement jouer avec les différentes tonalités de vert.

Les engrais

L'eau d'un aquarium récemment mis en service contient peu d'éléments minéraux. C'est également le cas du sol, sauf si celui-ci a été spécialement préparé. Aussi des engrais solides peuvent-ils y être incorporés lors de sa mise en place ; ils libéreront progressivement leurs éléments nutritifs. Si cela n'a pas été prévu, il est possible de se servir d'engrais liquides, surtout pour les plantes entièrement aquatiques.

Les dernières retouches

Une fois l'éclairage mis en service, vos plantes se redressent rapidement sous l'action de la lumière. Vous pouvez alors effectuer les dernières retouches, en déplaçant certaines d'entre elles. Plus tard, il ne faudra pas vous étonner de voir que la forme ou la couleur de quelques plantes se modifient en fonction des conditions particulières de votre aquarium. Il ne reste plus qu'à attendre patiemment avant d'introduire les poissons : les plantes vont s'enraciner et un équilibre commencera à s'établir dans le bac.

Suggestions de peuplement

Voici deux exemples de plantation pour des aquariums d'eau douce. Le premier est celui d'un aquarium communautaire, regroupant des poissons tropicaux d'origines diverses. Le second exemple est celui d'un aquarium régional, réunissant des poissons vivipares d'Amérique centrale. Dans les deux cas proposés, les plantes recommandées sont assez peu exigeantes.

Les végétaux marins

Le choix des espèces végétales en eau de mer est nettement plus restreint qu'en eau douce. Seules quelques algues sont utilisées, notamment les caulerpes. Ces dernières possèdent un stolon, sorte de tige horizontale à partir de laquelle se développent des « frondes » (qui ressemblent à des feuilles, mais n'en ont pas la structure). Ces algues apprécient une eau claire et bien brassée, ainsi q'un éclairage moyen. Elles se révèlent faciles à cultiver et croissent très rapidement (le stolon peut grandir de plusieurs centimètres par mois). Elles ont ainsi tendance à envahir le bac. *Caulerpa prolifera*, aux frondes rubanées, se rencontre près des côtes françaises. *Caulerpa sertularoides*, aux frondes découpées en forme de plume, est originaire de nombreuses régions tropicales du globe. Une troisième caulerpe, également d'origine tropicale, *Caulerpa taxifolia*, est en train d'envahir les côtes méditerranéennes, principalement entre les villes de Marseille et de Monaco. Son extension se révèle difficile à limiter.

Pour un aquarium communautaire

Parmi les plantes à tige, la cératophylle *(Ceratophyllum demersum)* se rencontre dans le monde entier. Elle présente la particularité de se développer sans être enracinée : elle peut donc être juste calée entre deux roches ou flotter à la surface. Maniez-la avec précaution, sa tige pouvant se casser facilement. Une autre plante à tige, *Hygrophila corymbosa*, de croissance rapide, convient tout à fait à l'arrière-plan et aux côtés du bac. Ces deux plantes se bouturent facilement.

D'autres plantes à croissance rapide, telles les vallisnéries (*Vallisneria americana* et *V. spiralis*), se révèlent très décoratives à l'arrière du bac. Elles se reproduisent grâce à des stolons, petites tiges horizontales au bout desquelles se développent de nouvelles pousses.

Pour meubler le milieu de votre aquarium, vous pouvez choisir *Cryptocoryne beckettii*. Cette plante en rosette associe des teintes vertes (dessus des feuilles) et rougeâtres (dessous des feuilles et pétioles). L'avant de votre bac peut être décoré par l'amazone naine *(Echinodorus tenellus)*. Dans de bonnes conditions, elle peut former un tapis de verdure au premier plan. Cette plante se multiplie comme les vallisnéries.

Pour un aquarium régional

Pour décorer un bac de poissons vivipares d'Amérique centrale (guppys, platys, xyphos et mollys), choisissez des plantes originaires des mêmes régions que ceux-ci. Les alternanthères, notamment *Alternanthera reineckii*, ont un feuillage très décoratif. Leur plantation en petit groupe donne un très bel aspect à l'aquarium. Elles apprécient la lumière et se bouturent aisément. *Bacopa caroliniana* provient de la même région. Sa couleur varie suivant l'importance de l'éclairage, qui doit demeurer assez fort. *Ludwigia repens* possède des feuilles vertes sur leur partie supérieure et rouges en dessous. Comme *Bacopa caroliniana*, elle a une croissance rapide et se bouture facilement. En association, ces deux plantes offrent un contraste intéressant avec les cabombes, qu'elles peuvent encadrer dans la partie arrière de l'aquarium. Enfin, *Sagittaria subulata* peut garnir la partie médiane de votre bac régional, car elle dépasse rarement 20 cm de hauteur en aquarium. Sous un éclairage fort, elle produit rapidement des stolons. *Sagittaria subulata* n'est pas particulièrement exigeante vis-à-vis de la qualité de l'eau, ni sur la quantité d'engrais.

Les engrais solides, en comprimés, granulés ou gélules, se disposent au pied des plantes. Les engrais liquides se versent dans l'eau.

LES INVERTÉBRÉS

Avec plus d'un million d'espèces connues, les invertébrés réunissent, des éponges aux insectes, des formes très différentes. La plupart des animaux trouvant leur place dans les aquariums marins proviennent des récifs coralliens des mers tropicales. Il s'agit surtout de coraux et d'anémones de mer, mais aussi d'éponges, d'oursins, d'étoiles de mer, de crevettes et de mollusques.

Comment choisir vos invertébrés ?

Plusieurs critères sont déterminants pour le choix de vos invertébrés, notamment pour celui des coraux, qui représentent la majorité des invertébrés disponibles dans le commerce. Ces critères sont liés aux caractéristiques des animaux eux-mêmes, en particulier à leur comportement.

La santé

D'une manière générale, écartez de votre choix tout invertébré présentant des lésions, des taches blanches ou des zones de putréfaction. La présence indésirable de parasites est courante, notamment chez les invertébrés fixes (éponges, anémones, coraux), et vous éliminerez ainsi des animaux infestés. Les invertébrés mobiles doivent être toniques et arborer des couleurs vives. Par exemple, évitez les oursins aux piquants qui pendent, les crevettes d'apparence recroquevillée, les étoiles de mer ternes, etc. Parmi les coraux, choisissez également des spécimens bien colorés. Chez les coraux mous, les polypes (ces petits animaux garnis de tentacules dont le regroupement forme le corail) doivent être déployés.

La cohabitation

Il est nécessaire de vérifier que les poissons ou les invertébrés mobiles vivant déjà dans votre aquarium ne se nourrissent pas de ceux que vous souhaitez introduire. Les invertébrés peuvent, à l'inverse, représenter une menace pour certains poissons. En outre, il peut y avoir des problèmes de cohabitation entre les invertébrés eux-mêmes.

Ainsi, les tentacules des anémones et des coraux sont garnis de cellules urticantes (« piquantes »), dont la vigueur varie d'une espèce à une autre. En règle générale, les coraux mous se tolèrent bien entre eux, mais ne les placez pas à côté de coraux durs : des agressions incessantes auront tôt fait d'épuiser les uns ou les autres. Avec l'expérience, vous apprendrez à évaluer les risques de relations conflictuelles entre vos invertébrés lorsque vous les assemblerez dans le décor. Si vous débutez, choisissez de préférence des espèces de coraux voisines pour peupler un même bac.

Le transport

Que vous rapportiez chez vous un invertébré acheté en magasin ou bien que vous souhaitiez donner des morceaux (« boutures ») de vos coraux à un ami, un conditionnement est nécessaire pour un transport sans risque. Comme pour les poissons, ce conditionnement diffère selon les distances à parcourir.

Les coraux, qu'ils soient durs ou mous, doivent être installés avec délicatesse, sur des supports stables du décor.

Les courtes distances

Remplissez une poche en plastique au tiers avec l'eau de l'aquarium où se trouve l'invertébré. Placez ensuite délicatement l'animal dans le sac. Fermez celui-ci tout en emprisonnant une bonne quantité d'air atmosphérique (ne soufflez pas dans le sac pour le remplir !). Afin de maintenir la température initiale, le sac peut être entouré de papier journal ou d'un sac isotherme spécialement conçu à cet effet. La durée du transport avec un tel emballage ne doit pas dépasser 3 heures.

Les longues distances

Pour des durées de transport excédant 5 ou 6 heures, afin de garantir une bonne oxygénation, le sac doit être bien gonflé d'air, voire d'oxygène pour les trajets de plus de 12 heures. Vous placerez ensuite le sac dans une boîte en polystyrène (qui permet d'effectuer des voyages de 24 à 48 heures). Quelques poches d'eau chaude peuvent également être ajoutées à l'intérieur de la boîte pour maintenir plus longtemps la température initiale.

Quelques précautions

Quel que soit le temps de transport, contrôlez la solidité du sac : le socle des coraux pourrait le fendre, les épines des oursins le transpercer… Il est prudent de doubler ou de tripler certaines poches pour éviter les fuites. Choisissez toujours des sacs adaptés à la taille des animaux, ni trop petits, ni trop grands (pour que les coraux ne roulent pas à l'intérieur).

L'équipement pour les invertébrés

Pour des invertébrés mobiles (crevettes, par exemple), votre système de filtration et votre éclairage ne doivent pas avoir de caractéristiques particulières, mais la qualité de l'eau doit convenir à vos hôtes. Si votre choix s'oriente vers les coraux durs, votre système de filtration doit comprendre un écumeur, qui contribue à maintenir l'eau propre. En outre, votre éclairage doit être puissant et d'excellente qualité. L'acquisition d'appareils tels que les réacteurs à calcaire ou à calcium s'avère rapidement indispensable.
Les coraux mous, quant à eux, peuvent se contenter d'une installation un peu moins perfectionnée, car leur capacité d'adaptation est meilleure. Une bonne qualité d'eau et un éclairage satisfaisant n'en demeurent pas moins indispensables.

Comment installer vos invertébrés ?

La question se pose pour les invertébrés fixes, comme les éponges, les anémones et les coraux. Lorsque vous achetez un corail, demandez à voir le socle sur lequel il croît. Cela peut vous être utile pour déterminer comment l'installer dans votre bac, ou tout simplement pour l'écarter de votre choix s'il risque d'être trop instable dans le décor.

Définir un emplacement

Avant de choisir un corail ou tout autre invertébré fixe, il est préférable de définir son futur emplacement dans l'aquarium. Ses tentacules urticants imposent, en effet, le maintien d'une zone de sécurité autour de lui. En outre, comme tout être vivant, le corail grandit (souvent assez vite) et occupe une place croissante. Notez également qu'un corail haut et large, tels que ceux du genre *Sarcophyton*, peut vite priver de lumière d'autres invertébrés. La prévision de tels problèmes peut vous éviter, plus tard, d'avoir à déplacer des coraux, ce qui n'est jamais sans risque.

Heterocentrotus mammillatus *a de robustes piquants autrefois utilisés comme crayons, d'où son nom commun d' « oursin-crayon ».*

L'acclimatation

Les invertébrés sont très sensibles aux changements de qualité de l'eau. Il est donc nécessaire de les acclimater, c'est-à-dire de les habituer progressivement aux caractéristiques de l'eau de votre aquarium. Laissez tout d'abord tremper dans votre bac, pendant 20 minutes, les sacs de transport encore fermés, afin que les températures s'équilibrent. Ensuite, après avoir ouvert le sac, remplissez-le progressivement avec l'eau de l'aquarium. Le sac doit être plein au bout d'une heure et vous pouvez alors installer vos invertébrés à la place voulue.

Les éponges, comme certains mollusques, ne doivent pas rester hors de l'eau : ces invertébrés ont des difficultés à expulser l'air, lequel risque de les endommager. Par ailleurs, évitez de toucher les animaux, pour ne pas les abîmer ni vous blesser à leur contact. En outre, n'exposez pas directement à la lumière les coraux, en partie dépigmentés durant le transport : placez d'abord, durant 2 ou 3 jours, un film de plastique fumé entre la source de lumière et l'eau du bac. Enfin, il est nécessaire de bien fixer le socle d'un corail dans le décor : la résine époxy permet de le coller sur les roches.

→ Les invertébrés en eau douce

Pour un aquarium d'eau douce, le choix des invertébrés est beaucoup moins étendu que pour un aquarium marin. Vous trouverez surtout des « escargots » (mollusques du groupe des gastéropodes), des moules d'eau douce (anodontes) et des crevettes (crustacés). Choisissez des escargots que vous aurez préalablement observés en train de se déplacer, afin de vous assurer qu'il y a bien un animal sous la coquille. Les moules doivent être légèrement entrouvertes : c'est ainsi qu'elles se nourrissent, en filtrant l'eau. Les crustacés, souvent représentés par les crevettes d'eau douce, sont des animaux très actifs. Au moment de l'achat, portez votre attention sur leur première paire de pattes. Chez un animal en bonne santé, elles sont toujours en mouvement. Évitez les crevettes qui adoptent une posture ramassée ou présentent des signes de décoloration de la carapace.

Suggestions de peuplement

Voici deux exemples de peuplement pour des aquariums marins. Dans le premier, les anémones tiennent le rôle principal en compagnie des poissons-clowns qu'elles hébergent. Le second est celui d'un aquarium récifal, c'est-à-dire un aquarium comportant principalement (voire exclusivement) des invertébrés.

Anémones et poissons-clowns

Un aquarium d'un volume minimal de 300 litres est nécessaire pour les grandes anémones, des genres *Heteractis* et *Stichodactyla*, et les poissons-clowns avec lesquels elles vivent naturellement en symbiose (une association dont chacun, poisson et anémone, tire bénéfice).

Les poissons-clowns (du genre *Amphiprion*) doivent appartenir à des espèces adaptées aux anémones choisies. Le spectacle de ces poissons nageant entre les tentacules des anémones est tout à fait étonnant. Vous pouvez ajouter quelques petits poissons, tels que des gobies. Outre les anémones (au nombre de 3 ou 4), d'autres invertébrés ont leur place dans cet environnement : un couple de crevettes *Lysmata amboinensis*, ainsi que quelques crabes du genre *Neopetrolisthes*, eux aussi liés aux anémones.

Pour le décor, évitez les coraux, utilisez plutôt des roches vivantes (à base de squelette de corail, abritant des algues, de petits animaux et des micro-organismes), en laissant une grande plage de sable au milieu du bac.

Un jardin de coraux mous

Les coraux mous – alcyonaires, corallimorphaires ou stolonifères – sont ainsi qualifiés car leur squelette n'est pas imprégné de calcaire, à la différence de celui des coraux durs. Beaucoup de coraux mous sont délicatement ramifiés et donnent à l'aquarium des allures de vrai jardin. Vous pouvez même les tailler et les « bouturer », d'autant que leur croissance est rapide.

Dans un bac d'une longueur comprise entre 1,20 et 1,50 m (240 à 350 litres), disposez des coraux des genres *Pachyclavularia* et *Xenia* et des anémones du genre *Discosoma*, en massifs constitués d'une même espèce ou d'espèces proches. Pensez à espacer suffisamment les animaux afin de leur laisser la place de se développer. Entre ces massifs, installez des coraux mous branchus comme *Cladiella* ou *Sinularia.* Le reste du décor de l'aquarium peut être formé d'un ou de deux grands *Sarcophyton.* Ajoutez quelques poissons non prédateurs de corail, tels ceux du genre *Zebrasoma* (poissons-chirurgiens) ou *Sphaeramia nematoptera* (poisson-pyjama).

Tout l'art de l'aquarium récifal réside dans l'obtention d'un aspect à la fois naturel et esthétique. Dans ce bac richement peuplé, on remarque la diversité des formes et des couleurs, ainsi que l'étagement des coraux.

LE BAC

Votre aquarium se compose d'un bac et de son équipement (systèmes d'éclairage, de filtration, de chauffage...). Les dimensions du bac dépendent notamment du type d'aquarium que vous souhaitez créer, eau douce ou eau de mer, par exemple, et des animaux qui y vivront. Vous pouvez le fabriquer vous-même, l'acheter séparément de son support et non équipé, ou avec support et équipement.

Le pôle d'attraction de cet aquarium-meuble de 1200 litres est un banc d'une quinzaine de discus, évoluant dans une végétation de cryptocorynes.

Formes et matériaux

Quels que soient la forme et le matériau choisis, prévoyez un couvercle transparent. Celui-ci protégera le système d'éclairage des projections d'eau et de l'évaporation, tout en empêchant les poussières de tomber dans l'eau. En outre, il empêchera certains poissons « sauteurs » de s'échapper de l'aquarium.

La forme

La forme la plus classique est rectangulaire, mais il existe une grande variété de modèles, tels que les bacs d'angle (à trois côtés), les colonnes, les bacs hexagonaux (à six faces)... Évitez absolument les traditionnelles boules à poissons rouges ! Leurs courbes déforment la vision, aucun équilibre ne peut s'y installer et les poissons y manquent d'espace vital. Pour votre premier bac, restez simple : vous maîtriserez mieux l'installation et la décoration d'un bac rectangulaire placé contre un mur.

Exemples de dimensions classiques de bac

Longueur cm	Largeur cm	Hauteur cm	Volume litres
50	25	30	40
60	30	30	50
80	35	40	112
100	40	40	160
120	40	50	240

Évitez, lorsque vous débutez, les aquariums cloisons (sur un muret séparant deux pièces, donc visibles sur trois faces), les aquariums encastrés et les aquariums isolés au milieu d'une pièce.

Les matériaux

Le matériau le plus utilisé est le verre, dont l'épaisseur dépend de la taille du bac et dont l'assemblage se fait avec de la colle à base de silicone. Cette colle, comme le verre, est neutre vis-à-vis de l'eau, c'est-à-dire qu'elle n'en modifie pas la composition. Les plus grands bacs peuvent être en résine, avec une façade en verre (d'autres matériaux sont réservés aux aquariums publics). Le PVC est utilisé pour les petits bacs, mais il se raye facilement. Le méthacrylate est un matériau de plus en plus répandu. D'une meilleure transparence que le verre, il prend toutes sortes de formes et ses rayures peuvent être polies.

Les dimensions

Pour la grande majorité des bacs, la hauteur ne dépasse pas 50 ou 60 cm, ce qui assure une bonne propagation de la lumière jusqu'au fond, tout en vous permettant d'y intervenir facilement. Plus un bac est volumineux, plus il est facile d'y maintenir un équilibre « écologique ». Cependant, pour débuter, optez pour un volume de 100 à 200 litres en eau douce et, au minimum, de 250 à 300 litres en eau de mer.

L'achat de votre bac

Plusieurs possibilités s'offrent à vous, de l'achat d'un bac standard à l'acquisition d'un ensemble complet. Outre votre aquarium principal, nous vous conseillons d'acheter un ou plusieurs bacs de quelques dizaines de litres, en verre ou en PVC. Ils vous seront utiles pour mettre un poisson malade en quarantaine ou pour isoler des reproducteurs.

Certains fabricants fournissent des aquariums entièrement équipés, dont les accessoires sont adaptés au type d'installation envisagé. Celui-ci est prêt à recevoir décor et eau.

Les bacs standards

Les modèles les plus courants, et les moins coûteux, sont de simples cuves rectangulaires, dépourvues d'éléments décoratifs, mais parfois équipées d'un compartiment pour la filtration ou d'une galerie d'éclairage. Votre choix peut également se porter sur les bacs en kit : ils comprennent en plus le matériel de filtration, de chauffage, d'aération, éventuellement des petits accessoires. Dans les deux cas, prévoyez un support.

Les bacs complets

Ils sont vendus avec leur support, possèdent parfois un habillage extérieur assorti à ce support et, très souvent, un équipement de base : éclairage, filtration, chauffage et aération. Beaucoup d'amateurs préfèrent acquérir de tels ensembles, faciles à choisir et à installer chez soi. Il existe une grande diversité de modèles s'accordant avec tous les goûts. Bien sûr, le budget est plus élevé que pour les bacs standards.

Les bacs sur mesure

Un bac fait sur mesure peut vous intéresser pour diverses raisons, par exemple si vous possédez déjà un support de dimensions précises, tel qu'une cheminée non utilisée. Vous pouvez faire réaliser votre bac par un commerçant spécialisé ou vous adresser à un club d'aquariophilie, ou encore le construire vous-même.

Les occasions

On en trouve dans les clubs, mais aussi par petites annonces. Les bacs d'occasion représentent souvent de bonnes affaires, surtout s'ils sont vendus avec du matériel. Toutefois, vérifiez que le bac choisi ne fuit pas, que le verre n'est pas rayé, que le matériel est en état de marche. L'idéal serait d'acquérir un aquarium que vous aurez vu fonctionner en situation réelle.

Le transport

Les petits bacs se transportent facilement, mais, pour les aquariums de grand volume, il est indispensable de vous faire aider. En effet, un léger choc peut avoir des conséquences assez graves : fuites aux angles, voire fêlure d'une vitre. Prévoyez du polystyrène, du carton ou des couvertures pour protéger votre bac durant le transport.

Coller votre bac

L'apparition des colles à base de silicone a représenté une véritable révolution pour le collage du verre,

Le collage du bac

Avant de coller les vitres de votre bac, n'oubliez pas de bien nettoyer celles-ci à l'acétone. Des cales vous seront, en outre, utiles pour les assembler.

Comment choisir un support pour un bac standard ?

Si vous vous procurez un aquarium non intégré à un meuble, il vous faut choisir un support. Vous pouvez l'acheter (généralement sous la forme de tubes métalliques de section carrée soudés entre eux, ou encore d'étagères en contreplaqué), le fabriquer (par exemple par assemblage de tasseaux de bois) ou encore utiliser l'un de vos meubles. La base du bac doit se trouver à environ un mètre du sol, à peu près à la hauteur de vos yeux lorsque vous êtes assis. Sélectionnez un support très solide et de la même longueur que l'aquarium, voire plus long, mais jamais plus court. Vérifiez son horizontalité (l'idéal est d'utiliser un niveau à bulle) : un calage précis au sol s'imposera parfois. Pour obtenir une surface portante parfaitement étanche et lisse, vous pouvez utiliser une planche de contreplaqué «marine» (traitée pour résister à l'eau), surmontée d'une plaque de polystyrène recouvrant ses éventuelles aspérités. Cette dernière permet une meilleure assise de l'aquarium sur son support. En outre, le polystyrène amortit les vibrations, qui peuvent stresser les poissons. On trouve également des bacs dont la base est équipée de plots de sustentation qui jouent efficacement ce rôle d'amortisseurs et rendent superflue l'installation d'une plaque de polystyrène.

Après assemblage et collage des vitres de votre futur aquarium, maintenez l'ensemble avec du ruban adhésif, jusqu'à ce qu'il soit sec.

et particulièrement pour celui des aquariums. Neutres, résistantes, élastiques, ces colles se révèlent faciles à utiliser et vous permettent de fabriquer l'aquarium adapté à vos désirs ou à vos besoins. Le collage d'un bac est délicat, mais simple. Il suffit d'observer certaines règles de fabrication et de disposer d'un minimum de matériel. Pensez à l'avance à toutes les étapes de la construction du bac. Établissez un plan avec des cotes précises. Un peu de patience pendant la préparation du collage évite la précipitation pendant la réalisation et, donc, les risques de casse ou de fuites après l'installation.

Préparation de la coupe

Les plaques de verre aux dimensions voulues peuvent vous être fournies par un miroitier. Si vous décidez de les couper vous-même, un coupe-verre et une règle sont indispensables. Vous aurez également besoin de papier abrasif pour poncer les arêtes tranchantes et... d'un peu d'entraînement.

Faites des essais préalables sur de petites épaisseurs de verre, de 4 à 6 mm. Le port de gants est fortement conseillé lors de toutes les manipulations. Le plan de travail doit être recouvert par exemple de moquette, pour absorber les vibrations dues à la coupe et recueillir les petits éclats. Une découpe très précise est obligatoire. Elle suit les formules suivantes :

• dimensions des faces (avant et arrière) = longueur du bac multipliée par hauteur du bac ;
• dimensions des côtés = hauteur du bac multipliée par largeur du bac moins 2 fois [épaisseur du verre + épaisseur du joint de colle] ;
• dimensions du fond (dessous) = longueur du bac moins 2 fois [épaisseur du verre + épaisseur du joint] multipliée par largeur du bac moins 2 fois [épaisseur du verre + épaisseur du joint].

Prévoyez une épaisseur de joint de colle de 1 mm pour du verre de 8 mm, et de 1,5 mm pour du verre d'épaisseur supérieure.

La coupe

Le trait effectué avec le coupe-verre doit être net et ininterrompu, sous peine d'obtenir une coupe mauvaise ou biseautée. Pour faciliter le tracé, humidifiez votre vitre à l'aide de pétrole « désaromatisé », qui donne une meilleure stabilité au coupe-verre. Tenez compte de l'épaisseur de votre coupe-verre pour couper à la bonne cote. Après avoir

→ Les renforts

Il est souvent nécessaire de consolider les aquariums de grand volume ou de hauteur importante au moyen de renforts. Il en existe deux types : les entretoises et les raidisseurs. Les entretoises sont des lames de verre de 15 à 20 cm de largeur, qui relient le haut de la vitre avant à celui de la vitre arrière. Les raidisseurs sont des lames de verre de 5 cm de largeur, collées par la tranche sur le haut des vitres, qu'elles empêchent de bomber. Vous devez les mettre en place avant d'assembler le bac, alors que les entretoises sont à coller après séchage de celui-ci. Ces deux types de renforts peuvent être utilisés conjointement. Les raidisseurs servent en outre de soutien aux vitres couvrant l'aquarium, ce qui évite d'avoir à coller des petits tasseaux de verre pour leur support.

réalisé le trait de coupe, placez une cale sous celui-ci et exercez des pressions égales de chaque côté de la cale. Pour que la coupe soit franche, effectuez cette dernière opération d'un coup sec. Dès que vos vitres sont découpées, il vous faut poncer les arêtes coupantes pour pouvoir manipuler les plaques sans risques.

Le collage

La technique de collage correspondant aux découpes indiquées plus haut consiste à entourer la vitre du fond avec les vitres des faces et des côtés, c'est-à-dire à placer celles-ci contre les tranches de la vitre du fond. Avant cette opération, préparez un plan de travail plat, propre et stable, recouvert d'une grande feuille de papier. Nettoyez les vitres à l'acétone pour en dégraisser les surfaces ; la colle sera ainsi parfaitement adhérente. Ne posez plus vos doigts sur les surfaces de collage. Notez enfin que la plupart des produits utilisés sont toxiques : travaillez donc dans un lieu bien aéré.
Posez la vitre du fond sur le plan de travail et encollez sa tranche arrière. Pressez le bas de la vitre arrière contre cette tranche et maintenez-la à l'aide d'une cale, à 80°. Encollez une des tranches de côté de la vitre du fond, contre laquelle vous plaquerez le bas d'une des vitres de côté. Rabattez ensuite la vitre arrière sur la tranche verticale de cette vitre de côté, que vous aurez encollé. Collez le second côté contre les tranches de la vitre du fond et de la vitre arrière. Il ne vous reste plus qu'à placer la vitre de façade contre les trois tranches encore libres (le fond et les deux côtés).

Les finitions

Maintenez le bac fraîchement collé au moyen de ruban adhésif. Les éventuelles bulles présentes dans les joints peuvent être chassées par injection de colle. Ôtez la colle qui dépasse des joints à l'aide d'une raclette. L'usage de produit à vaisselle empêche la colle d'adhérer à la raclette et aux vitres. Cela donne un joint propre et net. Les joints peuvent être simplement lissés avec le doigt, ce qui est moins esthétique, mais plus résistant. Vous pouvez également couper les joints une fois secs avec une lame de rasoir.
Un aquarium de taille moyenne demande 24 à 36 heures de séchage avant de pouvoir être manipulé. Un délai de 3 ou 4 jours est ensuite impératif avant d'effectuer la mise en eau, dans un endroit qui ne craint pas d'éventuelles fuites.

→ Aquarium et sécurité

L'eau et l'électricité, c'est bien connu, ne font pas bon ménage. En aquariophile averti, respectez quelques règles élémentaires :
- **placez l'aquarium à proximité d'une ou de plusieurs prises électriques ;**
- **évitez les rallonges, utilisez plutôt des prises multiples branchées sur les prises murales haut placées (les branchements ne doivent pas se faire sous le bac) ;**
- **ne placez jamais d'appareils électriques sous l'aquarium (même une modeste chaîne stéréo compacte !).**

Si la rupture d'une vitre est un événement extrêmement rare, il est tout de même plus prudent de contacter votre assureur pour connaître la couverture de ce risque, pour vous et votre voisinage.

Estimation du poids d'un bac en fonction de son volume

Volume approximatif *litres*	Poids de l'aquarium complet *kg*
50	*75-80*
70	*100-120*
100	*150-180*
150	*220-250*
200	*280-320*

Choisir le bon emplacement

N'oubliez pas que, une fois installé et rempli, un bac ne se déplace pas. Estimez précisément son poids. Dans la plupart des logements, la résistance du sol est suffisante pour un aquarium de 300 ou 400 litres. Au-delà, il est prudent de consulter un architecte. Ne placez pas votre bac près d'une fenêtre et laissez-le à quelques centimètres du mur, pour faire passer tuyaux et câbles.

LE PAYSAGE AQUATIQUE

L'aquarium est plus qu'un objet décoratif ou un espace de présentation d'animaux aquatiques. Il est destiné à recréer, plus ou moins fidèlement, une portion de milieu naturel. Le sol et les éléments inertes du décor – roches, racines... –, associés aux plantes, notamment en eau douce, ou aux invertébrés fixés comme le corail, en eau de mer, permettent de réaliser un véritable paysage aquatique. Au sein de cet environnement, vos animaux pourront évoluer en sécurité, s'abriter et se reproduire.

Le sol : des rôles multiples

Le sol contribue à recréer un environnement proche du milieu d'origine des occupants de l'aquarium. Indispensable à la culture et à la fixation de la plupart des plantes aquatiques, il sert également de milieu nourricier à certains poissons et invertébrés. En outre, il abrite des bactéries qui participent à la transformation des déchets. Seuls les aquariums d'élevage, d'isolement ou de reproduction sont dépourvus de sol, pour des raisons d'hygiène. Pour le sol de votre aquarium, un large choix de matériaux s'offre à vous. Chacun répond à des exigences propres et votre tâche consistera à adapter le sol de votre bac aux besoins de ses locataires.

Substrat de culture

Le premier rôle du sol est celui de substrat pour la culture des plantes. Celles-ci y puisent les éléments minéraux nécessaires à leur croissance, tout en s'y fixant fermement par leurs racines. En fait, la plupart des plantes aquatiques s'approvisionnent directement dans l'eau qui les baigne, mais le sol intervient comme réserve d'oligo-éléments et de sels minéraux. Ces matières nutritives diffusent en permanence à partir du sol dans l'eau du bac, où elles sont absorbées.

Abri et source de nourriture

Un sol meuble peut servir d'abri à des poissons et à des invertébrés. Beaucoup de gobies marins y creusent un terrier. Des coquillages s'y enfoncent, ne laissant dépasser que leurs organes respiratoires et nutritionnels. Par la forme de leur corps et les motifs de leur robe, des poissons se camouflent aisément sur le sable. En outre, beaucoup d'animaux, notamment les poissons de fond, explorent activement le sol à la recherche de nourriture. Des cichlidés, du genre *Geophagus*, avalent le sable et le rejettent par les opercules de leurs branchies pour en filtrer les particules nutritives.

Support de ponte

Les animaux aquatiques qui pondent sur un substrat découvert (et non dans une cavité, par exemple), déposent leurs œufs sur le sol.
De nombreux cichlidés creusent une petite cuvette pour héberger leur ponte ou, au contraire, élèvent un dôme de sable, d'où ils peuvent

Creuser un terrier est une des principales activités du gobie Cryptocentrus cinctus. *Celui-ci se fait souvent aider par une crevette du genre* Alpheus *dans ses travaux de terrassement.*

dominer leur territoire et surveiller leurs œufs. Les pelmatos utilisent, par ailleurs, le sable pour obturer l'entrée de leur cavité de ponte.

Source d'équilibre pour l'aquarium

Parce qu'il abrite de nombreux organismes microscopiques, le sol participe activement à l'équilibre général de l'aquarium. Il représente le principal lieu de colonisation bactérienne après les masses de filtration biologique : des bactéries y permettent la transformation des déchets toxiques en matières non dangereuses pour les poissons. La surface de chaque grain de sable constitue une véritable usine de retraitement des déchets azotés.
On utilise souvent cette propriété du sol pour la mise en service des bacs neufs : une poignée de sable provenant d'un aquarium sain en fonctionnement constitue un ensemencement idéal pour un nouvel aquarium.

Les différents sols en eau douce

D'une manière générale, choisissez pour votre sol des matériaux adaptés aux mœurs des poissons. Par exemple, évitez les grains de sable aux arêtes tranchantes si vous avez des poissons de fond. Sachez également qu'un substrat foncé offre un meilleur effet esthétique, tout en donnant une sensation de sécurité aux poissons. Vous pouvez vous

Gravier de rivière

Sable de Loire fin

Pouzzolane

Jaspe

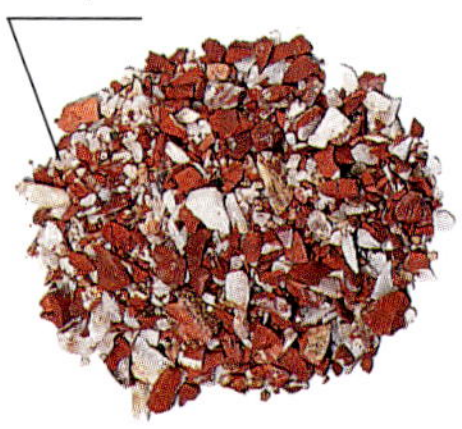

Aragonite

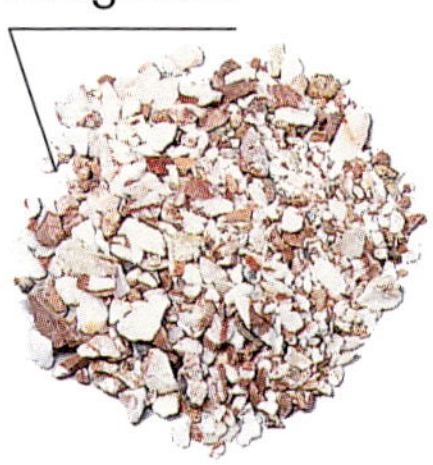

Quartzite noire

procurer des sols de différentes couleurs, toutefois nous vous conseillons d'éviter les teintes vives et uniformes (et surtout les couleurs « fluo » !), afin d'obtenir un effet plus naturel. N'oubliez pas que la composition chimique du sol joue sur celle de l'eau. Vous devez donc proscrire un sable calcaire si vos poissons exigent un pH acide et une dureté faible.

→ Nuancez les couleurs

Afin d'associer au mieux la coloration de votre sol avec celle du décor de l'aquarium, et d'obtenir une harmonie « naturelle », il vous est possible de mêler des matériaux de différentes teintes. Le mélange le plus classique est celui des matériaux appelés « quartz rose » et « quartz noir ». En jouant sur la proportion de l'un des composants par rapport à l'autre, vous pouvez créer un sol plus foncé ou plus clair, en fonction de la teinte des roches, des racines ou d'autres éléments du décor. Des matériaux de couleurs encore différentes peuvent être mélangés dans le but de créer des sols d'apparence très naturelle.

La quartzite

Souvent présente dans les magasins d'aquariophilie, la quartzite est composée d'éclats de quartz. D'une grosseur de 2 à 3 mm, ses grains formeraient sans doute le substrat idéal si leurs arêtes tranchantes ne risquaient pas de blesser vos poissons. En outre, c'est un matériau qui a tendance à se tasser et à ralentir peu à peu la circulation de l'eau, donc l'oxygénation des couches d'eau les plus profondes.

Sable et graviers

Composés en majorité de quartz et de silice, ces matériaux proviennent de cours d'eau au sein desquels leurs grains ont été polis, ce qui convient aux poissons de fond comme les loches-clowns ou les corydoras. Avec des grains de moins de 2 mm, le sable constitue le meilleur substrat d'ancrage pour la plupart des plantes. Cependant sa finesse nuit à la circulation de l'eau et une épaisseur trop importante peut provoquer la formation de zones de putréfaction. Choisissez de préférence un gravier d'une grosseur de 2 à 3 mm, appelé « quartz rose ». Réservez des graviers aux grains plus gros aux poissons ayant tendance à déplacer les éléments du décor, comme certains cichlidés (*Cyathopharynx furcifer* ou *Cyphotilapia frontosa*) et loricariidés *(Glyptoperichthys gibbiceps)*.

La pouzzolane

Ce matériau est obtenu par concassage de roches volcaniques. Il possède une couleur brun-rouge, originale par rapport à celle des substrats classiques. Sa teinte foncée, sécurisante pour les poissons, fait bien ressortir le vert des plantes. La structure fortement poreuse des grains de pouzzolane constitue un lieu privilégié de colonisation par les bactéries qui transforment les déchets. La pouzzolane est d'ailleurs également utilisée comme support de filtration. Le seul défaut de ce matériau est lié aux pointes et aux arêtes de ses grains, pouvant blesser vos poissons.

Les différents sols en eau de mer

Il est primordial que le sol d'un aquarium marin offre suffisamment d'espace entre ses grains pour permettre une bonne circulation de l'eau. En outre, il faut choisir des matériaux calcaires favorisant la stabilité des valeurs physico-chimiques adéquates en eau de mer (pH et dureté élevés). Par conséquent, le sable de plage ou de rivière, trop fin et siliceux, ne convient pas en eau de mer.

Le sable coquillier

Constitué en majorité de débris broyés de coquilles de jeunes mollusques lamellibranches (moules, huîtres...) et d'autres coquillages, ce sable calcaire est disponible en différentes tailles de broyat. Pour favoriser la circulation de l'eau, choisissez parmi les sables ayant les plus gros grains. Vérifiez au toucher que les arêtes ne sont pas trop tranchantes. Comme tous les substrats d'aquarium, il convient de bien le rincer avant usage.

Le sable « de corail »

Vous trouverez rarement dans le commerce du sable composé de débris de squelettes de coraux : le matériau actuellement vendu sous le nom de « sable de corail » est formé de fragments d'algues calcaires, qui participent également à l'édification des récifs coralliens.

Les grosseurs des grains formant le sable de corail sont très variées. Choisissez le sable dont les grains sont les plus gros : un sable fin, en l'absence d'organismes susceptibles de l'entretenir, se colmate très rapidement. Les zones privées d'oxygène subissent une putréfaction toxique.

Le décor n'a pas seulement une fonction esthétique : il est utilisé comme support de ponte par de nombreuses espèces, comme ce discus.

Le décor : un milieu de vie essentiel

Dépourvu d'un décor proche de celui du milieu naturel, l'aquarium offre moins d'attrait, même s'il contient de nombreuses plantes (excepté dans le cas d'un aquarium « hollandais », où les plantes sont agencées comme des matériaux de décor). Vous apprécierez mieux l'esthétique de votre bac s'il contient les principaux éléments d'un environnement aquatique.

En outre, les poissons, moins stressés que dans un bac nu, exprimeront des comportements plus naturels, en arborant de plus belles couleurs. Le décor offre des abris et des cachettes aux animaux, tout en leur ménageant des zones libres pour la nage. Beaucoup de poissons se servent de ses éléments pour y déposer leurs œufs. Votre décor sera donc conçu pour offrir un milieu de vie à vos poissons et répondre à leurs besoins. Les dimensions du bac vous orienteront quant au choix des matériaux.

Un abri pour les animaux

Grottes, surplombs, enchevêtrements de branches et autres cachettes sont indispensables au bien-être de la plupart des poissons et des invertébrés mobiles (crevettes, crabes, étoiles de mer...).

Les cichlidés des grands lacs africains, dont le décor naturel est en grande partie composé d'éboulis rocheux, recherchent les failles et les interstices pouvant les soustraire à l'agressivité de leurs compagnons. Les discus s'abritent entre des branches, tandis que *Gramma loreto,* un poisson de la mer des Caraïbes, se réfugie en un éclair dans un trou de roche.

De même, la plupart des poissons des récifs coralliens sont dépendants des roches et des amas de corail, qui les protègent et que beaucoup défendent contre les intrus.

Un support de ponte

Un décor inerte est nécessaire à la majorité des poissons, qui y déposent leurs œufs : fournissez-leur les éléments qui conviennent à leur mode de ponte.

Discus et scalaires pondent sur une surface verticale et apprécient les racines comme supports. Les cichlidés des cours d'eau, tels ceux du genre *Pelvicachromis*, nécessitent une cavité de ponte sécurisante. Les loricariidés (tels *Glyptoperichthys gibbiceps* ou *Hypancistrus zebra*) affectionnent les recoins entre les racines et les écorces retournées. Les poissons-clowns recherchent une pierre plate à proximité de leur anémone de mer pour y déposer leur frai.

Les décors naturels en eau douce

Veillez tout d'abord à choisir des matériaux exempts de composés toxiques (en eau douce comme en eau de mer). Certaines roches peuvent contenir des métaux lourds, voire des poisons tels que l'arsenic. De même, certains bois, comme l'orme ou les résineux (conifères), se révèlent nocifs. En outre, vous devez connaître l'impact des roches sur le pH et la dureté de l'eau : les roches calcaires tendent à les augmenter et ne conviennent pas aux poissons exigeant un niveau bas de ces paramètres. Pour reconnaître si une roche contient une forte proportion de calcaire, versez dessus une goutte de vinaigre : le calcaire le fait mousser.

Ces nez rouges nagent en banc dans un décor de roches et de plantes.

Les roches

Selon leur origine, on distingue trois types de roches : les roches sédimentaires, qui proviennent de l'accumulation de matériaux (sédiments), les roches d'origine volcanique et les roches métamorphiques, qui résultent de la transformation de roches préexistantes, placées dans des conditions différentes de celles de leur formation.

Parmi les roches sédimentaires, on emploie surtout en aquarium d'eau douce les roches siliceuses, comme le grès (celles qui sont de nature calcaire, comme les dolomites, ne conviennent qu'aux poissons adaptés à une dureté élevée). Les roches siliceuses forment, par usure, des galets que vous pourrez facilement agencer en éboulis.

Parmi les roches volcaniques, les granites se révèlent lourds, coupants et difficiles à assembler. En revanche, les laves, malgré leurs arêtes tranchantes, s'agencent très bien et leur structure poreuse héberge des bactéries intervenant dans le recyclage des déchets.

Les schistes et les ardoises sont des roches métamorphiques très utilisées en aquarium. Ces roches forment des plaques noires (ardoises) ou de couleurs variées (schistes), à disposer les unes sur les autres.

Les racines

Les racines proposées dans le commerce ont peu d'impact sur la composition de l'eau. C'est notamment le cas des racines « de tourbière » (il s'agit de racines ou de branches ayant séjourné dans le milieu acide des tourbières).

Une légère préparation est toutefois indispensable avant d'utiliser de tels éléments de décor : nettoyez-les à l'aide d'une brosse rigide (non métallique) pour éliminer les poussières et autres dépôts, puis faites-les bouillir afin de les stériliser et d'éliminer une partie des substances naturelles colorantes qu'elles contiennent. Toutefois, ces substances, appelées « tanins », tendent malgré tout à colorer l'eau de l'aquarium et leurs traces ne disparaissent complètement qu'après une année, ou plus, de séjour dans le bac. Placez un peu de charbon actif dans le système de filtration pour éviter ce désagrément.

Les branches

Plusieurs natures de bois sont utilisables : chêne, saule, hêtre, cep de vigne et peuplier notamment. Cependant, le bois récolté sec est rapidement sujet à la putréfaction lorsqu'il est immergé. Ces décors naturels ne peuvent donc être que de courte durée, à moins de recouvrir les morceaux de bois d'une couche de résine époxy de qualité alimentaire, qui les isole de l'eau. En revanche, les bambous peuvent être utilisés à l'état naturel dans des aquariums régionaux asiatiques.

Différents types de sables et de graviers, des roches de structures et de formes très variées, des racines et du bois pétrifié sont à votre disposition pour la réalisation d'un « paysage aquatique » d'eau douce.

Les écorces

Seule l'écorce de chêne-liège, de bonne qualité, convient à l'aquariophilie. Comme les branches, elle est susceptible de se dégrader rapidement dans l'eau : utilisez donc de la résine époxy pour la conserver. Les formes en demi-cylindre permettent de confectionner des retraites ou des lieux de ponte sûrs. Le liège, comme la plupart des branches, doit être lesté ou fixé, car il flotte.

Le bois pétrifié

Originaire des régions désertiques, ce bois est en quelque sorte fossilisé, puisque son tissu a été remplacé par de la matière minérale (silice). C'est donc une roche neutre en aquarium, sur laquelle les fibres du bois sont encore visibles et qui conserve la forme d'origine de la branche. De couleur claire, le bois pétrifié permet la réalisation de décors très esthétiques, mais il demeure rare et onéreux.

Les décors naturels en eau de mer

Provenant pour la plupart des zones de récifs, les poissons et les invertébrés marins ont un mode de vie fortement lié aux éléments minéraux du décor, qu'il s'agisse de roches ou de structures coralliennes.

Pour les poissons, les entassements de roches ou les massifs de corail offrent des cachettes et des lieux de repos. Chez les invertébrés, elles représentent des points d'ancrage pour les espèces fixes (coraux, anémones...) et, souvent, des sites de nourrissage pour les espèces mobiles (crevettes, crabes...).

Le décor, qu'il soit rocheux ou corallien, doit être de composition calcaire (afin de maintenir le pH et la densité élevés, caractéristiques des milieux marins) et, de préférence, de consistance poreuse (pour abriter les diverses bactéries épuratrices).

Ces discus évoluent dans un décor typiquement amazonien, bien qu'artificiel : celui-ci a été fabriqué à partir d'un moulage en polyuréthanne.

Les laves

Les laves permettent de créer facilement des décors comportant de multiples cachettes. Leur faible poids constitue un avantage par rapport aux roches, car vous pouvez en agencer un grand nombre sans risquer de surcharger votre bac. Cependant, leur couleur, qui varie du rouge au brun, n'est pas en harmonie avec celle du milieu naturel des récifs. En outre, leur neutralité chimique ne permet pas de stabiliser les paramètres de l'eau, à la différence des roches calcaires. Utilisez-les plutôt pour créer les fondations du décor ; vous les recouvrirez alors de roches calcaires.

Les dolomites

Ces roches sédimentaires calcaires, de couleur beige, ont une masse importante : un décor de dolomites nécessite, par conséquent, un support solide pour le bac. Percées de nombreux trous et tunnels de différents diamètres, elles forment de beaux décors, adaptés aux mœurs des poissons. Cependant, en dépit des nombreuses cavités, leur porosité n'est pas très élevée.

Comment préserver les matériaux dégradables du décor ?

Dépourvue de toxicité, la résine époxy permet d'isoler du contact de l'eau n'importe quel élément du décor pouvant se dégrader ou dégager des substances toxiques. Utilisez-la pour recouvrir tout élément aux propriétés inconnues que vous introduirez dans votre aquarium. La résine époxy se révèle particulièrement utile en eau douce pour le bois. Veillez à enduire de résine la totalité de l'objet. En effet, le moindre manque localisé de résine peut entraîner une pénétration d'eau dans le bois. Confiné dans sa coque de résine, celui-ci risque alors de se décomposer et de diffuser peu à peu des substances toxiques.

Les « roches vivantes »

Provenant des récifs coralliens, ces roches, qui sont formées de squelettes de coraux et d'algues calcaires agglomérés, sont colonisées par une multitude d'algues, de petits animaux et de micro-organismes, ce qui explique pourquoi on les nomme ainsi. Les roches vivantes apportent à l'aquarium de nombreuses bactéries utiles, ainsi que divers animaux participant à l'entretien du bac : mollusques se nourrissant d'algues, crustacés détritivores, vers remuant le sol...

De par leur aspect entièrement naturel et leur utilité, il est devenu pratiquement inconcevable d'installer un aquarium marin sans elles. Depuis peu, on les « cultive » afin de diminuer les prélèvements dans les récifs. Elles sont mises à l'eau en milieu naturel, puis ressorties quelques mois plus tard, après installation de leurs précieux locataires.

Avant de les introduire dans votre aquarium, rincez-les à l'eau de mer afin d'éliminer les dépôts et les organismes morts pendant le transport.

Coraux et gorgones

Les squelettes de coraux peuvent entrer dans la composition du décor. Leurs formes branchues sont indispensables aux hippocampes, qui s'y accrochent grâce à leur queue préhensile. Plutôt réservés aux aquariums qui n'hébergent que des poissons, ces coraux morts doivent subir une petite préparation. Plongez-les une heure dans une solution d'eau de Javel à 10 %, puis rincez abondamment jusqu'à disparition de toute odeur de chlore.

Les squelettes ramifiés ou en éventail des gorgones se révèlent très décoratifs. Cependant, ils contiennent beaucoup de matières organiques toxiques. Il faut donc les faire tremper dans de l'eau de mer pendant une quinzaine de jours.

Les décors artificiels

De structure légère, les matériaux artificiels se révèlent utiles dans les grands bacs, où ils permettent de minimiser la masse du décor. En outre, il est facile de jouer sur leur forme et leur agencement. Certains imitent l'aspect des éléments naturels (roches, bois...), alors que d'autres reproduisent les objets les plus divers : amphores, colonnes, scaphandriers, faux coquillages... il y en a (hélas !) absolument pour tous les goûts.

Le polystyrène

Ce matériau artificiel fut le premier à être employé pour la réalisation de décors d'aquarium. Il est facile à sculpter à l'aide d'un fil chaud, d'un décapeur à air chaud ou encore d'un petit chalumeau (attention, le polystyrène est inflammable et il dégage des vapeurs toxiques). Vous pouvez ainsi réaliser un décor dont le relief dépend de votre imagination et de vos compétences.

Veillez à recouvrir les blocs de polystyrène d'une couche de résine époxy afin d'éviter qu'ils ne libèrent des composés toxiques et fixez-les bien, car ils flottent. Afin d'assurer également une bonne solidité, il est conseillé de passer une première couche de résine contenant du « mat » (feutre de fibres de verre coupées et agglomérées). Pour une finition naturelle, incorporez un colorant à la dernière couche de résine et saupoudrez l'ensemble de sable avant séchage.

Le polyuréthanne

Disponible en bombe aérosol, la mousse de polyuréthanne a la propriété d'augmenter de volume (environ 20 fois son volume initial) avant de se solidifier.

Comme le polystyrène, le polyuréthanne doit être recouvert d'au moins deux couches de résine époxy. Les bombes aérosols, vendues pour l'isolation des locaux, sont très pratiques et peu onéreuses. Le polyuréthanne a l'avantage d'adhérer au verre (légèrement humide) et le décor peut donc être effectué directement dans l'aquarium. La finition est identique à celle d'un décor en polystyrène.

→ Les décors extérieurs au bac

Plutôt que de réaliser le décor de fond à l'intérieur de votre aquarium, vous pouvez très bien confectionner un paysage en relief, que vous disposerez à l'arrière de votre bac. L'eau, à cause de ses propriétés optiques, diminue la profondeur visuelle de l'aquarium. Ainsi, en plaçant à l'extérieur de votre bac un décor d'une dizaine de centimètres d'épaisseur, vous regagnerez un petit peu cette profondeur perdue. La seule obligation est d'avoir la vitre arrière toujours propre : votre trompe-l'œil ne doit jamais être visible. Il existe également de nombreux posters de fond, disponibles dans le commerce aquariophile, de couleur unie ou reproduisant une plantation luxuriante, à coller au dos de la vitre arrière.

Des matériaux artificiels forment le fond du décor de cet aquarium de cichlidés africains. Un amoncellement de roches calcaires rend plus réaliste une telle reproduction d'un secteur du lac Malawi.

Terre cuite et céramique

Ces matières composent la grande majorité des décors artificiels que vous trouverez dans le commerce. Des fausses racines aux galions engloutis, elles se caractérisent par leur neutralité chimique.

Il existe également de fausses roches en céramique, qui ont un aspect très naturel et une porosité élevée pour un poids faible. Les petits pots de fleurs ont leur utilité : retournés, ils offrent d'excellents abris pour les œufs des discus et des scalaires et, à moitié enfouis dans le sol, pour les cichlidés nains.

PVC, brique, béton

Ces matériaux à l'attrait esthétique très limité vous serviront plutôt de supports ou d'éléments inclus dans le décor : ainsi, ils se révéleront très utiles tout en demeurant invisibles.

Les matières plastiques en PVC (polychlorure de vinyle) et la brique sont chimiquement neutres. Les briques offrent de multiples cachettes. Le PVC (qualité pression), sert à construire des galeries qui peuvent être incrustées dans un décor synthétique. De telles galeries sont très appréciées des murènes et de certains gobies en eau de mer, ou des poissons du genre *Mastacembelus* (au corps longiligne) en eau douce.

Des parpaings de béton peuvent servir à étayer la structure du décor d'un grand aquarium Un bain de plusieurs semaines dans une solution d'acide faible les débarrassera de leurs substances alcalines.

Mesures de précaution

Lors de la fabrication de décors synthétiques, certaines mesures de sécurité doivent être scrupuleusement suivies. En effet, presque tous les produits utilisés génèrent à chaud des vapeurs toxiques.

Par conséquent, il est nécessaire de travailler dans un local suffisamment aéré en observant des temps de pause réguliers. L'usage de gants et de lunettes, de même que le port de vêtements usagés, s'impose. Évitez notamment d'avoir la tête dans votre bac lorsque vous passez un décor à la résine, afin de ne pas risquer d'absorber les vapeurs toxiques qui se dégagent. L'idéal est d'effectuer ce type de travaux à la belle saison : vous pourrez ainsi procéder à l'extérieur.

Le fonctionnement d'un aquarium

Préparer une eau adaptée à ses futurs pensionnaires ; comprendre comment fonctionne un aquarium pour choisir le matériel adéquat : filtres, pompes à air, diffuseurs, combinés chauffants... Installer, étape par étape, son aquarium.

L'AQUARIUM, MILIEU DE VIE

L'aquarium est un espace clos dans lequel vous allez faire cohabiter des animaux (poissons, invertébrés), des plantes et des êtres microscopiques (notamment des bactéries). En respirant, en se nourrissant ou en produisant des déchets, tous transforment la matière et l'énergie. Dans les relations qui s'établissent entre eux, des composés comme les sels minéraux, des gaz comme l'oxygène et le gaz carbonique et des éléments comme l'azote ont une importance majeure.

Favoriser la vie grâce à la qualité de l'eau

Même dans les plus grands bacs, où le volume de l'eau demeure très inférieur à celui des milieux naturels, un équilibre ne peut s'établir sans votre intervention. Divers moyens techniques sont à votre disposition pour favoriser les relations entre tous les êtres vivants : filtration, aération, éclairage, chauffage. Ils vous permettront d'obtenir une eau dont la qualité correspond aux besoins de vos pensionnaires.
L'installation et l'entretien d'un aquarium constituent une bonne introduction à l'écologie, c'est-à-dire à la compréhension des relations qui s'établissent entre un milieu et les êtres vivants qui l'habitent. L'eau, milieu de vie des occupants de l'aquarium, possède des caractéristiques qui évoluent et dépendent en partie de ces derniers. En outre, la variation de l'une des caractéristiques entraîne souvent des modifications pour les autres.
Certes, à l'échelle d'un aquarium, ces phénomènes se révèlent relativement simples. Toutefois, il faut bien les comprendre et maintenir les caractéristiques de l'eau qui permettent de favoriser la vie dans l'aquarium.

Quelle eau douce utiliser ?

L'eau apporte aux animaux et aux plantes aquatiques l'oxygène qu'ils respirent, ainsi que les éléments dissous nécessaires à leur vie. En outre, les plantes puisent dans l'eau le gaz carbonique qui leur permet de se développer et elles y rejettent de l'oxygène. Ces observations fondamentales s'appliquent à l'eau douce comme à l'eau de mer. Cependant, l'eau douce diffère fortement de l'eau de mer par sa composition, moins riche en substances minérales. Vous n'aurez pas à effectuer les mêmes opérations selon que vous aménagez un aquarium d'eau douce ou d'eau de mer.

Les eaux naturelles

Il est possible de prélever de l'eau douce en milieu naturel, mais évitez les eaux stagnantes (étangs, marais, marécages, fossés) et les cours d'eau lents et troubles. L'eau peut, en effet, y être de mauvaise qualité (matières en suspension, substances polluantes) et menacer la santé de vos animaux (présence de microbes, de parasites).
Vous pouvez toutefois récolter de l'eau de pluie (dans un récipient en PVC, en dehors des zones indus-

trielles et des grandes agglomérations, à cause de la pollution) ou prélever de l'eau des sources, des ruisseaux (surtout en montagne, mais pas à proximité de conifères tels les sapins, l'eau serait trop acide), des fontaines et des puits. Dans tous les cas, une analyse préalable s'impose. En France, il est possible d'obtenir des informations sur la qualité des eaux d'une région dans les mairies, auprès de divers laboratoires ou centres de recherches. En outre, il est impératif de filtrer toute eau naturelle, d'abord grossièrement (filtre ayant une maille de 1 mm par exemple), puis plus finement.

Les eaux du commerce

L'eau distillée et l'eau déminéralisée ne contiennent pratiquement aucun élément minéral essentiel. C'est également le cas de certaines eaux « minérales », vendues en bouteilles. Ainsi, il peut être intéressant de les mélanger pour obtenir une eau aux caractéristiques précises, utilisée notamment pour la reproduction des poissons.

L'eau du robinet

Sa disponibilité et son faible coût représentent ses principaux avantages. Pour être potable, elle a toutefois subi différents traitements, notamment une stérilisation sous l'action d'un produit chloré. Aussi ne placez pas vos poissons dans une eau directement tirée du robinet : attendez au moins 24 heures, en maintenant un fort brassage dans le bac, pour que les traces d'éléments chlorés disparaissent. Le brassage favorise également l'élimination des gaz dissous en trop forte quantité à cause de la pression.

Stocker votre eau douce

Si vous avez la chance de disposer d'une eau naturelle, ou d'une eau du robinet aux caractéristiques intéressantes, n'hésitez pas à la stocker pour votre usage personnel, ou pour rendre service à d'autres aquariophiles. L'eau douce peut être stockée dans des récipients en plastique alimentaire, à l'abri de la lumière et de la chaleur.

Les eaux stagnantes des régions tropicales, faiblement minéralisées, sont acidifiées par les matières végétales en décomposition (acides humiques), qui leur donnent leur couleur ambrée. Elles sont riches en vie animale.

La qualité de votre eau douce

L'eau douce se caractérise par un certain nombre de paramètres (dureté, pH...) qui définissent sa qualité. Vous pouvez éventuellement les modifier pour les adapter aux exigences de vos pensionnaires.

La dureté

L'eau douce contient des éléments minéraux (sels), notamment du calcium et du magnésium. Leurs concentrations, qui dépendent des terrains que l'eau a traversés en milieu naturel, définissent sa dureté. Le terme « eau douce », habituellement utilisé à tort pour désigner les eaux non salées, désigne en fait une eau qui contient peu de sels. Une eau dite « dure » en renferme une quantité beaucoup plus grande (on parle également d'eau calcaire, bien que ce terme soit imprécis).

Les eaux dures se rencontrent dans les régions calcaires, par exemple la Normandie et le Bassin parisien. Les eaux douces sont caractéristiques des régions montagneuses anciennes (Vosges, Massif armoricain) ou boisées (Landes). Quelques zones du globe sont bien connues des aquariophiles pour leurs eaux très douces (Amazonie) ou très dures (Amérique centrale, grands lacs d'Afrique de l'Est).

Le titre hydrotimétrique (TH, que l'on appelait traditionnellement « dureté totale ») mesure la totalité des éléments dissous sous forme de sels minéraux : carbonates, bicarbonates, sulfates, chlorures et hydroxydes. Le titre alcalimétrique complet (TAC, anciennement nommé « dureté carbonatée » ou « dureté temporaire ») ne mesure que les carbonates et les bicarbonates de calcium et de magnésium.

On considère qu'une eau est équilibrée lorsque la valeur du TAC atteint ou dépasse 75 à 80 % de celle du TH (cela permet d'éviter de fortes variations de pH, voir plus bas). Les eaux douces ne présentant pas cette caractéristique sont à proscrire en aquariophilie.

Modifier la dureté d'une eau

Il arrive qu'une eau soit trop dure (notamment celle du robinet) pour un usage aquariophile : il faut alors l'adoucir. Attention, n'utilisez jamais d'eau issue d'un adoucisseur domestique, le calcium y est remplacé par du sodium, qui, en trop forte quantité, est incompatible avec la vie des poissons.

• **Diminuer la dureté.** Pour diminuer la dureté d'une eau, vous pouvez la mélanger avec une eau plus douce jusqu'à obtention du degré désiré. Pour des petits volumes, utilisez des eaux naturelles douces : de l'eau de pluie récoltée dans un récipient neutre, de l'eau de dégivrage du réfrigérateur, de l'eau minérale de dureté très basse (par exemple, l'eau de Volvic) ou de l'eau distillée (dureté nulle). Pour des volumes plus importants, achetez de l'eau « osmosée », obtenue au moyen d'un osmoseur, appareil qui élimine la plupart des minéraux.

• **Augmenter la dureté.** Pour augmenter la dureté, coupez l'eau trop douce avec une eau plus dure (c'est rapide) ou placez-y des roches calcaires ou de la craie, dont les éléments minéraux se dissoudront jusqu'à obtention de la valeur voulue (c'est plus long).

Comment mesurer la dureté d'une eau ?

La mesure de la dureté s'effectue grâce à des tests colorimétriques, disponibles sous forme de bandelettes de papier réactif ou d'indicateurs colorés (liquides ou en comprimés). La couleur observée, comparée à une échelle, donne la valeur de la dureté de l'eau que vous analysez. L'unité de mesure est le degré français (°f). Cette unité n'est pas internationale ; il existe également un degré allemand (°all) : 1 °f = 0,56 °all, 1 °all = 1,78 °f. Lorsque vous achetez un test, vérifiez son unité auprès du vendeur.

Ce test colorimétrique permet de mesurer le pH : en comparant la couleur d'un échantillon de l'eau du bac à une échelle, on obtient la valeur du pH.

Le pH

Le pH mesure le niveau d'acidité de l'eau : celui-ci varie de 0 à 14 (il n'y a pas d'unité de pH). De 0 à 7, l'eau est acide ; de 7 à 14, elle est basique (ou alcaline). Une eau dont le pH est égal à 7 est neutre, elle n'est ni acide, ni basique. En aquariophilie, le pH des eaux douces est le plus souvent compris entre 6 et 8. Une eau dont la dureté est faible est le plus souvent acide, parfois neutre (pH inférieur ou égal à 7). Dans le milieu naturel, comme dans les Landes, en France, ou encore en

La présence de matières en décomposition, comme ici des feuilles mortes, peut être dangereuse pour vos poissons ; celles-ci ont en effet tendance à augmenter le taux d'ammoniaque (substance très toxique) dans l'aquarium.

Amazonie, les eaux sont souvent acides, car elles contiennent des substances en décomposition d'origine végétale qui libèrent des « acides humiques » (provenant de l'humus). Une eau dure, comme celle des grands lacs d'Afrique de l'Est, possède quant à elle un pH supérieur à 7 (basique).

Modifier le pH

Le pH se mesure au moyen de tests colorimétriques : des bandelettes de papier à plonger dans l'eau et qui prennent une coloration déterminée ou bien des préparations liquides ou solides qui colorent un échantillon d'eau de votre aquarium. Ces différents tests sont disponibles dans le commerce aquariophile. Vous aurez peut-être à modifier vous-même le pH lors de la mise en service d'un bac.

• **Diminuer le pH.** Vous pouvez abaisser le pH d'une eau, à condition que la dureté de celle-ci soit faible (une eau dure contient des bicarbonates qui limitent les variations de pH). Il existe sur le marché certains produits acidifiants, mais beaucoup d'aquariophiles préfèrent utiliser de la tourbe. Placée dans le filtre de l'aquarium, elle libère peu à peu des acides humiques qui acidifient l'eau. L'inconvénient, c'est que la tourbe colore l'eau en jaune ambré (ce qui n'est pas dangereux pour les animaux et les plantes).

• **Augmenter le pH.** Pour augmenter le pH, vous pouvez employer la même technique que pour augmenter la dureté : disposer dans le bac des roches calcaires. Des produits alcalinisants sont également disponibles dans le commerce aquariophile.

Matières azotées et cycle de l'azote

L'azote est un élément essentiel de la matière vivante. Dans votre aquarium comme dans la nature, il est présent sous différentes formes, dont certaines sont toxiques.

Les substances qu'il compose subissent différentes transformations, dont la succession forme un cycle, celui de l'azote, qui fait intervenir tous les occupants du bac (animaux, plantes, et micro-organismes tels que les bactéries).

L'azote se rencontre notamment dans les produits d'excrétion (excréments, urine...) des poissons et des invertébrés, de même que dans la matière morte (animale et végétale) et dans la nourriture non consommée. Les différentes substances azotées se dissolvent dans l'eau du bac.

Cycle de l'azote

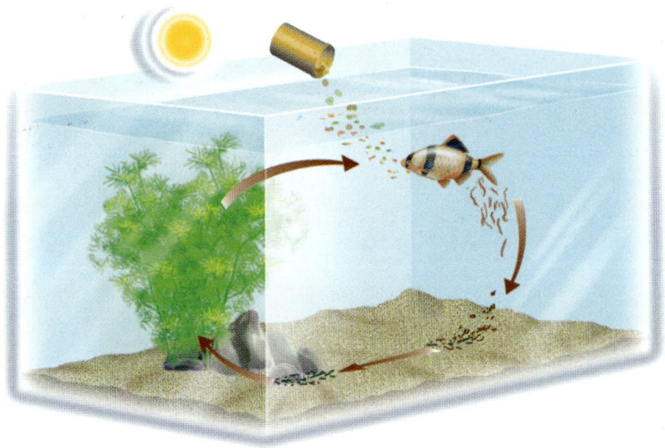

Le surplus d'aliments et les excrétions produites par les poissons sont transformés par des bactéries en ammoniaque, en nitrites, puis en nitrates. Les plantes qui absorbent ces nitrates peuvent être mangées par les poissons : le cycle de l'azote est bouclé.

Ces substances se trouvent alors rapidement transformées en ammoniaque (formule chimique NH_4^+ ou NH_3), composé très toxique. L'ammoniaque provoque, chez les poissons, un collage des branchies, donc des problèmes respiratoires, qui entraînent la mort.

L'ammoniaque est rapidement dégradé en nitrites (NO_2^-), également toxiques. Ils se fixent dans les globules rouges du sang à la place de l'oxygène, et entraînent eux aussi des problèmes respiratoires. Les nitrites sont finalement transformés en nitrates (NO_3^-), moins dangereux pour les poissons, mais toxiques pour les invertébrés. Les nitrates sont absorbés par les végétaux : ils constituent un des sels minéraux nécessaires à leur croissance. Le cycle de l'azote est bouclé lorsque les plantes sont consommées par des animaux.

Ce cycle ne se déroule qu'en présence de différentes bactéries, présentes dans le sol et le décor et inoffensives envers les occupants de l'aquarium. Il faut également de l'oxygène (O_2), qui permet à ces bactéries de respirer, mais qui joue en outre un rôle dans les transformations chimiques des produits azotés.

Mettre en place le cycle de l'azote

Lors de l'installation d'un aquarium d'eau douce, il est nécessaire d'attendre que le cycle de l'azote se mette en place, pendant 3 semaines environ, avant d'introduire les poissons. En revanche, les plantes peuvent être placées dans le bac dès sa mise en service. Contrairement à ce qui se passe dans la nature, où les produits toxiques sont présents en très faible quantité et rapidement intégrés dans le cycle de l'azote, ce dernier se trouve modifié en aquarium. La densité de poissons, généralement supérieure à celle d'un milieu naturel, entraîne une production assez importante de substances azotées : si les nitrates ne sont pas absorbés en totalité par les plantes, ils risquent alors de s'accumuler.

En outre, en nourrissant vos poissons, vous effectuez vous-même un apport d'azote, sous la forme d'aliments. Ceux-ci contiennent des protéines, donc de l'azote. Souvent, distribués en trop grande quantité, ils ne sont pas tous consommés par les animaux, et les produits de leur dégradation viennent augmenter la teneur en substances azotées.

La plupart du temps, le recyclage de l'azote, tel que l'assurent les bactéries présentes dans le sol et le décor, n'est pas suffisant pour maintenir un

→ Les bactéries du cycle de l'azote

Le mot « bactérie », souvent associé aux maladies infectieuses, ne doit pas vous effrayer, car certaines bactéries se révèlent très utiles et ne présentent aucun danger, comme celles du cycle de l'azote. Ces dernières sont d'ailleurs souvent appelées « bonnes » bactéries, par opposition aux bactéries pathogènes (provoquant des maladies). La plupart des bactéries du cycle de l'azote, soit plus de 90 %, colonisent les roches et les autres éléments du décor de votre aquarium, son sol, mais aussi les feuilles des plantes, les vitres et les accessoires. Gourmandes en oxygène, elles assurent la transformation des matières azotées, néfastes pour les animaux, en substances moins toxiques, assimilables par les plantes.

Les discus (Symphysodon aequifasciatus) *vivent et se reproduisent dans une eau douce et acide.*

Le jour, dans un aquarium bien planté, le rejet de la pompe de filtration et l'activité productrice d'oxygène des plantes (photosynthèse) suffisent à maintenir un taux suffisant d'oxygène. Un diffuseur n'est utile que pendant la nuit.

bon équilibre dans l'aquarium, surtout si celui-ci est surpeuplé (cas beaucoup moins rare qu'on ne le pense !). Il faut donc favoriser le développement de ces bactéries et leur apporter de l'oxygène. C'est le rôle du filtre biologique (ou filtre bactérien), qui comporte un substrat favorable au développement de ces micro-organismes. Pour mesurer le taux de nitrites (NO_2^-) dans votre bac, vous pouvez utiliser des tests du commerce. La teneur maximale admissible est de 0,1 mg/l.

Substances diverses

Il existe un grand nombre de substances dissoutes dans l'eau, difficilement dosables en aquariophilie. Elles sont pour la plupart indispensables à la vie. Parmi elles, on peut citer les oligo-éléments (éléments se trouvant en très faible quantité) et les vitamines. Leur carence peut être préjudiciable au développement des animaux et des végétaux.

L'oxygène et le gaz carbonique

L'oxygène (O_2) dissous dans l'eau est indispensable à tous les êtres vivants de l'aquarium, y compris les bactéries. Il joue également un rôle dans les réactions chimiques du cycle de l'azote. Dans un aquarium, l'oxygène provient de l'air atmosphérique. L'agitation de l'eau favorise, en outre, sa dissolution.

L'oxygène est également produit par les végétaux du bac, en présence de lumière (photosynthèse). Dans un aquarium bien planté, il est donc abondant le jour. En revanche, la nuit, il est en moindre quantité et il peut parfois manquer aux poissons, si ceux-ci sont en trop grand nombre. Ne surpeuplez donc jamais un bac et favorisez l'aération, de jour comme de nuit, par un brassage de l'eau.

Le gaz carbonique (CO_2), lui, n'est jamais préoccupant pour les animaux, car il passe rapidement dans l'atmosphère, surtout si l'eau est agitée. Cependant, il peut parfois manquer aux plantes (ce gaz est, lui aussi, nécessaire au processus de photosynthèse). Il faut alors réduire le brassage et parfois, dans les bacs densément plantés, introduire du gaz carbonique, à l'aide de dispositifs spéciaux, vendus dans le commerce spécialisé. L'injection de gaz carbonique doit être parfaitement réglée et arrêtée la nuit, période pendant laquelle les plantes ne l'utilisent pas (et en rejettent), sinon elle pourrait entraîner une sursaturation néfaste pour les poissons.

Quelle eau de mer utiliser ?

La principale caractéristique de l'eau de mer tient dans la quantité et la diversité des sels minéraux qu'elle renferme. En aquariophilie marine, elle doit être de très bonne qualité, pour le bien-être des poissons, réputés plus délicats que leurs cousins d'eau douce, et pour celui des invertébrés.

Les eaux naturelles

Elles présentent le grand intérêt de contenir tous les éléments indispensables à la vie, dans de justes proportions. Elles peuvent cependant contenir des matières indésirables en suspension, des substances polluantes et des micro-organismes néfastes. Vous éviterez donc d'en récolter à proximité des ports et des zones urbanisées, l'idéal étant de recueillir l'eau de mer au large. Dans tous les cas, vous devrez la filtrer avant de l'utiliser. Très souvent, l'eau de mer naturelle est mélangée en plus ou moins grande proportion (rarement plus de 50 %) avec de l'eau de mer reconstituée (artificielle).

L'eau de mer artificielle

Reconstituer une eau de mer qui ne présente pas les inconvénients de l'eau naturelle est aujourd'hui une opération courante en aquariophilie. Il est, bien sûr, hors de question de mélanger simplement du sel de cuisine à de l'eau douce, ce serait condamner à mort les animaux et les végétaux, qui ont besoin de toutes les substances présentes dans l'eau de mer. Vous pouvez vous procurer dans le commerce des mélanges de sels minéraux contenant tous les éléments indispensables. Si vous respectez le mode d'emploi et le dosage, vous ne devriez pas rencontrer de problèmes. Comme pour l'aquarium d'eau douce, l'eau du robinet se révèle très utile (à condition que sa dureté soit inférieure à 15 °f). La technique est simple : commencez par remplir votre bac. Après 24 heures d'attente, sous un fort brassage, versez la quantité de sels prévue pour le volume de votre bac. Maintenez une certaine agitation pour assurer une bonne dissolution, puis ajustez les paramètres de l'eau (densité).

Stocker votre eau de mer

L'eau de mer artificielle peut être préparée à l'avance et stockée. Le stockage s'effectue dans des récipients neutres, à l'obscurité, et dans un endroit qui soit le plus frais pos-

Cycles de l'oxygène et du gaz carbonique

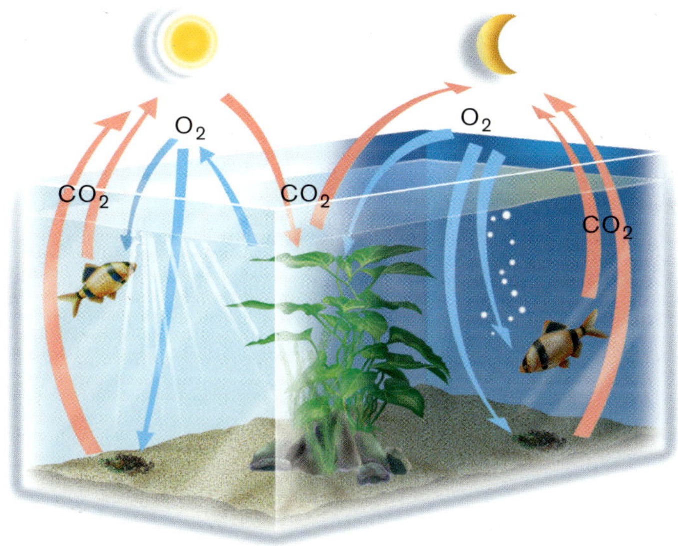

Nuit et jour, poissons, plantes et bactéries absorbent de l'oxygène (O_2) et rejettent du gaz carbonique (CO_2). Mais, le jour, la photosynthèse des plantes (absorption de CO_2 et rejet de O_2) l'emporte sur le phénomène inverse.

L'eau de mer peut être préparée dans un récipient d'usage alimentaire (non toxique). Après avoir versé le mélange de sels et remué, il faut la laisser reposer.

La température

La grande majorité des animaux et des plantes d'aquariums d'eau douce proviennent de zones tropicales chaudes dans lesquelles la température de l'eau descend rarement en dessous de 20 °C, et peut parfois s'élever jusqu'à 30 °C pendant une brève période. Les variations saisonnières y sont bien moins importantes que dans les eaux des régions tempérées. Dans vos bacs, une température de 25 °C convient à la très grande majorité des espèces. Des variations d'environ 1 °C ne sont pas préjudiciables. Des variations plus brusques s'avèrent en revanche dangereuses : elles stressent les animaux, dérèglent leurs fonctions vitales et peuvent entraîner l'apparition de maladies (pour les températures les plus basses). L'utilisation d'un matériel de chauffage, avec thermostat, se révèle donc indispensable pour maintenir constante une température voisine de 25 °C. Quant aux animaux des bacs d'eau de mer, ils proviennent presque tous des zones tropicales. La température de l'eau y dépasse toujours 20 à 22 °C et atteint souvent 28 °C. Dans les récifs coralliens d'où sont originaires beaucoup de poissons d'aquariums marins, la température est d'environ 25-26 °C et varie peu ou dans la journée ou au cours de l'année. C'est donc cette température que nous vous recommandons dans un bac marin.

sible. Pour limiter le volume de stockage, il vous est possible de préparer une eau « sursalée » (avec, par exemple, un double dosage en sels), que vous n'oublierez pas de diluer au moment de vous en servir.

La qualité de votre eau de mer

Comme les eaux douces, les eaux marines se définissent par un ensemble de caractéristiques. Celles-ci sont liées à la teneur en sels (salinité, densité, pH) et en différentes autres substances dissoutes (gaz, matières azotées, oligo-éléments…).

Salinité et densité

Dans les eaux marines, on mesure la salinité, c'est-à-dire la teneur en sels totaux. Les proportions relatives de ces sels dissous se révèlent indépendantes de la valeur de la salinité. Ainsi, le chlorure de sodium (NaCl), c'est-à-dire le sel de cuisine, représente toujours 85 % de la totalité des sels dissous. La salinité varie suivant les zones du globe, elle est en général plus élevée dans les zones tropicales. Dans les régions d'où proviennent les poissons tropicaux marins, elle est relativement stable.

En aquariophilie, on préfère utiliser la notion de densité plutôt que celle de salinité. La densité est proportionnelle à la salinité : plus une eau est salée, plus elle est dense. D'ailleurs, l'eau de mer, du fait qu'elle contient de nombreux sels, est plus dense que l'eau douce (ce qui explique pourquoi on y flotte mieux). Un petit instrument vertical et gradué, le « densimètre », donne la valeur de la densité en fonction de la profondeur à laquelle il s'enfonce dans l'eau. En aquariophilie marine, la densité doit être généralement comprise entre 1020 et 1025, valeurs optimales pour les espèces d'origine tropicale.

Modifier la densité

Il est souvent nécessaire, lors de

Densimètre

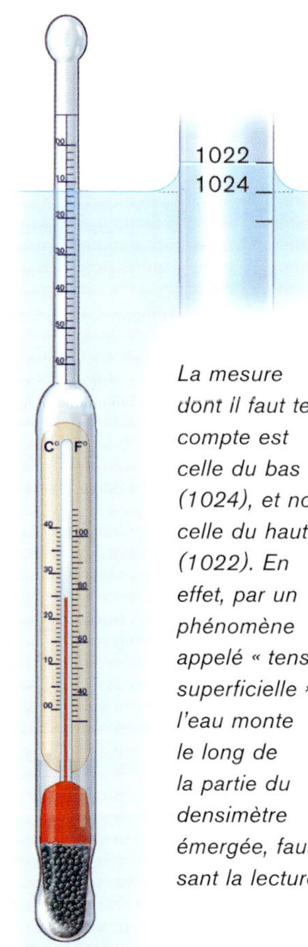

La mesure dont il faut tenir compte est celle du bas (1024), et non celle du haut (1022). En effet, par un phénomène appelé « tension superficielle », l'eau monte le long de la partie du densimètre émergée, faussant la lecture.

l'installation d'un aquarium marin, de modifier la densité de l'eau, pour obtenir une valeur adaptée à vos futurs pensionnaires.

• **Diminuer la densité.** Pour diminuer la densité, remplacez une partie de l'eau de mer par de l'eau non salée, la plus douce possible.

• **Augmenter la densité.** Pour augmenter la densité, utilisez un des mélanges de sels minéraux disponibles dans le commerce aquariophile. Calculez précisément la dose nécessaire (il est préférable de « sous-doser » et de recommencer l'opération après mesure, si nécessaire). Un fort brassage de l'eau permet une dissolution efficace et rapide des sels ajoutés.

Titre alcalimétrique et pH

Le titre alcalimétrique complet (TAC), qui mesure les carbonates et bicarbonates de calcium et de magnésium, s'utilise en eau de mer. Le carbonate de calcium ($CaCO_3$) est particulièrement important, puisqu'il représente un élément essentiel de la carapace des crustacés et du squelette des coraux. Le TAC doit s'élever au minimum à 13 ou 14 °f. Cela correspond à environ 450 mg/l de calcium. Si le TAC tombe en dessous de ces valeurs, divers produits du commerce permettent de le faire augmenter.

Le TAC donne également des informations sur la stabilité du pH. Pour un TAC de 13 ou 14 °f, le pH est d'environ 8,2 ou 8,3. Il ne doit pas descendre en dessous de 8. Si cela se produit, augmentez le brassage de l'eau pour éliminer le gaz carbonique, dont une trop forte concentration fait baisser le pH, ce gaz se transformant en acide carbonique, qui acidifie l'eau. Cependant, pour un TAC de 13 ou 14 °f, les bicarbonates piègent efficacement le gaz carbonique. Ainsi, les bicarbonates ont une grande importance dans les aquariums marins, qui renferment généralement moins de végétaux que les aquariums d'eau douce. Or les végétaux utilisent le gaz carbonique et empêchent son taux d'augmenter : leur rôle est donc « pris en charge » par les bicarbonates de l'eau de mer.

Matières azotées et cycle de l'azote

Le cycle de l'azote est plus long à s'établir dans un bac d'eau de mer que dans un bac d'eau douce : il faut compter entre cinq et six semaines avant d'introduire tout animal. Mesurez alors une fois par jour, et pendant plusieurs jours, le taux de nitrites. Celui-ci doit impérativement demeurer égal à zéro.

Le temps d'attente peut être raccourci si vous introduisez du sable marin provenant d'un autre bac, en service depuis quelque temps. Ce sable apportera les bactéries nécessaires à la mise en place du cycle de l'azote.

Comme en eau douce, les nitrates représentent le produit final des transformations bactériennes. Les bacs marins contenant souvent moins de plantes que les bacs d'eau douce (voire pas du tout), les nitrates seront peu (ou pas) recyclés et vont donc s'accumuler. Ils peuvent devenir dangereux pour les invertébrés et pour les poissons. Il est donc indispensable de mettre en place un système puissant de filtration, favorable au cycle de l'azote.

Substances diverses

Comme l'eau douce, l'eau de mer contient divers éléments en taux très faible. Certains de ces éléments jouent un rôle important chez les invertébrés, notamment pour la formation du squelette des coraux. C'est notamment le cas du strontium. Cet oligo-élément peut être dosé et il vous est possible de pallier sa diminution par l'adjonction de divers produits, qui renferment aussi d'autres oligo-éléments.

L'oxygène et le gaz carbonique

Dans la nature, les eaux tropicales marines sont toujours agitées et donc très oxygénées. Vous devrez donc brasser fortement l'eau de votre bac, d'une part pour l'oxygéner et d'autre part pour éliminer le gaz carbonique. Rappelons que ce dernier peut faire baisser le pH, mais également favoriser le développement d'algues vertes filamenteuses. Sans effet néfaste sur l'équilibre du bac, ces algues ont néanmoins tendance à se développer rapidement et finissent par envahir le décor de façon très inesthétique.

Caractéristiques de quelques milieux

L'eau des marais tropicaux proches de la mer (ici dans les Everglades, en Floride) constitue un milieu d'eau douce très particulier.

Même si toutes les eaux douces et toutes les eaux marines ont les mêmes caractères fondamentaux, elles présentent des variations, qui dépendent de leur région d'origine.

En eau douce

C'est la diversité qui caractérise les eaux douces. Leur composition varie sous l'influence de nombreux éléments de leur milieu d'origine : les roches, les sols, les végétaux, la proximité de la mer…

- **Amérique centrale.** Les eaux douces des pays d'Amérique centrale abritent des poissons vivipares très appréciés des aquariophiles. Leur dureté est élevée, souvent supérieure à 15 °f. Leur pH est toujours légèrement basique, en général entre 7,2 et 7,8. La température varie entre 23 et 28 °C selon l'heure de la journée et la période de l'année. Les nitrates sont assez abondants, ce qui favorise le développement de la végétation aquatique.
- **Amazonie.** C'est la coloration brune plus ou moins prononcée, un peu comme du thé dilué, qui caractérise l'eau du cœur de l'Amazonie, peuplée, entre autres, de characidés, de célèbres scalaires et de discus. Le pH peut descendre jusqu'à 6, parfois moins après de fortes pluies. L'eau est très douce, d'une dureté souvent inférieure à 1 ou 2 °f. Ces caractéristiques sont dues aux grandes quantités d'humus : les eaux se chargent d'acides humiques, qui les teintent et font baisser leur pH. La température varie entre 23 et 27 °C, mais les rivières ombragées peuvent être plus fraîches et les cours d'eau peu profonds et bien éclairés, plus chauds.
- **Asie.** Les zones marécageuses (telles les rizières) sont nombreuses en Asie. Leur faible profondeur favorise l'élévation de la température, au-dessus de 24 °C, et jusqu'à 30 °C à certains moments de la journée. L'eau est acide ou neutre, peu minéralisée, d'une dureté généralement inférieure à 10 °f. Ces eaux forment le milieu de vie de poissons résistants de la famille des cyprinidés, comme les barbus, les danios et les rasboras.
- **Afrique de l'Est.** Les grands lacs d'Afrique de l'Est (Malawi, Tanganyika) sont caractérisés par une eau très dure, avec des valeurs de dureté dépassant 20 °f. Le pH est toujours supérieur à 7,5 et dépasse 8 dans certaines zones. L'eau est très claire, fortement brassée et oxygénée, d'une température comprise entre 23 et 27 °C. C'est le paradis des cichlidés, appréciés de nombreux aquariophiles.

Dans l'eau claire, chaude et très oxygénée de la mer Rouge se développe la vie particulièrement riche des récifs. Ici, des barbiers rouges autour de coraux.

En eau de mer et en eau saumâtre

La densité, le pH, la température sont autant de paramètres susceptibles de varier notablement selon les milieux. Sur le littoral, certaines eaux marines se mélangent à celles des fleuves : ces eaux saumâtres se caractérisent par une salinité intermédiaire entre celle de l'eau douce et celle de l'eau de mer.

- **Pacifique, océan Indien et mer Rouge.** L'eau des océans Pacifique et Indien est claire, très fortement brassée, donc très oxygénée. Le pH se situe entre 8,2 et 8,5, la densité entre 1022 et 1027. La température s'élève au-dessus de 24 °C la plupart du temps, et peut localement atteindre 27 ou 28 °C. En mer Rouge, l'eau est un peu plus chaude et un peu plus salée.
- **Mangroves d'Afrique et d'Asie.** Certaines zones terrestres subissent fortement l'influence de la mer, notamment à l'embouchure des

LA FILTRATION

L'eau, milieu de vie de votre aquarium, doit demeurer propre et équilibrée. Or l'activité biologique des occupants du bac de même que la décomposition des aliments non consommés par les animaux produisent des substances qui modifient plus ou moins rapidement les caractéristiques de l'eau. De telles substances peuvent s'accumuler et devenir dangereuses pour vos pensionnaires. C'est pourquoi la filtration de l'eau se révèle indispensable.

Principe de la filtration

La filtration de l'eau permet d'éliminer les déchets qu'elle contient. L'eau du bac passe à travers un système qui retient les particules en suspension : c'est la filtration mécanique. Cependant, un filtre d'aquarium peut aussi assurer une filtration biologique, en favorisant la transformation des substances dissoutes potentiellement dangereuses. Pour une efficacité optimale, la plupart des filtres sont à la fois biologiques et mécaniques. En outre, par les mouvements d'eau qu'elle provoque, la filtration s'accompagne d'une aération de l'eau.

La filtration mécanique

Les débris végétaux, les excréments des poissons, les aliments non consommés (car distribués en trop grande quantité ou délaissés pour diverses raisons) flottent en pleine eau ou se déposent sur le fond. C'est inesthétique, mais aussi potentiellement dangereux : en se dégradant, ces déchets produisent des matières azotées, dont certaines sont très toxiques.
La filtration mécanique utilise divers matériaux fibreux, qui retiennent les matières solides en suspension. L'eau de l'aquarium demeure ainsi propre et transparente, pour le bien-être des poissons. Sa limpidité favorise, en outre, la pénétration de la lumière nécessaire aux végétaux.

La filtration biologique

Le fait de retenir les matières en suspension n'empêche nullement leur décomposition : en circulant dans le filtre mécanique, l'eau ramène dans le bac les substances dissoutes issues de cette décomposition. Outre le fait qu'elles colorent progressivement l'eau en jaune pâle, ces substances sont toxiques (notamment les nitrites).
La filtration biologique favorise la multiplication des différentes bactéries qui transforment les substances toxiques. Les nitrates représentent les produits terminaux de leur activité de transformation. Ils sont peu dangereux pour les animaux et sont utilisés comme engrais par les végétaux. Ces bactéries, qui vivent également dans le sol et dans les éléments du décor de l'aquarium, se développent au sein des masses filtrantes qui équipent les filtres.

Les masses filtrantes

Ce sont les matériaux qui équipent les filtres. Les masses filtrantes piègent les matières en suspension et

Ces scalaires apprécient le mouvement d'eau provoqué par le rejet de la pompe d'un filtre intérieur. Celui-ci contient de la mousse synthétique, qui joue le double rôle de filtre mécanique et biologique.

favorisent le développement des bactéries qui transforment les substances toxiques. Naturelles ou artificielles, il en existe une grande variété. À de rares exceptions, elles ne modifient pas la qualité de l'eau.

Les matériaux naturels

Les sables grossiers, les graviers, les roches volcaniques concassées sont utilisés comme matériaux de « préfiltration », pour retenir les plus grosses particules. Ce sont, en outre, de bons supports pour le développement des bactéries, à travers lesquels l'eau circule facilement.

Les roches calcaires jouent le même rôle, tout en libérant, assez lentement, du carbonate de calcium dans l'eau qui les traverse (ce qui augmente la dureté de l'eau, et n'est donc pas recommandé pour la plupart des aquariums d'eau douce). On peut utiliser à leur place des coquilles d'huîtres, brisées en petits morceaux, puis soigneusement rincées : elles éliminent les plus fines particules.

Le charbon actif capte des substances dissoutes qui ont tendance à colorer l'eau du bac en jaune pâle. C'est un matériau très poreux qui permet d'obtenir rapidement une eau cristalline. Il s'use rapidement et, même s'il reste un bon support pour les bactéries, il doit être changé régulièrement. Le charbon actif ne s'utilise pas en eau de mer.

Les matériaux artificiels

Pour obtenir une filtration mécanique grossière, vous pouvez utiliser différents types de matières plastiques : morceaux de tuyau de petit diamètre, billes, cubes... Tous permettent une bonne circulation de l'eau et constituent des supports pour les bactéries.

Pour retenir les plus petites particules, mais aussi pour favoriser la présence des bactéries utiles, choisissez des matériaux plus fins, tels que de la ouate de Perlon (ou laine de Perlon, à ne pas confondre avec la laine de verre, proscrite en aquariophilie). Celle-ci se présente sous la forme de filaments enchevêtrés. Vous pouvez également opter pour

les mousses synthétiques. Elles sont utilisées fréquemment comme masse filtrante, pour leur facilité d'emploi et leur légèreté, mais aussi parce qu'elles sont réputées constituer l'un des meilleurs supports bactériens. Ces mousses sont disponibles dans le commerce aquariophile (n'utilisez pas celles qui garnissent vos coussins ou vos matelas). Leur densité doit être proche de 20 kg/m^3, ce qui correspond à une porosité moyenne. Plus denses, elles ont des fibres trop fines et se colmatent rapidement. Moins denses, elles ne retiennent pas les plus fines particules.
Pour une efficacité optimale, l'eau doit traverser une épaisseur de mousse comprise entre 8 et 10 cm. Vous pouvez séparer la masse filtrante en deux parties, pour en faciliter l'entretien. De nombreux filtres ne contiennent que de la mousse synthétique comme masse filtrante et jouent parfaitement leur rôle s'ils sont bien entretenus.

→ La tourbe

La tourbe, formée de mousses et d'autres plantes partiellement décomposées, n'est pas un simple matériau de filtration : elle est surtout placée dans un filtre pour diminuer le pH de l'eau qui la traverse. Elle est particulièrement employée pour la reproduction d'espèces nécessitant une eau acide, par exemple les poissons originaires du bassin amazonien (characidés, scalaires, discus). Il faut faire quelques essais pour déterminer la quantité exacte nécessaire pour atteindre une certaine valeur du pH. L'eau prend une coloration jaune ambré, sans conséquence pour les poissons : elle est due aux acides que libère la tourbe. N'utilisez pas de la tourbe horticole, parfois traitée. La tourbe à usage aquariophile est disponible dans le commerce spécialisé.

Les différents types de filtres

Il existe différents types d'appareils de filtration. Tous sont parcourus d'un courant d'eau et utilisent une masse filtrante. Certains se placent à l'intérieur du bac et d'autres, plus volumineux, à l'extérieur.

Le filtre plaque

Il se compose d'une plaque rainurée en PVC, à placer sur le fond de l'aquarium, sous le sable, et d'un système de circulation d'air (exhausteur), qui met l'eau en mouvement. L'eau traverse le sable de haut en bas, puis passe à travers la plaque. Elle est ensuite rejetée dans le volume du bac. Le sable, qui joue le rôle de masse filtrante, retient les particules en suspension. Les bactéries qu'il héberge neutralisent, en outre, les matières azotées.
Le principal avantage de ce filtre est son faible coût, mais il présente plusieurs inconvénients. Il doit être placé sur le fond lors de la mise en service du bac. Vous ne pourrez donc pas l'installer ultérieurement et il vous sera difficile de le retirer sans démonter le décor. Le sable se colmate plus ou moins rapidement (selon la grosseur des grains), ce qui ralentit le débit d'eau et peut entraîner un dérèglement du cycle des matières azotées. En outre, les plus grosses particules en suspension, entraînées par le mouvement de l'eau, sont plaquées sur le sable et doivent, par conséquent, être régulièrement siphonnées.

Il faut mettre en place le filtre plaque, composé d'une plaque rainurée en PVC, avant de le recouvrir de sable, qui joue le rôle de masse filtrante.

Filtre plaque

L'eau circule à travers le sable qui recouvre la plaque en PVC, puis est reprise par la pompe à air, avant d'être rejetée dans le bac.

Petit filtre intérieur

Les filtres intérieurs sont immergés dans le bac : l'eau pénètre dans leur partie inférieure et monte à travers la masse filtrante avant d'être rejetée.

Il faut également noter que certaines plantes n'apprécient pas le drainage du sol que ce filtre provoque autour de leurs racines.

Très à la mode dans les années 1980, le filtre plaque tend à être remplacé par d'autres systèmes. Il reste néanmoins un outil particulièrement adapté aux débutants, pour des volumes de bacs ne dépassant pas 100 litres. Il est également très utile pour les petits aquariums réservés à la reproduction, qui ne restent pas longtemps en service. De plus, il clarifie très rapidement une eau trouble, en entraînant les plus fines particules dans le courant d'eau qui traverse le sable.

Les petits filtres intérieurs

Complètement immergés, ils sont raccordés à une pompe à air ou à un système de brassage de l'eau (situés à l'extérieur). Leur masse filtrante synthétique, souvent de la mousse, joue le double rôle de filtre mécanique et biologique. Compte tenu de leur faible volume, ces filtres ne conviennent que pour les plus petits bacs (jusqu'à 100 litres

Comment puis-je fabriquer rapidement un petit filtre intérieur ?

Vous pouvez être amené à construire rapidement un petit filtre pour équiper un bac servant à isoler des poissons malades (« bac de quarantaine ») ou un couple prêt à se reproduire (« bac de reproduction »), ou pour filtrer l'eau d'un petit aquarium communautaire, en complément ou en remplacement d'un filtre déjà en place. Il vous suffit d'utiliser une bouteille en PVC, si possible de deux litres, dont vous sectionnerez le goulot (ou tout autre récipient en plastique neutre, à large ouverture). Remplissez la bouteille , sur une hauteur de 8 à 10 cm, d'un bloc de mousse percé en son centre pour permettre le passage d'un tuyau. Ce dernier doit être rigide et suffisamment large pour accueillir un diffuseur d'air. L'ensemble aura tendance à flotter dans l'eau : lestez donc le fond de la bouteille avec quelques graviers soigneusement nettoyés. Vous pouvez également disposer des graviers sur la mousse : tout en alourdissant le système, ils permettront une première filtration. Placez le diffuseur d'air à la base du tuyau, à quelques centimètres au-dessus du fond du filtre. Ce système vous permet de réaliser un circuit dans lequel l'eau passe à travers la mousse, de haut en bas, puis remonte dans le tuyau central, entraînée par le mouvement ascendant des bulles, pour être enfin rejetée dans le bac.

environ). Pour des raisons esthétiques évidentes, ils doivent être dissimulés dans le décor. Vous pouvez les introduire ou les retirer de l'aquarium à tout moment.

Les filtres à décantation

De plus en plus souvent intégrés aux aquariums vendus tout équipés, les filtres à décantation se révèlent très efficaces si leur volume est au moins égal à 10 % de celui du bac. Ces filtres, faciles à mettre en service et à entretenir, ont un principe de fonctionnement simple.

L'eau passe par une première cuve où se déposent les plus gros éléments en suspension et dans laquelle des matériaux grossiers (graviers, fragments de PVC...) peuvent assurer une première filtration. Elle traverse ensuite une deuxième cuve, renfermant une masse filtrante assez fine, le plus souvent de la mousse synthétique, qui capte les plus fines particules et joue également le rôle de filtre biologique. Puis l'eau passe dans une dernière cuve d'où elle est rejetée dans le bac. Cette cuve est équipée d'un exhausteur alimenté par une pompe à air ou d'un système de brassage de l'eau. Dans ce dernier cas, le débit est plus important.

Les filtres extérieurs

Les appareils de filtration placés à l'extérieur de l'aquarium ont une puissance variable selon le volume d'eau à traiter. Ils se présentent sous la forme d'une cuve pouvant renfermer différentes masses filtrantes aux activités complémentaires. L'eau, mise en mouvement par un moteur équipé d'un système centrifuge, est aspirée dans le bac à travers une crépine placée à l'extrémité du tube d'aspiration (une grille de plastique évitant le passage de petits poissons et de débris trop importants). Après avoir traversé les masses filtrantes, l'eau se trouve rejetée dans l'aquarium par des tuyaux. Très efficaces, ces filtres sont néanmoins encombrants et difficiles à dissimuler (une bonne solution consiste à les placer dans un meuble sous l'aquarium).

Filtre à décantation

Un filtre à décantation comprend deux cuves de filtration, qui retiennent les particules de l'eau. Une troisième cuve permet son retour dans le bac.

Les filtres semi-humides

Considérés par certains comme les plus sophistiqués, les filtres semi-humides se trouvent assez rarement dans le commerce. Ils sont souvent fabriqués par des aquariophiles bricoleurs et perfectionnistes, qui possèdent de grands aquariums d'eau douce ou d'eau de mer.

Contrairement à celle qui garnit tous les autres filtres, la masse filtrante des filtres semi-humides n'est jamais totalement remplie d'eau à filtrer, mais elle se trouve fortement humidifiée par celle-ci. De cette façon, l'oxygénation du

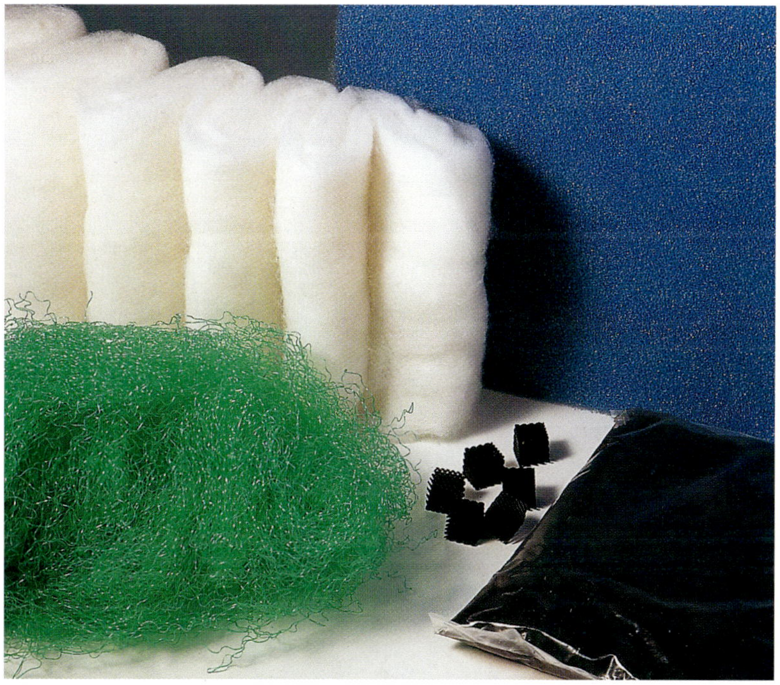

Les différents types de filtres sont équipés de masses filtrantes synthétiques (mousses, à gauche) ou naturelles (tourbe, à droite).

matériau de filtration est augmentée et l'action des bactéries épuratrices se trouve facilitée. Les filtres semi-humides opèrent une filtration plus biologique que mécanique. Ils se révèlent plus efficaces si l'eau subit une première filtration mécanique, qui retient les plus grosses particules en suspension, avant de parvenir dans la partie semi-humide. Le filtre semi-humide dit « filtre gouttière » se place au-dessus de la surface de l'eau (prévoyez de la place dans la galerie d'éclairage). L'eau est élevée jusqu'à la gouttière par un exhausteur ou par un système de brassage centrifuge. Elle passe au contact de la masse filtrante, puis est rejetée dans le bac par plusieurs orifices, ce qui favorise son oxygénation.

Vous pouvez également installer un filtre semi-humide sous votre aquarium. Dans cette disposition, l'eau est évacuée vers la cuve de filtration grâce à un système de trop-plein. Elle tombe en cascade sur la masse filtrante semi-humide, qui se trouve placée au-dessus du niveau d'eau de la cuve de filtration. L'eau remonte ensuite dans l'aquarium grâce à une pompe électrique.

Filtre extérieur

L'eau, mise en mouvement par un moteur, passe à travers les masses filtrantes du filtre extérieur, puis est rejetée dans l'aquarium par des tuyaux.

Filtre semi-humide

Dans un filtre semi-humide, la masse filtrante n'est pas inondée, mais fortement humidifiée, pour une meilleure filtration biologique.

Quelle doit être la puissance de mon filtre ?

En eau douce, on considère que la totalité du volume de l'eau doit traverser le filtre une ou deux fois par heure. Cela signifie qu'il vous faut équiper un bac de 200 litres avec un filtre dont le débit est de 200 à 400 litres par heure. En eau de mer, la filtration, d'au moins cinq fois le volume du bac par heure, doit s'accompagner d'un brassage de l'eau d'une importance comparable. Pour un bac de 400 litres, utilisez un filtre d'un débit de 2000 l/h ainsi qu'une pompe uniquement destinée au brassage de l'eau, également d'un débit de 2000 l/h.

Filtrer l'eau de mer

L'eau d'un aquarium marin doit être particulièrement bien filtrée, car les poissons et les invertébrés se montrent très sensibles à sa qualité. Il est donc souvent nécessaire d'utiliser du matériel supplémentaire pour éliminer certaines substances, ainsi que des micro-organismes indésirables.

L'écumeur

Cet appareil élimine des substances dissoutes qui ne sont pas neutralisées par le filtre biologique. Ces substances se trouvent isolées à la surface de l'eau, où elles forment une mousse colorée. Celle-ci est collectée dans un petit réceptacle qu'il faut régulièrement vider. Un écumeur n'est pas obligatoire si votre bac marin possède une bonne filtration et s'il abrite seulement des poissons. En revanche, son emploi est vivement recom-

Dans ce bac marin, qui héberge notamment un poisson-clown à trois bandes, un oursin-diadème et des coraux, un fort brassage de l'eau, visible par les nombreuses bulles qu'il provoque, garantit une bonne oxygénation de l'eau.

Écumeur

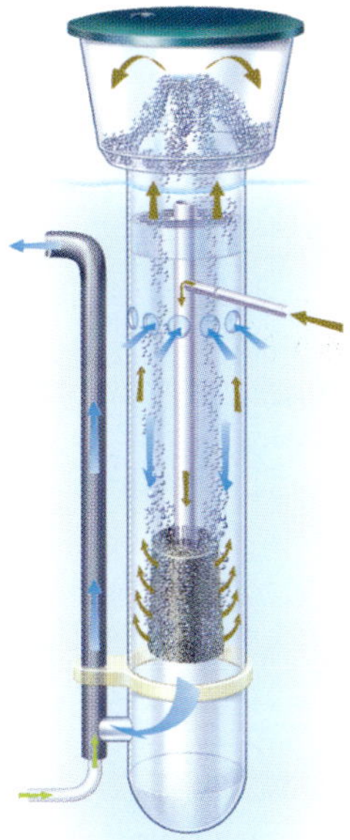

Un flux d'air (vert foncé) entraîne et agite l'eau (bleu) dans l'écumeur. Un autre flux d'air (vert clair) entraîne l'eau vers le bac.

mandé pour les bacs d'invertébrés, surtout pour ceux qui renferment des coraux et des anémones de mer. Indépendant des autres appareils, l'écumeur peut être placé n'importe où dans le bac, parfois dans la première partie d'un filtre à décantation. Les modèles les plus simples, alimentés par une pompe à air, conviennent à des volumes de bac allant jusqu'à 300 litres. Au-delà, vous pouvez utiliser deux écumeurs, ou vous équiper d'un modèle plus puissant, pourvu d'une pompe électrique à injection.

Les rayons ultraviolets

Les UV (ultraviolets) ont un effet stérilisateur : ils détruisent la plupart des bactéries et des virus qui risquent d'infecter les animaux, tout en préservant les « bonnes » bactéries, celles qui transforment les matières azotées. On les recommande pour la prévention et le traitement des proliférations d'algues et de certaines maladies. Ce sont des lampes spéciales, étanches, qui produisent les UV. Leur puissance dépend du volume d'eau à traiter. Les UV sont invisibles, mais les lampes émettent une légère lueur bleutée, prouvant qu'elles fonctionnent.

Les UV sont peu pénétrants dans l'eau et, pour une efficacité maximale, celle-ci doit être claire et limpide, donc bien filtrée. Une lampe à UV s'use rapidement ; elle doit être changée environ deux fois par an.

Bien régler votre filtration

Pour obtenir une filtration efficace, vous devez tout d'abord choisir le type de filtre le mieux adapté à votre aquarium (à moins que vous ne possédiez un bac tout équipé). Il vous faut ensuite respecter quelques règles concernant l'installation et l'entretien de votre filtre.

Choisir le bon filtre

Votre choix dépend principalement du volume à filtrer. Pour les aquariums de faible volume (jusqu'à 100 litres), les filtres plaques et les petits filtres intérieurs se révèlent à la fois simples, pratiques et peu onéreux. Rien ne vous empêche d'utiliser ces deux types de filtres dans le même bac, installés à l'opposé l'un de l'autre. Pour les plus grands aquariums, il faut vous équiper d'un filtre à décantation ou, à défaut, d'un filtre extérieur.

Ne laissez jamais un filtre hors service pendant plus de quelques heures. L'eau y stagne, l'oxygène se raréfie, les bactéries meurent et le taux des composés toxiques augmente. Lors de la remise en service, cette eau « polluée » est rejetée dans le bac. En outre, les colonies de bactéries mettent un certain temps pour se reconstituer. Si, pour une raison ou pour une autre, un filtre est hors service pendant un certain temps, il faut tout d'abord le remplacer par un autre. Il faut ensuite nettoyer soigneusement les masses filtrantes avant de les réutiliser. N'oubliez pas qu'un filtre ne peut être opérationnel qu'après une certaine période, le temps que les bactéries s'installent.

C'est également à cause du temps d'installation des colonies bactériennes dans le filtre qu'il ne faut jamais mettre des poissons dans un bac avant au moins 3 semaines en eau douce, 5 semaines en eau de mer, délai pour que ce filtre recrée le cycle de l'azote.

L'utilisation des masses filtrantes

Lorsqu'un filtre renferme plusieurs matériaux filtrants, l'eau doit d'abord traverser les plus grossiers, puis les plus fins, afin d'éviter un colmatage prématuré de l'ensemble. Cependant, le problème finit toujours par arriver. Lorsque les masses filtrantes (surtout la mousse) sont colmatées, elles deviennent plus foncées ; cela est dû à la présence des particules retenues. En outre, le débit de filtration diminue. Il est donc indispensable d'entretenir votre filtre, environ une ou deux fois par mois (ces données varient selon le filtre et les masses filtrantes utilisés).

Hormis le charbon actif et la tourbe, qui perdent progressivement leurs propriétés, tous les matériaux de filtration se réutilisent après lavage. Celui-ci, qui s'effectue à l'eau tiède, sans aucun savon ou détergent, élimine les particules piégées, mais également les bactéries utiles. Si on nettoie tous les matériaux en une seule fois, la filtration biologique ne pourra reprendre avant une certaine période, le temps que les bactéries « recolonisent » les supports, ce qui peut évidemment entraîner des problèmes pour les animaux.

Il est donc préférable de laver les masses filtrantes alternativement, par moitié. Lors du lavage, le filtre continue à fonctionner avec les matériaux restants, le temps que la partie nettoyée soit à nouveau colonisée par les bactéries. Après plusieurs lavages, certaines masses filtrantes ne sont plus efficaces. C'est le cas de la ouate de Perlon, à remplacer après 4 ou 5 lavages.

L'exhausteur

C'est un appareil qui, parcouru par un courant d'air, permet de faire circuler de l'eau et de l'élever sur une certaine hauteur : l'eau est entraînée par le mouvement ascendant des bulles d'air. Il existe deux modèles courants d'exhausteurs, à une ou deux cheminées. Dans un exhausteur à cheminée unique, celle-ci est assez large pour recevoir un diffuseur d'air, alimenté par une pompe électrique. Le mouvement des nombreuses bulles d'air issues du diffuseur fait remonter l'eau. Dans un modèle à deux cheminées, l'air, mis en mouvement par une pompe électrique, arrive dans la plus étroite des deux cheminées. Il remonte dans la plus large, entraînant l'eau, qui circule ainsi dans le filtre. L'efficacité d'un exhausteur diminue avec la hauteur d'eau dans le bac. Dans les aquariums peu profonds, le débit peut cependant atteindre une centaine de litres par heure, avec une petite pompe à air classique. Cet appareil très simple peut équiper un filtre plaque ou un petit filtre intérieur. Il s'utilise également seul pour brasser et homogénéiser l'eau dans les plus grands bacs. En outre, un petit coude placé à la partie supérieure de l'exhausteur permet de rejeter l'eau au niveau de la surface du bac, ce qui favorise l'oxygénation de l'aquarium et évite les projections sur le couvercle.

L'AÉRATION

La plupart des êtres vivants ont besoin d'oxygène pour respirer. C'est notamment le cas des animaux, qu'ils vivent sur terre ou dans l'eau, mais aussi des plantes. Dans la nature, ce besoin est généralement bien couvert. Les milieux aquatiques, de grand volume (lacs, rivières, mers...) et bien agités, se révèlent riches en oxygène dissous. Il n'en est pas de même dans votre aquarium, dont le faible volume d'eau manquera vite d'oxygène vital s'il n'est pas aéré.

Principe de l'aération

L'air que nous respirons contient environ 20 % d'oxygène. C'est cet air qu'on insuffle dans l'eau de l'aquarium (et non de l'oxygène pur). Paradoxalement, l'oxygène de cet air « atmosphérique », insufflé dans l'eau du bac, participe assez peu à son oxygénation : les bulles produites par le système d'aération éclatent rapidement à la surface et l'oxygène qu'elles contiennent n'a pratiquement pas le temps de se dissoudre dans l'eau. C'est, en fait, l'agitation de l'eau qui favorise la dissolution des gaz de l'air.

Brasser pour oxygéner

Il est indispensable de brasser l'eau de votre bac pour l'oxygéner. C'est l'ascension rapide des bulles, de même que la retombée de l'eau éjectée par le système de filtration, qui provoque les mouvements de brassage. L'air atmosphérique, au-dessus du bac, se dissout alors beaucoup plus facilement dans l'eau.
Le brassage de l'eau offre un autre avantage : il homogénéise la température dans le bac. Cela évite notamment la persistance d'une zone plus chaude au voisinage du système de chauffage, ainsi qu'une diminution de la température aux endroits les plus éloignés.

L'utilité de l'aération

Est-il obligatoire d'aérer l'eau de votre aquarium ? Si celui-ci se trouve bien planté sans être surpeuplé, il n'est théoriquement pas nécessaire d'aérer. Cependant, la production d'oxygène par les plantes est dépendante de la lumière et, lorsque celle-ci est éteinte, le taux d'oxygène dissous dans l'eau du bac baisse, surtout en fin de nuit. Une aération, même légère, est donc un gage de sécurité. À cette fin, la sortie d'eau du système de filtration se révèle la plupart du temps suffisante.
En revanche, l'aération devient nécessaire dans les bacs d'eau douce très peuplés ou lorsque les poissons qu'ils abritent ont un comportement très actif, ce qui en fait de gros consommateurs d'oxygène. Dans les aquariums marins, dont l'eau doit être fortement brassée pour recréer les conditions naturelles, le système d'aération représente un élément indispensable.

Le matériel d'aération

Le système d'aération d'un aquarium est formé d'une petite pompe électrique, disposée à l'extérieur du

Ce guppy mâle semble admirer les bulles émises par le diffuseur d'air. Ce dernier ne doit pas être enterré, mais il peut être maintenu au sol grâce à une roche. Un entretien régulier garantit un bon débit d'air et des bulles fines.

bac, qui entraîne de l'air atmosphérique à travers des tuyaux jusqu'à un ou plusieurs diffuseurs d'air, placés dans l'aquarium.
Ces derniers produisent de nombreuses bulles qui agitent l'eau en remontant vers la surface, où elles éclatent. Le couvercle de l'aquarium permet d'éviter que les projections de liquide n'atteignent le système d'éclairage.

Les pompes à air

Il s'agit de petits compresseurs électriques qui aspirent l'air environnant et le propulsent dans l'aquarium grâce à une membrane vibrante. De faible puissance (rarement supérieure à 10 watts), ces pompes à air peuvent cependant débiter jusqu'à 100 litres d'air par heure dans les meilleures conditions. Il ne faut toutefois pas oublier que ce débit diminue en fonction de la hauteur d'eau du bac : les bacs les plus profonds nécessitent, par conséquent, un matériel très puissant.
Les différents modèles proposés dans le commerce aquariophile ont généralement un débit réglable. Ils contiennent tous un tampon d'ouate destiné à une filtration grossière de l'air pompé. Le principal inconvénient de ces pompes provient du bruit de leur moteur, qui tend à s'intensifier à l'usage.

Les diffuseurs

Les diffuseurs d'air peuvent être de formes très variées : rectangulaires, cylindriques, plus ou moins allongés… La plupart sont fabriqués en matériaux poreux artificiels (pierre, céramique, plastique micro-perforé). Il existe également des diffuseurs en bois. Ceux qui produisent les bulles les plus fines nécessitent d'être raccordés à une pompe à air puissante. C'est le cas des diffuseurs en bois et en céramique (ce dernier matériau est de plus en plus utilisé).
Les diffuseurs se colmatent à plus ou moins long terme : leur efficacité diminue et il devient alors nécessaire de les nettoyer. Les principaux agents responsables de l'obstruction des pores sont le calcaire, les algues et, en eau de mer, les sels minéraux.

Le petit matériel

Pour faire fonctionner votre système d'aération, vous avez besoin de divers accessoires ou appareils.
Les tuyaux de circulation d'air relient la pompe au diffuseur. Il en existe différents modèles, transparents ou colorés, rigides ou souples, dont le diamètre intérieur le plus courant est de 4 mm. Achetez toujours des tuyaux d'une longueur supérieure à vos besoins estimés, vous éviterez ainsi toute mauvaise surprise.
Si vous utilisez plusieurs diffuseurs alimentés par la même pompe, dans le même bac ou dans des bacs différents, il faut des raccords à trois voies, en forme de T ou de Y, ou à quatre voies, en forme de X ou de +. De petits robinets en plastique permettent de régler le débit d'air

dans chaque voie. Vous pouvez également vous procurer des petits blocs rassemblant plusieurs dérivations et robinets.

Il est prudent d'intercaler un clapet anti-retour entre la pompe et l'aquarium. Cet élément évite des retours d'eau imprévus, notamment lorsque la pompe à air est coupée (volontairement, pour l'entretien du bac, ou involontairement, lors d'une panne d'électricité).

Un petit filtre à air, autre accessoire utile, peut être placé dans le circuit d'air, après la pompe. Ce filtre retient certaines particules en suspension dans l'air. Il peut, en outre, capter odeurs et fumées s'il est équipé de charbon actif.

Bien aérer votre aquarium

Jusqu'à des volumes d'eau d'une centaine de litres, une petite pompe et un diffuseur suffisent. Au-delà, choisissez une pompe plus puissante, qui alimentera plusieurs diffuseurs (il vous faudra alors prévoir des robinets et des raccords). En eau douce, on compte un diffuseur en pierre ou en céramique pour 100 litres d'eau ; en eau de mer, un diffuseur en céramique ou en bois pour 50 à 70 litres.

La disposition du matériel

En principe, la position idéale d'un diffuseur se trouve en plein milieu du bac, ce qui permet le brassage le plus efficace. Cependant, dans la pratique, on choisit rarement un tel emplacement, pour des raisons esthétiques évidentes. Il est en effet préférable de dissimuler le diffuseur et les tuyaux, et même les bulles d'air, que certains aquariophiles considèrent comme peu naturelles.

La solution la plus courante est de placer le diffuseur en dessous ou à proximité de l'élément chauffant (en maintenant un espace entre les deux). Cette disposition favorise la répartition de la chaleur et, par conséquent, l'homogénéisation de la température dans l'aquarium. Vous pouvez également placer le diffuseur dans la dernière cuve d'un filtre à décantation, toujours à côté de l'élément chauffant.

Si vous disposez plusieurs diffuseurs dans votre aquarium, répartissez-les sur toute sa longueur, en général vers l'arrière (toujours pour des raisons esthétiques). Certains modèles ayant tendance à flotter, il vous faudra les caler, par exemple avec une ventouse ou une roche.

L'entretien

Les systèmes d'aération nécessitent peu d'entretien. Il faut simplement changer deux fois par an le filtre et la membrane de la pompe à air. Lorsque les diffuseurs sont colmatés, ils se débouchent à la flamme ou dans un bain de vinaigre ou d'acide (ils doivent être alors soigneusement rincés).

Le bruit de la pompe, parfois gênant, et qui s'intensifie souvent avec l'usure, peut être réduit si vous placez celle-ci sur une plaque de mousse. Vous pouvez également créer une légère fuite d'air, qui réduira les vibrations du système.

Que faire si le débit de bulles diminue ?

Vous devez tout d'abord examiner le circuit d'air – soit les jonctions entre les tuyaux, la pompe, les raccords et les robinets. Vérifiez que ces derniers ne sont pas bloqués en position pratiquement fermée, ce qui peut arriver avec certains modèles. Veillez également à ce que les tuyaux d'air ne soient pas pliés ou coincés. Si aucune fuite n'est détectée, vérifiez le diffuseur et nettoyez-le, même s'il n'est apparemment pas colmaté. Si, après toutes ces mesures, le problème persiste, il vous reste à changer le filtre à air et la membrane vibrante de la pompe. En règle générale, il vaut mieux choisir une pompe plus puissante que nécessaire : en fonctionnant à 70 % de sa puissance, elle posera, à la longue, moins de problèmes qu'un matériel utilisé à 100 %.

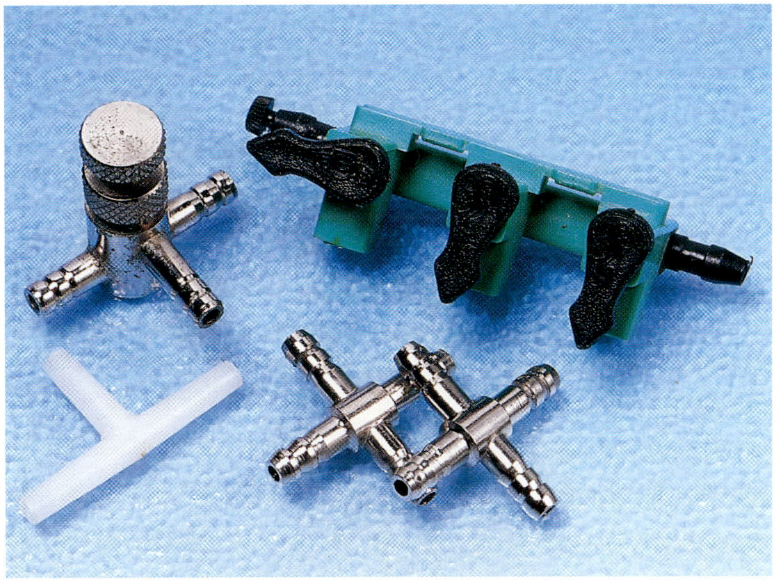

Robinets, vannes et raccords permettent d'alimenter et de régler le débit en air de plusieurs diffuseurs, à partir d'une seule pompe à air.

L'ÉCLAIRAGE

Le fait d'éclairer l'eau de votre aquarium met en valeur son décor et ses occupants. Cependant, l'éclairage n'a pas pour seul but la satisfaction esthétique des spectateurs, il est également nécessaire à l'équilibre écologique de l'aquarium. Votre bac devra, par conséquent, être muni d'une source lumineuse dont le rayonnement se rapproche le plus possible de celui qui éclaire les milieux naturels, tant par son intensité que par sa durée.

Le rôle de l'éclairage

C'est grâce à la lumière que les plantes se développent, tout en enrichissant l'eau de votre aquarium en oxygène (photosynthèse). La lumière agit aussi sur les autres occupants de l'aquarium et, d'une manière générale, sur presque tous les êtres vivants : l'alternance du jour et de la nuit (que les scientifiques appellent « rythme circadien ») influe sur leurs activités biologiques et, pour les animaux, sur leur comportement. Par exemple, en milieu naturel, la ponte de certains poissons se déclenche au petit matin.
L'éclairage de votre bac doit donc reproduire ce rythme naturel d'alternance entre lumière et obscurité. Votre aquarium demeurera une partie du temps sans éclairage, pour permettre le repos nocturne des animaux et des végétaux.

L'éclairage idéal

L'idéal pour votre aquarium serait un éclairage totalement naturel, c'est-à-dire la lumière du soleil. Mais il est malheureusement impossible de la contrôler, ni en intensité, ni en durée. En outre, la lumière solaire entraîne parfois le développement d'algues indésirables, dont il peut être difficile de se débarrasser. Nous vous conseillons d'ailleurs d'éviter son influence directe sur votre aquarium.
L'éclairage d'ambiance de la pièce où se trouve votre aquarium ne pourra suffire : sa puissance et sa qualité ne permettront pas à vos plantes de pratiquer la photosynthèse. En outre, votre bac ne sera pas suffisamment mis en valeur. Il ne vous reste donc que la solution d'un éclairage artificiel, que vous placerez au-dessus du bac, dans une galerie spécialement aménagée.

L'éclairage artificiel

Pour être satisfaisant, l'éclairage de votre aquarium doit couvrir les besoins en lumière des plantes et respecter une alternance entre le jour et la nuit. Il doit également mettre l'aquarium et ses différents occupants en valeur.
Vous trouverez facilement des systèmes d'éclairage répondant à ces exigences. Un bon éclairage artificiel se caractérise par la qualité de la lumière émise, mais aucune lumière artificielle n'est d'aussi bonne qualité que le rayonnement solaire (même si le matériel devient de plus en plus perfectionné).

Des lampes aux tubes

Depuis les années 1980, l'éventail des sources lumineuses s'est beaucoup élargi. On est loin du temps où les aquariums des pionniers n'étaient éclairés que par des lampes à incan-

descence, c'est-à-dire des ampoules électriques classiques. Celles-ci produisent beaucoup de chaleur et la qualité de leur rayonnement lumineux n'est pas favorable aux végétaux : on ne les emploie plus en aquariophilie. Les lampes halogènes, parfois munies d'un rhéostat pour doser la lumière, mais dont le principe est semblable à celui des lampes à incandescence, sont peu utilisées.
La source de lumière la plus pratique et la plus courante est le tube fluorescent, mais il existe d'autres techniques, utilisées notamment pour éclairer les bacs marins.

De nombreux aquariums sont vendus équipés de rampes d'éclairage. Les tubes fluorescents se trouvent isolés de l'eau par des embouts étanches.

Les tubes fluorescents

Souvent appelés « néons » – à tort, car ils ne contiennent pas de gaz néon –, les tubes fluorescents renferment un ou plusieurs gaz qui, soumis à une décharge électrique, produisent des rayons lumineux. La couleur et la qualité de ces derniers sont fonction d'une poudre luminescente tapissant l'intérieur des tubes. Ceux-ci ont la particularité de moins chauffer qu'une lampe à incandescence ; vous ne risquez donc pas de vous brûler à leur contact. Les tubes apparus le plus récemment sur le marché aquariophile contiennent des poudres plus efficaces (« triphosphores », et même « pentaphosphores »), qui leur permettent de délivrer plus de lumière, à longueur égale, que les tubes classiques.
Les tubes sont reliés au secteur par l'intermédiaire d'un « ballast », sorte de transformateur ; ils sont également pourvus d'un « starter », qui permet leur allumage. Ils sont très souvent intégrés dans les aquariums vendus avec un équipement. Dans ce cas, leur puissance totale se révèle parfois insuffisante.

Les différents modèles

Pour éclairer votre aquarium, vous avez à votre disposition de nombreux tubes de couleurs différentes. Attention, les tubes « blanc froid » ou « blanc industrie » qui équipent les locaux de travail ou les ateliers industriels ne conviennent pas à l'aquariophilie.
La couleur plus ou moins dominante d'un tube (pas forcément visible à l'œil humain) se mesure en kelvins (K), la lumière solaire correspondant à 5 500 K. Les tubes dont la couleur dominante est jaune ou rose sont caractérisés par des valeurs inférieures à celles de la lumière solaire (de 3 000 à 5 000 K) : on parle alors de lumière « chaude ». Les tubes dont la couleur dominante est le bleu sont caractérisés par des valeurs supérieures (6 000 à 10 000 K) : il s'agit d'une lumière « froide ».

- **Les tubes rosés.** Des tubes semblables à ceux qui équipent les serres horticoles sont utilisés en aquariophilie. Ils se reconnaissent à leur couleur rosée, principalement due à une dominance de rayons bleus et rouges, les plus utiles à l'activité des plantes (la photosynthèse). Ils sont très appréciés en aquariophilie, car ils donnent d'excellents résultats sur la croissance des plantes et ils rehaussent les couleurs des poissons. Les puristes considèrent cependant qu'ils n'offrent pas un éclairage bien naturel.

• **Les tubes « lumière du jour ».** Ces tubes, appelés aussi « daylight », reproduisent une lumière proche de celle du soleil, plus « naturelle » que les tubes rosés. On les trouve de plus en plus sur le marché. Certains d'entre eux ont une très légère dominante rosée, peu perceptible (et moins importante que celle des tubes horticoles), qui donne de bons résultats sur la croissance des plantes, ainsi que sur le plan visuel.

• **Les tubes bleus.** Utilisés principalement en eau de mer, certains tubes diffusent une lumière bleue. Couplés à d'autres sources de lumière, les tubes bleus permettent de recréer l'ambiance particulière des eaux tropicales, tout en favorisant la croissance des coraux.

Durée de vie des tubes

Dans des conditions normales d'utilisation, la durée de vie d'un tube fluorescent est d'environ un an. L'usure se manifeste parfois par un noircissement des extrémités du tube : ce signe indique qu'il devient nécessaire de le remplacer. Cependant, la qualité du rayonnement a commencé à baisser quelques mois auparavant et, lorsque vous remplacez un tube ancien par un tube neuf, vous ne manquerez pas d'observer une forte différence d'intensité lumineuse et de couleur. C'est pourquoi vous ne devez pas changer tous les tubes d'un bac en même temps : faites-le progressivement, à une quinzaine de jours d'intervalle, pour éviter un effet trop brusque sur les végétaux.

Les lampes HQL et HQI

Plus coûteuses que les tubes fluorescents, ces lampes sont réservées aux bacs les plus profonds, pour lesquels la puissance des tubes n'est pas suffisante. Elles sont particulièrement adaptées aux grands aquariums d'eau de mer.

Les lampes à vapeur de mercure, dites « HQL », sont puissantes et dégagent beaucoup de chaleur. Elles doivent être placées à une distance minimale de 20 cm au-dessus de la surface de l'eau et ont une durée de vie d'environ 15 mois.

Les lampes « HQI » (ou lampes à iodures métalliques) sont encore plus puissantes que les lampes HQL : leur puissance peut dépasser 500 watts. Leur durée de vie est d'environ un an. Elles produisent une lumière de bonne qualité, avec toutefois une légère dominante jaune, peu perceptible (vous pouvez la compenser en ajoutant un tube fluorescent bleu).

Quelle est la consommation électrique d'un éclairage d'aquarium ?

Pour un bac de 1,20 m de long, soit d'environ 250 litres, pourvu de 3 tubes d'une puissance de 30 watts chacun, avec une durée d'éclairage de 13 heures par jour, on arrive à une consommation annuelle d'un peu plus de 420 kilowatts par heure. Cette consommation est à peu près équivalente à celle de 6 ampoules de 100 watts chacune, fonctionnant 2 heures par jour.

La galerie

Située au-dessus du bac, la galerie renferme le matériel d'éclairage. Elle est conçue de manière à éviter que les projections d'eau, produites par l'aération et la filtration, n'atteignent les tubes et les éléments électriques. Il vous faut particulièrement veiller à la bonne isolation des douilles dans lesquelles s'encastrent les tubes. Une plaque de verre placée sous la galerie, et bien jointive, permet d'éviter les problèmes. Si une telle plaque n'est pas prévue, placez-en une au-dessus du bac.

Lorsqu'il y a plusieurs tubes, ceux-ci se disposent en parallèle dans la galerie et occupent rationnellement l'espace disponible dans celle-ci. Les tubes sont parfois placés en

Bleus, rosés ou blancs, les tubes fluorescents présentent des caractéristiques lumineuses différentes, qui déterminent leur utilisation en aquarium.

Grâce à un éclairage adapté, les couleurs irisées de ces guppys sont particulièrement bien mises en valeur.

biais dans la galerie, ou décalés les uns par rapport aux autres. Pour limiter les pertes de lumière, la source émettrice ne doit pas être trop éloignée de la surface de l'eau : une distance maximale de 8 cm est conseillée. D'une manière générale, les zones situées à proximité des vitres latérales du bac reçoivent un peu moins de lumière que la partie centrale de celui-ci.

Les galeries sont souvent vendues tout équipées, avec des tubes fluorescents classiques (rosés ou « lumière du jour »), mais rien ne vous empêche d'en changer un ou plusieurs, pour choisir votre éclairage. Vous pouvez également fabriquer vous-même une galerie, ce qui vous permet de prévoir un éclairage particulièrement bien adapté aux besoins de vos plantes, de vos poissons et de vos invertébrés.

Bien choisir votre matériel d'éclairage

Selon le type de votre aquarium (eau douce ou eau de mer) et selon l'atmosphère que vous souhaitez créer, les choix diffèrent. Il vous est possible, si la taille de votre bac vous le permet, d'utiliser des tubes fluorescents produisant des lumières complémentaires. Vous pouvez également les employer avec d'autres sources lumineuses (lampes HQI, par exemple). Les tubes sont disponibles en plusieurs longueurs, proportionnelles à leur puissance, ce qui vous permet d'équiper tout type de bac.

En eau douce

Pour un bac communautaire ou régional normalement planté, les tubes « lumière du jour » suffisent. Vous pouvez cependant envisager la combinaison de ces derniers avec un tube rosé – d'une puissance inférieure ou égale. Dans un aquarium densément planté, privilégiez au contraire la croissance des végétaux avec une majorité de « tubes rosés », couplés à un tube lumière du jour.

Pour les bacs régionaux recréant le milieu naturel des lacs d'Afrique de l'Est, vous pouvez utiliser une majorité de tubes « lumière du jour », en combinaison avec un tube bleu. L'ensemble recrée ainsi l'atmosphère particulière de ces eaux.

En eau de mer

Les tubes « lumière du jour » sont les plus utilisés pour les bacs d'eau de mer, parfois en association avec un tube rosé, lorsque les aquariums contiennent des plantes. Pour les bacs profonds (plus de 50 cm) ou pour les bacs récifaux (peuplés de coraux et d'autres invertébrés marins), il est préférable d'utiliser des lampes HQI, complétées par un tube à dominante bleue, dont les rayonnements sont favorables aux invertébrés.

Bien régler votre éclairage

Même si ce n'est pas visible, certains aquariums ne sont pas assez éclairés. Un éclairage insuffisant est néfaste au développement des plantes et au bien-être des poissons. Vous devez donc contrôler la puissance de l'éclairage de votre aquarium.

La puissance de l'éclairage

La puissance de l'éclairage doit être fonction de la taille de l'aquarium (plus exactement de sa profondeur et de son volume), mais aussi du milieu de vie que reconstitue votre aquarium (notamment de la présence ou non de végétaux). Plus la hauteur d'eau est importante, plus l'éclairage doit être puissant, afin

→ Lumière et invertébrés marins

A priori, les invertébrés marins n'ont pas besoin d'un éclairage puissant. Pourtant, certains d'entre eux hébergent des algues microscopiques vertes, les zooxanthelles, qui exigent une bonne lumière. Ces algues vivent dans les tissus d'invertébrés du groupe des anémones et des coraux (anthozoaires), ainsi que chez un mollusque, le bénitier. Comme les autres végétaux verts, sous l'action de la lumière, elles absorbent du gaz carbonique et rejettent de l'oxygène (lors de la photosynthèse). Toutefois, le gaz carbonique qu'elles utilisent est prélevé dans les cellules de leur hôte : elles ont ainsi un rôle d'épuration. Comme elles trouvent sur place le gaz carbonique qui leur est nécessaire, les algues tirent bénéfice de l'association avec leur hôte. En outre, elles produisent des substances favorables à la croissance des invertébrés qui les hébergent : il s'agit d'une symbiose. Pour que ces échanges vitaux s'effectuent, il est nécessaire d'éclairer fortement l'aquarium.

d'atteindre le fond du bac et de favoriser ainsi le développement des plus petites plantes.

Pour évaluer la puissance nécessaire à l'éclairage de votre bac, il est plus pratique de baser vos calculs sur son volume. La règle générale est de prévoir 1 watt pour 2 à 3 litres d'eau. Dans certains cas, il est nécessaire d'augmenter la luminosité. Lorsqu'un aquarium est bien planté (type « hollandais », par exemple), il vous faut, en effet, prévoir un éclairage assez puissant, de l'ordre de 1 watt par litre. C'est également le cas pour un aquarium régional d'Afrique de l'Est, peuplé de cichlidés : les eaux des lacs où vivent ces poissons sont transparentes, et donc bien éclairées.

En eau de mer, la règle classique (1 watt pour 2 à 3 litres d'eau) s'applique pour un aquarium sans végétaux ni invertébrés fixés (coraux). En présence d'algues, notamment de caulerpes, et de coraux, la puissance doit être plus forte, soit d'environ 1 watt par litre.

Réservées aux grands aquariums, les puissantes lampes HQI doivent être suspendues, à 30 cm de la surface de l'eau au moins.

La durée de l'éclairage

La croissance des plantes, le bien-être des animaux et l'équilibre général de l'aquarium dépendent de l'alternance lumière-obscurité, dans des proportions adaptées. Un rythme d'éclairage naturel n'est pas simple à respecter. En effet, vous serez tenté d'allumer votre aquarium le matin, et de l'éteindre le soir, avant d'aller vous coucher. Certes, vous pourrez alors pleinement profiter du spectacle de votre aquarium, mais la durée de fonctionnement de l'éclairage sera trop longue.

• **Des horaires adaptés.** La durée d'éclairement ne doit pas dépasser 12 à 14 heures (durée moyenne du jour dans les zones tropicales, d'où proviennent la plupart des poissons). Généralement, votre aquarium est à votre domicile, il est donc préférable qu'il soit éclairé en fin de journée, alors que vous vous trouvez le plus sûrement chez vous. Un allumage à partir de 9-10 heures jusqu'à 22-23 heures est raisonnable.

Pour contrôler la durée d'éclairage, utilisez un programmateur électrique, qui déclenche et éteint l'éclairage au quart d'heure près.

Cette tranche horaire permet d'éviter de trop brusques passages entre l'obscurité et la lumière le matin (et l'inverse le soir), ce qui pourrait être stressant pour les animaux et les plantes. En effet, avant que l'aquarium ne s'éclaire, il va certainement recevoir un peu de lumière naturelle par une fenêtre, et le soir, après extinction des tubes fluorescents, la pièce où il se trouve sera peut-être éclairée encore quelque temps.

Ne coupez jamais la lumière en plein milieu d'un cycle d'éclairage et ne l'allumez pas au milieu de la nuit. Cela stresse les animaux, tout en perturbant l'activité des plantes.

Exemples de dimensions courantes de bac

Longueur *cm*	Largeur *cm*	Hauteur *cm*	Volume *litres*
50	25	30	37,5
60	30	30	54
80	35	40	112
100	40	40	160
120	40	50	240

• **Recréer des conditions naturelles.** Certains aquariophiles, très soucieux de recréer un environnement idéal pour leurs pensionnaires, laissent une lueur de très faible intensité (à peu près l'équivalent d'une petite lampe de poche) pendant la nuit. Elle simule la faible clarté due à la lune et aux étoiles (environ un million de fois plus faible que l'intensité lumineuse en plein soleil). Cela semble avoir un effet bénéfique sur le comportement de certaines espèces de poissons, notamment en eau de mer.

Un éclairage progressif

En théorie, vous ne pouvez reproduire les conditions naturelles d'éclairement correspondant au lever du jour et à la tombée de la nuit. Il existe toutefois quelques astuces permettant de mimer, plus ou moins fidèlement, l'aube et le crépuscule. Si votre bac est équipé d'au moins deux tubes, vous pouvez utiliser deux programmateurs pour décaler leurs allumages et leurs extinctions. Le matin, laissez d'abord agir la luminosité assez faible produite par le jour, ou par l'éclairage d'ambiance de la pièce dans laquelle se trouve l'aquarium. Environ une demi-heure après, programmez l'allumage du premier tube, puis, au bout d'une autre demi-heure, celui des autres. Le soir, les derniers tubes allumés le matin seront les premiers éteints, pour ne laisser plus qu'un tube allumé, pendant quelques dizaines de minutes. Après son extinction, l'aquarium ne reçoit plus que la lumière d'ambiance de la pièce.

Compenser les pertes de lumière

La lumière tend à diffuser dans toutes les directions et les pertes sont importantes au niveau de la galerie d'éclairage, du couvercle du bac, entre la galerie et l'eau et dans l'eau elle-même. Rarement plus de 15 à 25 % de la lumière émise arrive jusqu'au sol de votre aquarium, au-delà de 40 à 50 cm de profondeur, surtout si vous utilisez des tubes fluorescents (dont la puissance n'autorise pas un bon éclairage au-delà de cette profondeur). Pour limiter ces pertes, il existe quelques règles à respecter, ou quelques astuces à appliquer.

Les parois de la galerie absorbent une partie des rayons lumineux. Pour réfléchir ces rayons vers l'eau, tapissez l'intérieur de la galerie avec du papier d'aluminium (le plus lisse possible) ou peignez-le en blanc. Vous pouvez également installer des surfaces réfléchissantes autour des tubes, ne laissant libre que la moitié orientée vers le bac (réflecteurs semi-circulaires). Certaines galeries sont d'ailleurs vendues équipées de ce type de réflecteurs. Veillez, en outre, à maintenir le couvercle du bac parfaitement propre. En effet, celui-ci porte souvent des dépôts opaques, provenant des éclaboussures causées par les systèmes de filtration et d'aération, voire des algues microscopiques, et risque d'absorber une quantité non négligeable de lumière.

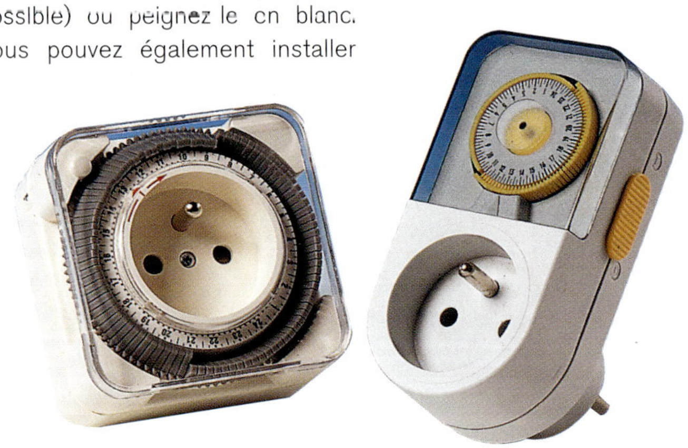

L'utilisation de programmateurs électriques, qui déclenchent l'allumage et l'extinction du matériel, permet de garantir un éclairage régulier.

Si la surface de l'eau est calme, elle réfléchit mieux la lumière et une proportion des rayons lumineux ne pénètre pas dans le bac. Il vous faut casser cet effet miroir en provoquant une agitation de l'eau, avec la sortie du système de filtration ou avec l'aération. Vous pouvez enfin limiter l'effet de diffusion du faisceau lumineux par les particules en suspension (qui interceptent la lumière et la réfléchissent dans toutes les directions) en maintenant l'eau le plus claire possible, grâce à une filtration efficace.

LE CHAUFFAGE

Le système de chauffage fait partie de l'équipement de base en aquariophilie. En effet, la plupart des poissons, des plantes et des invertébrés d'aquarium proviennent des régions chaudes – tropicales – du globe, dont l'eau est à une température voisine de 25 °C. Grâce à du matériel assez simple (résistance, thermostat, combiné chauffant, câble chauffant), il vous est possible d'obtenir la température adaptée à vos pensionnaires, et de la maintenir à un niveau stable.

Le matériel de chauffage

Le principe du chauffage de votre aquarium est le suivant : une résistance électrique, placée dans l'eau du bac, s'échauffe sous l'action d'un courant et communique sa chaleur à l'eau, jusqu'à ce que celle-ci atteigne une température déterminée. Cette dernière dépend du réglage d'un second élément, le thermostat, qui coupe l'alimentation de la résistance lorsque la température est atteinte. Il existe trois principaux types d'appareillages : le système à résistance et thermostat séparés, le « combiné chauffant » (regroupant les deux éléments) et le câble chauffant.

• **Résistance et thermostat séparés.** Ce dispositif s'avère peu pratique, car il impose la présence d'un câble électrique supplémentaire pour raccorder les deux éléments. La résistance s'immerge totalement, mais la partie supérieure du thermostat reste émergée (ce qui facilite le réglage de la température).

• **Combiné chauffant.** Le système à résistance et thermostat séparés tend à disparaître au profit du combiné chauffant. Dans ce système de chauffage, désigné couramment

Résistance et thermostat séparés

Il faut placer la résistance là où l'eau circule bien (ici, au-dessus du diffuseur), à distance du thermostat, pour un meilleur contrôle de la température.

Les discus exigent le maintien d'une température située entre 28 et 30 °C. Des mesures précises et régulières s'imposent pour ces poissons.

sous le terme de « thermoplongeur », la résistance et le thermostat se trouvent réunis dans une gaine de verre. L'ensemble s'immerge totalement, ce qui facilite son camouflage. L'échelle de réglage de la température est bien visible, et il y a parfois une petite lampe « témoin », qui s'allume quand la résistance est en fonctionnement.

• **Câble chauffant.** Ce système de chauffage est constitué d'un câble électrique isolé, plus ou moins long, qui joue le rôle de résistance. Enfoui dans le sol de l'aquarium, le câble est relié à un thermostat, généralement extérieur. Ce dispositif n'est que peu employé, car beaucoup d'aquariophiles lui reprochent de diffuser trop de chaleur autour des racines des plantes, ce qui s'avère peu favorable au bon développement de certaines d'entre elles.

Bien chauffer votre aquarium

La chaleur devant diffuser dans l'ensemble du bac, placez l'élément chauffant dans une zone de l'aquarium où l'eau circule bien : à proximité du diffuseur ou de la sortie du système de filtration, ou, encore, dans le dernier compartiment d'un filtre à décantation. Si vous utilisez plusieurs éléments chauffants, éloignez-les les uns des autres. Veillez, en outre, à dissimuler ces appareils peu décoratifs, en les plaçant par exemple derrière des roches.

La puissance du chauffage

En règle générale, on compte approximativement 1 watt par litre d'eau à chauffer. Ainsi, prévoyez une puissance de 100 watts pour un bac de 80 à 120 litres et de 200 watts pour un bac de 150 à 250 litres.

Cette méthode d'évaluation est valable pour une pièce chauffée : il n'y a pas beaucoup d'énergie à fournir pour élever la température de l'eau à 25 °C lorsque la température ambiante est voisine de 19 °C. En revanche, dans un local non chauffé (garage ou cellier, par exemple), prévoyez une puissance légèrement plus forte.

La gamme de puissance disponible dans le commerce couvre les besoins de chauffage pour tous les bacs jusqu'à 300 litres (les puissances les plus faibles sont de 50 watts). Pour des aquariums plus grands, il vous suffit d'utiliser plusieurs éléments chauffants.

Le réglage du chauffage

Il faut tout d'abord respecter une règle impérative : ne jamais brancher un élément chauffant hors de l'eau, car la résistance s'échauffe très vite et se trouve rapidement hors d'usage.

Pour mettre en service votre système de chauffage, réglez le thermostat sur la température voulue, plongez le matériel qui doit être immergé dans l'eau du bac et branchez le câble électrique. Dans un bac nouvellement mis en service, la température approche le niveau voulu en moins d'une demi-journée. Vous pouvez alors l'ajuster plus finement, en réglant le thermostat : tournez légèrement le bouton de réglage, vers des valeurs inférieures si la température est trop chaude, ou supérieures si elle est trop froide.

La température voulue est rapidement atteinte. Ne vous fiez pas trop à la valeur indiquée par le bouton de réglage du thermostat, qui n'est qu'indicative : utilisez plutôt un thermomètre. Ne vous alarmez pas si vous constatez des différences de l'ordre de 1 à 2 °C entre l'indication du thermostat et la valeur mesurée par le thermomètre. La résistance est parfois un peu trop faible, ou trop forte : il suffit de jouer sur le réglage.

Le contrôle de la température

Un thermomètre est indispensable pour contrôler la température de l'eau. Il en existe différents modèles, plus ou moins précis.

• **Thermomètres à alcool.** Ce sont les plus courants, et les moins chers. Ils se reconnaissent au liquide bleu ou rouge, dont le niveau monte ou descend pour indiquer la température sur une échelle graduée. Ils se révèlent peu précis, avec une incertitude de l'ordre de 1 °C. Certains modèles étant flottants, ils doivent être fixés avec une ventouse. D'autres sont lestés et tombent au fond, mais, comme ils ont tendance à mal se positionner (l'échelle de température étant hors de vue), l'emploi d'une ventouse s'avère également nécessaire.

• **Thermomètres à cristaux liquides**. Ils se présentent sous la forme de bandes adhésives, à fixer à l'extérieur, sur une vitre. Les températures croissantes sont notées dans une suite de « fenêtres » et celle qui se colore indique la valeur de la température du bac. Certains modèles sont peu précis.

• **Thermomètres électroniques.** Une sonde immergée est reliée à un boîtier affichant la température, disposé à l'extérieur de l'aquarium. Très précis, avec une incertitude de mesure de l'ordre de 0,1 °C, les thermomètres électroniques sont également plus onéreux que les autres thermomètres.

Faire face aux problèmes

Quelques incidents peuvent survenir lors de l'utilisation de votre chauffage. Ils sont heureusement assez rares, mais leurs conséquences peuvent s'avérer préoccupantes. Pour parer à toute éventualité, nous vous conseillons de prévoir un combiné chauffant de réserve. Lors de manipulations, il peut arriver que le verre protecteur d'un élément chauffant se brise, il vous faut alors remplacer cet élément en entier. Si cela arrive hors de l'eau, le matériel étant débranché, les conséquences sont peu importantes. Par contre, si cet incident se produit dans le bac, il y a un risque d'électrocution. L'eau conduit le courant électrique, surtout l'eau de mer, il faut donc impérativement débrancher le chauffage avant de procéder à toute manipulation.

Le fil interne de la résistance peut se rompre, à la suite d'un choc ou par usure. La température du bac descend alors progressivement. Il n'y a pas de danger si vous vous en apercevez rapidement. Recouvrez l'aquarium avec une ou deux couvertures, pour limiter les déperditions de chaleur, et remplacez le plus rapidement possible le matériel.

Le thermostat peut se bloquer en position de contact, ce qui entraîne une élévation de la température du bac. Il faut procéder au remplacement du matériel dans les plus brefs délais. Si la température de l'eau est trop élevée, laissez-la redescendre progressivement à la bonne valeur. Il est inutile de verser de l'eau froide dans l'aquarium, vous risqueriez de stresser davantage vos poissons.

Combiné chauffant

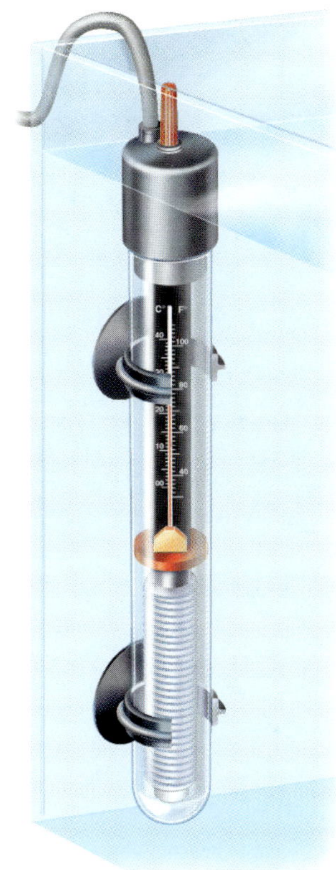

Très pratique, le combiné chauffant, entièrement immergé dans l'aquarium, se fixe à une vitre, grâce à des ventouses.

→ Chauffer une série d'aquariums

Si vous possédez plusieurs aquariums de volume identique, équipez chacun d'eux d'une résistance de même puissance, branchée sur un seul thermostat. Celui-ci maintiendra l'eau des différents aquariums à la même température. Il existe une petite astuce économique pour chauffer une série de petits bacs (par exemple, un ensemble d'aquariums destinés à la reproduction) de même volume, disposés côte à côte. Répartissez les éléments chauffants dans un bac sur deux : les bacs intermédiaires seront chauffés au contact des autres, à une température légèrement inférieure.

L'INSTALLATION DE L'AQUARIUM

Avant d'admirer votre aquarium, il faut franchir les différentes étapes de l'installation. Rigueur et patience sont les clés pour arriver au meilleur résultat. Le bac dont nous vous proposons de suivre la mise en place a un volume de quatre-vingts litres. Il est équipé d'un filtre à décantation intérieur. Il accueillera des xiphos et des platys, au sein d'un décor de roches, de racines et de plantes.

Le sol de l'aquarium est constitué de 10 kilos de sable de Loire. La première opération est de le laver. Pour une meilleure efficacité, procédez en 3 fois. Versez un tiers du sable dans un seau placé sous un robinet, rincez-le à l'eau tiède en le remuant. Après plusieurs minutes, l'eau de rinçage doit être limpide : le sable est alors prêt à l'emploi.

Le sol doit recouvrir la totalité du fond de l'aquarium. Devant, son épaisseur est de 4 ou 5 cm ; derrière, elle est de 7 à 10 cm. La pente douce ainsi créée donne du relief au décor. Avant de verser le sable dans le bac, vous pouvez étaler une couche de « sol nutritif » (engrais mélangé à un sédiment) de 1 cm d'épaisseur, ce qui favorisera la croissance des plantes. Vous pouvez également incorporer au sable des engrais en granulés.

Avant de dresser le décor dans votre aquarium, une répétition s'impose. Posez les différents éléments sur une table placée devant le bac. Racines et roches sont positionnées de manière à occuper au mieux le volume de l'aquarium. En prenant quelques mètres de recul, vous aurez une meilleure vision du résultat final.

Disposez les roches et les racines dans le bac. Les pierres doivent reposer sur le fond du bac et être parfaitement stables. Les racines, enfoncées dans le sable, trouvent également des appuis sur les vitres arrière et latérales. Réservez des espaces pour permettre une plantation aisée. Posez en avant-plan une pierre plate. Elle servira de « table » aux poissons, au moment de la distribution de nourriture !

Il est temps de remplir l'aquarium. Par l'intermédiaire d'un tuyau, versez délicatement l'eau sur la pierre plate, afin de « briser » le jet et d'éviter ainsi de disperser le sable. Le bac n'est rempli qu'aux deux tiers ; le complément sera fait après la plantation. Le décor se stabilise, c'est le moment d'effectuer quelques retouches.

Comme vous l'avez fait pour le décor, vous pouvez anticiper la plantation. Étalez sur la table placée devant l'aquarium toutes vos plantes. Vous visualisez ainsi les différentes espèces (ici, Vallisneria spiralis, Echinodorus grisebachii, Echinodorus sp. et Cryptocoryne sp.*) et la manière dont vous allez pouvoir les associer pour obtenir le plus bel effet. Il faut que cette étape soit le plus court possible, car les plantes doivent absolument rester humides.*

Avant la plantation, préparez vos plantes pour leur assurer une bonne croissance. Éliminez d'office les feuilles jaunies ou abîmées, qui risquent de pourrir. Coupez les racines (il doit en rester 5 cm au moins) avec une paire de ciseaux très propre. Cette coupe leur permet d'alimenter plus facilement la plante en éléments nutritifs.

Commencez par planter les végétaux qui se situent à l'arrière du bac, pour terminer avec ceux qui occupent les premiers plans. Afin de créer un étagement esthétique, disposez les grandes plantes dans le fond de l'aquarium et les petites devant. Maintenez délicatement la plante dans votre main, les doigts positionnés au niveau du collet. Avec l'index, enfouissez doucement les racines dans le sable.

Équipez le filtre à décantation. Un compartiment accueille la pompe de rejet, un second reçoit un pain de mousse alvéolé. Terminez par la ouate de Perlon.

Le combiné chauffant, réglé à une température de 25 °C, est mis en place dans le troisième compartiment du filtre laissé libre.

Après environ 3 semaines de fonctionnement, période durant laquelle le cycle de l'azote se met en place (vous devez régulièrement contrôler le taux de nitrites, qui doit finalement être nul), l'aquarium est prêt à accueillir les poissons, des xiphos et des platys. Faites flotter le sac dans lequel vous avez transporté vos poissons pendant une vingtaine de minutes, le temps que les températures de l'eau du sac et de l'eau du bac s'équilibrent.

Vos poissons vont peu à peu s'habituer à leur nouvel environnement. Ils vont explorer chaque recoin du paysage aquatique, les uns – les plus timides – dénichant une cachette sous telle roche ou telle racine, les autres nageant gracieusement dans tout le volume de l'aquarium. Vous pouvez alors commencer à les alimenter.

faire vivre son aquarium

Apprendre à nourrir ses poissons et ses invertébrés, à soigner un poisson malade et à s'occuper des plantes ; favoriser la reproduction de ses poissons. Connaître les opérations nécessaires à l'entretien de son aquarium.

NOURRIR SES POISSONS

Il est très important de connaître et de respecter les besoins alimentaires de vos poissons. Vous n'aurez aucune difficulté à leur fournir une nourriture adaptée, à la fois en quantité et en qualité, grâce aux aliments disponibles dans le commerce aquariophile. En outre, vous pouvez récolter des proies vivantes ou vous servir de certains de vos propres aliments. Vous disposez ainsi d'une très large variété de produits artificiels et naturels, dont les diverses combinaisons satisferont au mieux vos pensionnaires.

L'alimentation des poissons dans la nature

Les poissons qui vivent dans les eaux claires utilisent principalement leur vision pour détecter leur nourriture, alors que l'olfaction est primordiale pour ceux qui fréquentent les eaux troubles. Dans les deux cas, les poissons localisent également leurs proies par les vibrations que provoquent les mouvements de ces dernières. Les vibrations sont perçues grâce à une ligne de cellules sensorielles située sur chaque flanc des poissons, la ligne latérale. Par ailleurs, certains poissons chassent à l'affût, tandis que d'autres se contentent de « brouter » la végétation. Tous n'ont donc pas le même régime alimentaire.

Régime alimentaire

Selon les aliments qui composent leur nourriture habituelle, on distingue trois catégories de poissons, les carnivores, les herbivores et les omnivores. Cependant, certaines espèces ont un régime qui varie au cours de leur vie : celui-ci se diversifie ou, au contraire, se spécialise à l'âge adulte.

• **Poissons carnivores.** Ils s'attaquent à des animaux vivants, affaiblis ou, plus rarement, morts. Ces proies sont principalement des vers, des insectes et leurs larves, des crustacés, d'autres poissons plus petits, des alevins, parfois leur propre progéniture. En eau douce, les scalaires et les combattants ont un régime carnivore ; c'est aussi le cas des poissons-clowns et des balistes en eau de mer. Il existe des espèces carnivores qui se singularisent par leur régime alimentaire. En milieu marin, par exemple, certains poissons-papillons se nourrissent de coraux.

• **Poissons herbivores.** Les poissons réellement herbivores sont assez rares. C'est plutôt une chance en aquariophilie, car ces poissons peuvent s'intéresser aux plantes les plus fines et endommager le décor végétal. Cependant, c'est aussi regrettable, car les herbivores se révèlent parfois bien utiles pour éliminer certaines algues, notamment les algues filamenteuses, qui ont tendance à proliférer et à envahir les bacs. Les tropheus du lac Tanganyika sont, par exemple, des poissons mangeurs d'algues. Toutefois, certains poissons possédant un régime alimentaire végétarien en

Les xiphos raffolent des comprimés que l'on colle à l'intérieur de la vitre frontale de l'aquarium. Bien dosée, cette nourriture artificielle doit cependant être donnée en alternance avec d'autres aliments, vivants ou congelés.

milieu naturel, comme les mollys et les xiphos (porte-épées), deviennent omnivores en aquarium.

• **Poissons omnivores.** Ces poissons absorbent différents types de nourriture, notamment de petites proies animales ainsi que des éléments végétaux assez tendres. Les cyprinidés (tanichthys, barbus…) et les guppys sont les plus connus des omnivores. Leur bouche est munie de dents plus larges et plus plates que celles des carnivores. De telles dents permettent à ces poissons de bien broyer divers aliments.

Les niveaux d'alimentation

Si un grand nombre d'espèces se nourrissent en pleine eau, d'autres s'alimentent à des niveaux différents. Des poissons comme le demi-bec et le poisson-archer chassent leurs proies, souvent des insectes vivant à l'extérieur du milieu aquatique, en demeurant juste sous la surface de l'eau. À l'inverse, d'autres poissons parcourent le fond pour y dénicher leur nourriture, parfois en fouillant le sol, comme les corydoras, les ancistrus et le poisson-éléphant.

Vous devez tenir compte de ces comportements naturels lors de la distribution des aliments. Pour vous renseigner sur le niveau d'alimentation d'un poisson, il vous suffit d'observer sa bouche : si elle est en position supérieure, le poisson s'alimente sous la surface ; en position terminale (à l'extrémité de la tête), il se nourrit en pleine eau ; en position ventrale (sous la tête), il trouve de quoi manger sur le fond.

Les besoins nutritionnels des poissons

Trois sortes de substances composent les aliments : les protéines, les lipides et les glucides, qui représentent ensemble la quasi-totalité de la ration alimentaire. D'autres substances, comme les vitamines, sont nécessaires, mais en très faible quantité. Une alimentation équilibrée doit procurer aux poissons toutes les substances dont ils ont besoin, dans de justes proportions.

• **Les protéines.** Ces substances, indispensables à la croissance, constituent la masse musculaire. Elles jouent également un rôle important lors de la reproduction des poissons, car elles représentent une grande part du contenu des œufs. Les carnivores ont besoin de beaucoup de protéines, jusqu'à 45-55 % de la ration ; c'est également le cas des alevins, dont la croissance est rapide. Les besoins des omnivores et des herbivores sont moindres, entre 25 et 35 %.

• **Les lipides.** Il s'agit des matières grasses, importantes dans l'alimentation des géniteurs, car elles constituent, avec les protéines, une grande partie des réserves des œufs, formant le vitellus (ou vésicule vitelline), la future poche ventrale de l'alevin. Les lipides ne doivent pas dépasser environ 15 % de la ration alimentaire : au-delà, ils s'accumulent dangereusement dans les muscles des poissons et autour de leurs organes.

• **Les glucides.** Surtout abondants dans les végétaux, ils constituent la plus grande part de l'alimentation des poissons herbivores. Leur proportion est, en revanche, moins grande dans la nourriture des poissons omnivores, et encore moindre dans celle des espèces carnivores.

• **Vitamines et sels minéraux.** Ces deux types de substances sont indispensables à la croissance et au bon déroulement des fonctions vitales des poissons. Cependant, elles ne sont nécessaires qu'en très petite quantité. Seule une alimentation équilibrée et diversifiée fournit la totalité de l'apport vitaminique nécessaire. Quant aux sels minéraux, ils sont en partie absorbés par les poissons dans l'eau, mais un apport alimentaire est obligatoire. Un des sels minéraux les plus importants est le calcium : il rentre dans la composition du squelette.

En paillettes, en granulés, en comprimés ou en bâtonnets, les aliments artificiels sont conçus pour convenir au plus grand nombre de poissons.

Les principaux aliments

Type	Origine	Valeur nutritive
Aliments artificiels	*Commerce aquariophile*	*Faciles à utiliser et à stocker*
Vers de vase et tubifex	*Commerce aquariophile*	*Riches en protéines*
Crevettes et petits poissons	*Milieu naturel*	*Prévoir un petit bac pour les conserver en vie*
Larves d'insectes	*Milieu naturel*	*Difficiles à récolter*
Zooplancton	*Milieu naturel, rare dans le commerce aquariophile*	*Difficiles à récolter et à trier*
Artémias	*Commerce aquariophile*	*Excellent aliment, à la fois pour les alevins et les adultes*
Aliments lyophilisés	*Commerce aquariophile*	*Faciles à stocker, permettent de diversifier le régime*
Aliments congelés (vers, plancton...)	*Commerce aquariophile*	*Valeur nutritive élevée*
Aliments domestiques (viandes, poissons, moules, végétaux...)	*Alimentation humaine*	*Facilement disponibles, bonne valeur nutritive, permettent de diversifier le régime alimentaire*

Les aliments artificiels

Fabriqués à partir de farines animales, de végétaux, de viandes et de produits marins, et enrichis en lipides, en vitamines et en sels minéraux, les aliments artificiels disponibles dans le commerce aquariophile ont été étudiés pour couvrir les besoins des poissons. Plusieurs marques se partagent le marché et offrent un large choix. Il existe des produits spécifiques à certains groupes ou à certaines familles de poissons : aliments pour vivipares, pour cichlidés, pour discus, pour poissons marins, etc.

Présentation

Les paillettes sont les aliments artificiels les plus courants et les plus connus. Déposées à la surface de l'eau, elles flottent un certain temps puis coulent lentement, ce qui permet de nourrir à la fois les poissons de surface et ceux de pleine eau. Les granulés et les comprimés, de différentes formes, coulent rapidement et permettent de nourrir les poissons de fond. Les miettes et les fines poudres sont réservées aux alevins et aux juvéniles.

Conservation

Les aliments artificiels doivent être conservés à l'abri de la lumière, de la chaleur et de l'humidité. Ils peuvent être gardés plusieurs mois, parfois un an. Au-delà, leur qualité diminue lentement, mais régulièrement, les vitamines étant les premières substances à se dégrader. Cependant, même en utilisant différents aliments artificiels, vous ne remplacerez pas une alimentation naturelle diversifiée. C'est pourquoi beaucoup d'aquariophiles se servent de l'alimentation artificielle comme d'une base, qu'ils complètent avec des proies vivantes ou d'autres aliments naturels.

Les proies vivantes

Ce sont des animaux d'assez petite taille, dont la mobilité attire les poissons. Vous en trouverez dans le commerce, mais certaines se récoltent dans la nature. Avant distribution, toutes les proies animales doivent être rincées à l'eau douce.

• **Les vers de vase.** En dépit de leur apparence, qui est bien celle de vers, les « vers de vase » n'en sont pas. Il s'agit de larves d'une espèce de moustique (qui ne pique pas), le chironome plumeux. Elles vivent sous la surface de l'eau douce, dans les zones riches en matières organiques. Vous les trouverez assez régulièrement dans le commerce. Ces faux vers se conservent au réfrigérateur, dans du papier journal humecté, ou dans de l'eau qu'il faut

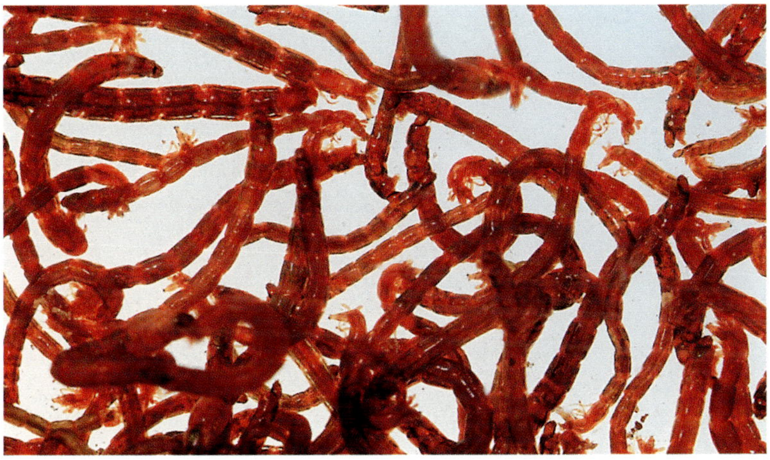

Les vers de vase sont particulièrement appréciés par les poissons carnivores.

Comment élever des artémias ?

La méthode d'élevage des artémias est simple, même pour un débutant. Préparez de l'eau salée avec du gros sel de cuisine (environ 30 grammes par litre), dans n'importe quel récipient, y compris une bouteille de plastique (PVC). Il existe des récipients spécifiques, appelés « pondoirs à artémias ». Vous pouvez travailler à température ambiante, mais, à environ 25 °C, l'éclosion est plus rapide, avec un taux de réussite plus élevé. Placez délicatement les œufs dans le récipient, attendez une demi-heure pour qu'ils s'imbibent d'eau (agitez celle-ci avec un léger bullage). Ne placez pas plus de 0,5 gramme d'œufs par litre (l'équivalent de la quantité que l'on peut déposer sur la pointe d'un couteau), c'est nettement suffisant pour obtenir au moins 50 000 larves. Dès l'éclosion, ces larves nageuses, ou « nauplies », peuvent être distribuées aux jeunes poissons, même en eau douce, où elles survivent quelques minutes. Les nauplies ne se nourrissent pas le premier jour après l'éclosion, ce qui simplifie l'élevage. Un aliment disponible dans le commerce permet de les maintenir en vie pendant quelques jours, rarement plus. Les nauplies peuvent alors mesurer un peu plus de 1 mm. L'élevage jusqu'au stade adulte est difficile et nécessite de l'eau de mer naturelle ou reconstituée, ainsi qu'un aliment à base de plancton végétal.

changer quotidiennement. Riches en protéines, ils sont appréciés d'un grand nombre de poissons.

• **Les tubifex.** Ce sont des vers minces et allongés qui vivent dans les eaux douces chargées en matières organiques. Vous les trouverez eux aussi dans le commerce. Ils se conservent au réfrigérateur, dans de l'eau qui doit être changée tous les jours. Ce sont de bons aliments, riches en protéines.

• **Les autres vers.** D'autres vers, les enchytrées, les vers de Grindal, sont assez rares dans le commerce, mais parfois disponibles dans les clubs aquariophiles, où des amateurs confirmés en pratiquent l'élevage. Les vers marins d'assez grande taille, utilisés comme appâts de pêche (arénicoles), conviennent pour les plus grosses espèces de poissons, en particulier ceux d'eau de mer.

• **Les crevettes.** Toutes les crevettes se conservent facilement, dans une eau claire, filtrée et oxygénée, pendant au moins une semaine sans nourriture. Les aquariophiles qui habitent sur le littoral peuvent en récolter à marée basse, dans les flaques ou sous les algues. Les plus petites peuvent être distribuées aux plus gros poissons, notamment en eau de mer. Dans certains ruisseaux bien oxygénés, vous pouvez capturer avec une petite épuisette des gammares (d'une taille de 1 cm environ), des crustacés assez proches des crevettes. Ils font le régal des poissons d'assez grande taille, que ce soit en eau douce ou en eau de mer.

• **Poissons de petite taille.** Ils constituent des proies de choix pour certains poissons carnivores. Des aquariophiles n'hésitent pas à élever des poissons vivipares assez prolifiques pour utiliser leurs alevins comme proies. C'est parfois une solution pour nourrir les poissons marins qui acceptent difficilement d'autres aliments.

• **Larves d'insectes.** Les eaux les plus pures et les plus oxygénées sont fréquentées par des larves d'insectes, souvent cachées sous les roches et les graviers. Certaines

Les proies vivantes, comme cette daphnie, stimulent l'appétit des poissons prédateurs comme la veuve noire (Gymnocorymbus ternetzi).

Nourrir des alevins

À l'éclosion, la plupart des tout jeunes poissons, que l'on appelle alevins (à l'exception de ceux des poissons vivipares), sont pourvus d'une vésicule vitelline (ou sac vitellin). Ce sac ventral procure à chaque alevin des éléments nutritifs jusqu'à ce qu'il puisse capturer lui-même ses proies, c'est-à-dire pendant quelques jours (cette durée est variable suivant les espèces), lorsqu'il est capable de nager. Il devient alors beaucoup plus actif ; ses besoins énergétiques sont extrêmement élevés, et il faut lui fournir des aliments riches, en quantité suffisante. Tout retard à la prise de la première nourriture pourra avoir des conséquences irréversibles sur la croissance. Les plus gros alevins acceptent les fins aliments artificiels du commerce, mais leur alimentation doit être complétée par des proies vivantes. Ces dernières sont souvent la seule nourriture convenant aux plus petits alevins. Parmi elles, citons principalement divers éléments appartenant au plancton animal, dont les « infusoires » (ou protozoaires, notamment des paramécies) et les larves (« nauplies ») d'artémias. Le jaune d'œuf dur, tamisé, peut représenter une solution temporaire.

Ces feux-de-position (Hemmigrammus ocellifer) *apprécient particlulièrement les artémias vivantes.*

Une idée de recette

Certains aquariophiles concoctent leurs propres recettes pour nourrir leurs poissons. En voici un exemple. Faites cuire à l'eau de la viande blanche, des moules, des crevettes. Hachez l'ensemble avec un peu d'eau pour obtenir une pâte homogène. Pour des poissons à tendance herbivore, vous pouvez ajouter un peu de salade ou d'épinards. Utilisez de la gélatine, vendue sous forme de poudre en sachet à diluer dans de l'eau : mélangez-la à la pâte ; cela évitera qu'elle ne s'émiette dans l'eau. Découpez la pâte en morceaux plus ou moins gros, que vous pouvez distribuer immédiatement ou bien congeler.

sont utilisées comme appâts par les pêcheurs. Leur récolte avec une petite épuisette est assez fastidieuse, mais ces larves constituent un apport nutritionnel très intéressant pour les poissons.

• **Les infusoires.** Ce sont des protozoaires, c'est-à-dire des animaux microscopiques formés d'une seule cellule (alors qu'un poisson, par exemple, est formé de milliards de cellules). Les plus courants sont les paramécies, qui ne dépassent pas 0,3 mm. Ces organismes constituent un aliment adapté, par leur taille réduite, aux alevins. Ils sont difficiles à récolter dans la nature, mais peuvent se « cultiver » dans divers récipients. Il existe plusieurs « recettes », à partir de salade bouillie, de pomme de terre, de peau de banane, ou de foin, déposés dans l'eau. Ces éléments végétaux vont permettre le développement de bactéries dont s'alimentent les protozoaires. On introduit alors dans le récipient d'élevage un peu du sol d'un aquarium en service depuis quelques mois, ou quelques millilitres de vase prélevés au fond d'une mare, pour apporter les infusoires nécessaires au démarrage de la culture.

• **Les daphnies.** Ce sont de minuscules crustacés faisant partie du plancton d'eau douce. Vivantes, elles possèdent une bonne valeur nutritive, notamment pour les protéines et les sels minéraux, et sont très appréciées par les alevins. Après leur distribution dans un aquarium d'eau douce, elles restent vivantes tant qu'elles ne sont pas consommées (leurs cadavres ne polluent donc pas l'eau). Comme elles sont rarement disponibles dans le commerce, vous pouvez capturer les daphnies au printemps, au moment où elles commencent à pulluler dans certaines mares. Elles sont souvent très nombreuses et groupées, et la récolte peut s'avérer rapidement fructueuse, avec une épuisette à mailles fines. Elles peuvent se conserver vivantes dans un récipient bien oxygéné.

• **Les artémias.** Les artémias sont des petits crustacés primitifs peuplant les marais salants du monde entier. Il s'agit de proies vivantes pratiquement indispensables à tout aquariophile. Les adultes, d'environ un centimètre, permettent de nourrir les poissons adultes. Les larves, d'environ un tiers de millimètre, nourrissent les alevins. Elles représentent parfois le seul moyen de sauver des jeunes poissons ne pouvant pas ou n'acceptant pas de manger des aliments artificiels.

• **Les rotifères.** Ce sont des petits animaux aquatiques, d'eau douce ou d'eau de mer, mesurant de 0,05 à 0,2 mm. Ils constituent actuellement le seul aliment vivant convenant aux larves des poissons marins qui se reproduisent en aquarium (poissons-clowns, par exemple). L'élevage des rotifères, en eau salée ou saumâtre, est difficile.

• **Autres espèces microscopiques.** D'autres petits animaux peuvent avoir un intérêt en aquariophilie, ce sont en général des crustacés marins (par exemple, des copépodes), qui ne dépassent pas quelques millimètres, ou les crustacés du krill des eaux froides, ressemblant à de petites crevettes (et qui constituent l'alimentation des baleines). Ces animaux sont impossibles à obtenir sous forme vivante, mais on les trouve congelés.

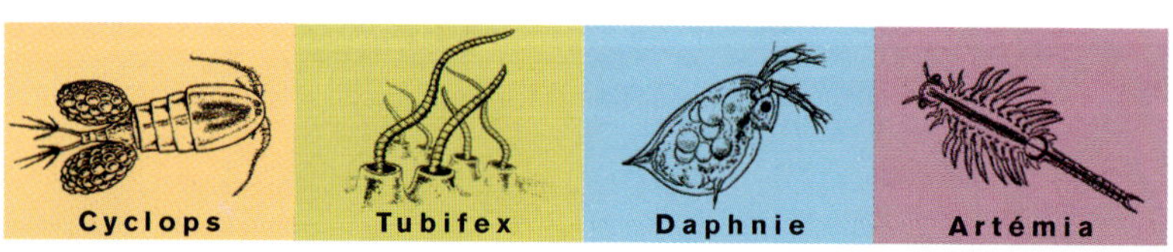

Les aliments domestiques

Certains éléments de notre alimentation offrent des possibilités intéressantes pour nourrir les poissons. C'est notamment le cas des viandes blanches, des poissons, des crevettes, des moules, du jaune d'œuf, des épinards et des salades. Tous ces aliments, qu'il faut couper à une taille adaptée à la bouche de vos poissons, peuvent être préparés à

Filets de poisson maigre, crevettes, vitamines, céréales, épinards, gélatine et viande rouge (à faible dose) constituent d'excellents aliments domestiques.

l'avance et congelés. Cuisez les aliments d'origine animale pour détruire d'éventuelles bactéries.

• **Les viandes.** Parmi les viandes, vous pouvez utiliser le poulet, la dinde et le jambon cuit, en éliminant les parties grasses. Limitez votre usage des viandes rouges, notamment le cœur de bœuf, à cause de leur richesse en matières grasses.

• **Les produits de la mer.** Choisissez des poissons à la chair maigre, tels que le cabillaud et le lieu. Notez que la structure friable de la chair des poissons peut favoriser sa dispersion dans l'aquarium, ce qui constitue un risque de pollution. En revanche, les crevettes ne présentent pas ce risque. On en trouve souvent décortiquées, en boîte ou congelées. Les moules contiennent des protéines, peu de lipides, des vitamines (notamment la vitamine C) et des sels minéraux (calcium, phosphore, magnésium, fer) en quantité non négligeable. Leur disponibilité (entières, décortiquées, en boîte ou congelées) et leur faible coût en font un aliment intéressant, recommandé à tous.

• **Le jaune d'œuf.** S'il vous arrive de manquer de nourriture artificielle fine, ou de larves d'artémias pour nourrir vos alevins, le jaune d'œuf dur pourra vous être d'un grand secours. C'est un aliment très riche en protéines et en lipides, qui, délayé dans l'eau, produit de fines particules adaptées à la bouche des alevins. Vous devez cependant le tamiser pour éliminer les plus gros morceaux, et le distribuer avec prudence, pour éviter tout risque de pollution.

• **Les légumes.** Les épinards, la salade et les brocolis conviennent bien aux poissons dont le régime alimentaire est herbivore. Avant de les distribuer, il est nécessaire de « blanchir » ces légumes, c'est-à-dire de les laisser quelques minutes dans de l'eau bouillante.

La distribution des aliments

Il est important de varier les aliments. Vous pouvez alterner, dans une journée, ou d'un jour à l'autre, les aliments artificiels, les proies vivantes, congelées ou lyophilisées, et les aliments domestiques. Vous couvrirez ainsi tous les besoins des poissons, en évitant par la même occasion les carences. En outre, n'oubliez pas que fournir une bonne alimentation, c'est aussi éviter de trop nourrir.

Restez près de votre aquarium après la distribution de la nourriture : c'est le meilleur moment pour observer vos pensionnaires à loisir, notamment ceux que vous voyez peu – les timides et ceux qui sortent rarement de jour –, car ils vont venir se nourrir avec les autres. Vous pouvez alors détecter les préférences alimen-

Que faire si un poisson ne mange pas ?

S'il s'agit d'un nouvel arrivant, il est normal qu'il ne se nourrisse pas immédiatement. Il subit un léger stress lors de son introduction dans votre bac, mais il doit s'alimenter normalement au bout de quelques jours. Au-delà, s'il refuse toujours de se nourrir, c'est peut-être que la nourriture ne lui plaît pas ou n'est pas adaptée à son régime alimentaire. Offrez-lui des proies vivantes, dont la mobilité peut stimuler son appétit. Passez ensuite aux mêmes proies, mais congelées, puis aux aliments artificiels, avec une étape intermédiaire : un mélange de ces aliments. Le poisson pourra ainsi s'habituer peu à peu à l'odeur et à la consistance des aliments artificiels. Si c'est un poisson que vous possédez depuis un certain temps qui refuse de s'alimenter, c'est qu'il est probablement malade. Il faut l'isoler dans un autre bac, pour le soigner et l'alimenter – d'abord avec des proies vivantes, puis avec des aliments naturels.

taires de chacun, les relations de dominance entre les uns et les autres, et les éventuels problèmes de santé.

L'évaluation de la ration

Quel que soit l'aliment, soyez attentif à la quantité distribuée quotidiennement. En effet, la ration journalière ne doit pas dépasser quelques pour cent du poids du corps du poisson. Elle diminue avec l'âge et avec la taille ; elle est donc plus importante pour les alevins et les juvéniles : leur vitesse de croissance étant plus élevée que celle des adultes, leurs besoins sont supérieurs.

Un poisson d'une taille inférieure à 4 ou 5 cm ne devrait manger qu'environ 2 à 3 % de son poids, c'est-à-dire quelques milligrammes par jour. Cependant, comme vous ne pouvez pas peser vos poissons, ni mesurer précisément la ration, contentez-vous de fournir quelques pincées et de vous assurer que toute la nourriture est immédiatement consommée. Très vite, vous arriverez à apprécier les doses des différents types d'aliments. La ration des reproducteurs doit être identique à celle des adultes, il est inutile de les suralimenter : ce qui est important, c'est l'aspect qualitatif de leur nourriture, pour l'élaboration des œufs.

La fréquence des repas

Il est préférable de nourrir vos poissons en deux fois (même si un seul repas peut convenir), par exemple, une demi-heure après l'allumage du bac et une heure avant son extinction. En revanche, la fréquence des repas des alevins, notamment pendant leur premier mois de vie, doit être plus élevée, au moins trois ou quatre fois par jour. Pour des juvéniles, deux distributions quotidiennes sont nécessaires. Bien entendu, dans tous les cas, il faut diviser la ration quotidienne totale par le nombre de repas.

Ne croyez pas que les poissons ont faim lorsqu'ils s'activent quand vous vous approchez de l'aquarium, c'est une réaction normale due à l'habitude. Il faut toujours vous limiter à la fréquence normale de distribution. Il arrive souvent que les aquariophiles débutants suralimentent leurs poissons : ces derniers peuvent alors avoir le ventre gonflé en permanence (certains aquariophiles s'y méprennent et croient que les poissons vont pondre !). Cependant, la suralimentation passe le plus souvent inaperçue, jusqu'à ce qu'elle provoque la mort des poissons, notamment à cause d'une hypertrophie du foie.

Si vous pensez avoir suralimenté vos pensionnaires, soit en permanence, soit occasionnellement, n'hésitez pas à leur faire sauter un ou plusieurs repas, avant de reprendre un rythme normal ; cela n'aura pas de conséquences préjudiciables sur leur santé, ni sur leur croissance.

Le geste de nourrir peut être l'occasion de contacts avec les poissons, comme ce Mogurnda mogurnda*, particulièrement attiré par des vers de vase. Attention, néanmoins, à ne pas se faire mordre !*

La prise de nourriture

La plupart des poissons s'habituent assez rapidement aux horaires des repas et repèrent facilement l'endroit où a lieu la distribution des aliments. Nourrissez-les donc à heures fixes et du même côté du bac : les nouveaux arrivants dans l'aquarium ne tarderont pas à rejoindre les autres au moment du repas.

Il arrive parfois que certains poissons plus vifs ou plus grands que les autres se jettent sur les aliments aux dépens des plus réservés et des plus petits. Répartissez bien la nourriture dans tout le bac, occupez les poissons les plus vifs dans une zone précise et gardez un peu d'aliments pour nourrir les autres dans un endroit éloigné. Les poissons de fond récupèrent souvent les particules non ingérées par les autres, mais vous pouvez leur apporter leur ration à proximité du fond, avec divers instruments (pince longue, baguettes de bois) ou leur fournir des comprimés spéciaux. Distribuez la nourriture des poissons à activité crépusculaire ou nocturne avant l'extinction de l'aquarium.

Une fois l'aliment repéré, il peut être refusé ou recraché pour diverses raisons : tous ne plaisent pas forcément, que ce soit à cause de leur goût ou de leur consistance (trop mou, trop dur…).

Les week-ends et les vacances

La plupart des espèces sont assez résistantes et peuvent facilement supporter un jeûne de 1 à 3 semaines, sans rencontrer de problèmes particuliers, hormis un léger amaigrissement. Ce n'est cependant pas le cas des alevins, chez qui on peut noter un net ralentissement de croissance, pas forcément compensable par la suite.

Lors d'un jeûne plus prolongé, les poissons puisent leur énergie dans leurs réserves corporelles. Ils commencent alors à maigrir régulièrement, puis ils s'affaiblissent, deviennent plus sensibles aux maladies et

La nourriture congelée se révèle d'une grande facilité d'emploi. On en trouve de nombreuses variétés, conditionnées sous forme de barquettes.

→ Aliments congelés et lyophilisés

La plupart des proies que l'on peut acheter ou récolter vivantes sont commercialisées sous forme congelée : vers de vase, tubifex, artémias, daphnies. C'est aussi le cas d'organismes impossibles à récupérer dans la nature : crustacés (copépodes, krill) et autres organismes du plancton. On peut également trouver des algues congelées, pour nourrir les poissons à tendance herbivore. La décongélation doit se faire progressivement, à température ambiante, dans un petit récipient contenant de l'eau. La lyophilisation réduit de manière importante la teneur en eau d'un aliment, sans en modifier les qualités nutritives. À l'abri de l'humidité, la durée de conservation d'un produit lyophilisé est assez importante. Compte tenu de la technique nécessaire à leur fabrication, les aliments lyophilisés sont plus coûteux que les autres, mais ils sont plus nourrissants, car plus concentrés en protéines et en autres substances nutritives, du fait de leur faible teneur en eau. On trouve sous forme lyophilisée des crevettes, du krill et des vers.

aux variations du milieu, et finissent par mourir de faim ou d'un problème pathologique.

Si vous vous absentez, et que les poissons ne soient pas nourris, il faudra légèrement augmenter la ration avant votre départ. À votre retour, il faudra par contre la diminuer, pour revenir à une dose normale en quelques jours.

Il existe cependant deux solutions pour que vos poissons reçoivent leur nourriture en votre absence. Vous pouvez tout d'abord utiliser un distributeur automatique, programmable sur une durée plus ou moins longue. Celui-ci ne peut contenir que des aliments secs. Vous pouvez également faire appel à un ami qui viendra, une ou deux fois par semaine, nourrir vos poissons et vérifier, par la même occasion, l'état de santé de vos pensionnaires et le bon fonctionnement du matériel. Il est préférable que vous vous adressiez à un aquariophile (à charge de revanche !), qui pourra réagir efficacement en cas de problème.

Les déchets de l'alimentation

Vous ne devez pas avoir la main trop lourde lorsque vous distribuez la nourriture à vos poissons. La suralimentation entraîne fatalement des problèmes de santé. En outre, les aliments en surplus ne sont pas ingérés et contribuent à la pollution de l'aquarium.

Le surplus d'aliments

Malgré toutes vos précautions, il se peut que tous les aliments ne soient pas consommés par les poissons. Une partie d'entre eux va être récupérée par le système de filtration de votre aquarium, d'autres vont se disperser dans le bac, souvent hors de votre vue. Comme ils sont composés en majeure partie de protéines, leur dégradation va produire des substances azotées, le taux d'ammoniaque ou de nitrites risque alors d'augmenter dans l'eau de l'aquarium et de représenter un danger pour les poissons.

L'excrétion des poissons

L'excrétion des poissons, urine ou excréments, est proportionnelle à la quantité d'aliments ingérés.

Cependant, même si un poisson ne mange pas, il utilise les protéines de son corps (les muscles) pour obtenir de l'énergie, et en élimine les déchets, tout en maigrissant progressivement. Des substances potentiellement toxiques sont donc produites naturellement par les poissons et ajoutent leur effet à celui des déchets issus de l'alimentation.

Limiter les effets des déchets

Les substances azotées deviennent rapidement toxiques si elles s'accumulent, même à faible dose. Restez vigilant, mesurez régulièrement les taux de nitrates. Une alimentation raisonnable, une densité de poissons correcte, une bonne filtration biologique, ainsi que des changements d'eau réguliers, limitent les effets néfastes des déchets.

Le distributeur de nourriture est très utile en cas d'absence.

Les carences alimentaires

Une proportion trop faible d'une substance dans la ration alimentaire, voire l'absence de cette substance, entraîne une carence alimentaire, qui se traduit généralement par des problèmes de santé, parfois peu perceptibles, mais souvent graves. Cela est particulièrement vrai pour les vitamines et les sels minéraux. Ainsi, une carence en vitamine C ne permet pas à un poisson de lutter efficacement contre les maladies ou le stress. Un manque de vitamine D ralentit la croissance. Certaines carences en vitamines et en sels minéraux se manifestent par des déformations de la colonne vertébrale.

NOURRIR SES INVERTÉBRÉS

Qu'il s'agisse de coraux, d'anémones de mer, de crevettes ou d'étoiles de mer, tous les invertébrés d'aquariums marins (de même que les quelques espèces d'eau douce) ont besoin d'une nourriture adaptée. Certains trouvent par eux-mêmes leurs aliments dans un aquarium bien équilibré, mais beaucoup réclament un apport extérieur de nourriture. Le marché aquariophile offre aujourd'hui un large choix de préparations pour invertébrés, permettant de satisfaire les plus difficiles de ces animaux.

Régimes alimentaires

Pour nourrir vos invertébrés, il vous est nécessaire de connaître leur mode d'alimentation ainsi que leur régime alimentaire, c'est-à-dire l'ensemble des substances qu'ils consomment. Certains puisent en eux-mêmes leurs ressources nutritives (invertébrés symbiotiques). Les autres se nourrissent de proies vivantes ou de végétaux, souvent de taille minuscule (par exemple, les nombreux organismes du plancton), voire de déchets.

Invertébrés symbiotiques

Des algues vertes microscopiques appelées « zooxanthelles » vivent naturellement à l'intérieur de très nombreux coraux et de certaines anémones, ainsi que chez des mollusques (les bénitiers), quelques éponges et d'autres invertébrés. Ces algues nourrissent les animaux qui les hébergent : grâce à l'énergie lumineuse, elles élaborent des substances (sucres, protéines, matières grasses...) nécessaires à la survie et à la croissance de leurs hôtes. De leur côté, les algues trouvent dans les tissus des invertébrés le gaz carbonique nécessaire à leur activité. Cette association entre des espèces différentes (des algues et des invertébrés), avec bénéfice mutuel, est une symbiose.
Ainsi, tout se passe comme si les invertébrés symbiotiques se nourrissaient de lumière. Vous devez donc bien éclairer l'aquarium. Il vous faut également vous assurer que l'eau de l'aquarium est équilibrée. En outre, vous pouvez compléter l'alimentation des invertébrés symbiotiques par un apport de nourriture (plancton, larves d'artémias...).

Invertébrés carnivores

Ils se nourrissent d'animaux vivants qu'ils capturent, tels d'autres invertébrés ou leurs larves, ou encore des petits poissons. Parmi les invertébrés carnivores, on trouve des crustacés (la crevette cuivrée, par exemple), quelques mollusques, des étoiles de mer, des coraux (corail champignon) et de nombreuses anémones de mer.

Invertébrés phytophages

Ces invertébrés ont un régime alimentaire exclusivement à base de végétaux. Une bonne partie des oursins et des mollusques broutent les algues vivant sur les roches. De même, quelques espèces d'étoiles de mer se nourrissent d'algues.

Invertébrés planctophages

Le plancton représente l'ensemble des animaux et des végétaux qui vivent en suspension dans l'eau ou qui s'y déplacent très lentement. Ces organismes sont, pour la plupart, microscopiques, ou de très petite taille, mais certains crustacés mesurent quelques centimètres (comme ceux qui composent le « krill »), alors que les bras de quelques méduses peuvent atteindre plusieurs mètres de long. Le plancton animal est nommé « zooplancton » ; le plancton végétal, « phytoplancton ».

Les invertébrés planctophages capturent les organismes du plancton et s'en nourrissent. C'est le cas de nombreux coraux. En outre, tous les animaux filtreurs (notamment les mollusques lamellibranches, des crevettes et certains crabes) sont planctophages. Beaucoup d'invertébrés symbiotiques, en particulier les coraux, complètent leur ration alimentaire en capturant du plancton.

Invertébrés détritivores

Ces invertébrés se nourrissent de déchets ou de matières en décomposition (ils sont alors dits « saprophages »). C'est le cas de la plupart des animaux vivant dans le sable (vers, petits crustacés du groupe des copépodes…), mais aussi de certaines crevettes (crevettes « nettoyeuses » du genre *Lysmata*, par exemple), des crabes (crabe des Caraïbes) et des étoiles de mer.

Les aliments artificiels

Le commerce aquariophile met à la disposition de ceux qui élèvent des invertébrés des préparations alimentaires contenant, en bonne proportion, les substances nécessaires aux animaux. Celles-ci sont souvent enrichies en vitamines et en oligo-éléments, indispensables à un bon développement. Liquides ou solides, ces aliments sont d'un usage facile.

• **Les aliments liquides.** Vous trouverez facilement dans le commerce des préparations liquides complètes pour invertébrés. Ces préparations se présentent en flacon et leur dosage est indiqué en fonction du volume de l'aquarium. Les aliments liquides sont particulièrement bien étudiés pour les invertébrés fixes comme les coraux.

• **Les granulés.** De même composition que les préparations liquides, les granulés pour invertébrés présentent l'avantage de ne pas se désagréger dans l'eau, ce qui vous permet de les distribuer avec précision. Ils tombent au fond du bac et conviennent bien aux invertébrés mobiles (crabes, crevettes, étoiles de mer). La taille des granulés ne doit pas excéder 1 mm, pour garantir une ingestion facile.

Les aliments naturels

Si votre aquarium abrite des invertébrés planctophages (qui se nourrissent de plancton) ou carnivores (qui capturent de petits animaux), ceux-ci apprécieront une nourriture naturelle : vous pouvez leur fournir du plancton vivant ou des proies, elles-mêmes vivantes (larves d'artémias) ou congelées.

Le plancton

Nourriture de base de nombreux invertébrés en milieu naturel, le plancton comprend des algues microscopiques et des animaux de petite taille. Un aquarium marin équilibré en contient, mais, pour bien alimenter vos invertébrés, vous pouvez également en assurer la « culture ».

• **Culture classique.** Vous pouvez facilement constituer une réserve de plancton pour vos invertébrés, dans un bac annexe muni d'un chauffage et d'une forte aération. Pour démarrer votre culture, prélevez de l'eau d'un aquarium marin sain fonctionnant depuis un certain temps : celle-ci contient du plancton. Placez votre bac tout près d'une fenêtre ou, à défaut, sous un fort éclairage. L'eau doit être bien brassée par le système d'aération. Au bout d'un certain temps, l'eau se trouble puis prend une teinte verte ; cela veut dire que la densité de plancton augmente. Si le plancton a du mal à proliférer, ajoutez une pincée de levure de boulangerie. Pour nourrir vos invertébrés, fournissez-leur un peu d'eau du bac (pensez à remplacer le volume ponctionné).

• **Le refuge.** Pour que le plancton demeure en permanence à la disposition des invertébrés sans que ceux-ci puissent le consommer totalement, placez le bac de culture du plancton « en parallèle » avec l'aquarium principal, c'est-à-dire en communication par un circuit d'eau. Vous pouvez, par exemple, réaliser une telle installation en plaçant l'entrée d'eau de votre système de filtration dans le bac « refuge » à plancton et la sortie d'eau dans le bac principal puis en mettant les deux bacs en communication par un tuyau : un courant d'eau s'établira entre les deux bacs.

Équipez le bac refuge d'un système d'éclairage et installez-y des algues (caulerpes) et quelques roches vivantes (formées de squelettes de coraux agglomérés et colonisés par de nombreux petits organismes). Un tel milieu, confiné et protégé, est idéal pour favoriser la prolifération du plancton marin. L'eau du refuge, chargée de cette nourriture vivante, retourne dans le bac principal, après être passée dans le système de filtration.

Nauplies d'artémias

Les artémias, petits crustacés d'eau saumâtre, sont bien connues des aquariophiles, qui les utilisent pour nourrir les poissons. Les larves d'artémias, appelées « nauplies » (du latin scientifique *nauplius*, désignant le premier stade de développement de certains crustacés), constituent une nourriture riche, très appréciée de nombreux invertébrés. Leurs mouvements contraignent les coraux à déployer leurs tentacules pour les capturer. Ce comportement spectaculaire ne s'observe que rarement avec une nourriture liquide.

Autres proies

Les anémones de mer, ainsi que les coraux à grands polypes (animaux dont l'association en colonie forme le corail) tels que *Trachyphyllia geoffroyi*, peuvent se nourrir de proies relativement grosses. Offrez-leur des morceaux de moule ou des petites portions de crevettes décortiquées, fraîches ou congelées (à décongeler alors avant emploi). Les artémias et le krill, des animaux du plancton semblables à de minuscules crevettes, font le régal des crabes et autres crustacés. Ils sont vendus sous forme congelée.

Les préparations personnelles

Vos talents culinaires peuvent être mis à contribution pour alimenter vos pensionnaires. Il est notamment facile de préparer, en mélangeant de la chair de poisson, des crevettes décortiquées, des moules..., une préparation alimentaire complète destinée à vos coraux. Il vous suffit de réunir ces ingrédients et de les passer au mixeur. Afin de ne conserver que les fines particules et non le jus, source de pollution, mouillez bien la préparation, puis éliminez le liquide. Répétez plusieurs fois l'opération jusqu'à ce que le liquide de rinçage devienne limpide. Vous pouvez placer cette préparation dans des sacs de congélation et les disposer à plat dans votre congélateur. Ainsi, il vous sera possible de ne prélever que les doses voulues, en cassant des portions de ces plaques congelées.

Le simple jus de moule est un mets apprécié, mais il ne doit être donné que parcimonieusement, car s'il n'est pas consommé, il se dégrade dans l'eau et peut devenir toxique pour les animaux.

Une seringue sans aiguille est l'outil idéal pour nourrir avec précision un invertébré : ce corail mou reçoit ainsi des artémias fraîchement écloses.

La distribution des aliments

Connaissant les nourritures adaptées au régime alimentaire de chacun de vos invertébrés, il vous faut à présent déterminer la fréquence idéale des repas de ceux-ci. Cela fait, vous aurez peut-être à choisir un mode de distribution « ciblée » pour que les aliments parviennent bien à leurs destinataires lorsque ceux-ci ne peuvent se déplacer (coraux, anémones de mer).

Fréquence des repas

Voilà sans doute l'un des points les plus difficiles à déterminer. En effet, les besoins alimentaires des invertébrés diffèrent énormément d'une espèce à une autre. En outre, certains invertébrés ne supportent pas la persistance de taux élevés de matières alimentaires non consommées dans l'eau de leur aquarium.

Dans l'eau, les matières alimentaires se décomposent et libèrent de l'ammoniaque, toxique. Les distributions de nourriture peuvent donc représenter un danger si elles sont mal contrôlées.

- **Anémones et coraux durs à gros polypes.** Ne nourrissez pas plus d'une fois tous les 10 jours les anémones de mer et les coraux à gros polypes comme *Trachyphyllia geoffroyi*. Ces coraux contiennent des algues symbiotiques (connues sous le nom de zooxanthelles), qui les alimentent en utilisant l'énergie lumineuse. Ils n'ont donc, en principe, pas besoin de nourriture extérieure pour vivre, mais celle-ci favorise leur croissance.
- **Coraux durs à petits polypes.** Ces coraux sont des animaux symbiotiques, ils ne nécessitent qu'un apport extérieur d'oligo-éléments. Même s'ils acceptent de minuscules proies, les zooxanthelles leur fournissent tous les composés nutritionnels dont ils ont besoin. En outre, des distributions intempestives de nourriture peuvent se révéler néfastes, car elles élèvent le taux de déchets potentiellement toxiques pour ces coraux.
- **Coraux mous symbiotiques.** Bien qu'ils soient alimentés par les zooxanthelles qu'ils hébergent, la plupart des coraux mous croissent plus rapidement avec un apport régulier de zooplancton. Une distribution hebdomadaire représente un bon rythme, à condition que la quantité donnée soit rigoureusement contrôlée.
- **Coraux mous non symbiotiques et gorgones.** Les coraux mous dépourvus de zooxanthelles et les gorgones demandent un nourrissage plus fréquent, voire quotidien. De ce fait, leur maintenance ne devra se faire que dans un bac spécifique pour ne pas influer sur d'autres animaux n'ayant pas les mêmes besoins.
- **Crevettes et autres crustacés.** Les crabes et les crevettes sont généralement très voraces. Étant donné leur rapidité à ingérer les aliments, vous pouvez leur distribuer quotidiennement de la nourriture.

Distribution généralisée

La méthode de distribution « généralisée » consiste à introduire la nourriture directement dans l'aquarium et à la laisser se disperser à la faveur du brassage de l'eau, pour qu'elle parvienne à proximité de tous les animaux sédentaires. Certes, si la dose est suffisante, tous vos invertébrés peuvent profiter de la nourriture ainsi distribuée, mais la pollution que cela entraîne est énorme. En outre, jusqu'à 90 % de cette nourriture passe dans la filtration et se trouve donc perdue pour vos animaux. Si vous décidez de procéder tout de même ainsi, privilégiez les nourritures vivantes, qui polluent moins le bac.

Distribution ciblée

La meilleure manière de nourrir vos invertébrés consiste à apporter directement la nourriture à chacun d'entre eux, notamment lorsque ces animaux sont fixes (anémones de mer, coraux, par exemple) et lorsqu'ils exigent une alimentation régulière. Pour effectuer cette distribution ciblée de nourriture, vous disposez d'une panoplie d'instruments variés, ayant chacun son utilité.

Une seringue dépourvue d'aiguille vous permet de pulvériser la nourriture sur une grosse colonie de coraux. Une pipette, ou à défaut un tube fin et rigide, se révèle très utile lorsqu'il s'agit de déposer les aliments sur une surface de capture restreinte, à l'attention d'un crabe ou d'une étoile de mer. Enfin, une pince à épiler se révèle extrêmement pratique pour donner sans risque une proie à certains animaux, les anémones de mer par exemple, en évitant le contact irritant avec les tentacules de ces invertébrés.

→ Préparer des œufs d'artémias

Il vous est possible de trouver dans le commerce aquariophile des œufs d'artémias « décoquillés », c'est-à-dire dépourvus d'enveloppe solide. Ils éclosent en quelques heures seulement et se révèlent plus faciles d'utilisation que les larves déjà écloses. Cependant, vous pouvez préparer vous-même cette nourriture vivante à partir d'œufs secs, également disponibles dans le commerce. Dans 1 litre d'eau douce brassée par un diffuseur, ajoutez 5 à 10 grammes d'œufs secs et attendez une heure. Ajoutez 1 litre d'eau de Javel : après un séjour de 20 minutes (25 au maximum) dans ce milieu décapant, retirez les œufs. Ils sont alors de teinte rosée, car décoquillés. Placez-les dans un fin tamis et rincez abondamment à l'eau courante. Il vous suffit ensuite de les installer dans un récipient contenant de l'eau de mer, pourvu d'une forte aération. L'éclosion intervient 10 à 15 heures plus tard ; vous pouvez alors distribuer les jeunes larves (nauplies) d'artémias à vos invertébrés.

FAIRE SE REPRODUIRE SES POISSONS

Si vous souhaitez assister à l'émouvant spectacle d'un groupe de jeunes poissons fraîchement éclos, votre première préoccupation est de favoriser au maximum la ponte et la fertilisation des œufs. Sachez toutefois que les techniques actuelles d'aquariophilie ne permettent pas à toutes les espèces de se reproduire en captivité. Mais, lorsque la reproduction est envisageable, il vous faut disposer de futurs parents en bonne santé, bien alimentés, et leur fournir une eau adéquate. Pour que vos poissons aient toutes les chances de se reproduire, aménagez spécialement un ou plusieurs aquariums annexes. Enfin, et surtout, prévoyez bien la nourriture des alevins.

La sexualité des poissons

La plupart des poissons pondent des œufs, ce sont des animaux « ovipares », mais, chez certains, les embryons se développent à l'intérieur du corps de la femelle, laquelle donne naissance à des alevins : ces espèces sont qualifiées de « vivipares ». Chez les poissons ovipares, la femelle pond ses œufs en pleine eau ou sur un support et le mâle les rend fertiles en les fécondant avec sa laitance, c'est-à-dire son sperme. Plus celui-ci est émis à proximité des œufs, plus la fécondation se trouve favorisée. Chez les poissons vivipares, les œufs sont fécondés à l'intérieur du corps de la femelle, ce qui optimise les chances de reproduction.

Mâles et femelles

Chez la plupart des espèces de poissons, les sexes sont séparés : les individus peuvent être mâles ou femelles, mais pas les deux à la fois (on parlerait alors d'hermaphrodisme). En pratique, ce n'est pas aussi évident chez quelques espèces d'eau douce, mais surtout chez les poissons marins. Certaines espèces peuvent, en effet, changer de sexe au cours de leur vie, cela s'appelle l'hermaphrodisme successif. C'est notamment le cas des poissons-clowns, des barbiers rouges, des mérous et de nombreux labridés. Chez ces derniers, le changement de sexe (de femelle en mâle) s'accompagne d'une modification de coloration. L'hermaphrodisme successif augmente les chances de reproduction, en particulier pour les espèces qui vivent en harem : si le seul mâle vient à mourir, une femelle qui change de sexe peut assurer la descendance du groupe. Les couples se constituent généralement lors de la reproduction, puis les deux parents se séparent. Cependant, certains poissons forment des couples inséparables

Le frai du cap-lopez (Aphyosemion australe) *est spectaculaire. La femelle, à gauche, expulse ses œufs qui vont se coller dans la touffe d'algues filamenteuses disposée à cet effet, contre la vitre de l'aquarium.*

durant toute leur vie. Lorsque l'un des membres du couple vient à disparaître, il n'est pas rare que son conjoint se laisse mourir.

Environnement et sexualité

Statistiquement, les proportions de mâles et de femelles sont équilibrées (environ 50 % de chaque sexe). Pourtant, dans certaines populations, ces proportions peuvent différer en fonction des conditions du milieu. L'étude de l'influence du pH (acidité de l'eau) sur certains poissons vivipares en cours de croissance donne des résultats assez surprenants. Chez le xipho *(Xiphophorus helleri)*, par exemple, un pH acide (6,2) correspond à une majorité de mâles, alors que beaucoup plus de femelles s'observent à un pH basique (7,8).

Il n'y a pas que la qualité de l'eau qui modifie le sex-ratio (proportions comparées de mâles et de femelles), les relations entre les animaux jouent également un rôle. Lorsqu'ils sont isolés pendant toute leur croissance, les poissons-paradis *(Macropodus opercularis)* deviennent majoritairement mâles (à pratiquement 90 %), alors que les femelles dominent si les poissons sont élevés en groupe (plus de 60 %). Il y a bien d'autres influences de l'environnement sur la sexualité (la température, par exemple, peut avoir un effet), mais certaines restent mal connues.

Favoriser la reproduction

La première ponte ne se produit qu'après la maturité sexuelle de la femelle, plus précoce chez les petites espèces à courte durée de vie. Le début de l'activité reproductrice se manifeste par des transformations internes (développement des gonades ou glandes génitales, testicules pour le mâle, ovaires pour la femelle). Lorsque les poissons sont aptes à se reproduire, des moyens simples vous permettent de favoriser leur sexualité.

Bien choisir les futurs parents

Si vous possédez un groupe de poissons de la même espèce, sélectionnez parmi eux ceux qui vous semblent les plus beaux et les mieux acclimatés. Pour limiter les risques de naissance d'individus mal formés, évitez la consanguinité et choisissez, si possible, des reproducteurs sans lien de parenté, même lointain. L'échange de poissons avec d'autres aquariophiles vous permettra de bien diversifier vos géniteurs. Si vous avez la chance de posséder un couple « efficace » de géniteurs, gardez-le pour plusieurs reproductions. Mais n'oubliez pas que les performances dans ce domaine diminuent pour les individus les plus âgés, et sont parfois mauvaises pour les plus jeunes, surtout s'ils ne se sont jamais reproduits. Ainsi, dans les entreprises d'élevage de poissons d'aquarium, on réforme (c'est le terme employé !) régulièrement une partie des géniteurs les plus âgés.

Bien nourrir les futurs parents

Dans la nature, la température et la lumière (plus exactement, la variation de la durée du jour) jouent un rôle important dans la maturation sexuelle et le déclenchement du comportement reproducteur des poissons. Ces paramètres demeurent pratiquement stables en aquarium. C'est alors un autre facteur, l'alimentation, qui devient déterminant pour la réussite de la reproduction. Il est donc indispensable de bien nourrir les futurs parents, c'est-à-dire de varier leurs aliments sans les suralimenter. Veillez notamment à ne pas utiliser uniquement de la nourriture artificielle (paillettes, granulés…) et à fournir une bonne proportion de nourriture vivante (larves d'artémias, vers…).

Veiller à la santé des futurs parents

Un bon géniteur doit être en bonne santé, mais il est également préférable qu'il n'ait jamais été malade. Des soins préventifs sont donc nécessaires. Veillez ainsi à la qualité du milieu de vie des poissons : caractéristiques de l'eau, aération, espace vital…

Le frai ou l'accouplement

La ponte des œufs par la femelle et leur fécondation par le mâle constituent ce que l'on nomme le « frai ». Chez les poissons vivipares, il y a accouplement. Le frai peut s'effectuer en couple, plus rarement en banc. Lorsque les poissons sont prêts à frayer ou à s'accoupler, ils tentent souvent de s'isoler dans un territoire précis. Nous décrirons plus loin chaque type de frai ou d'accouplement, ainsi que les modalités d'aménagement du bac annexe de reproduction.

Les signes précurseurs

À maturité, et dans de bonnes conditions, les glandes sexuelles (gonades) se développent : leur augmentation de volume est bien visible chez les femelles, dont le ventre s'arrondit. Celles-ci se nourrissent plus abondamment, alors que leurs réserves corporelles, notamment les graisses, sont utilisées pour la fabrication des œufs.
La différenciation sexuelle, entre mâle et femelle, s'affirme de plus en plus : les couleurs s'accentuent (surtout chez le mâle) et le comportement change. Si certains mâles se désintéressent de leur partenaire, beaucoup la courtisent (parade nuptiale), parfois même très vivement (ce qui peut entraîner des blessures, voire la mort de la femelle !). Ces comportements s'accompagnent parfois d'agressivité envers d'autres espèces, ou envers des poissons de la même espèce.

La ponte

La ponte représente un effort physique intense pour la femelle, qui a ensuite besoin de repos et d'une bonne alimentation pour reprendre une activité normale, et recommencer un cycle de reproduction. Le nombre d'œufs émis est en général proportionnel à la taille de la femelle. Plus ils sont petits, plus ils peuvent être nombreux ; mais la plupart des espèces n'en produisent pas plus d'une centaine à chaque ponte.

Des œufs aux alevins

Après la fécondation, la cellule reproductrice contenue dans chaque œuf se divise activement, pour former un amas de cellules semblables, puis l'embryon se forme.

→ La reconnaissance des sexes

Elle n'est pas toujours facile, surtout en dehors de la période de reproduction. Il n'y a pas forcément de dimorphisme sexuel, c'est-à-dire de différences visibles entre le mâle et la femelle. Lorsqu'il existe, ce dimorphisme, qui peut être permanent ou temporaire, se manifeste d'abord par des traits anatomiques : les couleurs, notamment, diffèrent. Elles sont souvent plus vives chez le mâle (comme chez les cichlidés des lacs africains). La forme d'un organe particulier, tel qu'une nageoire, peut également permettre la distinction des sexes : chez les vivipares, la nageoire anale des mâles est modifiée, car elle sert d'organe de reproduction (à la manière d'un pénis). Cependant, la plupart du temps, c'est le ventre plus ou moins rebondi de la femelle et le comportement particulier du mâle qui permettent de faire la distinction.

La femelle scalaire (en haut) pond volontiers sur les grandes feuilles d'échinodorus. Ses œufs sont aussitôt fécondés par le mâle.

Cette période est celle de l'incubation. Sa durée, propre à chaque espèce, est quasi constante, sauf si la température varie. Par transparence, à la loupe, on peut parfois voir la colonne vertébrale, l'œil et des zones pigmentées de noir de l'embryon.
À l'éclosion, le jeune poisson, appelé « alevin », ne ressemble pas à un adulte ; ses organes ne sont pas tous formés ou ils se révèlent disproportionnés (les yeux sont nettement surdimensionnés). Un reste des réserves de l'œuf demeure sous le ventre de l'alevin. C'est le sac vitellin (ou vésicule vitelline), qui assure la survie du jeune poisson jusqu'à ce qu'il soit capable de capturer des proies. Ce sac se résorbe en quelques jours, durant lesquels la bouche et l'anus deviennent fonctionnels. Les nageoires se forment et la prise de poids est importante.
Chez la plupart des espèces, l'alevin ressemble vite à un adulte miniature. Il chasse activement pour se nourrir. En général peu mobile et ne pouvant parcourir de grandes distances, il constitue une proie facile. S'il survit, la croissance est ensuite rapide et il adopte plus ou moins vite le comportement de l'adulte.

Poissons ovipares à œufs libres

Chez ces espèces, les œufs sont pondus et fécondés en pleine eau, puis ils tombent sur le fond. Dans le bac de reproduction, il vous faudra les soustraire à l'appétit des parents ! Un des poissons ovipares adoptant ce type de ponte parmi les plus connus et les plus faciles à reproduire est le rério *(Brachydanio rerio)*. On trouve également dans ce groupe le tanichthys *(Tanichthys albonubes)*, ainsi que des barbus.

Aménagement du bac de reproduction

Un bac d'une cinquantaine de litres, sans sol, suffit amplement pour la reproduction. Trois principales méthodes sont utilisées pour protéger les œufs des parents. La première consiste à coucher et à caler des plantes à feuillage fin (myriophylle, cabombe, limnophile) sur le fond du bac : leurs feuilles découpées dissimuleront les œufs. Selon la deuxième méthode, des billes de verre sont déposées sur le fond (il s'agit de billes comme en utilisent les enfants) : les œufs glisseront dans les interstices. La troisième méthode consiste à diviser horizontalement le bac de reproduction en deux parties, grâce à un grillage à mailles de quelques millimètres : sitôt pondus, les œufs passent à travers les mailles et tombent sur le fond ; le grillage les soustrait à la voracité des parents.

La ponte

Lorsque, par son ventre arrondi, une femelle vous semble bien « pleine » d'œufs, placez-la dans le bac spécialement aménagé pour la reproduction, avec un ou plusieurs mâles, qui vont la courtiser.
La ponte se produit souvent le matin, après l'allumage du bac, ou sous influence de la lumière solaire. Une fois pondus par la femelle, les œufs sont fécondés par un ou plusieurs mâles. Après la ponte, retirez les parents de l'aquarium de reproduction. Le nombre souvent important des œufs compense les pertes dues notamment à des absences de fécondation ou à des échecs de développement des embryons.

Les alevins

Ils éclosent en général en quelques jours (la durée exacte d'incubation varie suivant les espèces). La résorption de la vésicule vitelline est rapide : elle s'achève rarement plus de 2 jours après l'éclosion. Il vous faut alors nourrir immédiatement les alevins. Au bout d'un mois, les jeunes de la plupart des espèces ovipares à œufs libres mesurent environ 1 cm ; ils peuvent alors être placés dans un bac plus grand pourvu de cachettes, où ils grandiront plus vite.

Poissons ovipares à œufs semi-adhésifs

Ces poissons « collent » leurs œufs à des supports. C'est le cas des characidés (parfois capables de dévorer leurs propres œufs !). La reproduction de ces espèces est un peu délicate. Un des points importants est la qualité de l'eau : sa dureté ne peut pas dépasser quelques degrés français et son pH doit demeurer compris entre 6 et 6,5.

Aménagement du bac de reproduction

Prévoyez tout d'abord un support pour les œufs : des plantes à feuillage fin (myriophylle ou mousse de Java), ou des filaments de ouate de Perlon, telle que celle qui équipe parfois les filtres. Les alevins n'appréciant pas la lumière vive, placez le bac de reproduction dans un endroit sombre. Vous pouvez même l'entourer de papier ou de carton. Le volume du bac peut être de quelques dizaines de litres.

Ponte et alevins

Placez un couple dans l'aquarium de reproduction. La femelle doit présenter un abdomen bien gonflé. Elle peut émettre plusieurs centaines d'œufs (nombre variable selon l'espèce). La ponte terminée, retirez les parents du bac. Prévoyez des « infusoires » (protozoaires) et

Poissons ovipares à œufs libres

Pour éviter que les parents ne mangent leurs œufs ou leurs alevins, isolez ceux-ci dans le bac de reproduction. Vous pouvez placer au fond du bac des plantes à feuillage fin (en haut), des billes de verre (au centre), ou encore diviser le bac en deux parties à l'aide d'un grillage souple (en bas).

Le spectacle offert par ce couple de Hemichromis sp. *en présence de leur myriade d'alevins minuscules est fascinant. Parents modèles, ces poissons protègent farouchement leur fragile descendance.*

des larves d'artémias pour nourrir les alevins quelques jours après l'éclosion, dès qu'ils commencent à nager. Le bac de reproduction peut recevoir de la lumière artificielle une semaine environ après la première alimentation des alevins. Si possible, augmentez graduellement la puissance de l'éclairage.

Poissons ovipares pondeurs sur substrat

Ces espèces déposent leurs œufs sur un support. C'est le cas de certains cichlidés, notamment les scalaires et les discus. Le support de ponte peut être vertical ou horizontal ; quelques espèces pondent dans une anfractuosité du décor assez vaste pour accueillir le couple reproducteur. Les modes de ponte étant assez variés, vous ne trouverez ici que des règles générales. Les parents s'occupent très souvent de leur ponte et de leurs alevins.

Aménagement du bac de reproduction

Bien que les poissons de ce groupe puissent se reproduire dans des aquariums communautaires, utilisez de préférence un autre bac. Les supports de ponte sont très variés : feuille rigide d'une plante, bois, roche, tube de PVC scié en deux dans le sens de la longueur. Dans certains cas, vous pouvez même utiliser un morceau de plastique pour usage alimentaire, découpé pour imiter les feuilles d'une plante.
Quant aux poissons qui pondent dans une cavité du décor, offrez-leur un abri constitué de roches empilées, ou même un pot de fleurs.

Ne reconnaissant pas le sexe de mes poissons, comment puis-je être sûr d'avoir un couple ?

Plus vous avez de poissons, plus vous avez de chances d'avoir des mâles et des femelles dans des proportions voisines. Si vous possédez 3 poissons de la même espèce (en prenant pour base de calcul des proportions de mâles et de femelles de 50 %), la probabilité d'avoir au moins un couple est de 75 %. Elle atteint 87,5 % pour 4 poissons. Au-delà de 5 ou 6 poissons, vous êtes pratiquement sûr d'avoir au moins un couple.

La ponte

Les poissons ovipares pondeurs sur substrat forment très souvent des couples stables. Si vous possédez des individus s'étant déjà reproduits ensemble, c'est un bon atout, car ils pourront recommencer rapidement. Sinon, observez attentivement le comportement de vos poissons : si vous repérez un mâle et une femelle commençant à nettoyer un support (prélude à la ponte), placez-les immédiatement dans le bac de reproduction, de préférence avec le support qu'ils ont choisi.

Dans la plupart des cas, les parents nettoient soigneusement le support de ponte. La femelle y dépose ensuite ses œufs, qui se trouvent immédiatement fécondés par le mâle. Dans la nature, celui-ci peut défendre le territoire de ponte si d'autres poissons s'y aventurent. Il participe également à la surveillance des œufs avec la femelle.

Généralement, par des mouvements des nageoires, les parents renouvellent l'eau autour des œufs, jusqu'à l'éclosion, qui a lieu quelques jours après la ponte. Il arrive pourtant qu'ils se désintéressent totalement de leur ponte, surtout si c'est la première. Les œufs risquent alors de ne pas éclore, mais les parents ne tarderont pas à se reproduire de nouveau.

Les alevins

Ils restent souvent en groupe sous la protection et la garde des parents et acquièrent progressivement leur autonomie (en quelques semaines) : ils s'éloignent de plus en plus des parents pour explorer leur environnement. Les alevins sont en général assez voraces et il vous faudra prévoir des distributions régulières de larves d'artémias, puis d'aliments plus gros.

Les discus présentent une particularité exceptionnelle : leurs alevins se nourrissent, pendant les premiers jours, d'un abondant mucus sécrété par les parents, avant d'accepter de petites proies vivantes.

Poissons ovipares à incubation buccale

L'incubation buccale est, en quelque sorte, un mode de ponte intermédiaire entre l'oviparité (ponte classique) et la viviparité (conservation des œufs dans le corps maternel) : après la ponte, la femelle recueille les œufs dans sa bouche. L'incubation buccale est caractéristique de certains poissons de la famille des cichlidés, notamment ceux originaires des lacs d'Afrique de l'Est. Elle est également représentée chez quelques espèces marines, comme *Pterapogon kauderni*. C'est un mode de reproduction exceptionnel et passionnant à observer.

Aménagement du bac de reproduction et ponte

Les poissons se reproduisent très souvent dans le bac communautaire, mais il est préférable de les isoler. Vous pouvez installer quelques plantes et quelques roches dans le bac de reproduction.

Tour à tour, les parents scalaires se relayent pour ventiler et surveiller les œufs, jusqu'à leur éclosion. Ils aideront ensuite les alevins à sortir.

Cette femelle Geophagus steindachneri, *un cichlidé d'Amérique du Sud, pratique l'incubation buccale : elle reprend ici ses alevins en bouche.*

Isolez un couple, ou un mâle avec quelques femelles. Après une brève parade nuptiale, les œufs sont pondus et fécondés sur le sol, parfois creusé en cuvette. La femelle les récupère pour les garder dans sa cavité buccale. Ils sont oxygénés par le courant d'eau qui passe de sa bouche aux branchies (pour la respiration). Chez la majorité des espèces, l'incubation dure plus de 15 jours, pendant lesquels la femelle ne peut se nourrir : soignez donc particulièrement son alimentation avant et après l'incubation.

Les alevins

Ils nagent rapidement après l'éclosion et se nourrissent de larves d'artémias. Les alevins s'aventurent très tôt hors de la bouche de la femelle, mais ils s'y réfugient dès qu'ils perçoivent un danger, notamment lorsque vous vous approchez brusquement de l'aquarium. Ce rapide repli ne provoque normalement pas d'accident, mais on suppose que la femelle peut parfois avaler accidentellement un de ses petits !

Poissons ovipares constructeurs de nids

Lors de la reproduction, ces poissons édifient un nid de bulles. Il s'agit des espèces du groupe des poissons à labyrinthe, qui comprend, entre autres, les combattants (genre *Betta*) et les gouramis (genres *Colisa* et *Trichogaster*). Dans la nature, ces poissons vivent dans des eaux lentes ou stagnantes, et troubles. Dans de tels milieux, l'oxygène, très important pour le développement embryonnaire, peut manquer. Si c'est le cas, la croissance des embryons se trouve ralentie et l'éclosion devient incertaine. En concentrant l'oxygène dans un nid de bulles, les parents préservent leurs œufs d'un tel risque.

Aménagement du bac de reproduction

Un aquarium d'une vingtaine de litres est suffisant. Pour faciliter la construction du nid de bulles, limitez l'agitation de la surface de l'eau par la sortie d'eau du système de filtration et installez quelques plantes flottantes, telles que *Riccia fluitans*. Prévoyez une vitre ou un grillage rigide qui permettront de séparer l'aquarium en deux parties, l'une pour le mâle, l'autre pour la femelle.

Ponte et alevins

Placez une femelle au ventre bien rebondi dans l'une des deux parties du bac, et un mâle dans l'autre. La présence de la première va inciter le second à fabriquer un nid de bulles sous la surface de l'eau. Ôtez la vitre ou le grillage de séparation, afin que les deux partenaires puissent effectuer leur parade nuptiale, pendant laquelle le mâle enlace la femelle pour l'inciter à pondre. Les œufs pondus sont immédiatement fécondés par le mâle qui les place dans le nid. Comme une femelle peut pondre environ une centaine d'œufs, la ponte dure un certain temps.

Il peut arriver que la femelle refuse les avances du mâle. Il vous faut alors séparer le couple, et faire une nouvelle tentative plus tard. Une fois la ponte terminée, il est préférable d'enlever la femelle, surtout s'il s'agit d'un couple de combattants, le mâle pouvant la malmener. En revanche, maintenez ce dernier à proximité de son nid. Après 2 jours d'incubation environ, l'éclosion se produit. Les alevins restent à proximité du nid : leur vésicule vitelline leur permet de survivre pendant 3 à 5 jours. Au-delà, ils commencent à nager en quête de nourriture. Fournissez-leur des larves d'artémias. Le mâle peut alors être séparé de sa progéniture.

Poissons ovipares pondeurs sur tourbe

Ces poissons déposent leurs œufs sur un support dense et touffu, tel que la tourbe. C'est le cas des cyprinodontidés ovipares, plus connus sous le nom de killies, tels que le cap-lopez *(Aphyosemion australe)*. Chez certaines espèces, les œufs peuvent se conserver dans de la tourbe humide, ce qui permet de les échanger avec d'autres aquariophiles.

Aménagement du bac de reproduction et ponte

Utilisez un petit bac d'une dizaine de litres, au fond garni d'une couche de 3 cm environ de tourbe préalablement bouillie et rincée (pour éliminer les plus fines particules). L'eau du bac de reproduction doit être très douce et acide.
Après une courte parade nuptiale, les œufs sont émis, fécondés puis ils tombent dans la tourbe. Retirez alors les parents du bac de reproduction. Pour les killies qui vivent plus d'une année (killies non annuels, comme le cap-lopez), les œufs incubent pendant une dizaine de jours. L'éclosion de tous les œufs n'est pas simultanée.
Chez les espèces qui vivent moins d'un an (killies annuels, tels *Nothobranchius patrizii*), il faut retirer la tourbe du bac, l'égoutter et la presser délicatement pour extraire la plus grande partie de l'eau. Stockez-la pendant quelques mois dans un récipient fermé, en verre ou en plastique (la durée de stockage, qui varie en fonction des espèces, est de 12 à 15 semaines chez *Nothobranchius patrizii*). L'éclosion se

Poissons ovipares constructeurs de nids

Ces poissons édifient un nid de bulles dans les plantes flottantes. Séparez d'abord la femelle du mâle, tout en la laissant visible, pour permettre à celui-ci de construire le nid. Ôtez ensuite la vitre (ou le grillage) de séparation. Après la parade nuptiale et la ponte, retirez la femelle.

déclenche lorsqu'on plonge la tourbe dans de l'eau douce et acide ; elle s'étend sur plusieurs jours.

Les alevins

Nourrissez-les dès l'éclosion, avec des « infusoires » (protozoaires), puis avec des larves d'artémias. Chez la plupart des espèces, la croissance des alevins est très rapide. Ces poissons pourront se reproduire dès qu'ils auront quelques mois.

Poissons vivipares

Chez les poissons vivipares, l'œuf se développe dans l'organisme maternel. Il peut n'y avoir aucune interaction entre l'œuf et la mère (famille des poeciliidés), on parle alors de « faux vivipares » ou d'« ovovivipares ». En revanche, chez les poissons de la famille des goodéidés, un organe spécifique apporte des substances nutritives à l'œuf. Ces poissons sont de « vrais vivipares ». Pour des raisons pratiques, poeciliidés et goodéidés sont regroupés sous le nom commun de « vivipares », bien que cela ne corresponde pas à la stricte réalité scientifique.

À l'éclosion, l'alevin rompt la membrane de l'œuf, juste avant ou juste après son expulsion du corps de la mère. Il est plus grand qu'un alevin de poisson ovipare et son sac vitellin se trouve déjà pratiquement résorbé. Robuste, le jeune poisson nage très rapidement et se met à la recherche de nourriture.

Les « faux vivipares »

La famille des poeciliidés est bien connue des aquariophiles. Elle comprend, entre autres, les guppys, les platys et les xiphos. Les mâles ont leur nageoire anale modifiée en un organe copulateur, le gonopode. Il n'y a pas de véritable accouplement car le gonopode ne pénètre pas dans l'orifice génital de la femelle, la relation sexuelle entre les futurs parents est un « pseudo-accouplement ». La présence de cet organe permet de reconnaître aisément les mâles, notamment chez les espèces où les différences sexuelles (coloration, forme des autres nageoires) sont peu marquées.

Lors de la parade nuptiale, le mâle approche l'extrémité de son gonopode de l'orifice génital et digestif (cloaque) de la femelle, afin que le sperme y pénètre, ce qui augmente les chances de fécondation pour les œufs. Le sperme peut être conservé par la femelle et produire plusieurs portées, sans qu'il y ait de

Après l'éclosion des œufs, les alevins des poissons à labyrinthe « pendent » sous leur nid de bulles. Ici, un poisson-paradis (Macropodus opercularis) *mâle remet soigneusement en place les alevins qui se décrochent.*

Poissons vivipares

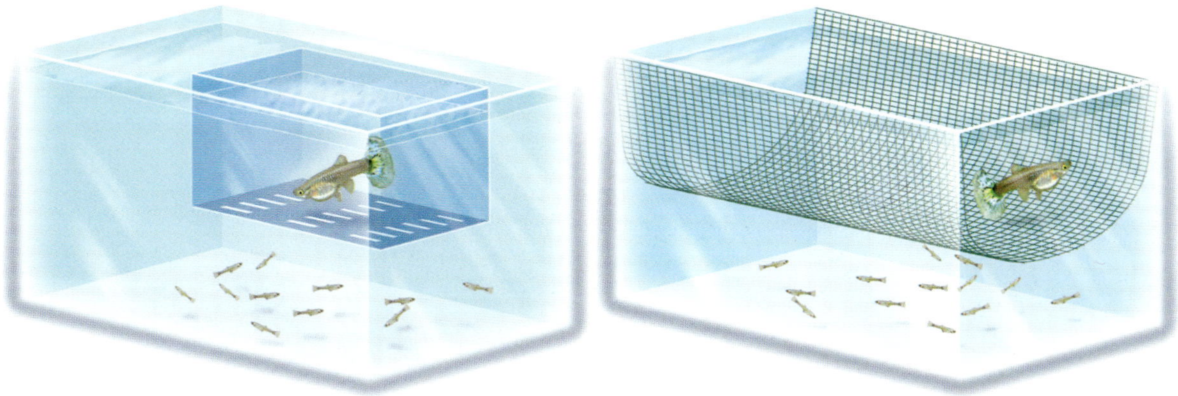

Dès leur naissance, les alevins des espèces vivipares peuvent être dévorés par leurs parents. Deux solutions permettent de les protéger : l'installation d'un pondoir, boîte dont le fond a des « jours » par lesquels les alevins s'échappent (à gauche) ou la séparation du bac en deux parties au moyen d'un filet que les alevins peuvent traverser (à droite).

nouveaux pseudo-accouplements. Cela explique certaines naissances a priori inattendues, lorsqu'une femelle est séparée d'un mâle depuis longtemps.

Les « vrais vivipares »

Les représentants les plus connus des « vrais vivipares » (famille des goodéidés) sont *Ameca splendens* (ameca brillante) et *Xenotoca eiseni* (goodea de Eisen), tous deux originaires du Mexique. L'organe de pseudo-accouplement des mâles, l'andropode, est moins différencié que chez les poeciliidés. Le sperme du mâle va féconder les œufs lors d'une courte parade nuptiale, pendant laquelle les orifices génitaux des deux partenaires sont pressés l'un contre l'autre.

Un organe, comparable à un cordon ombilical, formé de très fins vaisseaux sanguins (capillaires) se développe entre la glande génitale de la mère et l'anus de l'embryon, ce qui permet l'apport de différents éléments nutritifs favorables à son développement. À la naissance des alevins, les restes de ce « cordon » (dont le nom scientifique est *trophotaenia*) peuvent parfois s'observer pendant une journée sur les poissons nouveau-nés, avant qu'ils ne soient résorbés.

→ L'alimentation des alevins

Quelle que soit l'espèce qui vient de se reproduire dans votre aquarium, vous devez fournir aux alevins des aliments adaptés à la taille de leur bouche. Pour les plus petits d'entre eux, chez les ovipares, les premiers aliments sont en général des protozoaires (« infusoires ») et des larves (« nauplies ») d'artémias. Les plus fines nourritures artificielles du commerce (poudres) ne sont pas acceptées par tous, soit à cause de leur taille, soit tout simplement parce que les alevins ne les apprécient pas. Le jaune d'œuf dur est souvent une solution de dépannage, pendant les premiers jours de croissance. Dès que vous le pouvez, variez l'alimentation, en alternant proies vivantes et congelées, aliments naturels et artificiels. Il est préférable que la ration soit distribuée en plusieurs fois dans la journée. Vous arriverez vite à évaluer la ration quotidienne nécessaire et suffisante, pour éviter de trop distribuer, afin de ne pas polluer le bac (le risque existe toutefois les premiers jours, avant que vous n'ayez pu estimer la quantité d'aliments à distribuer). Des changements d'eau fréquents limitent ce risque, tout en favorisant la croissance des alevins.

Lorsqu'une femelle vivipare est prête à donner naissance à ses petits, son ventre est bien arrondi et plus foncé que le reste du corps ; cela est dû à la masse des alevins déjà bien formés, visibles par transparence. Ces derniers sont capables, dès leur naissance, de nager et de se nourrir.

Pondoir et bac de reproduction

Les parents vivipares peuvent dévorer leurs propres alevins quelques instants après l'expulsion de ceux-ci. Il existe plusieurs solutions pour éviter ce problème. La plus classique est celle du « pondoir ».

Le pondoir est une petite cuve en plastique dont le fond est ajouré (les alevins s'échappent par les « jours »). Vendu dans le commerce spécialisé, il se place dans un aquarium communautaire. Il peut être divisé en deux parties, séparant la femelle de ses alevins, ou n'avoir qu'un compartiment (les alevins se retrouvent dans l'aquarium). C'est un accessoire souvent décrié, car, comme il est étroit, les femelles risquent d'être stressées et de se blesser. Cependant, il se révèle bien pratique lorsque vous ne disposez pas d'un bac réservé à la reproduction. Un pondoir ne peut accueillir qu'une seule femelle, mais vous pouvez en placer plusieurs dans l'aquarium principal (ou dans un bac spécialement aménagé).

L'utilisation d'un bac de reproduction représente toutefois la meilleure solution. Vous pouvez aménager un petit aquarium d'une cinquantaine de litres, avec un sol abondamment garni de végétaux, au sein desquels les alevins pourront se dissimuler. Équipez ce bac de reproduction d'un filtre plaque.

Vous pouvez également utiliser un bac de reproduction vide, uniquement doté d'un chauffage, et vous servir d'un filet de séparation, aux mailles de 5 à 10 mm. Ce filet doit former une poche assez vaste en pleine eau, délimitant ainsi deux parties dans le bac, la supérieure étant destinée à la femelle.

La ponte

Chez les vivipares vous n'avez à vous occuper que des femelles : lorsqu'elles paraissent « pleines », elles sont déjà fécondées et les mâles n'ont plus de rôle à jouer ! Les femelles prêtes à donner naissance à leurs alevins se reconnaissent à leur ventre bien rebondi, et à une tache noire au niveau de la partie postérieure de celui-ci, approximativement au niveau de la nageoire anale, correspondant à la masse des alevins. L'expulsion de ceux-ci se produit souvent le matin, lorsque le bac reçoit depuis peu de la lumière naturelle ou artificielle.

Les alevins

Aussitôt expulsés, les alevins se mettent à nager. Si vous avez utilisé un pondoir, ils sortent de celui-ci ou se retrouvent dans sa partie inférieure, mais ne peuvent remonter et sont donc hors de portée de la femelle. Celle-ci doit alors être enlevée du pondoir, pour limiter son stress. Si vous avez utilisé un bac de reproduction, laissez-y la femelle quelques jours, le temps qu'elle reprenne des forces. Si les alevins sont présents dans le bac, et selon l'aménagement de celui-ci, ils seront protégés par la végétation ou par le filet de séparation. Les « accidents » sont rares, mais possibles, soit parce qu'un alevin s'aventure hors du couvert végétal, soit parce qu'il remonte à travers les mailles du filet. Il risque alors d'être considéré comme une proie par sa mère et dévoré. Très vite, leur croissance étant assez rapide, les jeunes poissons vont se retrouver à l'étroit dans le bac de reproduction, et il vous faudra envisager leur transfert dans un bac plus spacieux. Les alevins doivent être nourris dès leur naissance, avec de la nourriture sèche en fines paillettes ou avec des petites proies vivantes.

→ *Pterapogon kauderni*, une double exception

Il est exceptionnel qu'un poisson marin se reproduise en aquarium, mais il est encore plus rare qu'un poisson marin pratique l'incubation buccale. *Pterapogon kauderni*, un poisson de la mer des Moluques (Indonésie) , réunit pourtant ces deux originalités. Un des parents récupère les œufs dans sa bouche. Est-ce le mâle ou la femelle ? La question partage les aquariophiles qui ont réussi à faire se reproduire *Pterapogon kauderni*, mais il est possible que l'un ou l'autre puissent remplir ce rôle. Quoi qu'il en soit, l'incubation dure environ 3 semaines. Les œufs éclosent dans la bouche, où les alevins demeurent encore environ une semaine, avant de sortir seuls ou d'être expulsés par le propriétaire de l'abri. Ils mesurent alors environ 1 cm, ressemblent aux parents et acceptent comme nourriture des larves d'artémias.

Les poissons marins

Seules quelques espèces marines se reproduisent en aquarium. Parmi ces espèces, on compte notamment les célèbres poissons-clowns (du genre *Amphiprion*), qui vivent au contact d'une anémone de mer. Le point le plus délicat de la reproduction est l'alimentation des alevins.

Aménagement du bac de reproduction et ponte

Les poissons-clowns peuvent se reproduire en aquarium communautaire, mais il est préférable d'utiliser un autre bac, chauffé et aéré, pour y transférer les œufs et élever les alevins. Son eau devra être strictement identique à celle du bac communautaire. Mâles et femelles sont difficiles à distinguer. En outre, il se produit des changements de sexe chez ces poissons. Cependant, une fois formés, les couples sont stables. Après une première reproduction, un couple peut recommencer rapidement à pondre (au bout d'une quinzaine de jours). Lors de la parade nuptiale qui précède la ponte, les autres poissons de l'aquarium sont chassés hors de la zone de reproduction.

Les œufs, adhésifs et ovales, sont déposés et fécondés sur un support préalablement nettoyé par les parents (une roche, par exemple), à proximité de l'anémone. L'ensemble des opérations dure jusqu'à une heure. S'il vous est possible d'observer les œufs, vous pourrez apercevoir les yeux des embryons par transparence. Les parents surveillent la ponte pendant l'incubation, qui dure environ une semaine.

Les alevins

Si les œufs sont accessibles, retirez-les rapidement du bac communautaire avec leur support et placez-les dans l'aquarium de reproduction. Si cette opération n'est pas possible, laissez les œufs dans le bac communautaire avec les parents. Ceux-ci agitent l'eau à proximité des œufs, ce qui favorise la croissance des embryons puis facilite l'éclosion.

Les alevins mesurent 3 ou 4 mm et nagent rapidement. Comme leur bouche est petite, il vous faut d'abord les nourrir avec des rotifères (pendant quelques jours), avant de passer aux larves d'artémias. Si vous ne disposez pas de rotifères, vous pouvez tenter le jaune d'œuf dur, ou bien les aliments pour larves d'artémias, disponibles dans le commerce. Les alevins peuvent accepter de fines poudres alimentaires au bout de 15 jours (il est cependant préférable de continuer à distribuer les larves d'artémias). À un mois, ils acceptent des aliments plus gros, par exemple des moules finement découpées, puis des paillettes de nourriture sèche.

FAIRE SE REPRODUIRE SES INVERTÉBRÉS

Il y a quelques années encore, la multiplication des coraux en captivité semblait illusoire. Pourtant, les progrès ont été fulgurants dès que les amateurs ont perçu la maintenance des coraux comme plus proche du jardinage que de l'aquariophilie pure. À partir de ce concept, le bouturage a été employé de façon grandissante et avec beaucoup de succès. Si, au niveau des aquariophiles, la multiplication des coraux a pour but la diffusion des espèces, les connaissances acquises dans la pratique permettent de penser à une conservation et pourquoi pas à des réintroductions dans les milieux temporairement abîmés. Des fermes d'élevage se créent. Espérons qu'elles pourront, sinon éviter, au moins diminuer de façon sensible les prélèvements naturels.

La multiplication des coraux dans la nature

Les coraux se reproduisent de façon sexuée en expulsant leurs gamètes dans le milieu. La fécondation se déroule en pleine eau et les larves, après une vie planctonique plus ou moins longue, reviennent se fixer sur le récif. Mais, outre ce système reproductif « classique » qui permet une dispersion des espèces à grande échelle, les coraux se propagent au sein de leur propre récif de façon végétative. En premier lieu, certains facteurs naturels (poissons, ouragans, changement de courant, etc.) brisent des fragments de coraux qui, si le lieu de chute leur convient, donnent naissance à une nouvelle colonie. Certaines espèces produisent des « rejetons », formés sur la colonie mère, qui se détachent naturellement et essaiment autour de leur lieu de naissance. D'autres encore pratiquent la scissiparité, qui consiste en une division d'un polype en deux polypes identiques. Toutes ces formes de reproduction asexuée sont un simple clonage et ont l'inconvénient de passer outre le brassage génétique.

Le bouturage des coraux

Le bouturage est la façon la plus simple de multiplier les coraux et consiste en une fragmentation ou un prélèvement d'un morceau de la colonie.

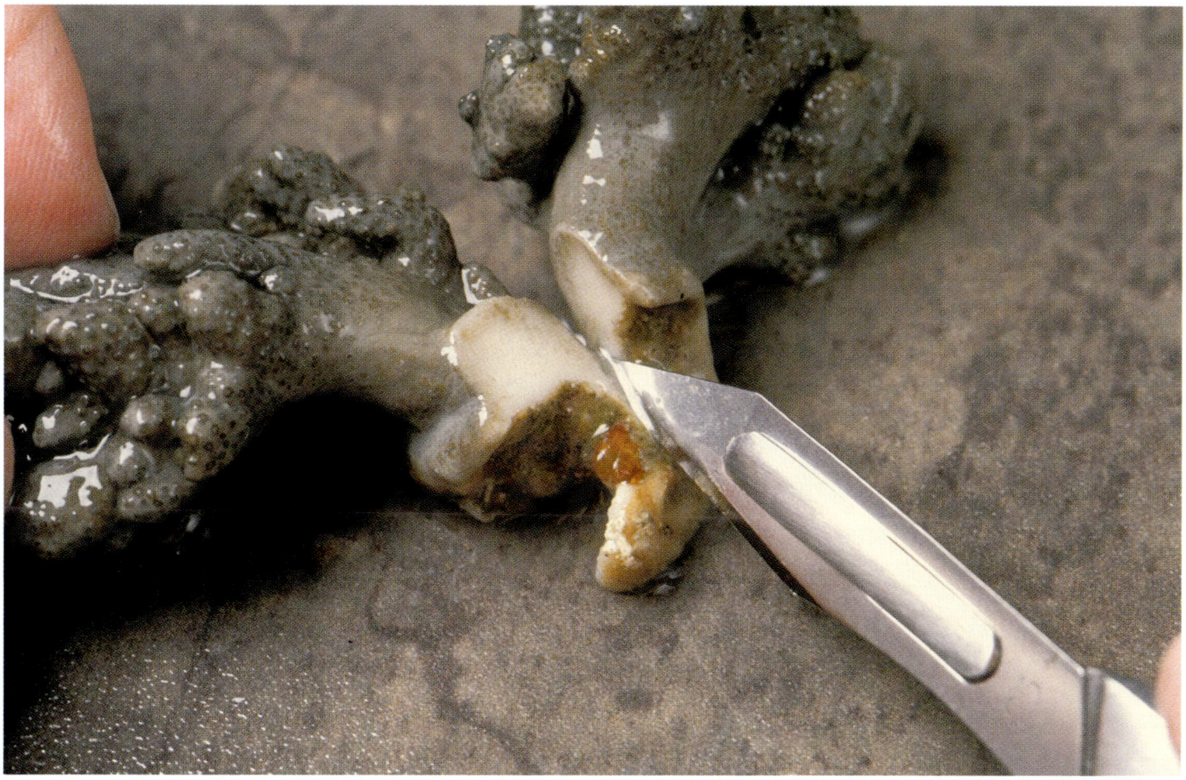

Il est préférable de séparer la bouture d'un corail mou avec une lame de scalpel neuve et stérile. Cette opération simple mais délicate doit être réalisée avec une grande précaution.

Les coraux mous

Les coraux mous sont techniquement les plus simples à bouturer, mais, comme on entame les tissus, la reprise est moins facile que celle d'un corail dur qui poursuit simplement sa croissance.

Tous les coraux mous se bouturent, avec plus ou moins de réussite selon les espèces. Comme les plantes, le moindre fragment est capable de donner une colonie adulte. Parmi les espèces les plus aisées et celles qui reprennent le mieux, citons *Nephthea, Sarcophyton* et *Sinularia.* Les espèces encroûtantes, comme *Briaerum, Pachyclavularia,* etc., ou qui forment des stolons, comme *Clavularia,* sont d'une facilité déconcertante à multiplier.

• **Le matériel.** Toujours pour préserver au mieux le tissu corallien, les outils de coupe devront être en parfait état. C'est-à-dire qu'ils seront bien affûtés et, juste avant l'emploi, stérilisés avec un coton imbibé d'alcool à 70°.

Pour des coraux aux fines ramifications (branches d'un diamètre inférieur à 5 mm), on utilisera une paire de ciseaux de qualité. Pour les parties plus épaisses (tissus de *Sarcophyton*, par exemple), un cutter à lame neuve fera l'affaire, l'idéal étant toutefois de disposer d'un scalpel.

Prévoyez un récipient plat et large pour travailler. Il sera rempli de l'eau de l'aquarium et servira à accueillir la colonie mère et les boutures pendant les manipulations. Les coraux mous se vidant de leur eau durant l'opération, une faible hauteur d'eau de mer convient. Comme pour les autres coraux, employez des gants en latex afin d'éviter brûlures et blessures.

• **La méthode.** Bien évidemment, une bouture aura plus de chance de repartir correctement si la colonie sur laquelle elle est prélevée est en parfaite santé. En revanche, sachez que le bouturage est quelquefois le seul moyen de sauver une colonie malade en prélevant une partie du tissu sain.

Sortez la colonie et placez-la dans le bac contenant l'eau de votre aquarium.

S'il s'agit d'un corail ramifié, la branche doit être coupée rapidement, avant que la colonie ne se rétracte de trop, sans quoi le prélèvement risque d'être plus compliqué car les tissus durcissent. Dans le cas d'un corail massif, il vous faut prélever un morceau de tissu d'au moins 5 cm de diamètre sur le bord de la colonie ou au niveau d'un lobe.

Il est souvent impossible de sortir la colonie de l'aquarium car les tissus sont fixés à une roche trop lourde ou trop encombrante. La coupe devra donc être effectuée dans le bac. Dans ce cas de figure, tentez de dégager un maximum d'espace autour de l'aquarium et du corail à bouturer pour travailler à votre aise. Coupez les pompes de brassage et la filtration le temps de prélever la bouture, car elle risque d'aller se nicher derrière le décor où elle ne sera plus récupérable. Une épuisette mère peut également se montrer très utile placée sous la colonie. Ainsi, vous n'aurez aucun souci pour récupérer la bouture. Après la coupe, sortez le prélèvement et placez-le dans votre récipient de travail.

Pour pouvoir être bouturée, une branche de corail dur doit être coupée avec une pince bien affûtée d'un geste sec mais précis.

Les coraux durs

Nombreux sont les coraux durs qui peuvent se bouturer. Les plus faciles à reproduire sont bien évidemment les espèces branchues ou ramifiées sur lesquelles il est simple de prélever un nouvel individu. Parmi les plus connus, citons les genres *Acropora, Montipora, Stylophora, Seriatopora,* divers *Porites* et autres coraux massifs s'ils ont quelques lobes ou structures en relief.

D'autres espèces, sans être véritablement branchues, permettent des divisons aisées du squelette. Il s'agit par exemple des *Euphylia* du groupe « para », des *Caulastrea*, de *Lobophyllia corymbosa,* de certains *Goniopora* divisés, etc.

N'oublions pas les espèces à structures foliacées dont on peut prélever un lobe : *Galaxea, Turbinaria, Echinopora, Pavona, Pectinia*, etc.

Certains coraux durs *(Fungia)* produisent des anthocaulis, parfaites répliques miniatures du polype mère, qui se dispersent d'eux-mêmes.

• **Le matériel** nécessaire au bouturage des coraux durs est destiné à couper le squelette calcaire sans abîmer le tissu vivant avoisinant. Une pince coupante, propre et non rouillée, permet une séparation nette des branches coralliennes. En revanche, elle ne sera pas utilisée pour couper proprement dit, mais pour imprimer un mouvement de torsion. Ainsi le squelette se casse net. On peut également employer un tournevis lorsqu'il s'agit d'entrer plus profondément dans les ramifications. On s'en servira alors comme d'un levier. Enfin, il faut prévoir un récipient rempli d'eau de l'aquarium pour y poser les boutures. Le port de gants en latex est recommandé, le squelette des coraux étant très coupant.

• **La méthode** Sortez la colonie de l'aquarium et choisissez la partie à séparer. Ce choix s'effectue en combinant facilité de séparation de la bouture et aspect esthétique. À l'aide de la pince coupante, on enserre la partie à sectionner et l'on tourne la pince d'un coup sec. La colonie mère doit être fermement maintenue pendant la coupe afin d'éviter un éventuel effritement. Après la séparation, elle sera reposée dans l'aquarium, et la bouture, dans le récipient d'accueil.

La fixation des boutures

Les boutures de coraux sont désormais devenues assez faciles à fixer sur le décor. Cela est dû à l'expérimentation de produits destinés au « bricolage » plutôt qu'à l'aquariophilie. Toutefois, il est peu aisé de procéder dans l'aquarium. Il est préférable d'utiliser un petit morceau de roche, où l'on attachera la bouture, que l'on replacera ensuite dans l'aquarium à l'emplacement voulu.

Deux colles sont régulièrement utilisées, la colle cyanoacrylate (type Super Glu) et la résine époxy à deux composants ayant une consistance de mastic.

La première doit être employée à sec, les supports et les boutures doivent donc être séchés à l'aide d'un papier absorbant avant le contact. Quelques gouttes de colle sont déposées sur le support. La bouture est ensuite maintenue sur ce support pendant une vingtaine de secondes. Un séchage d'une minute permet enfin de manipuler l'ensemble et de le remettre dans l'aquarium.

Le mastic époxy peut être indifféremment utilisé à l'air ou dans l'eau. Cette pâte bi-composants se présente sous la forme d'un boudin de deux couleurs. Après avoir prélevé la quantité voulue, on doit correctement malaxer le morceau afin de mélanger les composants. Le mastic prend alors une teinte uniforme. Il peut être travaillé pendant une quinzaine de minutes avant de se solidifier. Étalez le morceau de pâte dans une anfractuosité de la roche de façon à obtenir une bonne adhérence. Plantez ensuite la bouture dans le mastic et remontez légèrement la pâte le long du pied afin de l'enserrer.

D'autres méthodes de fixation

Elles ont fait leurs preuves. Ainsi, il est possible de creuser la roche à l'aide d'une perceuse et de placer la bouture dans le trou. Les bracelets élastiques sont également très employés. Toutefois, évitez les élastiques trop serrés qui étouffent puis coupent la bouture. Le fil de pêche en Nylon, bien moins facile d'emploi, limite ce risque. Dans le cas des coraux mous, il est également possible de traverser le pied de la bouture avec un cure-dent. Celui-ci est alors maintenu sur la roche avec un élastique. L'essentiel est d'opérer avec des matériaux chimiquement neutres qui ont une solidité suffisante pour garantir une bonne stabilité à la bouture.

Une fois de retour dans l'aquarium, la bouture doit être placée dans un endroit bien oxygéné, mais sans courant violent. Au bout d'une quinzaine de jours, le pied est fixé et vous pouvez placer l'ensemble à son emplacement définitif.

Autres invertébrés

Étoiles de mer et oursins

Certaines espèces d'étoiles de mer se reproduisent d'elles-mêmes dans l'aquarium, si elles y trouvent suffisamment de nourriture. Elles ont également une formidable faculté de régénération. En effet, la perte d'un bras entraîne l'apparition d'une nouvelle étoile. Les oursins émettent leurs gamètes de façon synchrone, selon le cycle lunaire. Beaucoup d'espèces, comme *Diadema*, se reproduisent facilement.

Crustacés

Si la production d'œufs est très fréquente chez la plupart des crustacés et en particulier les crevettes, l'élevage des larves pose des problèmes. En effet, de nombreuses espèces marines passent par d'innombrables stades larvaires. De plus, la prédation est trop forte en aquarium d'ensemble et l'installation d'un aquarium d'élevage spécifique est obligatoire. En revanche, quelques espèces d'eau douce se reproduisent avec réussite. Il s'agit des espèces algivores dont les larves arrivent à trouver suffisamment de nourriture dans un aquarium bien planté.

Mollusques

En aquarium d'eau douce, la plupart des espèces d'escargot se multiplient sans intervention de l'aquariophile, sauf en cas de prolifération massive où un contrôle est indispensable. En aquariophilie marine, on constate de nombreuses reproductions par émission simultanée de gamètes généralement après un changement d'eau. C'est le cas des espèces comme *Astraea* ou *Turbo*. Chez les mollusques, la multiplication de nombreuses espèces invasives ou prédatrices doit être contrôlée. On surveillera plus particulièrement les nudibranches, qui se nourrissent fréquemment de tissus coralliens.

Anémones et autres cnidaires

En aquarium, les anémones et apparentés se reproduisent surtout par scissiparité (division d'un individu en deux individus identiques). Ainsi, il suffit de les maintenir dans de bonnes conditions pour voir proliférer les *Discosoma* et autres *Ricordea*. La reproduction d'autres espèces, comme *Actinia* par exemple, est originale et impressionnante. En effet, dans le corps de l'anémone se développent les jeunes qui sont ensuite expulsés par la bouche. L'apparition de centaines de jeunes dispersés sous leur « mère » est alors un spectacle inoubliable.

Caridina japonica *peut se reproduire en aquarium d'eau douce légèrement saumâtre, à condition de faire varier le taux de salinité.*

SOIGNER SES POISSONS

En dépit des soins apportés à l'aménagement et à l'entretien de votre aquarium, certaines maladies peuvent affecter vos poissons. Le risque d'introduction de « microbes » ou de parasites pouvant provoquer des maladies est bien réel. Votre aquarium est un milieu confiné où les conditions de filtration ainsi que le maintien d'une température élevée favorisent la prolifération de tels organismes. L'aquariophilie étant un loisir assez récent, les données scientifiques précises sur les symptômes, les soins demeurent dispersées. Les maladies le plus souvent rencontrées se diagnostiquent toutefois relativement aisément et les traitements, de plus en plus nombreux, s'avèrent également de plus en plus efficaces.

Repérer un poisson malade

Un certain nombre d'indices vous permettent de détecter, parmi vos poissons, celui ou ceux qui ont un problème de santé. Cependant, lorsqu'un poisson vous semble malade, vous devez d'abord vous assurer que les conditions de fonctionnement de l'aquarium ne sont pas en cause (panne d'un accessoire, par exemple). Si c'était toutefois le cas, vous pourriez facilement remédier au problème.

Le comportement

Pour repérer un comportement anormal chez un poisson, il est nécessaire de bien connaître l'éventail de ses comportements normaux, ce qui n'est pas toujours évident. Cependant, de nombreux signes comportementaux peuvent indiquer un état pathologique. En règle générale, un poisson sain donne une impression de tonus. Si un poisson est prostré dans le fond du bac ou que son comportement diffère de ses habitudes quotidiennes, vous devez commencer à rechercher les causes d'une telle attitude. Une nage incohérente ou saccadée doit vous faire soupçonner une attaque parasitaire ou un problème de qualité d'eau. Un poisson qui se frotte révèle aussi un problème de santé.

L'aspect général

La forme globale d'un poisson en bonne santé est fuselée et régulière. Un amaigrissement général, une courbure du corps ou encore une grosseur suspecte, localisée ou non, doivent vous conduire immé-

Les malformations de ce type sont fréquentes chez les poissons reproduits en captivité, après maints et maints croisements. Elles peuvent être confondues avec des déformations provoquées par des maladies, comme la tuberculose.

diatement à penser à une affection. Les grosseurs localisées peuvent être des tumeurs. La couleur de la peau, surtout son intensité, est également un bon indice sur l'état du poisson : elle ne doit pas devenir terne.

Les yeux

On décèle facilement un problème pathologique atteignant les yeux. Ces organes sont normalement transparents et brillants. Un voile blanc ou une tache blanche localisée est signe d'une blessure ou d'une maladie. Une grosseur anormale d'un ou des deux yeux est le symptôme d'une affection (exophtalmie). Lors d'une blessure, le poisson peut perdre un œil, mais il survit généralement à un tel accident.

Les nageoires

Chez un animal en bonne santé, les nageoires doivent demeurer bien déployées et entières et ne pas présenter de taches ou de marques suspectes. Il arrive cependant que quelques lambeaux soient perdus au cours de combats entre les poissons, mais les nageoires cicatrisent vite et les parties détruites se reforment (régénération).

Cependant, si les nageoires d'un de vos poissons se réduisent petit à petit sans se régénérer, c'est que l'animal se trouve certainement atteint d'une maladie mortelle, la « pourriture (ou nécrose) des nageoires ». D'autres affections rendent les nageoires sanguinolentes. Parfois, les nageoires semblent intactes, mais restent serrées contre le corps du poisson. Un tel phénomène est également le signe d'une maladie, ou d'une mauvaise qualité de l'eau.

La peau

Comme tout autre organe de vos poissons, la peau ne doit présenter aucun signe anormal et aucune marque insolite. Elle est toutefois la cible de nombreuses affections. Les principales manifestations traduisant un mauvais état de santé sont les suivantes : présence de parasites visibles sur la peau, aspect velouté de celle-ci, apparition de points blancs, prolifération de « mousse » blanche ou encore soulèvement des écailles. Plus rarement, des trous se forment dans la peau de la tête, surtout chez les cichlidés et chez certains poissons marins.

Pourquoi une maladie se déclare-t-elle ?

La plupart des maladies apparaissant en aquarium sont causées par des êtres généralement microscopiques (micro-organismes) : virus et bactéries responsables d'infections, ou protozoaires (animaux formés d'une seule cellule) et champignons parasites. Des animaux de taille plus importante (vers, crustacés, acariens...) peuvent également vivre en parasites aux dépens de vos poissons et les rendre malades. Tous ces agents, infectieux ou parasitaires, peuvent s'introduire et proliférer dans votre aquarium.

Arrivée de la maladie dans l'aquarium

Les organismes qui provoquent des maladies (agents « pathogènes »), quels qu'ils soient, virus, bactéries, parasites..., peuvent être introduits dans l'aquarium de nombreuses manières. L'arrivée d'un nouveau poisson ou d'une nouvelle plante représente toujours un risque de contamination infectieuse ou parasitaire pour les occupants du bac. Même un poisson apparemment en bonne santé peut être porteur d'une maladie qui ne s'est pas encore déclarée.

Les parasites sont souvent introduits sous forme d'œufs ou de larves. Ils suivent généralement un cycle de développement au cours duquel les larves passent par un ou plusieurs hôtes intermédiaires (oiseaux, escargots...) avant d'achever leur maturation dans l'organisme de leur hôte définitif, votre poisson. Si les oiseaux ne posent pas de problème ici, les escargots se révèlent souvent porteurs de larves de parasites.

Le plancton de mare et la nourriture vivante récoltée en milieu naturel peuvent également introduire des agents de maladies infectieuses ou des parasites. Si vous possédez plusieurs aquariums, le risque de transmettre une maladie de l'un à l'autre est, en outre, important. Une main mouillée ou un instrument non désinfecté suffisent à contaminer toute votre installation.

Déclenchement et transmission de la maladie

Les poissons sont souvent « porteurs sains » d'une maladie, c'est-à-dire qu'ils abritent l'agent d'une maladie sans montrer de symptômes. Le déclenchement de la maladie est souvent lié à un stress, à une variation brusque de la température, du pH ou de la dureté de l'eau, ou à tout autre facteur affaiblissant le poisson : ses défenses naturelles (immunité) baissent et l'agent infectieux se met alors à proliférer dans son organisme.

L'aquarium est un milieu fermé : la multiplication des agents pathogènes peut y être rapide. L'eau elle-même favorise la contamination des autres poissons par des bactéries ou des virus, ou leur infestation par

Comme beaucoup de maladies, les ulcérations d'origine bactérienne se traitent bien si elles sont prises à temps. Ce cichlidé du Tanganyika est à isoler d'urgence, car il risque de libérer des bactéries nocives dans l'aquarium.

des parasites. Les conditions de température dans l'aquarium sont également idéales pour une prolifération rapide de ces organismes indésirables. Cependant, le principal facteur de prolifération des maladies reste la densité de population, toujours plus élevée en aquarium qu'en milieu naturel. Un agent pathogène y a beaucoup plus de chances de rencontrer un nouvel hôte que dans la nature.

La maladie des points blancs est la plus fréquente en aquariophilie. Les traitements se révèlent efficaces s'ils sont donnés dès le début de l'attaque.

Les principales maladies

Une observation attentive des symptômes présentés par vos poissons malades permet d'identifier les affections les plus courantes en aquarium. Pour chacune de ces maladies, nous vous indiquons les signes qui l'accompagnent, les agents responsables et les moyens à votre disposition pour les combattre et rétablir vos animaux malades ou pour préserver la santé des autres occupants de l'aquarium.

Les points blancs

Cette affection est celle qu'on observe le plus fréquemment en aquariophilie. Elle est souvent déclenchée par une brusque variation de température ou un changement d'eau trop rapide. Causée par un parasite, cette maladie est extrêmement contagieuse, mais assez facile à soigner.

• **Les symptômes.** Le corps du poisson se couvre de minuscules bosses, des kystes, ressemblant à des points blancs : il semble être saupoudré de sel. L'apparition de ces kystes débute souvent sur les nageoires pour s'étendre à la totalité du corps. Les poissons atteints ont tendance à se frotter sur le sol ou sur les éléments du décor. Lorsque les kystes atteignent les branchies, le mouvement respiratoire s'accélère.

• **Les causes.** L'agent responsable de la maladie des points blancs est un parasite microscopique, du groupe des protozoaires ciliés : *Ichtyophthirius multifilis* en eau douce et *Cryptocarion irritans* en eau de mer. Le parasite se développe en 3 ou 4 jours en se nourrissant aux dépens du poisson, puis il tombe sur le fond et se divise. Les nouveaux parasites nagent pour rechercher un nouvel hôte et s'y fixer. S'ils y parviennent, le cycle de multiplication reprend.

• **Les traitements.** Ceux-ci n'agissent pas sur le parasite lorsqu'il est fixé sur le poisson. Seules les formes libres, nageuses, peuvent être détruites. C'est pourquoi les produits traitants doivent être utilisés durant une semaine quotidiennement, ou en espaçant chaque dose de plusieurs jours. La majorité de ces produits contiennent du cuivre. Celui-ci n'est pas toléré par les invertébrés marins, ni par les poissons d'eau douce dépourvus d'écailles tels que les loches *(du genre Botia)*, les poissons-chats (poissons de fond comme l'ancistrus) ou encore les poissons-éléphants *(Gnathonemus petersii)*. En eau douce, pour les poissons ne supportant pas le traitement, élevez la température à 30-32 °C pendant une ou deux heures tous les 3 jours. En eau de mer, vous pouvez capturer les poissons et leur faire subir des bains d'eau douce d'une quinzaine de minutes. Cette dernière méthode est très efficace.

La pourriture des nageoires

Les nageoires des poissons atteints par cette affection partent en lambeaux et peuvent même entièrement disparaître. Il s'agit d'une nécrose. La maladie se développe lorsque les animaux sont affaiblis ou blessés. Sans traitement, elle est mortelle et peut se transmettre aux autres occupants de l'aquarium. Il est à noter que cette maladie évolue et se propage dans le bac très rapidement.

• **Les symptômes.** Les plaies au niveau desquelles les tissus se désagrègent apparaissent blanches. Lorsque toute une nageoire est rongée, la maladie s'étend aux tissus internes du poisson atteint.

• **Les causes.** Cette affection est provoquée par plusieurs bactéries, notamment par *Aeromonas*, par *Pseudomonas* ou par des mixobactéries *(Myxobacterium)*. Une morsure ou toute autre blessure des nageoires représente un terrain propice à l'infection. Les poissons possédant de grandes nageoires en voiles sont particulièrement sensibles à la maladie. De même, de mauvaises conditions de vie en aquarium ou un défaut de qualité de l'eau favorise la prolifération des bactéries responsables.

• **Les traitements.** Différentes précautions, et notamment le maintien strict de l'hygiène du bac, peuvent permettre d'éviter l'apparition ou le développement de la maladie (on parle, pour ces opérations préventives, de prophylaxie). Une fois le trouble déclaré, l'usage d'antibiotiques est inévitable. Les produits du commerce aquariophile se révèlent très efficaces et stoppent rapidement la maladie. Le premier signe de guérison est la disparition des plaies blanches. Pensez à installer une bonne aération pendant le traitement. Si la maladie n'a pas atteint la base des rayons qui sous-tendent les nageoires, celles-ci se régénèrent en quelques semaines.

→ Les prédateurs extérieurs

En apportant du milieu naturel de l'eau ou de la nourriture vivante pour votre aquarium, vous pouvez y introduire à votre insu des animaux de taille modeste, mais dangereux pour les poissons. C'est le cas d'insectes aquatiques carnivores capables de s'attaquer aux poissons, comme les dytiques et leurs larves, ou encore les nèpes. Le plus dangereux de ces insectes est la larve de libellule. En effet, durant sa vie larvaire, ce superbe insecte volant est un tueur aquatique sans pitié, qui n'hésite pas à s'attaquer aux poissons cinq à six fois plus gros que lui. Les sangsues ne sont pas non plus les bienvenues : elles affaiblissent rapidement le poisson sur lequel elles se fixent. Vous pouvez également introduire par mégarde des hydres, petits animaux d'eau douce voisins des anémones de mer. Mesurant de 10 à 20 mm, elles peuvent tuer les alevins jusqu'à une taille de 12 mm (mais elles ont des ennemis redoutables en aquarium, les gouramis). Les sangsues peuvent être éliminées grâce à l'utilisation d'insecticides (« organophosphorés »), mais tous les autres animaux indésirables doivent être enlevés manuellement, à l'aide d'une épuisette.

La mousse de la bouche

Cette maladie bactérienne accompagne souvent le pourrissement des nageoires. Extrêmement contagieuse, la mousse de la bouche a toutefois tendance à être de moins en moins fréquente.

• **Les symptômes.** La bouche présente des marques blanches qui se transforment rapidement en une masse cotonneuse caractéristique. Si la région buccale est atteinte en priorité, le reste de l'organisme n'est pas forcément épargné. Des ulcères sanguinolents sur le corps ou les nageoires peuvent accompagner les premiers symptômes.

• **Les causes.** L'agent responsable est une bactérie, *Flexibacter columnaris*. La maladie tend à apparaître lorsque les poissons sont maintenus dans de mauvaises conditions, notamment dans une eau de qualité non appropriée ou qui n'est pas assez souvent changée. On constate également une probabilité élevée d'apparition de la maladie chez les poissons nouvellement importés ou ayant subi un stress important. Toute variation brusque du milieu peut être un facteur déclencheur.

• **Les traitements.** Le recours à des antibiotiques est nécessaire. La mousse de la bouche se traite avec efficacité lorsqu'elle est prise assez tôt dans son évolution. Quand elle a atteint les parties internes du poisson, les médicaments deviennent beaucoup moins performants. En élevage (aquaculture), on utilise également un produit chimique, le phénoxyéthanol.

La maladie du velours

Déclenchée par un stress, une variation de température ou de qualité de l'eau, cette maladie, qui peut être mortelle, est fréquente chez les cyprinidés (barbus, rasboras, tanichthys), les cyprinodontidés (comme le cap-lopez) et les poissons d'eau de mer. Elle atteint également la perche de verre *(Chanda ranga)*. Ses symptômes la font souvent confondre avec la maladie des points blancs.

• **Les symptômes.** Le poisson est recouvert d'un fin voile légèrement doré. Ce voile est parsemé de minuscules points blancs, plus petits que ceux provoqués par *Ichtyophthirius,* l'agent de la maladie « des points blancs ». Le poisson se frotte souvent sur les éléments du décor. À un stade avancé, il gît au fond de l'aquarium, ne se nourrit plus, puis sa peau part en lambeaux.

• **Les causes.** Cette maladie parasitaire est provoquée par des êtres microscopiques du groupe des dinophycées (encore appelées « dinoflagellés » ou « péridiniens »), classés parmi les algues, mais dépourvus de chlorophylle, tels que *Amyloodinium* en eau de mer et *Oodinium* en eau douce.

• **Les traitements.** Les médicaments utilisés sont les mêmes que pour le traitement de la maladie des points blancs, mais les doses sont souvent plus fortes. Les recommandations concernant l'emploi de produits contenant du cuivre sont donc identiques. On observe de plus en plus de cas où le parasite d'eau douce *(Oodinium)* se montre résistant aux traitements, condamnant ainsi les poissons atteints.

L'hydropisie

Cette affection, que l'on désigne aussi sous le nom de « gros ventre », se caractérise par un gonflement du corps et un soulèvement des écailles. De tels symptômes sont liés à une accumulation anormale de liquide dans l'organisme. Suivant son origine, la maladie peut se révéler contagieuse ou non.

• **Les symptômes.** Hormis le gonflement de leur ventre et le soulèvement de leurs écailles, les poissons atteints produisent des excréments qui sont souvent longs et blancs. Les individus malades ne s'alimentent plus.

• **Les causes.** Elles sont très diverses. Une infection virale ou bactérienne peut être à l'origine du mal. Cependant, une mauvaise alimentation ou des conditions de vie défavorables peuvent également déclencher le phénomène.

• **Les traitements.** Les remèdes sont très délicats à déterminer à cause des origines variées de la maladie. Le mieux est d'isoler les poissons atteints et de les maintenir dans des conditions idéales. S'ils se nourrissent encore, donnez-leur la meilleure nourriture possible. Selon le cas, un recours aux antibiotiques peut s'avérer efficace. Cependant, cette affection demeure très difficile à soigner et peu de résultats ont été positifs.

Les mycoses

Ces maladies sont dues à des champignons parasites, du groupe des « moisissures » (champignons inférieurs). Ceux-ci sont de très petite taille et visibles sous la forme de filaments blancs ou grisâtres.

Cette mycose spectaculaire (saprolégniose de forme cotonneuse) est provoquée par une moisissure. Son apparition est fortement favorisée par des mauvaises conditions de vie dans l'aquarium.

• **Les symptômes.** Les mycoses forment sur le corps ou sur les œufs des poissons des touffes cotonneuses. Elles se développent rapidement, s'étendent à tout le corps ou à toute la ponte et provoquent la mort des poissons ou des œufs.

• **Les causes.** Des moisissures telles que *Saprolegnia diclina*, *Saprolegnia ferax* ou appartenant au genre *Achlya* sont responsables de mycoses chez les poissons. Toute lésion de la peau (résultant d'une blessure, d'une manipulation, etc.) représente un terrain favorable au développement d'une mycose. Le mucus recouvrant la peau des poissons constitue cependant une protection efficace, qui freine l'extension des mycoses.

• **Les traitements.** Vous trouverez, dans le commerce aquariophile, des produits « antifongiques » (contre les mycoses) de qualité qui permettent aisément de traiter les poissons atteints depuis peu. Les pontes peuvent également être préservées à l'aide de ces produits. Respectez les doses indiquées par le fabricant.

La maladie des néons

Nommée ainsi parce qu'on l'observe principalement chez les characidés comme le néon *(Paracheirodon innesi)*, cette maladie atteint également les cyprinidés (danio, barbus, rasboras) et les cyprinodontidés (comme le cap-lopez).

• **Les symptômes.** La maladie des néons se traduit par une perte de coloration. Une tache blanche s'étend à partir de la nageoire dorsale et progresse sur tout le milieu du corps. La mort intervient assez rapidement.

• **Les causes.** Le parasite responsable est un protozoaire du nom de *Pleistophora*. L'infestation est favorisée par de mauvaises conditions de vie en aquarium. Le parasite se multiplie et se transmet rapidement.

• **Les traitements.** La maladie, encore difficile à traiter il y a quelque temps, se soigne maintenant aisément grâce à des combinaisons antibiotiques-sulfamides. La rapidité d'intervention est un gage important de guérison.

L'exophtalmie

Assez impressionnante, l'exophtalmie se caractérise par une saillie anormale du globe oculaire. Peu contagieuse, cette maladie est capable de disparaître aussi rapidement qu'elle est apparue.

• **Les symptômes.** Les poissons atteints d'exophtalmie présentent un œil ou les deux yeux exorbités. Ce symptôme s'accompagne d'un mauvais état général. En outre, les poissons acceptent difficilement de se nourrir. L'exophtalmie peut également représenter un des symptômes de l'hydropisie.

• **Les causes.** Elles sont variées : il peut en effet s'agir d'une infection virale, bactérienne ou encore parasitaire. La qualité de l'eau est également souvent mise en cause.

• **Les traitements.** Malheureusement, aucun traitement efficace n'existe, sauf dans le cas d'une infection bactérienne (usage d'antibiotiques). L'isolement du ou des poissons atteints est préférable. Un

Puis-je soigner les tumeurs des poissons ?

Causées par une prolifération anormale des cellules, les tumeurs se traduisent souvent par un gonflement, qui peut apparaître n'importe où sur l'animal. Elles représentent, hélas, un problème assez fréquent en aquariophilie. En outre, elles s'avèrent difficiles à soigner. La lymphocystose, débutant par de petites taches blanches sur la peau et les nageoires, est la plus connue de ces proliférations tumorales. Elle est due à un virus contre lequel aucun traitement n'est connu. La seule solution est l'ablation de la tumeur par un vétérinaire. S'il vous est possible d'enlever une tumeur située sur une nageoire, à l'aide d'une simple paire de bon ciseaux, tout autre gonflement anormal doit être traité par un spécialiste.

L'exophtalmie n'atteint, en général, qu'un seul œil. Elle apparaît souvent dans des bacs mal entretenus et touche des poissons affaiblis.

Fixé dans la masse musculaire de ce poisson, le ver-ancre vit aux dépens de son hôte et l'affaiblit. Il est possible de le retirer délicatement avec une pince à épiler. La blessure occasionnée doit être badigeonnée avec un antiseptique.

contrôle de la qualité de l'eau est recommandé : s'il y a un problème à ce niveau, l'amélioration de celle-ci peut faire disparaître les troubles de l'exophtalmie.

Le pou des poissons

De nombreux parasites ne pénètrent pas dans le corps de leur hôte, mais demeurent fixés sur sa peau. Les plus communs de ces parasites « externes » sont des crustacés : le pou des poissons et le ver-ancre.

• **Les symptômes.** L'infestation d'un poisson par des « poux » se traduit par des démangeaisons intenses, qui poussent l'animal à se frotter fréquemment contre les éléments du décor.

• **Les causes.** Le pou des poissons, du genre *Argulus*, est ovoïde et plat. Il atteint une taille de 1 cm. Fixé sur le corps d'un poisson, il se nourrit de son sang.

• **Les traitements.** Ils sont à base d'insecticides (du groupe des « organophosphorés »). Ces produits ne sont pas tolérés par certains poissons ainsi que par les invertébrés. Leur usage est soumis à un contrôle rigoureux.

Le ver-ancre

Comme le pou des poissons, et en dépit de son aspect, le « ver-ancre » est un crustacé (du genre *Lernaea*). Seules les femelles vivent aux dépens des poissons, en parasites externes ou internes.

• **Les symptômes.** La présence du parasite, fixé dans la masse musculaire des poissons, est trahie par la saillie de deux longs sacs à œufs (de l'ordre de 1 cm) à l'extérieur du corps. Le ver-ancre affaiblit les poissons et les rend plus sensibles aux autres infections. Il convient, par conséquent, de traiter au plus vite les individus atteints.

• **Les causes.** Le ver-ancre doit son nom à l'aspect « vermiforme » de la femelle, ainsi qu'au fait que celle-ci demeure solidement ancrée sous une écaille de son hôte.

• **Les traitements.** Comme avec le pou des poissons, les insecticides organophosphorés se montrent très efficaces. Quand l'infection n'est pas trop importante, vous pouvez également enlever les vers-ancres à l'aide d'une pince à épiler, puis stériliser la blessure avec un antiseptique.

Vers intestinaux et vers des branchies

Les parasites internes sont des animaux qui pénètrent dans le corps des poissons pour s'y nourrir et s'y développer. Si on met à part les protozoaires, les parasites internes les plus fréquents chez les poissons d'aquariums sont les vers intestinaux et les vers des branchies.

• **Les symptômes.** Les vers intestinaux provoquent un amaigrissement général du poisson infesté, qui refuse souvent de s'alimenter. La présence de vers branchiaux peut se traduire par un rythme respiratoire accéléré, ainsi qu'un gonflement au niveau des ouïes (orifices respiratoires). Le poisson malade reste le plus souvent à la surface de l'eau, où il vient absorber de l'air.

• **Les causes.** Les vers intestinaux comprennent un grand nombre d'espèces. Le ver branchial le plus fréquent est *Dactylogyrus*.

• **Les traitements.** Chaque groupe de vers intestinaux réclame un traitement approprié. Les remèdes les plus efficaces sont ceux qui peuvent être mélangés à la nourriture, et qui ont donc une action directe sur le parasite interne.
Quant au traitement des vers branchiaux, c'est le même que celui qui s'applique aux crustacés parasites. Vous pouvez également utiliser le formol et d'autres produits du commerce aquariophile.

Les trous dans la tête

La maladie des « trous dans la tête » se rencontre surtout chez les poissons d'eau douce de la famille des cichlidés (oscar, discus...), chez les gouramis, ainsi que chez les poissons marins. Cette affection s'avère difficile à soigner.

• **Les symptômes.** Au tout début de l'affection, le poisson présente un léger état d'apathie. Il s'alimente peu et reste prostré dans un coin de l'aquarium. Il peut également montrer de légers voiles blancs sur la tête. Quand la maladie évolue, de petits trous apparaissent sur celle-ci et s'agrandissent avec le temps, jusqu'à ce qu'ils se transforment en importantes lésions sanguinolentes.

• **Les causes.** L'agent en cause est un protozoaire parasite, du genre *Hexamita*. Responsable habituellement de petites lésions intestinales, il devient, dans un contexte particulier, un redoutable parasite provoquant alors la maladie des trous dans la tête.

• **Les traitements.** Ils sont, hélas, peu nombreux. Le commerce aquariophile propose quelques nouveaux produits, mais les médicaments les plus utilisés demeurent le dimétridazole et le métronidazole. Les prescriptions doivent être établies par un vétérinaire. Les soins sont longs et leurs effets, incertains. Les récidives sont fréquentes.

La tuberculose des poissons

Cette maladie bactérienne provoque la prolifération de petites grosseurs (ou nodules) sur les organes internes des poissons. Elle est généralement accompagnée d'autres infections, comme la pourriture des nageoires.

• **Les symptômes.** Vous ne pouvez pas déceler les nodules sans pratiquer une autopsie, mais plusieurs signes extérieurs permettent de soupçonner la maladie. Les poissons sont apathiques, souvent amaigris et montrent de petites plaies (ulcérations) sur la peau. Leur appétit diminue fortement et leurs couleurs ternissent.

• **Les causes.** Les agents responsables sont des bactéries des genres *Mycobactérium* et *Nocardia*. Beaucoup de poissons sont « porteurs sains » de l'affection ; lorsqu'ils vivent dans de mauvaises conditions, celle-ci se développe. La contamination s'opère par absorption des bactéries responsables, notamment lorsque les poissons consomment le cadavre d'un individu atteint.

→ Les rayons ultraviolets

La stérilisation par ultraviolets (UV) est souvent employée en aquariophilie, en particulier pour les aquariums marins. Elle consiste à faire circuler l'eau du bac autour d'une lampe émettant des rayons UV, pour la stériliser, et à la renvoyer dans l'aquarium. Le pouvoir destructeur de ce rayonnement permet d'éliminer de nombreux micro-organismes tels que virus, bactéries, algues... Pour une efficacité maximale, l'eau circulant autour de la lampe doit être le plus claire possible, c'est-à-dire qu'il est préférable d'installer une lampe à UV à la sortie de votre système de filtration. La vitesse de passage de l'eau doit également être adaptée à la puissance de la lampe. Vous pouvez utiliser temporairement les appareils à UV, par exemple en cas de prolifération d'algues en suspension (contre lesquelles ils font preuve d'une redoutable efficacité), ainsi que pour le traitement de maladies parasitaires faciles à soigner. Attention ! La stérilisation de l'eau par les UV est si efficace qu'elle se traduit indirectement par une baisse des défenses naturelles (immunitaires) des poissons, car celles-ci ne sont plus stimulées. Afin d'éviter toute nouvelle maladie, il vous faut donc respecter impérativement le protocole de mise en quarantaine des nouveaux arrivants (n'hésitez pas à installer un système de stérilisation par UV dans les bacs de quarantaine).

• **Les traitements.** Aucun traitement n'est disponible pour l'aquariophile. Il est donc impératif que vous isoliez tout poisson suspect et que vous ôtiez immédiatement tout cadavre du bac, avant que les autres pensionnaires ne commencent à s'en nourrir. Un vétérinaire compétent dans le domaine de la pathologie des poissons peut éventuellement tenter des soins à base d'antibiotiques et de sulfamides.

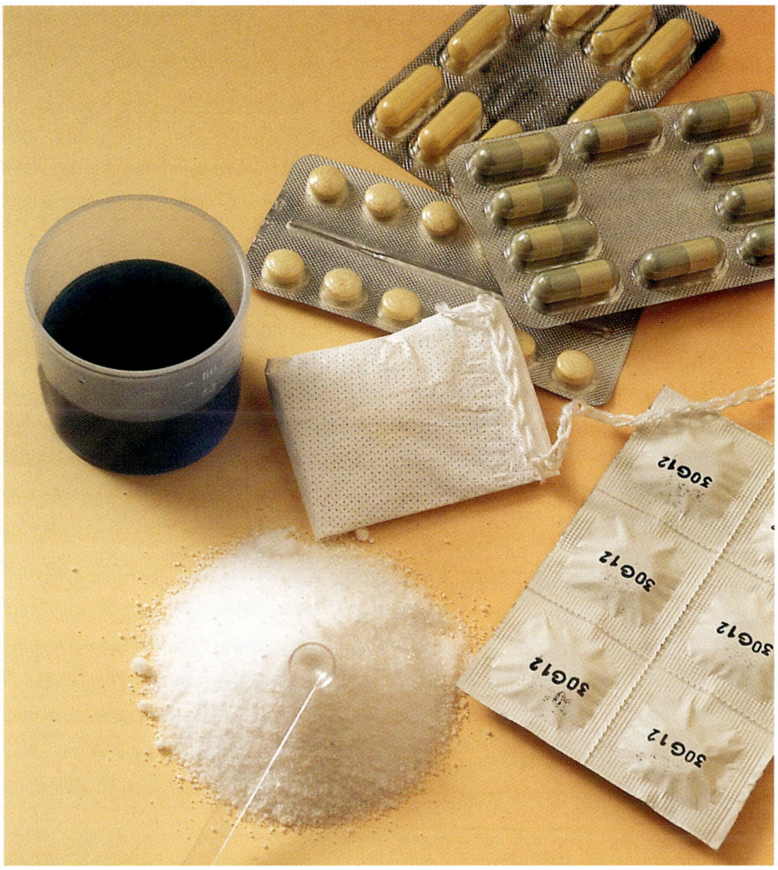

Les médicaments disponibles en aquariophilie se présentent sous différentes formes : poudres, liquides, comprimés, gélules ou infusettes.

Isolement et suivi des poissons malades

Lorsqu'une maladie atteint une grande partie ou la totalité des poissons d'un aquarium, tout le bac doit être traité. Cependant, certaines maladies sont très spécifiques et n'atteignent que certaines espèces. D'autres affections, peu virulentes, ne concernent que les poissons les plus affaiblis. Dans ces cas, les traitements peuvent être ciblés. Vous pouvez isoler les poissons malades dans un autre bac réservé à leur traitement, à la manière d'un hôpital. L'utilité d'isoler les poissons réclamant des soins devient évidente quand le traitement est néfaste pour la survie des plantes (cas d'un traitement au cuivre) ou pour celle des bonnes bactéries (cas des antibiotiques).

L'aquarium « hôpital »

Équipez cet aquarium d'un système de filtration, d'un chauffage et d'un éclairage. En cas de traitement aux antibiotiques, ajoutez une pompe à air pour assurer une bonne oxygénation de l'eau. L'aquarium hôpital ne doit comprendre ni sol, ni décor, qui constituent des refuges pour les micro-organismes néfastes et qui gênent l'enlèvement des déchets par siphonnage.

Vous devrez changer régulièrement l'eau d'un aquarium hôpital. En effet, les bactéries utiles à la dégradation des substances organiques présentes dans l'eau sont généralement tuées par les produits médicamenteux : il est donc nécessaire que vous mainteniez vous-même la qualité de l'eau grâce à des renouvellements fréquents.

La convalescence

Vous devez bien sûr garder les poissons malades dans l'aquarium hôpital jusqu'à ce qu'ils ne présentent plus de symptômes. Après les soins, comptez une bonne quinzaine de jours sans le moindre signe de maladie avant de réintroduire les poissons dans l'aquarium communautaire. Au bout de cette période de convalescence, les risques de rechute deviennent très faibles.

Accordez une attention particulière à la nourriture des poissons convalescents. En effet, beaucoup ont du mal à s'alimenter après un traitement médicamenteux. Veillez à ce qu'ils se nourrissent de nouveau normalement avant de leur faire réintégrer leur aquarium d'origine. Une petite cure de nourriture riche et vitaminée est la bienvenue après les traitements.

La prévention des maladies

Nous avons vu que les conditions de vie d'un poisson influaient directement sur son état général et sur sa sensibilité aux maladies. Vous devez donc recréer dans l'aquarium un milieu correspondant autant qu'il est possible aux besoins naturels de vos poissons. Il vous faut également respecter quelques règles d'hygiène pour l'entretien de votre aquarium. En outre, dans un bac communautaire, il est préférable de ne pas introduire de nouveau poisson sans avoir maintenu celui-ci quelque temps en observation, plus exactement en « quarantaine », dans un bac annexe.

Des conditions de vie adaptées

De bonnes conditions de vie représentent, sans nul doute, la meilleure garantie de santé des poissons. La qualité de l'eau revêt une importance majeure. Toute différence entre les propriétés de l'eau de votre aquarium et celles qui conviennent aux poissons se traduit par un mauvais état général. Veillez à maintenir vos poissons dans des conditions de propreté, de température et de chimie de l'eau adaptées à leurs exigences. De même, une nourriture adéquate, en qualité et en quantité, participe au maintien d'un bon état de santé chez vos pensionnaires.

L'hygiène

Vous devez porter une attention toute particulière à chaque geste que vous effectuez pour l'entretien de votre aquarium. Vos mains seront lavées avant et après chaque opération de maintenance. Le matériel que vous utilisez doit être désinfecté, en particulier lorsque vous disposez de plusieurs aquariums. Un bain d'eau de Javel diluée, suivi d'un rinçage attentionné, permet de stériliser tous vos ustensiles. De même, ne transférez jamais un élément de décor d'un aquarium à un autre sans procéder à son nettoyage.

La mise en quarantaine

Tout nouvel arrivant doit demeurer en quarantaine pendant au moins 15 jours, dans un aquarium similaire à l'aquarium hôpital, mais avec une eau identique à celle du bac communautaire. Pour pouvoir observer attentivement vos nouveaux poissons et déceler un éventuel problème, introduisez-les délicatement dans le bac de quarantaine et laissez-les s'acclimater à leur nouveau milieu de vie.
Quant aux nouvelles plantes, elles peuvent abriter des hôtes indésirables et doivent, par conséquent, être désinfectées. Un bain dans un désinfectant général que vous trouverez dans les magasins d'aquariophilie, tel que l'alun de potassium, à raison d'une cuillerée à soupe par litre d'eau (pendant une heure) permet de les introduire ensuite sans danger dans votre aquarium.

Quand dois-je euthanasier un poisson ?

Dans quels cas devez-vous abréger les souffrances d'un poisson malade ? La question est évidemment délicate. Il faut que vous soyez sûr de votre diagnostic et que vous ayez bien évalué les chances de survie de votre poisson.
Il se peut que votre malade présente un danger important de contamination pour les autres pensionnaires. En outre, si vous possédez un ou plusieurs bacs de quarantaine, mais que ceux-ci soient déjà occupés, mieux vaut ne pas prendre le risque qu'une épidémie se déclenche dans le bac communautaire. La survie du groupe prévaut sur celle de l'individu, mais la panoplie des soins disponibles vous permet de pratiquer de moins en moins souvent de telles opérations.

Pour vos diagnostics, ne vous fiez pas toujours aux couleurs, qui peuvent être « naturellement » étranges. Un poisson en bonne santé, comme celui-ci, se reconnaît aussi à ses nageoires bien déployées et à son corps fuselé et tonique.

SOIGNER ET MULTIPLIER SES PLANTES

Éléments importants du décor, surtout en eau douce, les plantes sont des êtres vivants précieux pour votre aquarium. Elles participent au maintien de son équilibre et recyclent les composés azotés potentiellement néfastes pour les poissons. Si les avancées techniques en aquariophilie permettent aujourd'hui d'envisager de se passer d'elles sans risque, les plantes restent fort appréciées pour leurs qualités esthétiques. En outre, elles sont indispensables au bien-être de certains poissons, en raison du mode de vie de ces derniers ou de leurs besoins alimentaires. Comme les végétaux terrestres d'ornement, les plantes aquatiques demandent un entretien régulier et une attention rigoureuse pour s'épanouir pleinement.

Répondre aux besoins des plantes

Le sol de votre aquarium est important pour la culture des plantes, même si celles-ci puisent dans l'eau qui les baigne les substances dont elles ont besoin. Il sert de base d'enracinement à la plupart d'entre elles, tout en jouant un rôle de réserve d'éléments nutritifs. L'eau doit bien circuler dans le sol, afin d'éviter la formation de zones de putréfaction et de favoriser en son sein la transformation des matières azotées. En outre, pour optimiser la croissance de celles-ci, vous devez leur fournir un éclairage satisfaisant. Des apports d'engrais et de gaz carbonique leur sont également bénéfiques.

L'apport d'engrais

Vous trouverez dans le commerce aquariophile plusieurs types d'engrais solides à disposer au pied de vos plantes. Des compléments nutritifs peuvent également être apportés par des engrais liquides, à déverser dans l'eau du bac.

• **Engrais solides.** Le plus courant des engrais solides est un substrat complet (azote-phosphore-potassium, ou NPK), à répartir en couche de 2 cm d'épaisseur sous votre gravier. Vous trouverez également des boulettes ou des comprimés d'engrais à enfouir au pied des plantes les plus exigeantes. De cette façon, vous constituez des réserves nutritives où les plantes puisent en fonction de leurs besoins.

• **Engrais liquides.** Les plantes puisant dans l'eau les substances nécessaires à leur développement, certaines de ces substances viennent progressivement à manquer dans le milieu fermé qu'est votre aquarium. Vous devez combler les insuffisances, notamment en oligo-éléments : fer, phosphore, molybdène... Seul un apport régulier de ces composés sous la forme d'un engrais liquide permet de pallier les carences. Attention toutefois aux surdosages, plus dangereux que les carences. Si les plantes montrent un défaut persistant de croissance, ne forcez jamais sur les engrais : la cause peut être ailleurs que dans un manque d'éléments nutritifs.

L'apport de gaz carbonique

Pour vivre et se développer, les plantes assimilent le gaz carbonique (CO_2), par le processus de la photosynthèse. Ce gaz est abondant dans l'air atmosphérique et se dissout bien dans l'eau. Cependant, l'agitation de l'eau favorise son élimination et, si vous possédez de nombreuses plantes, il peut s'avérer nécessaire de l'introduire spécifiquement dans l'aquarium au moyen d'un système de diffusion. Une concentration de CO_2 de 20 à 30 mg/l est une moyenne correcte. Attention, le gaz carbonique influe beaucoup sur le pH (plus il y a de CO_2, plus il se forme d'acide carbonique, par réaction avec l'eau, et plus le pH baisse) ; les meilleurs systèmes de diffusion sont ceux qui s'ajustent sur ce paramètre. La nuit, les plantes ne pratiquent pas la photosynthèse, inutile donc d'introduire du CO_2, cela pourrait se révéler néfaste pour vos poissons.

Petits travaux d'entretien

Un entretien régulier de vos plantes vous garantit leur bon développement, tout en favorisant le maintien de l'équilibre de l'aquarium. Certaines croissent rapidement et vous devrez les élaguer ou les éclaircir afin qu'elles n'entravent pas le développement des plus basses. Observez bien vos plantes et n'hésitez pas à intervenir. Veillez également à éliminer les algues indésirables et envahissantes.

• **Éliminer les feuilles mortes.** C'est la première des petites opérations d'entretien de vos plantes. L'élimination des feuilles mortes ou jaunissantes est nécessaire, car celles-ci, en se dégradant, polluent l'eau de l'aquarium. En outre, elles perturbent la croissance des plantes qui les portent et risquent également d'entraver la circulation de l'eau dans le bac, si elles viennent se déposer sur l'entrée du système de filtration.

• **L'élagage.** Lorsque les plantes à tiges atteignent la surface, vous devez les élaguer, en coupant tiges et rameaux, afin qu'elles ne masquent pas la lumière nécessaire aux plantes plus petites. N'hésitez pas à raccourcir les tiges d'une bonne dizaine de centimètres. En outre, les plantes à tiges ont tendance à s'étirer vers la lumière : elles prennent alors une forme élancée inesthétique et perdent souvent les feuilles situées à leur base. Pour éviter cela, coupez l'extrémité – la tête – de la tige principale : cet « étêtage » permet de redonner du volume aux

Les comprimés d'engrais enterrés à proximité des racines permettent de réserver les apports nutritifs aux plantes qui en ont besoin. Enfoncé avec le doigt, chaque comprimé doit être recouvert de 2 à 3 cm de substrat.

touffes de plantes à tiges, en provoquant chez chacune d'elles la pousse de rameaux latéraux.

• **L'éclaircissage.** En s'épanouissant, certaines plantes, en particulier les plantes « en rosette » (dont les feuilles sont étalées en cercle autour de la base), peuvent devenir envahissantes et étouffer les végétaux voisins. Pratiquez dans ce cas un « éclaircissage » de la culture, en ôtant un plant sur deux pour permettre à ceux qui demeurent en place dans l'aquarium de se développer normalement.

Des algues indésirables et inesthétiques peuvent s'attacher à vos plantes (ici, des anubias), perturbant leur croissance.

Les problèmes courants

Les feuilles de vos plantes aquatiques peuvent jaunir et même tomber. Si le phénomène est limité, il est probablement naturel. Mais, s'il prend de fortes proportions, il peut avoir pour cause l'insuffisance, dans l'eau de votre aquarium, d'un élément chimique tel que le fer, ou être lié à des problèmes d'éclairage. Comme tous les êtres vivants, vos plantes peuvent également être sujettes à des maladies.

Si les plantes touchées par ces troubles ont été installées dans votre bac récemment, il s'agit plus certainement d'un simple problème temporaire d'adaptation.

Le jaunissement des feuilles

Pour leur croissance, les plantes ont un besoin vital de certains éléments, mais en quantités minimes. Si un seul de ces éléments vient à manquer, la plante souffre d'une carence et sa croissance ralentit ou, pire, s'arrête. Le jaunissement des feuilles est souvent la conséquence de l'absence de l'un de ces éléments indispensables. Le cas le plus fréquent est celui d'une carence en fer. En ajoutant à l'eau de votre bac un engrais liquide complet (contenant notamment du fer), vous pourrez résoudre rapidement le problème. Il arrive également que le jaunissement des feuilles soit dû à un problème d'éclairage, la lumière ne répondant pas aux besoins des plantes, en termes qualitatifs ou quantitatifs. Vous pourrez ainsi être amené à changer un tube fluorescent trop ancien.

La perte des feuilles

Tout comme le jaunissement, la perte des feuilles est souvent associée à une carence en un élément vital. Ici également, le fait que vous apportiez régulièrement un engrais complet peut représenter une solution rapide et efficace. La deuxième cause le plus fréquemment observée de la perte des feuilles en aquarium est le manque de lumière. Ce manque peut provenir simplement de votre installation d'éclairage, qui se révèle trop faible, et l'ajout d'un tube fluorescent ou le choix d'une installation plus puissante sont alors nécessaires. Cependant, le manque de lumière peut avoir une autre cause. En effet,

Comment puis-je multiplier une mousse ?

Plusieurs plantes appartenant au groupe des mousses sont utilisées en aquarium, notamment la mousse de Java, Vesicularia dubyana, *et l'hépatique flottante,* Riccia fluitans. *Cette dernière peut flotter en surface ou être fixée sur le décor. Elle pousse vite et permet de créer une couche végétale sur les roches ou les racines. Quant à la mousse de Java, elle forme un tapis dense et touffu. Pour multiplier ces deux mousses, il vous suffit d'en prélever une petite touffe et de la fixer sur un nouveau support. Utilisez à cette fin un élastique ou du fil de Nylon, que vous pourrez retirer ensuite.*

en se développant, les plantes produisent un feuillage de plus en plus dense. La lumière a donc du mal à pénétrer les couches d'eau inférieures et les feuilles situées à la base des tiges ne reçoivent plus assez de lumière. La solution est alors simple, il vous suffit d'élaguer le haut des tiges pour que la plante produise à nouveau des feuilles à sa base et que les chutes s'arrêtent. Il existe une autre cause de perte des feuilles. La grande majorité des plantes aquatiques vendues en magasin d'aquariophilie ont été cultivées dans un milieu humide, mais à l'air libre. Placées dans l'eau de votre aquarium, elles peuvent produire un feuillage différent, plus adapté à la vie aquatique dans les conditions particulières de votre bac. Lorsque vous installez une nouvelle plante, elle risque de modifier son feuillage pour adopter une morphologie plus adaptée au milieu aquatique. Elle perd alors des feuilles pour en fabriquer de nouvelles. Il arrive même que la plante se dénude totalement avant de se régénérer. Un peu de patience suffit alors pour voir cesser les chutes de feuilles et apparaître le feuillage définitif.

→ Les outils du jardinier aquatique

Du fil de pêche et des élastiques vous sont nécessaires pour fixer certaines plantes sur une roche ou une racine. Une paire de ciseaux de bonne qualité et des lames de rasoir vous permettent de prélever de jeunes plants, de rafraîchir les racines ou de faire des boutures. Un coton imbibé d'alcool à 90° stérilisera vos ustensiles de coupe. Une grande pince se révèle très pratique pour aller chercher des débris de feuilles dans le fond de l'aquarium ou pour planter une bouture sans tremper votre bras jusqu'à l'épaule dans l'eau du bac. Une petite pincette peut vous permettre de tenir une plante pendant que vous effectuez quelques soins. Enfin, l'usage de gants en caoutchouc fin limite les risques de blessures, tout en préservant les plantes.

La pourriture des cryptocorynes

Cette maladie est la plus fréquente que l'on puisse observer en aquarium. Sans être strictement caractéristiques des espèces du genre *Cryptocoryne,* elle les affecte tout particulièrement. Les cryptocorynes n'assimilent pas le calcium qui est présent dans l'eau (sous forme d'oxalate de calcium ou de calcite). Toutefois, elles l'absorbent par leurs tissus, fortement perméables aux sels et à l'eau. Il se forme alors dans les vaisseaux de la plante de minuscules cristaux d'oxalate de calcium, qui bloquent toutes les activités des tissus situés au-dessus. Ceux-ci se détériorent alors rapidement, prenant un aspect visqueux et transparent. Les feuilles pourrissent sur pied. Ces cristaux se forment quand la plante est maintenue dans une eau d'une dureté trop élevée, ou lors d'un changement d'eau trop important avec une eau plus douce que celle de l'aquarium. Il convient donc de rétablir rapidement, mais progressivement, les conditions de dureté de l'eau adaptées à la plante. Si les feuilles atteintes sont définitivement perdues, le plant peut, lui, être sauvé.

Multiplier les plantes

La plupart des plantes d'aquarium d'eau douce sont des plantes à fleurs : dans les conditions naturelles, leur développement conduit à la production de fleurs et de graines, grâce auxquelles elles se reproduisent. Cette reproduction dite « sexuée » s'opère également, mais selon des modalités différentes, chez les mousses et les fougères aquatiques d'eau douce, ainsi que chez les algues, principaux végétaux présents dans les aquariums marins. Cependant, dans le milieu fermé de l'aquarium, la reproduction sexuée a très peu de chances de réussir. Mais les plantes ont un autre mode de reproduction, « asexuée » ou « végétative », dans lequel un fragment ou une extension de la plante mère donne une plante fille, identique. Ce sont les capacités qui sous-tendent ce mode de reproduction que vous mettrez à profit pour multiplier vos plantes d'aquarium.

Le bouturage

Cette technique de multiplication est surtout utilisée chez les plantes à tiges. Elle consiste à prélever la partie supérieure de la tige et à repiquer celle-ci afin d'obtenir un nouveau pied. Pour réaliser vos boutures, vous pouvez également prélever des rameaux latéraux bien développés. Pensez à effectuer des bouturages lorsque vous procédez à l'élagage des plantes trop hautes.

En repiquant des boutures, il est facile de multiplier ses plantes, comme ici des hygrophiles (au premier plan).

Il est préférable que la plante mesure une quarantaine de centimètres, afin que vous puissiez prélever une bouture d'au moins 20 cm, ce qui facilite la reprise du plant.
Munissez-vous d'une paire de ciseaux de qualité et coupez la tige au niveau d'un entre-nœud (partie de la tige située entre deux zones d'insertion de feuilles). Effeuillez la bouture sur ses 5 cm inférieurs. Faites un trou dans le sol de votre aquarium (avec votre doigt, tout simplement). Placez-y la bouture et recouvrez délicatement le bas de la tige d'un peu de sable. Ne tassez jamais le sol autour d'une tige bouturée, elle risquerait de pourrir et la partie supérieure de votre bouture se retrouverait alors rapidement en surface.
Il se forme souvent de fines racines au niveau des zones d'insertion des feuilles (correspondant aux nœuds). Coupez alors la tige à l'entre-nœud sous-jacent : la repousse de la bouture se trouvera facilitée.

Le marcottage

C'est la technique de multiplication la plus utilisée pour les plantes « en rosette », qui n'ont pas de tige bien développée hors du sol, mais dont les feuilles sont disposées en cercle ou en touffe autour d'un pied généralement souterrain. Le marcottage consiste en une division du pied. En outre, beaucoup de plantes en rosette produisent naturellement des plants annexes reliés au pied mère. Pour prélever ces pieds, il vous faut sortir délicatement la plante du sol. Rincez ensuite la base de la plante pour la débarrasser du sable ou de la terre entourant les racines. Une fois cette opération effectuée, rafraîchissez les racines en les coupant avec une paire de ciseaux. Gardez 4 à 5 centimètres de racines, cela suffit pour la repousse. Séparez les pieds annexes avec des ciseaux ou avec une lame de rasoir. Certains se sont souvent déjà séparés tout seuls. Il ne vous reste qu'à repiquer les nouveaux individus. Les plantes des genres *Cryptocoryne* et *Echinodorus* sont les plus représentatives pour illustrer cette technique.
Le marcottage est utile lorsque vous désirez effectuer un renouvellement des plants de votre aquarium. Lorsque vous éclaircissez une culture, débarrassez-vous des pieds vieillissants et remplacez-les par les jeunes pieds que vous aurez prélevés. De cette façon, vos plantes seront toujours en pleine croissance et au meilleur de leur forme.

Division des stolons ou des drageons

De nombreuses plantes en rosette se reproduisent par voie « asexuée » en produisant des drageons ou des stolons. Les drageons sont des tiges qui s'étendent sous le sol et desquelles sortent de jeunes pieds à quelques centimètres du pied mère (par exemple chez *Cryptocoryne*). Les stolons ont une fonction similaire, mais ils se pré-

La pourriture des cryptocorynes se caractérise par un aspect glacé des feuilles. En quelques jours, plusieurs pieds peuvent être décimés. Cette pourriture est parfois irréversible, mais, dans de nombreux cas, la plante repousse.

sentent sous la forme de tiges qui rampent au-dessus du sol *(Vallisneria)*. D'autres plantes, comme celles du genre *Echinodorus*, produisent de grandes hampes, qui portent des fleurs, ainsi que plusieurs jeunes pieds (jusqu'à une dizaine).

Il est simple de laisser se dérouler ces opérations naturelles de multiplication pour renforcer votre plantation. Les drageons et les stolons se coupent du plan mère lorsque les jeunes plants ont déjà produit 4 ou 5 feuilles. Pour les vallisnéries, vous attendrez que les jeunes pieds aient atteint une dizaine de centimètres. Un simple coup de ciseaux les sépare du pied mère. Vous pouvez alors les récupérer puis les repiquer ailleurs. En ce qui concerne les échinodorus, les jeunes plants situés sur les hampes florales ne produisent pas de racines. Il vous faut donc maintenir la hampe sur le sol, à l'aide d'un bout de roche par exemple, jusqu'à ce que les racines commencent à pousser. Dès que le jeune pied est ancré au sol, coupez la hampe et repiquez votre nouveau rejeton.

Multiplication des plantes à rhizome

Les plantes des genres *Anubias* et *Microsorum* sont des plantes à rhizome, c'est-à-dire qu'elles possèdent une tige rampante, le rhizome, d'où émergent les racines et les feuilles.

La multiplication des plantes à rhizome est des plus simples : au moyen d'une lame de rasoir, coupez le rhizome de façon à prélever un morceau comprenant 4 ou 5 feuilles. Cette nouvelle plante est prête à être repiquée. Comme les rhizomes ne doivent jamais être enterrés à cause du risque de putréfaction, vous fixerez votre nouveau plant à une roche ou une racine. Un élastique ou du fil de pêche conviennent fort bien pour les maintenir en place. Les racines s'accrochent rapidement à leur nouveau support. Une fois que la plante se trouve bien fixée, ôtez le lien.

Il est à noter que les plantes du genre *Microsorum* ont la particularité de former de petites pousses, appelées « plantules adventives », à l'extrémité de leurs feuilles. Dès que ces plantules ont quelques racines, coupez les feuilles qui les portent et fixez vos jeunes plants.

Multiplication des plantes à bulbe

Les plantes à bulbe sont représentées en aquariophilie principalement par les espèces des genres *Aponogeton* et *Nymphaea*. Feuilles et racines sortent de la partie supérieure d'une tige courte et renflée, à la manière d'un oignon, le bulbe. Celui-ci est gorgé de réserves nutritives pour la plante. Il arrive quelquefois que ces plantes produisent un jeune plant encore accroché au bulbe, mais qui comprend déjà quelques feuilles et racines. Vous pouvez alors le séparer et le repiquer. Le bulbe lui-même peut être fractionné. Coupez-en un côté à l'aide d'une lame de rasoir stérilisée. Installez les deux morceaux ainsi obtenus dans un aquarium fortement aéré et parfaitement propre. Le bulbe principal cicatrise rapidement et le second forme quelques feuilles. Vous pouvez alors les transférer dans leur aquarium définitif. Ne pratiquez qu'une seule coupe sur le même bulbe durant la même année.

Multiplication des plantes flottantes

En ce qui concerne les plantes flottantes, comme *Ceratopteris cornuta, Ceratophyllum demersum* ou *Najas najas,* vous n'aurez aucun problème pour les multiplier en aquarium. En effet, elles se propagent toutes seules par division ou par production de jeunes plants (plantules adventives). Le prélèvement régulier de quelques individus est souvent nécessaire pour ne pas assombrir toute la surface de l'aquarium.

→ La multiplication des algues marines

Pour un aquarium marin, les algues dominent dans le choix des végétaux, plus restreint que pour un aquarium d'eau douce. Les plus utilisées sont des caulerpes, telles que *Caulerpa prolifera* et *Caulerpa racemosa*. Elles ne possèdent pas de véritable tige (au sens botanique du terme), mais un axe horizontal portant des expansions semblables à des feuilles. De croissance rapide, ces algues se révèlent faciles à cultiver et leur multiplication par bouturage est simple : il vous suffit d'en couper un fragment et de placer celui-ci ailleurs dans le bac, en le maintenant à son nouveau substrat (sable ou élément du décor) au moyen de fil de pêche. Une autre algue d'aquarium, *Halimeda opuntia*, l'algue cactus, a une croissance beaucoup plus lente que les caulerpes, mais son bouturage ne pose pas de problème.

ENTRETENIR SON AQUARIUM

En tant que milieu artificiel et fermé, votre aquarium diffère beaucoup des milieux naturels d'où vos poissons sont originaires. En effet, même une simple mare ou un lac (sans parler d'un océan !) bénéficie d'apports importants en eau neuve, grâce aux pluies ou aux cours d'eau. Le brassage de la surface par le vent ou par des courants favorise les échanges gazeux. La dégradation et l'élimination des déchets sont assurées par des phénomènes physiques, chimiques et biologiques ne pouvant être reconstitués dans toute leur diversité en aquarium. Il vous faut cependant veiller à reproduire en partie dans votre bac ces phénomènes naturels et assurer ainsi le bien-être de vos pensionnaires. L'entretien d'un aquarium n'est ni compliqué, ni fastidieux, pour peu qu'il soit effectué régulièrement.

La surveillance de l'eau

L'eau est le milieu de vie de vos poissons, de vos plantes et de vos invertébrés. Pour eux, elle est tout à fait comparable à l'air que nous respirons. Elle doit donc être d'une qualité irréprochable et posséder des caractéristiques physiques (telles que la température) et chimiques (pH, dureté, densité...) qui leur conviennent. Le marché aquariophile propose des tests et des instruments qui vous permettent de contrôler périodiquement les caractéristiques de l'eau. La majorité des tests fonctionne avec une échelle « colorimétrique » : ils se présentent sous la forme de colorants liquides ou de bandelettes de papier qui, trempées dans l'eau de l'aquarium, prennent une couleur déterminée par la valeur du paramètre mesuré. Il existe également des appareils électroniques, plus précis mais plus onéreux.

La température

La température de l'eau influence directement les activités biologiques des animaux aquatiques. Il existe pour chacun une température optimale, à laquelle les activités biologiques de son organisme s'effectuent dans les meilleures conditions. Un simple thermomètre vous permet de contrôler ce paramètre. Vous devez y jeter un œil tous les jours : choisissez donc un endroit bien visible pour l'installer. Si vous constatez un écart trop important par rapport à la température réglée sur le thermostat de votre chauffage, contrôlez celui-ci au plus vite. La chaleur qui règne pendant l'été ou au contraire le froid de l'hiver jouent un rôle très important sur la stabilité thermique de l'aquarium. L'ajout d'un second système de chauffage ou la mise en place d'un système de refroidissement peut s'avérer nécessaire.

Le pH

Le « potentiel hydrogène », ou pH, traduit le caractère acide ou basique d'une solution, en l'occurrence de l'eau de votre aquarium. Cette donnée est très importante pour la vie des poissons et, plus encore, pour leur reproduction. En règle générale, vous devez contrôler la valeur du pH tous les 3 jours et vous assurer qu'elle n'est pas en contradiction avec celle qui convient à vos poissons.

Dans certains bacs, le pH est d'une grande stabilité. C'est notamment le cas des aquariums de cichlidés des grands lacs d'Afrique de l'Est : les éléments de décor, de nature calcaire, maintiennent l'eau à un pH basique, adapté à ces poissons. Pour ce type d'aquarium, un contrôle hebdomadaire est suffisant. En revanche, il existe deux cas où la mesure du pH doit être quotidienne. Il s'agit, d'une part, des aquariums disposant d'un système de diffusion de gaz carbonique (CO_2) et, d'autre part, des aquariums marins, en particulier ceux peuplés d'invertébrés (aquariums récifaux).

- **Aquariums équipés d'un système de diffusion de CO_2.** L'ajout de gaz carbonique (CO_2) dans l'eau entraîne la formation d'acides carboniques, ce qui tend à faire baisser le pH : il vous faut donc vérifier chaque jour que l'apport de CO_2 ne se fait pas de façon trop importante. Le phénomène d'acidification est encore plus marqué et rapide dans une eau de faible dureté (pauvre en bicarbonates) où le pH n'est pas stabilisé. L'installation d'un appareil de mesure (pH-mètre) est souvent indispensable pour que vous puissiez constamment évaluer le pH et régler en conséquence la diffusion de CO_2.
- **Aquariums marins.** Dans l'eau de mer, la concentration élevée en bicarbonates, qui piègent le gaz carbonique, empêche l'eau de s'acidifier. Cependant, dans certaines conditions (injection de gaz carbonique en excès dans un réacteur à calcaire, faible quantité d'algues – lesquelles utilisent le gaz carbonique –, excès de phosphates…), le pH risque de baisser dangereusement. Il vous faudra maintenir ce dernier par des ajouts d'hydroxyde de calcium (ou eau de chaux) ou par l'utilisation d'un réacteur à calcaire bien réglé. Ainsi, dans un aquarium marin, un contrôle rigoureux et continu du pH par l'intermédiaire d'un pH-mètre électronique devient rapidement nécessaire.

Une sonde reliée à un pH-mètre électronique permet de régler automatiquement la diffusion de gaz carbonique dans le bac, en fonction du pH de l'eau.

Les nitrites

Ces composés azotés (dont la formule chimique est (NO_2^-) sont extrêmement toxiques pour tous les

animaux qui peuplent votre aquarium. Leur présence est inévitable pendant la phase d'installation de l'aquarium : leur concentration augmente rapidement durant la première semaine, puis diminue régulièrement pour devenir quasiment nulle. C'est pourquoi il est déconseillé d'introduire rapidement des poissons dans un aquarium nouvellement installé (attendre environ 2 semaines en eau douce). Pendant cette période, le taux de nitrites doit être contrôlé tous les deux jours. Les tests sont ensuite effectués chaque jour pendant une semaine afin de s'assurer de la disparition définitive des nitrites.
En dehors de la phase d'installation, contrôlez une fois par semaine les nitrites. Leur taux, révélateur du degré de pollution de l'aquarium, doit demeurer nul. S'il atteint ou dépasse la valeur de 0,1 mg/l, il vous faut immédiatement trouver la cause de pollution dans votre aquarium. Il peut s'agir d'un cadavre, d'une plante moribonde, d'un excès de nourriture non consommée... Une fois la cause disparue, diminuez la concentration de nitrites grâce à un changement d'eau et aérez fortement l'aquarium.

Les nitrates

Ces composés qui, comme les nitrites, contiennent de l'azote, ont une toxicité bien moindre que ces derniers. Toutefois, les nitrates (NO_3^-) reflètent eux aussi le taux de pollution de l'aquarium. Ils sont généralement présents dans le bac, mais à un taux très faible (normalement inférieur à 50 mg/l en eau douce et à 20 mg/l en eau de mer). Vous devez mesurer la teneur en nitrates toutes les semaines. Si celle-ci devient trop importante, il peut y avoir danger.

• **En eau douce.** Les nitrates sont utilisés par les plantes, généralement bien représentées dans les aquarium d'eau douce (les nitrates entrent d'ailleurs dans la composition des engrais). Cependant, une trop forte concentration de ces substances inhibe la croissance des végétaux et favorise la prolifération

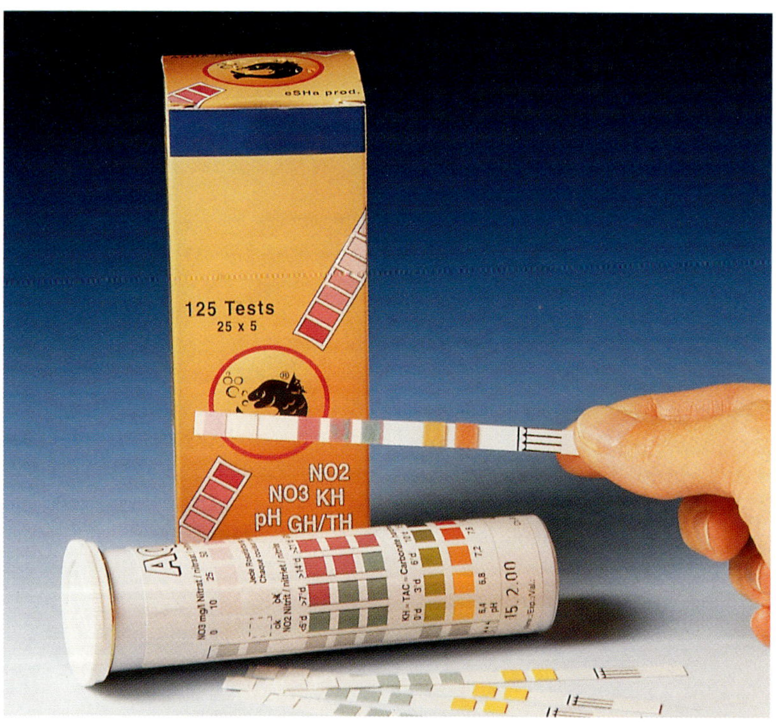

Certains tests en bandelettes permettent de contrôler cinq paramètres en même temps : pH, dureté totale, dureté carbonatée, nitrites et nitrates.

Que faire en cas de panne électrique ?

Une panne d'électricité est toujours possible. Si elle ne dure que quelques minutes, il n'y a aucun risque pour l'aquarium. La température et le taux d'oxygénation de l'eau n'auront pas le temps de baisser. De même, la coupure de la filtration n'aura pas de conséquence. En revanche, une panne de plusieurs heures, voire d'une journée est bien plus préoccupante. L'idéal est de posséder une pompe à air de secours, fonctionnant sur piles. Si ce n'est pas le cas, il vous faut procéder à de petits changements d'eau très fréquents pour remplacer la filtration, l'aération et le chauffage : préparez une eau légèrement plus chaude que celle de l'aquarium (1 ou 2 °C au maximum) pour pallier la chute de température. Toutes les 2 heures, il faudra changer 5% du volume de l'aquarium, en versant l'eau neuve doucement, mais en pluie, afin de bien l'oxygéner. Pensez également à ôter vos masses filtrantes et à les placer dans un faible volume d'eau que vous remplacerez toutes les 6 heures. En effet, les masses filtrantes ne doivent jamais demeurer dans une eau privée d'oxygène, car il risque de s'y former des composés toxiques. Après la panne, vérifiez les appareils électriques (une pompe à eau peut refuser de redémarrer) et remettez à l'heure le programmateur.

Des petites touffes d'algues filamenteuses se sont fixées sur les feuilles de cette plante (Vallisneria spiralis). *Il n'est pas trop tard pour éviter l'invasion en retirant les algues avec les doigts ; un contrôle journalier s'impose.*

des algues indésirables. Le taux de nitrates doit être réduit grâce à des changements d'eau réguliers.

• **En eau de mer.** Les invertébrés contribuent au recyclage des nitrates, mais à des doses infimes. En revanche, des bactéries, présentes notamment dans les pores des « roches vivantes » (formées de squelettes de coraux et d'algues calcaires abritant de nombreux petits organismes), assurent leur transformation en azote gazeux, les expulsant ainsi de l'aquarium. Dans un bac bien équilibré, la concentration en nitrates ne doit pratiquement pas être décelable par les tests.

• **Nourriture et déchets.** Attention aux distributions de nourriture en trop grande quantité, elles sont souvent à l'origine d'une augmentation de la concentration en nitrates. Nourrissez vos poissons souvent, mais à doses contrôlées. Il vous faut également veiller à ce qu'il ne se crée pas de zones d'accumulation de déchets. Cela arrive quelquefois quand le brassage de l'eau du bac forme un tourbillon, les détritus s'entassant alors à la base de celuici. Le fond des cuves des filtres à décantation représente aussi un lieu d'accumulation des matières organiques dont la décomposition n'est pas achevée. Dans les deux cas, il vous faut éliminer les déchets en les siphonnant lors des changements d'eau, et réorienter le rejet de votre système de filtration pour que les particules se trouvent plus efficacement évacuées.

L'utilisation d'un « dénitrateur » peut s'avérer utile dans le cas de concentrations trop élevées en nitrates. Cependant, cet appareil est malheureusement d'un fonctionnement compliqué et il peut se révéler plus nocif qu'utile s'il est mal employé. Privilégiez donc des distributions pondérées de nourriture et des changements d'eau réguliers.

La dureté

En eau douce, la dureté totale, ou titre hydrotimétrique (TH), mesure la totalité des éléments (tels que le calcium, le magnésium, etc.) dissous dans votre eau sous forme de sels minéraux. La dureté n'a pas de signification en eau de mer où cette mesure est remplacée par celle de la densité.

Les poissons demandent, pour le maintien de leur équilibre interne, une dureté comprise entre des valeurs propres à chaque espèce. Peu de facteurs agissent sur la dureté totale. Le seul à véritablement prendre en cause est l'évaporation de l'eau. En effet, les sels minéraux deviennent de plus en plus concentrés à mesure que l'eau

s'évapore, et la dureté augmente. Pour la corriger, utilisez de l'eau minérale de dureté très basse, de l'eau distillée (dureté nulle), ou procurez-vous en magasin d'aquariophilie de l'eau « osmosée », très pauvre en sels minéraux. Mesurez la dureté de votre eau tous les mois.
En eau douce ou en eau de mer, le titre alcalimétrique complet (TAC), ou « dureté carbonatée », ne mesure que les taux de calcium et de magnésium (présents sous la forme de carbonates et de bicarbonates). Le TAC reflète la capacité de l'eau à stabiliser le pH. Cette valeur est très importante pour les bacs bien plantés équipés d'un système de diffusion de CO_2 et dans le cas des bacs récifaux (d'invertébrés marins), où elle a souvent tendance à chuter. Pour ces aquariums, elle doit être mesurée toutes les semaines au minimum. Sa valeur sera augmentée en eau douce par l'addition de produits spécifiques et en eau de mer par l'ajout d'eau de chaux. Pour la diminuer, utilisez de l'eau osmosée.

La densité

La densité représente le rapport de la masse d'un litre d'eau de mer à celle d'un litre d'eau douce. La masse de l'eau de mer est plus élevée, car elle contient de nombreux sels dissous (notamment du chlorure de sodium, le sel que nous utilisons pour la cuisine). Les animaux marins sont adaptés à la forte concentration en sels minéraux de l'eau de mer.
Mesurez la densité de l'eau de votre bac une fois par semaine, au moyen d'un densimètre. Sur cet instrument, généralement gradué et flottant, mesurez la densité en vous fiant au haut du ménisque formé par la surface de l'eau (le densimètre s'enfonce plus ou moins dans l'eau selon la densité de celle-ci). Il existe également des densimètres à aiguille : il vous suffit de les remplir d'eau, et l'aiguille vous donne la valeur de la densité.
Avec l'évaporation, la densité augmente : rétablissez le niveau de l'eau à l'aide d'eau osmosée. Celle-ci doit être introduite doucement, voire goutte à goutte, afin de ne pas faire subir de choc aux habitants de l'aquarium, par un ajustement brutal de la densité.

Les problèmes liés à l'eau

Si votre eau se trouble ou si elle prend une coloration douteuse – verte, blanche ou jaunâtre –, votre aquarium connaît sans doute un déséquilibre dont il vous faudra

Certaines algues, malgré leur croissance assez lente, parviennent à envahir les plantes du genre Anubias. *À ce stade, la seule possibilité pour les éliminer est de couper les feuilles atteintes.*

comprendre la cause pour pouvoir le combattre rapidement et efficacement. L'observation régulière de votre aquarium ainsi que différentes analyses de l'eau vous permettent souvent de prévenir les problèmes, ce qui est préférable à des interventions pouvant se révéler lourdes et fastidieuses.

Eau trouble

Votre eau devient légèrement opaque : le problème peut avoir différentes causes. Si vous venez d'installer votre bac, ce phénomène est tout à fait normal. En effet, il arrive fréquemment que l'eau se trouble juste après la mise en route de l'aquarium. Elle doit redevenir limpide au bout d'environ 2 jours. Un trouble important peut également apparaître la première ou la deuxième semaine suivant l'installation. Il est dû à une très forte montée du taux d'ammoniaque (vous pouvez d'ailleurs le déceler à son odeur caractéristique). Un bon ensemencement de l'aquarium en bactéries qui transforment l'ammoniaque (et dont on trouve des préparations dans le commerce spécialisé) résout assez vite le problème.

Si vous voyez que votre eau se trouble alors que votre aquarium est en service depuis au moins un mois, le problème s'avère beaucoup plus grave. Il s'agit encore d'une montée d'ammoniaque. Cette substance très toxique, qui provient de la transformation des déchets et de la matière morte, est transformée en nitrites ; ces deux composés représentent un danger mortel pour vos animaux. La cause de cette augmentation du taux d'ammoniaque est à rechercher dans une forte pollution (putréfaction de nourriture non consommée, d'animaux morts...). Une fois la source de pollution éliminée (de toute urgence !), faites baisser la concentration d'ammoniaque dans le bac au moyen d'un changement d'eau progressif, mais important. Maintenez une forte aération pour préserver les poissons.

Les algues fixées sur les vitres font le bonheur de certains poissons. On voit ici les traces laissées par la bouche d'un labéo (Epalzeorhynchos bicolor).

Eau verte

Une teinte verte est liée à la présence de nombreuses algues microscopiques en suspension dans l'eau. Ces algues ont été introduites dans l'aquarium avec une nouvelle plante, un poisson ou un élément du décor. Elles ont ensuite trouvé des conditions favorables pour leur croissance et ont proliféré. Cette invasion n'a pas de conséquence directe sur la vie dans le bac. Cependant, mis à part leur aspect inesthétique, les algues consomment beaucoup d'oxygène et peuvent ainsi nuire aux poissons. Ajoutez donc tout d'abord un diffuseur d'air.

Les produits anti-algues sont généralement efficaces, mais la forte mortalité des algues indésirables se révèle souvent toxique. Un changement d'eau immédiat est alors nécessaire. Vous pouvez également trouver dans le commerce ce que l'on appelle un « filtre à diatomées » (les diatomées forment un important groupe d'algues microscopiques). La masse filtrante de l'appareil est elle-même composée de squelettes d'algues siliceuses microscopiques, dont la finesse permet de retenir les algues de votre bac. Une filtration avec cet appareil durant 3 ou 4 jours suffit pour nettoyer l'aquarium. La solution la plus courante reste cependant l'utilisation de lampes à ultraviolets. Installées au-dessus du tuyau qui conduit l'eau vers le bac après la filtration, ces lampes tuent les algues et stérilisent l'eau.

Eau blanche

Le phénomène est également causé par la prolifération d'êtres microscopiques, cette fois des bactéries ou des protozoaires (« infusoires »). Cela arrive fréquemment lorsque le niveau de pollution de l'aquarium est élevé ou que le taux d'oxygène dissous est faible. Dans un premier temps, contrôlez les paramètres de votre eau et supprimez les causes de déséquilibre. Souvent, l'ajout d'un simple diffuseur vous permet d'éliminer les micro-organismes nuisibles.

Vos alliés contre les algues

Qu'il s'agisse de poissons ou d'invertébrés, beaucoup d'animaux aquatiques végétariens participent à la régulation de la population d'algues en aquarium. En eau douce, ce sont des poissons de la famille des poeciliidés, notamment le guppy *(Poecilia reticulata)*, le poisson porte-épée *(Xiphophorus helleri)* et le platy *(Xiphophorus maculatus)*, ainsi que de nombreux loricariidés (genres *Ancistrus, Chaetostoma, Peckoltia, Loricaria...*). Parmi les invertébrés d'eau douce, des crevettes, comme les crevettes-abeilles *(Caridina)*, et des escargots (planorbes, ampullaires...) participent à l'élimination des algues. En eau de mer, la grande majorité des poissons-chirurgiens et des centropyges représentent de bons alliés contre les algues, de même que des mollusques (genres *Astrea, Turbo...*) et beaucoup d'oursins.

Des algues « pinceau » étouffent une feuille d'un lys d'eau. Il n'existe pas d'autre solution, pour éliminer ces algues, que de couper la feuille atteinte.

Si le diffuseur ne s'avère pas suffisant, l'utilisation de bactéricides (à acheter en magasin d'aquariophilie) devient nécessaire. Laissez le diffuseur en place, car ces produits font beaucoup diminuer le taux d'oxygène. Des changements d'eau successifs sont ensuite nécessaires, car, avec les micro-organismes nuisibles, les « bonnes » bactéries (celles qui recyclent les déchets) sont aussi détruites et il peut se produire une dangereuse montée des taux d'ammoniaque et de nitrites.

Eau jaune

Ce que l'on appelle « eau jaune » est en fait une eau ambrée, couleur de thé. Cette teinte, fréquente, est provoquée par la libération de tanins. Les tanins sont des matières colorantes provenant surtout d'éléments végétaux, comme les racines, la tourbe et toutes les substances contenues dans les terreaux pour aquarium. L'eau jaune, qui se révèle souvent légèrement acide (car ces mêmes matériaux libèrent également des acides « humiques »), n'est pas dangereuse pour un bon nombre de poissons. Ainsi, elle convient bien aux poissons d'Amérique du Sud dits « d'eau noire », comme les discus.
En revanche, la couleur de l'eau peut vous paraître inesthétique. Dans ce cas, il vous suffit d'incorporer du charbon actif dans votre appareil de filtration. Le charbon actif retient les tanins et rend votre eau claire et limpide. Trois jours suffisent pour décolorer votre eau. Ensuite, mieux vaut retirer le charbon actif, qui risque de modifier d'autres paramètres de votre eau.

La lutte contre les algues

L'apparition d'algues indésirables est très commune et représente un problème récurent pour beaucoup d'aquariophiles. Ces algues risquent de proliférer un jour ou l'autre dans

Certains escargots aquatiques, comme les planorbes, se révèlent des hôtes parfaits de l'aquarium d'eau douce. En effet, ces animaux se nourrissent de certaines algues, luttant ainsi efficacement contre leur prolifération dans le bac. Ici, un planorbe nettoie soigneusement une feuille d'anubias nain (Anubias barteri).

tout aquarium. Si certaines d'entre elles témoignent de la bonne santé de l'aquarium (algues filamenteuses, par exemple), d'autres sont liées à un taux élevé, et dangereux, de matières organiques. Dans beaucoup de cas, des solutions existent et vos plus précieux auxiliaires sont souvent les poissons eux-mêmes.

Les algues filamenteuses

Elles se forment dans les aquariums bien équilibrés. Leur aspect est celui de longs filaments vert tendre, accrochés au décor, au sol ou aux plantes. Elles ne présentent aucun inconvénient pour le fonctionnement de l'aquarium, ni pour la santé de ses occupants. Toutefois, leur aspect se révèle d'une esthétique tout à fait discutable. Il convient de les éliminer avant qu'elles n'envahissent totalement le bac et n'étouffent les autres végétaux. Retirez-les à la main ou servez-vous d'une simple fourchette (à fondue, de préférence) pour enrouler les filaments et les extraire de l'aquarium. Le poisson de fond nommé ancistrus et les escargots du genre *Planorbis* s'attaquent aux pousses de ces algues, mais les délaissent lorsque les filaments dépassent 5 mm.

Il existe d'autres algues dont l'aspect est filamenteux. Elles sont plus sombres, beaucoup plus épaisses et se fixent par un minuscule disque sur les feuilles des plantes. Elles prolifèrent surtout dans des eaux dures et dont le pH est élevé. Un fort taux de matières organiques (nourriture non consommée, déchets…) favorise souvent leur croissance. Les poissons et les mollusques ne s'y attaquent pratiquement pas. Vous devez donc les éliminer manuellement, en coupant les feuilles trop atteintes.

Les algues brunes

Ces algues sont les premières à envahir un aquarium nouvellement mis en route. Cette prolifération fait partie du processus normal de démarrage. Elles disparaissent généralement d'elles-mêmes au bout de quelques semaines. Cependant, si elles persistent, l'introduction d'un ancistrus résoudra le problème. Quatre ancistrus sont capables d'en débarrasser un aquarium de 120 litres en une nuit. Le même type d'algues apparaît également en eau de mer, dans les mêmes conditions.

Les algues vertes

Il arrive qu'il se développe sur le sol de petits tapis d'algues vertes, d'aspect cotonneux, formées par l'enchevêtrement de filaments verts, plus courts que ceux des algues filamenteuses. Une lumière trop intense, un sol riche ou une diffusion trop importante de gaz carbonique accélèrent leur prolifération. Pour enrayer l'invasion, vous pouvez introduire quelques plantes à croissance rapide qui utiliseront les substances nutritives que réclament les algues. Une diminution de l'éclairage doit également être envisagée, non pas en durée mais en intensité. Quelques substances tuant les algues (« algicides ») sont efficaces, cependant le siphonnage des algues vertes représente la méthode la plus simple pour les éliminer. Les poissons vivipares comme les guppys, les xiphos et les platys vous aideront également à limiter leur croissance.

L'apparition d'un fin duvet d'algues vertes à la surface des feuilles et, quelquefois, des roches et des racines, est plus fréquente. De minuscules filaments, mesurant à peine 3 mm de long, tapissent complètement les feuilles, qui ne reçoivent plus assez de lumière et étouffent. La pollution de l'eau (en particulier par les nitrates et les phosphates) est la principale cause de prolifération de ces algues. De ce fait, des changements d'eau fréquents aident à rétablir l'équilibre. L'emploi d'un produit de traitement est souvent inefficace ou alors son effet n'est que de courte durée.

D'autres algues vertes se développent en touffes de 2 à 3 cm sur les roches, les racines et le sol. Elles sont dues à une forte pollution de l'aquarium et à un éclairage trop puissant. Si les touffes ne sont pas trop importantes, un ancistrus ou d'autres poissons de fond mangeurs d'algues auront raison d'elles. En outre, il faut ôter les plus grosses touffes à la main et renouveler fréquemment votre eau.

Il apparaît souvent des taches vertes sur les éléments du décor. Ces taches évoluent petit à petit pour former par endroits de véritables croûtes. Les algues responsables s'installent quand le bac atteint son équilibre biologique. Vous pouvez voir les premières apparaître 3 semaines après la mise en eau de l'aquarium. De telles taches reflètent la bonne santé du bac. Leur développement n'est pas un problème. En effet, elles sont appréciées de certains poissons de fond (loricariidés) et des escargots. En outre, leur croissance est lente.

Les algues noires

On appelle ainsi des bactéries, formant, comme les algues, des filaments, mais de taille microscopique. Ce sont des cyanobactéries, autrefois nommées « algues bleues ».

Lorsque l'envahissement par les algues est, comme ici, très important, n'hésitez pas à intervenir manuellement. Cette situation catastrophique, mais non désespérée, est liée à une durée et à un type d'éclairage inadaptés.

Après une absence prolongée, ou un long manque d'entretien, les algues colonisent les vitres. À ce stade, une seule arme est vraiment efficace : la lame de cutter (à manier avec d'infinies précautions !).

Pouvant proliférer en eau de mer comme en eau douce, elles forment un tapis visqueux de couleur vert foncé à rouge foncé, qui recouvre généralement le sol. Leur prolifération dénote un fort problème de qualité de l'eau, en particulier une teneur en nitrates ou en phosphates trop élevée.
Les cyanobactéries vivent normalement dans tout aquarium, mais ne sont pas décelables. Un facteur déclencheur, tel qu'un changement d'éclairage trop brusque ou une variation soudaine de certains paramètres de l'eau, peut être à l'origine de leur prolifération.
Vous pouvez les éliminer facilement par siphonnage, mais cela ne constitue qu'une solution temporaire. L'utilisation d'antibiotiques est efficace, mais elle peut se révéler dangereuse pour la flore bactérienne de la filtration (les « bonnes » bactéries, qui recyclent les déchets azotés). L'amélioration de la qualité de l'eau constitue la seule manière fiable d'éliminer le problème.

Les algues pénicillées

Les algues pénicillées représentent sûrement le plus grand fléau que l'on puisse observer en aquarium. Formant de petites touffes noires d'un centimètre de hauteur, elles colonisent d'abord le bord des feuilles et les éléments du décor. Ensuite, elles tendent à recouvrer toute surface disponible. Leur prolifération est déclenchée par une forte pollution de l'aquarium. Les nitrates, en particulier, favorisent leur croissance. Si quelques « algicides » les éliminent temporairement, il n'existe aucun moyen de s'en débarrasser définitivement. Les escargots et les poissons de fond mangeurs d'algues les dédaignent. Un arrachage manuel des touffes d'algues pénicillées et des feuilles trop atteintes est obligatoire.

Les algues rouges

Ces algues sont souvent rencontrées dans les aquariums d'eau de mer présentant un déséquilibre de minéralisation. Elles forment un fin duvet rouge qui recouvre le décor ou, plus rarement, de longs filaments. Le facteur en cause est souvent la présence excessive de silicates. Ces composés sont éliminés grâce à une résine spécifique placée dans le système de la filtration. Les mollusques gastéropodes (« escargots ») des genres *Astrea* et *Turbo* régulent facilement l'expansion de ces algues. Il faut que vous comptiez un gastéropode pour 10 litres d'eau.

Les changements d'eau

L'aquarium étant un milieu clos, les matières qui ne sont pas entièrement recyclées tendent à s'y accumuler. Ce peut être le cas des matières azotées comme les nitrates (s'ils ne sont pas utilisés par les plantes) et d'autres composés. De telles substances peuvent atteindre des concentrations nocives pour les poissons et les plantes, et favoriser la prolifération des algues indésirables.

Seuls des changements d'eau réguliers vous permettent d'éliminer ces composés en excès.

• **Fréquence des renouvellements.** Le plus judicieux est de procéder à des renouvellements d'eau peu importants, mais fréquents. Changez en moyenne de 5 à 10 % du volume de l'aquarium par semaine, voire de 10 à 20 % du volume tous les 15 jours (soit environ 30 % par mois). Dans un bac récifal bien équilibré et bien équipé, les matières nocives s'accumulent beaucoup moins vite. En conséquence, le renouvellement de 5 % du volume d'eau pourra se faire une fois par mois.

• **Déroulement des opérations.** Lors des changements d'eau, il faut éviter de stresser les poissons et les autres habitants de l'aquarium. L'idéal est que vous prépariez l'eau neuve à l'avance en la laissant reposer, afin d'en éliminer le chlore. Stockez-la dans des récipients en matière plastique convenant à la conservation des aliments. Vous trouverez également dans le commerce des conditionneurs d'eau, qui fixent les métaux lourds nocifs contenus dans l'eau du robinet. Donnez à l'eau de renouvellement la température et les caractéristiques de celles de votre aquarium (en procédant éventuellement à un mélange avec de l'eau osmosée). Avant de retirer de l'eau de votre bac, débranchez certains systèmes électriques, en particulier le chauffage, qui ne doit pas fonctionner émergé, même partiellement.

Une fois le volume d'eau à changer extrait de l'aquarium, versez l'eau de renouvellement doucement et régulièrement (vous pouvez utiliser une pompe à faible débit). Vous pouvez également procéder à un changement d'eau continu, au moyen d'un système de goutte-à-goutte apportant l'eau neuve et d'un trop-plein monté sur votre aquarium, évacuant l'eau. Une telle installation est à prévoir de préférence avant la mise en route de l'aquarium.

Le calcaire se fixe rapidement sur les combinés chauffants, diminuant leur efficacité ; un nettoyage régulier est donc nécessaire..

Vérifier et entretenir le matériel

Votre installation technique est le gage du bon fonctionnement de votre aquarium et du maintien de son équilibre biologique. Des vérifications régulières et un entretien assidu vous donneront l'assurance d'une sécurité optimale.

Le système de filtration

Tous les appareils de filtration contiennent une masse filtrante, qui retient les déchets en suspension dans l'eau. Leur partie mécanique diffère selon le type de filtre (filtre plaque, à décantation, filtre extérieur, semi-humide…).

• **Partie mécanique et cuves.** Afin d'effectuer de manière adaptée les vérifications et l'entretien de la partie mécanique de votre système de filtration, étudiez la notice du fabricant. En principe, un nettoyage de la turbine est nécessaire tous les 3 mois. En eau dure, le calcaire s'accumule rapidement sur les pièces mécaniques et risque alors de les endommager. Un bain dans du vinaigre blanc élimine facilement ces dépôts. Le fond des différentes cuves des filtres à décantation doit être siphonné lors de chaque entretien. Il en va de même pour les cuves de filtration extérieure, installées sous l'aquarium. Comme elles sont bien visibles et transparentes, vous pouvez facilement contrôler leur état d'encrassement.

• **Masses filtrantes.** Elles sont à nettoyer ou à changer de façon régulière. Adoptez un rythme mensuel d'entretien, en prenant soin de ne pas effectuer un changement d'eau au même moment. Rincez simplement à l'eau tiède les mousses synthétiques, afin de ne pas trop éliminer les bactéries qu'elles abritent. Les masses filtrantes en ouate de Perlon doivent être changées à chaque entretien car elles ne peuvent être réutilisées. Toutes les masses de filtration « biologique » (comme les céramiques, les éclats de pouzzolane, etc.) sont également à rincer sous un filet d'eau tiède. Vous les changerez selon les indications du fabricant (en moyenne tous les 6 mois). Quant aux masses de filtration « chimique » comme la tourbe ou le charbon actif, elles doivent être changées fréquemment. Vous pouvez les renouveler tous les mois, tous les 3 mois pour les produits les plus performants. Afin de préserver la flore bactérienne de votre aquarium, ne changez pas la totalité des masses filtrantes d'un seul coup.

Le système d'aération

Il vous faut entretenir deux composants de votre système d'aération. Le premier est le filtre situé sur la pompe à air. Le second est le diffuseur d'air placé dans l'eau du bac. L'immersion rend, à la longue, les tuyaux d'aération en silicone très rigides, voire cassants et ils doivent être remplacés.

• **Filtre et pompe à air.** Veillez à ce que les mailles du filtre à air ne s'obstruent pas. Vous trouverez généralement sur la pompe un disque de ouate ou de fibres qui bloque l'entrée de poussières dans celle-ci, et donc dans l'aquarium. Cette pièce est à changer dès qu'elle se colmate. Elle risque en effet de devenir inefficace ou de provoquer une augmentation de la pression sur la membrane de la pompe.

• **Diffuseur.** Avec le temps, les diffuseurs se colmatent : la taille des bulles qui en sortent est largement augmentée et celles-ci n'offrent plus assez de surface d'échange pour assurer une bonne oxygénation. Les diffuseurs en bois ne sont pas réutilisables. Ils doivent être changés tous les 2 mois. Vous pouvez, en revanche, nettoyer un diffuseur en céramique lorsqu'il est moins efficace. Faites-le sécher, puis effectuez quelques va-et-vient au-dessus d'une flamme : en brûlant, les matières sèches libèrent le diffuseur.

Le système d'éclairage

Les tubes fluorescents, comme les ampoules HQI ou HQL, ont une durée de vie définie. Votre système peut éclairer encore, alors que la qualité de sa lumière n'est plus adaptée à vos pensionnaires. Selon leur nature, vous devez remplacer les tubes fluorescents tous les 6 mois à un an. Afin de préservez la durée de vie de vos nouveaux tubes, veillez à remplacer le starter du ballast à chaque changement de tube. Les ampoules HQI et HQL doivent être changées en moyenne tous les ans, voire tous les 8 mois pour certaines.

Le changement d'éclairage est souvent un facteur déclenchant la prolifération de certaines algues indésirables. Pour minimiser le risque d'invasion, ne changez jamais toutes vos sources lumineuses en même temps. Attendez plutôt une bonne quinzaine de jours entre les renouvellements de chaque source.

Les têtes des pompes à eau doivent être régulièrement démontées et nettoyées. En effet, malgré la vitesse de circulation de l'eau, une matière gluante s'y accumule, réduisant leur efficacité.

Le système de chauffage

Si vous êtes équipé d'un combiné chauffant (ou thermoplongeur) muni d'un thermostat bilame, c'est-à-dire formé de deux languettes métalliques qui se séparent sous l'action de la chaleur et coupent ainsi le chauffage, contrôlez régulièrement l'efficacité de celles-ci. Si les languettes demeurent jointes, le chauffage ne s'arrête plus.

La plupart des nouveaux systèmes de chauffage sont équipés d'accessoires de sécurité en cas d'émersion (auto-coupure) et de thermostats électroniques.

Un simple contrôle régulier pour vous assurer que la résistance ne touche pas une vitre ou le sol de votre aquarium permet de vous prévenir contre le risque exceptionnel d'explosion du verre.

L'écumeur

L'entretien d'un écumeur est des plus simples. Il suffit de retirer régulièrement le réceptacle à écume, de le vider et de le nettoyer. Dès que celui-ci arrive à la moitié de sa contenance, procédez à son nettoyage. La production d'écume n'étant pas régulière (elle dépend en effet de différents paramètres tels que la distribution de nourriture, la composition de l'eau...), ne vous laissez pas surprendre. Certains aquariophiles percent le réceptacle à écume et le relient à une cuve plus grande, ce qui augmente d'autant la capacité de l'écumeur et autorise un entretien moins fréquent.

Les vitres

Les algues se déposent constamment sur les vitres, même sur celles du bac le mieux entretenu. Afin de préserver une bonne transparence des vitres et d'éviter la présence inesthétique de taches vertes sur celles-ci, ôtez régulièrement ces algues. Plusieurs instruments sont à votre disposition.

Les aimants doubles, l'un étant manipulé à l'extérieur, tandis que son vis-à-vis est plaqué contre la

Une fois qu'il a été démonté – pour être entretenu ou réparé –, le matériel de l'aquarium (ici une pompe de filtration) doit être très soigneusement nettoyé, au moyen d'un petit goupillon, par exemple.

Les précautions à prendre

Avant toute opération d'entretien, sachez que l'eau de votre aquarium contient de nombreux micro-organismes dont certains peuvent être des agents infectieux. En conséquence, ne trempez pas vos mains dans le bac si vous possédez la moindre plaie. Le port d'une paire de gants en caoutchouc élimine tout risque infectieux et peut en outre vous éviter des égratignures. Après chaque entretien, lavez-vous soigneusement les mains. N'oubliez pas non plus de les laver avant de les introduire dans l'aquarium, pour ne pas y amener vous-même des microbes ou des produits toxiques. Si vous possédez des poissons dangereux, comme des rascasses, isolez-les (au moyen d'un filet ou d'une plaque de plastique) avant toute intervention dans le bac.

face interne de la vitre, se révèlent efficaces et vous évitent de plonger la main dans le bac. Cependant il y a un risque certain de rayer la vitre si le moindre grain de sable se glissait entre le verre et l'aimant. Vous pouvez également utiliser des grattoirs ou des lames placés à l'extrémité d'une longue poignée. Il ne sont pas très pratiques, mais ils vous évitent de rayer les vitres.
Si vous ne rechignez pas à plonger le bras dans l'eau, frottez les vitres avec de la ouate de Perlon préalablement rincée. Cette matière est suffisamment résistante pour enlever les algues et suffisamment douce pour épargner les vitres. Évitez de préférence les éponges de ménage. Beaucoup d'entre elles contiennent des produits nocifs. En outre, les matières abrasives recouvrant l'un des côtés de certains modèles, même si elles enlèvent les algues avec efficacité, risquent de rayer vos vitres.

Entretenir le décor et le sol

Certaines zones faiblement brassées de votre aquarium sont propices à l'accumulation de déchets, dont la décomposition entraîne la formation de nitrates, de phosphates et d'autres composés potentiellement toxiques. Le maintien d'un brassage efficace de l'eau ainsi que des opérations de siphonnage sont nécessaires pour limiter au maximum toute stagnation de déchets. En outre, le sol lui-même nécessite un entretien régulier.

Éviter l'accumulation de déchets

Toute zone où le courant d'eau est faible, qu'il s'agisse d'un creux dans le sol ou d'un espace situé entre les pieds des plantes, représente un endroit privilégié pour l'accumulation de divers détritus comme les feuilles mortes, les restes de nourriture, les déjections des poissons ou d'éventuels cadavres. Toutes ces zones sont toutefois faciles d'accès et demandent simplement un siphonnage régulier. Dans certains bacs, comme ceux qui hébergent des cichlidés des grands lacs africains ou comme les aquariums marins, le décor est essentiellement rocheux. C'est lors de la conception de ce décor qu'il vous faut penser à limiter les risques d'accumulations de déchets en favorisant un brassage efficace par le courant de filtration. L'addition d'une pompe de brassage à l'arrière du décor empêche toute accumulation et pousse les détritus, soit à l'avant du bac où vous pourrez les siphonner, soit vers les entrées de filtration. Les brassages alternatifs, utilisés en particulier en eau de mer, sont très efficaces. Il vous faut toujours laisser entre les roches du décor assez d'espace pour pouvoir y glisser un petit tuyau rigide permettant de siphonner les déchets.

Les aimants doubles servant à nettoyer les vitres et à en éliminer les algues doivent être gardés propres : un simple grain de sable qui se glisse entre le verre et l'aimant peut rayer irrémédiablement les vitres.

Le sarclage

Par sarclage, nous entendons l'ensemble des opérations d'entretien du sol de votre aquarium. Il vous faut d'abord lutter contre toute accumulation de dépôts. Ôtez régulièrement les algues qui peuvent se déposer sur le sol, en particulier au pied des plantes. Certaines algues s'incrustent fortement sur les grains de sable et sur le gravier : retournez cette première couche (en prenant garde de vous limiter au premier centimètre d'épaisseur) afin de redonner au sol sa couleur naturelle. Remuez toujours le sol avec délicatesse pour ne pas soulever un énorme nuage de sédiments qui opacifierait l'eau en quelques secondes.

Si vous avez installé un sol nutritif dans votre aquarium, il vous faut vérifier qu'il ne s'y produit pas de matières nocives. En effet, si la circulation d'eau, et donc l'oxygénation, sont insuffisantes, il se crée des zones de putréfaction où se forment des gaz comme le sulfure d'hydrogène (à odeur d'œuf pourri) ou le méthane. Enfoncez régulièrement un mince bâtonnet dans le sol. Il ne doit pas se dégager de bulles de gaz.

Que faire en cas d'absence ?

Votre aquarium est conçu pour pouvoir fonctionner de manière autonome et vos animaux aquatiques peuvent se passer sans problèmes de vos soins (et de nourriture) pendant quelques jours. En revanche, vous aurez impérativement à prendre certaines mesures en cas d'absence de longue durée.

Absence de courte durée

Les courtes absences, d'une durée de 2 à 10 jours, ne font généralement courir aucun risque à vos poissons. En effet, ceux-ci supportent facilement de telles périodes de jeûne. L'éclairage doit être branché

Le siphonnage

L'eau, aspirée au fond du bac avec les déchets à éliminer, s'écoule dans un réceptacle (cuve ou seau) placé sous l'aquarium.

Le siphonnage

Le moyen le plus simple d'ôter de l'eau et des déchets de votre bac est de siphonner au moyen d'un tuyau. Deux solutions s'offrent à vous pour provoquer un écoulement d'eau du bac vers l'extérieur. La première consiste à immerger totalement le tuyau afin de le remplir d'eau. Bouchez ensuite les deux extrémités, plongez-en une dans le bac et l'autre dans un réceptacle (seau), débouchez ensuite les ouvertures et le mouvement s'amorce. La seconde solution fait appel à une poire d'amorçage (à vous procurer dans le commerce). Il vous suffit de brancher le tuyau sur celle-ci et de pomper. Un tuyau de 12 à 16 mm de diamètre est suffisamment large pour aspirer correctement les déchets tout en ayant un débit assez faible pour que vous ayez le temps d'opérer sans vider à moitié votre bac. Aspirez les déchets en maintenant le tuyau à quelques centimètres du fond pour ne pas siphonner également une partie de votre sol. Il existe des cloches qui permettent de soulever le sable et d'en éliminer les déchets. Des « aspirateurs » peuvent également vous être utiles pour nettoyer le sol sans enlever l'eau de l'aquarium. Choisissez un modèle à piles, plutôt qu'un aspirateur à brancher sur la pompe à air.

Ce couple de Aplocheilus lineatus *évolue dans un décor bien entretenu de sagittaires et de pouzzolane.*

sur un programmateur électrique qui vous permet d'en déterminer les heures d'allumage et d'extinction. Vous pouvez, par simple souci de sécurité, demander à quelqu'un de venir jeter un œil sur l'aquarium pour s'assurer que tous les appareils fonctionnent correctement. Dans ce cas, un contrôle rapide de la température est également recommandé.

Absence de longue durée

En prévision d'une absence de plus de dix jours, il vous faut tout d'abord vérifier le bon fonctionnement de l'ensemble de vos appareils électriques (sans oublier le programmateur de votre système d'éclairage).

Pour l'alimentation, deux solutions se présentent à vous : vous pouvez installer un distributeur automatique de nourriture, qui déversera celle-ci dans le bac (selon une fréquence déterminée), ou alors solliciter les services d'une personne fiable.

Dans le premier cas, c'est une semaine avant le départ qu'il vous faut installer l'appareil. Vous vous assurerez ainsi de son bon état de marche tout en mettant au point son réglage : heures de distribution et quantités distribuées. Préférez les distributeurs automatiques munis d'un système anti-condensation, ce qui évite que la nourriture ne s'agglomère à l'intérieur de l'appareil.

Si, parmi vos connaissances, une personne peut s'occuper de votre aquarium, il vaut mieux qu'elle ait déjà une certaine expérience : des distributions de nourriture mal effectuées font courir un risque à vos poissons. Vous pouvez préparer vous-même les doses quotidiennes à distribuer. Des petits cubes de nourriture congelée ou des petits sachets contenant les doses adaptées sont d'un usage facile pour un novice. Expliquez-lui que, en cas d'oubli, il ne faut surtout pas donner double dose le lendemain. Cette personne doit également être capable de retirer du bac d'éventuels cadavres avec une épuisette.

Fixé à l'aide d'une ventouse, ce distributeur de nourriture vivante est garni de vers tubifex, qui se faufilent progressivement par les trous, pour être mangés par ces platys. Ce type de distributeur garantit une alimentation régulière en cas d'absence. D'autres appareils automatiques distribuent de la nourriture sèche en paillettes.

MODIFIER OU REFAIRE SON AQUARIUM

Il vous est tout à fait possible d'avoir besoin, ou simplement envie, de modifier en partie votre aquarium ou de le refaire. Cela peut entraîner des interventions lourdes qui ne manqueront pas de perturber le bon équilibre de votre aquarium. C'est pourquoi celles-ci doivent être réalisées au terme d'une bonne préparation. Toute modification au sein de l'aquarium a également des conséquences sur la vie de ses habitants. Votre but est donc de minimiser les risques et de garantir à vos pensionnaires une restauration rapide et totale de leur bien-être.

Introduire de nouveaux poissons

Diverses raisons peuvent vous conduire à introduire dans votre aquarium un ou plusieurs nouveaux occupants. La première, et la plus fréquente, est tout simplement l'envie de posséder une nouvelle espèce ou une nouvelle variété. Il peut également s'avérer nécessaire de remplacer des poissons morts. Une raison pratique peut également motiver votre décision : pour contrer une invasion d'algues, par exemple, un poisson mangeur d'algues représente un allié efficace. Certaines précautions doivent être respectées, car l'arrivée d'un poisson étranger dans votre bac constitue toujours un événement perturbant pour les poissons déjà présents.

Acquérir une nouvelle espèce

Il vous faut tenir compte de plusieurs facteurs avant de vous procurer une nouvelle espèce. Vous devez d'abord vous renseigner sur ses besoins et ses exigences en termes de qualité de l'eau, de nourriture… Une fois que vous avez obtenu tous les renseignements nécessaires, vérifiez que les paramètres de votre aquarium sont bien adaptés. Si tel est le cas, intéressez-vous au peuplement de l'aquarium. La densité de population ne risque-t-elle pas de devenir trop forte ? Renseignez-vous également sur la taille adulte de l'espèce : est-elle compatible avec les dimensions de votre bac ? Enfin, la dernière question porte sur la cohabitation entre les poissons. Les relations avec les autres occupants de l'aquarium vont-elles bien se dérouler ? Si les réponses à ces diverses questions sont satisfaisantes, alors rien ne vous empêche d'accueillir un nouvel arrivant.

Remplacer les poissons morts

Lorsqu'un ou plusieurs hôtes de votre aquarium meurent de maladie, vous souhaitez certainement remplacer la population défunte, notamment si des poissons se retrouvent alors sans partenaire du sexe opposé. Dans ce cas, il vous faudra prendre toutes les précautions sanitaires qui s'imposent pour ne faire courir aucun danger aux nouveaux venus. Après la disparition des derniers symptômes de la maladie, une attente minimale d'un mois est

L'utilisation d'un isoloir est bien pratique pour faciliter l'arrivée d'un nouveau poisson dans le bac ; celui-ci fera connaissance avec les autres « en douceur ».

nécessaire pour limiter les risques. Cependant, plus vous attendrez, plus la probabilité de réapparition de la maladie sera faible. Si la cause de la mort d'un de vos poissons vous semble naturelle (mort « de vieillesse », ce qui représente une preuve du bon équilibre de votre aquarium), vous pouvez évidemment le remplacer sans problème, mais après quelques jours d'attente, simplement pour vous assurer qu'il s'agissait bien d'une mort naturelle.

Lutter contre les algues

Pour lutter contre l'apparition et la prolifération d'algues indésirables, il vous est possible d'introduire dans votre aquarium des poissons de fond « alguivores » (se nourrissant d'algues) tels que les ancistrus. Néanmoins, veillez toujours à ne pas trop augmenter la densité de population dans le bac.

Résoudre des problèmes de cohabitation

L'introduction de nouveaux poissons peut être motivée par certains problèmes de cohabitation entre les poissons de votre aquarium. Par exemple, il arrive fréquemment que deux poissons de la même espèce ne s'entendent pas : l'un domine et l'autre subit l'agressivité du premier. En ajoutant un ou plusieurs exemplaires de même espèce, l'agressivité peut diminuer et même disparaître totalement. Ce problème est courant avec les scalaires et les discus, si vous possédez deux individus de même sexe. Ici aussi, vous devez vous assurer que la densité de population autorise l'accueil de nouveaux pensionnaires.

L'arrivée des nouveaux poissons dans l'aquarium

Les méthodes d'introduction de nouveaux poissons diffèrent peu de celles à appliquer aux premiers occupants introduits après l'installation de votre aquarium : l'acclimatation doit être douce et lente pour ne pas choquer les arrivants. Il convient cependant de ne pas en introduire trop à la fois.

- **Le transfert des poissons.** Laissez tremper une vingtaine de minutes les poches de transport dans votre aquarium (elles flottent en surface), pour permettre à la température de l'eau dans les poches de s'équilibrer avec celle du bac. Ensuite, ouvrez chaque poche. À l'aide d'un verre, mettez-y de l'eau de l'aquarium, et cela, toutes les 5 minutes jusqu'à ce que la poche soit pleine. Videz-la de moitié et renouvelez 1 ou 2 fois l'opération. Vous pouvez alors libérer les nouveaux poissons.

Après avoir laissé tremper les poches, il vous est possible d'adopter une autre méthode, celle du goutte-à-goutte. Prenez un récipient de plastique (seau, cuvette...) convenant aux aliments et n'ayant pas contenu de produits ménagers. Videz-y délicatement le contenu de la poche. Au moyen d'un petit tuyau d'aération, siphonnez de l'eau de l'aquarium vers ce récipient. Pincez le tuyau afin d'obtenir un très faible débit. Une fois le récipient rempli, capturez les poissons et mettez-les dans le bac. Cette dernière méthode est sûrement la meilleure, mais elle exige que la température de l'eau dans le récipient soit bien contrôlée tout au long de l'opération.

- **Tempérer les réactions agressives.** L'arrivée de nouveaux pensionnaires déclenche généralement l'agressivité de certains des occu-

Capturer un poisson dans un grand aquarium est une épreuve. Une cloison avec un treillage en plastique souple permet de limiter le volume du bac.

pants de l'aquarium. Une méthode fréquemment employée pour éviter les problèmes consiste à éteindre les lumières. Si vous disposez d'un isoloir flottant (une petite cuve en plastique placée dans l'eau du bac, en surface), vous pouvez y placer le nouvel arrivant pour qu'il « fasse connaissance » avec les autres. Si vous possédez un poisson particulièrement agressif, capturez-le et isolez-le pendant que les nouveaux venus s'acclimatent à l'aquarium. Dans le cas d'un aquarium de cichlidés territoriaux (tels que *Pseudotropheus* ou « *cichlasoma* »), il est judicieux de modifier radicalement le décor. Les occupants perdent ainsi leurs repères et l'arrivée d'un nouveau poisson a toutes les chances de passer inaperçue.

• **Minimiser le nombre d'arrivants.** À chaque fois que vous désirez de nouveaux poissons, pensez à en introduire le moins possible d'un seul coup. L'augmentation de la quantité de déchets provoquée par les nouveaux arrivants doit être progressive afin que la flore bactérienne, contenue dans le sol et les masses filtrantes, s'adapte aux nouvelles conditions. Plus l'aquarium a un volume faible, plus cette règle doit être respectée.

Modifier le décor

Quelle que soit la raison qui vous pousse à changer le décor de votre aquarium, il vous faut préparer à l'avance votre matériel, et réfléchir à la manière dont vous allez procéder, avant de vous lancer dans de grandes modifications. Un simple croquis de ce que vous souhaitez faire peut se révéler très utile, en vous permettant de visualiser plus concrètement votre décor.

Pourquoi modifier le décor ?

C'est souvent une préoccupation esthétique, ou la simple lassitude de toujours voir le même décor, qui vous poussera à changer la décoration de votre aquarium. Une mauvaise cohabitation entre les poissons peut quelquefois motiver cette décision. Il est alors nécessaire de créer de nouvelles cachettes pour que chacun puisse se redéfinir un territoire. Vous pouvez aussi avoir à modifier le décor de votre aquarium pour des raisons techniques.

• **Harmoniser la plantation.** Un mauvais choix de plantes ou dans l'ordonnancement de la plantation peut s'avérer gênant, notamment une fois que les plantes ont bien poussé. Le cas de plantes placées

→ Introduire des poissons territoriaux

Certains poissons délimitent et défendent un territoire au sein de l'aquarium : s'ils arrivent en premier, ils auront tendance à s'approprier l'ensemble du bac. Ensuite, vous aurez de réelles difficultés à introduire de nouveaux poissons. Le « propriétaire » des lieux pourra se contenter de venir mettre les choses au point avec chaque nouvel arrivant en lui démontrant sa supériorité. Cependant, il arrive que le nouveau se fasse rudement chasser, voire persécuter jusqu'à la mort. C'est pourquoi il est préférable d'introduire certains poissons territoriaux en dernier, quand une population s'est bien établie dans l'aquarium. Ce conseil vaut notamment pour les scalaires en eau douce et pour les poissons du genre *Zebrasoma* en eau de mer.

au premier plan et se révélant à terme trop grandes est assez fréquent. Il en résulte un problème de visibilité qui justifie une intervention.

• **Résoudre des problèmes techniques.** Après avoir installé et mis en service votre aquarium, vous pouvez avoir à faire face à des problèmes techniques imprévus. Ainsi, vous pouvez découvrir des défauts de circulation de l'eau, vous apercevoir que des endroits sont inaccessibles pour les siphonnages, que des empilements de roches sont devenus instables une fois immergés, etc. Une modification s'avère indispensable pour tout problème ayant un effet sur le bon fonctionnement de l'aquarium, représentant un danger direct pour les animaux ou gênant l'entretien du bac.

Les préparatifs techniques

Vous aurez besoin de serpillières, de récipients divers (non toxiques) et d'outils servant à l'entretien des plantes. Une paire de gants en caoutchouc vous évitera des blessures. L'aide d'une autre personne peut être nécessaire pour certaines tâches ou simplement pour vous guider à un endroit de l'aquarium que vous ne pouvez voir.

Avant toute intervention, coupez toutes les alimentations des appareils électriques : l'eau et l'électricité ne font jamais bon ménage. Gardez tout de même la lumière allumée pour visionner ce que vous faites (uniquement si elle est assurée par des tubes fluorescents à montage étanche, la moindre goutte d'eau sur des lampes HQI ou HQL fait immédiatement éclater l'ampoule ou le verre de protection).

Le déroulement des opérations

Avant toute intervention, lavez-vous les mains et rincez-les bien. Par ailleurs, si vous possédez un poisson dangereux, comme une rascasse ou un baliste agressif, isolez-le avant de commencer les opérations. Si vous avez des roches à retirer, enlevez-les une par une en les tenant à deux mains pour ne pas les cogner contre les vitres (leur poids n'est pas le même dans l'eau et dans l'air !). Stockez-les dans un récipient en matière plastique. Profitez de ce que les éléments du décor sont à l'extérieur pour les nettoyer. Quand vous retirez les plantes, procédez avec la plus grande douceur afin de ne pas mettre les sédiments en suspension dans l'eau. Ne tirez pas sur les feuilles, elles risquent de casser : prenez plutôt la plante par sa base et ôtez-la doucement.

Les plantes doivent être disposées dans un récipient contenant de l'eau de l'aquarium ou, à défaut, dans un linge ou un papier absorbant humide afin qu'elles ne sèchent pas. Vous devrez rafraîchir les racines (c'est-à-dire en couper une petite portion) et enlever les éventuelles feuilles mortes ou jaunissantes avant de repiquer les plantes à leur nouvel emplacement. Créez ensuite votre nouveau décor. Évitez de procéder à un changement d'eau en même temps que votre changement de décor, cela provoquerait un stress supplémentaire pour les poissons. Une fois vos modifications terminées, n'oubliez pas de remettre en marche les appareils électriques. Sachez tout de même que moins vous pratiquerez de telles interventions, mieux votre aquarium fonctionnera.

Les plantes sont soigneusement préparées avant leur plantation. Les feuilles abîmées sont éliminées et les racines, raccourcies pour une meilleure reprise.

Refaire votre aquarium

De nombreux aquariums d'amateurs fonctionnent parfaitement pendant 5 ou 10 ans. Un entretien régulier et une bonne hygiène sont, bien entendu, les règles élémentaires pour assurer une telle longévité. Il arrive cependant que vous soyez obligé de refaire votre aquarium, même si cette opération doit consister le dernier recours en cas de problème. Un déménagement constitue l'occasion la plus courante. Vous aurez également à procéder à une réfection totale après une maladie foudroyante qui aura tué tous vos pensionnaires, cas heureusement beaucoup plus rare.

En cas de déménagement

Le déménagement est souvent une épreuve de force pour un aquariophile. Pour rendre les opérations moins fastidieuses, il est nécessaire de vous organiser. Sachez d'abord qu'il faut une journée pour déménager un aquarium. La veille, ne nourrissez pas vos poissons afin qu'ils ne polluent pas leur eau de transport par leurs déjections. Le matin, commencez par enlever tout le matériel électrique.

• **Retirer les poissons.** Placez vos poissons dans des sacs en plastique contenant un tiers d'eau du bac et deux tiers d'air et placez ces sacs dans des caisses en polystyrène ou, à défaut, dans une glacière.

• **Retirer l'eau et les masses filtrantes.** Il faut maintenant retirer l'eau de l'aquarium. Siphonnez-la dans des bidons ou des jerricans en plastique convenant aux aliments. Essayez de conserver le plus grand volume possible de cette eau, qui accueillera les poissons à leur arrivée et rendra leur acclimatation moins violente. Retirez les masses filtrantes, placez-les dans un sac hermétique et rangez-les près des sacs des poissons, vous préserverez ainsi mieux les bactéries.

• **Défaire le paysage aquatique.** Démontez le décor, rincez les éléments succinctement et disposez-les dans des caisses. Les racines des plantes doivent être raccourcies, pour vous éviter d'avoir à le faire à l'arrivée. Emballez les plantes dans des sacs en plastique, mais sans eau, ou alors dans du papier humide. Sortez le sable et rincez-le doucement, à l'eau tiède de préférence, car il contient également une grande proportion de bactéries, puis emballez-le pour le voyage.

Pour recomposer le paysage aquatique d'un bac après réfection, il faut procéder comme si l'on aménageait un nouvel aquarium.

• **Emballer le bac.** Avant de préparer votre bac au transport, nettoyez-le. Les dépôts d'algues et de calcaire sont plus faciles à enlever lorsqu'ils sont encore humides. Emballez le bac avec des couvertures ou du polystyrène pour éviter qu'il ne soit cassé ou rayé.

• **Remonter l'aquarium.** Le voyage s'est bien passé : il faut remonter l'aquarium. Pour cela, rien de plus simple, il suffit de tout réinstaller comme si vous réalisiez un nouvel aquarium. Mettez d'abord le sable. Installez ensuite l'ensemble du matériel technique. Recomposez délicatement votre décor. Prenez votre temps pour vous assurer de ne pas avoir à le refaire ultérieurement. Remplissez l'aquarium avec son ancienne eau, placez les masses filtrantes et branchez filtration et chauffage. Contrôlez la température et ajustez-la au besoin. Il vous reste alors à acclimater les poissons comme s'ils venaient du magasin. Complétez doucement le niveau de l'eau après l'acclimatation.

• **Contrôler l'équilibre de l'aquarium.** Votre aquarium fonctionne à nouveau. Contrôlez régulièrement les paramètres physico-chimiques de l'eau afin de vous assurer que toutes ces opérations n'ont pas eu trop d'incidence sur l'équilibre du bac. Il se peut que vous constatiez une légère montée de nitrites dans la semaine qui suit la remise en route. Il faut remédier à cela par un bon ensemencement en bactéries et par de petits changements d'eau fréquents. Soyez vigilant après un déménagement, qui représente un choc important pour les poissons et les autres occupants de l'aquarium.

En cas de maladie foudroyante

Si vous devez refaire votre aquarium après une catastrophe sanitaire, consolez-vous en vous disant que l'opération est plus facile que lors d'un déménagement, car l'aquarium n'est plus peuplé. La totalité des éléments qui composent le bac (filtration, chauffage, sable, décor, etc.) doivent être stérilisés. Pour cela, procédez à un trempage dans l'eau de Javel suivi d'un rinçage abondant qui doit éliminer toute odeur de chlore. Faites ensuite tout sécher. Les plantes doivent être jetées par mesure de sécurité, ainsi que les masses filtrantes. Recomposez alors l'aquarium de la même façon que si vous en aménagiez un nouveau.

guide des poissons

POISSONS D'EAU DOUCE TROPICALE

Ces poissons sont parmi les plus fascinants, par leurs couleurs d'abord – rouges, bleu vif, orangées, à reflets changeants irisant l'eau claire – mais aussi par la diversité et l'étrangeté de leurs comportements – certains se privent ainsi de nourriture pendant plusieurs semaines pour garder au chaud leurs petits dans leur bouche. Largement répartis en Amérique du Sud, en Afrique et en Asie, ils occupent les rivières et les fleuves, les lacs et les marécages des jungles luxuriantes. Pour la plupart de petite taille, ils s'adaptent parfaitement à la vie en aquarium. Souvent faciles à nourrir, ils acceptent les aliments lyophilisés ou congelés, même si les proies vivantes restent un mets de choix. En outre, ils se reproduisent sans difficulté. Leur installation suppose toutefois quelques règles à respecter. Pour la majorité des espèces, la température de l'eau doit se situer entre 22 °C et 28 °C. Généralement, l'eau du robinet convient. Mais certains poissons plus délicats nécessitent une eau douce que l'on obtient en coupant l'eau courante avec de l'eau de pluie, par exemple. La filtration peut également varier en fonction des espèces : elle sera relativement puissante pour des characidés ou des cyprinidés, faible pour des poissons à labyrinthe qui n'apprécient pas les courants. Le décor, constitué de plantes et de racines, doit respecter les besoins spécifiques de certains poissons, comme les barbus notamment, qui aiment les espaces libres pour virevolter à leur aise. Enfin, des espèces d'eau douce tropicale originaires de régions différentes, peuvent cohabiter dans un même aquarium, transformant celui-ci en un véritable arc-en-ciel.

Vivipares

Platys à la queue arrondie, xiphos majestueux, guppys multicolores, si somptueux qu'ils suscitent l'organisation de concours de beauté à travers le monde, ces poissons très variés, parmi les 280 espèces dites vivipares, sont les plus répandus dans les aquariums des particuliers. D'un caractère pacifique, robustes et peu chers à l'achat, les vivipares sont considérés comme les poissons des débutants. Ils peuvent en effet s'accommoder de vos erreurs, mais, comme d'autres espèces, ils réclament néanmoins des conditions précises pour vivre au mieux et pour vous donner une progéniture abondante. Leur point commun réside dans leur formidable mode de reproduction, à l'origine de nombreuses passions aquariophiles. La mère porte les alevins dans son ventre et, le moment venu, ce sont de jeunes poissons complètement formés et aptes à vivre de manière autonome qui voient le jour. Cette indépendance constitue pour le nouveau-né une chance supplémentaire de survie, dans son milieu naturel comme en aquarium. Mais sachez que certains vivipares peuvent être de redoutables prédateurs. Originaires de milieux très différents, tous ne réclament pas les mêmes conditions de vie. Ainsi les véliferas aux superbes nageoires voilées ont besoin d'une eau salée et chaude que peu d'espèces supportent.

Ameca splendens

AMECA BRILLANTE

Taille : mâles : 6 à 8 cm ; femelles : 10 à 12 cm.
Origine : Mexique.
Habitat naturel : varié, en général cours d'eau rapides au fond sableux et riches en plantes aquatiques.
Comportement : sans être très agressif, il ne dédaigne pas mordiller à l'occasion la nageoire d'un colocataire moins rapide que lui.
Alimentation : presque exclusivement végétarien en milieu naturel, omnivore en aquarium.
Reproduction : facile.
Aménagement du bac : volume minimal 150 l ; densité de population 8 poissons pour 100 l ; décor : plantation dense avec un vaste espace libre pour la nage.
Qualité de l'eau : température = 25 à 28 °C ; dureté > 20 °f ; pH > 7.
Notre conseil : *Ameca splendens* n'est pas particulièrement destiné à l'aquarium communautaire. C'est au milieu de ses semblables, en groupe d'une vingtaine d'individus, qu'il développe le comportement le plus naturel.

Ameca splendens est un allié important pour lutter contre la prolifération des algues filamenteuses dans l'aquarium. Il faut cependant veiller à lui apporter régulièrement une fraction végétale dans son menu, sous peine de le voir manger les plantes les plus délicates du décor. Peu farouche, il apprécie de pouvoir effectuer de grandes longueurs dans le bac. Aussi faut-il choisir un aquarium assez long (1 m au minimum). Son activité débordante peut gêner des poissons plus calmes ou plus petits. Les parents ne s'attaquent pas aux jeunes, qui naissent tous les 50 à 70 jours et sont relativement grands (plus de 1 cm à la naissance). Une bonne filtration (3 fois le volume du bac par heure) est nécessaire. Les changements d'eau doivent être réguliers (10 % du volume total chaque semaine) car *Ameca splendens* supporte mal une eau trop chargée en nitrates.

Belonesox belizanus

BROCHET VIVIPARE

Taille : mâle : 12 cm ; femelle : 20 cm.
Origine : Mexique, Nicaragua.
Habitat naturel : cours d'eau riches en plantes aquatiques.
Comportement : très agressif ; ne convient pas pour un aquarium communautaire.
Alimentation : carnivore, uniquement des poissons vivants.
Reproduction : assez facile.
Aménagement du bac : volume minimal : 200 l ; densité de population : 1 à 10 poissons pour 200 l ; décor : plantation dense.
Qualité de l'eau : température = 25 à 30 °C ; dureté > 20 °f ; pH > 7.
Notre conseil : plus l'aquarium est grand et fortement planté et plus les chances de réussite sont importantes. En effet, les poissons sont plus isolés les uns des autres et donc moins tentés de se dévorer entre eux. Il est intéressant de trouver de jeunes individus qui pourront être habitués à manger des nourritures congelées (artémias, vers de vase, krill...).

Belonesox belizanus mérite bien son surnom de « brochet » tant il ressemble à ce prédateur. Assez farouche, il passe ses journées, dans son milieu naturel, à guetter, à l'affût parmi les plantes aquatiques, juste sous la surface, le moindre petit poisson passant à sa portée. L'attaque est alors fulgurante et rarement manquée. En aquarium, la première difficulté est de pouvoir lui fournir chaque jour les 4 ou 5 poissons vivants dont il a besoin. Sa bouche hérissée de dents bien visibles s'ouvre assez grand pour avaler des poissons d'une taille égale à la moitié de la sienne. La seconde difficulté provient des relations que les individus entretiennent entre eux. Affamés, ils n'hésiteront pas à s'entre-dévorer. Leur progéniture, environ 100 jeunes tous les mois, doit être immédiatement protégée des parents. Ce poisson rare est plutôt conseillé aux aquariophiles confirmés. Une bonne filtration (3 fois le volume du bac par heure) est, par ailleurs, nécessaire.

Characodon lateralis

CHARACODON LATERALIS

Taille : mâle : 4 cm ; femelle : 6 cm.
Origine : Mexique.
Habitat naturel : cours d'eau riches en plantes aquatiques, mares.
Comportement : agressif, les femelles sont dominantes.
Alimentation : omnivore.
Reproduction : assez facile.
Aménagement du bac : volume minimal : 200 l ; densité de population : de 10 à 20 poissons pour 200 l ; décors : densément planté.
Qualité de l'eau : température = 22 à 26 °C ; dureté > 20°f ; pH > 7.
Notre conseil : en raison de son caractère, *Characodon lateralis* n'est pas particulièrement destiné à l'aquarium communautaire. C'est au milieu de ses semblables, en groupe d'une vingtaine d'individus, qu'il développe le comportement le plus naturel.

Cette espèce se rencontre très rarement dans le commerce aquariophile. Sa tendance à mordiller à l'occasion les nageoires des autres poissons explique peut être cela. *Characodon lateralis* a besoin d'espace (au moins 200 litres) et de la présence de ses semblables pour être à l'aise. Des plantes flottantes en abondance (mousse de Java, *Najas* ou *Ceratophyllum*) sécurisent les poissons les plus faibles. Une bonne filtration (3 fois le volume du bac par heure) est par ailleurs nécessaire, ainsi que des changements d'eau très réguliers, car *Characodon lateralis* supporte mal une eau trop chargée en nitrates. Gourmand, il accepte toutes les nourritures usuelles du commerce avec une préférence marquée pour les proies vivantes ou congelées. Tous les deux mois environ, les femelles accouchent de 10 à 20 jeunes. Bien qu'ils soient assez gros à la naissance (1 cm), ceux-ci doivent être élevés à part pour ne pas être mangés par les parents. Leur première alimentation est constituée de larves d'artémias, mais très vite ils s'accommodent du même régime que les adultes.

Dermogenys pusillus

DEMI-BEC

Taille : mâle : 5 cm ; femelle : 6 à 7 cm.
Origine : Thaïlande, Malaisie.
Habitat naturel : zones côtières où se mélangent les eaux douces et les eaux marines.
Comportement : vit en groupes. Nage près de la surface.
Alimentation : insectivore.
Reproduction : facile.
Aménagement du bac : volume minimal : 100 l ; densité de population : 10 poissons pour 100 l ; décor : plantes flottantes.
Qualité de l'eau : température = 25 à 27 °C ; dureté > 20 °f ; pH > 7,5.
Notre conseil : plus que le volume de l'aquarium, c'est la surface qui importe pour ce poisson. Farouche, cette espèce est à maintenir de préférence en aquarium spécifique. Une eau bien filtrée (2 à 3 fois le volume du bac par heure) et bien oxygénée est par ailleurs nécessaire.

Sa mâchoire inférieure allongée en forme de bec trahit ses habitudes alimentaires et son mode de vie : dans son milieu naturel, il passe son temps, juste sous la surface, à guetter les minuscules insectes dont il se nourrit. En aquarium, il faut le nourrir avec des petites mouches (drosophiles). On peut aussi lui donner des vers vivants, des daphnies ou des larves de moustiques. Les aliments en paillettes sont peu acceptés, voire pas du tout. La présence de plantes de surface dans le bac est utile, car celles-ci fournissent des abris aux poissons, les mâles pouvant être agressifs entre eux. Les femelles ont peu de jeunes (moins de 20), mais ceux-ci sont assez gros et grandissent très vite si on leur apporte de la nourriture vivante (larves d'artémias) en grande quantité. Pour que vos poissons se sentent parfaitement bien, il faut généralement ajouter un peu de sel dans l'eau du bac (jusqu'à une cuillerée à café pour 10 litres).

Girardinus metallicus

GIRARDINUS METALLICUS

Taille : mâle : 3 à 4 cm ; femelle : 7 cm.
Origine : Cuba.
Habitat naturel : mares et ruisseaux riches en plantes aquatiques.
Comportement : paisible ; vit en groupes hiérarchisés.
Alimentation : omnivore.
Reproduction : facile.
Aménagement du bac : volume minimal : 80 l ; densité de population : 1 à 10 poissons pour 100 l ; décor : plantation dense.
Qualité de l'eau : température = 23 à 27 °C ; dureté > 20 °f ; pH ≥ 7.
Notre conseil : *Girardinus metallicus* est vraiment un poisson à conseiller pour débuter avec des vivipares qui sortent de l'ordinaire. Elever les nombreux jeunes à part permet de mieux les nourrir et d'obtenir des adultes en meilleure santé.

S'il n'est pas particulièrement coloré, *Girardinus metallicus* n'en attire pas moins l'œil, notamment la variété sélectionnée noire où les mâles portent un long gonopode (nageoire anale modifiée en organe reproducteur) et des taches sur le dos et les flancs, noirs. Paisible, ce petit poeciliidé constitue un excellent locataire pour un bac communautaire. Toutefois, c'est dans un aquarium spécifique, avec la seule compagnie de ses congénères, qu'il sera le mieux. Si les poissons ont une alimentation variée comportant une part de verdure, il ne faut pas attendre longtemps avant de voir apparaître les premiers alevins. Ceux-ci ne sont pas mangés par leurs parents et ils grandissent très rapidement. La maturité sexuelle intervenant assez tôt, il peut être utile de séparer les mâles des femelles afin d'éviter des reproductions trop précoces. Une bonne filtration est, par ailleurs, nécessaire (2 fois le volume du bac par heure).

Heterandria formosa

POISSON-MOUSTIQUE

Taille : mâle : 2 cm ; femelle : 3,5 cm.
Origine : États-Unis (Floride, Louisiane, etc.).
Habitat naturel : zones calmes peu profondes et riches en plantes aquatiques.
Comportement : pacifique, craintif.
Alimentation : proies vivantes de petite taille indispensables. Des paillettes en complément.
Reproduction : ovovivipare ; facile.
Aménagement du bac : volume minimal : 20 l ; densité de population : 10 couples pour 50 l ; décor : plantes flottantes.
Qualité de l'eau : température = 24 à 27 °C ; dureté = 15 à 25 °f ; pH = 6.5 à 7.5.
Notre conseil : cette espèce n'est pas fragile malgré sa petite taille, mais doit être maintenue en aquarium spécifique où elle ne craindra pas la concurrence de poissons plus gros. Dans ces conditions, *Heterandria formosa* peut être élevée sur plusieurs générations par l'aquariophile.

Poisson-moustique : tel est le surnom donné à ce petit poisson originaire des États-Unis en raison de la taille minuscule du mâle qui en fait un des plus petits vertébrés du monde ! L'aquarium idéal pour *Heterandria formosa* est à l'échelle du poisson. Cinquante litres suffisent à élever une dizaine de couples et leur progéniture. Une filtration suffisante sera fournie par un filtre d'angle garni de perlon et alimenté par une petite pompe à air. Une végétation abondante, notamment en surface, crée un décor sécurisant pour ce poisson-moustique tout en apportant une part non négligeable de nourriture vivante microscopique. Chaque mois, pendant une dizaine de jours, les femelles donnent naissance à 1 ou 2 jeunes très petits (moins de 5 mm). Les parents ne pourchassent pas les alevins. Ceux-ci trouvent leur première nourriture parmi les plantes de surface, puis doivent être nourris, comme les adultes, avec des larves d'artémias. La croissance est rapide.

Nomorhamphus liemi

DEMI-BEC

Taille : mâle : 6 cm ; femelle : 8 à 9 cm.
Origine : Célèbes, Indonésie.
Habitat naturel : cours d'eau rapides et clairs.
Comportement : sociable. Nage près de la surface.
Alimentation : insectivore en milieu naturel, omnivore en aquarium.
Reproduction : facile.
Aménagement du bac : volume minimal : 150 l ; densité de population : 6 ou 7 poissons pour 100 l ; décor : plantes flottantes.
Qualité de l'eau : température = 22 à 27 °C ; dureté > 20 °f ; pH > 7.
Notre conseil : placer le rejet de la pompe près de la surface crée un courant apprécié des poissons. Il est amusant de voir que les jeunes poissons avalent de petits insectes comme les drosophiles quelques jours seulement après la naissance. Il ne faut donc pas hésiter à leur donner cette nourriture si proche de ce qu'ils trouvent dans le milieu naturel.

Nomorhamphus liemi, tout comme *Dermogenys pusillus,* est un représentant de ces poissons appelés demi-becs en raison de l'excroissance charnue qui orne leur mâchoire inférieure. Selon l'avis de certains spécialistes, ce petit bout de lèvre noir imiterait, chez *Nomorhamphus liemi*, une brindille, incitant les insectes, ses proies favorites, à se poser dessus. En aquarium, ce poisson accepte toutes sortes de nourriture, dont les aliments en paillettes. Les relations entre congénères sont excellentes, mais il ne faut pas leur présenter de compagnons trop petits, qui pourraient être confondus avec de la nourriture. Les femelles donnent naissance, tous les 30 à 60 jours, à quelques alevins (souvent moins de 10). Ceux-ci sont très gros (2 cm) et doivent être protégés de la voracité de leurs parents. Une filtration de 2 fois le volume du bac par heure est nécessaire.

Poecilia nigrofasciata

POECILIA NIGROFASCIATA

Synonyme : *Limia nigrofasciata.*
Taille : mâle : 4 à 5,5 cm ; femelle : 4 à 6 cm.
Origine : Haïti.
Habitat naturel : mares et cours d'eau riches en plantes aquatiques.
Comportement : pacifique.
Alimentation : omnivore.
Reproduction : facile.
Aménagement du bac : volume minimal : 80 l ; densité de population : 10 poissons pour 100 l ; décor : plantation dense.
Qualité de l'eau : température = 24 à 28 °C ; dureté > 20 °f ; pH > 7.
Notre conseil : poisson idéal pour s'initier à l'élevage d'espèces vivipares peu ordinaires. Pour maintenir la qualité de la souche et éviter la consanguinité, il est important de débuter l'élevage avec un nombre important de sujets dans un aquarium de grande dimension (supérieur à 1 m) bien planté. Ensuite, il n'y a plus qu'à laisser la nature agir.

Les mâles de cette espèce, qui arborent de magnifiques reflets métalliques où se détachent 7 à 9 barres noires très prononcées, passent leurs journées à faire la cour aux femelles, déployant leur nageoire dorsale en éventail. Avec l'âge, ils prennent une forme bossue caractéristique. Il faut impérativement avoir beaucoup plus de femelles que de mâles pour faire vivre au mieux ces poissons en aquarium. *Poecilia nigrofasciata* accepte toutes sortes de nourritures et convient parfaitement pour un aquarium communautaire. Il faut néanmoins veiller à la qualité de l'eau et la renouveler régulièrement. Une bonne filtration (3 fois le volume du bac par heure) est nécessaire. Les femelles donnent en général naissance à une trentaine d'alevins assez gros (1 cm), que les parents, s'ils sont bien nourris, ne mangent pas. Il semblerait que le sexe des jeunes soit influencé par la valeur du pH au moment de la fécondation, à maintenir proche de 7 pour obtenir une proportion équilibrée de femelles et de mâles.

Poecilia reticulata

GUPPY

Taille : mâle : 2 à 4 cm ; femelle : 5 à 7 cm.
Origine : Venezuela, Guyane, La Barbade, Trinité-et-Tobago.
Habitat naturel : très varié, avec une préférence pour les zones calmes riches en plantes aquatiques (se rencontre même dans des eaux particulièrement polluées).
Comportement : pacifique.
Alimentation : omnivore.
Reproduction : facile.
Aménagement du bac : volume minimal : 30 l (pour 1 mâle et 3 femelles) ; densité de population : 1 poisson pour 1 l ; décor : plantes.
Qualité de l'eau : température = 20 à 27 °C ; dureté > 20 °f ; pH = 6,5 à 8.
Notre conseil : obtenir ses premiers guppys chez un éleveur amateur permet en grande partie d'éviter tous les problèmes de maladies liés aux élevage intensifs pratiqués pour alimenter le commerce mondial. Évitez une filtration trop puissante qui gêne la nage de ces poissons habitués à des eaux calmes.

Le guppy que l'on trouve aujourd'hui dans le commerce n'a plus rien à voir avec ses parents sauvages. Ceux-ci ont été introduits sur tous les continents pour lutter contre les moustiques, dont ils mangent les larves. Les sélections effectuées par les aquariophiles ont donné les variétés aux grandes nageoires colorées (chez le mâle). Le guppy accepte toutes les nourritures sèches du commerce. Pour le garder en bonne santé, donnez-lui de temps à autre un peu de nourriture vivante ou congelée. Il faut, en outre, veiller au choix de ses compagnons d'aquarium : évitez les poissons trop agressifs qui pourraient mordiller les nageoires caudales en voile des mâles. En maintenant une eau bien propre à une température constante de 24 ou 25 °C, on ne tardera pas à voir apparaître les premiers alevins. Il convient de posséder toujours plus de femelles que de mâles, tant les ardeurs de ceux-ci épuisent leurs compagnes. Une filtration de 1 fois le volume du bac par heure est nécessaire.

Poecilia sphenops

MOLLY « POUSSIÈRE D'OR », BLACK-MOLLY...

Taille : mâle : 6 à 7 cm ; femelle : 8 à 9 cm.
Origine : États-Unis, Mexique, Amérique centrale, nord de l'Amérique du Sud.
Habitat naturel : zones chaudes et légèrement saumâtres (embouchures de fleuves ou lacs salés).
Comportement : pacifique.
Alimentation : à base d'algues en milieu naturel, omnivore en aquarium.
Reproduction : facile.
Aménagement du bac : volume minimal : 150 l ; densité de population : 6 à 8 poissons pour 100 l ; décor : plantes flottantes.
Qualité de l'eau : température = 25 à 28 °C ; dureté > 20 °f ; pH > 7,5.
Notre conseil : bien que souvent présenté comme un poisson pour l'aquarium communautaire, c'est en aquarium spécifique que l'on recrée le mieux les conditions de vie adéquates pour les *Poecilia sphenops* : une température élevée, une eau bien filtrée et bien oxygénée, une nourriture abondante, pas de stress lié à la présence d'autres poissons.

Poecilia sphenops est sans doute le molly le moins fragile. Ce n'est pourtant pas un poisson facile : farouche, il a tendance à fuir, notamment lorsque l'on fait des mouvements un peu brusques devant l'aquarium. Il apprécie cependant de vivre parmi ses semblables. Il a besoin, pour être à l'aise, de plantes flottantes (telles que *Najas najas* ou *Ceratophyllum demersum*), d'une eau chaude et légèrement salée ainsi que d'une nourriture à base de verdure. Une bonne filtration (3 fois le volume du bac par heure) est nécessaire. Selon leur variété, les femelles donnent, chaque mois, naissance à un nombre variable de petits : souvent gros et en petite quantité chez les black-mollys, nombreux chez d'autres variétés. Nourris avec des larves d'artémias, les alevins grandissent rapidement.

Poecilia velifera

MOLLY-VOILE, VÉLIFERA

Taille : mâle : 12 à 15 cm ; femelle : 18 à 20 cm.
Origine : Mexique.
Habitat naturel : zones peu profondes où l'eau est plus chaude, en eau légèrement saumâtre.
Comportement : pacifique ; seuls les mâles adultes se querellent parfois.
Alimentation : presque exclusivement végétarien en milieu naturel, omnivore en aquarium.
Reproduction : facile.
Aménagement du bac : volume minimal : 200 l ; densité de population : 3 ou 4 poissons pour 100 l ; décor : plantes supportant les conditions de température et de salinité de l'eau.
Qualité de l'eau : température = 27 à 29 °C ; dureté > 20 °f ; pH > 7,5.
Notre conseil : ce n'est qu'en aquarium spécifique que l'on peut élever au mieux les véliféras. Un passage dans un bassin extérieur l'été aux moments les plus chauds de l'année est excellent pour leur croissance et leur vitalité.

Poecilia velifera ne convient pas réellement à un aquarium communautaire tant ce poisson vit dans un milieu particulier. Il lui faut une eau très chaude, bien oxygénée et légèrement salée (une cuillerée à café pour 20 litres d'eau). Le molly-voile doit également pouvoir trouver, sur le décor et les vitres de l'aquarium, suffisamment d'algues pour compléter son menu. Placé dans des conditions optimales, ce superbe poisson peut devenir très grand. Assez fragile, il est néanmoins sensible aux maladies. Grâce aux croisements réalisés avec des espèces proches (*Poecilia latipinna* et *Poecilia sphenops*), on trouve sur le marché des poissons très ressemblants et plus résistants, mais aussi plus petits.

Xenotoca eiseni

GOODEA DE EISEN

Taille : mâle : 5 à 7 cm ; femelle : 6 à 8 cm.
Origine : Mexique.
Habitat naturel : cours d'eau variés, généralement riches en plantes aquatiques.
Comportement : agressif. Nage en pleine eau.
Alimentation : omnivore ou végétarien en milieu naturel, selon les populations. Accepte les nourritures sèches en aquarium.
Reproduction : facile.
Aménagement du bac : volume minimal : 150 l ; densité de population : 10 poissons pour 100 l ; décor : plantation dense.
Qualité de l'eau : température = 20 à 28 °C ; dureté > 20 °f ; pH > 7.
Notre conseil : recréer le passage des saisons en faisant varier la température de l'aquarium est excellent pour la santé de *Xenotoca eiseni*. Pendant plusieurs mois, on maintient la température du bac à 22 ou 23 °C puis progressivement on monte jusqu'à 26 ou 27 °C. Dans ces conditions, il peut vivre plus de 5 ans.

Xenotoca eiseni est le représentant de la famille des goodéidés le plus connu des aquariophiles. Ce poisson vif et enjoué doit être élevé en groupe pour mieux mettre en valeur la coloration orange et bleue des mâles. Il mordille à l'occasion les nageoires des poissons trop lents ; il faut donc être vigilant dans le choix de ses compagnons d'aquarium. Il accepte sans difficulté toutes les nourritures classiques en flocons, auxquelles on veillera à ajouter une part de verdure (salade pochée, épinards...) et de proies vivantes (daphnies, vers de vase...). Une bonne filtration (3 fois le volume du bac par heure) est, en outre, nécessaire. Tous les deux mois, les femelles donnent naissance à une quinzaine d'alevins qui, bien qu'ils soient assez gros (1 cm), se mettent rapidement à l'abri parmi les plantes pour échapper à la voracité de leurs parents.

Xiphophorus helleri

POISSON PORTE-ÉPÉE, XIPHO

Taille : mâle : 6 à 10 cm (sans l' « épée » de la nageoire caudale) ; femelle : 12 cm.
Origine : Mexique.
Habitat naturel : en général cours d'eau rapides riches en plantes aquatiques, mais aussi eaux stagnantes (lacs, mares, etc.).
Comportement : pacifique, mais les mâles peuvent être agressifs entre eux.
Alimentation : presque exclusivement végétarien en milieu naturel, omnivore en aquarium.
Reproduction : facile.
Aménagement du bac : volume minimal : 150 l ; densité de population : 1 poisson pour 30 l, plusieurs femelles pour 1 mâle ; décor : plantation dense.
Qualité de l'eau : température = 24 à 27 °C ; dureté > 20 °f ; pH > 7.
Notre conseil : il faut signaler que les femelles xiphos supportent mal d'être isolées dans un pondoir. En général, cela se traduit par un accouchement prématuré, et donc par la mort des jeunes. Les alevins immédiatement indépendants grandissent rapidement si on les nourris plusieurs fois par jour avec des larves d'artémias et si on effectue des changements d'eau réguliers.

Le porte-épée est un poisson magnifique aux nombreuses variétés de coloration. Totalement pacifique, il convient parfaitement à un aquarium communautaire. L'idéal est de posséder un bac d'une longueur supérieure à 1 m, avec un vaste espace libre vers lequel est dirigé le jet de la pompe. Cette espèce apprécie en effet de nager à contre-courant. Elle accepte toutes les nourritures usuelles, mais doit recevoir régulièrement un peu de verdure. Une bonne filtration (3 fois le volume du bac par heure) est, par ailleurs, nécessaire. Chaque mois, une femelle peut donner naissance à une centaine d'alevins qu'elle s'empressera de dévorer si l'on n'a pas pris soin de l'isoler dans un bac très planté, où les alevins pourront se cacher.

Xiphophorus maculatus

PLATY

Taille : mâle : 3 à 5 cm ; femelle : 4 à 6 cm.
Origine : Mexique, Belize, Guatemala.
Habitat naturel : mares et marécages, zones calmes en rive des cours d'eau riches en plantes aquatiques.
Comportement : pacifique ; ne s'intéresse pas aux autres occupants de l'aquarium.
Alimentation : omnivore à tendance végétarienne.
Reproduction : facile.
Aménagement du bac : volume minimal : 50 l (pour 2 mâles et 4 ou 5 femelles) ; densité de population : 10 à 12 poissons pour 100 l ; décor : plantation dense.
Qualité de l'eau : température = 24 à 28 °C ; dureté > 15 °f ; pH > 7.
Notre conseil : comme pour les guppys, savoir choisir ses poissons lors de l'achat est essentiel pour les platys, reproduits en grandes quantités pour alimenter le commerce mondial. Il faut éviter tous les poissons présentant un ventre creux ou gonflé exagérément, ceux dont les excréments sont blancs, ou encore ceux qui nagent avec les nageoires collées au corps. Normalement ceux-ci ne pourchassent pas leur progéniture, mais il vaut tout de même mieux les surveiller ! Les jeunes doivent être élevés avec des larves d'artémias afin de donner des adultes en pleine forme.

Contrairement au poisson porte-épée, qui appartient au même genre, le platy mâle accepte facilement la présence d'autres mâles de son espèce. On peut donc posséder un groupe, formant alors un beau tableau coloré dans l'aquarium (il existe en effet de nombreuses variétés de coloration). Le platy accepte les nourritures usuelles (en paillettes et congelées), auxquelles on ajoutera parfois un peu de verdure (salade ou épinards pochés). Pour que vos platys soient en bonne santé, l'eau doit être de bonne qualité, bien filtrée et régulièrement renouvelée. Tous les 30 jours environ, une femelle donne naissance à une trentaine d'alevins, copies conformes de leurs parents. Normalement ceux-ci ne pourchassent pas leur progéniture, mais il vaut tout de même mieux les surveiller !

Xiphophorus montezumae

XIPHOPHORUS MONTEZUMAE

Taille : mâle : 4 à 6 cm (sans l' « épée » de la nageoire caudale) ; femelle : 6 cm.
Origine : Mexique.
Habitat naturel : cours d'eau riches en plantes aquatiques.
Comportement : paisible, craintif.
Alimentation : omnivore à tendance végétarienne.
Reproduction : facile.
Aménagement du bac : volume minimal : 200 l ; densité de population : 10 à 15 poissons pour 200 l ; décor : plantation dense.
Qualité de l'eau : température = 24 à 28 °C ; dureté > 20 °f ; pH > 7.
Notre conseil : cette espèce, introuvable dans le commerce traditionnel, s'échange dans le milieu associatif. C'est donc vers les clubs qu'il faut se tourner pour trouver ce poisson. En bac spécifique, avec une bonne filtration de 3 fois le volume du bac par heure, la maintenance de *Xiphophorus montezumae* ne pose aucun problème.

Espèce récemment identifiée et encore peu répandue, *Xiphophorus montezumae* ne laisse aucun aquariophile indifférent tant il est gracieux. L'épée des mâles est spectaculaire et peut atteindre deux fois la longueur du corps. C'est malheureusement un poisson craintif qui apprécie que l'aquarium soit placé dans un endroit calme. Il faut lui fournir une végétation luxuriante et le laisser en compagnie de ses semblables. Comme la plupart des espèces du genre, *Xiphophorus montezumae* est, par ailleurs, un excellent sauteur : il faut donc bien couvrir le bac ! Une bonne filtration (3 fois le volume du bac par heure) est nécessaire. Dans ces conditions et en maintenant l'eau claire, grâce à des renouvellements fréquents, il n'est pas difficile d'obtenir des jeunes. Ceux-ci peuvent être élevés en compagnie de leurs parents. Nourris avec des larves d'artémias dans les premiers jours, auxquelles on ajoutera une part de verdure ensuite, les alevins grandissent rapidement.

Xiphophorus nezahualcoyotl

XIPHOPHORUS NEZAHUALCOYOTL

Taille : mâle : 4 ou 5 cm ; femelle : 6 cm.
Origine : Mexique.
Habitat naturel : cours d'eau riches en plantes aquatiques.
Comportement : paisible.
Alimentation : omnivore à tendance végétarienne.
Reproduction : facile.
Aménagement du bac : volume minimal : 150 l ; densité de population : 8 poissons pour 100 l ; décor : plantation dense.
Qualité de l'eau : température = 24 à 27 °C ; dureté > 20 °f ; pH > 7.
Notre conseil : cette espèce, introuvable dans le commerce traditionnel, s'échange dans le milieu associatif. C'est donc vers les clubs qu'il faut se tourner pour trouver ce poisson. En bac spécifique, avec une bonne filtration de 3 fois le volume du bac par heure, la maintenance de *Xiphophorus nezahualcoyotl* ne pose aucun problème. Dans un aquarium à la végétation luxuriante ceux ci peuvent être laissés en compagnie des adultes.

L'espèce *Xiphophorus nezahualcoyotl* n'a été décrite que très récemment (1990), mais elle était identifiée auparavant sous le nom de *Xiphophorus montezumae* (qui désigne à présent une espèce proche). La diffusion de ce beau poisson auprès des aquariophiles est encore assez limitée. La caractéristique principale de ce poisson réside dans la courbure vers le haut de l' « épée » de la nageoire caudale. Sa robe porte de jolis motifs en zigzag. Faire vivre *Xiphophorus nezahualcoyotl* en aquarium n'est pas difficile : il faut simplement lui offrir un bac assez grand et effectuer des changements d'eau très réguliers (par exemple, 10 % du volume du bac chaque semaine). La nourriture doit être variée et comporter une part de verdure et de proies vivantes (vers de vase, artémias…). Les femelles donnent naissance toutes les 4 semaines à un nombre de jeunes compris entre 20 et 40.

Xiphophorus variatus

PLATY VARIÉ

Taille : mâle : 4 à 5,5 cm ; femelle : 6,5 cm.
Origine : Mexique.
Habitat naturel : mares et cours d'eau riches en plantes aquatiques.
Comportement : pacifique.
Alimentation : omnivore à tendance végétarienne.
Reproduction : facile.
Aménagement du bac : volume minimal : 50 l ; densité de population : 10 poissons pour 100 l ; décor : plantation dense.
Qualité de l'eau : température = 24 à 28 °C ; dureté > 15 °f ; pH > 7.
Notre conseil : savoir choisir ses poissons lors de l'achat est essentiel pour tous les platys reproduits en grandes quantités pour alimenter le commerce mondial. Il faut éviter tous les poissons présentant un ventre creux ou gonflé exagérément, ceux dont les excréments sont blancs, ou encore ceux qui nagent avec les nageoires collées au corps. Leur croissance est assez lente et il faut changer régulièrement l'eau de leur aquarium.

Xiphophorus variatus et *Xiphophorus maculatus* sont très souvent pris pour une seule et même espèce. Les platys que l'on trouve dans le commerce sont d'ailleurs généralement des hybrides de ces deux poissons. *Xiphophorus variatus* est de forme plus élancée que son cousin et le pédoncule caudal du mâle est moins large. Les conditions d'élevage sont les mêmes pour ces deux espèces : une eau bien propre et une nourriture variée. Hôte parfait de l'aquarium communautaire, *Xiphophorus variatus* est, par ailleurs, très tolérant envers les autres espèces. Pour recueillir et élever les alevins, il est préférable d'isoler la femelle dans un petit bac rempli avec de l'eau de l'aquarium et comportant une touffe de mousse de Java *(Vesicularia dubyana)*. Les alevins doivent être nourris plusieurs fois par jour avec des larves d'artémias. Leur croissance est assez lente.

Poissons à labyrinthe

Luttes féroces des couples contre d'autres poissons venus leur disputer leurs alevins ou encore parades nuptiales, véritables ballets aquatiques qui conduisent la femelle à se retourner sur le dos pour pondre ses œufs, le comportement des poissons à labyrinthe est souvent spectaculaire. Cette effervescence de vie s'orchestre, dans la nature, dans les eaux douces, boueuses et chaudes de l'Asie du Sud-Est et du continent africain. Vous pouvez reconstituer un fragment de ce monde aquatique chez vous sans trop de difficulté. Sachez que « respirer » l'air à la surface de l'eau est indispensable à ce groupe de poissons très variés (de 3 à 70 cm) dont le point commun est un organe auxiliaire nommé le « labyrinthe ». Cet organe, situé au-dessus des branchies, leur permet de capter l'oxygène de l'air. Quant à leur mode de reproduction, il intéresse vivement les aquariophiles, car, au sein d'une même famille, certaines espèces construisent des nids constitués de bulles d'air alors que d'autres pratiquent l'incubation buccale. D'autres encore appliquent une garde parentale rapprochée jusqu'à un âge avancé des jeunes. Autant de sujets d'observation passionnants chez ces poissons qui vivent généralement en couple, bien que certaines espèces doivent être gardées seules. Un bac bien planté avec quelques racines de tourbière peut les accueillir. Certaines espèces demandent une eau acide et douce ; d'autres se sentent mieux dans une eau neutre et légèrement dure.

Betta imbellis

COMBATTANT PACIFIQUE

Famille : bélontiidés.
Taille : 5 cm.
Origine : Thaïlande, Malaisie.
Habitat naturel : fossés, trous d'eau, rizières.
Comportement : espèce paisible, parfois timide. *Betta imbellis* n'est pas un grand nageur, il préfère occuper les zones ombragées et calmes.
Alimentation : carnivore.
Reproduction : assez facile.
Aménagement du bac : volume minimal : 50 l ; densité de population : 1 couple pour 50 l ; décor : racines de tourbière et plantation dense.
Qualité de l'eau : température = 25 à 30 °C ; dureté = 13 à 16 °f ; pH = 6,8 à 7.
Notre conseil : un sol sombre et de nombreuses plantes permettent d'éviter que vos poissons restent cachés.

Contrairement à la plupart des autres combattants, les mâles de cette espèce se supportent relativement bien : ils paradent toutes nageoires déployées lorsqu'ils se croisent, mais ne vont pas au-delà de cette phase d'intimidation. Ces poissons étant timides, leurs compagnons de bac doivent être calmes : *Colisa chuna, Barbus oligolepis*, par exemple. Le mâle se distingue facilement de la femelle par sa coloration beaucoup plus soutenue. En outre, ses nageoires anale et caudale sont plus développées. Comme les autres comportements, la parade amoureuse est nettement moins violente que chez *Betta splendens*. Le mâle construit un nid de bulles sous les plantes de surface, ou dans une cavité constituée par des racines, sous la surface de l'eau. Il attire sa partenaire par une nage dirigée, en déployant ses nageoires, puis il l'enlace délicatement sous le nid. Il recueille dans sa bouche les œufs expulsés et vient les coller entre les bulles du nid. La femelle l'aide dans cette tâche dès qu'elle sort de la torpeur qui suit l'accouplement.

Betta smaragdina

COMBATTANT ÉMERAUDE

Famille : bélontiidés.
Taille : 6 à 7 cm.
Origine : Thaïlande.
Habitat naturel : fossés et petits trous d'eau, bordure de rivières.
Comportement : cette espèce peu active occupe pourtant un peu toutes les zones de l'aquarium. Les mâles sont assez agressifs entre eux et défendent leur territoire de ponte.
Alimentation : carnivore.
Reproduction : assez facile.
Aménagement du bac : volume minimal 50 litres pour un couple.
Qualité de l'eau : température = 24 à 28 °C ; dureté = 8 à 15 °f ; pH = 6,5 à 6,8.
Notre conseil : espèce assez timide à maintenir en aquarium spécifique.

Le combattant émeraude est beaucoup moins présent sur le marché aquariophile que son cousin *Betta splendens*. Il faut bien avouer que pour découvrir la couleur qui est à l'origine de son nom commun il faut lui offrir un aquarium suffisamment calme et bien planté et des colocataires tels que les sympathiques *Barbus titteya* ou encore un couple de *Colisa chuna*. Le décor est principalement constitué de plantes du genre *Cryptocoryne* et de *Ricia fluitans*, ce dernier permettant de tamiser la lumière et de sécuriser vos hôtes. Placez dans un coin de l'aquarium une demi-noix de coco, dans laquelle le mâle ne devrait pas tarder à élire domicile. Une fois acclimaté, celui-ci se reconnaît assez facilement à sa couleur foncée souvent irisée de vert. La femelle quant à elle est plutôt d'un brun terne plus ou moins marqué de bandes longitudinales. La reproduction peut très bien se dérouler en aquarium d'ensemble, mais les alevins ont peu de chances de survie ; il est donc préférable d'introduire le couple dans un autre aquarium. Le mâle construit le nid, constitué de bulles d'air enrobées de salive, et lorsque la femelle se présente il l'invite à le suivre à l'intérieur. Les œufs émis par la femelle sont ramassés par le mâle qui les place ensuite directement dans le nid.

Betta splendens (forme naturelle)

COMBATTANT DU SIAM

Famille : bélontiidés.
Taille : 6 à 7 cm.
Origine : Thaïlande, Cambodge.
Habitat naturel : fossés, rizières.
Comportement : peu actifs et sociables avec les autres espèces, les mâles territoriaux ont la particularité de ne pas se supporter. Les femelles sont seulement acceptées à proximité en période de reproduction.
Alimentation : carnivore.
Reproduction : assez facile.
Aménagement du bac : volume minimal : 50 l ; densité de population : 1 couple pour 50 l ; décor : racines et nombreuses plantes.
Qualité de l'eau : température = 24 à 28 °C ; dureté = 10 à 20 °f ; pH = 6,8 à 7,5.
Notre conseil : deux ou trois femelles et de nombreuses plantes permettent de limiter l'agressivité du mâle, tout en lui donnant l'occasion de parader et de montrer ses belles couleurs.

On rencontre très rarement *Betta splendens* dans sa forme naturelle (c'est-à-dire non issue d'une sélection poussée). Celle-ci se révèle beaucoup moins agressive que la forme de sélection, mais le mâle défend âprement son territoire. Un aquarium spécifique est donc préférable. Le mâle se distingue aisément de la femelle par une coloration vive et des nageoires légèrement plus longues. Lors de la reproduction, celui-ci commence rapidement la construction de son nid à l'aide de bulles d'air enrobées de salive. Lorsque la femelle s'approche, il se jette sur elle avec violence, toutes nageoires déployées. Si la femelle est prête à s'accoupler, elle s'approche du nid la tête vers le bas. Elle est alors enlacée par le mâle et laisse échapper ses œufs, aussitôt fécondés. La femelle demeure dans un état de torpeur pendant que le mâle récupère les œufs. Les alevins doivent être nourris avec des infusoires, puis avec des larves d'artémias.

Betta splendens (forme de sélection)

COMBATTANT DU SIAM

Famille : bélontiidés.
Taille : 6 à 7 cm.
Origine : élevages asiatiques.
Habitat naturel : non présent en milieu naturel.
Comportement : l'agressivité des mâles entre eux est telle que, dans un milieu confiné, les conséquences sont parfois fatales pour le plus faible. Les femelles heureusement plus rapides, ont moins de risque dans un aquarium densément planté.
Alimentation : carnivore, apprécie les vers de vase.
Reproduction : facile.
Aménagement du bac : volume minimal : 2 l pour 1 seul mâle ; densité de population : 1 couple pour 50 l ; décor : racines et plantes.
Qualité de l'eau : température = 24 à 28 °C ; dureté = 10 à 20 °f ; pH = 6,8 à 7,5.
Notre conseil : les mâles peuvent être maintenus individuellement et durablement dans des récipients de faibles capacités (bocaux, bouteilles en plastique), et cela sans filtration, mais avec des changements d'eau réguliers.

Le combattant du Siam doit sa renommée à son caractère très belliqueux, développé par sélection en Thaïlande, dans le but d'organiser des combats. La forme à longues nageoires en voile (chez le mâle) est issue de cette sélection. Pour la reproduction, on peut utiliser un aquarium de 20 litres densément planté. La femelle, qui se reconnaît à ses nageoires courtes, doit être isolée dans un bocal flottant, de manière que le mâle puisse la voir sans la blesser. Celui-ci commence alors rapidement à construire un nid de bulles à l'abri des plantes, près de la surface. On reconnaît aisément la femelle prête à pondre, puisque sa coloration se modifie : les bandes qui se distinguent sur ses flancs, normalement horizontales, deviennent verticales. L'accouplement, la ponte et l'élevage des jeunes sont identiques à ceux de la forme naturelle.

Betta unimaculata

BETTA UNIMACULATA

Famille : bélontiidés.
Taille : 12 cm.
Origine : Bornéo.
Habitat naturel : eaux courantes, en altitude.
Comportement : espèce calme, paisible avec les espèces qu'elle ne peut pas manger. Les adultes préfèrent rester dans la partie inférieure de l'aquarium, à l'abri des plantes ou des éléments du décor.
Alimentation : carnivore, krill, vers de terre, morceaux de moule.
Reproduction : assez facile.
Aménagement du bac : volume minimal : 120 l ; densité de population : 1 mâle et 2 femelles pour 120 l ; décor : racines et nombreuses plantes.
Qualité de l'eau : température = 22 à 24 °C ; dureté = 10 à 20 °f ; pH = 7 à 7,5.
Notre conseil : ajoutez au décor une pierre plate (ardoise) qui sera très certainement choisie comme espace de ponte par le couple.

Betta unimaculata, l'un des plus grands poissons combattants, est peu agressif. Les mâles paradent lorsqu'ils se croisent, mais, une fois la hiérarchie établie dans le groupe, tout se passe bien. Les mâles se distinguent des femelles par leur gorge plus développée et leur coloration irisée intense en période d'excitation. La ponte se déroule sur le fond du bac. La femelle prête à pondre vient frotter son museau contre les flancs du mâle qui se positionne, corps incurvé, pour l'accouplement. L'étreinte dure quelques secondes ; les œufs sont alors émis puis fécondés. La femelle, après avoir pris les œufs en bouche, les crache face au mâle, de manière que celui-ci les récupère dans sa bouche. L'incubation buccale dure environ 11 jours, période durant laquelle le mâle ne se nourrit pas. Lorsqu'ils sont relâchés, les alevins mesurent 5 ou 6 mm et sont capables de manger des larves d'artémias.

Colisa chuna

GOURAMI MIEL

Synonyme : *Colisa sota.*
Famille : bélontiidés.
Taille : 4 cm.
Origine : nord-est de l'Inde, Bangladesh.
Habitat naturel : rivières lentes et zones immergées en saison pluvieuse.
Comportement : espèce très sociable, mais assez timide, qui aime vivre près de la surface parmi les plantes à feuilles fines.
Reproduction : assez facile.
Aménagement du bac : volume minimal : 50 l ; densité de population : 1 couple pour 50 l ; décor : racines de tourbière et plantation dense.
Qualité de l'eau : température = 24 à 26 ° C ; dureté = 10 à 15 °f ; pH = 6,5 à 7,2.
Notre conseil : en cas de timidité excessive, retirez les autres occupants de l'aquarium et distribuez des proies vivantes, comme des artémias, des larves de moustiques ou des daphnies.

Lors de leur acquisition, les gouramis miel sont souvent ternes, car ils sont jeunes et stressés. Les mâles prennent, après quelque temps, une magnifique coloration noir et orange. Les femelles restent claires avec une bande horizontale foncée. Dans un aquarium de 120 litres, on peut posséder un groupe de *Colisa chuna* en compagnie d'espèces tranquilles tels *Rasbora heteromorpha* et *Barbus oligolepis*. Comme les autres gouramis, *Colisa chuna* utilise ses nageoires pelviennes (de part et d'autre de l'abdomen, à l'avant), transformées en longs filaments, pour palper son environnement et y localiser sa nourriture. Il n'est pas rare de voir deux poissons se toucher avec ces nageoires. La reproduction est similaire à celle de *Colisa lalia*, le gourami nain ; il ne faut donc pas oublier de garnir le bac de plantes de surface, afin que le mâle puisse y édifier son nid de bulles. Les jeunes alevins sont fragiles ; il faut, par conséquent, veiller à bien couvrir l'aquarium.

Colisa labiosa

COLISA À GROSSES LÈVRES

Famille : bélontiidés.
Taille : 8 à 10 cm.
Origine : Birmanie, nord de l'Inde.
Habitat naturel : lacs et mares.
Comportement : espèce sociable et active qui occupe plutôt la moitié supérieure de l'aquarium. Les mâles peuvent cependant s'avérer assez agressifs vis-à-vis de leurs congénères.
Alimentation : carnivore, accepte parfois les paillettes.
Reproduction : assez facile.
Aménagement du bac : un aquarium de 80 litres convient pour un couple.
Qualité de l'eau : température = 22 à 28 °C ; dureté = 8 à 15 °f ; pH = 6 à 7,5.
Notre conseil : offrez de nombreuses cachettes à la femelle pour qu'elle puisse se soustraire aux avances du mâle.

Ce colisa originaire de Birmanie et de l'Inde du Nord se pare de toutes ses couleurs en période de frai. La gorge du mâle devient alors très foncée, contrastant merveilleusement bien avec la couleur orangée du dos. L'aquarium, bien planté, doit être équipé d'un filtre à débit moyen, car ces poissons n'apprécient pas le courant à long terme. Assez vifs, ils peuvent sans aucun problème cohabiter avec des *Rasbora heteromorpha*, des *Brachydanio rerio*. Avec leurs filaments pelviens toujours en avant, ils semblent vouloir se toucher pour se reconnaître. En période de frai, le mâle commence à produire un grand nombre de bulles, les plus grosses sortant de sa bouche et d'autres plus fines sortant de ses opercules. Durant cette période il devient assez agressif, empêchant tout individu de s'approcher de son territoire. La femelle au ventre rond s'approche du nid timidement ; après quelques poursuites, le mâle finit par l'accepter. S'ensuit une magnifique parade nuptiale durant laquelle il l'entoure de son corps pour l'aider à expulser ses œufs. Ces derniers remontent vers la surface. Le mâle assure seul la garde du nid. Les alevins minuscules se nourrissent d'infusoires présents dans les plantes durant la première semaine.

Colisa lalia

GOURAMI NAIN

Famille : bélontiidés.
Taille : 6 cm.
Origine : nord de l'Inde, Pakistan, Bangladesh.
Habitat naturel : cours d'eau à débit lent, eaux stagnantes.
Comportement : sociable, mais les relations entre mâles sont le plus souvent houleuses, il semblerait qu'un minimum de 50 litres par mâle soit nécessaire.
Alimentation : carnivore, vers de vase, larves de moustiques, artémias.
Reproduction : assez facile.
Aménagement du bac : volume minimal : 60 l ; densité de population : 1 couple pour 60 l ; décor : racines de tourbière et plantes de surface telles que *Riccia fluitans* et *Lemna minor.*
Qualité de l'eau : température = 26 à 28 °C ; dureté = 10 à 12 °f ; pH = 6,5 à 7,2.
Notre conseil : attention aux malformations lors de l'acquisition de vos colisas. Les élevages asiatiques servent souvent des individus laissant apparaître des problèmes de forme au niveau du front.

Le mâle de cette espèce est très coloré, alors que la femelle est d'une couleur uniforme beige argenté. Dans un aquarium de 60 litres bien planté, un couple de gouramis nains peut vivre en compagnie de quelques cyprinidés calmes. En période de reproduction, le mâle construit un nid constitué de bulles d'air et de tous les débris végétaux trouvés dans l'aquarium. Une fois terminé, l'édifice peut dépasser le niveau de l'eau de plus de 1,5 cm. La femelle prête à pondre s'approche du mâle et touche ses flancs avec son museau. Les œufs émis sont entourés d'un liquide huileux, ce qui les rend moins denses que l'eau. Ils remontent donc directement vers la surface et peuvent ainsi être maintenus entre les bulles du nid. Le mâle s'affaire, entre chaque enlacement et après la fin de la ponte, à la consolidation du nid. Les œufs éclosent 3 jours plus tard. Les alevins doivent être nourris d'infusoires.

Helostoma temminckii

GOURAMI EMBRASSEUR

Famille : helostomatidés.
Taille : 20 cm.
Origine : Java.
Habitat naturel : étangs, fleuves.
Comportement : sociable et assez active, cette espèce occupe la moitié supérieure de l'aquarium, elle apprécie les grands espaces libres de tout obstacle.
Alimentation : omnivore, apprécie les algues.
Reproduction : difficile.
Aménagement du bac : volume minimal : 300 l ; densité de population : 4 poissons pour 300 l ; décor : zones plantées alternant avec des zones libres.
Qualité de l'eau : température = 25 à 30 °C ; dureté = 5 à 30 °f ; pH = 5 à 9.
Notre conseil : un complément alimentaire à base de salade ou d'épinards pochés permet de subvenir au besoin en végétaux de cette espèce.

Les jeunes ont l'habitude de se coller bouche contre bouche lors de parades ou d'affrontements, d'où leur nom commun. Les poissons plus âgés le font moins souvent. La distinction des sexes n'est possible que chez des poissons bien développés : les femelles présentent alors une région abdominale légèrement plus enflée que celle des mâles. Le gourami embrasseur est un parfait compagnon pour des gouramis de grande taille, comme *Trichogaster pectoralis*. Pour la reproduction, recouvrez la surface de l'aquarium de plantes flottantes du genre *Ceratopteris*, afin de soustraire les œufs à la vue des parents. Le mâle ne construit pas de nid, et l'accouplement, plutôt houleux, se déroule en pleine eau. Les œufs, entourés d'une substance huileuse, remontent immédiatement à la surface. Les parents ne s'occupent pas du tout de leur progéniture. Les alevins commencent à se nourrir avec les minuscules animaux qu'ils trouvent parmi les plantes. On complétera ensuite leur alimentation avec des larves d'artémias.

Macropodus ocellatus

MACROPODE À QUEUE RONDE

Synonyme : *Macropodus chinensis.*
Famille : bélontiidés.
Taille : 8 cm.
Origine : est de la Chine méridionale, Corée du Nord.
Habitat naturel : en bordure des mares et des cours d'eau très lents, sous une végétation dense.
Comportement : calme et peu active, cette espèce occupe la moitié supérieure de l'aquarium parmi les plantes.
Alimentation : carnivore, apprécie les proies vivantes.
Reproduction : assez facile.
Aménagement du bac : volume minimal : 80 l ; densité de population : 1 couple pour 80 l ; décor : racines de tourbière et plantation dense.
Qualité de l'eau : température = 4 à 25 °C ; dureté = 10 à 20 °f ; pH = 6 à 7,5.
Notre conseil : une saison hivernale marquée est impérative pour maintenir durablement cette espèce en aquarium.

Ce magnifique poisson se distingue des autres membres de son genre par sa nageoire caudale ronde, légèrement en fer de lance chez les mâles. Une de ses autres caractéristiques est d'avoir besoin d'une période de grand froid et d'une période chaude très marquées. *Macropodus ocellatus* peut donc vivre en bassin de jardin, toute l'année dans le sud de la France, et, dans les autres régions, durant l'été. Un aquarium non chauffé convient également, mais il faut veiller à faire hiverner les poissons, au risque de les voir développer des affections fatales. Comme pour *Macropodus opercularis,* la reproduction se déroule en bac planté (cette espèce est la moins prolifique du genre). Pendant l'accouplement, la femelle, nettement plus petite que le mâle, devient crème. La reproduction est également possible en bassin extérieur. Après avoir retiré les parents du bac ou du bassin, on peut nourrir les jeunes avec des larves d'artémias.

Macropodus opercularis

POISSON-PARADIS

Famille : bélontiidés.
Taille : 8 à 11 cm.
Origine : Viêt Nam, Chine méridionale, Corée.
Habitat naturel : fossés et petits ruisseaux.
Comportement : peu actifs mais assez belliqueux, les mâles adultes de cette espèce ne se supportent pas et s'agressent inlassablement au risque de se blesser.
Alimentation : carnivore, apprécie les proies vivantes (artémias, vers de vase).
Reproduction : facile.
Aménagement du bac : volume minimal : 80 l ; densité de population : 1 couple pour 80 l ; décor : plantation dense.
Qualité de l'eau : température = 10 à 30 °C ; dureté = 10 à 20 °f ; pH = 6 à 7,5.
Notre conseil : maintenez un mâle et plusieurs femelles dans un aquarium non chauffé, offrant de nombreuses cachettes leur permettant de se soustraire à leur partenaire.

Le mâle, nettement plus coloré et plus grand que la femelle, possède des nageoires plus allongées, notamment la caudale, dont deux rayons se terminent en filaments. Pour la reproduction, il faut séparer le couple au préalable, la meilleure méthode consistant à diviser l'aquarium grâce à une vitre (les deux partenaires se voient, mais ne sont pas en contact physique). Élevez la température de quelques degrés (de 25 à 28 °C, par exemple) ; le mâle construit alors son nid de bulles. Vous pouvez enfin retirer délicatement la vitre de séparation et assister à l'accouplement, qui se déroule sous le nid. Le mâle étant très vigoureux, la femelle doit avoir la possibilité de se cacher au sein du décor. Les deux partenaires rassemblent dans le nid les œufs montés en surface. Après la ponte, vous pouvez retirer la femelle de l'aquarium. Dès qu'ils nagent, les jeunes peuvent être nourris avec des larves d'artémias.

Macropodus spechti (anciennement concolor)

MACROPODE NOIR

Famille : bélontiidés.
Taille : 12 cm.
Origine : Chine méridionale et Viêt Nam.
Habitat naturel : fossés et petits ruisseaux.
Comportement : assez paisible et peu actif. Ce macropode aime les zones calmes et ombragées, il se déplace surtout pour poursuivre une femelle ou pour venir chercher de l'air en surface.
Alimentation : carnivore, apprécie les proies vivantes.
Reproduction : assez facile.
Aménagement du bac : volume minimal : 120 l ; densité de population : 2 couples pour 120 l ; décor : racines et plantes.
Qualité de l'eau : température = 18 à 25 °C ; dureté = 10 à 15 °f ; pH = 6,5 à 7.
Notre conseil : les plantes de surface doivent permettre de diffuser l'éclairage et ainsi de mettre en valeur le patron de coloration très sobre de cette espèce.

Les femelles de cette espèce sont plus petites que les mâles et ont les nageoires moins développées. Lorsque ces derniers vieillissent, ils deviennent un peu agressifs entre eux. La reproduction peut se dérouler en aquarium communautaire, mais on aura alors moins de chances de récupérer des alevins, cela malgré la bonne surveillance du père. Un bac séparé, de 50 litres, est préférable. Il faut augmenter un peu la température de l'eau (celle-ci étant légèrement douce) pour déclencher le processus de ponte. La parade du mâle est magnifique : lorsqu'il déploie ses nageoires, sa caudale présente des motifs rappelant une toile d'araignée. La reproduction et l'élevage des jeunes sont similaires à ceux de *Macropodus opercularis*. Cependant, les alevins sont plus sensibles à la qualité de l'eau. Pour de meilleurs résultats, retirer leurs parents dès la nage libre. *Macropodus opercularis* et *Macropodus concolor* peuvent se croiser, mais cette hybridation est à proscrire.

Microctenopoma ansorgii

MICROCTENOPOMA ANSORGII

Famille : anabantidés.
Taille : 7 à 8 cm.
Origine : Cameroun, Congo, République démocratique du Congo.
Habitat naturel : cours d'eau étroits et ombragés.
Comportement : sociable et assez timide, cette espèce demande une petite période de mise en confiance, elle deviendra ensuite plus active, et donc plus visible.
Alimentation : carnivore, mais il préfère la nourriture vivante.
Reproduction : difficile.
Aménagement du bac : volume minimal : 120 l ; densité de population : 5 ou 6 poissons pour 120 l ; décor : racines de tourbière et plantation dense, avec une lumière tamisée.
Qualité de l'eau : température = 20 à 26 °C ; dureté = 5 à 15 °f ; pH = 6,5 à 7,5.
Notre conseil : les poissons acquis jeunes sont moins timides.

Microctenopoma ansorgii doit cohabiter avec des espèces tranquilles si on ne veut pas qu'il demeure caché dans le décor. La reconnaissance des sexes n'est pas facile. Le mâle adulte est plus grand et plus coloré que la femelle et ses nageoires sont pointues. Pour la reproduction, on peut placer un couple dans un aquarium de 50 litres. Une fois la période de stress passée, le mâle construit son nid de bulles sous les plantes de surface *(Ceratopteris cornuta, Riccia fluitans)*. La femelle vient régulièrement observer son partenaire qui s'active et elle pose, à cette occasion, son museau sur le dos de celui-ci. S'il n'est pas prêt, il peut se montrer agressif ; la femelle retourne donc, à couvert, sous une racine (on peut aussi mettre à sa disposition une demi-noix de coco). La parade amoureuse se déroule sous le nid de bulles. Les œufs, qui remontent vers la surface, sont rassemblés dans le nid par le mâle. Ils éclosent 24 heures plus tard. Dès la nage libre, vous pouvez nourrir les alevins avec des rotifères et des paramécies.

Sphaerichthys osphromenoides

GOURAMI CHOCOLAT

Famille : bélontiidés.
Taille : 6 cm.
Origine : Malaisie, Sumatra, Bornéo.
Habitat naturel : étangs et cours d'eau lents.
Comportement : timide et craintif, il apprécie particulièrement les coins sombres de l'aquarium. Après une petite période d'acclimatation, vous remarquerez qu'une hiérarchie s'est établie au sein du groupe. Veillez alors à ce que chacun de vos spécimens s'alimente correctement.
Alimentation : carnivore, préfère la nourriture vivante.
Reproduction : très difficile.
Aménagement du bac : volume minimal : 120 l ; densité de population : 6 à 12 poissons pour 120 l ; décor : racines de tourbière, plaques de tourbe et plantes.
Qualité de l'eau : température = 26 à 28 °C ; dureté = 1 à 2 °f ; pH = 4,5 à 5,5.
Notre conseil : laissez flotter à la surface des morceaux d'écorce de liège, vos hôtes viendront sans aucun doute se poster juste dessous.

Le gourami chocolat est difficile à faire vivre en aquarium. L'idéal est de mettre plusieurs spécimens dans un bac spécifique, faiblement éclairé, avec une eau très douce et acide. Peu de plantes supportent de vivre dans de telles conditions, hormis la mousse de Java et *Microsorum pteropus*. La distinction des sexes n'est pas évidente : le mâle a la nageoire dorsale pointue alors qu'elle est plutôt arrondie chez la femelle. Chez cette espèce, la ponte se déroule au ras du sol. Les œufs sont déposés sur ce dernier ; la femelle les prend ensuite en bouche et les garde dans une poche particulière (appelée poche jugulaire) durant l'incubation. Pendant cette période, elle reste à l'abri sous une racine et ne se nourrit pas. Les alevins sont libérés environ 20 jours après la ponte. Ils mesurent alors 6 mm et peuvent déjà manger des larves d'artémias.

Trichogaster leerii

GOURAMI-MOSAÏQUE

Famille : bélontiidés.
Taille : 12 cm.
Origine : Asie du Sud-Est.
Habitat naturel : eaux ombragées, stagnantes ou à faible courant.
Comportement : calmes et parfois timides, les mâles de *Trichogaster leerii* peuvent également se révéler assez durs avec leurs partenaires. Notamment avec les femelles en période de ponte.
Alimentation : omnivore.
Reproduction : assez facile.
Aménagement du bac : volume minimal : 120 l ; densité de population : 1 mâle et 2 femelles pour 120 l ; décor : racines de tourbière et plantation dense.
Qualité de l'eau : température = 25 à 26 °C ; dureté = 10 à 15 °f ; pH = 6,5 à 7,5.
Notre conseil : des plantes flottantes permettent de mettre en valeur les couleurs de ces magnifiques poissons et aident les mâles à la construction du nid de bulles.

Le caractère plutôt timide de ce magnifique poisson ne permet pas de l'associer avec des espèces trop vives. Le mâle se distingue facilement de la femelle, car, en période d'excitation, sa gorge devient orange. Comme chez les autres poissons du genre *Trichogaster*, la nageoire dorsale de ce dernier est longue et effilée, mais l'anale présente en outre une prolongation des rayons postérieurs. Pour la reproduction, introduire un couple dans un aquarium de 120 litres, densément planté. Le mâle construit un nid de fines bulles et attire la femelle sous celui-ci. Il l'enlace délicatement et la retourne en lui compressant les flancs. Les œufs, de couleur ambrée, s'échappent de l'orifice génital et remontent vers la surface, où le mâle les rassemble consciencieusement. Environ 30 heures après la ponte, les alevins pendent comme des virgules. Dès qu'ils nagent, on peut les nourrir de rotifères et de paramécies. Pour une croissance homogène, séparez les jeunes par taille et élevez-les dans des bacs distincts.

Trichogaster trichopterus

GOURAMI BLEU

Famille : bélontiidés.
Taille : 13 à 15 cm.
Origine : Asie du Sud-Est.
Habitat naturel : bras morts de rivières, lacs, mares, canaux d'irrigation.
Comportement : assez vifs, les mâles sont parfois agressifs entre eux et vis-à-vis des femelles. Ils peuvent facilement tyranniser leurs congénères à tel point qu'un sujet dominé ne peut plus venir se nourrir.
Alimentation : carnivore, artémias, larves de moustiques.
Reproduction : assez facile.
Aménagement du bac : volume minimal : 120 l ; densité de population : 1 mâle et 2 femelles pour 120 l ; décor : plantation dense.
Qualité de l'eau : température = 24 à 28 °C ; dureté = 10 à 15 °f ; pH = 6 à 7,5.
Notre conseil : il est préférable d'acquérir de jeunes sujets du commerce. Ils auront plus de faciliter à se supporter à l'âge adulte.

Les mâles de cette espèce étant très vigoureux, les femelles doivent pouvoir se soustraire à leur vue, en se cachant dans la végétation. Lors de l'acquisition de jeunes spécimens, surveillez attentivement vos poissons, de manière à pouvoir retirer les jeunes mâles dominés. En période de reproduction, le mâle construit un nid de bulles. Lorsqu'il atteint 10 cm, celui-ci se distingue aisément de la femelle. Sa nageoire dorsale est fine et effilée, alors qu'elle est arrondie chez la femelle. Lorsqu'elle est prête à pondre, cette dernière vient donner des coups de museau dans la partie située au-dessus de la nageoire anale du mâle. S'ensuit l'accouplement – qui peut durer 4 heures – au cours duquel le mâle enlace la femelle en donnant à son corps une forme de U. Les œufs émis de cette espèce remontent vers la surface. Le mâle s'occupe de ses nombreux rejetons (près de 1000), lesquels sont nourris d'infusoires les trois premiers jours, puis de larves d'artémias.

Trichopsis vittata

GOURAMI GROGNEUR

Famille : bélontiidés.
Taille : 6 à 7 cm.
Origine : Thaïlande, Cambodge, Viêt Nam, Malaisie, Indonésie.
Habitat naturel : eaux stagnantes ou légèrement courantes, étangs, canaux d'irrigation.
Comportement : actifs et sociables, les gouramis grogneurs aiment vivre en petits groupes, parmi les plantes, à l'abri des feuilles larges sous lesquelles les mâles aiment construire leur nid. Cette espèce occupe tous les niveaux de l'aquarium.
Alimentation : carnivore, artémias, vers de vase.
Reproduction : assez facile.
Aménagement du bac : volume minimal : 80 l ; densité de population : 6 poissons pour 80 l ; décor : plantation dense.
Qualité de l'eau : température = 26 à 28 °C ; dureté = 5 à 10 °f ; pH = 5,5 à 6,8.
Notre conseil : la distribution régulière de proies vivantes, sous la forme de vers de vase et de larves de moustiques, permet de déclencher assez rapidement des pontes.

Lors de querelles ou au cours de la parade nuptiale, *Trichopsis vittata* émet des grognements nettement audibles, d'où son nom commun. Sociable, cette espèce défend cependant son territoire. Elle se plaira en compagnie de petits barbus. Pour différencier les sexes, la solution la plus fiable consiste à regarder les poissons par transparence, à contre-jour. Chez la femelle, on distingue, au niveau de l'abdomen, les ovaires en forme de triangle. Le mâle construit son nid de bulles parmi les plantes flottantes. Il enlace la femelle et la retourne en lui compressant très légèrement l'abdomen. Il s'empresse ensuite de rattraper les œufs qui coulent vers le fond pour les mettre dans le nid. Lorsque la femelle sort de la torpeur qui suit la ponte, elle aide son partenaire. En aquarium communautaire, la femelle reste à faible distance du nid et le protège contre d'éventuels intrus.

Characidés

Tous les poissons de cette famille, pour la plupart originaires d'Amérique du Sud, possèdent une petite nageoire, dite « adipeuse », dépourvue de rayons et située entre la dorsale et la caudale. Certains spécimens, comme Hasemania nana, *par exemple, ne possèdent pas ce signe distinctif. Les characidés se caractérisent également par une dentition solide et une taille généralement modeste. Dans la nature, ils se déplacent en banc serré pour mieux échapper à leurs prédateurs. En aquarium, ils adoptent la même attitude, vous obligeant à choisir un bac suffisamment volumineux qui pourra, en outre, accueillir plusieurs espèces de couleurs différentes et complémentaires. Méfiez-vous toutefois de* Gymnocorymbus ternetzi, *qui a tendance à mordiller les nageoires de ses colocataires ! Un décor rassurant, constitué d'un sol sombre et de plantes de surface, permettra à vos poissons de se parer de leur plus belle coloration. Pour le bac, une filtration de 2 ou 3 fois le volume par heure garantit une eau propre et bien oxygénée. L'eau du robinet suffit, excepté si vous envisagez la reproduction, qui réclame une eau douce et plus acide. Sachez à ce propos que les œufs ne supportent en aucun cas la lumière – ils sont lucifuges.*

Gymnocorymbus ternetzi

VEUVE NOIRE

Taille : 6 cm.
Origine : Bolivie, Brésil, Paraguay.
Habitat naturel : rivières à faible courant, eaux stagnantes.
Comportement : sociables et vives, les veuves noires aiment vivre en bancs. Il faut cependant savoir que cette espèce mordille volontiers les nageoires des autres occupants de l'aquarium, pouvant parfois devenir de vrais tyrans.
Alimentation : carnivore ; apprécie les proies vivantes.
Reproduction : assez facile.
Aménagement du bac : volume minimal : 120 l ; densité de population : 8 à 10 poissons pour 120 l ; décor : nombreuses plantes et racines de tourbière.
Qualité de l'eau : température = 26 à 28 °C ; dureté < 15 °f ; pH = 5 à 7,5.
Notre conseil : plus le groupe de veuves noires est important, moins celles-ci s'intéressent aux autres poissons, elles préfèrent se poursuivre inlassablement à travers l'aquarium. Ainsi il faut absolument éviter de maintenir des sujets isolés.

La veuve noire doit son nom à sa nageoire anale développée, qui fait penser à une robe noire. Les mâles se distinguent par une nageoire dorsale plus effilée et une nageoire anale plus importante. Dans un bac communautaire, évitez la compagnie de poissons ayant de longues nageoires, car les veuves noires peuvent les leur mordiller. Choisissez plutôt d'autres characidés, comme *Paracheirodon axelrodi* ou *Hyphessobrycon callistus*, lesquels vivent aussi en groupes. Un sol sombre sécurise les poissons et met en valeur les parades des mâles, qui tournent autour des femelles en frétillant. Pour de meilleurs résultats de reproduction, utilisez un autre aquarium. La ponte se déroule en pleine eau. Retirez ensuite les parents : ils risqueraient de dévorer les œufs. Ceux-ci éclosent au bout de 36 heures environ. Nourrissez les alevins avec des infusoires et des rotifères.

Hasemania nana

TÉTRA CUIVRÉ

Synonyme : *Hasemania marginata.*
Taille : 5 cm.
Origine : rio Sao Francisco et rio Parus (Brésil).
Habitat naturel : eaux peu profondes.
Comportement : espèce grégaire qui occupe la zone intermédiaire de l'aquarium. Calmes et sociables, ces poissons nagent en bancs plus ou moins bien ordonné. Les mâles courtisent inlassablement les femelles.
Alimentation : omnivore ; accepte toutes sortes de nourriture.
Reproduction : facile.
Aménagement du bac : volume minimal : 50 l ; densité de population : 6 poissons pour 50 l ; décor : nombreuses plantes, avec un espace libre pour la nage.
Qualité de l'eau : température = 22 à 28 °C ; dureté < 10 °f ; pH = 6,2 à 7,5.
Notre conseil : une plantation dense et une couverture végétale importante diffusent la lumière, ce qui met en valeur les couleurs cuivrées de vos hôtes tout en offrant aux femelles des refuges opportuns pour se soustraire à leurs partenaires.

Le tétra cuivré apprécie la compagnie d'autres poissons calmes, tels que les cardinalis *(Paracheirodon axelrodi)*. Un décor sombre fait ressortir ses couleurs. Si vos poissons vivent dans de bonnes conditions, vous n'aurez aucun mal à distinguer les femelles, au ventre rebondi, des mâles, plus sveltes et arborant des couleurs plus intenses. Pour la reproduction, introduisez un couple bien coloré et bien vif dans un aquarium de 50 litres faiblement éclairé, sans sol, mais garni d'un épais tapis de mousse de Java *(Vesicularia dubyana)*. Une eau un peu plus douce que celle du bac communautaire et une élévation de température facilitent la ponte. Après celle-ci, retirez les parents et, dès que les alevins nagent librement, nourrissez-les avec des rotifères, puis avec des larves d'artémias.

Hemigrammus bleheri

NEZ ROUGE

Taille : 4 cm.
Origine : rio Cuiuni (Brésil).
Habitat naturel : eaux encombrées par des racines et des branches.
Comportement : les nez rouges aiment vivre en bancs, dans la moitié inférieure de l'aquarium. Sociables et calmes, ils sont assez fragiles et supportent mal une eau de mauvaise qualité, chargée en nitrates ou, pire, en nitrites.
Alimentation : omnivore ; apprécie les proies vivantes.
Reproduction : difficile.
Aménagement du bac : volume minimal : 120 l ; densité de population : 12 poissons pour 120 l ; décor : plantes et roches volcaniques, avec un espace libre pour la nage.
Qualité de l'eau : température = 25 à 28 °C ; dureté = 10 à 12 °f ; pH = 5 à 6,4.
Notre conseil : l'utilisation d'eau osmosée et de tourbe permet d'obtenir la dureté et le pH nécessaire à la maintenance durable de cette espèce. Des changements d'eau réguliers s'imposent.

D'un caractère pacifique, le nez rouge peut cohabiter avec de nombreuses espèces (pas trop vives), notamment avec des tétras et des petits cichlidés d'Amérique du Sud. Un bac bien planté et une lumière diffuse permettent de l'observer sous son meilleur aspect. La distinction des sexes n'est pas évidente, mais, avec des adultes, vous devriez différencier les mâles, plus sveltes et colorés, des femelles, au ventre arrondi. La reproduction nécessite une eau très douce (utilisez de l'eau de pluie ou de l'eau osmosée). Un autre bac, de 50 litres, convient, mais veillez à en obscurcir les parois, car les œufs craignent la lumière (ils sont lucifuges). Les parents pondent en pleine eau. Retirez-les et commencez à nourrir les alevins environ 5 jours après la ponte, avec des infusoires, puis avec des larves d'artémias.

Hyphessobrycon bentosi

BENTOSI

Taille : 4 cm.
Origine : basse et moyenne Amazonie.
Habitat naturel : eaux calmes, sous couvert de plantes flottantes.
Comportement : espèce grégaire et sociable, les bentosis occupent la zone intermédiaire de l'aquarium à l'abri des plantes et des racines. Ils s'aventurent volontiers dans les zones dégagées pour parader toutes nageoires déployées.
Alimentation : omnivore.
Reproduction : assez facile.
Aménagement du bac : volume minimal : 120 l ; densité de population : 8 à 10 poissons pour 120 l ; décor : plantes et racines de tourbière, avec un espace libre pour la nage.
Qualité de l'eau : température = 24 à 28 °C ; dureté = 10 à 20 °f ; pH = 6,5 à 7,2.
Notre conseil : un apport d'eau osmosée et l'utilisation de tourbe dans le module de filtration permettent d'obtenir les valeurs physico-chimiques idéales pour cette espèce assez tolérante.

Les mâles sont reconnaissables à leur longue nageoire dorsale, flottant tel un panache au-dessus de leur dos. Lors de parades amoureuses, ou pour intimider d'autres mâles, ils la redressent fièrement. Le bentosi a un caractère pacifique, vous pouvez donc lui choisir comme compagnons d'autres tétras, mais également des scalaires *(Pterophyllum scalare)* et des poissons du genre *Corydoras*. Aménagez l'aquarium de manière qu'il comporte des zones densément plantées et des zones d'ombre. Une filtration d'une fois et demi le volume du bac par heure est suffisante. Pour la reproduction, isolez un couple dans un aquarium de 50 litres garni de nombreuses plantes à feuilles fines, du genre *Myriophyllum,* et rempli d'une eau un peu plus douce que celle du bac communautaire. L'éclosion des œufs se fait après environ 24 heures et les alevins commencent à nager 4 jours plus tard. Vous pouvez les nourrir avec des infusoires.

Hyphessobrycon callistus

TÉTRA JOYAU, « SERPAE »

Taille : 4 cm.
Origine : Bolivie, Paraguay.
Habitat naturel : eaux à faible courant, zones encombrées de racines et de branches.
Comportement : les serpae aiment vivre en bancs, il faut cependant noter que les mâles sont parfois assez taquins.
Alimentation : omnivore ; apprécie les proies vivantes.
Reproduction : difficile.
Aménagement du bac : volume minimal : 50 l ; densité de population : 8 à 12 poissons pour 100 l ; décor : nombreuses plantes, dont quelques plantes de surface comme *Ceratopteris cornuta*, racines de tourbière et plaques d'ardoise.
Qualité de l'eau : température = 22 à 28 °C ; dureté = 10 à 15 °f ; pH = 6,8 à 7,2.
Notre conseil : utilisez des plantes de surface pour diffuser la lumière.

Ce tétra doit vivre en groupe, sinon il risque de devenir un peu agressif et de mordiller les nageoires des autres poissons. Choisissez ses compagnons parmi d'autres characidés actifs. Vous pouvez ajouter dans le bac un couple de poissons du genre *Apistogramma*. Pour la reproduction, introduisez un couple repéré au préalable (la femelle doit avoir un ventre rebondi) dans un bac de 30 litres, tapissé de mousse de Java *(Vesicularia dubyana)* et équipé d'un filtre à exhausteur. Après un temps d'adaptation, le mâle courtise la femelle. Le couple nage ensuite flanc contre flanc et, lors d'un brusque virage, les œufs sont pondus et fécondés. Après la ponte, retirez les parents et obscurcissez le bac (les œufs craignent la lumière). Nourrissez les alevins avec des rotifères, puis avec des larves d'artémias. Les croisements de tétra joyau avec plusieurs espèces proches (*H. serpae* et *H. minor*, pour les plus connues) rendent l'identification des poissons commercialisés sous les noms de *H. serpae* et *H. callistus* bien incertaine.

Hyphessobrycon erythrostigma

CŒUR SAIGNANT

Synonyme : *Hyphessobrycon rubrostigma.*
Taille : 6 à 7 cm.
Origine : Colombie, Pérou.
Habitat naturel : cours d'eaux encombrés de branchages et ombragés.
Comportement : espèce grégaire et sociable, qui occupe la zone intermédiaire de l'aquarium. Cette espèce aime avoir de grands espaces exempts d'obstacles pour nager librement.
Alimentation : carnivore ; apprécie les vers de vase.
Reproduction : difficile.
Aménagement du bac : volume minimal : 120 l ; densité de population : 6 à 8 poissons pour 120 l ; décor : sol sombre et nombreuses plantes en arrière-plan.
Qualité de l'eau : température = 23 à 26 °C ; dureté = 8 à 12 °f ; pH = 6 à 6,8.
Notre conseil : pour une bonne maintenance, la filtration sur tourbe et l'utilisation d'eau de pluie ou d'eau osmosée sont impératives. Des changements d'eau réguliers permettent d'éviter les chutes de pH pouvant parfois être mortelles pour vos hôtes.

C'est sa tache rouge carmin qui vaut son nom à ce poisson grégaire, que vous pouvez faire vivre en bac communautaire avec d'autres tétras et avec un ou deux couples de cichlidés nains. Une filtration d'une à deux fois le volume du bac par heure est suffisante. Les mâles, qui se distinguent par leur nageoire dorsale en forme de faucille et leur nageoire anale plus longue que celle des femelles, aiment se disputer les faveurs de celles-ci. Pour la reproduction, équipez un aquarium de 50 litres avec un filtre d'angle, garni de perlon et de tourbe en granulés. Ajoutez de grosses touffes de mousse de Java *(Vesicularia dubyana)*, sous un éclairage tamisé, et introduisez un couple. Le mâle nage autour de sa partenaire, pour finalement venir se coller à son flanc. Si le couple ne s'entend pas, changez le mâle. Cinq jours après la ponte, nourrissez les alevins avec des rotifères.

Hyphessobrycon flammeus

TÉTRA DE RIO

Taille : 4 cm.
Origine : est du Brésil, près de Rio de Janeiro.
Habitat naturel : cours d'eau à faible courant.
Comportement : vifs et actifs, les tétras de Rio aiment vivre en bancs d'au moins une dizaine d'individus. Ils nagent inlassablement à travers les plantes à feuilles fines. Les mâles courtisant les femelles sans pour autant les gêner.
Alimentation : omnivore ; apprécie les proies vivantes.
Reproduction : assez facile.
Aménagement du bac : volume minimal : 50 l ; densité de population : 5 ou 6 poissons pour 50 l ; décor : pouzzolane, racines de tourbière et plantes de surface.
Qualité de l'eau : température = 23 à 26 °C ; dureté = 10 à 20 °f ; pH : 6, 5 à 7,2.
Notre conseil : pour faire ressortir les couleurs de cette espèce, l'idéal est d'utiliser un sol sombre, une eau douce et légèrement acide, obtenue par l'adjonction de tourbe en granulés dans le module du filtre et des plantes de surface.

Ce petit poisson prend, lorsqu'il vit dans de bonnes conditions, une jolie teinte rouge, qui lui vaut le surnom de tétra rouge. Le mâle est plus svelte que la femelle et porte un liseré noir plus large sur la nageoire anale. Comme beaucoup d'autres characidés, le tétra de Rio apprécie une lumière tamisée. Ses compagnons peuvent être choisis parmi les autres tétras. Omnivore, il accepte les aliments habituellement proposés aux poissons d'aquarium. Un apport régulier de proies vivantes aura pour effet l'intensification de sa coloration. Pour la reproduction, remplissez un aquarium de 30 litres avec de l'eau assez douce, et filtrez sur tourbe. Ajoutez un épais tapis de mousse de Java *(Vesicularia dubyana)*. Les œufs, pondus parmi les plantes, craignent la lumière. Après la ponte, obscurcissez totalement l'aquarium et retirez les parents. Nourrissez les alevins avec des infusoires puis des larves d'artémias.

Hyphessobrycon herbertaxelrodi

NÉON NOIR

Taille : 4 cm.
Origine : rio Taquari (Brésil).
Habitat naturel : eaux calmes.
Comportement : les néons noirs sont des poissons grégaires et paisibles, qui apprécient les aquariums disposant d'une lumière douce (grâce à la présence de plantes de surface) et d'un sol sombre (pouzzolane).
Alimentation : omnivore.
Reproduction : assez facile.
Aménagement du bac : volume minimal : 50 l ; densité de population : 5 ou 6 poissons pour 50 l ; décor : plantes à feuilles fines et roches volcaniques, avec un espace libre pour la nage.
Qualité de l'eau : température = 22 à 28 °C ; dureté = 10 à 12 °f ; pH = 6,8 à 7,2.
Notre conseil : la filtration sur tourbe permet de maintenir un pH acide, favorable à l'épanouissement de cette espèce et donne une couleur ambrée à l'eau de l'aquarium. Pensez à changer la tourbe régulièrement.

Contrairement aux autres néons, le néon noir est assez actif. Il cohabite sans problème avec des espèces proches, ainsi qu'avec des cichlidés nains et des poissons de fond comme *Corydoras paleatus*. Une filtration d'une fois et demi le volume du bac par heure est suffisante. Pour la reproduction, isolez une femelle au ventre bien rebondi et un mâle actif dans un aquarium de 30 litres au sol nu et propre, recouvert d'une épaisse touffe de mousse de Java *(Vesicularia dubyana)*. L'eau doit être douce et acide et l'éclairage, modéré. Évitez de nourrir le couple dans le bac de reproduction, afin de limiter les déchets. Les œufs éclosent 24 heures après la ponte et les alevins nagent librement 3 jours plus tard. Distribuez-leur des infusoires et des larves d'artémias, en petites quantités. Trois semaines plus tard, vous pouvez transférer les jeunes poissons dans un bac communautaire.

Hyphessobrycon pulchripinnis

TÉTRA CITRON

Taille : 4 cm.
Origine : rio Tocantins (Brésil).
Habitat naturel : eaux herbeuses.
Comportement : espèce grégaire aimant vivre en groupes assez importants. Les mâles n'hésitent pas à s'affronter au cours de parades parfois spectaculaires mais tout à fait inoffensives. Leur attitude vis-à-vis des femelles est également très démonstrative, avec des parades nuptiales au cours desquelles ils attirent leur partenaire parmi les plantes.
Alimentation : omnivore.
Reproduction : difficile.
Aménagement du bac : volume minimal : 50 l ; densité de population : 6 poissons pour 50 l ; décor : sol sombre, racines, plaques d'ardoise et plantes basses (comme *Echinodorus tenellus*) au premier plan, pour réserver un espace libre pour la nage.
Qualité de l'eau : température = 22 à 27 °C ; dureté = 8 à 13 °f ; pH = 6,5 à 7.
Notre conseil : l'idéal est d'acquérir au moins une dizaine d'individus.

Cette espèce robuste se caractérise par un iris partiellement rouge et une nageoire anale jaune bordée par une bande de couleur noire, plus soutenue chez le mâle. Dans un aquarium de taille suffisante, vous pouvez ajouter un couple de *Papiliochromis ramirezi* et des *Carnegiella strigata*, de manière à peupler tous les niveaux du bac. Une filtration de 2 ou 3 fois le volume du bac par heure convient. Pour la reproduction, introduisez 2 mâles et 3 femelles dans un aquarium de 30 litres garni de mousse de Java *(Vesicularia dubyana)*. L'eau doit être très douce (2 ou 3 °f). Obscurcissez les parois, car les œufs craignent la lumière. Ces derniers éclosent au bout d'environ 2 jours et les alevins nagent librement 4 jours plus tard. Vous pouvez alors les nourrir avec des infusoires et retirer progressivement les cartons qui obscurcissent le bac.

Hyphessobrycon socolofi

CŒUR SAIGNANT DE SOCOLOF

Taille : 6 cm.
Origine : rio Negro (Brésil).
Habitat naturel : eaux à faible courant.
Comportement : ces poissons aiment vivre en bancs au sein desquels les mâles dominants s'affirment au cours de parades plus ou moins agitées. Cette espèce aime disposer d'espaces suffisants pour nager librement.
Alimentation : carnivore ; apprécie les proies vivantes.
Reproduction : difficile.
Aménagement du bac : volume minimal : 120 l ; densité de population : 6 à 8 poissons pour 120 l ; décor : racines de tourbière, plantation dense, zones d'ombres et espace libre pour la nage.
Qualité de l'eau : température = 25 à 27 °C ; dureté = 8 à 15 °f ; pH = 6 à 7.
Notre conseil : une filtration sur tourbe et l'utilisation d'eau de pluie ou d'eau osmosée sont nécessaires pour maintenir durablement cette espèce. Il faut veiller à renouveler les granulés de tourbe qui n'ont plus aucune utilité au bout de quelques semaines.

Comme son proche parent *Hyphessobrycon erythrostigma*, ce poisson arbore une tache rouge sur le milieu du corps, ce qui lui vaut presque le même nom français. Il se distingue toutefois par des nageoires moins longues et une taille un peu plus modeste. En aquarium communautaire, mettez-le en compagnie d'autres tétras et de poissons de fond, comme *Ancistrus temminckii*. Une filtration d'une ou deux fois le volume de l'aquarium par heure est suffisante. Pour la reproduction, procédez de la même manière que pour *H. erythrostigma*. Vous pouvez introduire 2 mâles avec la femelle dans le bac de ponte. Les affrontements qui s'en suivront pour la conquête de celle-ci la stimuleront. Une fois la dominance de l'un des protagonistes établie, retirez le mâle « perdant » du bac de reproduction.

Megalamphodus megalopterus

TÉTRA-FANTÔME NOIR

Taille : 4,5 cm.
Origine : rio Guaporé (Brésil).
Habitat naturel : eaux calmes et peu profondes.
Comportement : espèce grégaire acceptant également de vivre en couples. La parade des mâles est très exubérante, mais toujours inoffensive. Ces poissons occupent plutôt la moitié inférieure de l'aquarium et conviennent parfaitement pour peupler un aquarium communautaire.
Alimentation : omnivore.
Reproduction : difficile.
Aménagement du bac : volume minimal : 90 l ; densité de population : 6 à 8 poissons pour 90 l ; décor : racines de tourbière et plantation dense.
Qualité de l'eau : température = 24 à 26 °C ; dureté = 10 à 15 °f ; pH = 6 à 7,5.
Notre conseil : un sol sombre (pouzzolane) et de nombreuses plantes à feuilles fines (Cabomba caroliniana) permettent de mettre ces tétras en valeur.

Sa couleur et le port de ses nageoires sont à l'origine du nom de ce pacifique tétra, très apprécié des aquariophiles. Vous pouvez facilement reconnaître les mâles, qui s'affrontent sans se blesser, toutes nageoires déployées, en tournant en rond. Les femelles ont la nageoire dorsale moins développée, mais leurs pectorales sont rouges. Pour la reproduction, utilisez un bac de 30 litres avec des brins de myriophyllum et de la mousse de Java *(Vesicularia dubyana)*. Un filtre d'angle, garni de perlon et de tourbe en granulés, et de l'eau osmosée (pour moitié) permettent de maintenir des paramètres favorables (eau douce, pH un peu acide). Au moment de l'accouplement, le mâle, très démonstratif, se positionne contre le flanc de la femelle. Les œufs sont émis lors d'un brusque virage et s'accrochent alors aux plantes. Protégez-les de la lumière. Les alevins nagent au bout de 5 jours et peuvent être nourris d'infusoires.

Megalamphodus sweglesi

TÉTRA-FANTÔME ROUGE

Taille : 4 cm.
Origine : rio Muco et rio Meta (Colombie).
Habitat naturel : eaux à faible courant.
Comportement : calmes et sociables, ces tétras aiment vivre en bancs à l'abri de la lumière dans la moitié inférieure de l'aquarium.
Alimentation : omnivore.
Reproduction : difficile.
Aménagement du bac : volume minimal : 80 l ;
densité de population : 5 ou 6 poissons pour 80 l ;
décor : racines de tourbière et plantes, avec un espace libre pour la nage.
Qualité de l'eau : température = 20 à 24 °C ;
dureté = 8 à 15 °f ; pH = 6,5 à 7,2.
Notre conseil : la qualité de l'eau est primordiale, douce et acide, vous devez la changer régulièrement pour éviter l'accumulation de déchets organiques et limiter le taux de nitrates auxquels cette espèce est assez sensible.

De nature paisible, ce petit characidé cohabite bien avec un couple d'*Apistogramma agassizii*, et quelques poissons du genre *Corydoras*. Les femelles se reconnaissent à la pointe blanche de leur nageoire dorsale. Les mâles ont une nageoire plus longue, bordée de noir. Ils paradent souvent, toutes nageoires déployées. Un sol sombre (pouzzolane) et un arrière-plan bien planté mettent en valeur ces poissons. Utilisez des plantes à croissance rapide, qui donnent rapidement des zones d'ombre. Un enchevêtrement de racines offre, par ailleurs, des aires sécurisantes. Pour la reproduction, isolez un couple dans un bac de 30 litres, tapissé de mousse de Java *(Vesicularia dubyana)* et garni de quelques brins de myriophyllum. Obscurcissez l'aquarium immédiatement après la ponte. Les œufs, émis en pleine eau, éclosent après 24 heures et les alevins peuvent être nourris de larves d'artémias 4 jours plus tard.

Nematobrycon palmeri

TÉTRA-EMPEREUR

Taille : 5 à 6 cm.
Origine : rio San Juan (Colombie).
Habitat naturel : eaux à faible courant.
Comportement : les tétras-empereurs occupent la zone intermédiaire de l'aquarium, ils aiment vivre en bancs d'une dizaine d'individus et sont tout à fait sociables.
Alimentation : omnivore ; apprécie les petites mouches.
Reproduction : assez facile.
Aménagement du bac : volume minimal : 150 l ;
densité de population : 8 à 10 poissons pour 150 l ;
décor : nombreuses plantes et pierres plates, avec un espace libre pour la nage.
Qualité de l'eau : température = 24 à 26 °C ;
dureté = 7 à 15 °f ; pH = 6,7 à 7.
Notre conseil : avant la ponte, séparez les partenaires une dizaine de jours et offrez-leur des proies vivantes, ils seront d'autant plus actifs à leurs retrouvailles. Surveillez cependant que le mâle ne soit pas trop assidu et que la femelle puisse se soustraire à ses poursuites de temps en temps.

Robuste, ce tétra peut vivre longtemps en aquarium communautaire, au sein d'un groupe de 8 poissons au minimum. Assurez-vous d'avoir au moins 3 mâles, afin que le dominant ne manifeste pas sa supériorité aux dépens d'un seul rival. Les mâles adultes se distinguent des femelles par leur nageoire caudale, dont trois rayons sont plus longs. Pour la reproduction, repérez un couple bien individualisé dans le groupe et isolez-le dans un bac de 50 litres. Un éclairage tamisé et de nombreuses plantes à feuillage fin assurent une bonne protection des œufs. Ceux-ci, peu nombreux, sont émis un par un. Retirez les parents après la ponte. Les premiers alevins naissent 1 jour et demi après celle-ci et nagent librement 4 jours plus tard. Nourrissez-les avec des larves d'artémias.

Paracheirodon axelrodi

CARDINALIS

Taille : 5 cm.
Origine : affluents du rio Negro (Brésil).
Habitat naturel : eaux peu profondes, près des berges.
Comportement : les cardinalis sont grégaires et, comparativement à d'autres espèces, ils apprécient vraiment de nager serrés. Plus le groupe est important, plus le banc est compact. C'est l'espèce idéale pour l'aquarium communautaire.
Alimentation : omnivore.
Reproduction : très difficile.
Aménagement du bac : volume minimal : 50 l ; densité de population : 6 poissons pour 50 l ; décor : roches sombres, racines de tourbière et nombreuses plantes, avec un espace libre pour la nage.
Qualité de l'eau : température = 23 à 27 °C ; dureté = 5 à 15 °f ; pH = 6 à 7,2.
Notre conseil : pour maintenir durablement cette espèce, il ne faut pas oublier qu'elle est originaire des eaux brunes du bassin amazonien, il convient donc de placer de la tourbe dans le module de filtration et d'utiliser de l'eau osmosée.

La vision d'un aquarium de 200 litres, dans lequel évolue un banc d'une vingtaine de cardinalis, en compagnie de poissons du genre *Carnegiella* et de quelques corydoras, constitue un spectacle inoubliable. Si vous voulez tenter la reproduction, un bac de 20 litres suffit. Isolez un couple et nourrissez-le de proies vivantes (daphnies, vers de Grindal). Utilisez une eau très douce (eau osmosée ou eau de pluie) et acidifiée (disposez des plaques de tourbe sur le sol nu). Obscurcissez les vitres du bac et placez-y quelques brins de myriophyllum et de la mousse de Java *(Vesicularia dubyana)*. Les œufs sont émis en pleine eau. Retirez les parents après la ponte. Les premiers alevins, visibles après environ 24 heures, peuvent nager 4 jours plus tard. Ils sont très sensibles à la qualité de l'eau. Distribuez-leur des infusoires.

Paracheirodon innesi

NÉON

Taille : 4 cm.
Origine : cours supérieur de l'Amazone.
Habitat naturel : eaux ombragées.
Comportement : très sociables, les néons aiment vivre en bancs de plusieurs dizaines d'individus. Ils occupent la moitié inférieure de l'aquarium, à l'ombre des plantes.
Alimentation : omnivore ; apprécie les petites mouches (drosophiles).
Reproduction : difficile.
Aménagement du bac : volume minimal : 50 l ; densité de population : 6 à 8 poissons pour 50 l ; décor : sol sombre, racines de tourbière et nombreuses plantes.
Qualité de l'eau : température = 20 à 24 °C ; dureté = 10 à 15 °f ; pH = 6,5 à 7,2.
Notre conseil : évitez les températures trop élevées qui, à long terme, sont fatales à cette espèce. Elle tolère assez bien des qualités physico-chimiques différentes de celles de son milieu naturel, néanmoins il est préférable de filtrer sur tourbe.

Avec le cardinalis, le néon (qui demande une eau plus fraîche) est le tétra le plus connu. Les femelles se distinguent des mâles par la forme plus courbe de leur bande bleue et, adultes, par leur embonpoint. Pour avoir une chance de réussir la reproduction, isolez un couple dans un bac séparé, dont le fond est recouvert d'un grillage en plastique (afin que les parents ne puissent manger les œufs). L'eau doit être très peu minéralisée (dureté de 1 ou 2 °f), avec un pH voisin de 5,8. L'adjonction de tourbe en plaque aide à maintenir un pH bas et diminue les risques de moisissure des œufs. Obscurcissez les vitres, car les œufs craignent la lumière. Nourrissez les alevins avec des infusoires, puis avec des larves d'artémias. Leur croissance est favorisée par de fréquents changements d'eau et par une augmentation progressive de la dureté de celle-ci.

Prionobrama filigera

PRIONOBRAMA FILIGERA

Taille : 6 cm.
Origine : rio Madeira (Bolivie).
Habitat naturel : eaux à faible courant.
Comportement : espèce sociable qui aime vivre en bancs et occupe la moitié supérieure de l'aquarium à l'abri des plantes de surface. Un sol sombre permet de mettre en valeur ces poissons assez peu colorés.
Alimentation : omnivore ; apprécie les petites mouches (drosophiles).
Reproduction : assez facile.
Aménagement du bac : volume minimal : 120 l ; densité de population : 10 à 12 poissons pour 120 l ; décor : plantes et roches.
Qualité de l'eau : température = 22 à 28 °C ; dureté = 15 à 20 °f ; pH = 7 à 7,6.
Notre conseil : il est préférable de maintenir ensemble au moins une dizaine d'exemplaires, afin de limiter la timidité de ces poissons qui deviennent alors assez actifs.

Ce paisible characidé peut vivre en bac communautaire avec d'autres tétras, mais aussi avec des petits cichlidés. Il se tient régulièrement sous la surface de l'eau, dans le courant de filtration. Afin de le sécuriser, laissez des plantes à croissance rapide recouvrir la surface, ou utilisez des plantes flottantes comme *Ceratopteris cornuta*. Le mâle se reconnaît à son fin liseré noir sur la nageoire anale, qui met en valeur la blancheur de celle-ci. La femelle adulte a le ventre rebondi. Pour la reproduction, introduisez un couple dans un aquarium de 60 litres dont le fond est recouvert de mousse de Java *(Vesicularia dubyana)*, et dont la surface est occupée par des fougères flottantes. Après avoir nagé en cercle autour de sa femelle, le mâle se place finalement contre elle et féconde les œufs, qui éclosent un jour après. Au bout de 4 jours, les alevins nagent librement et peuvent alors être nourris de larves d'artémias.

Thayeria boehlkei

POISSON-PINGOUIN

Taille : 8 cm.
Origine : Brésil, cours supérieur de l'Amazone.
Habitat naturel : eaux à faible courant.
Comportement : espèce grégaire sociable et peu active qui passe la majorité de son temps sous les plantes de surface dans une position légèrement inclinée. Quelquefois les mâles s'excitent puis redeviennent calmes l'instant d'après.
Alimentation : omnivore.
Reproduction : assez facile.
Aménagement du bac : volume minimal : 90 l ; densité de population : 5 ou 6 poissons pour 90 l ; décor : sol sombre, plantation dense et, surtout, plantes de surface.
Qualité de l'eau : température = 22 à 26 °C ; dureté = 8 à 15 °f ; pH = 6,5 à 7,2.
Notre conseil : sensible à la mauvaise qualité de l'eau, les poissons-pingouins n'acceptent pas les taux de nitrates trop élevés. Un aquarium bien planté et des changements d'eau réguliers doivent permettre de pallier à ce problème.

Le poisson-pingouin se caractérise par la bande noire qui traverse tout son corps. Il est difficile de distinguer les sexes chez les jeunes poissons, mais les femelles adultes se reconnaissent à leur ventre rebondi. Pour la reproduction, isolez un couple dans un bac de 20 litres, contenant une eau douce (dureté inférieure à 5 °f) et acide (pH autour de 6), et garni de brins de myriophyllum et de mousse de Java *(Vesicularia dubyana)*. C'est le mâle qui incite la femelle à l'accouplement, flanc contre flanc. Les nombreux œufs de couleur foncée, éparpillés dans l'aquarium, éclosent au bout de 24 heures. Retirez les parents après la ponte. Très sensibles à la qualité de l'eau, les alevins peuvent être nourris avec des rotifères 4 jours plus tard.

12 autres characidés

■ *Astyanax mexicanus*
POISSON AVEUGLE

Taille : 8 cm.
Origine : Mexique (grottes de San Luis Potosi et Cueva Chica).
Mode de vie : grégaire.
Sociabilité : bonne.
Zone occupée dans l'aquarium : intermédiaire.
Alimentation : omnivore.
Reproduction : assez facile.
Volume de l'aquarium : 120 litres.
Densité de population : 8 à 12 spécimens.
Décor : plantes et racines.
Température : 21 à 23 °C.
Dureté : 25 à 30 °f.
pH : 7 à 7,5.

■ *Corynopoma riisei*
CORYNOPOMA RIISEI

Taille : mâle 6 cm, femelle 5 cm.
Origine : Colombie.
Mode de vie : grégaire.
Sociabilité : bonne.
Zone occupée dans l'aquarium : intermédiaire.
Alimentation : omnivore.
Reproduction : assez facile.
Volume de l'aquarium : 120 litres.
Densité de population : 8 à 10 spécimens.
Décor : plantes à feuilles fines et racines.
Température : 22 à 26 °C.
Dureté : 10 à 30 °f.
pH : 6 à 7,8.

■ *Exodon paradoxus*
EXODON PARADOXUS

Taille : 10 cm.
Origine : Guyane et Brésil.
Mode de vie : grégaire.
Sociabilité : peu sociable.
Zone occupée dans l'aquarium : intermédiaire.
Alimentation : carnivore, accepte les aliments congelés.
Reproduction : possible.
Volume de l'aquarium : 240 litres.
Densité de population : 12 à 15 spécimens.
Décor : nombreuses plantes.
Température : 23 à 28 °C.
Dureté : 5 à 35 °f.
pH : 5,5 à 7,5.

■ *Hemigrammus caudauvittatus*
TÉTRA À LOSANGES

Taille : 8 à 10 cm.
Origine : Argentine, région de La Plata.
Mode de vie : grégaire.
Sociabilité : bonne.
Zone occupée dans l'aquarium : intermédiaire.
Alimentation : omnivore, apprécie les plantes tendres.
Reproduction : assez facile.
Volume de l'aquarium : 200 litres.
Densité de population : 8 spécimens.
Décor : plantes résistantes.
Température : 18 à 26 °C.
Dureté : jusqu'à 35 °f.
pH : 5,8 à 8,5.

■ *Hemigrammus erythrozonus*
NÉON ROSE

Taille : 4 cm.
Origine : Guyane, rio Essequibo.
Mode de vie : grégaire.
Sociabilité : très bonne.
Zone occupée dans l'aquarium : intermédiaire.
Alimentation : omnivore.
Reproduction : facile.
Volume de l'aquarium : 50 litres.
Densité de population : 5 ou 6 spécimens.
Décor : plantes.
Température : 20 à 24 °C.
Dureté : 12 à 15 °f.
pH : 5,8 à 7,5.

■ *Hyphessobrycon flammeus*
TÉTRA DE RIO

Taille : 4,5 cm.
Origine : Brésil, région de Rio de Janeiro.
Mode de vie : grégaire.

Sociabilité : très bonne.
Zone occupée dans l'aquarium : intermédiaire.
Alimentation : omnivore, apprécie les proies vivantes.
Reproduction : assez facile.
Volume de l'aquarium : 50 litres.
Densité de population : 5 ou 6 spécimens.
Décor : plantes, roches et racines.
Température : 23 à 26 °C.
Dureté : jusqu'à 18 °f.
pH : 6,5 à 7.

■ *Hyphessobrycon pyrrhonotus*
HYPHESSOBRYCON PYRRHONOTUS

Taille : 4,5 cm.
Origine : Brésil, rio Ereré.
Mode de vie : grégaire.
Sociabilité : bonne.
Zone occupée dans l'aquarium : intermédiaire.
Alimentation : carnivore, aliments congelés et proies vivantes.
Reproduction : non réalisée à ce jour.
Volume de l'aquarium : 120 litres.
Densité de population : 10 à 12 spécimens.
Décor : plantes et racines de tourbière.
Température : 23 à 28 °C.
Dureté : 3 à 15 °f.
pH : 6 à 6,8.

■ *Hyphessobrycon sp. robertsi*
HYPHESSOBRYCON SP. ROBERTSI

Taille : 5 cm.
Origine : Pérou.
Mode de vie : grégaire.
Sociabilité : bonne.
Zone occupée dans l'aquarium : intermédiaire.
Alimentation : omnivore, accepte les paillettes.
Reproduction : assez difficile.
Volume de l'aquarium : 240 litres.
Densité de population : 12 spécimens.
Décor : plantes et racines de tourbière.
Température : 24 à 26 °C.
Dureté : 5 à 10 °f.
pH : 6,8 à 6,9.

■ *Inpaichthys kerri*
TÉTRA ROYAL

Taille : 4 cm.
Origine : Brésil, région du rio Aripuana.
Mode de vie : grégaire.
Sociabilité : sociable et calme.
Zone occupée dans l'aquarium : intermédiaire.
Alimentation : omnivore, accepte les paillettes.
Reproduction : assez facile.
Volume de l'aquarium : 120 litres.
Densité de population : 10 à 12 spécimens.
Décor : plantes et racines de tourbière.
Température : 25 à 27 °C.
Dureté : 5 à 15 °f.
pH : 6,8 à 7.

■ *Moenkhausia sanctaefilomenae*
MOENKHAUSIA SANCTAEFILOMENAE

Taille : 6 cm.
Origine : Paraguay, Pérou et Bolivie.
Mode de vie : grégaire.
Sociabilité : bonne.
Zone occupée dans l'aquarium : intermédiaire.
Alimentation : omnivore, accepte les paillettes.
Reproduction : assez facile.
Volume de l'aquarium : 120 litres.
Densité de population : 8 à 10 spécimens.
Décor : plantes touffues.
Température : 22 à 26 °C.
Dureté : aucune exigence particulière.
pH : 6 à 8.

■ *Nematobrycon lacortei*
NEMATOBRYCON LACORTEI

Taille : 5 cm.
Origine : Colombie.
Mode de vie : grégaire.
Sociabilité : bonne.
Zone occupée dans l'aquarium : intermédiaire.
Alimentation : carnivore, accepte les paillettes.
Reproduction : non réalisée à ce jour.
Volume de l'aquarium : 90 litres.
Densité de population : 10 spécimens.
Décor : plantes et racines de tourbière.
Température : 23 à 27 °C.
Dureté : 5 à 18 °f.
pH : 5,6 à 7,2.

■ *Petitella georgiae*
PETITELLA GEORGIAE

Taille : 5 cm.
Origine : Colombie et Brésil.
Mode de vie : grégaire.
Sociabilité : bonne.
Zone occupée dans l'aquarium : intermédiaire.
Alimentation : omnivore, apprécie les petites proies vivantes.
Reproduction : non réalisée à ce jour.
Volume de l'aquarium : 120 litres.
Densité de population : 8 à 10 spécimens.
Décor : nombreuses plantes et sol sombre.
Température : 22 à 26 °C.
Dureté : 0 à 18 °f.
pH : 5,5 à 7.

Cyprinidés

Robustes, généralement de taille modeste, et très colorés les poissons de la famille des cyprinidés sont très répandus en Amérique du Nord, en Europe, en Afrique et en Asie. Ils ont la particularité de posséder des dents broyeuses situées dans la gorge. Certains s'adaptent très bien à la vie en aquarium, tels les barbus et les rasboras. Un bac communautaire de taille moyenne leur convient bien, décoré de roches plates et de racines de tourbière où accrocher à des fougères de Java. Ménagez un espace pour la nage en plantant, par exemple, quelques pieds de cryptocoryne au premier plan de l'aquarium. L'arrière-plan peut accueillir des vallisnéries au développement rapide. Les cyprinidés occupent tous les niveaux du bac. Aussi, en associant différentes espèces, chaque recoin de votre aquarium sera-t-il animé d'un joli spectacle : juste sous la surface, des Brachydanio rerio *nageant en banc resserré ; en pleine eau, des* Rasbora heteromorpha *dont les flancs sont ornés d'un triangle noir ; enfin, près du sol, des* Barbus oligolepis, *sans cesse en mouvement entre les plantes. Généralement peu exigeante sur la qualité de l'eau, cette famille de poissons a toutefois besoin d'apports d'eau douce (eau de pluie ou eau osmosée) pour se reproduire.*

Barbus conchonius

CONCHONIUS, BARBUS ROSÉ

Taille : 10 cm.
Origine : Assam, Bengale et nord de l'Inde.
Habitat naturel : petits ruisseaux à cours lent, lacs et étangs.
Comportement : vifs et taquins, les conchonius aiment vivre en bancs. Ils occupent toutes les zones de l'aquarium, mais apprécient particulièrement les endroits dégagés. Les mâles se regroupent pour poursuivre inlassablement les femelles. En période de frai, ils arborent une couleur pourpre caractéristique.
Alimentation : omnivore ; apprécie un apport de nourriture végétale (épinards ou salade bouillis).
Reproduction : facile.
Aménagement du bac : volume minimal : 150 l ; densité de population : 6 à 8 poissons pour 150 l ; décor : racines de tourbière et plantes flottantes, avec des espaces libres pour la nage.
Qualité de l'eau : température = 18 à 27 °C ; dureté < 20 °f ; pH = 6,5 à 7,2.
Notre conseil : durant l'été, vous pouvez offrir à cette espèce très résistante un séjour en bassin de jardin, vous récupérerez ensuite de magnifiques spécimens vivement colorés.

Sa vivacité fait de ce barbus un hôte privilégié de l'aquarium. Placez-le en compagnie de poissons robustes et pas trop timides (*Barbus tetrazona*, par exemple). Sexuellement matures à 8 mois, les mâles, plus sveltes que les femelles, argentées, se distinguent également par une coloration rosâtre à orangé. Pour la reproduction, préparez un aquarium de 50 litres : garnissez-le de mousse de Java *(Vesicularia dubyana)* et de brins de ceratophyllum. Introduisez dans le bac, le soir, le couple que vous avez repéré. Vous assisterez normalement à la ponte dès le lendemain matin. Les 300 à 400 œufs pondus, translucides, éclosent 36 heures plus tard. Nourrissez les alevins avec des rotifères puis avec des larves d'artémias.

Barbus oligolepis

OLIGOLEPIS

Taille : 5 cm.
Origine : Sumatra.
Habitat naturel : cours d'eau rapides et peu profonds.
Comportement : cette espèce de barbus très sociable ne s'intéresse pas aux autres occupants de l'aquarium. Inféodée aux zones inférieures, elle apprécie l'abri des plantes et une lumière tamisée, mais elle ne reste pas pour autant inactive. Ces poissons apprécient la présence de leurs congénères mais peuvent très bien vivre en petits groupes séparés.
Alimentation : omnivore ; apprécie les vers de vase vivants.
Reproduction : assez facile.
Aménagement du bac : volume minimal : 60 l ; densité de population : 5 ou 6 poissons pour 60 l ; décor : racines de tourbière et plantation dense.
Qualité de l'eau : température = 21 à 28 °C ; dureté = 8 à 15 °f ; pH = 6,6 à 6,8.
Notre conseil : afin de maintenir cette espèce dans de bonnes conditions, utilisez de l'eau osmosée et filtrez sur tourbe.

Ce barbus n'importune jamais les autres espèces de l'aquarium. Mâles et femelles demeurent sans cesse en mouvement. Les premiers sont plus petits, avec des nageoires orangées bordées de noir. Pour attirer les femelles, ils étendent leurs nageoires et nagent verticalement. Vous pouvez faire cohabiter cette espèce avec *Trichogaster trichopterus*, par exemple. Pour la reproduction, isolez un couple dans un aquarium de 30 litres, garni de nombreuses plantes à feuilles fines (*Vesicularia dubyana* et ceratophyllum). Utilisez une eau légèrement douce (dureté de 5 à 8 °f), d'un pH autour de 6,6. Le mâle nage autour de la femelle et initie la ponte en lui donnant de petits coups de museau au niveau des flancs. Nourrissez les alevins avec des rotifères puis avec des larves d'artémias.

Barbus pentazona

BARBUS À CINQ BANDES

Taille : 5 cm.
Origine : péninsule malaise, Bornéo.
Habitat naturel : eaux calmes.
Comportement : ces barbus sont calmes et parfois timides. Il faut impérativement les maintenir en groupes d'au moins une demi-douzaine d'individus au risque de ne pas les voir dans votre aquarium. Ils occupent sa moitié inférieure et apprécient particulièrement l'abri des plantes à larges feuilles.
Alimentation : carnivore, accepte assez mal la nourriture en paillettes, mais apprécie les proies vivantes (vers de vase, artémias, vers de Grindal) et les aliments congelés.
Reproduction : assez facile.
Aménagement du bac : volume minimal : 90 l ; densité de population : 8 à 10 poissons pour 90 l ; décor : racines de tourbière, sable sombre et plantes, avec un espace libre pour la nage.
Qualité de l'eau : température = 22 à 26 °C ; dureté = 9 à 18 °f ; pH = 6 à 6,5.
Notre conseil : un sol sombre et une lumière tamisée à l'aide de plantes de surface permettent de mettre en valeur vos hôtes tout en les sécurisant.

Bien que légèrement semblable au barbus de Sumatra *(B. tetrazona), Barbus pentazona* n'en possède toutefois pas le caractère. Il se montre plutôt réservé et nécessite des compagnons calmes et pacifiques. Le mâle, plus svelte et plus coloré que la femelle, se reconnaît facilement. Il est conseillé de procéder à des changements d'eau (un quart du volume du bac) toutes les semaines. Comme pour les autres barbus, un aquarium de 30 litres, garni de nombreuses plantes à feuilles fines, convient pour la reproduction. Placez-y un couple et alimentez-le bien (notamment avec des proies vivantes). Cinq jours après la ponte, les alevins sont capables de se nourrir d'infusoires.

Barbus « schuberti »

SCHUBERTI

Taille : 7 cm.
Origine : inconnue (probablement une variété de *B. semifasciolatus,* originaire de Chine et de Malaisie).
Habitat naturel : non présent en milieu naturel.
Comportement : très sociables, les schubertis vivent en bancs. Ce sont des nageurs actifs qui occupent toutes les parties de l'aquarium, mais marquent une nette préférence pour les zones ombragées. Mâles et femelles se poursuivent inlassablement, et ne s'arrêtent que lors de la distribution de nourriture.
Alimentation : omnivore.
Reproduction : assez facile.
Aménagement du bac : volume minimal : 90 l ; densité de population : 5 ou 6 poissons pour 90 l ; décor : racines de tourbière et plantation dense.
Qualité de l'eau : température = 23 à 25 °C ; dureté = 10 à 15 °f ; pH = 7.
Notre conseil : évitez de placer ces barbus avec des poissons craintifs qui seraient incommodés par leur dynamisme.

Les variétés d'élevage posent souvent des problèmes en ce qui concerne leur origine géographique. Ainsi, *Barbus « schuberti »* est probablement une variété de *B. semifasciolatus*, originaire des cours d'eau et des rizières de Chine et de Malaisie, mais il pourrait aussi s'agir d'une espèce distincte. Quoi qu'il en soit, ce barbus vif et remuant s'intègre très bien dans un aquarium communautaire. Le mâle, plus svelte que la femelle, possède une bande bleutée sur le flanc. Pour la reproduction, introduisez un couple dans un bac de 30 litres, muni d'un filtre d'angle et garni de mousse de Java *(Vesicularia dubyana)* et de ceratophyllum. Augmentez légèrement la température afin de stimuler la ponte. Retirez ensuite les parents. Les œufs éclosent 24 heures plus tard. Les alevins doivent être nourris d'infusoires, puis de larves d'artémias.

Barbus tetrazona

BARBUS DE SUMATRA

Taille : 7 cm.
Origine : Sumatra, Bornéo, Malaisie, Thaïlande.
Habitat naturel : eaux stagnantes ou rivières lentes.
Comportement : ce sont les plus taquins des barbus, qui ne supportent pas de vivre autrement qu'en compagnie de leurs congénères. Très actifs, ils nagent de manière désordonnée dans toutes les strates de l'aquarium.
Alimentation : omnivore.
Reproduction : assez facile.
Aménagement du bac : volume minimal : 120 l ; densité de population : 10 poissons pour 120 l ; décor : plantation dense, avec de grands espaces libres pour la nage.
Qualité de l'eau : température = 24 à 28 °C ; dureté = 10 à 15 °f ; pH = 6,5 à 7,5.
Notre conseil : afin d'éviter que les barbus de Sumatra ne soient trop désagréables avec les autres occupants de l'aquarium, il convient de les maintenir en groupes.

Au sein d'un banc d'au moins 10 individus, le barbus de Sumatra ne perturbe pas les autres espèces de l'aquarium, lesquelles ne doivent pas être trop calmes. Afin qu'il puisse nager librement sans rencontrer d'obstacle, placez par exemple des plantes de petite taille, du genre *Cryptocoryne,* au premier plan de l'aquarium, et des plantes à feuilles fines (du genre *Limnophila*) en arrière-plan. Ce poisson est vorace : veillez à ne pas trop le nourrir. Les femelles adultes se distinguent facilement par leur ventre nettement plus arrondi que celui des mâles, plus colorés. Le bac de reproduction, de 50 litres, doit être tapissé de mousse de Java *(Vesicularia dubyana)* ou d'un grillage en plastique, de manière que les parents ne dévorent pas leurs œufs. Ceux-ci, au nombre de 300 à 500, éclosent après environ 30 heures d'incubation.

Barbus titteya

BARBUS-CERISE

Taille : 5 cm.
Origine : Sri Lanka.
Habitat naturel : rivières et ruisseaux ombragés.
Comportement : cette espèce grégaire et sociable occupe la partie inférieure de l'aquarium à l'abri des plantes et des éléments du décor. Ces barbus n'apprécient pas les compagnons trop vifs, mais ne sont pas pour autant timides.
Alimentation : omnivore.
Reproduction : assez facile.
Aménagement du bac : volume minimal : 50 l ; densité de population : 5 ou 6 poissons pour 50 l ; décor : sol sombre et nombreuses plantes (des genres *Cryptocoryne* et *Vallisneria*, par exemple).
Qualité de l'eau : température = 24 à 26 °C ; dureté = 10 à 15 °f ; pH = 6,6 à 7.
Notre conseil : un sol sombre (pouzzolane) et des plantes de surface permettent de mettre en valeur la couleur de vos hôtes.

Le barbus-cerise tient son nom de la couleur du mâle, qui va du rouge vif au bordeaux. La femelle, au ventre rebondi, est plus pâle. Vous pouvez associer à ce poisson *Brachydanio rerio*, par exemple. Les mâles se chamaillent souvent, sans conséquences. Lors de la parade nuptiale, ils sont même un peu brutaux avec les femelles. Pour la reproduction, remplissez un bac de 20 litres avec une eau un peu plus douce que celle de l'aquarium communautaire (dureté inférieure à 10 °f). Le mâle tourne autour de sa partenaire, lui donne quelques coups de museau au niveau des flancs et l'entraîne dans les plantes. Les œufs, peu adhésifs, tombent sur le fond de l'aquarium. Un épais tapis de mousse de Java *(Vesicularia dubyana)* permet de les soustraire à la vue des parents. Retirez ceux-ci après la ponte et nourrissez les alevins 6 jours plus tard avec des infusoires.

Brachydanio albolineatus

DANIO PERLÉ

Taille : 6 cm.
Origine : Thaïlande, Malaisie, Sumatra.
Habitat naturel : eaux limpides des rivières et des fleuves.
Comportement : ces nageurs, actifs et très sociables, occupent principalement la partie supérieure de l'aquarium, où ils aiment évoluer entre les racines des plantes flottantes en compagnie de leurs semblables.
Alimentation : omnivore ; apprécie les petites mouches (drosophiles).
Reproduction : assez facile.
Aménagement du bac : volume minimal : 90 l ; densité de population : 6 à 8 poissons pour 90 l ; décor : sol sombre (pouzzolane) et plantation dense.
Qualité de l'eau : température = 22 à 25 °C ; dureté = 10 à 25 °f ; pH = 6,7 à 7,2.
Notre conseil : la distribution de proies vivantes (drosophiles) est un réel plaisir pour les yeux, vos poissons semblent pris de frénésie et nagent alors dans tous les sens, capturant au passage cette manne providentielle.

Agencez votre bac de manière à profiter pleinement de la coloration de cette espèce très active. Des plantes de surface, comme *Ceratopteris cornuta*, atténuent la luminosité. En arrière-plan, des plantes à feuilles fines (*Hygrophila difformis* et *Limnophila aquatica*) servent de refuge, alors que, à l'avant, *Cryptocoryne wendtii* laisse de l'espace pour la nage. Le mâle se distingue de la femelle, plus ronde, par une taille légèrement plus grande et une coloration plus soutenue. Pour la reproduction, placez un couple (la femelle quelques jours avant le mâle) dans un aquarium de 30 litres, garni de nombreuses plantes. La femelle est parfois réticente ; mettez alors 2 mâles dans le bac de reproduction, pour provoquer la ponte. Entre 500 et 600 alevins commencent à nager au bout de 5 jours environ. Nourrissez-les avec des rotifères puis avec des larves d'artémias.

Brachydanio « frankei »

DANIO-LÉOPARD

Taille : 5 cm.
Origine : inconnue (probablement une variété de *B. rerio*, originaire d'Inde).
Habitat naturel : inconnu.
Comportement : les danios-léopards sont de sympathiques hôtes d'aquarium communautaire. Espèce grégaire par excellence, vous n'avez cependant pas besoin d'un banc très important (six à huit exemplaires suffisent) pour profiter de la bonne humeur de ces poissons. Nageurs infatigables, ils animent la partie supérieure de l'aquarium sans se préoccuper de leurs colocataires.
Alimentation : omnivore ; accepte tout type de nourriture.
Reproduction : facile.
Aménagement du bac : volume minimal : 50 l ; densité de population : 5 ou 6 poissons pour 50 l ; décor : plantes (mousse de Java et plantes de surface), avec des zones libres pour la nage.
Qualité de l'eau : température = 24 à 25 °C ; dureté = 10 à 20 °f ; pH = 6,8 à 7,2.
Notre conseil : les danios-léopards apprécient particulièrement les petites mouches et les larves de moustiques vivantes.

Ce poisson, qui n'a jamais été pêché dans la nature, peut se reproduire avec *Brachydanio rerio*, ce qui suggère qu'il s'agirait d'une variété de ce dernier. Ses exigences sont d'ailleurs les mêmes que celles du rério. Ses compagnons d'aquarium doivent supporter ses mouvements incessants. Pour la reproduction, vous pouvez utiliser un bac de 30 litres, tapissé de mousse de Java *(Vesicularia dubyana)* ou d'un grillage en plastique, de manière que les parents ne dévorent pas leurs œufs. Vous pouvez également choisir un aquarium d'une centaine de litres, bien planté, dans lequel vous mettrez 8 à 10 poissons que vous nourrirez avec de la nourriture vivante (larves d'artémias, vers de Grindal) : vous ne tarderez pas à voir des alevins évoluer entre les plantes.

Brachydanio rerio

RÉRIO

Taille : 5 cm.
Origine : côte est de l'Inde.
Habitat naturel : eaux courantes claires.
Comportement : les rérios sont très sociables et aiment nager en bancs sous la surface de l'eau. Mâles et femelles se poursuivent inlassablement sans que l'on sache vraiment lequel poursuit l'autre.
Alimentation : omnivore.
Reproduction : facile.
Aménagement du bac : volume minimal : 50 l ; densité de population : 5 ou 6 poissons pour 50 l ; décor : plantes, avec des espaces libres pour la nage.
Qualité de l'eau : température = 22 à 25 °C ; dureté = 22 à 25 °f ; pH = 6,5 à 7,5.
Notre conseil : évitez la forme voilée de cette espèce, en effet les nageoires, de taille démesurée, handicapent nettement la nage de ces poissons. Préférez des poissons vifs en bonne santé, vous ne serez pas déçus.

Peu exigeant sur la qualité de l'eau, *Brachydanio rerio* est l'hôte parfait de l'aquarium communautaire. Le seul impératif est de le maintenir en groupe. Toujours en activité, il peut néanmoins cohabiter avec des espèces plus timides. Les femelles adultes se distinguent facilement des mâles par leur ventre nettement arrondi. Un aquarium d'une vingtaine de litres convient pour la reproduction. Garnissez le fond de billes de verre, afin de protéger les œufs de la voracité des parents. Ajoutez un petit filtre d'angle et de la mousse de Java *(Vesicularia dubyana)*. Introduisez le couple en soirée et, inévitablement, le lendemain matin, vous pourrez assister aux poursuites endiablées du mâle derrière sa femelle. Après la ponte, retirez le couple. Les œufs éclosent au bout de 30 heures environ. Nourrissez les alevins avec des rotifères puis avec des larves d'artémias.

Chela caeruleostigmata

CHELA CAERULEOSTIGMATA

Taille : 6 cm.
Origine : Thaïlande.
Habitat naturel : fleuves et rivières.
Comportement : espèce grégaire et sociable, parfois timide. Il convient de maintenir ensemble un groupe d'au moins six individus qui seront alors vifs et actifs. Ces poissons nagent inlassablement juste sous la surface de l'eau parmi les racines des plantes flottantes.
Alimentation : omnivores ; accepte toutes sortes d'aliments, apprécie les proies vivantes.
Reproduction : assez facile.
Aménagement du bac : volume minimal : 90 l ; densité de population : 6 à 8 poissons pour 90 l ; décor : nombreuses plantes, avec des espaces libres pour la nage.
Qualité de l'eau : température = 24 à 26 °C ; dureté = 9 à 20 °f ; pH = 6,5 à 7.
Notre conseil : la distribution de proies vivantes (larves de moustiques, petites mouches) est l'occasion d'assister à un spectacle très animé.

Ce nageur très actif cohabite facilement avec d'autres espèces vivant en bancs. Un aquarium bien agencé, avec un sol sombre, des plantes de surface et une eau claire, met en valeur sa belle coloration. En arrière-plan, des plantes comme *Vallisneria spiralis* forment un avantageux rideau de verdure. Sur les côtés, vous pouvez planter *Cryptocoryne crispatula var. balansae* et, à l'avant, groupez quelques pieds de *Cryptocoryne wendtii*, de façon à former des bosquets. Toutefois, n'oubliez pas que *Chela caeruleostigmata* a besoin d'espace libre. La femelle, plus massive, se distingue facilement du mâle. Pour la reproduction, utilisez un bac de 50 litres, garni de mousse de Java *(Vesicularia dubyana)*. Une hauteur d'eau de 15 cm est suffisante. Placez-y deux mâles et une femelle. Au moment de la ponte, l'un des mâles enlace la femelle. Les alevins nagent librement 4 ou 5 jours plus tard et acceptent alors les larves d'artémias.

Crossocheilus siamensis

CROSSOCHEILUS SIAMENSIS

Synonyme : *Epalzeorhynchos siamensis.*
Taille : 15 cm.
Origine : Thaïlande, Malaisie continentale.
Habitat naturel : rivières à courant rapide.
Comportement : vifs et sociables, les siamensis aiment vivre en compagnie de leurs congénères, il est ainsi conseillé de maintenir au moins deux ou trois exemplaires dans le même aquarium. Ils occupent principalement les zones plantées, et adorent rester tranquillement appuyés sur une large feuille pendant de longues minutes.
Alimentation : omnivore, avec une nette préférence pour les algues.
Reproduction : inconnue en aquarium.
Aménagement du bac : volume minimal : 100 l ; densité de population : 2 ou 3 poissons pour 100 l ; décor : racines et plantes.
Qualité de l'eau : température = 24 à 26 °C ; dureté = 5 à 15 °f ; pH = 6,5 à 7,2.
Notre conseil : la distribution de comprimés pour poissons de fond (à base de spiruline) est très appréciée.

Ce poisson exige une alimentation avec une grande proportion de végétaux, sous peine de s'attaquer directement à vos plantes. En revanche, lorsque vous démarrez un aquarium, il est d'une aide précieuse, car il prévient la croissance d'algues indésirables. Il aime vivre en petit groupe, même si les relations y sont parfois un peu orageuses. Il n'est pas possible de distinguer les mâles des femelles. Les jeunes demeurent sans cesse en mouvement, alors que les adultes passent le plus clair de leur temps posés sur des feuilles ou sur d'autres éléments du décor. Couvrez bien votre aquarium, car *Crossocheilus siamensis* est un bon sauteur. Prévoyez une filtration de deux ou trois fois le volume du bac par heure. Vous pouvez sans aucun problème choisir ses compagnons de bac parmi les barbus et les poissons du genre *Rasbora (Rasbora elegans, R. kalochroma)*.

Epalzeorhynchos bicolor

LABÉO

Synonyme : *Labeo bicolor.*
Taille : 18 cm.
Origine : Thaïlande.
Habitat naturel : rivières et ruisseaux.
Comportement : le plus souvent les labéos peuvent être considérés comme hargneux, tant à l'égard de leurs congénères que vis-à-vis des autres occupants de l'aquarium. Durant la journée, leur activité se réduit à la poursuite des intrus qui s'aventurent trop près de leur territoire et à de longues phases de veille à l'abri sous une racine.
Alimentation : omnivore ; aime brouter les algues.
Reproduction : très difficile.
Aménagement du bac : volume minimal : 200 l ; densité de population : 1 poisson pour 200 l ; décor : roches et racines, avec de nombreuses cachettes.
Qualité de l'eau : température = 24 à 28 °C ; dureté = 5 à 20 °f ; pH = 6,5 à 7,2.
Notre conseil : les adultes peuvent devenir tyranniques, il convient de les maintenir avec des espèces robustes.

Il est possible de réunir trois ou quatre jeunes labéos dans le même bac, mais les adultes se supportent mal et peuvent même se montrer hargneux envers les autres espèces. Pour respecter leurs mœurs plutôt nocturnes, ménagez des zones sombres dans votre bac. Ajoutez *Vallisneria americana* en arrière-plan, *Cryptocoryne beckettii* sur les côtés et *C. wendtii* en avant-plan. Dans ce type d'aquarium, des poissons du genre *Barbus*, tels que *B. tetrazona* et *B. conchonius*, peuvent accompagner le labéo. La distinction des sexes est difficile à faire (les femelles sont légèrement plus rondes que les mâles). Lors de la reproduction (rare en aquarium, à cause des mauvaises relations entre les adultes), le mâle rabat sa nageoire caudale sur le dos de la femelle. Les œufs sont éparpillés dans le bac. Trois jours plus tard, les alevins acceptent les larves d'artémias.

Rasbora heteromorpha

POISSON-ARLEQUIN

Taille : 4 cm.
Origine : Thaïlande, Malaisie, Sumatra.
Habitat naturel : petits cours d'eau peu profonds et ombragés.
Comportement : très pacifique, cette espèce doit impérativement être maintenue en bancs d'une dizaine d'individus. Le groupe reste alors soudé, et occupe la zone intermédiaire de l'aquarium, alternant nage calme dans les zones dégagées et poursuites parmi les plantes.
Alimentation : omnivore.
Reproduction : assez difficile.
Aménagement du bac : volume minimal : 100 l ; densité de population : 10 poissons pour 100 l ; décor : racines de tourbière et plantation dense, avec des espaces libres pour la nage.
Qualité de l'eau : température = 24 à 28 °C ; dureté = 8 à 15 °f ; pH = 6 à 6,5.
Notre conseil : un sol sombre et de nombreuses plantes de surface (Ceratopteris cornuta), pour diffuser la lumière, permettent de mettre en valeur la jolie coloration de ce magnifique rasbora.

Ce poisson doit son nom d'arlequin au triangle noir qu'il porte sur le flanc. Son caractère facile en fait un hôte de choix pour un aquarium communautaire. Choisissez ses compagnons parmi les cyprinidés calmes *(Barbus titteya, Barbus oligolepis)*, ou parmi les belontiidés (espèces du genre *Colisa*). Agencez le décor de votre bac de façon à associer les espaces libres à des zones plantées, plus sécurisantes. Pour la reproduction, vous pouvez installer un aquarium de 50 litres, garni de mousse de Java *(Vesicularia dubyana)* et de plantes en pot, à feuilles larges (anubias, cryptocoryne). Utilisez une eau très douce (dureté inférieure à 5 °f), au pH compris entre 5,8 et 6,4. Choisissez un mâle vif et une femelle au ventre bien arrondi. Celle-ci pond rarement en pleine eau (mode habituel chez les autres cyprinidés), mais dépose ses œufs sous une feuille.

Rasbora pauciperforata

RASBORA À LIGNE ROUGE

Taille : 5 cm.
Origine : Malaisie et côte est de Sumatra.
Habitat naturel : ruisseaux et mares.
Comportement : ce rasbora est assez craintif, inféodé aux eaux brunes, il préfère vivre en bancs d'une douzaine d'exemplaires dans les zones ombragées de l'aquarium.
Alimentation : omnivore, apprécie les proies vivantes (vers de vase et artémias).
Reproduction : difficile.
Aménagement du bac : volume minimal : 80 l ; densité de population : 10 à 12 poissons pour 80 l ; décor : racines de tourbière et plantation dense comprenant des plantes flottantes.
Qualité de l'eau : température = 22 à 27 °C ; dureté = 5 à 10 °f ; pH = 6 à 6,5.
Notre conseil : l'utilisation d'eau osmosée et une filtration sur tourbe permettent d'obtenir les bonnes valeurs physico-chimiques pour satisfaire pleinement vos hôtes.

Ce rasbora au corps marqué d'une bande orange très vif à rouge est un poisson craintif. Ne lui choisissez pas des compagnons trop turbulents. Faites-le cohabiter par exemple avec *Rasbora heteromorpha* et *Rasbora borapetensis*. Agencez dans l'aquarium un décor sécurisant, comprenant de nombreuses plantes et offrant des zones abritées. Préférez un sol sombre et ajoutez quelques plantes flottantes (comme *Ceratopteris cornuta*). Si vous voulez tenter la reproduction de vos poissons, utilisez un bac de 20 litres, rempli d'eau douce (dureté de 3 à 5 °f), acide (pH autour de 5,5) et garni de mousse de Java *(Vesicularia dubyana)*. Isolez dans ce bac un mâle et une femelle (au ventre bombé), choisis dans l'aquarium communautaire. Quatre ou cinq jours après la ponte, vous pouvez nourrir les alevins avec des infusoires et des rotifères.

Rasbora vaterifloris

RASBORA VATERIFLORIS

Taille : 4 cm.
Origine : Sri Lanka.
Habitat naturel : fleuves.
Comportement : cette espèce grégaire nage très activement dans toutes les strates de l'aquarium, mais elle ne reste jamais bien loin d'une couverture végétale. Sociable et pacifique, elle convient à tous les aquariums communautaires peuplés de compagnons ayant les mêmes exigences.
Alimentation : omnivore ; nécessite un apport de nourriture végétale.
Reproduction : difficile.
Aménagement du bac : volume minimal : 90 l ; densité de population : 10 à 12 poissons pour 90 l ; décor : sol sombre (pouzzolane), racines de tourbière et plantation dense, avec un espace libre pour la nage.
Qualité de l'eau : température = 25 à 28 °C ; dureté = 8 à 15 °f ; pH = 6,5 à 6,8.
Notre conseil : pour une maintenance durable, utilisez de l'eau de pluie ou de l'eau osmosée pour adoucir votre eau du robinet. Une filtration sur tourbe permet de maintenir un pH inférieur à 7.

Un décor végétal dense est important pour mettre en valeur ce poisson. Laissez néanmoins de l'espace au premier plan de l'aquarium, car *Rasbora vaterifloris* est un nageur très actif. Sa nature pacifique permet de l'associer avec des espèces telles que *Rasbora heteromorpha* et *Barbus titteya*. Mettez en place une filtration de deux ou trois fois le volume de l'aquarium par heure. Le mâle se distingue de la femelle par son corps plus svelte et ses nageoires rouge-orangé. La femelle est plus ronde et ses nageoires sont jaunes. Pour la reproduction, utilisez un bac de 30 litres comportant de nombreuses plantes. Le mâle, très vif, attire la femelle et initie la ponte. Les œufs, peu adhésifs, tombent sur le fond. Quatre ou cinq jours après la ponte, vous pouvez nourrir les alevins avec des rotifères.

Sawbwa resplendens

SAWBWA RESPLENDENS

Taille : 4 cm.
Origine : lac Inlé (Birmanie).
Habitat naturel : lac Inlé et marais environnants.
Comportement : espèce grégaire et sociable qui affectionne particulièrement la lumière tamisée et les grands espaces pour nager.
Alimentation : omnivore ; accepte la nourriture en paillettes.
Reproduction : assez difficile.
Aménagement du bac : volume minimal : 80 l ; densité de population : 8 à 10 poissons pour 80 l ; décor : plantes, avec des espaces libres pour la nage.
Qualité de l'eau : température = 21 à 25 °C ; dureté = 15 à 25 °f ; pH = 6,8 à 7,2.
Notre conseil : utilisez de préférence un sol sombre et de nombreuses plantes de surface comme Ceratopteris cornuta ou Limnobium laevigatum qui atténuent l'éclairage et mettent en valeur les couleurs discrètes de ces poissons.

Totalement dépourvue d'écailles, cette espèce est unique en son genre. Le mâle se distingue facilement de la femelle par la coloration rouge-orangé de sa tête et des deux lobes de sa nageoire caudale. *Sawbwa resplendens* peut cohabiter avec d'autres poissons calmes. Des plantes de surface et un sol sombre permettent de mettre en valeur ce poisson. Un régime alimentaire varié, à base de nourriture congelée et d'aliments en paillettes, est très bien accepté. La reproduction peut être tentée dans un bac séparé avec 3 mâles et 4 ou 5 femelles. Quelques brins de ceratophyllum et de la mousse de Java *(Vesicularia dubyana)* permettent aux poissons de se sentir en sécurité et servent d'abri pour les œufs. Les alevins éclosent environ 3 jours après la ponte et doivent recevoir une nourriture vivante très fine. Distribuez-leur des infusoires et des rotifères les premiers jours ; vous pouvez ensuite ajouter des larves d'artémias.

Tanichthys albonubes

NÉON-CARDINAL

Taille : 4 à 5 cm.
Origine : sud de la Chine (région de Canton).
Habitat naturel : cours d'eau rapides et limpides.
Comportement : grégaires et pacifiques, les tanichthys sont tout indiqués pour l'aquarium communautaire. Ils occupent volontiers la moitié supérieure de l'aquarium et sont des nageurs actifs. Il convient de maintenir ensemble une bonne douzaine d'exemplaires.
Alimentation : omnivore ; apprécie les proies vivantes.
Reproduction : facile.
Aménagement du bac : volume minimal : 50 l ; densité de population : 5 ou 6 poissons pour 50 l ; décor : sol sombre et nombreuses plantes à feuilles fines en arrière-plan, avec un espace libre pour la nage.
Qualité de l'eau : température = 18 à 24 °C ; dureté = 5 à 15 °f ; pH = 7.
Notre conseil : cette espèce étant très résistante, vous pouvez très bien les placer en bassin de jardin durant la saison estivale. Vous devriez récupérer au début de l'automne de nombreux jeunes qui viendront peupler votre aquarium.

Ce petit cyprinidé s'adapte particulièrement bien aux aquariums de faibles dimensions. Le mâle se distingue facilement de la femelle par sa taille légèrement inférieure, son corps plus svelte et sa coloration plus prononcée. Pour la reproduction, séparez tout d'abord le mâle et la femelle. Tapissez le fond d'un bac de 20 litres avec de la mousse de Java *(Vesicularia dubyana)*. Après une semaine de séparation, introduisez les parents. Retirez-les après la ponte et nourrissez les alevins avec des rotifères dès qu'ils sont capables de nager. Une autre méthode consiste à favoriser la reproduction dans l'aquarium communautaire en distribuant de la nourriture vivante (daphnies, larves d'artémias). Si cette méthode réussit, vous observerez rapidement de petits alevins parés d'une bande verte lumineuse.

12 autres cyprinidés

■ *Balantiocheilus melanopterus*
BARBUS REQUIN

Taille : 35 cm.
Origine : Thaïlande, Malaisie, Bornéo et Sumatra.
Mode de vie : grégaire.
Sociabilité : bonne.
Zone occupée dans l'aquarium : supérieure, dans le courant du rejet du filtre.
Alimentation : omnivore, apprécie les épinards.
Reproduction : non réalisée à ce jour en aquarium.
Volume de l'aquarium : 600 litres.
Densité de population : 3 ou 4 sujets adultes.
Décor : plantes robustes et racines.
Température : 24 à 26 °C.
Dureté : 5 à 15 °f.
pH : 6,5 à 7.

■ *Barbus lateristriga*
BARBUS CLÉ

Taille : 18 cm.
Origine : Thaïlande, Malaisie, Indonésie.
Mode de vie : grégaire.
Sociabilité : bonne, assez vif.
Zone occupée dans l'aquarium : toutes.
Alimentation : omnivore.
Reproduction : assez difficile.
Volume de l'aquarium : 400 litres.
Densité de population : 5 ou 6 exemplaires.
Décor : plantes robustes et sol foncé.
Température : 25 à 28 °C.
Dureté : 12 à 25 °f.
pH : 6,8 à 7,5.

■ *Barbus nigrofasciatus*
BARBUS NIGRO

Taille : 5 cm.
Origine : Sri Lanka.
Mode de vie : grégaire.
Sociabilité : bonne.
Zone occupée dans l'aquarium : moitié inférieure.
Alimentation : omnivore, accepte les paillettes.
Reproduction : facile.
Volume de l'aquarium : 120 litres.
Densité de population : 8 à 10 exemplaires.
Décor : plantes et sol sombre.
Température : 25 à 28 °C.
Dureté : 5 à 15 °f.
pH : 6,5 à 7.

■ *Barbus rhomboocellatus*
BARBUS À LOSANGES

Taille : 5 cm.
Origine : Bornéo.
Mode de vie : grégaire.
Sociabilité : parfois timide.
Zone occupée dans l'aquarium : moitié inférieure.
Alimentation : omnivore, apprécie les vers de vase vivants.
Reproduction : assez facile.
Volume de l'aquarium : 120 litres.
Densité de population : 10 à 12 exemplaires.
Décor : plantes et sol sombre.
Température : 24 à 28 °C.
Dureté : 5 à 18 °f.
pH : 6,5 à 7,5.

■ *Brachydanio kerri*
BRACHYDANIO KERRI

Taille : 5 cm.
Origine : Thaïlande.
Mode de vie : grégaire.
Sociabilité : nageur actif et sociable.
Zone occupée dans l'aquarium : intermédiaire.
Alimentation : omnivore.
Reproduction : facile.
Volume de l'aquarium : 90 litres.
Densité de population : 8 à 10 exemplaires.
Décor : plantes et zones libres.
Température : 24 à 26 °C.
Dureté : 8 à 18 °f.
pH : 6,5 à 7.

■ *Brachydanio nigrofasciatus*
BRACHYDANIO NIGROFASCIATUS

Taille : 4,5 cm.
Origine : Birmanie.
Mode de vie : grégaire.
Sociabilité : pacifique mais vif.
Zone occupée dans l'aquarium : moitié supérieure.
Alimentation : omnivore.
Reproduction : facile.
Volume de l'aquarium : 50 litres.
Densité de population : 5 ou 6 spécimens.
Décor : plantes et racines de tourbière.
Température : 24 à 28 °C.
Dureté : 8 à 18 °f.
pH : 6,5 à 7.

■ *Epalzeorhynchos frenatus*
LABEO FRENATUS

Taille : 15 cm.
Origine : Thaïlande.
Mode de vie : solitaire.
Sociabilité : territorial.
Zone occupée dans l'aquarium : proche du sol.
Alimentation : omnivore, apprécie les vers de vase.
Reproduction : très difficile.
Volume de l'aquarium : 120 litres pour 1 spécimen.
Densité de population : 1 exemplaire pour 120 litres.
Décor : plantes et racines formant des grottes.
Température : 24 à 26 °C.
Dureté : 8 à 12 °f.
pH : 6,5 à 6,8.

■ *Rasbora borapetensis*
RASBORA À QUEUE ROUGE

Taille : 5 cm.
Origine : Thaïlande, Malaisie.
Mode de vie : grégaire.
Sociabilité : calme.
Zone occupée dans l'aquarium : intermédiaire.
Alimentation : omnivore, accepte les paillettes.
Reproduction : assez facile.
Volume de l'aquarium : 50 litres.
Densité de population : 6 à 8 exemplaires.
Décor : plantes et sol sombre.
Température : 26 à 30 °C.
Dureté : 2 à 15 °f.
pH : 5,5 à 6,5.

■ *Rasbora einthovenii*
RASBORA EINTHOVENII

Taille : 8 cm.
Origine : Malaisie, Sumatra, Bornéo.
Mode de vie : grégaire.
Sociabilité : sociable et actif.
Zone occupée dans l'aquarium : moitié supérieure.
Alimentation : omnivore.
Reproduction : assez facile.
Volume de l'aquarium : 240 litres.
Densité de population : 8 à 10 exemplaires.
Décor : plantes et racines de tourbière.
Température : 22 à 25 °C.
Dureté : 0 à 15 °f.
pH : 5,5 à 6,5.

■ *Rasbora elegans*
RASBORA ELEGANS

Taille : 13 cm.
Origine : Malaisie, Sumatra et Bornéo.
Mode de vie : grégaire.
Sociabilité : bonne.
Zone occupée dans l'aquarium : intermédiaire.
Alimentation : omnivore, accepte les paillettes.
Reproduction : assez facile.
Volume de l'aquarium : 400 litres.
Densité de population : 6 à 8 spécimens.
Décor : plantes.
Température : 22 à 26 °C.
Dureté : 5 à 15 °f.
pH : 6 à 6,5.

■ *Rasbora kalochroma*
RASBORA CLOWN

Taille : 10 cm.
Origine : Malaisie.
Mode de vie : grégaire.
Sociabilité : bonne.
Zone occupée dans l'aquarium : intermédiaire supérieure.
Alimentation : omnivore, accepte les paillettes.
Reproduction : non réalisée à ce jour en aquarium.
Volume de l'aquarium : 200 litres.
Densité de population : 5 ou 6 exemplaires.
Décor : plantes et racines de tourbière.
Température : 25 à 28 °C.
Dureté : 8 à 15 °f.
pH : 6 à 6,5.

■ *Rasbora maculata (Boraras maculatus)*
RASBORA NAIN

Taille : 2,5 cm.
Origine : Malaisie péninsulaire et Sumatra.
Mode de vie : grégaire.
Sociabilité : calme et timide.
Zone occupée dans l'aquarium : à l'abri des plantes.
Alimentation : petites proies vivantes.
Reproduction : assez difficile.
Volume de l'aquarium : 50 litres.
Densité de population : 10 à 12 exemplaires.
Décor : plantes à feuilles fines.
Température : 24 à 26 °C.
Dureté : 0 à 6 °f.
pH : 5,8 à 6,3.

Cichlidés

Silhouettes plates bleu métallique ou poissons d'un jaune éclatant, ils glissent en silence dans un aquarium qui évoque l'exubérance d'une rivière amazonienne ou le paysage rocheux d'un lac africain. Plus de deux mille espèces d'une incroyable diversité de couleurs et de formes composent la famille des cichlidés, largement répartis en Amérique, depuis le sud du Texas jusqu'en Argentine, dans la totalité de l'Afrique, un peu au Proche-Orient et en Inde. Grandes vedettes chez les aquariophiles, ces poissons d'eau douce ont su s'adapter aux contraintes d'environnements variés, colonisant aussi bien les ruisseaux que les grands lacs, et convenant du même coup à toutes sortes d'aquariums. Leurs tailles (de 5 à 90 cm !) sont aussi variées que leurs couleurs, comme leurs comportements alimentaires et reproducteurs. Les cichlidés sont surtout des parents modèles. Les uns surveillent étroitement de tous petits œufs déposés sur une feuille ou crachent un nuage d'alevins qu'ils s'empressent de cacher dans leur bouche à la moindre alerte. Des espèces minuscules peuvent lutter contre un intrus de plusieurs dizaines de centimètres pour défendre leur progéniture. L'observation de ces poissons multicolores est passionnante, une source de plaisirs sans cesse renouvelés où la vie n'en finit pas de vous surprendre.

Amphilophus citrinellus

AMPHILOPHUS CITRINELLUS

Synonymes : *Cichlasoma citrinellum, Heros citrinellus, « Midas Cichlid », citri.*
Taille : plus de 20 cm.
Origine : Amérique centrale (Costa Rica, Nicaragua).
Habitat naturel : rencontré particulièrement dans les zones rocheuses des grands lacs.
Comportement : variable, véritable tueur ou alors tendre agneau !
Alimentation : omnivore, il consomme invertébrés, crabes, petits poissons, insectes, etc.
Reproduction : pondeur sur substrat découvert.
Aménagement du bac : volume minimal : 300 litres pour un couple ; densité de population : 1 000 l pour un bac d'ensemble contenant de 2 à 4 couples de grands *Cichlasoma* ; décor : roches et racines.
Qualité de l'eau : indifférente.
Notre conseil : veillez à ne pas mélanger cette espèce avec son cousin *A. labiatus*.

C'est un des grands classiques des cichlidés centraméricains. Malheureusement, les sujets disponibles couramment dans le commerce ne sont qu'une pâle réplique de leurs cousins sauvages. Connu pour être un poisson jaune, il est en fait très variable dans son milieu naturel. La coloration « normale » est souvent grise à brune, très terne. Quelques rares exemplaires présentent de magnifiques couleurs : blanc, jaune, rouge, toutes plus ou moins marquées de noir.
Il n'est pas difficile à maintenir et acceptera les qualités d'eau de conduite. Offrez-lui donc un bac spacieux décoré de racines et de roches qui permettront la formation de territoires. Prévoir un bac d'au moins 300 à 400 litres pour un couple. Comme pour tous les pondeurs sur substrat, celui-ci doit se choisir. Il est important de commencer avec un groupe de cinq ou six jeunes. Les individus en surnombre seront retirés après formation du couple, particulièrement si le bac est de taille réduite. Le nombre d'alevins peut être considérable (1 000) et il n'est pas réellement utile de procéder à l'élevage de l'intégralité de la ponte.

Apistogramma agassizii

APISTOGRAMMA AGASSIZII

Taille : mâle : 7 à 8 cm ; femelle : 5 cm.
Origine : Rio Solimoes (cours supérieur de l'Amazone).
Habitat naturel : diverses zones fluviales.
Comportement : sociable, mais les mâles se supportent difficilement. Nage près du fond.
Alimentation : carnivore (en milieu naturel : petits crustacés et invertébrés).
Reproduction : assez facile.
Aménagement du bac : volume minimal : 50 l (pour 1 couple) ; densité de population : 1 mâle et 3 ou 4 femelles pour 100 l ; décor : plantes, quelques roches, racines et noix de coco.
Qualité de l'eau : température = 25 à 26 °C ; dureté = 8 °f ; pH = 6,5. Valeurs de la dureté et du pH inférieures pour la reproduction.
Notre conseil : le bac doit être très sécurisant si l'on souhaite observer au mieux cette espèce ; le décor est donc important, mais également l'éclairage qui ne doit pas être trop intense – on peut le tamiser au moyen de plantes de surface.

Les mâles peuvent être de différentes couleurs selon leur origine géographique : certains sont bleus, d'autres jaunes ou rouges. Les femelles sont toutes identiques, plutôt jaunes. Ces poissons assez timides apprécient les cachettes aménagées dans l'aquarium. Un banc de characidés (des tétras, par exemple) peut agrémenter la zone supérieure du bac. La reproduction s'obtient assez facilement en aquarium, surtout chez les variétés d'élevage, un peu moins exigeantes sur la qualité de l'eau. Les œufs sont déposés dans une cavité et étroitement surveillés par la femelle, le mâle s'occupant davantage de la défense de l'ensemble du territoire vis-à-vis d'autres mâles. Les jeunes sont capables de nager environ une semaine après la ponte. Ils restent sous la surveillance de leurs parents jusqu'à la ponte suivante.

Apistogramma cacatuoides

APISTOGRAMMA CACATUOIDES

Taille : 5 ou 8 cm.
Origine : Amérique du Sud : ouest du Brésil et Pérou.
Habitat naturel : cours d'eau descendant des Andes et dont les valeurs physico-chimiques peuvent être très variables.
Comportement : espèce calme. Dans un bac communautaire, il pourra cohabiter avec divers characidés, petits loricariidés et cichlidés nains choisis parmi les espèces ne demandant pas impérativement une eau très douce et un pH franchement acide.
Alimentation : petits crustacés et micro-organismes divers. Les apistos peuvent faire preuve d'une certaine réticence face aux nourritures sèches.
Reproduction : pondeur sur substrat caché.
Aménagement du bac : volume minimal : 50 l ; densité de population : bac d'environ 80 cm pour un mâle et 2 ou 3 femelles ; décor : devra être abondamment pourvu en cachettes (péricarpes de noix de coco par ex.) de façon à offrir des territoires bien distincts. Racines, roches et plantes complèteront le décor.
Qualité de l'eau : très variable dans son milieu naturel, elle pourra être moyennement dure avec un pH proche de la neutralité.
Notre conseil : une espèce à conseiller à tous ceux qui souhaitent découvrir les cichlidés nains sud-américains du fait de ses exigences limitées quant à la qualité de l'eau.

C'est d'ailleurs bien pour cela que cette espèce est très largement diffusée dans le commerce aquariophile. De nombreuses formes artificielles (plus ou moins « heureuses ») ont vu le jour. Il est actuellement difficile de trouver des formes naturelles qui, en fonction de leur origine géographique, présentent des colorations différentes.
Ces poissons permettront aux débutants de se faire la main dans l'élevage des cichlidés nains amazoniens, avant de passer à des espèces plus rares et/ou plus difficiles.
Le mâle veille sur un territoire contenant plusieurs femelles. La ponte a lieu dans une anfractuosité gardée par la femelle, qui s'occupe seule de la garde des œufs et larves alors que le mâle surveille le territoire.

Astronotus ocellatus

ASTRO, OSCAR

Taille : 30 cm.
Origine : bassin de l'Amazone.
Habitat naturel : cours d'eau lents encombrés de branchages.
Comportement : généralement assez calme, mais peut devenir brusquement très turbulent.
Alimentation : omnivore très vorace.
Reproduction : facile, à condition qu'un couple se forme.
Aménagement du bac : volume minimal : 300 l ; densité de population : pas moins de 500 l pour un couple ; décor : racines et pierres plates ; le décor sera constitué de roches et de grandes racines de tourbière. Les plantes sont inutiles.
Qualité de l'eau : température = 25 à 26 °C ; poisson indifférent à la dureté et au pH.
Notre conseil : il est préférable de ne pas se laisser tenter par de jeunes oscars, facilement disponibles dans le commerce, si l'on n'est pas en mesure de leur offrir de très grands aquariums. Ils sont en effet souvent vendus pour des aquariums trop petits et peuplés d'espèces courantes. Néons et autres guppies serviront alors de nourriture à ce glouton à la croissance rapide.

En bac communautaire amazonien, il pourra cohabiter avec de gros cichlidés ou de gros characidés. En milieu naturel, on observe de nombreuses variétés de couleurs et les élevages asiatiques produisent des formes toujours plus extravagantes : albinos, « voile », « cuivre »... Comme il n'y a pas de différence sexuelle, l'aquariophile soucieux de réussir la reproduction devra faire l'acquisition d'un groupe de 5 ou 6 poissons, au sein duquel un couple pourra se former. La ponte a lieu sur une grande pierre plate, soigneusement nettoyée. Les femelles sont capables de pondre plus de mille œufs. Ceux-ci, ainsi que les alevins, sont étroitement surveillés par les parents.

Aulonocara stuartgranti

AULONOCARA STUARTGRANTI

Synonymes : *Aulonocara steveni, Aulonocara hansbaenschi.*
Taille : 10 à 12 cm.
Origine : lac Malawi.
Habitat naturel : à la limite des zones rocheuse et sablonneuse.
Comportement : pacifique. Nage entre les roches.
Alimentation : carnivore (en milieu naturel : invertébrés).
Reproduction : facile.
Aménagement du bac : volume minimal : 150 l ; densité de population : 1 couple pour 150 l ; décor : roches, zone sablonneuse et plantes.
Qualité de l'eau : température = 25 à 26 °C ; dureté > 10 °f ; pH > 7. Oxygénation maximale et changements d'eau réguliers.
Notre conseil : les élevages industriels produisent de plus en plus de formes artificielles ne correspondant plus à ce qui se trouve dans le milieu naturel. Les aquariophiles, désireux de respecter les beautés de la nature, seront donc soucieux de ne pas maintenir ces formes dégénérées.

Les mâles ont de magnifiques couleurs qui diffèrent selon leur origine géographique : certains sont entièrement bleus, d'autres plutôt jaunes, d'autres encore possèdent une tache rouge brique de chaque côté des flancs (variété « Red Flush »). Les femelles des diverses variétés sont identiques, de teinte brune. Il est donc nécessaire de connaître leur provenance si l'on souhaite qu'elles se reproduisent avec des mâles de même variété. Ces poissons ont un comportement alimentaire naturel curieux. Ils possèdent, dans leur mâchoire inférieure, des pores capables de détecter les vibrations émises par les animaux qui vivent dans le sable. Ils restent immobiles au-dessus du sable puis, dès qu'une proie est repérée, ils y plongent la tête pour la capturer. En aquarium, ces cichlidés s'adaptent parfaitement à toutes les formes d'aliments, y compris les flocons. L'eau du bac doit être, par ailleurs, fortement oxygénée et régulièrement changée. Après la ponte, les femelles protègent les œufs en les prenant dans leur bouche (incubation buccale).

Cryptoheros nigrofasciatus

CRYPTOHEROS NIGROFASCIATUS

Nom commun : nigro.
Synonymes : *Cichlasoma nigrofasciatus, Archocentrus nigrofasciatus*
Taille : 12 cm.
Origine : Amérique centrale, depuis le Guatemala jusqu'à l'ouest du Panamá.
Habitat naturel : habitat rocheux sur le bord des rivières.
Comportement : territorial, particulièrement en période de reproduction, il défendra avec acharnement son habitat et sa progéniture éventuelle.
Alimentation : omnivore : larves, insectes, algues, détritus, etc.
Reproduction : très facile, ponte sur substrat semi-caché.
Aménagement du bac : volume minimal : 100 l pour un couple ; densité de population : 4 l par cm de poisson adulte ; décor : amas de roches et racines.
Qualité de l'eau : indifférente ; évitez les extrêmes.
Notre conseil : il ne faut pas hésiter à lui offrir un « grand » aquarium dans lequel il montrera beaucoup moins d'agressivité que dans un petit volume. Le genre comporte d'autres espèces intéressantes et très colorées comme *C. nanoluteus* et *C. altoflavus* à la magnifique coloration jaune.

Il s'agit certainement de l'espèce de cichlidés d'Amérique centrale la plus facile à se procurer. Malheureusement, les souches disponibles n'ont plus grand-chose à voir avec ce que l'on peut trouver en milieu naturel. Les vrais nigros présentent de magnifiques couleurs, particulièrement chez les femelles. Ils ne sont malheureusement disponibles que chez de rares passionnés qui ont pris la peine d'obtenir des souches chez quelques voyageurs cichlidophiles. Il ne faut pas oublier que, comme tous les cichlidés ayant une vaste répartition, il existe de nombreuses variétés géographiques qu'il ne faudra en aucun cas mélanger en aquarium. Poisson territorial et assez « taquin », particulièrement lors de la garde parentale, il est souvent pour les débutants la source des premières observations et, par conséquent, à l'origine de bien des passions pour la gent cichlidé.

Cyathopharynx furcifer

CYATHOPHARYNX FOAE

Taille : 20 cm.
Origine : lac Tanganyika.
Habitat naturel : à la limite des zones rocheuse et sablonneuse.
Comportement : sociable ; vit en bancs (femelles et jeunes mâles).
Alimentation : omnivore (en milieu naturel : plancton, débris divers trouvés sur le sable et les roches).
Reproduction : assez difficile.
Aménagement du bac : volume minimal : 500 l ; densité de population : 10 à 12 poissons pour 1000 l ; décor : roches et zone sablonneuse.
Qualité de l'eau : température = 25 à 26 °C ; dureté > 15 °f ; pH > 8,5.
Notre conseil : à réserver aux amateurs très expérimentés et possesseurs de grands aquariums.

Ce poisson, très convoité, est une pure merveille. En période de reproduction, son comportement est étonnant : le mâle construit un grand cratère de sable, puis danse devant les femelles pour les attirer à tour de rôle vers ce nid. Quel spectacle de surprendre deux mâles alors qu'ils s'affrontent à la limite de leurs territoires respectifs ! Cependant, de telles observations sont rares. Pour mettre toutes les chances de son côté, il faut, d'une part, que l'éclairage soit de très bonne qualité, d'autre part, que les poissons vivent en petit banc, pour que les mâles se stimulent. La qualité de l'eau doit, en outre, être irréprochable ; celle-ci doit contenir le moins de nitrates possible et être très fortement oxygénée. Des ajouts de sels à base de magnésium se révèlent, par ailleurs, très utiles pour ce poisson exigeant. L'élevage de *Cyathopharynx foae* est à réserver aux amateurs très expérimentés. Il conviendra de le faire cohabiter avec des espèces peu agressives ne risquant pas de le stresser et occupant des zones distinctes dans l'aquarium, de petites espèces pétricoles par exemple. Évitons les *Tropheus* qui seront tentés de lui grignoter les longues nageoires pelviennes.

Cyphotilapia frontosa

CYPHO, FRONTOSA

Taille : peut dépasser 30 cm.
Origine : lac Tanganyika.
Habitat naturel : zone rocheuse à grande profondeur (40 m et au-delà).
Comportement : pacifique ; il peut néanmoins s'attaquer à des petits poissons. Nage entre les roches.
Alimentation : carnivore (en milieu naturel : invertébrés et poissons).
Reproduction : assez facile ; à maintenir en harem (1 mâle pour plusieurs femelles).
Aménagement du bac : volume minimal : 300 l ; densité de population : 1 mâle et 2 femelles pour 500 l ; décor : roches fournissant des cachettes pour les femelles, inaccessibles au mâle.
Qualité de l'eau : température = 25 à 26 °C ; dureté > 15 °f ; pH > 8.
Notre conseil : ne vous inquiétez pas si vos cyphos se mettent à jeûner... Cela leur arrive fréquemment. Ils retrouveront l'appétit, et quel appétit, quelques jours plus tard.

Le cypho est certainement un des cichlidés du lac Tanganyika les plus populaires. Cette espèce de grande taille est à réserver à ceux qui possèdent des bacs volumineux. Il existe plusieurs variétés qui se distinguent par le nombre de barres colorées sur les flancs, par la forme de la barre située sur la tête et par l'intensité de la coloration bleue. Les vieux mâles sont tout à fait caractéristiques avec leur bosse frontale, parfois difforme. Les autres espèces de l'aquarium doivent être peu turbulentes et pas trop petites, car le cypho est un prédateur susceptible d'attaquer ses colocataires. Des lamprologues d'au moins 15 cm conviendront parfaitement. Les femelles protègent leurs œufs en les prenant dans leur bouche : cette « incubation buccale maternelle » dure 5 semaines. Les jeunes peuvent être laissés avec les parents (veillez toutefois à ce qu'il n'y ait pas de risque de prédation de la part d'autres espèces).

Cyprichromis leptosoma

CYPRICHROMIS LEPTOSOMA

Taille : 10 cm.
Origine : lac Tanganyika.
Habitat naturel : pleine eau à proximité des côtes.
Comportement : sociable, vit en banc.
Alimentation : plancton.
Reproduction : assez facile.
Aménagement du bac : volume minimal : 200 l ; densité de population : un groupe de 6 à 8 individus pour un bac de 200 l ; décor : nécessite un grand espace de nage et de grandes pierres verticales disposées sur la face arrière de l'aquarium.
Qualité de l'eau : température = 25 à 26 °C ; dureté > 15 °f ; pH > 8,5. Forte oxygénation, le moins de nitrates possible, sels à base de carbonates de magnésium très utiles.
Notre conseil : les nombreuses formes chromatiques peuvent être difficiles à reconnaître, il est donc indispensable de se renseigner exactement sur la localité d'origine de façon à ne pas créer de croisements entre variantes différentes.

Contrairement à bon nombre d'espèces vivant à proximité immédiate du sol, les *Cyprichromis* (et *Paracyprichromis*) évoluent en pleine eau et sont particulièrement adaptés pour occuper la partie supérieure de l'aquarium. Leur mode de vie en bancs importants permet de maintenir plusieurs mâles colorés dans le même aquarium en compagnie d'un groupe de femelles. L'alimentation doit être adaptée à la morphologie particulière de la bouche et constituée uniquement de fines particules ; dans le lac, les *Cyprichromis* se nourrissent de plancton qu'ils capturent grâce à leurs mâchoires protractiles mais, en aquarium, ils ne dédaigneront pas de se jeter sur de très jeunes alevins qu'ils capturent facilement grâce à leur vitesse de nage. La reproduction a lieu en pleine eau, les œufs étant pris en bouche pendant leur chute vers le sol. Les femelles sont délicates et n'aiment pas être manipulées, il ne faut donc jamais forcer une mère à cracher ses jeunes. Dans un aquarium d'élevage, les jeunes, à l'abri des prédateurs, formeront un banc en surface.

Cyrtocara moorii

« HAPLO » MOORII

Taille : 20 cm.
Origine : lac Malawi.
Habitat naturel : fonds sablonneux.
Comportement : sociable. Nage près du fond.
Alimentation : carnivore (en milieu naturel, il suit les poissons plus gros qui filtrent les matériaux du fond et capture les invertébrés soulevés par cette filtration).
Reproduction : assez facile.
Aménagement du bac : volume minimal : 200 l ; densité de population : 1 mâle et 2 femelles pour 500 l ; décor : roches et zone sablonneuse.
Qualité de l'eau : température = 25 à 26 °C ; dureté > 10 °f ; pH > 7,5.
Notre conseil : la maintenance doit se faire avec d'autres espèces calmes telles que les *Copadichromis* qui évolueront en pleine eau, ou les *Lethrinops*, avec lesquels il partage souvent son habitat naturel.

Avec sa coloration bleu pastel et la bosse que les mâles adultes portent sur le front, « haplo » moorii a une grande renommée. Les sexes sont très peu différenciés. Hormis leur bosse frontale, les mâles sont d'un bleu plus soutenu tandis que les femelles présentent souvent trois taches diffuses sur les flancs. Un bac communautaire d'haplos du Malawi ne peut s'envisager en dessous de 500 litres. La ponte a lieu sur le sable. Les femelles protègent les œufs puis les alevins en les prenant dans leur bouche (incubation buccale maternelle). Les jeunes, souvent nombreux (parfois une bonne centaine), ne se cachent pas dans les roches ; ils ne sont donc pas à l'abri des autres poissons. Il faut alors les récupérer pour les élever dans un bac séparé, en isolant la femelle avant qu'elle ne les expulse de sa bouche, ce qu'elle fait environ 3 semaines après l'éclosion des œufs. L'eau de l'aquarium doit, par ailleurs, être régulièrement changée.

Fossorochromis rostratus

FOSSOROCHROMIS ROSTRATUS

Synonyme : *Haplochromis rostratus.*
Taille : 30 à 40 cm.
Origine : lac Malawi.
Habitat naturel : zones sablonneuses.
Comportement : assez variable ; compte tenu de sa taille, il peut devenir tyrannique dans un aquarium de taille restreinte.
Alimentation : tamise le sable pour en retirer toute nourriture. En captivité, il accepte les nourritures pour grands cichlidés.
Reproduction : incubateur buccal maternel.
Aménagement du bac : volume minimal : 800 l ; densité de population : 1 mâle et 3 ou 4 femelles par grand bac ; décor : le bac (au moins 2 mètres de façade) devra être pourvu d'une vaste zone sableuse, et quelques roches en périphérie assureront des refuges aux femelles en incubation. Planter avec *Valisneria gigantea, Crinum, Cryptocoryne balansae.*
Qualité de l'eau : pH > 7,5 ; dureté carbonatée > 10 °f. Oxygénation maximale et changements d'eau réguliers.
Notre conseil : le rostratus est certainement l'un des plus beaux poissons du lac Malawi, sa maintenance ne peut toutefois être envisagée dans de bonnes conditions que dans de très grands bacs.

Si la coloration de la femelle reste discrète (jaune argenté avec des lignes de taches sur les flancs et le dos), celle des mâles sexuellement actifs – bleu noir métallique – est tout à fait remarquable. Dans de grands bacs il pourra cohabiter avec d'autres grands « Haplos » du lac, aptes à supporter sa fougue particulièrement importante lors des phases de reproduction. À ce moment, la femelle est attirée vers une cavité plus ou moins dégagée dans le sable, parfois vers une pierre plate. Les œufs y sont déposés puis pris en bouche par la mère, qui les conservera soigneusement à l'abri pendant trois semaines. Après le premier lâcher, les jeunes peuvent être repris en bouche au moindre danger.
Dans la nature, c'est un hôte de choix pour les « suiveurs bleus », qui profitent de son mode alimentaire pour picorer les miettes de son repas.

Hypsophrys nicaraguensis

NICARAGUENSE

Synonymes : *Cichlasoma nicaraguense, Copora nicaraguense.*
Taille : 20 cm.
Origine : Amérique centrale (Nicaragua et Costa Rica).
Habitat naturel : rivières et lacs (particulièrement les grands lacs du Nicaragua).
Comportement : pacifique avec des espèces de taille équivalente ; parmi les « grands Cichlasoma », il fait partie des plus sociables.
Alimentation : insectes, larves, plantes et détritus divers.
Reproduction : assez facile, pondeur sur substrat.
Aménagement du bac : volume minimal : 200 l pour un couple ; densité de population : en bac communautaire : 4 l par cm de poisson adulte. On lui fournira roches et racines constituant des abris ; décor : roches, racines et plantes solides.
Qualité de l'eau : indifférent, mais pH plutôt légèrement alcalin.
Notre conseil : il existe de nombreuses formes géographiques que l'on prendra soin de ne pas mélanger.

La vue d'un couple de *Hypsophrys nicaraguensis* en ponte dans un grand aquarium est un spectacle absolument inoubliable tant cette espèce est brillamment colorée. Chez la forme classique, les jeunes mâles se reconnaissent par la présence de nombreuses taches noires sur la dorsale, absentes chez les femelles. Ces dernières sont encore plus belles que leurs compagnons. L'espèce pond dans une cuvette, les œufs ne sont pas adhésifs, ce qui est un cas unique parmi les *« Cichlasoma »*. La ponte est étroitement surveillée par la femelle, voire par plusieurs femelles qui gardent un territoire communautaire. Les alevins sont très petits mais nombreux (environ 300 à 400 par ponte). Il est touchant de voir les adultes prendre en bouche les minuscules alevins qui s'égarent hors du territoire pour les remettre au milieu de leurs congénères. Cette espèce devra être maintenue avec d'autres espèces d'Amérique centrale choisies parmi les plus calmes.

Julidochromis marlieri

JULIDO MARLIERI

Taille : 12 à 13 cm.
Origine : lac Tanganyika.
Habitat naturel : zones rocheuses.
Comportement : sociable envers les autres espèces, très agressif avec ses semblables (sauf au sein d'un couple). Vit en permanence en contact avec les roches.
Alimentation : carnivore (en milieu naturel : invertébrés capturés sur le fond).
Reproduction : très facile, ponte sur substrat caché.
Aménagement du bac : volume minimal : 100 l ; densité de population : 1 couple par aquarium ; décor : roches fournissant de nombreuses cachettes.
Qualité de l'eau : température = 25 à 26 °C ; dureté > 15 °f ; pH > 8.
Notre conseil : il est assez facile de reconnaître les sexes chez les grands *Julidochromis*, la papille génitale des deux sexes est bien différente et facilement observable de profil juste devant la nageoire anale.

Les julidos marlieri sont parmi les cichlidés les plus populaires du lac Tanganyika. On peut commencer avec un groupe de cinq ou six poissons, ce qui permettra la formation harmonieuse d'un couple, mais tous les autres spécimens seront alors violemment rejetés. Quand le couple est formé, la ponte a lieu dans une anfractuosité rocheuse. Elle passe souvent inaperçue et seule la vue de minuscules alevins évoluant au milieu des roches la révèle. Les jeunes sont étroitement surveillés par les parents et échappent ainsi facilement à la prédation des autres poissons du bac. Les julidos marlieri passent tout leur temps dans les petites grottes aménagées dans le décor, le ventre collé à la roche. L'oxygénation et la filtration de l'aquarium doivent, par ailleurs, être puissantes et les changements d'eau, réguliers (1/4 du volume du bac chaque semaine).

Labidochromis caeruleus

LABIDO JAUNE

Synonymes : *Labidochromis* « Tanganyicae », *L.* « Flavissimus », *L.* « Yellow ».
Taille : 10 cm.
Origine : lac Malawi, côte nord-ouest, près de Lion's Cove.
Habitat naturel : zones rocheuses, à partir de 15 m de profondeur.
Comportement : sociable.
Alimentation : omnivore (en milieu naturel : algues et crustacés picorés sur les roches).
Reproduction : facile.
Aménagement du bac : volume minimal : 100 l (pour un couple) ; densité de population : 1 mâle et 2 ou 3 femelles pour 200 l ; décor : roches.
Qualité de l'eau : température = 25 à 26 °C ; dureté > 10 °f ; pH > 7,5.
Notre conseil : il s'agit d'une des très rares espèces du lac Malawi pouvant être maintenues dans un aquarium de petite taille (120 l) et en compagnie ; son agressivité très modérée permet également la cohabitation avec des espèces calmes.

Bien que le nom latin de l'espèce *(caeruleus)* signifie « bleu », il existe plusieurs variétés de couleurs. La forme jaune, le plus facilement disponible dans le commerce, est très rare en milieu naturel ; elle est restreinte à une petite zone du lac Malawi. Il y a donc fort peu d'importation de sujets sauvages. La grande majorité des poissons proposés sur le marché aquariophile provient d'un élevage localisé sur les bords du lac Tanganyika, qui exporte cette espèce dans le monde entier. Pacifique et facile à reproduire, la variété jaune de *Labidochromis caeruleus* est devenue très rapidement un poisson populaire, dont la teinte (qui est commune aux mâles et aux femelles) tranche avec la dominante bleue des poissons du lac Malawi.

Mikrogeophagus ramirezi

RAMIREZI

Synonymes : *Apistogramma ramirezi, Microgeophagus ramirezi.*
Taille : 6 à 8 cm.
Origine : bassin de l'Orénoque, Rio Meta (Venezuela).
Habitat naturel : mares encombrées de branchages et de feuilles mortes, au milieu de prairies.
Comportement : pacifique.
Alimentation : carnivore (en milieu naturel : petits crustacés et animaux microscopiques).
Reproduction : assez facile quand le couple s'est formé.
Aménagement du bac : volume minimal : 50 l ; densité de population : 1 couple et quelques autres poissons (characidés, par exemple) pour 100 l ; décor : roches, racines et nombreuses plantations.
Qualité de l'eau : température > 28 °C ; dureté < 1°f (eau très douce) ; pH = 5,5 à 6,5. Les poissons d'élevage s'adaptent à des paramètres moins extrêmes.
Notre conseil : la phase d'acclimatation peut parfois être délicate. La mise en quarantaine dans un bac où il sera au calme est indispensable avant de l'introduire dans un aquarium communautaire.

Le ramirezi est un poisson très apprécié pour ses couleurs pastel et son comportement pacifique. Les mâles se reconnaissent au deuxième rayon très allongé de leur nageoire dorsale. Au moment de la reproduction, la femelle dépose ses œufs sur une roche ou dans une cuvette creusée dans le sable. Les alevins sont, normalement, étroitement surveillés par leurs parents. Les élevages asiatiques ont produit de nombreuses variétés (dorée, voile, etc.). Malheureusement, comme pour beaucoup d'espèces issues d'élevages intensifs, ces poissons n'ont pas acquis le comportement parental de garde. Cela explique souvent certaines difficultés pour réussir la reproduction en aquarium. Les alevins doivent être nourris avec des larves d'artémias ou infusoires.

Neolamprologus brichardi

PRINCESSE DU BURUNDI

Taille : 10 cm.
Origine : lac Tanganyika (à Rutunga au Burundi pour la forme courante).
Habitat naturel : zones rocheuses à proximité du rivage.
Comportement : défend vigoureusement son territoire, particulièrement pendant la garde des œufs ou des jeunes.
Alimentation : carnivore (en milieu naturel : plancton, crustacés et autres petits invertébrés).
Reproduction : très facile.
Aménagement du bac : volume minimal : 100 l ; densité de population : 1 couple pour 100 l ; décor : roches permettant aux couples de former des territoires distincts.
Qualité de l'eau : température = 25 à 26 °C ; dureté > 15 °f ; pH > 8.
Notre conseil : cette espèce étant capable d'envahir rapidement un aquarium, il est donc préférable de la maintenir en bac spécifique de 120 à 150 litres.

La princesse du Burundi suscite l'intérêt par sa grâce et par son comportement. Une fois le couple formé, la ponte a lieu dans une anfractuosité rocheuse. Les œufs, les larves puis les alevins sont étroitement surveillés par les parents pendant plusieurs semaines. Les alevins issus de différentes pontes se mélangent, les plus jeunes gardés par les plus vieux. Il se forme rapidement un groupe important, parfois envahissant ! Cette espèce est à conseiller à tous ceux qui souhaitent découvrir toute la richesse du comportement des cichlidés du lac Tanganyika. Plusieurs espèces du genre *Neolamprologus* sont assez proches ; on veillera à ne jamais les avoir dans le même aquarium, en raison des risques de croisements donnant des formes intermédiaires (hybridations). L'oxygénation et la filtration de l'aquarium doivent, par ailleurs, être puissantes et les changements d'eau, réguliers (1/4 du volume du bac chaque semaine).

Neolamprologus leleupi

LAMPROLOGUE LELEUPI

Synonyme : *Lamprologus longior.*
Taille : 10 cm.
Origine : lac Tanganyika.
Habitat naturel : à la limite des zones rocheuse et sablonneuse, à de grandes profondeurs.
Comportement : défend son territoire vis-à-vis de ses congénères, mais pas réellement agressif envers les autres espèces.
Alimentation : carnivore (en milieu naturel : invertébrés et crustacés divers).
Reproduction : facile, pond sur substrat caché (à l'intérieur d'une faille ou d'une grosse coquille vide d'escargot).
Aménagement du bac : volume minimal : 100 l ; densité de population : 1 mâle et 2 ou 3 femelles pour 200 l ; décor : nombreuses roches permettant la constitution de territoires.
Qualité de l'eau : température 25 à 26 °C ; dureté > 15 °f ; pH > 8.
Notre conseil : la reproduction de cette espèce n'est pas toujours évidente, certains réussissent du premier coup, d'autres n'y arrivent jamais ! Il convient donc de s'armer de patience pour obtenir un couple harmonieux.

Avec sa brillante coloration jaune pouvant virer à l'orange, le lamprologue leleupi enrichit harmonieusement tout bac de cichlidés du lac Tanganyika. Hormis la taille inférieure des femelles, il n'y a pas de différences visibles entre les sexes. Les mâles étant agressifs entre eux, il est difficile de les faire cohabiter. Les couples ne sont, en outre, pas vraiment unis. La surveillance de la ponte est assurée par la femelle, tandis que le mâle, qui peut aller d'une femelle à une autre, se consacre à la défense du territoire. Les alevins sont surveillés par leurs parents pendant une dizaine de jours après la nage libre, ils prennent ensuite leur indépendance. Ils ne constituent pas de groupes et s'éloignent très rarement des anfractuosités rocheuses.

Neolamprologus multifasciatus

NEOLAMPROLOGUS MULTIFASCIATUS

Taille : 4 cm (plus petit cichlidé connu).
Origine : sud du lac Tanganyika.
Habitat naturel : zones abondamment pourvues en coquilles vides d'escargots.
Comportement : vit en groupes. Demeure près du fond.
Alimentation : carnivore (zooplancton).
Reproduction : facile, mais espèce peu prolifique.
Aménagement du bac : volume minimal : 40 l ;
densité de population : ces poissons sédentaires (demeurant près d'une coquille vide où ils se réfugient) supportent une densité de population importante ;
décor : un peu de sable et des coquilles d'escargots.
Qualité de l'eau : température = 25 à 26 °C ;
dureté > 15 °f ; pH > 8.
Notre conseil : préférez la maintenance en bac spécifique de façon à mieux observer le comportement de groupe.

Le groupe des cichlidés conchylicoles (espèces s'abritant dans des coquilles vides) du lac Tanganyika est certainement un des plus intéressants à observer. Certaines vivent en couples, d'autres en colonies. Quelques-unes, comme *Neolamprologus ocellatus,* prennent beaucoup de temps pour disposer leur coquille dans la position qui leur convient le mieux. Comme elles ne demandent pas un volume d'eau important, elles sont à la portée de tous, notamment des jeunes aquariophiles. Ces derniers peuvent commencer avec un groupe de 5 ou 6 jeunes *Neolamprologus multifasciatus,* au sein duquel se formeront des couples. Il n'y a pas de différences visibles entre les mâles et les femelles. Une hiérarchie sociale s'établit progressivement dans le bac, avec constitution éventuelle de harems. La reproduction est discrète et les jeunes sont généralement peu nombreux ; toutefois, au fil des mois, le groupe s'agrandira. L'oxygénation et la filtration de l'aquarium doivent être puissantes et les changements d'eau, réguliers (1/4 du volume du bac chaque semaine).

Nimbochromis venustus

HAPLO VENUSTUS

Synonyme : *« Haplochromis » venustus.*
Taille : 25 cm.
Origine : lac Malawi.
Habitat naturel : zones sablonneuses.
Comportement : vit plutôt en groupes. Les mâles peuvent être très agressifs.
Alimentation : carnivore piscivore (se nourrit d'autres poissons en milieu naturel).
Reproduction : facile dans de grands bacs.
Aménagement du bac : volume minimal : 300 l (mais les poissons de grande taille demandent un bac de 800 à 1000 l pour vivre en bonne entente) ;
densité de population : 1 mâle et 3 femelles pour 500 l ;
décor : roches, plantes robustes et zone sablonneuse offrant un espace libre pour la nage.
Qualité de l'eau : température = 25 à 26 °C ;
dureté > 10 °f ; pH > 7,5.
Notre conseil : ce poisson facilement disponible dans le commerce aquariophile devrait pourtant être réservé aux possesseurs de grands aquariums.

Les mâles adultes, bleus, sont facilement reconnaissables avec la grande tache jaune qui orne leur front et se poursuit sur leur nageoire dorsale. Les femelles et les jeunes adultes ont, sur les flancs, des taches en forme de losanges. Il est préférable de maintenir ces poissons en groupe comportant un mâle pour trois ou quatre femelles. Le mâle dominant peut avoir un comportement tyrannique vis-à-vis des autres poissons de l'aquarium. Ceux-ci devront donc être choisis parmi des espèces robustes et surtout pas timides. Si un couple d'haplos ne se reproduit pas, c'est probablement parce qu'il est dominé, même de façon peu visible (ce qui arrive fréquemment chez les cichlidés). Les changements d'eau doivent, par ailleurs, être réguliers.

Paratilapia polleni

MARAKELY, POLLENI

Taille : 25 à 30 cm.
Origine : Madagascar.
Habitat naturel : zones encombrées de roches et de branchages, dans les lacs et les marais.
Comportement : sociable, mais défend son territoire en période de reproduction.
Alimentation : omnivore à tendance piscivore (se nourrit de poissons).
Reproduction : très difficile.
Aménagement du bac : volume minimal : 250 l (pour 1 couple) ; densité de population : s'ils ont été élevés ensemble, une dizaine de poissons pour 800 l ; décor : roches.
Qualité de l'eau : température = 25 à 26 °C ; poisson indifférent à la dureté et au pH.
Notre conseil : maintenance en grand bac spécifique ou géographique malgache.

Magnifique poisson à la robe noir velouté, marquée d'une multitude de taches argentées dont la taille varie en fonction des lieux de pêche, permettant ainsi la distinction de plusieurs espèces non décrites scientifiquement. Cette espèce est certainement à l'origine de la redécouverte de nombreuses espèces malgaches. Quelques passionnés du marakely ont fait à plusieurs reprises le voyage vers la Grande Île pour tenter de le ramener et de le sauver ainsi des dangers qui le menacent : destruction des biotopes, déforestation, introduction d'espèces exotiques. Ces voyages ont permis également la découverte de plusieurs espèces inconnues et de plusieurs formes chromatiques d'espèces connues. Bien que le marakely soit une espèce assez difficile à faire reproduire en captivité (les pontes semblent plus aisées en bassin extérieur), son devenir se limite peut-être malheureusement à un avenir aquariophile. Là aussi réside un des buts de l'aquariophilie : mieux faire connaître des espèces afin qu'elles soient préservées plutôt que de les voir sombrer dans l'oubli.

Pelvicachromis pulcher

PELMATO

Synonyme : *Pelmatochromis kribensis.*
Taille : 8 à 10 cm.
Origine : Nigeria.
Habitat naturel : cours d'eau encombrés de branchages et de plantes diverses.
Comportement : territorial en période de ponte, tout en restant un compagnon agréable dans un bac spacieux.
Alimentation : invertébrés divers et nourritures aquariophiles.
Reproduction : facile.
Aménagement du bac : volume minimal : 80 l ; densité de population : 80 l pour un couple ; décor : racines et roches, un demi-péricarpe de noix de coco comme site de ponte. Les plantes sont bien acceptées.
Qualité de l'eau : température = 25 à 26 °C ; eau très douce et acide en milieu naturel ; s'adapte à tous les types d'eau en aquarium.
Notre conseil : essayez de rechercher des formes naturelles plutôt que les formes « commerciales », le résultat en vaut la peine.

Il existe plusieurs formes chromatiques de *Pelvicachromis pulcher* ainsi que des espèces proches (*P. sacrimontis, P. taeniatus, P. subocellatus*), mais les sujets couramment disponibles sont certainement issus de mélanges de populations. Mâles et femelles présentent un fort dichromisme sexuel rendant leur différenciation aisée. Ils pondent dans des anfractuosités remplacées en aquarium par des demi-noix de coco ou des pots de fleurs. La ponte est surveillée par les deux partenaires, la femelle assurant une garde plus rapprochée. L'aquarium pourra être abondamment décoré de plantes et de racines. La cohabitation dans un bac d'environ 200 litres avec des *Phenacogrammus, Alestes* est tout à fait envisageable, de même qu'avec des *Hemichromis* rouges, en veillant à fournir de nombreuses cachettes. Par contre, il conviendra de veiller à ne pas maintenir dans le même aquarium des espèces (ou variétés géographiques) différentes de *Pelvicachromis*.

Pseudotropheus saulosi

PSEUDOTROPHEUS SAULOSI

Taille : 8 à 10 cm.
Origine : lac Malawi.
Habitat naturel : répartition limitée à une zone rocheuse du lac (récif de Taiwan).
Comportement : les mâles défendent leur territoire ; femelles sociables.
Alimentation : herbivore, broute la végétation qui recouvre les roches.
Reproduction : facile.
Aménagement du bac : volume minimal : 120 l ; densité de population : 1 mâle et 2 ou 3 femelles pour 200 l ; décor : roches et zone sablonneuse.
Qualité de l'eau : température = 25 à 26 °C ; dureté > 10 °f ; pH > 7,5.
Notre conseil : doit être maintenu en compagnie d'autres m'bunas en veillant à éviter les espèces à coloration trop proche de façon à limiter les risques d'hybridation.

Cette espèce particulièrement attrayante est une vedette parmi les cichlidés du lac Malawi. La différenciation sexuelle est importante : mâles bleus barrés de noir et femelles jaune d'or. Au moment de la reproduction, le mâle nage devant la femelle prête à pondre et l'attire vers le site de ponte (une roche ou une cuvette creusée dans le sable). Les œufs sont pris en bouche par la femelle et fécondés par le mâle, les deux partenaires adoptant alternativement une position typique, en T. Les œufs, puis les alevins, sont gardés dans la bouche de la femelle (incubation buccale maternelle) pendant trois semaines, avant d'être relâchés. Les jeunes mesurent alors déjà près de 1 cm et sont faciles à nourrir avec des larves d'artémias. Ils savent trouver refuge dans les anfractuosités rocheuses et peuvent être laissés en compagnie des parents.

Pterophyllum scalare

SCALAIRE

Taille : 10 cm (sans les nageoires).
Origine : bassin amazonien.
Habitat naturel : zones calmes encombrées de branchages.
Comportement : pacifique. Nage en pleine eau.
Alimentation : carnivore (en milieu naturel : invertébrés divers).
Reproduction : assez facile quand un couple s'est formé.
Aménagement du bac : volume minimal : 100 l (pour 1 couple) ; densité de population : 3 ou 4 couples pour 300 l ; décor : amas de racines et plantes à feuilles larges.
Qualité de l'eau : température = 25 à 26 °C ; eau douce et acide en milieu naturel ; les formes d'élevage sont moins exigeantes sur la dureté et le pH.
Notre conseil : dans un grand aquarium, il ne faut pas hésiter à maintenir cette espèce en banc conséquent – dix individus.

Le scalaire est un des poissons d'aquarium les plus populaires. De très nombreuses formes d'élevage ont fait leur apparition depuis quelques dizaines d'années. Les formes sauvages sont pourtant souvent beaucoup plus gracieuses et jouissent d'un comportement reproducteur plus fiable, si les conditions de vie sont proches de celles du milieu naturel. Une fois que deux partenaires se sont choisis, ils s'isolent dans une zone tranquille de l'aquarium. Les œufs sont, la plupart du temps, déposés sur de larges feuilles et soigneusement ventilés et surveillés par les parents. Malheureusement, les nombreuses formes d'élevage ne montrent plus un tel comportement, ce qui explique les fréquents échecs de la reproduction. Il existe, par ailleurs, une espèce proche, *Pterophyllum altum*, très peu reproduite en captivité. Ses nageoires sont encore plus élancées que celles du scalaire. Le scalaire peut vivre en compagnie de characidés et de cichlidés nains.

Sciaenochromis fryeri

AHLI

Synonymes : « *Haplochromis ahli* », « *Haplochromis* Electric Blue », « *Haplochromis Jacksoni* ».
Taille : 15 cm.
Origine : lac Malawi.
Habitat naturel : varié, mais toujours rocheux.
Comportement : les mâles défendent leur territoire (ils sont peu agressifs s'ils se trouvent dans un grand bac).
Alimentation : carnivore (en milieu naturel : petits poissons).
Reproduction : assez facile.
Aménagement du bac : volume minimal : 250 l (pour 1 couple) ; densité de population : 2 mâles et 4 femelles pour 500 l ; décor : roches et plantes.
Qualité de l'eau : température = 25 à 26 °C ; dureté > 10 °f ; pH > 7,5.
Notre conseil : pour apprécier les mâles dans toute leur beauté, il est impératif qu'ils soient dominants ; dans le cas contraire, leur coloration sera beaucoup moins brillante.

Si les femelles ne sont pas particulièrement remarquables avec leur coloration gris brunâtre, les mâles, de couleur bleu électrique, font partie des plus beaux poissons du lac Malawi. Leur allure générale en forme de torpille et leur large bouche ne laissent aucun doute quant à leur comportement de prédateurs. En dépit de cela, ils se montrent assez placides dans l'aquarium, où ils apprécient de nager tranquillement au sein d'un grand volume d'eau. Ces poissons carnivores s'adaptent très facilement à toutes les nourritures. La cohabitation de plusieurs mâles n'est pas envisageable dans de petits bacs. En revanche, dans un aquarium volumineux, chacun peut s'approprier son territoire, vers lequel il tentera d'attirer les femelles prêtes à pondre. L'eau du bac doit être, par ailleurs, régulièrement changée.

Symphysodon aequifasciatus

DISCUS

Taille : 20 cm.
Origine : bassin amazonien.
Habitat naturel : zones calmes et encombrées de branchages.
Comportement : sociable.
Alimentation : carnivore (en milieu naturel : crustacés et autres petits animaux).
Reproduction : difficile.
Aménagement du bac : volume minimal : 200 l ; densité de population : 7 ou 8 poissons pour 500 à 600 l ; décor : branchages et plantes.
Qualité de l'eau : température = 28 à 30 °C ; dureté < 10 °f ; pH < 6,5. Valeurs de la dureté et du pH inférieures pour la reproduction et l'élevage des jeunes.
Notre conseil : de nombreuses formes d'élevage aux couleurs de plus en plus criardes ont fait leur apparition sur le marché aquariophile, mais cela ne doit pas empêcher les amateurs de découvrir les formes naturelles qui, bien maintenues, sont d'une beauté extrême et constituent souvent un challenge encore plus passionnant au niveau de leur reproduction.

Son grand corps en forme de disque, ses couleurs à la fois discrètes et brillantes, sa fière allure, ainsi que la difficulté de sa maintenance et de sa reproduction ont très certainement contribué à faire du discus un mythe de l'aquariophilie d'eau douce. De nouvelles variétés, de colorations de plus en plus extravagantes, apparaissent régulièrement sur le marché. Les discus sont à leur aise dans des aquariums spacieux où des zones d'ombres, aménagées au moyen de racines de tourbière, leur offrent des retraites. Ils ne doivent pas partager leur bac avec des characidés de trop petite taille. L'eau doit, en outre, demeurer douce et acide. Quand la reproduction réussit, les jeunes s'alimentent en broutant une substance (mucus) présente sur la peau des parents. Il arrive toutefois que des formes d'élevage ne sécrètent pas ce mucus, ce qui rend l'élevage des alevins difficile, sans une nourriture de remplacement particulièrement étudiée.

Taeniacara candidi

TAENIACARA CANDIDI

Taille : 6 à 7 cm.
Origine : partie centrale de l'Amazone, rio Negro, rio Branco.
Habitat naturel : berges des rivières encombrées de branchages et de feuilles.
Comportement : très calme, peut être maintenu sans problème avec des characidés de petite taille.
Alimentation : petits crustacés et micro-organismes divers.
Reproduction : pondeur sur substrat caché. Reproduction difficile.
Aménagement du bac : volume minimal : 80 l ; densité de population : 1 couple par aquarium ; décor : nombreuses racines et plantes donneront aux poissons un sentiment de sécurité, prévoir des cachettes formant des grottes pour la reproduction.
Qualité de l'eau : température = 26 à 28 °C ; dureté = très douce (parfois < 1°f) ; pH = 5 à 6,5.
Notre conseil : nous ne pouvons recommander la maintenance de cette très belle espèce qu'aux aquariophiles ayant déjà acquis une sérieuse expérience avec les poissons nécessitant des qualités d'eau aussi douces et acides.

Taeniacara candidi est un très beau poisson que l'on ne trouve qu'occasionnellement dans le commerce aquariophile. Les mâles adultes se reconnaissent à leur nageoire caudale en forme de pointe et à leurs nageoires pelviennes très allongées. Les femelles ne présentent pas ces caractères. Sa maintenance délicate – compte tenu des qualités physico-chimiques requises – et sa reproduction difficile en font un challenge très intéressant pour les aquariophiles chevronnés. Dans un aquarium communautaire, ce poisson sera un compagnon de choix pour d'autres cichlidés nains calmes et un banc de characidés (néons, par exemple). Pour tenter la reproduction, on prendra soin de lui fournir un péricarpe de noix de coco, grotte idéale au plafond de laquelle la femelle déposera ses œufs, immédiatement fécondés par son compagnon. La suite du travail de garde incombe à la femelle qui réapparaîtra à la sortie de sa caverne une semaine plus tard en compagnie de ses jeunes.

Thorichthys meeki

THORICHTHYS MEEKI

Synonyme : *Cichlasoma meeki.*
Taille : 12 à 15 cm.
Origine : Amérique centrale, sur le versant atlantique au Mexique, Guatemala, Belize.
Habitat naturel : zones calmes des rivières avec un fond préférentiellement vaseux ou sablonneux.
Comportement : calme avec des espèces de sa taille, peut être assez territorial en période de frai.
Alimentation : il se nourrit d'invertébrés chassés dans le substrat.
Reproduction : pondeur sur substrat. Œufs, larves puis alevins sont étroitement surveillés par les parents. C'est l'occasion de voir un adulte écarter les opercules, gonfler la gorge ; c'est un moyen de paraître plus gros et donc d'intimider l'adversaire.
Aménagement du bac : volume minimal : 100 l pour un couple isolé ; densité de population : 2 à 3 couples de cichlidés centraméricains de taille modérée pour 300 l ; décor : roches, racines et plantes solides.
Qualité de l'eau : indifférente, en évitant les extrêmes.
Notre conseil : ce poisson peut pratiquement être considéré comme idéal pour découvrir la richesse des comportements des cichlidés d'Amérique centrale sans avoir le gros défaut de nécessiter des bacs immenses.

C'est un des grands classiques des cichlidés centraméricains. Malheureusement, les sujets du commerce sont loin d'être aussi beaux que les sujets sauvages, en raison d'une production intensive dans les fermes d'élevage. Il est maintenant peu recherché par les spécialistes, sauf bien sûr s'il s'agit d'une belle souche naturelle. S'il n'y a que peu de différences entre les sujets trouvés dans le commerce, il existe par contre une certaine variabilité dans la coloration rouge de la gorge chez les sujets issus du milieu naturel ; on prendra donc soin, lors de l'achat de rechercher des sujets brillamment colorés. Dans un grand aquarium, il pourra cohabiter avec des *Cryptoheros* ou des *Amphilophus* filtreurs (groupe *alfari*, etc.).

Tropheus sp. « Black »

TROPHEUS « BRABANT », « BEMBA », « KIRIZA », « KAIZER »

Taille : 10 à 12 cm.
Origine : partie nord du lac Tanganyika.
Habitat naturel : éboulis rocheux.
Comportement : vit en groupes. Les mâles sont très agressifs entre eux, sociables avec les autres espèces.
Alimentation : herbivore (en milieu naturel : brouteur d'algues).
Reproduction : assez facile, si les poissons sont dans de bonnes conditions.
Aménagement du bac : volume minimal : 100 l (pour 1 poisson) ; densité de population : une dizaine de poissons pour 500 l ; décor : roches.
Qualité de l'eau : température = 25 à 26 °C ; dureté > 15 °f ; pH > 8.
Notre conseil : le genre *Tropheus* est passionnant, toutefois sa maintenance est relativement délicate et ne peut être conseillée qu'aux amateurs ayant acquis une bonne expérience des poissons du lac.

Il existe différentes variétés géographiques de *Tropheus sp.* « Black » : *Tropheus* « Brabant », *T.* « Bemba », *T.* « Kiriza », *T.* « Kaizer »..., parfois localisées dans de très petites zones rocheuses. Si elles sont toutes caractérisées par une coloration de base sombre, ces variétés se différencient par la présence d'une bande latérale large ou fine, jaune ou rouge... Il ne faut donc pas mélanger des poissons issus de variétés géographiques différentes, pour maintenir la pureté des souches. L'idéal est de constituer un groupe comportant un mâle pour cinq ou six femelles. Au moment de la reproduction, les œufs puis les alevins sont gardés dans la bouche de la femelle (incubation buccale maternelle). Les alevins, (20 au maximum), sont très gros. Il est possible de faire cohabiter deux groupes de deux espèces bien distinctes, en sachant que cela n'est jamais sans risque. Une maintenance en bac spécifique est, de loin, préférable.

Vieja synspilus

VIEJA SYNSPILUS

Synonyme : *Cichlasoma synspilum.*
Taille : 30 cm.
Origine : Mexique, Guatemala, Belize.
Habitat naturel : rivières et lacs.
Comportement : accommodant envers les gros poissons, mais peut devenir parfois agressif, particulièrement en période de reproduction. Le décor devra donc être aménagé de façon à fournir de nombreuses cachettes à ses colocataires.
Alimentation : végétarien en milieu naturel, accepte crevettes et moules en aquarium.
Reproduction : assez facile quand le couple est formé.
Aménagement du bac : volume minimal : 500 l ; densité de population : 1 000 l est un « début » pour un bac d'ensemble contenant de 2 à 4 couples de grands « *Cichlasoma* » ; décor : roches et racines.
Qualité de l'eau : indifférente.
Notre conseil : il ne faut pas se laisser séduire par ce genre de très gros poisson si l'on n'est pas apte à lui offrir une demeure de taille tout à fait convenable.

Magnifique poisson à la robe multicolore. La forme couramment maintenue en aquarium est rare en milieu naturel (Belize) ; les autres populations sont moins colorées. Les jeunes sont grisâtres et n'attirent guère le regard du néophyte dans les commerces aquariophiles. Les vieux mâles peuvent présenter une bosse énorme sur le front.
La ponte a lieu sur un substrat découvert soigneusement nettoyé par le couple. Les œufs et larves sont étroitement surveillés. Le nuage d'alevins est promené dans tout l'aquarium à la recherche de nourriture. De fortes rivalités entre couples peuvent survenir lors de la défense des territoires, et des volumes importants sont nécessaires. La décoration se fera à base de roches et racines ; toutefois, il faut savoir que ce sont bien souvent les poissons qui aménagent ce décor à leur guise ! Les plantes sont inutiles car, si elles ne sont pas consommées, elles sont arrachées.

16 autres cichlidés

■ *Acarichthys heckelii*
ACARICHTHYS HECKELII

Taille : 15 à 20 cm.
Origine : Amazone, rio Negro (Brésil).
Sociabilité : bonne.
Mode de vie : en banc (en dehors de la période de reproduction).
Vie dans l'aquarium : à proximité des branchages.
Densité de population : 5 à 6 poissons (en dehors de la période de reproduction) pour 300 à 400 l.
Décor : enchevêtrement de racines.
Température de l'eau : 28 à 30 °C.
Dureté : < 5 °f.
pH : 6 à 7.

■ *Altolamprologus compressiceps*
COMPRE

Taille : 12 à 15 cm.
Origine : lac Tanganyika.
Sociabilité : assez bonne.
Mode de vie : solitaire ou en harem.
Vie dans l'aquarium : près du fond parmi les roches ou coquilles de gastéropodes.
Densité de population : 3 à 4 poissons pour 300 l.
Décor : roches, coquilles.
Température de l'eau : 25 à 27 °C.
Dureté : 30 °f.
pH : 8 à 9.

■ *Chromidotilapia guntheri*
CHROMIDO

Taille : 15 à 18 cm.
Origine : Afrique de l'Ouest.
Sociabilité : bonne.
Mode de vie : en groupe ou en couple.
Vie dans l'aquarium : près du fond à proximité des branchages.
Densité de population : 1 couple pour 150 l.
Décor : roches, branchages et plantes bien enracinées.
Température de l'eau : 25 à 27 °C.
Dureté : 5 à 20 °f.
pH : 6 à 8.

■ *« Cichlasoma » salvini*
SALVINI

Taille : 20 cm.
Origine : est du Mexique, Guatemala, Belize.
Sociabilité : peut être agressif.
Mode de vie : solitaire ou en couple.
Vie dans l'aquarium : à proximité des roches et racines.
Densité de population : 1 couple (maximum) pour 300 l.
Décor : roches et racines.
Température de l'eau : 24 à 28 °C.
Dureté : indifférente. **pH :** 7 à 9.

■ *Copadichromis borleyi*
BORLEYI

Taille : 15 cm.
Origine : lac Malawi.
Sociabilité : bonne.
Mode de vie : en banc.
Vie dans l'aquarium : pleine eau.
Densité de population : 3 à 4 poissons pour 500 l.
Décor : quelques roches entourant une grande zone d'eau libre.
Température de l'eau : 24 à 26 °C.
Dureté : 7 à 15 °f. **pH :** 8 à 8,5.

■ *Crenicichla regani*
CRENICICHLA REGANI

Taille : 10 à 12 cm.
Origine : bassin amazonien.
Sociabilité : bonne (avec des poissons de même taille).
Mode de vie : solitaire ou en couple.
Vie dans l'aquarium : près du fond parmi les branchages.
Densité de population : cohabitation difficile de deux couples dans le même bac.
Décor : roches, racines et plantes.
Température de l'eau : 25 à 28 °C.
Dureté : < 10 °f.
pH : 6 à 7.

■ *Cynotilapia afra*
CYNO AFRA

Taille : 10 cm.
Origine : lac Malawi.
Sociabilité : médiocre (territorial).
Mode de vie : solitaire ou en banc.
Vie dans l'aquarium : à proximité des rochers, souvent à mi-hauteur du bac.
Densité de population : 1 ou 2 mâles et 5 à 6 femelles pour 300 l.
Décor : roches.
Température de l'eau : 24 à 26 °C.
Dureté : 7 à 15 °f.
pH : 8 à 8,5.

■ *Dicrossus filamentosus*
CRENICARA FILAMENTOSA

Taille : 6 à 8 cm.
Origine : région du rio Negro et de l'Orénoque.
Sociabilité : bonne.
Mode de vie : en couple.
Vie dans l'aquarium : près du fond.
Densité de population : 1 couple pour 100 l.
Décor : roches, racines, plantes.
Température de l'eau : 27 à 29 °C.
Dureté : < 2 °f.
pH : 5 à 6.

■ *Dimidiochromis compressiceps*
HAPLO COMPRESSICEPS

Taille : 20 à 25 cm.
Origine : lac Malawi.
Sociabilité : satisfaisante avec les poissons de grande taille.
Mode de vie : solitaire.
Vie dans l'aquarium : pleine eau, parmi les plantes rubanées.
Densité de population : 1 mâle et 3 ou 4 femelles pour 700 à 800 l.
Décor : quelques roches entourant une grande zone sableuse plantée de valisnéries.
Température de l'eau : 24 à 26 °C.
Dureté : 7 à 15 °f.
pH : 8 à 8,5.

■ *Eretmodus cyanostictus*
ERETMODUS

Taille : 10 à 12 cm.
Origine : lac Tanganyika.
Sociabilité : assez bonne.
Mode de vie : solitaire ou en couple pendant la période de reproduction.
Vie dans l'aquarium : près du fond.
Densité de population : 3 à 4 poissons pour 300 l.
Décor : roches.
Température de l'eau : 25 à 27 °C.
Dureté : 30 °f.
pH : 8 à 9.

■ *Haplochromis (Astatotilapia) latifasciatus*
HAPLO ZEBRA OBLIQUIDENS

Taille : 12 à 15 cm.
Origine : lac Nawampassa (Ouganda).
Sociabilité : assez bonne.
Mode de vie : solitaire ou en harem.
Vie dans l'aquarium : à mi-hauteur à proximité des plantes ou roches.
Densité de population : 5 à 6 poissons pour 300 l.
Décor : roches, racines, plantes.
Température de l'eau : 24 à 25 °C.
Dureté : 20 °f.
pH : 7 à 7,5.

■ *Hemichromis lifalili*
CICHLIDÉ JOYAU

Taille : 10 cm.
Origine : Congo, Oubangui.
Sociabilité : satisfaisante, souvent territorial.
Mode de vie : en couple.
Vie dans l'aquarium : à proximité des roches et racines.
Densité de population : 1 couple pour 120 l.
Décor : roches, racines, plantes.
Température de l'eau : 25 à 28 °C.
Dureté : < 15 °f. **pH :** 6 à 7.

■ *Labeotropheus trewavasae*
LABEOTROPHEUS TREWAVASAE

Taille : 12 cm.
Origine : lac Malawi.
Sociabilité : assez bonne.
Mode de vie : solitaire ou en harem.
Vie dans l'aquarium : à proximité des rochers.
Densité de population : 1 ou 2 mâles et 3 à 4 femelles pour 300 l.
Décor : roches.
Température de l'eau : 24 à 26 °C.
Dureté : 7 à 15 °f. **pH :** 8 à 8,5.

■ *Melanochromis auratus*
AURATUS

Taille : 10 à 12 cm.
Origine : lac Malawi.
Sociabilité : médiocre.
Mode de vie : solitaire ou en harem.
Vie dans l'aquarium : parmi les rochers.
Densité de population : 2 mâles et 4 à 5 femelles pour 500 l.
Décor : roches.
Température de l'eau : 24 à 26 °C.
Dureté : 7 à 15 °f.
pH : 8 à 8,5.

■ *Neolamprologus tretocephalus*
TRETOCEPHALUS

Taille : 12 à 15 cm.
Origine : lac Tanganyika.
Sociabilité : médiocre.
Mode de vie : solitaire ou en couple.
Vie dans l'aquarium : parmi les roches en bordure de zone sableuse.
Densité de population : 1 couple pour 300 l.
Décor : roches.
Température de l'eau : 25 à 27 °C.
Dureté : 30 °f. **pH :** 8 à 9.

■ *Oreochromis mossambicus*
TILAPIA DU MOZAMBIQUE

Taille : 25 à 30 cm.
Origine : Afrique de l'Est, introduit dans toutes les régions tropicales.
Sociabilité : satisfaisante.
Mode de vie : en groupes à mâles dominants.
Vie dans l'aquarium : en pleine eau.
Densité de population : 1 mâle et 2 à 3 femelles pour 800 l.
Décor : roches, racines.
Température de l'eau : indifférente.
Dureté : indifférente. **pH :** indifférent.

Poissons de fond

Ils se caractérisent par un corps dépourvu d'écailles ! Bon nombre d'entre eux sont recouverts d'une sorte d'armure constituée de plaques osseuses. En outre, ils possèdent parfois des nageoires pectorales dotées de rayons durs, et des épines aux coins de la bouche ou sous les yeux. Cela leur assure une meilleure protection vis-à-vis des prédateurs. Généralement faciles à élever en aquarium, plutôt sociables, ils n'ont pourtant pas tous les mêmes exigences concernant leur habitat, leur alimentation et la qualité de l'eau. La plupart apprécient une eau bien oxygénée, même si certains peuvent absorber directement l'oxygène à la surface. Utilisez de préférence du sable fin de Loire, des racines de tourbière et des roches qui créent dans le décor des zones d'ombre où les poissons peuvent s'abriter. Les pierres de lave et les graviers aux arêtes vives sont à exclure impérativement. Certaines espèces ont une bouche en forme de ventouse. Elles réclament alors une nourriture végétale, de fines tranches de pomme de terre ou des pois écrasés, par exemple. Les poissons qui portent des barbillons apprécient au contraire les proies vivantes, des enchythrées ou des vers de vase. Si certaines espèces se reproduisent assez facilement en captivité – Synodontis multipunctatus *nécessite néanmoins des conditions spéciales –, d'autres n'ont encore jamais donné cette satisfaction aux aquariophiles. À vous peut-être de les convaincre à force de soins et de patience inventive !*

Ancistrus temminckii

ANCISTRUS

Famille : loricariidés.
Taille : 13 cm.
Origine : bassin du rio Téfé (Brésil).
Habitat naturel : cours d'eau rapides.
Comportement : calmes et sociables, les ancistrus occupent la zone inférieure de l'aquarium. Les mâles s'affrontent, mais sans grande gravité.
Alimentation : omnivore ; nécessite un apport de fibres végétales.
Reproduction : facile.
Aménagement du bac : volume minimal : 90 l ; densité de population : 1 couple pour 90 l ; décor : plantes et nombreuses racines de tourbière ménageant des cachettes.
Qualité de l'eau : température = 23 à 27 °C ; dureté = 5 à 20 °f ; pH = 6,5 à 7,2.
Notre conseil : la présence de racines de tourbière est indispensable à la maintenance des ancistrus à long terme. Ces racines font partie intégrante de leur alimentation au même titre que les différents compléments végétaux.

Avec ses excroissances de peau hérissées au-dessus de la gueule, le mâle se distingue facilement de la femelle. Poisson de fond par excellence, l'ancistrus reste caché la journée pour devenir actif une fois la lumière éteinte. Sa bouche en forme de ventouse, garnie de nombreuses dents, lui permet de râper les algues qui recouvrent le décor de l'aquarium. Il apprécie, par ailleurs, la nourriture congelée. Sociable, il peut cohabiter avec de nombreuses espèces, à condition que le bac soit garni d'un enchevêtrement de racines, qui lui procure des cachettes. L'accouplement se déroule souvent en bac communautaire. Les œufs, de couleur orangée, sont collés, bien à l'abri, au plafond d'une cavité ; c'est le mâle qui en assure la garde. Ils éclosent environ 7 jours après la ponte et les jeunes quittent leur cachette quelques jours plus tard. Ces derniers se nourrissent comme les adultes.

Baryancistrus sp. L 18

L 18

Famille : loricariidés.
Taille : 18 à 25 cm.
Origine : bassin du rio Xingu (Brésil).
Habitat naturel : cours d'eau rapides.
Comportement : calme et sociable, le L 18 peut être maintenu en petits groupes ou individuellement. Il affectionne le courant et les zones ombragées (racines, roches). C'est la nuit que son activité est la plus importante, mais cela ne l'empêche pas d'être présent lors des distributions de nourriture.
Alimentation : omnivore.
Reproduction : possible.
Aménagement du bac : volume minimal : 300 l ; densité de population : 3 ou 4 poissons pour 300 l ; décor : plantes, racines et roches.
Qualité de l'eau : température = 22 à 25 °C ; dureté = 8 à 15 °f ; pH = 6,5 à 7,2.
Notre conseil : un brassage important (plusieurs fois le volume du bac) est la clé pour réussir la maintenance et peut-être la reproduction de cette espèce.

Pour recréer les forts courants dans lesquels vit cette espèce, vous pouvez mettre en place une pompe puissante, filtrant 5 ou 6 fois le volume du bac par heure. Cependant, en aquarium communautaire, L 18 se contente d'une filtration plus faible. Aménagez le décor avec des roches et des racines enchevêtrées, afin que vos poissons puissent trouver des cachettes où se réfugier. Les individus importés arrivent malheureusement souvent en mauvaise santé. Il faut alors veiller à bien les nourrir, notamment avec des proies congelées (vers de vase) ou avec des aliments artificiels pour poissons de fond. La reproduction se déroule dans les cachettes du décor. Le mouvement et l'oxygénation de l'eau favorisent la ponte. Certains éleveurs préconisent d'ailleurs de diriger le rejet de la pompe directement vers l'abri des poissons, pour les inciter à se reproduire.

Botia macracantha

LOCHE-CLOWN

Famille : cobitidés.
Taille : 16 cm.
Origine : Sumatra, Bornéo.
Habitat naturel : grandes rivières.
Comportement : espèce sociable qui aime vivre en compagnie de ses congénères. Elle occupe la zone inférieure de l'aquarium où elle peut se révéler très active. Ne soyez pas surpris de trouver vos loches-clowns couchés sur le côté, c'est une attitude de repos assez fréquente.
Alimentation : omnivore ; apprécie les escargots et les vers de vase.
Reproduction : inconnue en aquarium.
Aménagement du bac : volume minimal : 300 l ; densité de population : 4 poissons pour 300 l ; décor : plantes et racines de tourbière formant des abris.
Qualité de l'eau : température = 26 à 27 °C ; dureté = 10 à 13 °f ; pH = 6 à 6,5.
Notre conseil : lors de manipulations, prenez garde à ce que les épines érectiles qui se trouvent sous leurs yeux ne s'accrochent pas à l'épuisette. Dans ce cas, il est préférable de laisser tremper l'épuisette plutôt que d'essayer de retirer les poissons, ils se libéreront seuls.

Les loches-clowns ne méritent bien leur nom que lorsqu'elles sont en groupe : elles sont alors particulièrement actives. Vous pouvez même les entendre émettre des claquements assez sonores. Un bac de grande taille est nécessaire pour leur garantir une croissance convenable. Une végétation dense comprenant des plantes de surface permet d'offrir à vos pensionnaires des zones d'ombre sécurisantes. Pour le sol, utilisez du sable de Loire, aux grains non tranchants, de manière à préserver les quatre paires de barbillons qui ornent la bouche des loches-clowns. Ne soyez pas surpris si vous ne retrouvez aucun escargot vivant dans votre aquarium, ces poissons s'en délectent !

Corydoras aeneus

CORYDORAS BRONZE

Famille : callichthyidés.
Taille : 5 à 7 cm.
Origine : Bolivie, Venezuela.
Habitat naturel : rivières peu profondes à faible courant.
Comportement : les corydoras bronze aiment vivre en groupes d'au moins une demi-douzaine d'individus. Ils nagent ensemble sur le fond, sans se préoccuper des autres occupants de l'aquarium.
Alimentation : omnivore, apprécie les vers de Grindal.
Reproduction : facile.
Aménagement du bac : volume minimal : 80 l ; densité de population : 6 à 8 poissons pour 80 l ; décor : sable aux grains non tranchants, plantes et racines de tourbière.
Qualité de l'eau : température = 21 à 26 °C ; dureté = 12 à 20 °f ; pH = 7 à 7,2.
Notre conseil : pour la reproduction de cette espèce, des changements d'eau importants et quelques vers de vase déclenchent très souvent la ponte.

Les poissons du genre *Corydoras* ne sont à leur aise qu'en groupe. S'ils patrouillent au-dessus du sable, à la recherche de quelques restes de nourriture, n'en déduisez pas qu'ils se contentent de si peu. Des repas aussi variés que ceux des autres pensionnaires de l'aquarium leur sont nécessaires. Utilisez du sable de Loire, non coupant, afin de préserver leurs barbillons. Ceux-ci ont un rôle sensoriel (tactile et gustatif) d'une importance fondamentale. Les mâles, plus petits que les femelles, ont la nageoire dorsale et les nageoires ventrales plus pointues. Pour la reproduction, attendez qu'un couple se forme, puis isolez-le dans un bac de 30 litres. Le mâle poursuit la femelle en lui tapotant la tête avec ses barbillons. Il se place ensuite perpendiculairement à elle. Les œufs sont émis et fécondés, puis, à l'aide de ses nageoires pelviennes (ventrales), la femelle les colle aux vitres du bac. Retirez alors les adultes de l'aquarium de reproduction et nourrissez les alevins avec des larves d'artémias.

Corydoras barbatus

CORYDORAS BARBATUS

Famille : callichthyidés.
Taille : 12 cm.
Origine : régions de Rio de Janeiro et de São Paulo (Brésil).
Habitat naturel : eaux courantes et claires.
Comportement : sociable envers les autres espèces, ce corydoras est l'un des plus grands du genre. Il aime vivre en groupes d'au moins une demi-douzaine d'exemplaires dans la partie inférieure de l'aquarium.
Alimentation : omnivore ; apprécie particulièrement les vers vivants.
Reproduction : assez facile.
Aménagement du bac : volume minimal : 300 l ; densité de population : 6 à 8 poissons pour 300 l ; décor : racines de tourbière et nombreuses plantes, offrant des zones d'ombre.
Qualité de l'eau : température = 20 à 23 °C ; dureté = 8 à 20 °f ; pH = 6,5 à 7,5.
Notre conseil : ce poisson chat convient parfaitement à l'aquarium communautaire, car il n'est généralement pas inquiété par les autres espèces.

Pacifique à l'égard des autres espèces, ce poisson peut notamment cohabiter avec des scalaires et des characidés. Les mâles se distinguent des femelles par une forme plus élancée et des couleurs plus contrastées ; le premier rayon de leurs nageoires pectorales est, par ailleurs, plus long et ils portent des soies sur les joues. Pour garnir le fond du bac, utilisez du sable de Loire, aux grains non tranchants, de manière à préserver les barbillons de vos hôtes. Mettez en place une filtration de deux fois le volume du bac par heure. Pour la reproduction, isolez un mâle et deux femelles dans un bac de 50 litres sans sol, mais muni d'un filtre d'angle et de quelques plantes. La femelle garde ses œufs entre ses nageoires pelviennes (ventrales) jusqu'à ce que le mâle les féconde. Elle les colle ensuite sur les vitres de l'aquarium ou sur les plantes. Retirez les adultes après la ponte et nourrissez les jeunes de petits vers.

Corydoras trilineatus

CORYDORAS À TROIS BANDES

Famille : callichthyidés.
Taille : 6 cm.
Origine : Pérou.
Habitat naturel : rivières et ruisseaux.
Comportement : cette espèce sociable et calme aime vivre en groupes d'au moins une demi-douzaine d'individus. Elle affectionne particulièrement les zones d'ombre à l'abri des plantes et des racines de tourbière.
Alimentation : omnivore ; apprécie particulièrement les vers (vers de vase, vers de Grindal).
Reproduction : assez facile.
Aménagement du bac : volume minimal : 90 l ; densité de population : 6 à 8 poissons pour 90 l ; décor : sable fin, racines de tourbière et plantes.
Qualité de l'eau : température = 22 à 26 °C ; dureté = 4 à 25 °f ; pH = 6 à 7,2.
Notre conseil : préférez du sable de Loire fin à l'habituel sable de quartz aux arrêtes trop vives, car, en fouillant le sol, vos corydoras seraient irrémédiablement blessés.

Avec ses six barbillons, le corydoras à trois bandes fouille inlassablement le sable à la recherche d'aliments non consommés par les autres poissons de l'aquarium et de vers. Pacifique à l'égard des autres espèces, il peut notamment cohabiter avec des tétras et des cichlidés nains d'Amérique du Sud. Les femelles sont plus rondes que les mâles. Pour la reproduction, introduisez dans un aquarium de 50 litres contenant quelques plants d'anubias 4 mâles et 2 femelles. Il est inutile de tapisser le fond de sable. Un apport d'eau neuve et une alimentation de qualité, à base de proies vivantes, déclenchent rapidement la ponte. Comme chez d'autres poissons du genre *Corydoras*, les œufs sont collés par la femelle sur les vitres et sur le décor. Nourrissez les jeunes avec des larves d'artémias. On trouve ce poisson dans le commerce sous le nom erroné de *Corydoras julii*.

Glyptoperichthys gibbiceps

PLÉCO ROYAL

Famille : loricariidés.
Taille : 40 cm.
Origine : Pérou, Brésil.
Habitat naturel : eaux courantes ou stagnantes.
Comportement : le pléco royal est sociable vis-à-vis des autres espèces, mais certains individus peuvent se montrer assez territoriaux en regard de leurs congénères. Discret, il passe son temps collé sur les éléments du décor, et ne devient vraiment actif qu'une fois la lumière éteinte.
Alimentation : omnivore ; nécessite un apport important de nourriture végétale.
Reproduction : inconnue en aquarium.
Aménagement du bac : volume minimal : 500 l ; densité de population : 2 poissons pour 500 l ; décor : plantes, racines de tourbière et roches.
Qualité de l'eau : température = 25 à 30 °C ; dureté = 5 à 25 °f ; pH = 6 à 7,8.
Notre conseil : évitez cette espèce pour les aquariums d'un inférieur à 300 litres, préférez-lui les très sympathiques *Ancistrus temminckii*, qui restent beaucoup plus petits.

Ce poisson, de la famille des loricariidés, peut atteindre une grande taille. Si les jeunes individus peuvent vivre dans un petit aquarium, les adultes nécessitent un bac volumineux. Évitez de placer trop de spécimens dans le même bac, car chacun défend son territoire. Si vous possédez plusieurs poissons, chacun doit pouvoir trouver une cachette dans le décor, constitué avec des racines et des roches entremêlées. Les mâles et les femelles sont identiques. *Glyptoperichthys gibbiceps* peut cohabiter avec de grandes espèces telles que *Astronotus ocellatus*. Pour bien le nourrir, il faut lui donner régulièrement des pois bouillis et de la salade pochée. Il complète généralement son régime en raclant les racines présentes dans l'aquarium.

Hypancistrus zebra

HYPANCISTRUS ZEBRA

Famille : loricariidés.
Taille : 10 cm.
Origine : bassin du rio Xingu (Brésil).
Habitat naturel : cours d'eau rapides.
Comportement : le comportement interspécifique est bon, mais les mâles adultes sont assez territoriaux vis-à-vis de leurs congénères. Ces poissons apprécient les enchevêtrements de racines et de roches leur offrant de nombreuses cachettes.
Alimentation : omnivore, avec une préférence pour la nourriture animale.
Reproduction : assez facile, mais encore rare.
Aménagement du bac : volume minimal : 200 l ; densité de population : 1 couple pour 200 l ; décor : amoncellement de roches et racines de tourbière.
Qualité de l'eau : température = 25 à 28 °C ; dureté = 10 à 25 °f ; pH = 7 à 7,5.
Notre conseil : un brassage important de l'aquarium convient parfaitement à la maintenance de cette espèce.

Les mâles ont la tête plus large que les femelles et portent, à maturité, de petits poils sur le premier rayon des nageoires pectorales. Ils défendent un territoire dans l'aquarium, mais sont peu agressifs. Dans un grand aquarium, vous pouvez les faire vivre en groupe. Ils se tiennent souvent à l'abri dans les cavernes aménagées dans le décor. Vous pouvez disposer quelques plantes à l'arrière-plan, comme *Vallisneria americana* et *Vallisneria spiralis*, et accrocher des pieds de *Microsorum pteropus* sur les racines et les roches. Veillez à mettre en place une bonne filtration pour maintenir l'eau propre et bien oxygénée. Contrairement à la majorité des membres de sa famille (loricariidés), *Hypancistrus zebra* apprécie peu la nourriture végétale. Nourrissez-le plutôt avec des aliments carnés congelés, habituellement proposés dans le commerce.

Otocinclus affinis

OTOCINCLUS AFFINIS

Famille : loricariidés.
Taille : 4 cm.
Origine : région de Rio de Janeiro (Brésil).
Habitat naturel : petits cours d'eau clairs et rapides.
Comportement : espèce sociable et discrète qui aime vivre en petits groupes. Ces poissons apprécient particulièrement les lumières douces tamisées par des plantes de surface. Ils passent leur temps à brouter les algues présentes sur les éléments du décor.
Alimentation : omnivore, à dominance végétarienne.
Reproduction : assez facile.
Aménagement du bac : volume minimal : 120 l ; densité de population : 3 ou 4 poissons pour 120 l ; décor : racines de tourbière, roches et plantes.
Qualité de l'eau : température = 22 à 25 °C ; dureté = 10 à 20 °f ; pH = 6 à 7,2.
Notre conseil : il convient d'introduire cette espèce seulement après avoir constaté la présence d'algues dans votre aquarium. Un apport régulier de spiruline, sous forme de comprimés pour poissons de fond, est vivement conseillé.

Otocinclus affinis possède une bouche en forme de ventouse qui lui permet de s'accrocher à divers éléments du décor. Ce poisson apprécie la vie en groupe et adore se placer dans un endroit brassé par le courant. Il peut vivre en aquarium communautaire, mais évitez de lui adjoindre des compagnons trop agressifs. En outre, prévoyez, au sein du décor, de nombreuses zones d'ombre et des plantes flottantes. Utilisez un sol peu abrasif afin qu'il ne se blesse pas. Ce mangeur d'algues apprécie néanmoins les vers et les comprimés pour poissons de fond. Le mâle est plus petit et plus svelte que la femelle. Pour la reproduction, introduisez 2 mâles et 3 femelles dans un bac de 50 litres, rempli d'une eau douce et acide. Les œufs, collés sur les plantes et sur les vitres du bac, éclosent au bout de 3 jours environ. Les jeunes se nourrissent de plancton animal.

Sturisoma aureum

STURISOMA AUREUM

Famille : loricariidés.
Taille : 22 cm.
Origine : Colombie.
Habitat naturel : cours d'eau rapides.
Comportement : ce poisson chat apprécie la compagnie de ses semblables, même si parfois les mâles sont légèrement territoriaux. Il est tout à fait sociable vis-à-vis des autres espèces et passe son temps collé sur les racines ou les vitres de l'aquarium.
Alimentation : végétarien.
Reproduction : assez facile, mais peu courante.
Aménagement du bac : volume minimal : 300 l ; densité de population : 3 ou 4 poissons pour 300 l ; décor : plantes et racines de tourbière.
Qualité de l'eau : température = 24 à 26 °C ; dureté = 5 à 20 °f ; pH = 6,3 à 7,2.
Notre conseil : l'élevage des jeunes pose quelques problèmes s'ils n'ont pas à leur disposition la fraction végétale nécessaire à leur croissance.

Le mâle se distingue de la femelle par les poils qu'il porte sur les côtés du museau. Ne placez pas cette espèce pacifique en présence de poissons trop vifs, au risque de la voir dépérir. Actif toute la journée, *Sturisoma aureum* affectionne les zones ombragées. Ses lèvres, qui forment une ventouse, lui permettent de se coller à divers éléments du décor, notamment au niveau du rejet de la filtration. Il broute les algues présentes dans l'aquarium, mais vous pouvez aussi lui donner des pois surgelés écrasés, des feuilles de salade pochée et des comprimés pour poissons de fond. La reproduction peut se dérouler dans l'aquarium communautaire ou dans un bac séparé contenant 2 mâles et 3 femelles. Les œufs sont pondus dans des cavités et parfois sur les vitres de l'aquarium. Ils sont surveillés par le mâle pendant 6 jours, jusqu'à leur éclosion. Vous pouvez nourrir les alevins avec des pois écrasés et avec des infusoires.

Synodontis multipunctatus

COUCOU DU TANGANYIKA

Famille : mochokidés.
Taille : 12 cm.
Origine : région du lac Tanganyika.
Habitat naturel : lac Tanganyika et affluents du fleuve Malagarasi.
Comportement : les jeunes de cette espèce aiment vivre en petits groupes. En grandissant, les adultes peuvent devenir plus territoriaux sans pour autant devenir agressifs vis-à-vis des autres occupants de l'aquarium. Ces poissons chats nagent sans cesse, guettant une opportunité pour se délecter d'une ponte de cichlidés.
Alimentation : omnivore, accepte la nourriture sèche et congelée.
Reproduction : assez facile, mais encore rare.
Aménagement du bac : volume minimal : 500 l ; densité de population : 4 ou 5 poissons pour 500 l ; décor : roches et sable fin.
Qualité de l'eau : température = 23 à 26 °C ; dureté = 20 à 35 °f ; pH = 7,5 à 8,5.
Notre conseil : afin d'éviter les comportements agressifs intraspécifiques, il convient de maintenir ensemble au moins trois ou quatre exemplaires de cette espèce.

Ce silure convient parfaitement à un aquarium de cichlidés africains. Un empilement de roches permet de lui ménager des cachettes. Mettez en place une filtration de 3 ou 4 fois le volume de l'aquarium par heure et procédez à des changements d'eau réguliers et importants (100 à 150 litres par semaine). Les différences morphologiques entre les mâles et les femelles sont difficiles à observer, mais les femelles prêtes à pondre présentent un abdomen arrondi. Le mode de reproduction de cette espèce lui a valu son surnom de « coucou », car, comme l'oiseau du même nom qui pond dans le nid d'autres espèces, le coucou du Tanganyika mélange ses œufs à ceux de cichlidés à incubation buccale (qui gardent leurs œufs dans la bouche). Les jeunes se développent dans la bouche de la mère « porteuse » et se nourrissent d'alevins de cichlidés.

12 *autres poissons de fond*

■ *Botia sidthimunki*
LOCHE NAINE

Famille : cobitidés.
Taille : 5 cm.
Origine : Thaïlande.
Mode de vie : en groupes.
Sociabilité : bonne.
Zone occupée dans l'aquarium : inférieure.
Alimentation : omnivore, accepte les aliments lyophilisés.
Reproduction : non réalisée à ce jour en aquarium.
Volume de l'aquarium : 120 litres.
Densité de population : 5 ou 6 exemplaires.
Décor : sol fin et plantes.
Température : 25 à 26 °C.
Dureté : 10 à 20 °f.
pH : 6,5 à 6,8.

■ *Botia striata*
LOCHE RAYÉE

Famille : cobitidés.
Taille : 6 à 8 cm.
Origine : Asie du Sud-Est.
Mode de vie : en groupes.
Sociabilité : assez bonne.
Zone occupée dans l'aquarium : moitié inférieure.
Alimentation : omnivore.
Reproduction : non réalisée à ce jour en aquarium.
Volume de l'aquarium : 120 litres.
Densité de population : 4 ou 5 exemplaires.
Décor : plantes et racines.
Température : 24 à 26 °C.
Dureté : 8 à 15 °f.
pH : 6 à 6,8.

■ *Brochis splendens*
POISSON CUIRASSÉ VERT

Famille : callichthyidés.
Taille : 7 cm.
Origine : Pérou, Équateur, Amazonie supérieure.
Mode de vie : en groupes.
Sociabilité : bonne.
Zone occupée dans l'aquarium : inférieure.
Alimentation : omnivore, apprécie les proies vermiformes.
Reproduction : assez facile.
Volume de l'aquarium : 120 litres.
Densité de population : 5 ou 6 exemplaires.
Décor : sol fin et plantes.
Température : 22 à 28 °C.
Dureté : 5 à 25 °f.
pH : 6 à 7,5.

■ *Corydoras julii*
SILURE LÉOPARD OU SILURE JULI

Famille : callichthyidés.
Taille : 5 cm.
Origine : Brésil.
Mode de vie : en groupes.
Sociabilité : très bonne.
Zone occupée dans l'aquarium : inférieure.
Alimentation : omnivore.
Reproduction : assez facile.
Volume de l'aquarium : 90 litres.
Densité de population : 6 exemplaires.
Décor : sable fin et plantes.
Température : 24 à 26 °C.
Dureté : indifférente.
pH : 6,5 à 7,8.

■ *Corydoras metae*
CORYDORAS À DOS NOIR

Famille : callichthyidés.
Taille : 5 cm.
Origine : Colombie.
Mode de vie : en groupes.
Sociabilité : bonne et actif.
Zone occupée dans l'aquarium : inférieure.
Alimentation : omnivore.
Reproduction : assez facile.
Volume de l'aquarium : 90 litres.
Densité de population : 6 exemplaires.
Décor : sable de Loire et plantes.
Température : 24 à 26 °C.
Dureté : 10 à 15 °f.
pH : 6,5 à 7.

■ *Corydoras panda*
PANDA

Famille : callichthyidés.
Taille : femelle 5,5 cm, mâle 4,5 cm.
Origine : est du Pérou.
Mode de vie : en groupes.
Sociabilité : bonne.
Zone occupée dans l'aquarium : inférieure.
Alimentation : omnivore.
Reproduction : assez facile.
Volume de l'aquarium : 90 litres.
Densité de population : 6 exemplaires.
Décor : sable de Loire et plantes.
Température : 23 à 24 °C.
Dureté : 10 à 25 °f. **pH :** 7 à 7,5.

■ *Corydoras pygmaeus*
CORYDORAS NAIN

Famille : callichthyidés.
Taille : 2,5 cm.
Origine : Brésil et Pérou.
Mode de vie : en groupes.
Sociabilité : bonne.
Zone occupée dans l'aquarium : intermédiaire.
Alimentation : omnivore, apprécie les vers de vase.
Reproduction : assez facile.
Volume de l'aquarium : 60 litres.
Densité de population : 5 ou 6 exemplaires.
Décor : sable fin et plantes à feuilles larges.
Température : 24 à 26 °C.
Dureté : indifférente.
pH : 7.

■ *Farlowella acus*
FARLOWELLA ACUS

Famille : loricariidés.
Taille : 15 cm.
Origine : Amérique du Sud, région de La Plata.
Mode de vie : en petits groupes.
Sociabilité : bonne.
Zone occupée dans l'aquarium : racines et feuilles de plantes.
Alimentation : mange les algues et les comprimés à base de spiruline.
Reproduction : difficile.
Volume de l'aquarium : 300 litres.
Densité de population : 3 ou 4 exemplaires.
Décor : sol sombre, racines et plantes.
Température : 24 à 26 °C.
Dureté : 5 à 15 °f. **pH :** 6 à 7.

■ *Gastromyzon punctulatus*
GASTROMYZON PUNCTULATUS

Famille : balitoridés.
Taille : 5 cm.
Origine : Bornéo (Kalimantan).
Mode de vie : solitaire ou en petits groupes.
Sociabilité : bonne.
Zone occupée dans l'aquarium : au-dessus des plantes et du décor.
Alimentation : omnivore avec apport de complément végétal.
Reproduction : non réalisée à ce jour en aquarium.
Volume de l'aquarium : 120 litres.
Densité de population : 4 ou 5 exemplaires.
Décor : plantes et racines.
Température : 24 à 25 °C.
Dureté : 10 à 20 °f.
pH : 6,5 à 7,5.

■ *Panaque suttoni*
PANAQUE AUX YEUX BLEUS

Famille : loricariidés.
Taille : 25 cm en aquarium.
Origine : Brésil, Venezuela et Colombie.
Mode de vie : solitaire.
Sociabilité : territorial vis-à-vis de ses congénères.
Zone occupée dans l'aquarium : inférieure.
Alimentation : végétaux et comprimés à base de spiruline.
Reproduction : non réalisée à ce jour en aquarium.
Volume de l'aquarium : 300 litres.
Densité de population : 1 spécimen.
Décor : roches et racines.
Température : 22 à 26 °C.
Dureté : 5 à 20 °f. **pH :** 6,2 à 7,5.

■ *Platydoras costatus*
SILURE RAYÉ

Famille : doradidés.
Taille : 20 à 30 cm.
Origine : nord de l'Amérique du Sud.
Mode de vie : en petits groupes.
Sociabilité : bonne.
Zone occupée dans l'aquarium : inférieure, à l'ombre des racines.
Alimentation : omnivore, accepte les comprimés à base de spiruline.
Reproduction : non réalisée à ce jour en aquarium.
Volume de l'aquarium : 400 litres.
Densité de population : 3 ou 4 exemplaires.
Décor : plantes et racines.
Température : 24 à 28 °C.
Dureté : 5 à 30 °f.
pH : 5,8 à 7,5.

■ *Rineloricaria fallax*
FALLAX

Famille : loricariidés.
Taille : 12 cm.
Origine : Paraguay, région de La Plata.
Mode de vie : en groupes.
Sociabilité : bonne.
Zone occupée dans l'aquarium : moitié inférieure, sur les plantes et les racines.
Alimentation : végétaux et comprimés à base de spiruline.
Reproduction : difficile.
Volume de l'aquarium : 120 litres.
Densité de population : 5 ou 6 exemplaires.
Décor : plantes et racines de tourbière.
Température : 21 à 24 °C.
Dureté : 15 à 20 °f.
pH : 5,8 à 7,8.

Autres espèces

Les animaleries spécialisées offrent un éventail très varié d'autres espèces d'eau douce tropicale fort intéressantes et souvent très colorées. Celles-ci ont parfois des habitudes et des besoins similaires aux vivipares, poissons à labyrinthe, characidés, cyprinidés, cichlidés ou encore poissons de fond, capables donc de vivre en bonne harmonie avec eux. D'autres ont des exigences particulières. C'est essentiellement leur taille et leur comportement qui dictent leurs conditions de vie en aquarium. Les poissons du genre Melanotaenia *exigent des bacs spacieux, car ce sont de grands nageurs. À l'inverse, un couple d'*Aphyosemion australe *se contente d'un aquarium de 20 litres. D'autres espèces ont besoin de bacs spécifiques, réclamant simplement une qualité d'eau particulière, ou bien se révélant trop timides ou trop agressives pour vivre en communauté. En effet, les grands timorés comme* Nannobrycon eques *risquent, en compagnie de poissons vifs, de ne pouvoir se nourrir et de dépérir peu à peu. Certaines espèces se reproduisent de manière si originale qu'il serait dommage de s'en priver :* Copella arnoldi *pond, par exemple, ses œufs à l'extérieur de l'eau, sous une feuille, alors que* Tateurndina ocellicauda *les cache dans l'anfractuosité d'une roche.*

Aphyosemion australe

CAP-LOPEZ

Famille : aplocheilidés.
Taille : 5 cm.
Origine : Gabon, Congo.
Habitat naturel : plaines côtières à tendance marécageuse.
Comportement : le Cap-Lopez est sociable vis-à-vis des autres espèces, en revanche les mâles sont territoriaux et donc assez agressifs entre eux. En aquarium spécifique, ces killies vivent tranquillement leur vie, le mâle pourchassant parfois les femelles parmi les plantes. En aquarium communautaire, cette espèce est discrète, voire timide.
Alimentation : omnivore, apprécie les proies vivantes (artémias et larves de moustiques).
Reproduction : facile.
Aménagement du bac : volume minimal : 20 l ; densité de population : 1 mâle et 2 femelles pour 20 l ; décor : feuilles de chêne et mousse de Java *(Vesicularia dubyana)*.
Qualité de l'eau : température = 18 à 22 °C ; dureté = 5 à 10 °f ; pH = 6,8 à 7.
Notre conseil : utilisez de l'eau osmosée et une légère filtration sur tourbe.

Ce poisson est sans doute le plus connu des killies (famille des cyprinodontidés), que ce soit sous sa forme sauvage ou sous ses formes de sélection (de couleur dorée ou chocolat). Le mâle se distingue facilement de la femelle, beige et terne, par une coloration intense et une nageoire caudale en forme de lyre. Un aquarium spécifique de petite dimension, dans lequel vos cap-lopez pourront aussi se reproduire, est préférable à un aquarium communautaire. Équipez-le d'un filtre d'angle. Cette espèce pond chaque jour des œufs très résistants. Vous pouvez récupérer ces derniers et les mettre à incuber dans un récipient rempli de 1 cm d'eau. Une douzaine de jours plus tard, les alevins voient le jour ; placez-les dans un petit aquarium d'élevage et nourrissez-les avec des larves d'artémias.

Aphyosemion gardneri

GARDNERI

Famille : cyprinodontidés.
Taille : 6 cm.
Origine : Afrique de l'ouest.
Habitat naturel : mares temporaires ou permanentes.
Comportement : sociable et plutôt timide vis-à-vis des autres espèces. Ces poissons résistants s'accommodent très bien d'un aquarium de faible volume. Peu actifs, ils préfèrent passer leur temps parmi les nombreuses plantes nécessaires à leur bien-être comme la mousse de Java *(Vesicularia dubyana)* qui permet de les mettre en confiance.
Alimentation : omnivore, accepte les paillettes.
Reproduction : facile.
Aménagement du bac : une cuve de 15 litres convient pour un mâle et deux femelles.
Qualité de l'eau : température = 20 à 23 °C ; dureté = 8 à 12 °f ; pH = 6,5 à 6,8.
Notre conseil : attention aux températures élevées (supérieures à 30 °C) durant l'été.

Un aquarium d'une quinzaine de litres convient parfaitement pour un mâle et deux femelles. Ce type d'aquarium ne nécessite pas forcément de filtration, mais plutôt des changements d'eau réguliers. Distribuez les paillettes et autres aliments inertes avec parcimonie. Les proies vivantes sont bien entendu dévorées avec avidité. Couvrez bien votre aquarium pour éviter les sauts intempestifs.
Cette espèce d'*Aphyosemion* présente une grande variété de coloration, directement liée aux différents lieux d'origine (encore appelés « populations »). L'idéal consiste à ne pas mélanger deux populations différentes car seuls les mâles sont colorés. Les gardneris sont assez prolifiques, et ne nécessitent pas de soins particuliers. La femelle émet tous les jours une dizaine d'œufs, immédiatement fécondés par le mâle. Si les poissons sont nourris convenablement, vous ne tarderez pas à voir nager sous la surface quelques alevins en quête de nourriture. La poudre pour alevins ou les nauplies d'artémias conviennent parfaitement.

Aplocheilus lineatus

PANCHAX RAYÉ

Famille : aplocheilidés.
Taille : 8 à 10 cm.
Origine : Sri Lanka, sud de l'Inde.
Habitat naturel : cours d'eau de plaine et de montagne.
Comportement : cette espèce vit en groupes d'au moins une demi-douzaine d'individus, juste sous la surface de l'eau. Généralement peu actifs, les panchax rayés aiment se positionner dans le courant, face au rejet du filtre.
Alimentation : carnivore ; accepte la nourriture sèche, mais préfère les proies vivantes.
Reproduction : facile.
Aménagement du bac : volume minimal : 120 l ; densité de population : 5 ou 6 poissons pour 120 l ; décor : plantes et roches.
Qualité de l'eau : température = 22 à 26 °C ; dureté = 6 à 20 °f ; pH = 6 à 6,8.
Notre conseil : la distribution de petites mouches vivantes est l'occasion d'un divertissement familial tant l'habileté de ces poissons à chasser les insectes qui viennent tout juste de toucher l'eau est grande.

Poisson calme, le panchax rayé demeure parmi les plantes flottantes, à l'affût d'une proie. Il apprécie un léger courant (fourni par une filtration de 2 ou 3 fois le volume du bac par heure). Vous pouvez l'associer à des espèces assez grandes occupant la zone intermédiaire et le fond de l'aquarium. Celui-ci peut être décoré avec quelques plantes des genres *Vallisneria* et *Cryptocoryne.* Le panchax mâle est plus grand et plus coloré que la femelle. La reproduction peut avoir lieu en bac communautaire, mais, si vous voulez voir survivre les alevins, isolez un couple dans un bac de 50 litres, avec des plantes flottantes ou un écheveau de laine synthétique, pour recevoir les œufs. Ces derniers sont résistants et vous pouvez les mettre à incuber dans un récipient rempli de 1 cm d'eau. Nourrissez les alevins avec des larves d'artémias.

Badis badis

BADIS

Famille : badidés.
Taille : 6 à 8 cm.
Origine : Asie (Inde).
Habitat naturel : eaux stagnantes.
Comportement : assez pacifique, mais le mâle défend un territoire de ponte souvent organisé autour d'une cavité ; il n'est d'ailleurs pas rare de l'observer monter la garde à l'entrée de sa grotte.
Alimentation : carnivore, accepte les paillettes.
Reproduction : assez facile.
Aménagement du bac : un aquarium planté de 80 litres offre suffisamment d'espace pour maintenir un ou deux couples en compagnie d'autres espèces.
Qualité de l'eau : température = 24 à 26 °C ; dureté = 10 à 25 °f ; pH = 6,6 à 7,2.
Notre conseil : afin d'éviter que les mâles ne s'affrontent trop souvent, éloignez l'une de l'autre les zones pouvant leur servir de territoire.

Le dimorphisme sexuel de ces badis est principalement constitué par la coloration bleutée du mâle et la forme concave de son abdomen. La femelle, plus terne, est également plus ronde. Des demi-noix de coco cachées parmi les plantes offrent des territoires tout à fait acceptables. Cette espèce peut très bien cohabiter avec de petits cyprinidés tels que les *Rasbora heteromorpha* et les *Brachydanio albolineatus*. L'aquarium généreusement planté, avec en avant-plan des *Cryptocoryne wendtii* et plus en arrière des pieds de *Hygrophila difformis* et de *Hygrophila polysperma*, doit permettre de sécuriser vos hôtes. Souvent, la ponte se déroule à l'intérieur de la cavité. Le mâle protège seul sa progéniture contre tous les agresseurs éventuels. Il vous est ainsi possible, deux à trois jours après la ponte, de tenter de récupérer des alevins tout simplement en les siphonnant. Placez les jeunes ainsi récupérés dans un aquarium contenant une eau aux caractéristiques physicochimiques identiques et nourrissez-les de microvers et de nauplies d'artémias.

Bedotia geayi

BÉDOTIA

Famille : atherinidés.
Taille : 10 cm.
Origine : Madagascar.
Habitat naturel : ruisseaux rapides, rivières, étangs.
Comportement : grégaires, les bédotias doivent être maintenus en groupes d'au moins une demi-douzaine d'exemplaires. Nageurs actifs, ils occupent principalement la zone supérieure de l'aquarium. Ils apprécient particulièrement les espaces dégagés, bordés de plantes à feuilles fines.
Alimentation : omnivore.
Reproduction : assez facile.
Aménagement du bac : volume minimal : 120 l ; densité de population : 6 à 8 poissons pour 120 l ; décor : plantes sur le fond et les côtés du bac, zone supérieure libre pour la nage.
Qualité de l'eau : température = 22 à 23 °C ; dureté = 15 à 30 °f ; pH = 7.
Notre conseil : afin de faire ressortir les couleurs de cette espèce, il est préférable d'utiliser un sol sombre et de tamiser la lumière à l'aide de plantes flottantes.

Vif et bon nageur, *Bedotia geayi* est un hôte parfait pour un aquarium communautaire. Choisissez-lui des compagnons vivant également en banc et, par exemple, un couple de petits cichlidés, tel *Steatocranus casuarius*. Pour constituer le décor de votre bac, vous pouvez utiliser *Vallisneria spiralis*, qui se multiplie rapidement, *Microsorum pteropus* et *Anubias gilletii*. Mettez en place une filtration de 2 ou 3 fois le volume du bac par heure. Des changements d'eau réguliers sont, par ailleurs, nécessaires. Le mâle se distingue de la femelle par sa plus grande taille et par ses couleurs plus contrastées. Dans de bonnes conditions, les bédotias pondent, en aquarium communautaire, jusqu'à une douzaine d'œufs par jour. Ces derniers éclosent après environ 6 jours. Les alevins sont délicats à élever.

Copella arnoldi

CHARACIN ARROSEUR, TÉTRA SAUTEUR

Famille : lebiasinidés.
Taille : 6 à 8 cm.
Origine : Guyanes.
Habitat naturel : eaux stagnantes et à courant lent.
Comportement : cette espèce très sociable aime vivre en petits groupes de 5 à 10 individus, ou en couple dans la zone située juste sous la surface de l'eau. Elle profite des feuilles de surface pour se cacher.
Alimentation : omnivore ; apprécie les petites mouches.
Reproduction : assez facile.
Aménagement du bac : volume minimal : 50 l ; densité de population : 1 couple pour 50 l ; décor : racines de tourbière et plantation dense.
Qualité de l'eau : température = 24 à 26 °C ; dureté = 5 à 15 °f ; pH = 6,5 à 7,2.
Notre conseil : couvrez bien votre aquarium, car *Copella arnoldi* est un excellent sauteur.

Copella arnoldi apprécie de vivre en groupe, mais vous pouvez parfaitement posséder un couple dans un petit aquarium. Veillez à bien fermer votre bac, pour éviter que vos poissons ne bondissent à l'extérieur. Conservez, par ailleurs, un espace d'au moins 5 cm entre la surface de l'eau et le couvercle, afin que vos poissons ne se blessent pas s'ils sautent hors de l'eau. Cette espèce cohabite facilement avec des characidés. Le mâle est nettement plus grand et plus coloré que la femelle. Pour la reproduction, laissez émerger quelques feuilles d'anubias : le couple ne tardera pas à se positionner sous l'une d'elles. Le mâle se met alors à sauter hors de l'eau pour l'humidifier. Puis les deux partenaires sautent ensemble et, après plusieurs essais, le couple reste collé quelques secondes à la feuille, le temps d'émettre et de féconder une dizaine d'œufs. Le mâle les surveille et les éclabousse fréquemment. Après 48 heures d'incubation, les alevins tombent dans l'eau et peuvent être nourris de rotifères.

Epiplatys dageti

ÉPIPLATYS RAYÉ

Famille : cyprinodontidés.
Taille : 5 à 6 cm.
Origine : Ghana, Liberia, Côte d'Ivoire.
Habitat naturel : eaux courantes ou légèrement stagnantes.
Comportement : espèce grégaire assez active. Le décor doit offrir à la fois des zones bien plantées parmi lesquelles vos killies aiment se faufiler et des zones libres leur permettant de nager librement sous la surface.
Alimentation : omnivore, adore les petites mouches.
Reproduction : facile.
Aménagement du bac : un aquarium communautaire de 200 litres permet d'accueillir un groupe de cinq ou six individus.
Qualité de l'eau : température = 24 à 26 °C ; dureté = 10 à 15 °f ; pH = 6 à 6,5.
Notre conseil : les mâles étant assez territoriaux, il est préférable de maintenir deux femelles pour un mâle.

Ce killie robuste au caractère enjoué peut être maintenu sans aucun problème avec d'autres espèces ayant les mêmes exigences. Vous pouvez ainsi placer dans le même aquarium un groupe de cinq ou six épiplatys rayés, un petit groupe de tétras du Congo *(Phenacogrammus interruptus)*, un couple de *Pelvicachromis subocellatus* ou encore un couple de *Microctenopoma ansorgii*. Dans la nature, les épiplatys se nourrissent surtout d'insectes qu'ils capturent à la surface de l'eau, mais en captivité ils acceptent tous les aliments que vous pouvez leur proposer. Il est illusoire d'espérer obtenir des alevins en aquarium d'ensemble. Placez plutôt deux femelles et un mâle dans un aquarium d'une trentaine de litres équipé d'un filtre d'angle et largement garni de mousse de Java. Le mâle se reconnaît assez facilement à la forme et à la coloration de son corps ; de plus, sa nageoire anale est plus pointue que celle des femelles. Les premiers alevins apparaissent une dizaine de jours après l'introduction des parents dans l'aquarium, et sont capables d'avaler des nauplies d'artémias.

Glossolepis incisus

ARC-EN-CIEL SAUMON

Famille : mélanotaeniidés.
Taille : 15 cm.
Origine : Irian Jaya, dans la région du lac Santani.
Habitat naturel : eau stagnante des lacs.
Comportement : cette espèce pacifique et grégaire occupe la moitié supérieure de l'aquarium. Nageurs actifs, ces poissons sont néanmoins facilement dérangés par des espèces trop nerveuses. L'idéal consiste à les maintenir en compagnie d'autres poissons arc-en-ciel comme Melanotaenia trifasciata ou Melanotaenia praecox.
Alimentation : omnivore, accepte les paillettes.
Reproduction : assez facile.
Aménagement du bac : un aquarium de 300 litres offrant de grands espaces de nage convient pour six exemplaires. Utilisez des racines de tourbière et des plantes résistantes pour constituer le décor.
Qualité de l'eau : température = 22 à 24°C ; dureté = 15 à 30 °f ; pH = 7 à 7,5 .
Notre conseil : un aquarium spécifique consacré aux mélanotaeniidés est du plus bel effet.

Ce poisson arc-en-ciel diffère des autres membres de la famille notamment par la forme particulière de la tête des mâles ainsi que par la coloration rouge très prononcée chez les spécimens adultes. La femelle quant à elle est de couleur jaunâtre. Un décor constitué de plantes à longues feuilles et de plantes de surface ainsi qu'un sol sombre permettent de mettre vos hôtes en valeur tout en les sécurisant. Les aliments lyophilisés et congelés sont largement acceptés. La ponte en aquarium d'ensemble a peu de chances d'aboutir. Il est donc nécessaire d'utiliser un aquarium spécifique de grande taille et largement garni de plantes à feuilles fines *(Ceratophyllum demersum)* permettant d'accueillir un couple en bonne santé. Les œufs sont éparpillés parmi les plantes et les premiers alevins n'apparaissent qu'au bout de huit jours environ.

Gnathonemus petersii

POISSON-ÉLÉPHANT

Famille : mormyridés.
Taille : 23 à 25 cm.
Origine : Congo, République démocratique du Congo, Niger.
Habitat naturel : eaux vaseuses.
Comportement : ces poissons occupent la zone inférieure de l'aquarium et ce ne sont pas des nageurs très actifs. Assez sociable avec les espèces de sa taille, le comportement intraspécifique des poissons éléphants est plutôt mauvais. En effet, les spécimens de petites tailles peuvent être persécutés par les poissons dominants dans le groupe, au point de les empêcher de s'alimenter.
Alimentation : omnivore ; apprécie les proies vivantes (vers).
Reproduction : inconnue en aquarium.
Aménagement du bac : volume minimal : 300 l ; densité de population : 4 ou 5 poissons pour 300 l ; décor : racines, plantes peu exigeantes en lumière, roches et sable fin.
Qualité de l'eau : température = 23 à 28 °C ; dureté = 8 à 15 °f ; pH = 5,5 à 6,5.
Notre conseil : un aquarium spécifique semble préférable pour maintenir cette espèce durablement.

Le poisson-éléphant doit son nom à sa lèvre inférieure allongée en forme de trompe. Il émet en permanence des ondes électriques de faible intensité, ce qui lui permet, dans son milieu naturel, de s'orienter et de trouver sa nourriture dans les eaux troubles où il nage. C'est un hôte d'aquarium discret appréciant peu la compagnie d'autres espèces : faites-le donc vivre plutôt dans un aquarium spécifique. Votre bac devant être faiblement éclairé, vous ne pouvez pas le garnir de nombreuses plantes : choisissez quelques touffes de mousse de Java *(Vesicularia dubyana)* et quelques pieds de *Microsorum pteropus*. Le poisson-éléphant n'est pas difficile à nourrir ; il raffole des proies vivantes comme les enchythrées et les tubifex.

Kryptopterus bicirrhis

SILURE DE VERRE

Famille : siluridés
Taille : 12 cm.
Origine : Thaïlande, Malaisie, Indonésie.
Habitat naturel : cours d'eau ombragés.
Comportement : espèce sociable qui aime vivre en bancs. Les silures de verre occupent la partie intermédiaire de l'aquarium où ils nagent en rang serré à l'abri des plantes flottantes. Contrairement à d'autres silures, cette espèce est plus active la journée.
Alimentation : omnivore ; s'alimente peu, apprécie les larves de moustique vivantes.
Reproduction : rarement réussie en aquarium.
Aménagement du bac : volume minimal : 120 l ; densité de population : 5 ou 6 poissons pour 120 l ; décor : sol sombre et plantes flottantes.
Qualité de l'eau : température = 24 à 26 °C ; dureté = 5 à 15 °f ; pH = 5,5 à 6,8.
Notre conseil : à maintenir exclusivement en bancs d'au moins 5 ou 6 spécimens, sinon leur durée de vie risque de ne pas dépasser quelques mois.

Kryptopterus bicirrhis est un poisson tout à fait étonnant : son corps est totalement transparent (on voit nettement les arêtes et la vessie natatoire) ! Mâles et femelles sont identiques. Vous pouvez faire cohabiter cette espèce assez timide avec d'autres poissons qui vivent en groupes, comme ceux du genre *Rasbora* et les barbus (choisissez cependant des espèces calmes). Pour créer une ambiance sécurisante, utilisez du sable foncé ainsi que des plantes flottantes et garnissez les côtés de l'aquarium d'une végétation dense. Une belle racine de tourbière sur laquelle vous aurez attaché quelques fougères de Java *(Microsorum pteropus)* complétera le décor. Maintenez l'eau propre et claire grâce à une filtration de deux fois le volume du bac par heure. Des changements d'eau réguliers sont, en outre, conseillés.

Macrognatus aculeatus

MACROGNATUS ACULEATUS

Famille : mastacembélidés.
Taille : 35 cm.
Origine :
Habitat naturel : eau douce ou légèrement saumâtre.
Comportement : espèce solitaire et prédatrice quand l'occasion se présente. Le comportement intraspécifique est très mauvais.
Alimentation : carnivore, mais accepte les aliments lyophilisés.
Reproduction : jamais réalisée en aquarium.
Aménagement du bac : volume minimal : 120 litres ; densité de population : un exemplaire ; décor : racines de tourbière, plantes et sol fin.
Qualité de l'eau : température = 23 à 28 °C; dureté = 20 à 25 °f ; pH = 7.
Notre conseil : évitez de mélanger avec de petites espèces pouvant être confondues avec des proies vivantes.

Les anguilles épineuses du genre *Macrognatus*, sont suffisamment originales pour susciter l'enthousiasme des amateurs. Néanmoins, il faut maintenir ces poissons en connaissance de cause. Ainsi, il est déconseillé de garder ensemble plusieurs spécimens car le comportement intraspécifique est très mauvais. Le choix des colocataires doit se faire parmi les espèces suffisamment robustes et grosses pour ne pas être inquiétées. Un couple de *Etroplus maculatus* ainsi qu'un groupe d'une demi-douzaine de *Barbus conchonius* permettent d'égayer l'aquarium. Le décor est constitué de racines de tourbière sur lesquelles vous pouvez accrocher des pieds de fougère de Java *(Microsorum pteropus)*. Quelques *Vallisneria gigantea* à l'arrière-plan et des *Cryptocoryne beckettii* plus en avant permettent de constituer un décor intéressant. Sur le fond, placez une bonne couche de sable de Loire assez fin pour permettre à votre anguille épineuse de s'enfouir pendant la journée. Vous pouvez également mettre à sa disposition des pots en terre ou elle pourra se soustraire à la lumière. Aucune reproduction en aquarium n'a été rapportée à ce jour.

Mastacembelus erythrotaenia

ANGUILLE ÉPINEUSE À BANDES ROUGES

Famille : mastacembélidés.
Taille : jusqu'à 1 m.
Origine : Thaïlande, Indonésie.
Habitat naturel : vase des cours d'eau.
Comportement : espèce asociale et prédatrice, peu active durant la journée.
Alimentation : carnivore, apprécie les moules et les crevettes.
Reproduction : jamais réalisée en aquarium.
Aménagement du bac : volume minimal : 400 litres ; densité de population : un exemplaire adulte ; décor : sable fin et pots à fleurs.
Qualité de l'eau : température = 24 à 28 °C ; dureté = 8 à 25 °f ; pH = 6,8 à 7,5.
Notre conseil : il est préférable de placer les plantes dans des pots à fleurs pour éviter qu'elles ne se fassent déraciner.

Les jeunes anguilles épineuses cohabitent assez bien ensemble, mais au fur et à mesure de leur croissance leur caractère s'affirme, et il faut alors penser à les séparer. À l'âge adulte un aquarium de 400 litres semble un minimum pour un seul exemplaire. De la même manière, le choix des autres occupants de l'aquarium doit se faire en fonction de la taille de votre anguille, car tout ce qui peut passer pour de la nourriture vivante risque de finir tôt ou tard dans son estomac. La cohabitation avec un groupe de *Barbus lateristriga* et un autre de *Barbus filamentosus* est tout à fait envisageable. Une filtration brassant trois à quatre fois le volume du bac, permet d'éliminer les particules en suspension liées aux mouvements d'enfouissement de votre erythrotaenia. C'est d'ailleurs la raison pour laquelle il faut utiliser un sable très fin, ceci afin de leur permettre de se soustraire à la lumière durant la journée. Peu exigeante en terme d'alimentation, cette anguille accepte tous les aliments habituellement proposés, vous pouvez même l'habituer à venir chercher la nourriture au bout de vos doigts.

Melanotaenia boesemani

POISSON ARC-EN-CIEL DE BOESEMAN

Famille : mélanotaeniidés.
Taille : 8 à 10 cm.
Origine : lac Ajamaru (Irian Jaya : île de Nouvelle-Guinée).
Habitat naturel : eaux stagnantes du lac.
Comportement : ce poisson arc-en-ciel de Boeseman vit en groupes dans la zone intermédiaire de l'aquarium. Nageur actif, il est déconseillé de le maintenir en compagnie d'espèces craintives qui seraient rapidement indisposées par les poursuites qui se déroulent aussi bien parmi les plantes que dans les zones dégagées.
Alimentation : omnivore.
Reproduction : assez facile.
Aménagement du bac : volume minimal : 300 l ; densité de population : 6 poissons pour 300 l ; décor : plantes, avec un espace libre pour la nage.
Qualité de l'eau : température = 27 à 30 °C ; dureté = 18 à 32 °f ; pH = 7,5 à 8,5.
Notre conseil : un sol sombre et des plantes de surface permettent de faire ressortir les couleurs de cette espèce.

Ce poisson arc-en-ciel n'acquiert sa magnifique coloration qu'à un an environ. Les mâles, plus colorés que les femelles, se reconnaissent également au liseré blanc plus marqué de leurs deux nageoires dorsales. Un sable foncé et une plantation dense rendent les couleurs de cette espèce encore plus saisissantes. Plantez par exemple *Vallisneria americana* sur les côtés du bac et *Hygrophila difformis* au centre, et disposez quelques plaques d'ardoise recouvertes de mousse de Java *(Vesicularia dubyana)* au premier plan. Les poissons arc-en-ciel de Boeseman sillonnent sans relâche l'aquarium. Pour la reproduction, isolez un couple pendant 5 ou 6 jours dans un bac de 60 litres garni de mousse de Java. Les premiers œufs éclosent généralement au bout de 7 jours. Les minuscules alevins, dont la croissance est lente, doivent être nourris avec des rotifères.

Melanotaenia praecox

MELANOTAENIA PRAECOX

Famille : mélanotaeniidés.
Taille : 5 cm.
Origine : plaine du fleuve Mamberamo (Irian Jaya : île de Nouvelle-Guinée).
Habitat naturel : eaux courantes claires et rapides.
Comportement : espèce grégaire et très sociable qui nage activement dans les zones dégagées bordées de plantes à feuilles fines.
Alimentation : omnivore.
Reproduction : facile.
Aménagement du bac : volume minimal : 120 l ; densité de population : 5 ou 6 poissons pour 120 l ; décor : plantes et roches, avec un espace libre pour la nage.
Qualité de l'eau : température = 24 à 27 °C ; dureté = 10 à 15 °f ; pH = 6,5 à 7,2.
Notre conseil : un aquarium spécifique bien planté, consacré uniquement à cette espèce, permet d'obtenir sans aucun problème une reproduction dite « semi-naturelle ».

Plus petit que *Melanotaenia boesemani*, ce poisson arc-en-ciel possède, lui aussi, une coloration très attrayante. Seules les nageoires, plutôt jaunes chez les femelles et rouge-orangé chez les mâles, permettent de différencier les sexes. Cette espèce peut cohabiter avec d'autres poissons arc-en-ciel (familles des mélanoténiidés) aux besoins semblables. Pour le décor, plantez par exemple des pieds de *Vallisneria spiralis* sur les côtés du bac et *Hygrophila polysperma* en arrière-plan, afin de laisser de l'espace à ce nageur actif. Mettez en place une filtration de 2 ou 3 fois le volume du bac par heure, pour que l'eau soit limpide et bien oxygénée. *Melanotaenia praecox* peut pondre tous les jours parmi les plantes. Si c'est la seule espèce présente dans l'aquarium, vous pouvez récupérer les alevins qui nagent sous la surface de l'eau à la recherche de nourriture, pour les élever dans un bac séparé. Pour de meilleurs résultats, isolez un couple dans un aquarium de 50 litres.

Nannobrycon eques

POISSON-CRAYON

Famille : lebiasinidés.
Taille : 6 cm.
Origine : Brésil, Guyanes.
Habitat naturel : eaux stagnantes et cours d'eau lents.
Comportement : très sociable, cette espèce grégaire préfère vivre en bancs d'une dizaine d'exemplaires. Généralement peu actifs, les poissons-crayons stationnent entre deux eaux en position oblique, la tête vers le haut.
Alimentation : carnivore ; accepte les aliments en flocons, mais préfère les proies vivantes (larves de moustiques et daphnies).
Reproduction : assez facile.
Aménagement du bac : volume minimal : 50 l ; densité de population : 5 ou 6 poissons pour 50 l ; décor : sol sombre et plantation dense comprenant des plantes flottantes.
Qualité de l'eau : température = 25 à 28 °C ; dureté = 5 à 15 °f ; pH = 5,5 à 7.
Notre conseil : de l'eau osmosée et une filtration sur tourbe permettent d'obtenir les qualités d'eau nécessaires à la maintenance de ces poissons. Un sol sombre permettra de les sécuriser mais également de faire ressortir leurs couleurs.

Les timides poissons-crayons doivent vivre en compagnie d'espèces tout aussi calmes, ou bien dans un aquarium spécifique. Nageant peu, ils ont tendance à rester en position oblique entre deux eaux. Chaque poisson demeure écarté de quelques centimètres de son voisin. Chez le mâle, encore plus fin que la femelle, la nageoire anale est plus rouge, et bordée d'un liseré blanc plus marqué. Pour la reproduction, isolez un couple dans un bac de 30 litres faiblement éclairé, garni de mousse de Java *(Vesicularia dubyana)* et muni d'un grillage en plastique, pour soustraire les œufs de la voracité des parents. Augmentez la température jusqu'à 30 °C. Retirez les parents après la ponte ; 6 jours plus tard, les alevins peuvent être nourris avec des rotifères.

Nothobranchius patrizii

NOTHOBRANCHIUS PATRIZII

Famille : aplocheilidés.
Taille : 5 cm.
Origine : Somalie.
Habitat naturel : plaines marécageuses.
Comportement : les mâles sont agressifs tant vis-à-vis des femelles que d'autres mâles, ce qui oblige généralement à les maintenir en couple avec beaucoup de plantes.
Alimentation : carnivore ; apprécie les proies vivantes.
Reproduction : assez facile.
Aménagement du bac : volume minimal : 20 l ; densité de population : 1 couple pour 20 l ; décor : mousse de Java *(Vesicularia dubyana), Microsorum pteropus* et racines de tourbière.
Qualité de l'eau : température = 23 à 28 °C ; dureté = 7 à 25 °f ; pH = 6,5 à 7.
Notre conseil : cette espèce, comme de nombreux autres cyprinodontidés, ne convient pas très bien à l'aquarium communautaire. Il est préférable de lui réserver un bac spécifique.

Comme beaucoup de killies (famille des cyprinodontidés, tel que *Aphyosemion australe*), cette espèce s'épanouit en aquarium spécifique. Le mâle se distingue de la femelle par une coloration plus soutenue : sa robe est bleu irisé, parfois très sombre, et sa nageoire caudale, rouge. Ce dernier étant assez agressif, aménagez dans le décor de nombreuses cachettes, pour que la femelle puisse s'y réfugier. L'idéal est de réunir les deux sexes uniquement pour la reproduction. Placez alors, dans un coin du bac, un récipient contenant de la tourbe pulpeuse. Le couple viendra y plonger et y pondre. Après une semaine, retirez la tourbe, pressez-la légèrement et conservez-la dans un sachet plastique hermétique pendant 12 à 15 semaines, à une température de 25 °C. Au terme de cette période d'incubation, remettez la tourbe dans de l'eau, pour favoriser l'éclosion. Nourrissez les alevins avec des larves d'artémias.

Phenacogrammus interruptus

TÉTRA DU CONGO

Famille : alestidés.
Taille : 6 à 9 cm.
Origine : République démocratique du Congo.
Habitat naturel : bassin du fleuve Congo.
Comportement : sociables et grégaires, ces poissons aiment vivre en bancs d'au moins une demi-douzaine d'individus. Nageurs actifs, ils arpentent sans cesse les zones dégagées de l'aquarium.
Alimentation : omnivore.
Reproduction : assez facile.
Aménagement du bac : volume minimal : 200 l ; densité de population : 5 ou 6 poissons pour 200 l ; décor : sable foncé, racines de tourbière et plantes, avec un espace libre pour la nage.
Qualité de l'eau : température = 24 à 27 °C ; dureté = 8 à 30 °f ; pH = 6,2 à 7,2.
Notre conseil : un rayon de soleil passager sur l'aquarium permet de réellement juger de la beauté des couleurs de ces tétras.

Le mâle de cette espèce se distingue facilement de la femelle par le prolongement des rayons centraux de sa nageoire caudale et par sa dorsale en panache. Ce poisson, parfois timide, apprécie de vivre en petit groupe. Évitez de lui adjoindre des compagnons trop vifs ou « taquins », tels les barbus. Aménagez le décor de votre aquarium de manière qu'il s'y sente en sécurité. Disposez, sur un sol sombre, quelques racines de tourbière sur lesquelles sont accrochés des anubias. En arrière-plan du bac, vous pouvez planter *Vallisneria americana*, qui fournit des zones d'ombre rassurantes. Mettez en place une filtration d'au moins 400l/h. Pour la reproduction, isolez un couple dans un bac de 100 litres, garni de mousse de Java *(Vesicularia dubyana)* et de plantes flottantes. Un éclairage intensif semble stimuler les partenaires. Les 200 à 300 œufs éclosent au bout de 6 jours. Nourrissez les alevins avec des rotifères puis avec des larves d'artémias.

Procatopus aberrans

PROCATOPUS ABERRANS

Famille : aplocheilichthyidés.
Taille : 6 cm.
Origine : Cameroun, Nigeria.
Habitat naturel : ruisseaux ombragés.
Comportement : ces poissons sociables vis-à-vis des autres espèces vivent en groupes, néanmoins des altercations entre mâles peuvent se produire. Très bons nageurs, ils occupent la zone intermédiaire de l'aquarium.
Alimentation : carnivore ; apprécie les artémias vivantes.
Reproduction : facile.
Aménagement du bac : volume minimal : 120 l ; densité de population : 12 poissons pour 120 l ; décor : racines de tourbière, roches et plantes.
Qualité de l'eau : température = 24 à 26 °C ; dureté = 8 à 20 °f ; pH = 7.
Notre conseil : utilisez un sol sombre pour faire ressortir leurs couleurs.

Ce poisson du groupe des killies (famille des cyprinodontidés) a besoin d'espace, car les mâles peuvent se battre s'ils sont trop à l'étroit. Un sol sombre et des plantes flottantes mettent en valeur ses couleurs irisées. Le mâle est plus coloré que la femelle et possède des nageoires plus longues. *Procatopus aberrans* est un prédateur qui chasse ses proies avec vélocité. Les femelles peuvent pondre tous les jours. Les œufs sont accrochés dans toutes les anfractuosités proches du sol. En aquarium communautaire, vous pouvez les récupérer, car ils supportent les manipulations : mettez-les alors à incuber dans de petits récipients. Pour de meilleurs résultats, isolez un couple dans un bac de 30 litres, avec un fond de sable et quelques racines fortement rainurées. Le mâle tourne autour de la femelle, toutes nageoires déployées. Les œufs, pondus dans les rainures des racines, éclosent au bout d'une vingtaine de jours. Nourrissez les alevins avec des rotifères.

Tateurndina ocellicauda

GOBIE OCELLÉ

Famille : éleotridés.
Taille : 5 cm.
Origine : Nouvelle-Guinée.
Habitat naturel : fleuves et étangs.
Comportement : ces gobies aiment vivre en petits groupes au niveau du substrat. Sociables, ils peuvent cependant devenir territoriaux en période de ponte et aiment occuper un bois creux, comme un bambou.
Alimentation : omnivore ; aliments variés, à compléter avec des proies vivantes (vers de vase, vers de Grindal).
Reproduction : assez facile.
Aménagement du bac : volume minimal : 80 l ; densité de population : 4 ou 5 poissons pour 80 l ; décor : sable fin et plantes.
Qualité de l'eau : température = 24 à 26 °C ; dureté = 10 à 15 °f ; pH = 7.
Notre conseil : à maintenir de préférence en aquarium spécifique.

La femelle de cette espèce, tout comme le mâle, est très colorée. Lorsqu'elle porte des œufs, son abdomen est jaune-orangé et les nageoires dorsale et anale arborent un liseré noir. La tête du mâle est légèrement bombée. Le gobie ocellé se tient généralement appuyé sur ses nageoires pelviennes (ventrales). Au moment de la reproduction, vous pouvez observer les mâles parader toutes nageoires déployées devant les femelles. Les pontes peuvent se dérouler en aquarium communautaire, mais, pour être sûr de récupérer des jeunes, il est préférable d'isoler un couple dans un bac séparé. Le mâle attire généralement la femelle dans un lieu étroit pour qu'elle y ponde : des tubes de PVC plantés dans le sable font parfaitement l'affaire. Le mâle surveille les œufs, qui éclosent 4 ou 5 jours après la ponte. Vous pouvez alors retirer les parents et nourrir les alevins avec des larves d'artémias.

32 autres espèces

■ *Aphyosemion bivittatum*
APHYOSEMION BIVITTATUM

Famille : aplochéilidés.
Taille : 5 cm.
Origine : Nigeria, Cameroun.
Mode de vie : en petits groupes.
Sociabilité : bonne, les mâles s'intimident.
Zone dans l'aquarium : inférieure.
Alimentation : proies vivantes.
Reproduction : assez facile.
Volume de l'aquarium : 20 litres.
Densité de population : 1 mâle et 3 femelles.
Décor : mousse de Java.
T : 19 à 23 °C. **D :** 5 à 15°f. **pH :** 6,5 à 6,8.

■ *Aphyosemion primigemium*
APHYOSEMION PRIMIGEMIUM

Famille : aplochéilidés.
Taille : 5 cm.
Origine : sud-ouest du Gabon.
Mode de vie : en petits groupes.
Sociabilité : les mâles sont un peu agressifs entre eux.
Zone dans l'aquarium : inférieure.
Alimentation : proies vivantes et aliments congelés.
Reproduction : assez facile.
Volume de l'aquarium : 20 litres.
Densité de population : 1 mâle et 3 femelles.
Décor : mousse de Java.
T : 18 à 22 °C. **D :** 8 à 20 °f. **pH :** 6,5 à 7.

■ *Aplocheilus panchax*
PANCHAX

Famille : aplochéilidés.
Taille : 8 cm.
Origine : Asie du Sud-Est.
Mode de vie : en groupes.
Sociabilité : bonne.
Zone dans l'aquarium : supérieure, juste sous la surface.
Alimentation : carnivore, apprécie particulièrement les petites mouches.
Reproduction : facile.
Volume de l'aquarium : 120 litres.
Densité de population : 6 spécimens.
Décor : plantes à feuilles fines.
T : 24 à 28 °C. **D :** 8 à 30 °f. **pH :** 6 à 7,2.

■ *Clarias batrachus*
CLARIAS BATRACHUS

Famille : clariidés.
Taille : jusqu'à 45 cm.
Origine : Inde, Thaïlande, Malaisie.
Mode de vie : solitaire.
Sociabilité : prédateur.
Zone dans l'aquarium : moitié inférieure.
Alimentation : accepte les produits lyophilisés.
Reproduction : très difficile.
Volume de l'aquarium : 600 litres.
Densité de population : 1 ou 2 spécimens.
Décor : plantes et roches.
T : 10 à 30 °C. **D :** 5 à 30 °f. **pH :** 6 à 8.

■ *Cynolebias nigripinnis*
CYNOLEBIAS NIGRIPINNIS

Famille : aplochéilidés.
Taille : 5 cm.
Origine : Argentine, région de Gualeguaychu.
Mode de vie : en très petits groupes (plus de femelles que de mâles).
Sociabilité : les mâles sont agressifs vis-à-vis des femelles.
Zone dans l'aquarium : moitié inférieure.
Alimentation : carnivore, aliments congelés.
Reproduction : assez facile.
Volume de l'aquarium : 30 litres.
Densité de population : 1 mâle et 2 femelles.
Décor : plantes et récipient avec tourbe pulpeuse.
T : 15 à 25 °C. **D :** 8 à 20 °f. **pH :** 6,5 à 7,5.

■ *Elassoma evergladei*
PERCHE NAINE

Famille : centrarchidés.
Taille : 3,5 cm.
Origine : Floride.
Mode de vie : en groupes.
Sociabilité : bonne.
Zone dans l'aquarium : intermédiaire.
Alimentation : omnivore.
Reproduction : assez facile.
Volume de l'aquarium : 50 litres.
Densité de population : 5 ou 6 spécimens.
Décor : plantes et roches.
T : 10 à 28 °C. **D :** 15 à 20 °f. **pH :** 7.

■ *Erpetoichthys calabaricus*
ERPETOICHTHYS CALABARICUS

Famille : polyptéridés.
Taille : jusqu'à 40 cm.
Origine : Nigeria et Cameroun.
Mode de vie : en petits groupes.
Sociabilité : bonne avec les grands poissons.
Zone dans l'aquarium : cavités.
Alimentation : carnivore (poissons, crevettes, moules).
Reproduction : non réalisée à ce jour en aquarium.
Volume de l'aquarium : 200 litres.
Densité de population : 3 ou 4 spécimens.
Décor : racines et roches formant des cavités.
T : 22 à 28 °C. **D :** 15 à 20 °f. **pH :** 6,5 à 7.

■ *Gasteropelecus sternicla*
POISSON-HACHETTE ARGENTÉ

Famille : gastéropélécidés.
Taille : 6,5 cm.
Origine : Brésil, Suriname, Guyane.
Mode de vie : grégaire.
Sociabilité : bonne.
Zone dans l'aquarium : sous la surface.
Alimentation : omnivore, petites mouches.
Reproduction : non réalisée à ce jour.
Volume de l'aquarium : 120 litres.
Densité de population : 10 à 12 spécimens.
Décor : sol sombre, plantes et racines.
T : 24 à 28 °C. **D :** 8 à 12 °f. **pH :** 6 à 7.

■ *Gyrinocheilus aymonieri*
GYRINO

Famille : gyrinochéilidés.
Taille : 20 cm en aquarium.
Origine : Thaïlande.
Mode de vie : assez solitaire.
Sociabilité : les adultes deviennent territoriaux.

Zone dans l'aquarium : inférieure.
Alimentation : algues et comprimés à base de spiruline.
Reproduction : non réalisée à ce jour en aquarium.
Volume de l'aquarium : 300 litres.
Densité de population : 2 adultes.
Décor : plantes et roches.
T : 25 à 28 °C. **D :** 5 à 30 °f.
pH : 6,5 à 7,5.

■ *Hemieleotris latifasciatus*
DORMEUR À LARGES BANDES

Famille : éléotridés.
Taille : 12 cm.
Origine : Équateur, Costa Rica.
Mode de vie : en groupes.
Sociabilité : bonne.
Zone dans l'aquarium : inférieure.
Alimentation : omnivore, accepte les paillettes et les aliments congelés.
Reproduction : possible.
Volume de l'aquarium : 120 litres.
Densité de population : 4 ou 5 spécimens.
Décor : plantes et roches.
T : 22 à 26 °C. **D :** 8 à 12 °f. **pH :** 7.

■ *Iriatherina werneri*
ARC-EN-CIEL FILIGRANE

Famille : mélanotaeniidés.
Taille : mâle 5 cm, femelle 3,5 cm.
Origine : Nouvelle-Guinée, Australie.
Mode de vie : en groupes.
Sociabilité : bonne.
Zone dans l'aquarium : supérieure.
Alimentation : omnivore, accepte les paillettes.
Reproduction : assez facile.
Volume de l'aquarium : 120 litres.
Densité de population : 7 ou 8 spécimens.
Décor : plantes à feuilles fines.
T : 25 à 27 °C. **D :** 18 à 20 °f. **pH :** 7.

■ *Jordanella floridae*
JORDANELLE DE FLORIDE

Famille : cyprinodontidés.
Taille : 6 cm.
Origine : Floride et Yucatán (Mexique).
Mode de vie : en harem.
Sociabilité : assez belliqueux.
Zone dans l'aquarium : intermédiaire.
Alimentation : omnivore.
Reproduction : assez facile.
Volume de l'aquarium : 90 litres.
Densité de population : 1 mâle et 4 femelles.
Décor : plantes et roches.
T : 20 à 26 °C. **D :** 20 à 30 °f.
pH : 7,2 à 7,5.

■ *Lamprichthys tanganicanus*
KILLIE PERLÉ DU TANGANYIKA

Famille : aplochéilichthyinés.
Taille : mâle 13 cm, femelle 10 cm.
Origine : lac Tanganyika.
Mode de vie : en groupes.
Sociabilité : sociable.
Zone dans l'aquarium : milieu.
Alimentation : omnivore.
Reproduction : assez facile.
Volume de l'aquarium : 300 litres.
Densité de population : 10 à 12 spécimens.
Décor : roches et plantes de surface.
T : 26 à 29 °C. **D :** 18 à 35 °f.
pH : 7,5 à 9.

■ *Leporinus fasciatus*
LEPORINUS FASCIATUS

Famille : anostomidés.
Taille : 30 cm.
Origine : Brésil, Guyanes, Paraguay.
Mode de vie : en groupes.
Sociabilité : pacifique, mais mordille les nageoires.
Zone dans l'aquarium : intermédiaire.
Alimentation : herbivore, mange les plantes.
Reproduction : non encore réalisée.
Volume de l'aquarium : 600 litres.
Densité de population : 4 ou 5 spécimens.
Décor : sol foncé et roches.
T : 24 à 28 °C. **Dureté :** 0 à 35 °f.
pH : 5,5 à 7,5.

■ *Melanotaenia lacustris*
MELANOTAENIA LACUSTRIS

Famille : melanotaeniidés.
Taille : 12 cm.
Origine : Nouvelle-Guinée.
Mode de vie : grégaire.
Sociabilité : bonne.
Zone dans l'aquarium : supérieure.
Alimentation : omnivore, apprécie les petites mouches.
Reproduction : assez facile.
Volume de l'aquarium : 300 litres.
Densité de population : 6 à 8 spécimens.
Décor : plantes à feuilles fines et sol sombre.
T : 24 à 26 °C. **D :** 18 à 25 °f. **pH :** 7 à 7,5.

■ *Monocirrhus polyacanthus*
POISSON FEUILLE

Famille : nandidés.
Taille : 10 cm.
Origine : Pérou.
Mode de vie : solitaire.
Sociabilité : prédateur.
Zone dans l'aquarium : à l'abri des racines et des plantes.
Alimentation : proies vivantes (petits poissons).
Reproduction : difficile.
Volume de l'aquarium : 120 litres.
Densité de population : 4 spécimens.
Décor : plantes et racines de tourbière.
T : 24 à 28 °C. **D :** 3 à 15 °f. **pH :** 6,5 à 6,9.

■ *Nannostomus beckfordi*
POISSON CRAYON

Famille : lébiasinidés.
Taille : 6,5 cm.
Origine : Guyanes.
Mode de vie : grégaire.
Sociabilité : bonne.
Zone dans l'aquarium : intermédiaire, à l'abri des plantes.
Alimentation : omnivore, apprécie les proies vivantes.
Reproduction : difficile.
Volume de l'aquarium : 120 litres.
Densité de population : 12 à 15 spécimens.
Décor : sol sombre et plantes à feuilles fines.
T : 26 à 28 °C. **D :** 0 à 20 °f.
pH : 5,8 à 7.

■ *Osteoglossum bicirrhosum*
ARAWANA

Famille : ostéoglossidés.
Taille : jusqu'à 120 cm.
Origine : bassin amazonien.
Mode de vie : plus ou moins solitaire.
Sociabilité : bonne avec les grandes espèces.
Zone dans l'aquarium : supérieure.
Alimentation : manteaux de moules et crevettes.
Reproduction : possible.
Volume de l'aquarium : 600 litres.
Densité de population : 1 spécimen.
Décor : plantes robustes et racines de tourbière.
T : 24 à 30 °C. **D :** 10 à 15 °f.
pH : 6,2 à 7.

■ *Pachypanchax omalonotus*
PACHYPANCHAX OMALONOTUS

Famille : aplocheilidés.
Taille : 9,5 cm.
Origine : Nord de Madagascar.
Mode de vie : en petits groupes.
Sociabilité : assez bonne, territorial.
Zone dans l'aquarium : milieu.
Alimentation : préfère les proies vivantes.
Reproduction : assez facile.
Volume de l'aquarium : 50 litres.
Densité de population : 1 mâle et 2 femelles.
Décor : plantes à feuilles fines.
T : 22 à 30 C. **D :** 14 à 25 °f.
pH : 6,5 à 7.

■ *Pangasius sutchi*
PANGASIUS

Famille : pangasiidés.
Taille : plus de 30 cm.
Origine : Thaïlande.
Mode de vie : en groupes.
Sociabilité : bonne, mais assez vif.
Zone dans l'aquarium : moitié supérieure.
Alimentation : omnivore.
Reproduction : non réalisée à ce jour en aquarium.
Volume de l'aquarium : 600 litres.
Densité de population : 4 adultes.
Décor : plantes robustes et roches.
T : 23 à 28 °C. **D :** 15 à 20 °f.
pH : 6,5 à 7.

■ *Pangio kuhlii*
KUHLI

Famille : cobitidés.
Taille : 12 cm.
Origine : Thaïlande, Malaisie, Indonésie.
Mode de vie : en groupes.
Sociabilité : bonne.
Zone dans l'aquarium : inférieure.
Alimentation : omnivore, apprécie les vers de vase.
Reproduction : difficile.
Volume de l'aquarium : 120 litres.
Densité de population : 5 ou 6 spécimens.
Décor : sol fin, plantes et racines.
T : 22 à 26 °C. **D :** 15 à 20 °f.
pH : 6,8 à 7.

■ *Pantodon buchholzi*
POISSON-PAPILLON

Famille : pantodontidés.
Taille : 10 cm.
Origine : Afrique occidentale (Cameroun, bassin du Congo).
Mode de vie : en petits groupes.
Sociabilité : assez bonne.
Zone dans l'aquarium : juste sous la surface de l'eau.
Alimentation : insectivore, mais accepte les paillettes.
Reproduction : difficile.
Volume de l'aquarium : 200 litres.
Densité de population : 3 ou 4 spécimens.
Décor : plantes et roches.
T : 25 à 30 °C. **D :** 17 à 20 °f. **pH :** 6,8 à 6,9.

■ *Procatopus nototaenia*
PROCATOPUS NOTOTAENIA

Famille : aplochéilichthyinés.
Taille : 5 cm.
Origine : sud du Cameroun.
Mode de vie : en groupes.
Sociabilité : bonne, assez craintif.
Zone dans l'aquarium : milieu.
Alimentation : petites proies vivantes.
Reproduction : assez facile.
Volume de l'aquarium : 90 litres.
Densité de population : 5 ou 6 spécimens.
Décor : sol foncé, plantes et racines.
T : 22 à 24 °C. **D :** 5 à 8 °f. **pH :** 6 à 6,2.

■ *Pseudomugil furcatus*
PSEUDOMUGIL FURCATUS

Famille : apseudomugilidés.
Taille : 5,5 cm pour le mâle, 4,5 cm pour la femelle.
Origine : Papouasie, Nouvelle-Guinée.
Mode de vie : en groupes.
Sociabilité : bonne.
Zone dans l'aquarium : moitié supérieure.
Alimentation : paillettes.
Reproduction : facile.
Volume de l'aquarium : 120 litres.

Densité de population : 12 spécimens.
Décor : plantes de surface et roches.
T : 24 à 26 °C. **D :** jusqu'à 20 °f.
pH : 6,5 à 7,5.

■ *Pseudomugil signifer*
PSEUDOMUGIL SIGNIFER

Famille : pseudomugilidés.
Taille : 4,5 cm.
Origine : Australie (nord-est du Queensland).
Mode de vie : grégaire.
Sociabilité : très bonne.
Zone dans l'aquarium : milieu.
Alimentation : omnivore, apprécie les proies vivantes.
Reproduction : assez facile.
Volume de l'aquarium : 90 litres.
Densité de population : 5 spécimens.
Décor : plantes à feuilles fines.
T : 24 à 28 °C. **D :** 16 à 25 °f.
pH : 7,2 à 7,4.

■ *Pygocentrus nattereri*
PIRANHAS

Famille : serrasalmidés.
Taille : 30 cm.
Origine : Guyanes.
Mode de vie : grégaire.
Sociabilité : dangereux prédateur.
Zone dans l'aquarium : moitié inférieure.
Alimentation : carnivore, accepte les poissons congelés.
Reproduction : difficile.
Volume de l'aquarium : 600 litres.
Densité de population : 5 à 6 spécimens.
Décor : sol sombre et plantes.
T : 24 à 30 °C. **D :** 8 à 25 °f. **pH :** 5,5 à 7,5.

■ *Pyrrhulina vittata*
PYRRHULINA VITTATA

Famille : lébiasinidés.
Taille : jusqu'à 8 cm.
Origine : Amazone.
Mode de vie : en groupes.
Sociabilité : très bonne.
Zone dans l'aquarium : milieu.
Alimentation : omnivore, accepte les paillettes.
Reproduction : assez facile.
Volume de l'aquarium : 120 litres.
Densité de population : 6 spécimens.
Décor : sol sombre et plantes à feuilles larges.
T : 24 à 27 °C. **D :** 15 à 25 °f. **pH :** 6,5 à 7,5.

■ *Scleropages formosus*
SCLEROPAGES FORMOSUS

Famille : ostéoglossidés.
Taille : 90 cm.
Origine : Asie du Sud-Est.
Mode de vie : solitaire.
Sociabilité : prédateur agressif.
Zone dans l'aquarium : moitié supérieure.
Alimentation : proies vivantes.
Reproduction : non réalisée en aquarium.
Volume de l'aquarium : 1 000 litres.
Densité de population : 1 spécimen.
Décor : plantes robustes et racines de tourbière.
T : 24 à 28 °C. **D :** 8 à 15 °f. **pH :** 6,5 à 6,8.

■ *Sorubim lima*
SILURE SPATULE

Famille : pimélodidés.
Taille : jusqu'à 60 cm.
Origine : Venezuela, Paraguay.
Mode de vie : assez solitaire.
Sociabilité : bonne avec les grandes espèces.
Zone dans l'aquarium : inférieure.
Alimentation : poissons vivants ou congelés.
Reproduction : non réalisée à ce jour en aquarium.
Volume de l'aquarium : 600 litres.
Densité de population : 2 spécimens.
Décor : roches et racines.
T : 24 à 28 °C. **D** 5 à 30 °f. **pH :** 6,5 à 7,8.

■ *Stigmatogobius sadanundio*
GOBIE TACHETÉ

Famille : gobiidés.
Taille : 8 cm.
Origine : Bornéo, Java, Sumatra, Philippines.
Mode de vie : en couples.
Sociabilité : bonne, mais assez territorial.
Zone dans l'aquarium : inférieure.
Alimentation : omnivore.
Reproduction : assez facile.
Volume de l'aquarium : 100 litres.
Densité de population : 2 couples.
Décor : sol fin et roches.
T : 22 à 26 °C. **D :** 20 à 35 °f. **pH :** 7,2 à 8.

■ *Telmatherina ladigesi*
TELMATHERINA LADIGESI

Famille : athérinidés
Taille : 8 cm.
Origine : Indonésie (Célèbes).
Mode de vie : grégaire.
Sociabilité : bonne.
Zone dans l'aquarium : sous la surface de l'eau.
Alimentation : accepte les aliments lyophilisés.
Reproduction : assez facile.
Volume de l'aquarium : 120 litres.
Densité de population : 10 à 12 spécimens.
Décor : plantes à feuilles fines.
T : 24 à 26 °C. **D :** 20 à 35 °f. **pH :** 7 à 8,5.

■ *Tetraodon mbu*
TÉTRAODON MBU

Famille : tétraodontidés.
Taille : jusqu'à 75 cm.
Origine : fleuve Congo.
Mode de vie : solitaire.
Sociabilité : assez agressif.
Zone dans l'aquarium : toutes.
Alimentation : crevettes et escargots.
Reproduction : non réalisée à ce jour en aquarium.
Volume de l'aquarium : 600 litres.
Densité de population : 1 spécimen.
Décor : roches et racines.
T : 24 à 26 °C. **D :** 15 à 25 °f. **pH :** 7 à 7,5.

POISSONS D'EAU DOUCE TEMPÉRÉE

Shubunkins, comètes, queues-de-voile, orandas, plus de cent variétés sur le marché aquariophile appartiennent au groupe des poissons d'eau douce tempérée. Et toutes ont un point commun : elles descendent d'un ancêtre unique, *Carassius auratus auratus*, bien connu sous le nom de poisson rouge. Parvenue en Europe au début du XVIIe siècle, cette espèce était élevée en Chine et au Japon. Après de nombreux croisements, les spécialistes obtinrent des variétés aux formes et aux couleurs différentes, aujourd'hui répandues dans le monde entier. Ces poissons rouges (dont certains n'ont de rouge que le nom !) sont robustes, à condition de leur offrir une bonne qualité d'eau. Veillez également à ce qu'ils disposent d'assez d'oxygène, surtout durant les mois d'été. Les espèces « rustiques » s'épanouissent en bassin extérieur. Les formes de « sélection », en revanche, ne supportent pas le froid et doivent rester en aquarium. Un groupe d'environ 4 ou 5 exemplaires réclame un bac de 250 litres et une filtration brassant deux fois le volume de l'aquarium par heure. En été, vous devrez, en outre, ajouter un diffuseur d'air. Tous les aliments habituellement proposés en aquariophilie leur conviennent. Vos poissons viendront rapidement prendre la nourriture entre vos doigts, même s'ils préfèrent la ramasser sur le sol. Si vous voulez tenter la reproduction, laissez vos poissons subir une baisse de température durant l'hiver et, au retour des beaux jours, vous verrez les mâles poursuivre assidûment les femelles.

Carassius auratus var. oranda

ORANDA

Famille : cyprinidés.
Taille : 20 à 50 cm.
Origine : variété d'élevage.
Habitat naturel : non présent en milieu naturel.
Comportement : cette variété issue du poisson rouge classique est tout aussi sociable que son ancêtre. Moins résistante, il convient de lui accorder davantage d'attention, mais sa maintenance ne pose pas de problème particulier. Elle apprécie la compagnie de ses congénères.
Alimentation : omnivore.
Reproduction : assez facile.
Aménagement du bac : volume minimal : 250 l ; densité de population : 4 poissons pour 250 l ; décor : sable, roches et plantes.
Qualité de l'eau : température = 15 à 30 °C ; dureté = 20 à 35 °f ; pH = 6,5 à 8.
Notre conseil : un sol constitué de sable fin (du type sable de Loire) lui permet son activité favorite, c'est-à-dire fouiller le sol avec sa bouche pour y rechercher quelque pitance.

Depuis des siècles, les éleveurs de poissons rouges ne cessent de créer de nouvelles variétés. La variété oranda doit vivre en aquarium plutôt qu'en bassin : elle présente quelques difficultés à se mouvoir correctement (à cause de sa forme ramassée). En outre, elle ne supporte pas les températures hivernales trop basses. Vous pouvez sans aucun problème élever les orandas avec d'autres variétés de poissons rouges, mais évitez de préférence les variétés « classiques », trop vives. Équipez votre bac d'un filtre d'une puissance de 500 l/h, et dirigez le rejet de la pompe juste sous la surface, de manière à favoriser l'oxygénation de l'eau. La reproduction peut se dérouler dans un aquarium garni de plantes à feuilles fines. Retirez les parents après la ponte et nourrissez les alevins avec des infusoires, dès qu'ils sont capables de nager.

Carassius auratus var. pearl scale

PEARL SCALE

Famille : cyprinidés.
Taille : 30 cm.
Origine : variété d'élevage.
Habitat naturel : non présent dans le milieu naturel.
Comportement : sociable, vit en groupes et sillonne l'aquarium en fouillant le sol.
Alimentation : omnivore.
Reproduction : assez facile.
Aménagement du bac : volume minimal : 250 litres ; densité de population : 4 poissons pour 250 litres ; décor : sable fin, roches et plantes.
Qualité de l'eau : température = 15 à 30 °C ; dureté = 20 à 35 °f ; pH = 6,5 à 8.
Notre conseil : évitez absolument le trop triste bocal à poisson rouge.

Cette variété doit son nom commun à la forme de ses écailles. Issue du poisson rouge commun, le pearl scale se décline en plusieurs formes et couleurs. Comme les autres variétés de sélection, il est beaucoup moins résistant au froid que la forme rustique, c'est donc une espèce plutôt réservée à l'aquarium. Une bonne filtration et des changements d'eau réguliers doivent permettre de maintenir une oxygénation assez élevée, surtout durant les mois chauds, car les poissons rouges sont de grands consommateurs d'oxygène. Un diffuseur branché directement sur une pompe à air permet d'éviter des catastrophes. Du sable de Loire, quelques roches et des plantes résistantes constituent la base du décor. Laissez flotter quelques pieds de *Ceratophyllum demersum* afin d'atténuer l'éclairage. La reproduction des pearl scale peut parfaitement être réalisée en aquarium (de grande taille). Mais pour cela il faut attendre que les poissons soient suffisamment grands et mettre ensemble deux ou trois mâles pour une femelle. Les œufs fécondés sont éparpillés au milieu des plantes. Les alevins se nourrissent d'infusoires présents dans les plantes et acceptent assez rapidement des nauplies d'artémias.

POISSONS D'EAU DOUCE TEMPÉRÉE

Carassius auratus var. shubunkin

SHUBUNKIN

Famille : cyprinidés.
Taille : 15 à 25 cm.
Origine : variété d'élevage.
Habitat naturel : non présent en milieu naturel.
Comportement : cette variété est bien entendu tout à fait sociable, active, elle apprécie la compagnie de ses congénères. Constamment en mouvement, elle occupe la moitié inférieure de l'aquarium toujours à la recherche de quelque chose à grignoter (choisissez des plantes robustes).
Alimentation : omnivore.
Reproduction : assez facile.
Aménagement du bac : volume minimal : 250 l ; densité de population : 4 ou 5 poissons pour 250 l ; décor : sable, roches et plantes.
Qualité de l'eau : température = 4 à 30 °C ; dureté = 20 à 35 °f ; pH = 6,5 à 8.
Notre conseil : aménagez de grands espaces libres bordés de plantes résistantes, permettant à vos poissons rouges de s'épanouir pleinement.

Cette variété de poisson rouge, issue de nombreux croisements, a été rigoureusement sélectionnée. Le shubunkin est plutôt adapté à la vie en bassin de jardin et nécessite une période froide bien marquée dans son cycle annuel, qu'il est important de respecter si vous désirez le voir se reproduire. Vous pouvez aussi le faire vivre en aquarium d'eau tempérée, c'est-à-dire sans résistance chauffante et dans une pièce non chauffée, afin que la température de l'eau varie selon la saison. L'aquarium traditionnel en forme de globe est à proscrire, étant donné la taille qu'atteint ce poisson. Ajoutez au décor quelques plantes comme *Ceratophyllum demersum*, qui seront probablement grignotées par vos hôtes. Dans tous les cas, le régime alimentaire à base de nourriture carnée doit être complété de salade pochée ou de flocons fabriqués à partir de végétaux.

Carassius auratus var. télescope

TÉLESCOPE

Famille : cyprinidés.
Taille : 30 cm.
Origine : variété d'élevage.
Habitat naturel : non présent en milieu naturel.
Comportement : sociable, vit en groupes. Comme tous les poissons rouges, il passe ses journées à filtrer les grains de sable à la recherche de débris alimentaires.
Alimentation : omnivore.
Reproduction : assez facile.
Aménagement du bac : volume minimal : 250 litres ; densité de population : 4 poissons pour 250 litres ; décor : sable fin, roches et plantes.
Qualité de l'eau : température = 15 à 30 °C ; dureté = 20 à 35 °f ; pH = 6,5 à 8.
Notre conseil : dans un aquarium spacieux, il convient de l'associer à d'autres variétés de poissons rouges.

Avec ses yeux saillants, le télescope porte bien son nom commun. À l'instar d'autres variétés de *Carassius auratus,* celle-ci a été obtenue par reproduction sélective. Les spécimens rencontrés dans le commerce sont la plupart du temps de couleur noire ; ils perdent un peu de densité en grandissant et deviennent plutôt couleur bronze. Certains spécimens sont dépourvus de nageoire dorsale. Assez résistant, le télescope peut sans aucun problème passer les meilleurs mois de l'année en bassin, mais il est préférable de le maintenir en aquarium ou en serre chauffée durant l'hiver. C'est un hôte d'aquarium sympathique, qui vient volontiers réclamer sa nourriture à la surface de l'eau, lorsqu'il voit quelqu'un s'approcher de l'aquarium. Il est conseillé de lui distribuer une alimentation variée, incluant une fraction végétale sous la forme de petits pois écrasés ou de salade bouillie. Une bonne oxygénation et des changements d'eau réguliers et abondants permettent à cette variété d'atteindre une taille très respectable. Pour le décor, utilisez des plantes résistantes du genre *Anubias.*

Lepisosteus oculatus

LEPISOSTEUS OCULATUS

Famille : lepisostéidés.
Taille : plus d'un mètre adulte.
Origine : Amérique du Nord (Mississippi, Floride).
Habitat naturel : cours d'eau et lacs.
Comportement : prédateur. Dans la nature, ce grand prédateur passe son temps à guetter le passage d'une proie, sur laquelle il fond avec rapidité.
Alimentation : piscivore, accepte les proies congelées.
Reproduction : non réalisée à ce jour en aquarium.
Aménagement du bac : volume minimal : 2 000 à 3 000 litres ; densité de population : deux ou trois spécimens adultes ; décor : roches et racines de saule.
Qualité de l'eau : température = 12 à 20 °C ; dureté = 15 à 20 °f ; pH = 7.
Notre conseil : c'est une espèce à ne conseiller qu'aux possesseurs d'aquariums géants !

Maintenir *Lepisosteus oculatus* en aquarium ne présente pas grand intérêt pour l'aquariophile amateur il est d'ailleurs difficile de se le procurer dans le commerce. La maintenance de jeunes spécimens est tout à fait envisageable dans un aquarium de taille standard (600 litres minimum) mais ces poissons grandissent rapidement et vous serez alors inévitablement confronté à un problème de place. Le décor assez succinct est constitué de sable de quartz, de roches et de racines de saule. Des plantes de surface comme *Ceratopteris cornuta* permettent d'atténuer l'éclairage. Un filtre à décantation équipé d'une pompe brassant trois à quatre fois le volume de l'aquarium permet de conserver une eau cristalline. Ces poissons d'eau tempérée peuvent souffrir d'un manque d'oxygène dissous si la température devient trop élevée. Il convient dans ce cas d'augmenter le mouvement de l'eau par l'adjonction d'une pompe supplémentaire. Une alimentation constituée de poissons vivants ou congelés leur convient sans aucun problème.

Myxocyprinus asiaticus

MYXOCYPRINUS ASIATICUS

Famille : cyprinidés.
Taille : jusqu'à 80 cm.
Origine : Chine (région du Yangzi Jiang).
Habitat naturel : grands cours d'eau.
Comportement : pacifiques, les myxocyprinus occupent la zone inférieure de l'aquarium, où ils fouillent sans cesse le sol à la recherche de particules comestibles.
Alimentation : omnivore.
Reproduction : non réalisée en aquarium à ce jour.
Aménagement du bac : volume minimal : 800 à 1 000 litres ; densité de population : deux à trois spécimens ; décor : sable fin, roches et racines de saule.
Qualité de l'eau : température = 18 à 28 °C ; dureté = 8 à 25 °f ; pH = 6 à 7,5.
Notre conseil : utilisez du sable de Loire très fin pour que vos poissons ne se blessent pas en fouillant le sol.

Ces poissons de forme originale attirent souvent l'œil de l'amateur attentif. Ils sont proposés à la vente à une taille d'environ 8 cm, mais l'acquéreur doit savoir qu'à plus ou moins long terme ils avoisineront les 80 cm. Leur comportement pacifique en fait cependant des hôtes de choix pour les grands aquariums d'eau tempérée, d'autant que, malgré leur taille respectable, ils peuvent très bien cohabiter avec d'autres espèces plus petites, comme les poissons rouges. Ils acceptent aussi bien les aliments lyophilisés que congelés, et apprécient particulièrement les vers de terre vivants. Une filtration puissante alimentée par une pompe brassant 4 à 5 fois le volume de l'aquarium par heure permet d'éviter que l'eau ne soit trouble. Un décor sommaire, constitué de racines de saule et de roches volcaniques donne un peu de profondeur à votre aquarium. Pour le bien-être de vos poissons, ajoutez quelques plantes de surface *(Najas sp., Ceratophyllum demersum)* pour adoucir la lumière des néons. Aucune reproduction n'a été signalée en aquarium à ce jour.

POISSONS D'EAU SAUMÂTRE

Ils vivent à la frontière de la mer et de la terre, dans les eaux côtières, les estuaires ou les mangroves, ces forêts dont les arbres – les palétuviers – poussent les pieds dans l'eau. Dans ces milieux, l'eau subit d'importantes variations de salinité auxquelles se sont adaptés les poissons. En aquarium, vous reconstituerez ces fluctuations, simplement en utilisant plus ou moins de sel lors des changements d'eau, ces derniers devant être effectués fréquemment. Pour la majorité des espèces, une concentration de sel comprise entre 2 et 25 grammes par litre convient parfaitement. Néanmoins, cette aquariophilie spécifique n'est pas très développée, sans doute parce qu'elle ne s'adresse qu'à une seule espèce à la fois, souvent peu colorée. Chacune a, en effet, des exigences particulières, ce qui ne permet pas à proprement parler de créer un aquarium communautaire, excepté avec *Monodactylus argenteus* et *Scatophagus argus*, qui se montrent très sociables et vivent dans le même type d'eau. À chacune des autres espèces correspond un bac différent. Les poissons-archers, par exemple, s'épanouissent dans un aquaterrarium qui offre à la fois une zone aérienne et une zone aquatique. Les perches de verre peuvent, elles, se contenter d'un aquarium de taille raisonnable et bien planté. Mais, dans tous les cas, les poissons d'eau saumâtre ont besoin d'un décor constitué de roches, de racines et si possible de plantes, comme la mousse de Java ou le *Ceratophyllum*.

Brachygobius xanthozona

POISSON-ABEILLE

Famille : tétraodontidés.
Taille : 5 cm.
Origine : Sumatra, Java, Bornéo.
Habitat naturel : rivières et estuaires.
Comportement : ces poissons occupent la zone inférieure de l'aquarium. Ils passent la majeure partie de leur temps posés sur leurs nageoires pelviennes. Assez sociables vis-à-vis des autres espèces, les mâles sont néanmoins territoriaux et peuvent devenir agressifs entre eux.
Alimentation : carnivore ; aliments congelés et proies vivantes (vers de vase, vers de Grindal).
Reproduction : assez facile, mais rarement observée.
Aménagement du bac : volume minimal : 80 l ; densité de population : 5 ou 6 poissons pour 80 l ; décor : nombreuses roches et racines, sable fin et plantes supportant une certaine salinité.
Qualité de l'eau : température = 22 à 28 °C ; dureté = 20 à 35 °f ; pH = 7,5 à 8,5 ; salinité : 2 à 10 ‰.
Notre conseil : un décor accidenté constitué de gros galets et de plage de sable permet à ces poissons d'avoir des territoires suffisamment délimités.

Comme les autres membres de la famille des gobiidés, les poissons-abeilles ont l'habitude de se tenir sur leurs nageoires pelviennes (situées sous le ventre), qui forment une sorte de ventouse. Ils passent ainsi leurs journées, posés sur le fond de l'aquarium. Il est préférable de placer un petit groupe dans un aquarium spécifique, au sein duquel chaque poisson occupera un petit territoire. Le mâle possède des couleurs plus contrastées que la femelle, qui, lorsqu'elle est prête à pondre, présente un abdomen bien rebondi. Pour la reproduction, isolez un couple dans un bac séparé. Les œufs sont fixés sous une roche ; le mâle les surveille durant 4 ou 5 jours, jusqu'à l'éclosion. Retirez les parents du bac dès que les alevins sont capables de nager et nourrissez-les avec des rotifères.

Chanda ranga

PERCHE DE VERRE

Famille : centropomidés.
Taille : 5 cm.
Origine : Inde, Birmanie, Thaïlande.
Habitat naturel : eaux douces et saumâtres.
Comportement : les perches de verre sont assez timides, elles aiment vivre en bancs d'au moins une demi-douzaine d'individus. Peu actives, elles apprécient cependant les espaces dégagés où elles restent sans trop bouger à l'ombre des plantes flottantes.
Alimentation : carnivore ; accepte la nourriture sèche, mais un apport de nourriture vivante est indispensable pour la reproduction (artémias, vers de vase).
Reproduction : assez facile, mais peu courante.
Aménagement du bac : volume minimal : 90 l ; densité de population : 7 ou 8 poissons pour 90 l ; décor : plantes, racines de tourbière et sable sombre.
Qualité de l'eau : température = 20 à 26 °C ; dureté = 15 à 25 °f ; pH = 7,3 à 7,5 ; salinité : 1 à 20 ‰.
Notre conseil : compte tenu de leur timidité, le choix des autres occupants doit se faire parmi les espèces calmes ayant les mêmes exigences.

Une eau très légèrement saumâtre, voire douce, convient bien à la perche de verre. Grâce à un sol sombre et à des plantes flottantes, qui atténuent la lumière qui éclaire le bac, ce poisson timide se sentira en sécurité. Le mâle se distingue de la femelle, de couleur gris-jaune, par un liseré bleu sur les nageoires dorsale et anale. On vend parfois des spécimens vert, jaune ou rose « fluo ». Ils ont reçu des injections de pigments et ne garderont pas ces couleurs artificielles. Pour la reproduction, isolez un couple dans un aquarium de 20 litres, garni d'une grille de protection et de nombreuses plantes à feuilles fines. Après la ponte, vous pouvez retirer les parents. Les œufs éclosent après environ 24 heures et les alevins peuvent être nourris 4 ou 5 jours plus tard avec des infusoires.

Monodactylus argenteus

MONODACTYLE

Famille : monodactylidés.
Taille : 20 cm.
Origine : eaux côtières de l'océan Indien.
Habitat naturel : mer, estuaires, mangroves (forêts littorales dont les arbres poussent dans l'eau salée).
Comportement : dans la nature, cette espèce aime vivre en groupes de plusieurs dizaines d'individus, en aquarium il faut accueillir au minimum cinq monodactyles. Toujours actifs, ils sillonnent l'aquarium en tout sens, en permanence à l'affût d'une proie.
Alimentation : omnivore ; accepte les aliments en flocons, apprécie les proies vivantes (petits poissons, vers de vase). Compléter son régime avec de la salade pochée.
Reproduction : quelques pontes observées en aquarium.
Aménagement du bac : volume minimal : 500 l ; densité de population : 5 ou 6 poissons pour 500 l ; décor : roches, sable de corail et plantes supportant une certaine salinité, ou algues *(Caulerpa prolifera)* en eau de mer.
Qualité de l'eau : température = 25 à 28 °C ; dureté = 20 à 23 °f ; pH = 7,5 à 8,5 ; salinité : 10 à 32 ‰.
Notre conseil : il est préférable d'acquérir de jeunes spécimens, plus faciles à acclimater.

Monodactylus argenteus est le compagnon idéal pour *Scatophagus argus*. Comme lui, il est sociable et aime vivre en groupe dans des eaux plus ou moins salées. De courts séjours en eau douce peuvent être envisagés, mais il préfère l'eau saumâtre ou l'eau de mer pure. Le monodactyle s'épanouit dans un grand aquarium dans lequel il a la place de nager. Un décor rocheux le sécurise. Mettez en place une filtration égale à trois fois le volume de l'aquarium par heure. Cette espèce ne s'est encore jamais reproduite avec succès en aquarium (les alevins ne sont pas viables). Les différences morphologiques entre le mâle et la femelle ne sont pas évidentes, mais il semblerait que les femelles soient plus rondes que les mâles au niveau de l'abdomen.

Scatophagus argus atromaculatus

ARGUS À FRONT ROUGE

Famille : scatophagidés.
Taille : 18 à 30 cm.
Origine : eaux côtières de l'océan Indien et du Pacifique sud.
Habitat naturel : mer, estuaires, mangroves (forêts littorales dont les arbres poussent dans l'eau salée).
Comportement : cette espèce sociable aime vivre en bancs. Bons nageurs, les argus à front rouge arpentent l'aquarium dans sa moitié supérieure sans s'occuper des autres espèces.
Alimentation : omnivore.
Reproduction : inconnue en aquarium.
Aménagement du bac : volume minimal : 500 l ; densité de population : 5 ou 6 poissons pour 500 l ; décor : roches, racines et sable de corail.
Qualité de l'eau : température = 26 à 28 °C ; dureté = 20 à 35 °f ; pH = 8 à 8,5 ; salinité : 10 à 32 ‰.
Notre conseil : l'acquisition de jeunes spécimens permet de les habituer petit à petit à la salinité souhaitée. Les adultes sont généralement habitués à l'eau de mer, ce qui rend plus délicate leur acclimatation en eau saumâtre.

L'argus à front rouge peut survivre en eau douce, mais il y est souvent malade et devient apathique. L'eau saumâtre lui convient et, en eau de mer, les jeunes poissons deviennent beaucoup plus vifs. Pour son bien-être, ajoutez au décor rocheux quelques plantes comme la mousse de Java *(Vesicularia dubyana)* et *Ceratophyllum demersum*, qui supportent l'eau saumâtre. Mettez en place une filtration égale à trois fois le volume de l'aquarium par heure pour obtenir une eau limpide, ce poisson étant sensible à la qualité de l'eau. *Scatophagus argus* est vorace ; il accepte toutes les formes de nourriture. Un apport de salade pochée est souhaitable. Il cohabite facilement avec *Monodactylus argenteus*. Il ne s'est encore jamais reproduit en aquarium. On n'observe, par ailleurs, pas de différences morphologiques entre le mâle et la femelle.

Tetraodon fluviatilis

TÉTRODON VERT

Famille : tétraodontidés.
Taille : 15 cm.
Origine : vaste répartition en Asie du Sud-Est.
Habitat naturel : cours d'eau douce et saumâtre, estuaires.
Comportement : si les jeunes qui sont relativement sociables, peuvent être maintenus en groupes, il en va tout autrement des adultes qui deviennent agressifs en vieillissant.
Alimentation : omnivore, avec une nette préférence pour les escargots.
Reproduction : difficile.
Aménagement du bac : volume minimal : 200 l ; densité de population : 4 poissons pour 200 l ; décor : roches, plantes et squelettes de coraux.
Qualité de l'eau : température = 24 à 28 °C ; dureté = 20 à 35 °f ; pH = 7,5 à 8 ; salinité : 2 à 5 ‰.
Notre conseil : par prudence, il est préférable de maintenir cette espèce en aquarium spécifique, cela évitera bien des désagréments.

Tetraodon fluviatilis vit et se reproduit en eau saumâtre (il ne supporte pas l'eau de mer pure). Étant donné l'agressivité des adultes, il est conseillé de le faire vivre dans un aquarium spécifique. Les tétrodons ont la particularité de se gonfler d'eau lorsqu'ils se sentent menacés. Ils possèdent, par ailleurs, de redoutables dents qui ont besoin d'être usées quotidiennement : donnez-leur des escargots aquatiques (que vous pouvez élever séparément) et des crevettes entières. N'oubliez pas de leur apporter un complément végétal. Lors de la reproduction, suite à une parade agitée, la femelle pond ses œufs sur une pierre. Le mâle les féconde, puis les surveille. Dès que les jeunes peuvent nager, nourrissez-les avec des rotifères. L'identification des tétrodons est plus que douteuse : les poissons que l'on trouve dans le commerce ne correspondent pas forcément au nom d'espèce sous lequel ils sont vendus.

Toxotes jaculatrix

POISSON-ARCHER

Famille : toxotidés.
Taille : 24 cm.
Origine : Asie du Sud-Est, nord de l'Australie.
Habitat naturel : eaux côtières.
Comportement : cette espèce grégaire assez calme occupe la partie supérieure de l'aquarium. Peu actifs, ces poissons guettent l'apparition de proies providentielles. Généralement sociables, il faut quand même noter que les spécimens plus petits risquent de devenir des souffre-douleur des plus grands.
Alimentation : carnivore ; apprécie les petites mouches et d'autres insectes.
Reproduction : rarement réussie en aquarium.
Aménagement du bac : volume minimal : 500 l ; densité de population : 5 ou 6 poissons pour 500 l ; décor : plantes et racines.
Qualité de l'eau : température = 25 à 30 °C ; dureté = 20 à 30 °f ; pH = 8 à 8,3 ; salinité : 5 à 20 ‰.
Notre conseil : placez dans un coin de l'aquaterrarium une boîte d'asticots, lorsqu'ils se transformeront en mouches, vos poissons-archers feront un festin.

Dans la nature, le poisson-archer chasse les insectes circulant sur les branches au-dessus de l'eau, sans pour autant quitter son milieu aquatique : il crache dans leur direction un puissant jet d'eau (jusqu'à 1,50 m de distance) qui les fait tomber à la surface, où ils sont dévorés. Cet ingénieux chasseur peut aussi sauter pour capturer sa proie. L'idéal est de faire vivre cette espèce dans un aquaterrarium possédant un décor végétal aérien au-dessus d'un important volume d'eau. Réglez la filtration (2 ou 3 fois le volume du bac par heure) de façon à ne pas créer de remous en surface. Le poisson-archer supporte des variations importantes de salinité – il s'adapte aussi bien à l'eau douce qu'à l'eau de mer –, et, comme il a un caractère paisible, il peut vivre en compagnie d'autres espèces d'eau saumâtre.

POISSONS D'EAU DE MER TROPICALE

Peuplant les récifs coralliens des mers et des océans du globe, ces poissons, dont le nombre d'espèces est incalculable, appartiennent aux milieux les plus riches de la planète. Formes étonnantes, couleurs acidulées, rayures jaune citron, robe rose fuchsia, ils se camouflent entre les coraux ou dans les ramures des gorgones. Un éden bien connu des plongeurs que chacun est, aujourd'hui, en mesure de recréer en partie, grâce aux progrès réalisés en matière de soins, de transport et d'équipement. D'ailleurs, considérée encore récemment comme impossible, la reproduction de plusieurs espèces marines est désormais réalisable. L'aquariophilie d'eau de mer nécessite toutefois des précautions pour offrir aux poissons un environnement compatible avec leurs exigences. Il faut d'abord prévoir des installations de volume important, ainsi qu'une filtration et un système d'aération puissants. Ensuite, le contrôle de la densité de l'eau salée est un élément primordial. Sachez aussi que les poissons tropicaux marins coûtent plus cher que les poissons d'eau douce. Poisson-ange brouteur d'algues, poisson-clown se prélassant dans son anémone, poisson-chirurgien aux « scalpels » affûtés, toutes ces espèces offrent une palette de comportements étonnante. Alors, certes, s'occuper de poissons marins reste un peu contraignant, mais, en respectant des règles strictes, cette activité promet, en contrepartie, et à l'image d'un monde fabuleux, des résultats spectaculaires.

Poissons-clowns et demoiselles

Ces deux proches cousins appartiennent à la famille des pomacentridés, peuplant les océans Indien et Pacifique. Robustes, très colorés, occupant tous les niveaux de l'aquarium, ce sont les poissons tropicaux d'eau de mer les moins chers, ce qui les rend célèbres et très courants chez les aquariophiles. Les demoiselles surtout tiennent la place d'honneur auprès des débutants, même si elles peuvent se montrer agressives entre elles (n'introduisez pas plus d'un couple dans votre bac) et peu respectueuses envers les invertébrés. Ces poissons vifs, à la robe brillante et colorée, nagent avec des mouvements saccadés contrastant avec le dandinement empêtré des poissons-clowns. Ces derniers sont indissociables de leur anémone, dans laquelle ils se prélassent à l'abri des tentacules venimeux, contre lesquels ils sont immunisés : l'observation du manège entre ces deux espèces est un véritable enchantement. Un aquarium de 200 litres, bien brassé, convient à ces poissons faciles à nourrir. Krill, artémias, crevettes et moules sont leur péché mignon. Et, un beau matin, si vous découvrez une grappe d'œufs déposée au pied de l'anémone, attendez-vous à assister bientôt à l'émouvant spectacle d'un nuage de petits clowns, répliques miniatures de leurs parents !

Amphiprion akallopisos

POISSON-CLOWN À BANDE DORSALE

Taille : 10 cm (femelle un peu plus grosse que le mâle).
Origine : océan Indien (Indonésie).
Habitat naturel : récifs coralliens et lagunes avec groupes de coraux, jusqu'à 25 m de profondeur.
Comportement : sociable, légèrement agressif envers ses congénères lorsqu'il est adulte, en particulier dans les aquariums trop petits où les territoires ne peuvent pas être clairement délimités.
Alimentation : omnivore, petites proies vivantes ou congelées. Accepte quelques nourritures végétales.
Reproduction : assez facile.
Aménagement du bac : volume minimal : 100 l ; densité de population : 1 couple par aquarium ; décor : roches et anémones (du genre *Heteractis*).
Qualité de l'eau : température = 24 à 28 °C ; densité = 1021 à 1026 ; pH = 7,5 à 8,5.
Notre conseil : poisson à ne jamais acheter seul, préférez toujours deux jeunes exemplaires qui vous donneront immanquablement un couple. L'anémone n'est pas indispensable, mais rassure les clowns ; leur comportement sera alors plus naturel. Les couleurs d'*Amphiprion akallopisos* étant très pastel une anémone de couleur vive donnera un ensemble particulièrement attrayant.

Dans la nature, *Amphiprion akallopisos* vit en couple entre les tentacules d'une grande anémone, de préférence *Heteractis magnifica,* tandis que les jeunes demeurent groupés, au sein des mêmes anémones. Si vous choisissez d'installer un couple dans un aquarium récifal, vous ne devez pas y introduire d'anémone, car celle-ci risque de brûler certains coraux. Vous pouvez, en revanche, aménager un aquarium spécifique avec plusieurs anémones et un couple de *Amphiprion akallopisos.* Leur reproduction est grandement facilitée dans un tel décor. La ponte a lieu aux abords de l'anémone utilisée par le couple, sur une zone préalablement nettoyée. Les alevins doivent être élevés dans un bac séparé. Ce clown a besoin d'un fort courant et d'une bonne filtration.

Amphiprion frenatus

POISSON-CLOWN ROUGE

Taille : mâle : 10 cm ; femelle : 12 cm.
Origine : océans Indien (Afrique) et Pacifique.
Habitat naturel : récifs coralliens. Vit en symbiose avec des anémones de mer du genre *Heteractis*.
Comportement : défend son territoire. Le couple est agressif envers les congénères, mais sociable avec les autres poissons si le bac est suffisamment volumineux.
Alimentation : carnivore, toutes proies vivantes ou congelées. Accepte également les granulés.
Reproduction : assez facile.
Aménagement du bac : volume minimal : 200 l ; densité de population : 1 couple par aquarium ; décor : roches et invertébrés (une anémone est conseillée, mais pas obligatoire).
Qualité de l'eau : température = 23 à 26 °C ; densité = 1021 à 1025 ; pH = 7,5 à 8,5.
Notre conseil : *Amphiprion frenatus* appartient à la série des poissons-clowns rouges qui comprend des clowns aux robes proches. Les juvéniles amènent beaucoup de confusion. Ainsi, la robe juvénile d'Amphiprion frenatus est rouge vif et traversée d'une bande blanche postoculaire verticale, et d'une autre très fine au milieu du corps qui disparaît avec l'âge. Cette coloration est similaire à celle d'*Amphiprion ephippium*. Attention donc aux confusions !

Amphiprion frenatus est le bienvenu dans un aquarium de débutant ; son acclimatation se révèle en effet des plus faciles. Très robuste, il peut toutefois se montrer sensible aux attaques de points blancs. Les juvéniles sont ornés de deux bandes blanches verticales, mais la seconde disparaît durant la croissance. Le poisson-clown rouge affectionne les décors comprenant de nombreuses cachettes. Il vit sans problème dans les bacs récifaux. Lors de la reproduction, le couple nettoie une roche à proximité de son anémone. La ponte se déroule pendant la nuit. Les alevins doivent être élevés dans un bac séparé.

Amphiprion ocellaris

POISSON-CLOWN À TROIS BANDES

Taille : mâle : 8 cm ; femelle : 11 cm.
Origine : océans Indien (Afrique) et Pacifique.
Habitat naturel : récifs coralliens, dans les zones peu profondes. Vit en symbiose avec des anémones de mer *(Heteractis, Stychodactyla...)*.
Comportement : pacifique envers tous les poissons sauf envers ses congénères, défend la zone autour de son anémone.
Alimentation : carnivore, proies vivantes et congelées. S'adapte facilement aux nourritures sèches.
Reproduction : facile.
Aménagement du bac : volume minimal : 100 l ; densité de population : 1 couple par aquarium ; décor : roches et invertébrés. La présence d'une anémone est conseillée.
Qualité de l'eau : température = 21 à 26 °C ; densité = 1021 à 1026 ; pH = 7,5 à 8,5.
Notre conseil : *Amphiprion ocellaris* est sans aucun doute le plus populaire des poissons-clowns. Il faut donc encourager l'achat de spécimens d'élevage qui commencent à apparaître dans le commerce, même s'ils sont légèrement plus onéreux. Dans le cas d'individus sauvages, portez votre attention sur les nageoires, qui doivent être saines et parfaitement entières, et à la peau, qui doit être exempte de petites taches blanches ou noires.

Amphiprion ocellaris est sans doute le plus populaire des poissons-clowns. Le couple passe une bonne partie de la journée entre les tentacules de l'anémone, qu'il défend âprement. Les poissons-clowns ne sont nullement gênés par les tentacules très urticants des anémones, car ils s'enduisent du mucus que ces dernières produisent pour éviter que leurs tentacules ne se brûlent mutuellement. Le poisson-clown à trois bandes s'élève facilement ; d'ailleurs, bon nombre de poissons issus de fermes d'élevage arrivent maintenant sur le marché. La ponte a lieu de nuit aux abords de l'anémone. L'élevage des alevins doit se faire dans un aquarium séparé.

Chrysiptera cyanea

DEMOISELLE BLEUE

Taille : jusqu'à 8 cm.
Origine : océans Indien et Pacifique (Australie).
Habitat naturel : récifs coralliens.
Comportement : très agressif envers ses congénères ou envers un nouveau venu, le mâle défend la zone de ponte.
Alimentation : carnivore, toutes sortes de nourriture : sèches, vivantes et congelées.
Reproduction : assez facile.
Aménagement du bac : volume minimal : 200 l ; densité de population : plusieurs poissons à partir de 600 l ; décor : roches et algues.
Qualité de l'eau : température = 23 à 26 °C ; densité = 1021 à 1026 ; pH = 7,5 à 8,5.
Notre conseil : trop souvent, ce poisson est proposé par les commerçants comme « poisson-test » à introduire dans un aquarium récemment mis en route. Outre l'aberration irrespectueuse de tester l'eau avec un poisson vivant, il sera par la suite très difficile pour l'amateur qui s'est fait piéger, de constituer une population autour de ce poisson au caractère plus que difficile. C'est une demoiselle à éviter ou à réserver aux aquariums de poissons vifs.

D'un bleu métallique éclatant, *Chrysiptera cyanea* possède l'un des caractères les plus fâcheux parmi les petits poissons marins d'aquarium. Les poursuites engagées entre deux individus dans un petit bac se soldent souvent par la mort d'un des protagonistes. En outre, la demoiselle bleue ne respecte pas les invertébrés (en particulier les vers tubicoles, dont les panaches sont harcelés). C'est, par ailleurs, un poisson très robuste que le débutant peut associer avec des espèces vives. Le mâle possède un plastron et une nageoire caudale orange, alors que la femelle est uniformément bleue avec un point noir à l'arrière de la dorsale. Lors de la reproduction, le mâle défend un territoire où le couple a nettoyé un support pour y déposer les œufs. L'incubation dure de 3 à 5 jours. Les alevins doivent être élevés dans un bac séparé.

Premnas biaculeatus

POISSON-CLOWN ÉPINEUX

Taille : mâle : 10 cm ; femelle : 12 à 15 cm.
Origine : océans Indien et Pacifique.
Habitat naturel : récifs coralliens et zones rocheuses. Vit en symbiose avec des anémones de mer du genre *Heteractis*.
Comportement : peut avaler de petits poissons. Ce clown est tout à fait compatible avec les invertébrés.
Alimentation : carnivore, crustacés et autres petites proies vivantes, puis proies congelées. Accepte aussi toutes les nourritures sèches.
Reproduction : difficile (ponte possible, mais l'élevage des alevins pose encore des problèmes).
Aménagement du bac : volume minimal : 300 l ; densité de population : 1 adulte (ou 1 couple) par aquarium ; décor : roches, invertébrés et anémone de mer du genre *Heteractis*.
Qualité de l'eau : température = 23 à 26 °C ; densité = 1021 à 1026 ; pH = 7,5 à 8,5.
Notre conseil : très vif et robuste, d'acclimatation facile, *Premnas biaculeatus* peut être conseillé au débutant qui ne s'arrêtera pas à son mauvais caractère. Il est préférable d'acquérir ce clown avec son anémone hôte *(Entacmaea quadricolor)*. Mais, pour éviter qu'elle ne soit trop chahutée, il faut introduire une anémone d'au moins trois fois la taille de la femelle clown.

Premnas biaculeatus se différencie des poissons-clowns du genre *Amphiprion* par la présence d'une épine sur l'opercule. Comme ces derniers, il a besoin, pour vivre dans les meilleures conditions, d'une anémone de mer. En aquarium, celle-ci n'est toutefois pas indispensable. Ce poisson doit disposer d'un espace suffisamment grand pour contenir son agressivité latente. Il est en effet assez belliqueux avec les nouveaux venus et, si l'aquarium est trop petit, avec tous les autres poissons (son comportement territorial le conduisant à s'approprier la totalité du bac). Très robuste, il accepte toute nourriture proposée et est donc facile à acclimater.

12 autres poissons-clowns et demoiselles

■ *Amphiprion bicinctus*
POISSON-CLOWN DE MER ROUGE

Taille : 14 cm.
Origine : mer Rouge, golfe d'Aden, Chagos.
Sociabilité : bonne.
Mode de vie : en couple associé à une anémone de mer *(Entacmaea quadricolor)*.
Vie dans l'aquarium : en aquarium de poissons ou d'invertébrés.
Densité de population : un couple par aquarium
Décor : roches, algues, invertébrés.
Température de l'eau : 22 à 24°C.
Densité : 1 024 à 1 028.
pH : 7,5 à 8,5.

■ *Amphiprion clarkii*
POISSON-CLOWN DE CLARK

Taille : 13 cm.
Origine : Indo-Pacifique, du golfe Persique à l'Australie.
Sociabilité : très territorial.
Mode de vie : en couple associé à une anémone de mer.
Vie dans l'aquarium : en aquarium de poissons ou d'invertébrés.
Densité de population : un couple par aquarium.
Décor : roches, algues, invertébrés.
Température de l'eau : 24 à 26°C.
Densité : 1 022 à 1 024.
pH : 7,5 à 8,5.

■ *Amphiprion ephippium*
POISSON-CLOWN À SELLE

Taille : 14 cm.
Origine : Indonésie, Sud-Est asiatique.
Sociabilité : bonne, mais du caractère.
Mode de vie : en couple associé à une anémone de mer *(Heteractis crispa)*.
Vie dans l'aquarium : en aquarium de poissons ou d'invertébrés.
Densité de population : un couple par aquarium.
Décor : roches, algues, invertébrés.
Température de l'eau : 24 à 26°C.
Densité : 1 024.
pH : 7,5 à 8,5.

■ *Amphiprion percula*
POISSON-CLOWN DU PACIFIQUE

Taille : 11 cm.
Origine : Papouasie-Nouvelle-Guinée, Australie, îles Salomon.
Sociabilité : très bonne.
Mode de vie : en couple associé à une anémone de mer.
Vie dans l'aquarium : en aquarium de poissons ou d'invertébrés.
Densité de population : un couple par aquarium.
Décor : roches, algues, invertébrés.
Température de l'eau : 24 à 26°C.
Densité : 1 024.
pH : 7,5 à 8,5.

■ *Amphiprion perideraion*
POISSON-CLOWN À COLLIER

Taille : 11 cm.
Origine : Sud-Est asiatique jusqu'à la Nouvelle-Calédonie.
Sociabilité : excellente.
Mode de vie : en couple associé à une anémone de mer.
Vie dans l'aquarium : en aquarium de poissons ou d'invertébrés.
Densité de population : un couple par aquarium.
Décor : roches, algues, invertébrés.
Température de l'eau : 24 à 26°C.
Densité : 1 024.
pH : 7,5 à 8,5.

■ *Amphiprion sandaracinos*
POISSON-CLOWN À BANDE DORSALE

Taille : 14 cm.
Origine : de Sumatra à l'Australie.
Sociabilité : très bonne.

Mode de vie : en couple associé à une anémone de mer *(Stichodactyla mertensii)*.
Vie dans l'aquarium : en aquarium de poissons ou d'invertébrés.
Densité de population : un couple par aquarium.
Décor : roches, algues, invertébrés.
Température de l'eau : 24 à 26°C.
Densité : 1 024.
pH : 7,5 à 8,5.

■ *Chromis viridis*
DEMOISELLE BLEU-VERT

Taille : 9 cm.
Origine : de la mer Rouge à la Nouvelle-Guinée.
Sociabilité : une des demoiselles les plus sociables.
Mode de vie : en groupe dans les coraux branchus.
Vie dans l'aquarium : en groupe dans un grand bac.
Densité de population : un exemplaire pour 50 l.
Décor : roches, algues, invertébrés.
Température de l'eau : 24 à 26°C.
Densité : 1 024 à 1 028.
pH : 7,5 à 8,5.

■ *Chrysiptera parasema*
DEMOISELLE À QUEUE JAUNE

Taille : 7 cm.
Origine : des Philippines à la Nouvelle-Guinée.
Sociabilité : légèrement agressive.
Mode de vie : en groupe dans les lagons.
Vie dans l'aquarium : en groupe dans un grand bac.
Densité de population : un exemplaire pour 50 l.
Décor : roches, algues.
Température de l'eau : 24 à 26°C.
Densité : 1 024.
pH : 7,5 à 8,5.

■ *Dascyllus aruanus*
DEMOISELLE À TROIS BANDES

Taille : 8 cm.
Origine : de la mer Rouge à Tuamotou.
Sociabilité : peu agressive.
Mode de vie : en groupe dans les lagons.
Vie dans l'aquarium : en groupe dans les coraux branchus.
Densité de population : un exemplaire pour 50 l.
Décor : roches, algues.
Température de l'eau : 24 à 26°C.
Densité : 1 024 à 1 028.
pH : 7,5 à 8,5.

■ *Dascyllus trimaculatus*
DEMOISELLE À TROIS TACHES

Taille : 14 cm.
Origine : de la mer Rouge au Sud du Japon.
Sociabilité : assez agressive.
Mode de vie : en groupe dans les lagons, jeunes dans les anémones.
Vie dans l'aquarium : en couple.
Densité de population : un couple pour 300 l.
Décor : roches, algues.
Température de l'eau : 24 à 26°C.
Densité : 1 024 à 1 028.
pH : 7,5 à 8,5.

■ *Neoglyphidodon oxyodon*
DEMOISELLE JAVANAISE

Taille : 15 cm.
Origine : Indonésie.
Sociabilité : très agressive.
Mode de vie : dans les lagons abrités.
Vie dans l'aquarium : un exemplaire ou un couple par aquarium.
Densité de population : un exemplaire pour 300 l.
Décor : roches, algues.
Température de l'eau : 24 à 26°C.
Densité : 1 024.
pH : 7,5 à 8,5.

■ *Pomacentrus alleni*
DEMOISELLE D'ANDAMAN

Taille : 6 cm.
Origine : îles Similan.
Sociabilité : assez agressive.
Mode de vie : zones détritiques des récifs frangeants.
Vie dans l'aquarium : en groupe dans un grand bac.
Densité de population : un exemplaire pour 50 l.
Décor : roches, algues.
Température de l'eau : 24 à 26°C.
Densité : 1 024.
pH : 7,5 à 8,5.

Poissons-chirurgiens

Parés de magnifiques couleurs, ces poissons de la famille des acanthuridés sont présents dans les océans tropicaux. Ils doivent leur nom de « chirurgiens » au fait qu'un grand nombre de leurs représentants possèdent, sur le pédoncule caudal, une lame ou une épine défensive érectile. Ce « scalpel », allusion à l'outil de chirurgie devient alors, en cas de danger, une arme affûtée redoutable. C'est ainsi que ces poissons se protègent face à d'éventuels prédateurs. Dans leur milieu naturel, les poissons-chirurgiens se rencontrent souvent en grandes formations, bien que les couples adultes préfèrent se réserver un territoire personnel qu'ils défendent âprement, scalpel dressé, y compris contre leurs congénères. En aquarium, ils tolèrent d'ailleurs rarement leurs semblables. Vous serez donc contraint de n'héberger qu'un seul spécimen, qui peut, en revanche, cohabiter avec d'autres espèces. Si le poisson-chirurgien est sensible à la période d'acclimatation, il se révèle par la suite assez résistant. Son régime alimentaire est généralement végétarien. À moins que sa nourriture ne comprenne une grande proportion de légumes verts, le chirurgien passe sa journée à brouter les algues qui recouvrent le décor de l'aquarium.

Acanthurus achilles

CHIRURGIEN À QUEUE ROUGE

Taille : 20 cm.
Origine : océan Indien, Pacifique sud, jusqu'à Hawaii.
Habitat naturel : récifs coralliens et zones rocheuses.
Comportement : il peut être accueilli sans aucun problème en aquarium d'invertébrés, où il broutera les algues filamenteuses vertes indésirables.
Alimentation : nourriture principalement végétale, à compléter avec des petits crustacés (artémias).
Reproduction : inconnue en aquarium.
Aménagement du bac : volume minimal : 500 l ; densité de population : 1 poisson par aquarium ; décor : roches, invertébrés, algues.
Qualité de l'eau : température = 25 à 28 °C ; densité = 1021 à 1026 ; pH = 7,5 à 8,5.
Notre conseil : un chirurgien somptueux, hélas à élever en un seul exemplaire à cause de son agressivité. À réserver aux grands aquariums. Pour garantir sa bonne santé, veillez à offrir un régime riche en protéines végétales et en vitamine A.

Ce chirurgien se reconnaît aisément à la grande tache orange qui orne l'arrière de son corps. Celle-ci a pour rôle de dissuader les éventuels agresseurs en leur signalant la présence du scalpel typique de cette famille de poissons. Présent jusqu'à des profondeurs de 10 à 15 m, *Acanthurus achilles* vit en groupes dans les endroits où la densité de population est importante, en solitaire là où les poissons sont peu nombreux. En aquarium, il réclame un vaste espace de nage où un seul exemplaire prendra place. Il est sensible à l'acclimatation, et vous lui donnerez une grande quantité de nourriture végétale (épinards, brocolis, etc.), indispensable à sa bonne santé. Ce poisson a tendance à être légèrement agressif avec tout le monde dans un bac trop petit.

Acanthurus leucosternon

CHIRURGIEN À POITRINE BLANCHE

Taille : certains records indiquent 54 cm, mais généralement 20 à 30 cm.
Origine : océan Indien, de l'est de l'Afrique au sud de l'Indonésie.
Habitat naturel : récifs coralliens, jusqu'à 25 m de profondeur.
Comportement : ce chirurgien passe sa vie à brouter le substrat. Poisson pacifique en grand aquarium.
Alimentation : algues, en particulier jeunes pousses.
Reproduction : inconnue en aquarium.
Aménagement du bac : volume minimal : 500 l ; densité de population : 1 mâle pour 500 l ; décor : roches, algues, invertébrés.
Qualité de l'eau : température = 23 à 28 °C ; densité = 1021 à 1026 ; pH = 7,5 à 8,5.
Notre conseil : sans doute l'un des plus beaux chirurgiens. Il se montre en revanche difficile à acclimater. À réserver aux aquariophiles expérimentés.

Ce chirurgien est sans conteste le plus apprécié de sa famille. Malheureusement, il fait également partie des plus agressifs. Il ne supporte pas ses congénères et les autres chirurgiens de robe ou de forme proches. En dessous de 5 000 litres, inutile de penser à introduire un autre chirurgien. Le chirurgien à poitrine blanche est difficile à acclimater et se montre sensible aux infestations de points blancs. Sa nourriture doit être à 95 % végétale, quelques artémias viendront en complément et permetteront d'aider à l'acclimatation. Vous pourrez donner des brocolis, des petits pois, des épinards et salade pochés... Dans un aquarium dépourvu d'algues – ce qui n'est pas à conseiller –, il doit être nourri trois fois par jour. Les nourritures sèches, à base de spiruline, sont quelquefois acceptées, tout comme les préparations congelées. Cette espèce est l'une des rares qui possède un dimorphisme : les mâles sont plus petits que leurs compagnes.

Acanthurus lineatus

CHIRURGIEN RAYÉ

Taille : jusqu'à 20 cm dans les grands bacs.
Origine : océan Indien, Pacifique sud, de l'Est africain aux îles Marquises.
Habitat naturel : récifs coralliens, dans les zones de fort courant.
Comportement : agressif envers ses congénères et envers les poissons dont la robe est similaire, parfois aussi envers les poissons plus gros et les nouveaux venus.
Alimentation : principalement végétarien ; compléter sa nourriture avec de petites proies vivantes (artémias, krill, par exemple).
Reproduction : inconnue en aquarium.
Aménagement du bac : volume minimal : 500 l ; densité de population : 1 poisson par aquarium ; décor : roches, invertébrés et fond couvert d'algues.
Qualité de l'eau : température = 24 à 30 °C ; densité = 1021 à 1026 ; pH = 7,5 à 8,5.
Notre conseil : évitez l'achat de jeunes spécimens présentant des signes d'amaigrissement ; ils ne survivent généralement pas. Ce magnifique chirurgien est à réserver aux grands aquariums où son agressivité est moins présente. Excellent et infatigable nageur, il demande une vaste zone de nage libre et une eau particulièrement propre et riche en oxygène.

Dans son milieu naturel, le chirurgien rayé vit en solitaire ou au sein d'un banc de quelques individus où se produisent de fréquentes altercations. Les juvéniles ont une morphologie différente de celle des adultes : ils ont une nageoire caudale peu échancrée, qui prend une forme de lyre avec l'âge. Les épines défensives, ou « scalpels », caractéristiques des poissons-chirurgiens, sont présentes sur la queue, en avant de la nageoire caudale (pédoncule caudal). Le chirurgien rayé est un poisson belliqueux qui doit vivre dans un grand aquarium. Les premiers temps, il consomme principalement des algues filamenteuses. Il peut accepter par la suite de la nourriture sèche. Après cette période d'acclimatation alimentaire, il se révèle facile à conserver.

Acanthurus sohal

CHIRURGIEN RAYÉ DE MER ROUGE

Taille : 40 cm, rarement plus de 25 cm en aquarium.
Origine : ouest de l'océan Indien, mer Rouge et golfe Persique.
Habitat naturel : récifs coralliens.
Comportement : chirurgien très agressif et territorial.
Alimentation : algues, principalement diverses espèces de sargasses et algues filamenteuses vertes.
Reproduction : inconnue en aquarium.
Aménagement du bac : volume minimal : 1 000 l ; densité de population : 1 mâle pour 1000 l ; décor : roches, algues, invertébrés, large zone de nage libre.
Qualité de l'eau : température = 24 à 30 °C ; densité = 1021 à 1028 ; pH = 7,5 à 8,5.
Notre conseil : étant donné sa taille et son caractère, ce chirurgien est à réserver aux aquariums de grand volume et aux aquariophiles expérimentés.

Rarement importé, ce splendide chirurgien illumine immédiatement l'aquarium dans lequel il vit. Malheureusement, ce poisson, particulièrement agressif, est une " véritable teigne ". Dans la nature, il n'hésite pas à chasser hors de son territoire des poissons-perroquets ou des balistes deux fois plus gros que lui. En aquarium, il ne supporte pas les membres de son espèce ni les autres chirurgiens. Les scalpels de son pédoncule caudal sont longs et acérés, probablement venimeux. Veillez à toujours manipuler ce poisson à l'épuisette, en prenant soin d'éviter ces rasoirs. Nourrissez-le de végétaux, à l'aide de préparations congelées du commerce, de spiruline et de légumes frais bouillis (brocolis, salade, épinards, petits pois, etc.). Deux à trois distributions par jour sont nécessaires pour garder *Acanthurus sohal* en bonne santé. La cohabitation avec les invertébrés se déroule généralement dans de bonnes conditions, bien que certains spécimens aient déjà mordu des coraux. Auquel cas, cela peut provenir de distributions de nourriture trop espacées.

Naso lituratus

NASIQUE (OU NASON) À ÉPERONS ORANGE

Taille : jusqu'à 50 cm en milieu naturel, 30 cm en aquarium.
Origine : océan Indien, Pacifique sud, mer Rouge.
Habitat naturel : récifs coralliens.
Comportement : poisson vif et rapide susceptible de sauter par-dessus l'aquarium, couvrez bien le bac !
Alimentation : principalement végétarien ; compléter sa nourriture avec de petites proies vivantes.
Reproduction : inconnue en aquarium.
Aménagement du bac : volume minimal : 600 l ; densité de population : 1 poisson par aquarium ; décor : roches, invertébrés et algues.
Qualité de l'eau : température = 23 à 26 °C ; densité = 1021 à 1026 ; pH = 7,5 à 8,5.
Notre conseil : vif, robuste et facile à acclimater, *Naso lituratus* est un parfait candidat pour le débutant qui décide d'aménager un grand aquarium marin. Ce chirurgien est capable de reconnaître son soigneur, ce qui le rend très attrayant pour bon nombre d'aquariophiles. Un riche décor d'algues, caulerpes par exemple, facilite la maintenance en apportant constamment la part végétale de l'alimentation.

Contrairement à la majorité des poissons-chirurgiens, *Naso lituratus* ne possède pas de scalpels érectiles (pouvant être dressés) sur le pédoncule caudal, mais deux épines écailleuses de chaque côté. Les juvéniles arborent une robe différente de celle des adultes, constituée de petites taches blanches uniformément réparties sur un fond gris-bleu. Le nasique à éperons orange est réservé aux grands aquariums peuplés de poissons calmes. Sa nourriture sera composée en grande partie de végétaux bouillis (laitue, brocolis…) et d'algues (caulerpes). Les jeunes individus sont beaucoup plus faciles à acclimater que les adultes. Il est, par ailleurs, nécessaire d'équiper l'aquarium d'une filtration puissante et d'un fort brassage, recréant les courants du milieu naturel.

Paracanthurus hepatus

CHIRURGIEN BLEU

Taille : 25 cm.
Origine : océan Indien, Pacifique sud.
Habitat naturel : récifs coralliens.
Comportement : c'est un poisson plutôt craintif, voire peureux, qui dans les bacs de vente trop exposés se cache dans le moindre interstice.
Alimentation : principalement végétarien ; compléter sa nourriture avec de petites proies vivantes.
Reproduction : inconnue en aquarium.
Aménagement du bac : volume minimal : 300 l ; densité de population : 1 poisson par aquarium ; décor : roches, invertébrés et fond couvert d'algues.
Qualité de l'eau : température = 23 à 26 °C ; densité = 1021 à 1026 ; pH = 7,5 à 8,5.
Notre conseil : lors de l'achat, il vous faut prendre un soin particulier à vérifier l'état de la peau de ce chirurgien. En effet, il est extrêmement sensible aux maladies de peau et aux attaques parasitaires. À cause de cette sensibilité, ce poisson est plutôt déconseillé aux débutants.

Le chirurgien bleu vit en bancs lorsqu'il est jeune, période durant laquelle sa robe est la plus belle. Ensuite, avec l'âge, le bleu de celle-ci cède la place à un jaune et un blanc passés. Adultes, les chirurgiens bleus ne peuvent cohabiter dans un même bac, leurs scalpels caudaux constituant des armes de combats sanglants. Ce poisson, un peu peureux, ne se rassurera que si on lui offre suffisamment de cachettes. Les jeunes sont plus faciles à acclimater que les adultes. On les nourrit d'épinards ou de brocolis bouillis, complétés de quelques artémias. Préférant un fort brassage de l'eau, *Paracanthurus hepatus* convient tout à fait pour un aquarium récifal. Il est malheureusement très sensible à la maladie des points blancs.

Zebrasoma flavescens

CHIRURGIEN JAUNE

Taille : 20 cm.
Origine : océan Pacifique est, du Japon à Hawaii.
Habitat naturel : récifs coralliens, en particulier dans les lagons.
Comportement : vit en solitaire ou en couple dans la nature, rarement en bancs. Il est possible d'acclimater plusieurs exemplaires dans un grand aquarium s'ils sont introduits très jeunes et tous en même temps. La cohabitation avec les invertébrés est bonne.
Alimentation : principalement végétarien ; compléter sa nourriture avec de petites proies.
Reproduction : inconnue en aquarium.
Aménagement du bac : volume minimal : 200 l ; densité de population : 1 poisson par volume de 300 l, à partir d'un volume total de 1500 l ; décor : roches et algues.
Qualité de l'eau : température = 23 à 26 °C ; densité = 1021 à 1025 ; pH = 7,5 à 8,5.
Notre conseil : le choix d'un chirurgien jaune se fait surtout sur son embonpoint. Ainsi, on préférera un exemplaire à l'abdomen bien rebondi, voire légèrement déformé. Tout poisson maigre sera écarté. Vérifiez également l'état de la ligne latérale, souvent atteinte d'érosion.

Dans la nature, *Zebrasoma flavescens* vit en solitaire ou en couple, rarement en banc. Comme les autres poissons-chirurgiens, il est pourvu de deux « scalpels » blancs, sur la queue, en avant de la nageoire caudale (pédoncule caudal). Généralement pacifique, il passe sa journée à brouter les algues qui recouvrent le décor. Toutefois, il peut montrer une légère agressivité envers des nouveaux venus. Le chirurgien jaune est tout à fait adapté à l'aquarium récifal, où il constitue un auxiliaire efficace pour lutter contre les algues. On peut lui donner des légumes bouillis (brocolis, épinard…), complétés avec des artémias ou du krill. Sensible aux nitrates, il apprécie un brassage puissant et une bonne filtration. Les changements d'eau doivent être réguliers.

Zebrasoma veliferum

CHIRURGIEN VOILÉ

Taille : 40 cm (en milieu naturel).
Origine : océan Indien, Pacifique sud, mer Rouge.
Habitat naturel : récifs coralliens.
Comportement : sociable, sauf avec ses congénères et les autres espèces du genre *Zebrasoma.*
Alimentation : entièrement végétarien en milieu naturel.
Reproduction : inconnue en aquarium.
Aménagement du bac : volume minimal : 600 l ; densité de population : 1 poisson par aquarium, décor : roches, invertébrés et algues.
Qualité de l'eau : température = 24 à 28 °C ; densité = 1021 à 1026 ; pH = 7,5 à 8,5.
Notre conseil : ce poisson est à réserver aux grands aquariums. Alors ne passez pas à côté si vous disposez d'un gros volume ! la maintenance en couple n'est hélas généralement qu'à la portée des aquariums publics.

Ce poisson possède, comme tous les acanthuridés, deux épines aiguës ou " scalpels ", sur la queue, en avant de la nageoire caudale (pédoncule caudal). Les juvéniles se distinguent par des nageoires dorsale et anale extrêmement voilées. Les adultes vivent en couple dans la nature. Étant donné leur taille, les individus âgés doivent être conservés dans des bacs d'une contenance supérieure à 1 000 litres et, par ailleurs, sans petits poissons (de moins de 5 cm). En aquarium, vous pouvez compléter son régime alimentaire, à base de végétaux, avec quelques crustacés et mollusques. *Zebrasoma veliferum* et *Zebrasoma desjardinii* ont été considérées comme synonymes. Il s'agit en fait de deux espèces distinctes, très difficilement identifiables extérieurement : les bandes verticales jaunes se transforment en pointillés sur la moitié inférieure du corps chez *Zebrasoma desjardinii.* La confusion est encore plus facile au stade juvénile. *Zebrasoma veliferum* est cependant proportionnellement plus haut pour une taille donnée et possède moins de bandes verticales jaunes.

Zebrasoma xanthurum

CHIRURGIEN VOILÉ À QUEUE JAUNE

Taille : 25 cm.
Origine : mer Rouge, péninsule arabique, golfe Persique.
Habitat naturel : récifs coralliens et zones rocheuses.
Comportement : sociable, sauf avec ses congénères et les autres espèces du genre *Zebrasoma.*
Alimentation : omnivore, beaucoup de crustacés et une petite part végétale.
Reproduction : inconnue en aquarium.
Aménagement du bac : volume minimal : 600 l ; densité de population : 1 poisson par aquarium ; décor : roches, invertébrés et algues.
Qualité de l'eau : température = 24 à 28 °C ; densité = 1021 à 1026 ; pH = 7,5 à 8,5.
Notre conseil : à l'achat, veillez à choisir un exemplaire à l'abdomen bien rebondi. Ce poisson atteignant généralement un bon prix, n'hésitez pas à demander au vendeur de lui donner à manger afin de contrôler son appétit. Vérifiez également l'absence de toute tache suspecte sur la peau ou sur les nageoires.

La robe bleu nuit de ce chirurgien est un gage de sa bonne santé : malade, il tend à prendre une coloration brune et terne. C'est l'une des rares espèces du genre *Zebrasoma* dont le régime alimentaire n'est pas exclusivement végétarien. Vous pouvez offrir à ce poisson toutes sortes de nourriture, vivantes ou congelées (mysis, artémias, chair de moule…) et même sèches. Ne donnez qu'occasionnellement des végétaux (brocolis, épinards). L'acclimatation de ce poisson ne pose pas de problèmes si vous vous procurez un jeune (6 à 8 cm) ; les adultes sont, en revanche, beaucoup plus sensibles à la captivité. Si vous désirez faire vivre *Zebrasoma xanthurum* dans un aquarium récifal, vous devrez éviter la présence des crevettes et d'autres petits crustacés.

Labres

Des magiciens direz-vous, en constatant que vos poissons changent de couleur ! L'explication de ce tour de passe-passe n'est pas moins surprenante : au fur et à mesure de leur développement, les labres peuvent arborer une nouvelle coloration qui correspond à une étape, à un langage. Chez certaines espèces, à la naissance, tous les jeunes sont des femelles. Avec le temps, les individus dominants deviennent des mâles. Chez d'autres espèces, on rencontre des mâles primaires (nés mâles) et des mâles secondaires (femelles transformées). Chaque sexe et chaque stade de développement présente une coloration spécifique, si bien que les chercheurs ont longtemps cru qu'il s'agissait de poissons différents. Regroupés dans la famille des labridés, l'une des plus riches peuplant les récifs coralliens, les labres doivent leur nom à leurs lèvres épaisses. La diversité des silhouettes, des tailles (quelques centimètres à plusieurs mètres de long) et des couleurs est immense. Dans un aquarium brassé par un fort courant, les labres ont souvent bon caractère. Robustesse, couleurs chatoyantes, jusqu'à leur nage assurée par les seules nageoires pectorales, toutes les raisons sont réunies pour intéresser les aquariophiles. D'autant que, parmi ces poissons diurnes, certains possèdent encore une autre particularité : la nuit, ils sécrètent un cocon de mucus protecteur ou s'enfouissent dans le sol.

Anampses meleagrides

LABRE À QUEUE JAUNE

Taille : jusqu'à 15 cm.
Origine : océan Indien, Pacifique sud, mer Rouge.
Habitat naturel : récifs coralliens et zones sablonneuses, jusqu'à 50 m de profondeur.
Comportement : ce labre s'ensable régulièrement au cours de la journée, pour de courtes périodes et durant la nuit. Poisson timide et craintif demandant un décor sécurisant.
Alimentation : carnivore, proies vivantes (crustacés) et congelées.
Reproduction : inconnue en aquarium.
Aménagement du bac : volume minimal : 300 l ; densité de population : 1 poisson par aquarium, 1 couple si le bac est grand ; décor : roches, invertébrés et zones de sable.
Qualité de l'eau : température = 24 à 28 °C ; densité = 1021 à 1026 ; pH = 7,5 à 8,5.
Notre conseil : pour accueillir ce labre, il faut prendre en compte sa taille et ses habitudes. Ainsi, l'épaisseur de substrat ne doit pas être inférieure à 7 cm pour que ce poisson puisse s'ensabler. De plus, les grains de sable ne doivent pas être trop gros et surtout ne pas avoir d'arêtes tranchantes.

Dans son milieu naturel, le labre à queue jaune vit en solitaire ou en couple à proximité des récifs et des zones sablonneuses qui entourent ces derniers. Les juvéniles possèdent une nageoire caudale arrondie, qui devient convexe chez les adultes. Les deux sexes se reconnaissent aisément grâce à la différence de coloration de la nageoire caudale, orange chez le mâle, jaune vif chez la femelle. Tapissez le fond de votre aquarium avec du sable assez fin et lisse, car *Anampses meleagrides* a l'habitude de s'y enfouir. Il est préférable de l'installer dans un bac récifal, avec un brassage important. Une qualité d'eau irréprochable et une alimentation à base de petits crustacés vivants sont deux facteurs essentiels pour le faire vivre au mieux en aquarium.

Labroides dimidiatus

LABRE NETTOYEUR

Taille : 10 cm.
Origine : océan Indien, Pacifique, mer Rouge.
Habitat naturel : récifs coralliens.
Comportement : sociable.
Alimentation : carnivore, nombreuses petites proies vivantes.
Reproduction : ponte en pleine eau, l'élevage des alevins ne connaît pas encore de succès.
Aménagement du bac : volume minimal : 200 l ; densité de population : 2 poissons (adultes) au maximum par aquarium (de préférence 1 seul) ; décor : roches.
Qualité de l'eau : température = 23 à 26 °C ; densité = 1021 à 1026 ; pH = 7,5 à 8,5.
Notre conseil : pour que ce labre s'acclimate bien et retrouve son comportement naturel, aménagez un décor imitant un tombant récifal, très riche en petites grottes et recoins. Ainsi, il trouvera le refuge nocturne adéquat. En effet, ce poisson recherche toujours une anfractuosité parfaitement adaptée à sa taille.

Dans son milieu naturel, *Labroides dimidiatus* vit en groupe quand il est jeune, puis généralement par paire. Il débarrasse les autres poissons des récifs de leurs parasites : il tient de véritables « stations de nettoyage » où divers gros poissons viennent se faire toiletter (le nettoyeur avale goulûment les parasites qu'il prélève). Attention de ne pas confondre cette espèce avec *Aspidontus taeniatus*, qui se distingue par sa bouche dirigée en position inférieure (alors que celle du labre nettoyeur est en position terminale), car il attaque les écailles des poissons. L'acclimatation du labre nettoyeur peut être difficile, car ce poisson rechigne parfois à s'alimenter. Une fois cette période passée, il ne pose pas de réels problèmes. Comme la plupart des labres, il s'enveloppe, durant la nuit, dans un cocon de mucus où il est à l'abri. Il ne faut pas oublier, en outre, de couvrir l'aquarium, car *Labroides dimidiatus* est un excellent sauteur.

Macropharyngodon bipartitus

LABRE VERMICULÉ

Taille : 10 cm.
Origine : océan Indien.
Habitat naturel : récifs coralliens et zones rocheuses, jusqu'à 25 m de profondeur.
Comportement : sociable, légèrement agressif envers ses congénères.
Alimentation : carnivore, crustacés (krill), artémias, chair de poisson ou de moule. Apprécie à l'occasion les vers de vase.
Reproduction : inconnue en aquarium.
Aménagement du bac : volume minimal : 200 l ; densité de population : 1 poisson par aquarium ; décor : roches, invertébrés et algues.
Qualité de l'eau : température = 24 à 28 °C ; densité = 1021 à 1026 ; pH = 7,5 à 8,5.
Notre conseil : les *Macropharyngodon* sont des poissons généralement difficiles à acclimater. Il leur faut un aquarium de taille raisonnable, pourvu d'une bonne couche de sable dans laquelle ces poissons aiment disparaître. Le décor rocheux, très riche, doit comprendre de larges failles et de nombreux couloirs de circulation à l'abri des regards. Une eau de bonne qualité est une condition indispensable à l'élevage des *Macropharyngodon*.

Ce labre présente une particularité étonnante. Tous les poissons naissent femelles, ce n'est que par la suite que certains individus se transforment en mâles. Les juvéniles ainsi que les femelles possèdent une robe différente des mâles. Les femelles sont maculées de points bleus et la moitié inférieure de leur corps est noire. Les mâles arborent des motifs verts sur l'ensemble du corps. Ces poissons ont besoin d'un sol épais, car ils ont l'habitude de s'ensabler, et d'un décor dans lequel sont aménagées de nombreuses cachettes. L'eau doit être d'excellente qualité pour que ce poisson vive dans les meilleures conditions possible.

Pseudocheilinus hexataenia

LABRE À SIX BANDES

Taille : 10 cm.
Origine : océan Indien, Pacifique, mer Rouge.
Habitat naturel : récifs coralliens.
Comportement : il a été rapporté que certains gros spécimens peuvent manger les crevettes ornementales, ce qui reste extrêmement rare. La compatibilité avec les invertébrés est excellente, ce qui fait de ce poisson un incontournable des bacs récifaux.
Alimentation : carnivore, petites proies vivantes et congelées. S'adapte très vite aux nourritures sèches.
Reproduction : inconnue en aquarium.
Aménagement du bac : volume minimal : 100 l ; densité de population : 1 poisson par aquarium (plusieurs si le volume dépasse 500 l) ; décor : roches et invertébrés.
Qualité de l'eau : température = 23 à 26 °C ; densité = 1021 à 1026 ; pH = 7,5 à 8,5.
Notre conseil : ce labre vif et amusant par sa nage et son comportement est un poisson idéal pour le débutant. En aquarium récifal, il peut également aider à contrôler les vers indésirables et les planaires, véritable plaie pour l'aquariophile récifal.

Dans son milieu naturel, ce petit labre vit généralement en solitaire ou en couple, plus rarement au sein d'un groupe restreint. Il passe sa journée à fureter entre les branches des coraux, fouillant tous les interstices du récif pour y prélever sa nourriture. Assez délicat à acclimater, il se montre très robuste par la suite. Il faut le placer de préférence dans un aquarium récifal, où il trouve facilement une nourriture abondante. En complément, procurez-lui des artémias, des morceaux de moule, du krill, puis des granulés. Durant la nuit, *Pseudocheilinus hexataenia,* comme d'autres labres, dort dans un cocon de mucus où il est à l'abri.

Thalassoma lunare

GIRELLE-PAON

Taille : jusqu'à 30 cm.
Origine : océan Indien, Pacifique sud, mer Rouge.
Habitat naturel : récifs coralliens et zones sablonneuses, jusqu'à 20 m de profondeur.
Comportement : la cohabitation avec les invertébrés est assez disparate. En effet, si ce poisson ne touche pas aux coraux, il s'attaque aux coquillages et aux invertébrés sessiles (étoiles de mer, crevettes, escargots, etc.).
Alimentation : carnivore, proies vivantes (crustacés), puis congelées.
Reproduction : inconnue en aquarium (dans la nature, il pond en pleine eau, en groupe ou en couple).
Aménagement du bac : volume minimal : 500 l ; densité de population : 1 poisson par aquarium ; décor : roches, zones de sable, avec un espace libre pour la nage.
Qualité de l'eau : température = 24 à 28 °C ; densité = 1021 à 1026 ; pH = 7,5 à 8,5.
Notre conseil : ce labre, comme tous les représentants du genre *Thalassoma*, ne paye pas de mine lorsqu'il est juvénile. Sa robe devient magnifique avec l'âge. Ne manquez pas cette merveille si vous avez un aquarium de gros poissons !

Dans la nature, ce labre vit en bancs lorsqu'il est jeune, puis solitaire à l'âge adulte. Pour faire vivre en aquarium plusieurs jeunes, vous devez posséder un bac très volumineux, car, dans un bac trop petit, les poissons sont agressifs entre eux. *Thalassoma lunare* est facile à acclimater ; il accepte la nourriture sèche très rapidement. Aménagez-lui un vaste espace libre dans le décor, pour que ce nageur infatigable puisse librement circuler. La nuit, il secrète un cocon de mucus protecteur au sein duquel il se repose. Gros pollueur, il a besoin d'une puissante filtration et apprécie également, pour sa nage chaloupée, un courant assez fort. Il est, par ailleurs, déconseillé de le faire vivre en aquarium récifal.

14 *autres* labres

■ *Bodianus axillaris*
TAMARIN

Taille : 20 cm.
Origine : mer Rouge et Indo-Pacifique.
Sociabilité : assez bonne.
Mode de vie : fréquente les lagons. Les jeunes vivent dans les grottes comme poissons-nettoyeurs.
Vie dans l'aquarium : bon nageur demandant une vaste zone libre.
Densité de population : un spécimen par aquarium.
Décor : roches, algues, invertébrés.
Température de l'eau : 22 à 26°C.
Densité : 1 022 à 1 028.
pH : 7,5 à 8,5.

■ *Bodianus rufus*
LABRE ESPAGNOL

Taille : 40 cm.
Origine : du sud de la Floride au Brésil.
Sociabilité : assez bonne.
Mode de vie : les jeunes sont des poissons nettoyeurs.
Vie dans l'aquarium : demande une très vaste zone de nage.
Densité de population : un spécimen ou un couple affirmé par bac.
Décor : roches, algues.
Température de l'eau : 24 à 26°C.
Densité : 1 022 à 1 024.
pH : 7,5 à 8,5.

■ *Cheilinus lunulatus*
LABRE À FRANGES

Taille : 50 cm.
Origine : mer Rouge, golfe d'Oman.
Sociabilité : assez sociable en grand aquarium.
Mode de vie : longe les récifs à la recherche de nourriture.
Vie dans l'aquarium : à réserver aux grands aquariums.
Densité de population : un spécimen par bac.
Décor : roches, algues.
Température de l'eau : 20 à 24°C.
Densité : 1 024 à 1 028.
pH : 7,5 à 8,5.

■ *Choerodon fasciatus*
VIEILLE ARLEQUIN

Taille : 25 cm.
Origine : de Taïwan jusqu'en Australie.
Sociabilité : très territorial.
Mode de vie : solitaire auprès des éboulis.
Vie dans l'aquarium : cohabitation avec les invertébrés à éviter.
Densité de population : un spécimen par aquarium.
Décor : roches, algues.
Température de l'eau : 20 à 24°C.
Densité : 1 022 à 1 024.
pH : 7,5 à 8,5.

■ *Cirrhilabrus rubripinnis*
LABRE-NAIN À NAGEOIRES ROUGES

Taille : 8 cm.
Origine : Philippines.
Sociabilité : excellente.
Mode de vie : fond détritique des pentes externes.
Vie dans l'aquarium : idéal en aquarium d'invertébrés.
Densité de population : un couple ou harem par bac.
Décor : roches, algues, invertébrés.
Température de l'eau : 24 à 26°C.
Densité : 1 022 à 1 024. **pH :** 7,5 à 8,5.

■ *Cirrhilabrus rubriventralis*
LABRE-NAIN À FILAMENTS

Taille : 7,5 cm.
Origine : nord de la mer Rouge.
Sociabilité : très bonne.
Mode de vie : fond détritique des récifs.
Vie dans l'aquarium : parfait en aquarium d'invertébrés.
Densité de population : un couple ou harem par aquarium.
Décor : roches, algues, invertébrés.
Température de l'eau : 22 à 24°C.
Densité : 1 024 à 1 028. **pH :** 7,5 à 8,5.

■ *Coris aygula*
LABRE CLOWN

Taille : 120 cm.
Origine : de la mer Rouge au Japon.
Sociabilité : bonne pour un poisson de sa taille.
Mode de vie : platiers externes et lagons.
Vie dans l'aquarium : à réserver aux très grands aquariums.
Densité de population : un spécimen ou un couple par bac.
Décor : roches, algues.
Température de l'eau : 24 à 26°C.
Densité : 1 022 à 1 028. **pH :** 7,5 à 8,5.

■ *Coris gaimard*
CORIS BARIOLÉ

Taille : 40 cm.
Origine : océan Pacifique.
Sociabilité : assez bonne.
Mode de vie : Toutes zones du récif.
Vie dans l'aquarium : invertébrés déconseillés, surtout crustacés.
Densité de population : un spécimen ou un couple par bac.
Décor : roches, algues.
Température de l'eau : 24 à 26°C.
Densité : 1 022 à 1 024.
pH : 7,5 à 8,5.

■ *Gomphosus caeruleus*
LABRE OISEAU

Taille : 28 cm.
Origine : mer Rouge et Afrique de l'Est.
Sociabilité : bonne, sauf avec les invertébrés.
Mode de vie : zones coralliennes riches.
Vie dans l'aquarium : demande un décor important et une grande zone de nage.
Densité de population : un couple par aquarium.
Décor : roches, algues.
Température de l'eau : 22 à 24°C.
Densité : 1 024 à 1 028.
pH : 7,5 à 8,5.

■ *Halichoeres chloropterus*
LABRE VERT

Taille : 19 cm.
Origine : de Sumatra à la Grande Barrière de récif.
Sociabilité : assez bonne.
Mode de vie : toutes zones du récif.
Vie dans l'aquarium : demande une bonne épaisseur de sable pour s'enfouir.
Densité de population : un spécimen ou un couple par bac.
Décor : roches, algues, invertébrés.
Température de l'eau : 24 à 26°C.
Densité : 1 022 à 1 024.
pH : 7,5 à 8,5.

■ *Halichoeres chrysus*
LABRE CANARI

Taille : 12 cm.
Origine : du sud du Japon à l'Australie.
Sociabilité : bonne.
Mode de vie : zones de sable et d'éboulis.
Vie dans l'aquarium : demande une bonne épaisseur de sable pour s'enfouir.
Densité de population : un spécimen ou un couple par bac.
Décor : roches, algues, invertébrés.
Température de l'eau : 24 à 26°C.
Densité : 1 022 à 1 024.
pH : 7,5 à 8,5.

■ *Macropharyngodon choati*
LABRE DE CHOAT

Taille : 10 cm.
Origine : du sud de l'Australie à la Nouvelle-Galles du Sud.
Sociabilité : bonne.
Mode de vie : passes et pentes externes des récifs.
Vie dans l'aquarium : se nourrit de petits crustacés et invertébrés.
Densité de population : couple ou 1 mâle pour plusieurs femelles.
Décor : roches, algues et invertébrés.
Température de l'eau : 24 à 26 °C.
Densité : 1 022 à 1 024. **pH :** 7,5 à 8,5.

■ *Macropharyngodon meleagris*
LABRE LÉOPARD

Taille : 14 cm.
Origine : du sud du Japon à l'Australie.
Sociabilité : très bonne.
Mode de vie : toutes zones du récif.
Vie dans l'aquarium : éviter les invertébrés, surtout les petits crustacés.
Densité de population : un couple ou un harem par aquarium.
Décor : roches, algues, invertébrés.
Température de l'eau : 24 à 26°C.
Densité : 1 022 à 1 024. **pH :** 7,5 à 8,5.

■ *Macropharyngodon negrosensis*
LABRE LÉOPARD NOIR

Taille : 12 cm.
Origine : mer d'Andaman aux îles Somoa et du sud du Japon à l'Australie.
Sociabilité : bonne.
Mode de vie : zones calmes de sables et de coraux.
Vie dans l'aquarium : se nourrit de mollusques et petits invertébrés.
Densité de population : couple ou 1 mâle pour plusieurs femelles.
Décor : fond de sable, roches, algues et invertébrés.
Température de l'eau : 24 à 26 °C.
Densité : 1 022 à 1 024. **pH :** 7,5 à 8,5.

Poissons-anges et poissons-papillons

Hauts et plats, ils font brusquement volte-face comme pour vous montrer fièrement leur habit. Selon les espèces de ces deux familles proches, la robe est différente, mais toujours éclatante et composée d'une formidable palette de couleurs. Poissons-anges et poissons-papillons fréquentent les récifs coralliens des mers tropicales et sont aimés aussi bien des plongeurs que des aquariophiles, pour leur beauté et leur familiarité troublante. Adaptés à des aquariums de grand volume, ils s'apprivoisent en effet très bien et reconnaissent vite leur soigneur. Les poissons-anges (ou pomacanthidés), dotés de petites bouches, sont reconnaissables à leur épine effilée implantée à l'arrière de la tête, sur l'opercule. Les plus jeunes possèdent une coloration bien spécifique qui les protège de l'agressivité territoriale des adultes. Pour ceux qui se nourrissent de polypes coralliens et d'éponges, la vie en aquarium est difficile. Mieux vaut choisir des espèces qui se contentent de crustacés. Les poissons-papillons (ou chétodontidés) ne possèdent pas d'épine. Leur bouche en forme de bec leur permet de dénicher, dans les anfractuosités des coraux, les animaux microscopiques qui composent leur nourriture. Leur nage ressemble au vol des papillons. L'arrière de leur corps est orné d'un ocelle noir (faux œil). Lorsqu'ils fuient un prédateur, celui-ci est perturbé quant au sens de la fuite de sa proie !

Centropyge bicolor

CENTROPYGE BICOLOR

Taille : jusqu'à 12 cm.
Origine : océan Indien, Pacifique sud (Australie).
Habitat naturel : récifs coralliens.
Comportement : la cohabitation avec les invertébrés est aléatoire.
Alimentation : principalement végétarien ; compléter sa nourriture avec de petites proies vivantes.
Reproduction : rare en aquarium, ponte en pleine eau.
Aménagement du bac : volume minimal : 200 l ; densité de population : 1 poisson par aquarium (cohabitation possible dans un volume supérieur à 1000 l) ; décor : roches, invertébrés (sous réserve) et fond couvert d'algues.
Qualité de l'eau : température = 23 à 26 °C ; densité = 1021 à 1026 ; pH = 7,5 à 8,5.
Notre conseil : ce poisson-ange nain est extrêmement robuste et, comme tel, il est tout à fait recommandé au débutant. Il faudra choisir un exemplaire vif, perpétuellement en nage, et dont la peau est saine. Généralement facile à acclimater, il ne pose aucun problème de nourrissage sitôt le stress du changement d'aquarium passé. Il faut quelquefois compter pour cela un à deux jours.

Dans la nature, ce poisson-ange nain vit en groupes hiérarchisés. En aquarium, il tolérera un congénère uniquement si le volume du bac permet la formation de plusieurs territoires. Très résistant, c'est un poisson facile à acclimater. Il apprécie les cachettes où il se sent en sécurité, ainsi qu'un fort courant. Généralement paisible avec ses compagnons d'aquarium, il est néanmoins souvent agressif avec les nouveaux venus. Faites attention de bien choisir les invertébrés de votre bac, car, conformément à son régime alimentaire naturel, il peut s'en prendre aux vers tubicoles et à certaines espèces de coraux.

Centropyge eibli

CENTROPYGE EIBLI

Taille : jusqu'à 12 cm.
Origine : océan Indien (Australie).
Habitat naturel : récifs coralliens.
Comportement : la cohabitation avec les invertébrés est aléatoire, il peut quelquefois s'attaquer aux vers tubicoles et aux manteaux de bénitiers. Le problème devient insignifiant dans un grand bac.
Alimentation : principalement végétarien ; compléter sa nourriture avec de petites proies vivantes.
Reproduction : rare en aquarium, ponte en pleine eau.
Aménagement du bac : volume minimal : 200 l ; densité de population : 1 poisson par aquarium (cohabitation possible dans un volume supérieur à 1000 l) ; décor : roches, invertébrés et algues.
Qualité de l'eau : température = 23 à 26 °C ; densité = 1021 à 1026 ; pH = 7,5 à 8,5.
Notre conseil : ce poisson-ange nain est sans nul doute l'un des plus calmes. Le débutant peut l'élever sans aucun souci, avec comme seule réserve de le faire vivre dans un aquarium le plus grand possible afin de faire disparaître toute agressivité.

Comme tous les centropyges, ce poisson-ange nain vit, dans la nature, en groupes très structurés. En aquarium, un volume d'eau assez important et un décor bien aménagé peuvent éventuellement permettre de faire cohabiter plusieurs individus. Farouche au début, ce poisson a besoin d'un décor lui proposant suffisamment de cachettes. Les algues présentes sur les roches constituent une grande part de son menu. C'est l'un des centropyges les plus pacifiques avec les autres poissons et les plus tolérants avec les nouveaux venus. Il cohabite normalement sans problèmes avec les invertébrés, avec toutefois une réserve en ce qui concerne les vers tubicoles. Il apprécie, par ailleurs, une bonne filtration et un fort brassage.

Centropyge flavissimus

HOLACANTHE JAUNE

Taille : 10 à 12 cm.
Origine : océan Indien, Pacifique sud, surtout vers Hawaii.
Habitat naturel : récifs coralliens.
Comportement : la cohabitation avec les invertébrés ne peut s'envisager que dans un grand bac (supérieur à 500 l), où les titillements de ce poisson sur les polypes d'un même animal ne seront pas trop fréquents.
Alimentation : principalement végétarien ; compléter sa nourriture avec des proies vivantes (crustacés), puis congelées. Accepte par la suite les nourritures sèches.
Reproduction : rare en aquarium.
Aménagement du bac : volume minimal : 300 l ; densité de population : 1 poisson par aquarium ; décor : roches, invertébrés et algues.
Qualité de l'eau : température = 23 à 26 °C ; densité = 1021 à 1026 ; pH = 7,5 à 8,5.
Notre conseil : attention de ne pas confondre *Centropyge flavissimus* avec certains juvéniles du chirurgien mimétique *Acanthurus pyroferus*, ni avec *Centropyge heraldi* qui, lui, ne possède pas de bleu autour de l'œil et sur la face.

Ce poisson-ange nain se reconnaît aisément à sa couleur uniformément jaune. Seuls l'œil et l'opercule (en avant des ouïes) sont soulignés de bleu. Tous les poissons du genre *Centropyge* possèdent une épine effilée, située sous chaque opercule, dont ils se servent comme arme défensive. Vous pouvez placer *Centropyge flavissimus* dans un aquarium récifal, dont il apprécie la qualité de l'eau. Veillez à ce que son décor soit pourvu de nombreuses cachettes et maintenez dans le bac un fort courant de filtration. Ce poisson passe ses journées à brouter les petites algues qui couvrent les roches et le corail, et à consommer les êtres microscopiques qu'ils abritent. La ponte est possible dans un bac de très grand volume, suffisamment vaste pour pouvoir contenir plusieurs individus.

Chaetodon collare

CHÉTODON À COLLIER

Taille : jusqu'à 20 cm.
Origine : océan Indien, Pacifique sud, de l'Arabie au Sri Lanka.
Habitat naturel : récifs coralliens et zones rocheuses.
Comportement : sociable.
Alimentation : omnivore, petites proies vivantes (artémias, krill, mysis...), puis nourritures sèches et congelées. Broute les algues qui recouvrent les roches.
Reproduction : inconnue en aquarium.
Aménagement du bac : volume minimal : 500 l ; densité de population : 1 poisson par aquarium, plus à partir de 1000 l ; décor : roches (surtout recouvertes d'algues).
Qualité de l'eau : température = 23 à 26 °C ; densité = 1021 à 1026 ; pH = 7,5 à 8,5.
Notre conseil : ce poisson-papillon est sans nul doute l'un des premiers que l'on puisse recommander au débutant qui veut faire connaissance avec les chétodons. Il se montre en effet sociable, facile à acclimater et à nourrir, ce qui est rare au sein de cette famille. Le seul impératif est un bac de grand volume.

Très résistante, cette espèce est moins sensible que ses cousines aux maladies et surtout au stress. Elle fait ainsi partie des chétodons les plus faciles à conserver en aquarium. Compte tenu de son régime alimentaire naturel (polypes du corail, vers, quelquefois algues), ce poisson ne convient pas aux bacs récifaux, dans lesquels il s'attaquerait volontiers aux coraux et aux tentacules des anémones. *Chaetodon collare* aime vivre en banc (dans son milieu naturel, on le voit fréquemment nager en formation d'une vingtaine d'individus), ce qui est réalisable dans des aquariums de grand volume (d'au moins 1000 litres).

Chaetodon semilarvatus

CHÉTODON DEMI-MASQUE

Taille : 15 à 20 cm.
Origine : mer Rouge, golfe d'Aden (endémique de ces régions).
Habitat naturel : récifs coralliens, jusqu'à 20 m de profondeur.
Comportement : amoureux de la nage, il apprécie une vaste zone libre dans l'aquarium.
Alimentation : animaux (polypes) du corail et autres invertébrés en milieu naturel, crustacés et autres petites proies vivantes en aquarium.
Reproduction : inconnue en aquarium.
Aménagement du bac : volume minimal : 600 l ; densité de population : 1 poisson pour 150 l ; décor : roches et algues.
Qualité de l'eau : température = 23 à 26 °C ; densité = 1021 à 1026 ; pH = 7,5 à 8,5.
Notre conseil : ce poisson peut présenter des difficultés à l'acclimatation lorsqu'il est acquis trop vieux. Choisissez alors de jeunes exemplaires qui accepteront d'ailleurs facilement les nourritures de substitution et quelquefois même les aliments secs. Vous vérifierez la bonne santé des individus et leur vivacité avant l'achat. Si vous désirez maintenir un groupe, il est préférable d'introduire tous les poissons ensemble.

Ce poisson-papillon se reconnaît à sa robe jaune-orangé et à la tache noire caractéristique qui orne une partie de son œil et de sa joue. Facile à acclimater et très résistant, il apprécie de vivre en banc dans un grand aquarium. Au sein du décor, fournissez-lui un complément nutritionnel grâce à des roches vivantes (roches à base de corail colonisées par de petits êtres vivants). Compte tenu de son régime alimentaire naturel, évitez toutefois de le faire vivre en aquarium récifal, où il endommagerait gravement les coraux. *Chaetodon semilarvatus* est une espèce vive, ne craignant pas la concurrence des autres poissons de taille moyenne. Associez-le de préférence à des poissons-chirurgiens, comme *Acanthurus sohal* (qui provient également de la mer Rouge).

Chelmon rostratus

CHELMON ROSTRATUS

Taille : jusqu'à 20 cm.
Origine : océan Indien, Pacifique sud.
Habitat naturel : récifs coralliens et zones rocheuses.
Comportement : agressif envers ses congénères, sociable avec les autres poissons.
Alimentation : carnivore, petites proies vivantes, puis congelées.
Reproduction : inconnue en aquarium.
Aménagement du bac : volume minimal : 300 l ; densité de population : 1 poisson par aquarium ; décor : roches et invertébrés (sous réserve).
Qualité de l'eau : température = 23 à 26 °C ; densité = 1021 à 1026 ; pH = 7,5 à 8,5.
Notre conseil : pouvant poser des problèmes d'appétit lors de l'acclimatation, il est préférable de choisir des individus juvéniles, les plus jeunes possibles. Ainsi, ils s'alimenteront plus facilement de proies de substitution. La présence de roches vivantes dans l'aquarium est bénéfique pour déclencher l'appétence.

Dans la nature, ce poisson se sert de son « bec » pour déloger les animaux microscopiques logés dans les anfractuosités du récif. En aquarium, il est difficile à acclimater (un jeune poisson posera toutefois moins de problèmes). Il faut commencer à l'alimenter avec des petites proies vivantes (artémias, krill). Il apprécie un bac bien décoré, avec une bonne filtration et un fort brassage. Il se montre utile pour débarrasser le bac des anémones encombrantes comme *Aiptasia* ou *Anemonia*. Sa cohabitation avec les invertébrés est cependant délicate, car il s'attaque aux vers tubicoles et mordille quelquefois les tentacules coralliens. Elle est donc à éviter, même si les jeunes poissons sont généralement plus respectueux.

Euxiphipops xanthometopon

POISSON-ANGE À FACE BLEUE

Taille : 40 cm dans la nature, rarement plus de 30 cm en aquarium.
Origine : océan Indien, Maldives, Sri Lanka, Australie, jusqu'à 45 m de profondeur.
Habitat naturel : récifs coralliens et zones rocheuses.
Comportement : sociable. Agressif avec les autres poissons-anges et ne tolère pas ses congénères.
Alimentation : aliments vivants et surgelés, plus une bonne fraction végétale.
Reproduction : inconnue en aquarium.
Aménagement du bac : volume minimum : 600 l ; densité de population : 1 poisson par bac ; décor : roches, algues.
Qualité de l'eau : température = 24 à 28 °C ; densité = 1021 à 1026 ; pH = 7,5 à 8,5.
Notre conseil : ce poisson-ange est assez difficile à acclimater et à faire manger. Il vous faut choisir un juvénile et surtout pas un adulte qui refuse quasiment systématiquement toute nourriture. Cela vient généralement des séquelles consécutives à la pêche au cyanure. Vers de vase et artémias vivantes sont indispensables pour rendre l'appétit à ce poisson. Compte tenu de sa taille et de sa difficulté à se nourrir, *Pomacanthus xanthometopon* est à réserver aux aquariophiles confirmés.

Tous les pomacanthidés possèdent une robe juvénile différente de celle des adultes, il en est de même avec ce poisson. De plus, les jeunes adoptent un comportement de nettoyage envers les autres poissons. On trouve ce poisson-ange en solitaire et plus rarement en couple. Dans le milieu naturel, *Pomacanthus xanthometopon* se nourrit d'éponges et d'autres colonies d'invertébrés, il est donc impossible de le maintenir avec ces animaux. Vous devez lui offrir un grand bac pourvu de nombreuses cachettes et une eau très bien filtrée et brassée. Une culture d'algues annexe (comme des caulerpes) vous permet de subvenir à ses besoins en nourriture végétale.

Forcipiger longirostris

FORCIPIGER LONGIROSTRIS

Taille : 25 cm.
Origine : océan Indien, Pacifique sud, mer Rouge.
Habitat naturel : récifs coralliens et zones rocheuses.
Comportement : agressif envers ses congénères, sociable avec les autres poissons.
Alimentation : carnivore, petites proies vivantes, puis congelées.
Reproduction : inconnue en aquarium.
Aménagement du bac : volume minimal : 500 l ; densité de population : 1 poisson par aquarium ; décor : roches et invertébrés (sous réserve).
Qualité de l'eau : température = 23 à 26 °C ; densité = 1021 à 1026 ; pH = 7,5 à 8,5.
Notre conseil : il faut choisir de jeunes spécimens qui ont tendance à se nourrir plus facilement en aquarium. La présence de roches vivantes avec leur cortège d'animalcules est particulièrement recommandée pour réussir l'acclimatation. Attention aux confusions ! Il existe une forme plus foncée et une autre totalement sombre. Ce poisson se distingue de son cousin *F. flavissimus* par un museau proportionnellement plus long et par la présence de lignes de points sombres sur la poitrine et sur les flancs.

Ce poisson possède une bouche proéminente en forme de longue pincette, dont il se sert, dans son milieu naturel, pour prélever des crustacés logés entre les coraux. Il se montre très sociable avec ses colocataires, sauf avec ses congénères, qu'il ne peut pas tolérer. On ne le rencontre d'ailleurs qu'en solitaire dans la nature, les couples ne se formant qu'au moment de la reproduction. On doit le placer dans un aquarium de grande taille avec une bonne filtration et un courant modéré. Il consomme de préférence des petits crustacés, en grande quantité (artémias, mysis, krill...), à distribuer vivants. Très sensible à la qualité de l'eau, ce poisson se révèle souvent difficile à acclimater.

Heniochus acuminatus

POISSON-COCHER SOLITAIRE

Taille : dépasse les 20 cm.
Origine : océan Indien, Pacifique sud, mer Rouge.
Habitat naturel : zones rocheuses et prairies d'algues, entre 2 et 75 m de profondeur.
Comportement : Heniochus acuminatus peut montrer un comportement de nettoyage envers les autres poissons, ce qui peut quelquefois les importuner, voire les stresser.
Alimentation : omnivore, crustacés, petites proies vivantes, mollusques, algues, nourritures sèches.
Reproduction : inconnue en aquarium.
Aménagement du bac : volume minimal : 500 l ; densité de population : 1 poisson pour 200 l ; décor : roches et algues.
Qualité de l'eau : température = 23 à 26 °C ; densité = 1021 à 1026 ; pH = 7,5 à 8,5.
Notre conseil : il est possible de maintenir un groupe de poissons-cochers. Pour ce faire, il est impératif de les introduire très jeunes et simultanément. Ces poissons peuvent se montrer assez difficiles à acclimater s'ils sont trop âgés. Prenez soin de les nourrir au moins trois fois par jour pour leur garantir une bonne santé.

Ce poisson se caractérise par sa nageoire dorsale prolongée en un long filament évoquant un fouet de cocher. Dans la nature, les jeunes vivent en petits groupes comportant des individus de différentes tailles. Les adultes sont solitaires ou vivent en couple. Un grand aquarium comportant de nombreuses cachettes convient à cette espèce, à condition d'y entretenir une bonne filtration et un brassage puissant. Des algues (caulerpes) permettent de compléter son régime alimentaire. Veillez, par ailleurs, à ne pas introduire dans le bac de poissons susceptibles de s'attaquer à son filament dorsal (labres, balistes...). Il est, en outre, préférable de lui choisir des compagnons calmes. Ne le placez pas dans un bac récifal, car il se nourrirait des invertébrés.

Holacanthus ciliaris

POISSON-ANGE ROYAL

Taille : 20 à 30 cm.
Origine : Atlantique ouest tropical, mer Caraïbe.
Habitat naturel : récifs coralliens et zones rocheuses, entre 6 et 24 m de profondeur.
Comportement : les plus agressifs semblent les jeunes et les subadultes. Les adultes se montrent beaucoup plus calmes. La cohabitation des subadultes et des adultes avec les invertébrés est à proscrire, en particulier si l'aquarium contient des éponges.
Alimentation : omnivore, toutes sortes de nourriture.
Reproduction : inconnue en aquarium.
Aménagement du bac : volume minimal : 600 l ; densité de population : 1 poisson par aquarium ; décor : roches (plutôt couvertes d'algues) et invertébrés.
Qualité de l'eau : température = 23 à 26 °C ; densité = 1021 à 1026 ; pH = 7,5 à 8,5.
Notre conseil : le plus apprécié des poissons tropicaux ! Mais, bien que ce ne soit pas le poisson-ange le plus difficile à acclimater et à maintenir, il est à réserver aux aquariophiles confirmés.

Les jeunes *Holacanthus ciliaris* ont une robe différente de celle des adultes : brun-jaune avec plusieurs bandes bleues. Ces bandes, qui disparaissent chez les adultes, leur permettent probablement d'échapper à l'agressivité que ces derniers expriment envers leurs semblables. Bien que sensible aux brusques différences de qualité de l'eau, le jeune s'adapte facilement à la vie en aquarium, l'adulte se montrant bien plus récalcitrant et demandant beaucoup plus de patience pour être acclimaté. Offrez à votre pensionnaire des crustacés (artémias, krill...), de la nourriture végétale et des coquillages ouverts (qu'il apprécie particulièrement). Une fois habitué à ce régime, le jeune poisson-ange royal représente un hôte idéal pour peupler un aquarium récifal, où il n'exprimera pas la tendance naturelle de l'espèce à s'attaquer aux coraux.

Pomacanthus imperator

POISSON-EMPEREUR

Taille : 30 cm.
Origine : océan Indien, Pacifique sud, mer Rouge.
Habitat naturel : récifs coralliens.
Comportement : il peut éventuellement être élevé en aquarium d'invertébrés s'il est introduit très jeune.
Alimentation : principalement végétarien ; compléter sa nourriture avec des proies vivantes, puis avec des aliments secs (pour les poissons les moins difficiles).
Reproduction : inconnue en aquarium.
Aménagement du bac : volume minimal : 600 l ; densité de population : 1 poisson par aquarium ; décor : roches, invertébrés et algues.
Qualité de l'eau : température = 23 à 26 °C ; densité = 1021 à 1024 ; pH = 7,5 à 8,5.
Notre conseil : lors de l'achat, choisissez de préférence un individu jeune, bien plus facile à acclimater qu'un subadulte ou un adulte. La coloration étant différente, la tâche est simple. Vérifiez le bon appétit du candidat en demandant au vendeur de lui proposer quelques artémias. S'il les refuse, écartez le poisson.

La robe des juvéniles est totalement différente de celle des adultes, avec une couleur de fond bleu nuit et plusieurs cercles blancs concentriques. Cette différence de couleur est nécessaire dans la nature pour que les jeunes ne soient pas soumis à l'agressivité des adultes. Un volume d'eau important et une bonne filtration sont recommandés pour que le poisson-empereur vive dans les meilleures conditions possible. Le décor doit, en outre, comprendre des cachettes pour que le poisson se sente en sécurité. Les jeunes individus s'acclimatent plus facilement que les adultes. Le prix élevé de *Pomacanthus imperator* impose une bonne connaissance des techniques d'aquariophilie marine.

Pomacanthus paru

POISSON-ANGE FRANÇAIS

Taille : 20 à 30 cm.
Origine : mer des Caraïbes, océan Atlantique occidental tropical.
Habitat naturel : récifs coralliens.
Comportement : il s'approprie généralement la domination de l'aquarium avec le temps. Ce poisson ne s'attaque pas aux invertébrés s'il est acquis jeune et qu'il n'a donc pas pris d'habitudes alimentaires.
Alimentation : principalement végétarien ; compléter sa nourriture avec des petites proies vivantes, puis congelées, et avec des aliments secs (pour les poissons les moins difficiles).
Reproduction : inconnue en aquarium.
Aménagement du bac : volume minimal : 600 l ; densité de population : 1 poisson par aquarium ; décor : roches, invertébrés et algues.
Qualité de l'eau : température = 23 à 26 °C ; densité = 1021 à 1024 ; pH = 7,5 à 8,5.
Notre conseil : ce poisson est à acheter jeune en toute connaissance de cause. En effet, sa taille et son caractère en font un des hôtes principaux de l'aquarium. La qualité d'eau doit être parfaite, sinon le changement de coloration qui dure quelques mois n'intervient pas.

Comme chez tous les pomacanthidés, la robe des juvéniles est totalement différente de celle des adultes : d'un noir profond, elle est traversée de cinq demi-cercles jaune vif. Les jeunes s'acclimatent beaucoup plus facilement en aquarium que les adultes. Le bac doit être filtré avec efficacité, car *Pomacanthus paru* est un gros pollueur. Il apprécie, en outre, un brassage puissant. Son introduction en bac récifal est tout à fait possible. Bien qu'il vive souvent en couple en milieu naturel, il est impossible de maintenir deux individus dans un même aquarium.

Pygoplites diacanthus

POISSON-ANGE DUC

Taille : 20 cm.
Origine : océan Indien, Pacifique sud, mer Rouge.
Habitat naturel : récifs coralliens et zones rocheuses couvertes d'algues.
Comportement : la compatibilité avec les invertébrés est liée à la taille des polypes. En effet, si les coraux à gros polypes sont attaqués, les petits semblent ignorés.
Alimentation : omnivore, coraux, éponges, algues, petits crustacés… (suivant son régime alimentaire naturel).
Reproduction : inconnue en aquarium.
Aménagement du bac : volume minimal : 500 l ; densité de population : 1 poisson par aquarium ; décor : roches, algues et invertébrés (sous réserve).
Qualité de l'eau : température = 24 à 28 °C ; densité = 1021 à 1026 ; pH = 7,5 à 8,5.
Notre conseil : ce poisson étant sujet à un réel problème de nourrissage, l'amateur se doit de vérifier son appétit avant l'achat. Une observation de deux à trois semaines chez un commerçant consciencieux permet de s'assurer des chances de survie de l'individu choisi.

Pygoplites diacanthus possède, quand il est jeune, un ocelle (tache ressemblant à un œil) très prononcé sur l'arrière de la nageoire dorsale. Avec l'âge, celui-ci disparaît pour laisser place à une magnifique coloration bleue. Ce poisson-ange pose beaucoup de problèmes d'acclimatation. Les exemplaires qui s'alimentent en captivité avec les nourritures de substitution sont rares. Certains individus ne s'attaquent pas aux invertébrés et sont alors très faciles à acclimater dans un bac récifal. Malheureusement, aucun indice ne permet de savoir à l'avance si le poisson-ange duc dont vous faites l'acquisition s'en prendra ou non à vos invertébrés.

12 *autres poissons-anges et papillons*

■ *Centropyge argi*
POISSON-ANGE NAIN DES CARAÏBES

Taille : 8 cm.
Origine : de la Floride au Venezuela.
Sociabilité : excellente.
Mode de vie : à proximité de trous pouvant constituer des retraites rapides.
Vie dans l'aquarium : idéal en bac d'invertébrés, timide.
Densité de population : un exemplaire par bac.
Décor : roches, algues, invertébrés.
Température de l'eau : 24 à 26°C.
Densité : 1 022 à 1 024. **pH :** 7,5 à 8,5.

■ *Centropyge bispinosus*
POISSON-ANGE NAIN À DEUX ÉPINES

Taille : 10 cm.
Origine : de l'Afrique de l'Est aux Tuamotu.
Sociabilité : pacifique.
Mode de vie : inféodé aux zones riches du récif.
Vie dans l'aquarium : Attention aux vers tubicoles.
Densité de population : un exemplaire par bac.
Décor : roches, algues, invertébrés.
Température de l'eau : 24 à 26°C.
Densité : 1 022 à 1 024. **pH :** 7,5 à 8,5.

■ *Centropyge loriculus*
POISSON-ANGE FLAMBOYANT

Taille : 10 cm.
Origine : de Palau à Hawaii.
Sociabilité : excellente.
Mode de vie : vit dans la zone de déferlement, à proximité d'un abri.
Vie dans l'aquarium : idéal en aquarium d'invertébrés.
Densité de population : un exemplaire par aquarium.
Décor : roches, algues, invertébrés.
Température de l'eau : 24 à 26°C.
Densité : 1 022 à 1 024.
pH : 7,5 à 8,5.

■ *Centropyge vrolicki*
POISSON-ANGE NAIN À ÉCAILLES PERLÉES

Taille : 9 cm.
Origine : Indonésie et alentours.
Sociabilité : excellente.
Mode de vie : inféodé aux zones riches des récifs.
Vie dans l'aquarium : parfait en aquarium récifal.
Densité de population : un exemplaire par bac.
Décor : roches, algues, invertébrés.
Température de l'eau : 24 à 26°C.
Densité : 1 022 à 1 024.
pH : 7,5 à 8,5.

■ *Chaetodon auriga*
POISSON-PAPILLON COCHER

Taille : 23 cm.
Origine : très vaste, de la mer Rouge à Hawaii.
Sociabilité : bonne, sauf avec ses congénères.
Mode de vie : fréquente toutes les zones récifales et les fonds sablonneux.
Vie dans l'aquarium : facile à acclimater pour un chétodon.
Densité de population : un exemplaire par aquarium.
Décor : roches, algues.
Température de l'eau : 22 à 26°C.
Densité : 1 022 à 1 028.
pH : 7,5 à 8,5.

■ *Chaetodon ephippium*
POISSON-PAPILLON À SELLE

Taille : 23 cm.
Origine : du Japon à Hawaii.
Sociabilité : bonne, sauf avec ses congénères.
Mode de vie : solitaire, puis en couple à l'âge adulte.

Vie dans l'aquarium : parmi les plus faciles à acclimater.
Densité de population : un exemplaire par aquarium.
Décor : roches, algues.
Température de l'eau : 24 à 26°C.
Densité : 1 022 à 1 024.
pH : 7,5 à 8,5.

■ *Chaetodon lunula*
RATON-LAVEUR

Taille : : 20 cm.
Origine : de l'Afrique de l'Est au sud du Japon.
Sociabilité : bonne.
Mode de vie : se nourrit la nuit de divers invertébrés.
Vie dans l'aquarium : difficile à acclimater.
Densité de population : en groupe dans un très grand bac, sinon seul.
Décor : roches, algues, invertébrés.
Température de l'eau : 24 à 26°C.
Densité : 1 022 à 1 024.
pH : 7,5 à 8,5.

■ *Chaetodon mertensii*
POISSON-PAPILLON DE MERTENS

Taille : 12,5 cm.
Origine : des Philippines à Tuamotu.
Sociabilité : bonne.
Mode de vie : les adultes vivent en couple.
Vie dans l'aquarium : poisson facile à acclimater.
Densité de population : un seul exemplaire par bac, sauf dans de très gros volumes.
Décor : roches, algues.
Température de l'eau : 24 à 26°C.
Densité : 1 022 à 1 024.
pH : 7,5 à 8,5.

■ *Holacanthus tricolor*
POISSON-ANGE TRICOLORE

Taille : 20 cm.
Origine : des Bermudes au Brésil.
Sociabilité : bonne.
Mode de vie : récifs et zones détritiques.
Vie dans l'aquarium : s'acclimate assez facilement.
Densité de population : un exemplaire par aquarium.
Décor : roches, algues, invertébrés.
Température de l'eau : 24 à 26°C.
Densité : 1 022 à 1 024. **pH :** 7,5 à 8,5.

■ *Pomacanthus maculosus*
POISSON-ANGE À CROISSANT

Taille : 50 cm.
Origine : Afrique de l'Est, mer Rouge et golfe d'Oman.
Sociabilité : bonne avec les gros poissons.
Mode de vie : vit en solitaire sur les récifs.
Vie dans l'aquarium : à réserver aux grands bacs ou aux aquariums publics.
Densité de population : un exemplaire par aquarium.
Décor : roches, algues, invertébrés sous réserves.
Température de l'eau : 24 à 26°C.
Densité : 1 022 à 1 024. **pH :** 7,5 à 8,5.

■ *Pomacanthus navarchus*
POISSON-ANGE AMIRAL

Taille : 28 cm.
Origine : de l'Indonésie à la Grande Barrière australienne.
Sociabilité : bonne avec les gros poissons.
Mode de vie : zones riches des récifs.
Vie dans l'aquarium : difficile à acclimater, mais robuste par la suite.
Densité de population : un exemplaire par aquarium.
Décor : roches, algues.
Température de l'eau : 24 à 26°C.
Densité : 1 022 à 1 024.
pH : 7,5 à 8,5.

■ *Pomacanthus semicirculatus*
POISSON-ANGE À DEMI-CERCLES

Taille : 38 cm.
Origine : de l'Afrique de l'Est à l'Australie.
Sociabilité : bonne avec les gros poissons.
Mode de vie : aime les grottes et les épaves.
Vie dans l'aquarium : à réserver aux grands bacs.
Densité de population : un exemplaire par aquarium.
Décor : roches, algues, invertébrés sous réserves.
Température de l'eau : 24 à 26°C.
Densité : 1 022 à 1 024.
pH : 7,5 à 8,5.

Autres espèces

Les poissons coralliens décrits ici ne sont pas rassemblés par famille ou par groupe. Ils présentent une infinie variété de formes et de couleurs. Voici alors l'étonnante voilure des rascasses et la silhouette dodelinante des poissons-coffres. Les mandarins, voletant au-dessus des roches et des coraux, dévoilent leur parure de cachemire. Les mérous se parent des couleurs les plus vives, du bleu au rouge intense. Leurs proches cousins, les grammas royaux, se barbouillent à leur tour de teintes tout aussi surprenantes. Et tous ont des comportements fascinants dans l'écrin lumineux d'un aquarium. Observez le formidable appétit des rascasses et des balistes jamais rassasiés, ce qui a contribué à développer leurs techniques de chasse. Poursuite ou affût, le spectacle est captivant. Ailleurs, les gobies sont débordés par les travaux d'entretien de leur terrier et ne s'arrêtent de travailler qu'à l'arrivée d'un intrus. Pendant ce temps, les poissons-faucons surveillent les alentours, immobiles sur leur poste d'observation. L'hippocampe mâle, débonnaire, enroule sa « queue » autour des squelettes coralliens en attendant patiemment le bon vouloir de sa partenaire pour incuber sa progéniture. Autant de scènes de vie qu'il existe d'espèces de poissons, avec à chaque fois l'occasion de découvrir une nouvelle facette du merveilleux monde sous-marin.

Balistapus undulatus

BALISTE ONDULÉ

Taille : 30 cm.
Origine : océan Indien, Pacifique sud, mer Rouge.
Habitat naturel : récifs coralliens, en eau assez profonde.
Comportement : agressif envers ses congénères et envers les autres balistes, assez hargneux avec les autres poissons.
Alimentation : carnivore, toutes sortes de proies et de nourritures sèches.
Reproduction : inconnue en aquarium.
Aménagement du bac : volume minimal : 500 l ; densité de population : 1 poisson par aquarium ; décor : roches.
Qualité de l'eau : température = 23 à 26 °C ; densité = 1021 à 1026 ; pH = 7,5 à 8,5.
Notre conseil : malgré son surnom de " plus agressif des poissons d'aquarium ", Balistapus undulatus a une très bonne cote auprès des aquariophiles grâce à sa beauté, sa robustesse et à la richesse de ses comportements. Toutefois, renoncez s'y si vous n'êtes pas un amateur averti et expérimenté. Évitez de le mélanger avec d'autres espèces agressives car des combats mortels seront inévitables.

Balistapus undulatus est sans doute le baliste le plus agressif. En milieu naturel, il vit en bancs lorsqu'il est jeune, puis solitaire à l'âge adulte, dans un territoire qu'il défend vigoureusement. Comme tous les membres de sa famille, il peut bloquer le premier rayon de sa nageoire dorsale en position verticale, ce qui lui permet de « s'ancrer » solidement dans un trou et d'être ainsi indélogeable par un éventuel prédateur. Son acclimatation est facile : il accepte avec un appétit féroce toute la nourriture qui lui est proposée. C'est une espèce très robuste qui se plaira dans un décor rocheux bien fourni. Évitez, par ailleurs, de laisser traîner les mains dans l'aquarium, sans garder un œil sur le poisson, sa morsure étant douloureuse.

Balistes vetula

BALISTE ROYAL

Taille : 60 cm en milieu naturel, rarement plus de 40 cm en aquarium.
Origine : Atlantique tropical, côtes de l'Afrique et des Amériques.
Habitat naturel : récif corallien, zones rocheuses et herbiers de phanérogames.
Comportement : assez agressif, à ne marier qu'avec des poissons de sa taille.
Alimentation : surtout des oursins dans la nature. Accepte toutes les nourritures adaptées à sa taille en aquarium. Un apport régulier de nourriture végétale est bénéfique (petits pois, salade ou épinards pochés, etc.).
Reproduction : inconnue en aquarium.
Aménagement du bac : volume minimal : 2 000 l ; densité de population : 1 mâle pour 2 000 l ; décor : roches (bien fixées !).
Qualité de l'eau : température = 23 à 26 °C ; densité = 1021 à 1025 ; pH = 7,5 à 8,5.
Notre conseil : ce poisson étant particulièrement imposant et quelque peu agressif, soyez sûr d'avoir la capacité de l'héberger avant un éventuel achat. Préférez l'observer en aquarium public.

Compte tenu de sa taille, ce poisson est surtout réservé aux aquariums publics. Mieux vaut éviter son achat, si vous ne pouvez lui offrir un aquarium de taille conséquente. Le décor doit être particulièrement solide car le baliste royal est un vrai déménageur ; ainsi, les roches seront fixées entre elles. Les juvéniles arborent une robe totalement différente de celle des adultes : leur livrée est métallique. Prenez soin d'offrir des compagnons d'aquarium de taille équivalente, sans quoi de sérieuses bagarres peuvent éclater. Mais bien que belliqueux, ce poisson montre une grande intelligence ; il est tout à fait capable de reconnaître son soigneur. Toutefois, cela ne vous dispense pas d'une attention soutenue lors de l'entretien de l'aquarium et, pour éviter d'éventuelles morsures, ne le nourrissez pas à la main.

Balistoides conspicillum

BALISTE-CLOWN

Taille : 30 cm.
Origine : océan Indien, Pacifique sud.
Habitat naturel : récifs coralliens bien agités.
Comportement : toutefois, certains exemplaires sont lunatiques. Ils peuvent vivre plusieurs mois de façon totalement pacifique et, du jour au lendemain, blesser ou tuer leurs colocataires.
Alimentation : carnivore, toutes sortes de proies et de nourritures sèches.
Reproduction : inconnue en aquarium.
Aménagement du bac : volume minimal : 500 l ; densité de population : 1 poisson par aquarium ; décor : roches.
Qualité de l'eau : température = 23 à 26 °C ; densité = 1021 à 1026 ; pH = 7,5 à 8,5.
Notre conseil : les très jeunes balistes-clowns, pourtant superbement colorés, sont à éviter en raison de leur fragilité. Lors de l'achat, préférez les exemplaires d'une dizaine de centimètres ou les adultes, qui s'acclimatent très facilement et se montrent parfaitement robustes. Vérifiez leur appétit avant l'acquisition.

C'est le baliste le plus célèbre et sans doute le plus coloré. Comme les autres membres de la famille des balistidés, il possède de fortes dents coupantes, utiles pour, dans son milieu naturel, ouvrir les oursins ou découper les carapaces de crustacés. Attention donc à sa morsure puissante lorsque l'on met les mains dans l'eau pour entretenir le bac. La cohabitation avec des invertébrés est à proscrire, car il en inscrirait une grande partie à son menu. Les jeunes poissons s'acclimatent assez facilement. Le baliste-clown accepte toute forme de nourriture et vient même souvent réclamer sa pitance à la vitre de l'aquarium. Il a besoin d'un bac de grande taille, muni d'une filtration puissante, et agrémenté d'un fort brassage de l'eau.

Calloplesiops altivelis

POISSON-COMÈTE

Taille : dépasse 15 cm.
Origine : océan Indien, Pacifique sud (Australie), mer Rouge.
Habitat naturel : récifs coralliens, dans les anfractuosités du corail, entre 3 et 45 m de profondeur.
Comportement : sociable et timide, agressif envers ses congénères et envers les petits poissons.
Alimentation : carnivore, proies vivantes (crustacés), puis congelées. Accepte par la suite les nourritures sèches.
Reproduction : rare en aquarium.
Aménagement du bac : volume minimal : 300 l ; densité de population : 1 poisson par aquarium ; décor : roches et invertébrés.
Qualité de l'eau : température = 23 à 26 °C ; densité = 1021 à 1026 ; pH = 7,5 à 8,5.
Notre conseil : poisson rare dans le commerce, ne le manquez pas si vous êtes attirés par cette splendeur. Toutefois, ce poisson étant sensible à l'oodiniose, examinez l'état de sa peau. Souvent stressé par les transports et l'acclimatation, vérifiez également son appétit.

Sa robe tachetée et le faux œil que le poisson-comète porte sur la nageoire dorsale sont faits pour décourager les prédateurs. Son caractère belliqueux vis-à-vis de ses congénères a parfois conduit à le surnommer « Betta de mer », en référence aux poissons combattants du genre *Betta*. Poisson plutôt timide, il passe sa journée à l'abri dans les roches. Il se plaît dans un aquarium récifal, mais ne mettez pas de crevettes car il peut en faire son repas. De même, les poissons de moins de 5 cm sont susceptibles d'être avalés. *Calloplesiops altivelis* pond, dans une caverne, une boule gélatineuse de 2,5 cm de diamètre, contenant les œufs. Ces derniers éclosent 5 ou 6 jours après la ponte. Les alevins doivent être élevés dans un bac séparé.

Cephalopholis miniata

MÉROU ROUGE

Taille : 25 à 30 cm.
Origine : océan Indien, Pacifique sud.
Habitat naturel : anfractuosités des récifs coralliens. S'éloigne peu en pleine eau.
Comportement : agressif envers ses congénères, prédateur de petits poissons, sociable avec les poissons de sa taille.
Alimentation : carnivore. Prédateur vorace à nourrir avec des proies vivantes puis avec des nourritures sèches ou congelées.
Reproduction : inconnue en aquarium.
Aménagement du bac : volume minimal : 500 l ; densité de population : 1 poisson par aquarium ; décor : roches et invertébrés fixés.
Qualité de l'eau : température : 23 à 26 °C ; densité : 1021 à 1024 ; pH : 7,5 à 8,5.
Notre conseil : de par sa taille et son caractère, ce poisson est à réserver aux amateurs avertis qui disposent d'un aquarium de grand volume. À l'achat, on choisira un jeune spécimen en vérifiant qu'il s'alimente correctement ; n'hésitez pas à demander au vendeur de lui proposer une crevette ou d'autres proies. L'acclimatation est facile et la croissance de ce superbe mérou est rapide.

Le mérou rouge arbore une robe somptueuse parsemée de petits points blancs ou bleus, dont la tonalité varie selon l'humeur du poisson. La nuit, son corps devient très pâle et est barré de grosses raies brunes. Il faut prévoir un bac volumineux pour accueillir ce « petit » mérou, que l'on doit faire cohabiter avec des poissons de grande taille (pomacanthidés, balistidés, gros serranidés…). Facile à acclimater, *Cephalopholis miniata* accepte toute forme de nourriture congelée, telle que moules, coques, crevettes, calamars, éperlans... Très résistant, il convient à un grand aquarium de débutant, dans lequel la filtration et le brassage seront puissants.

Chromileptes altivelis

MÉROU DE GRACE KELLY

Taille : 50 cm.
Origine : océan Indien, Pacifique sud, mer Rouge.
Habitat naturel : anfractuosités des récifs coralliens.
Comportement : peu agressif envers ses congénères, sociable avec les poissons de sa taille, prédateur des poissons plus petits que lui.
Alimentation : carnivore. Prédateur chassant à l'affût. Lui fournir des proies vivantes adaptées à sa taille, puis des nourritures sèches ou congelées.
Reproduction : inconnue en aquarium.
Aménagement du bac : volume minimal : 1000 l ; densité de population : 1 poisson par aquarium ; décor : roches, invertébrés fixés et décor synthétique.
Qualité de l'eau : température = 23 à 26 °C ; densité = 1021 à 1026 ; pH = 7,5 à 8,5.
Notre conseil : particulièrement populaire en raison de sa robe juvénile et de son caractère relativement sociable pour un mérou, ce poisson est fréquemment proposé dans le commerce. Attention de ne pas vous laissez piéger par sa taille ! Il grandit en effet très vite et réclame donc rapidement la place qui lui est nécessaire. Un grand volume est indispensable dès l'achat.

Bien que le mérou de Grace Kelly soit plutôt sociable avec les poissons de son espèce, il est préférable de conserver un seul spécimen dans l'aquarium. Prédateur impitoyable, il avale tout poisson de dimension inférieure à la moitié de son corps. Étant donné sa taille, il réclame un aquarium volumineux où il évoluera avec des poissons de son acabit *(Pomacanthus, Pterois, Thalassoma...)*. La robe des jeunes est magnifique et très lumineuse, celle des adultes est, en revanche, plus terne et d'apparence sale. Ce poisson ne pose généralement aucun problème d'acclimatation et est recommandé aux débutants amateurs de grands poissons.

Cirrhitichthys falco

POISSON-FAUCON NAIN

Taille : 5 à 6 cm, parfois 7.
Origine : Pacifique ouest, des Philippines à Samoa, de la Grande Barrière aux îles Ryuku.
Habitat naturel : récif corallien, de 4 à 46 m de profondeur.
Comportement : poisson extrêmement pacifique, qui passe ses journées posté sur un promontoire à observer les environs et à attendre d'éventuelles proies.
Alimentation : crevettes et autres petits crustacés, alevins. En aquarium, il accepte toute proie vivante et, après acclimatation, la chair de crevette et de poisson.
Reproduction : inconnue en aquarium. Le frai se déroule en harem et la ponte intervient la nuit.
Aménagement du bac : volume minimal : 100 l ; densité de population : 1 mâle aquarium de moins de 500 l ; décor : roches, invertébrés, algues. Le décor doit être assez haut pour offrir un poste d'observation.
Qualité de l'eau : température = 24 à 28 °C ; densité = 1021 à 1025 ; pH = 7,5 à 8,5.
Notre conseil : un poisson particulièrement bienvenu en aquarium récifal. Il est le plus petit des poissons-faucons et convient aux aquariums de taille modeste.

Dépourvu de vessie natatoire, ce poisson est un piètre nageur. Ses déhanchements lui donnent un air comique très apprécié des aquariophiles. L'aquarium idéal est un bac d'invertébrés riche en cachettes et en coraux branchus. Ce bac sera bien couvert pour éviter les sauts intempestifs. Évitez d'introduire des crevettes, proies favorites du poisson-faucon nain qui ne rechigne pas à s'attaquer aux spécimens de sa taille. De même, les petits poissons – type *Gobiodon* – peuvent être avalés. *Cirrhitichthys falco* est facile à acclimater et à nourrir à l'aide d'artémias vivantes ; il constitue un très bon candidat pour le débutant en aquariophilie marine.

Cirrhitichthys oxycephalus

POISSON-FAUCON À TACHES ROUGES

Taille : 10 cm.
Origine : océan Indien, Pacifique sud, mer Rouge.
Habitat naturel : récifs coralliens, au contact des coraux, entre 1 et 40 m de profondeur.
Comportement : ne pas faire cohabiter avec des crevettes ornementales telles *Periclimenes, Lysmata, Stenopus,* etc., qui sont des proies en puissance.
Alimentation : carnivore, petites proies vivantes (surtout crustacés), puis congelées.
Reproduction : ponte très rare en aquarium.
Aménagement du bac : volume minimal : 200 l ; densité de population : 1 poisson par aquarium ; décor : roches et invertébrés.
Qualité de l'eau : température = 24 à 28 °C ; densité = 1021 à 1026 ; pH = 7,5 à 8,5.
Notre conseil : la territorialité de ce poisson-faucon entraîne quelques problèmes d'agressivité. S'il est installé depuis longtemps dans l'aquarium, il attaquera les nouveaux arrivants, en particulier les autres poissons-faucons. La solution est simple, elle consiste en fait à introduire ce poisson en dernier, lorsque votre population est complète.

Les poissons-faucons à taches rouges ont l'habitude de se poser sur les coraux, se ménageant un poste d'observation de l'aquarium. Il est préférable de les faire vivre en bac récifal, avec un fort éclairage et un courant modéré, dans lequel ils trouveront l'emplacement qui leur convient. Dans un aquarium volumineux (de plus de 1000 litres), permettant à un mâle de s'approprier un territoire, il est possible de posséder un harem. Ces poissons ont des potentialités hermaphrodites, c'est-à-dire que, si le mâle dominant du harem vient à mourir, une femelle se transforme et prend sa place. Comme nourriture, *Cirrhitichthys oxycephalus* apprécie les artémias, le krill, et tout autre petit crustacé.

Cryptocentrus cinctus

GOBIE DE FEU

Taille : 8 cm.
Origine : océan Pacifique ouest.
Habitat naturel : récifs coralliens, aux abords des zones sablonneuses, jusqu'à 10 m de profondeur.
Comportement : sociable, vit en association avec les crevettes du genre *Alpheus*.
Alimentation : carnivore, petites proies vivantes (surtout crustacés), puis congelées.
Reproduction : réussite récente.
Aménagement du bac : volume minimal : 100 l ; densité de population : 1 couple pour 100 l ; décor : roches, invertébrés et zones de sable.
Qualité de l'eau : température = 22 à 28 °C ; densité = 1021 à 1026 ; pH = 7,5 à 8,5.
Notre conseil : ce poisson doit être acquis en connaissance de son comportement. Ainsi, le substrat de l'aquarium doit être de granulométrie moyenne, sans arêtes coupantes et d'une épaisseur minimale de 7 cm. Lors de l'achat, il vous faut acquérir un seul exemplaire ou un couple certifié, c'est-à-dire deux spécimens qui vivent déjà côte à côte dans le bac de vente. Deux mâles risquent de se battre à mort.

Ce gobie creuse un abri dans le sable ou bien élit domicile dans une cavité. Le couple ne s'éloigne jamais de son repaire. Les sexes se distinguent difficilement, la femelle apparaissant simplement plus arrondie lorsque la ponte est proche. L'acclimatation du gobie de feu est rapide, il accepte en effet très vite les nourritures sèches. Ce poisson se plaira dans un aquarium récifal, à condition que la partie inférieure lui soit réservée. La ponte a lieu dans des cavités (coquille de mollusque, pot de fleur retourné…) et les œufs sont surveillés par les parents. L'élevage des alevins se fait dans un bac séparé, avec une alimentation à base de rotifères, puis de copépodes.

Echidna nebulosa

MURÈNE FLOCON DE NEIGE

Taille : 80 cm.
Origine : Indo-Pacifique, de l'Est africain et de la mer Rouge jusqu'aux côtes américaines.
Habitat naturel : récif corallien jusqu'à 30 m de profondeur.
Comportement : vit à l'abri des roches, ne laissant dépasser que la tête à l'affût d'une proie. Prédateur particulièrement efficace, cette murène ne laissera pas échapper de repas potentiel. Très fort instinct territorial.
Alimentation : prédateur piscivore. En aquarium, en sus des poissons, donnez des crustacés et des morceaux de coquillages.
Reproduction : inconnue en aquarium.
Aménagement du bac : volume minimal : 500 l ;
densité de population : 1 mâle ou 2 spécimens s'ils sont introduits en même temps et de même taille ; décor : roches, coraux.
Qualité de l'eau : température = 23 à 26 °C ;
densité = 1021 à 1028, pH = 7,5 à 8,5.
Notre conseil : un poisson fascinant à observer, qui mérite un grand aquarium au riche décor rocheux. Il est préférable de lui réserver un aquarium qui lui sera exclusivement consacré.

Les murènes présentent un danger de morsure auquel il faut prendre garde. Outre la douleur, les plaies s'infectent rapidement. *Echidna nebulosa* étant un prédateur, il lui faut vivre en compagnie de très gros poissons car tout spécimen trop petit est une proie potentielle. Choisissez également ses colocataires parmi les poissons vifs et robustes. Les distributions de nourriture ne doivent pas être trop fréquentes, deux à trois fois par semaine suffisent. Les proies seront données à la pince avec la plus grande attention car cette murène développe une forte agressivité en présence de nourriture et n'hésite pas à mordre la main du soigneur. Enfin, installez une fermeture hermétique à votre l'aquarium car ce poisson montre de grands talents pour s'évader.

Gobiodon okinawae

GOBIE JAUNE

Taille : jusqu'à 3 cm.
Origine : océan Pacifique (Japon, Australie et Indonésie).
Habitat naturel : récifs coralliens, entre les branches des coraux, entre 2 et 15 m de profondeur.
Comportement : sociable, peut être maintenu en groupe. Attention à la cohabitation avec ses colocataires. La taille de ce poisson le désigne souvent comme une proie en puissance, même s'il secrète un mucus toxique pour certains de ses prédateurs.
Alimentation : carnivore, proies vivantes de petite taille (artémias), puis congelées. Accepte quelquefois les nourritures sèches.
Reproduction : rare en aquarium, l'élevage des alevins pose encore des problèmes.
Aménagement du bac : volume minimal : 100 l ;
densité de population : 1 poisson pour 50 l ;
décor : roches et invertébrés (surtout des coraux du genre *Acropora*).
Qualité de l'eau : température = 23 à 26 °C ;
densité = 1021 à 1026 ; pH = 7,5 à 8,5.
Notre conseil : en premier lieu, avant l'achat, vérifiez que l'abdomen de ce petit gobie soit bien rebondi. Un creux au niveau du ventre n'est pas bon signe. Nourrissez-le une fois par jour en aquarium récifal, riche en animalcules, sinon il est nécessaire d'assurer plusieurs distributions par jour.

En milieu naturel, ce petit gobie vit solitaire, entre les branches des coraux du genre *Acropora*. Il peut, en revanche, vivre en groupe restreint en aquarium, avec beaucoup d'autres espèces de coraux. Son acclimatation ne pose aucun problème si l'on prend soin de lui offrir des petites proies adaptées à la taille de sa bouche. Le gobie jaune est un hôte idéal pour l'aquarium récifal, s'il n'y a pas de prédateurs. Au moment de la reproduction, il met à nu une petite partie du squelette d'un corail dans le but d'y déposer ses œufs. La technique d'élevage des alevins reste encore à mettre au point.

Gramma loreto

GRAMMA ROYAL

Taille : 8 cm.
Origine : mer des Caraïbes (Bermudes).
Habitat naturel : récifs coralliens.
Comportement : sociable, agressif envers ses congénères dans un aquarium de trop petite taille.
Alimentation : carnivore, petites proies vivantes.
Accepte par la suite les nourritures sèches et congelées.
Reproduction : ponte facile, l'élevage des alevins pose encore des problèmes.
Aménagement du bac : volume minimal : 100 l (pour 1 poisson) ; densité de population : 1 poisson par volume de 200 l, à partir d'un volume total de 500 l (plus l'aquarium est grand, plus la densité peut être élevée) ;
décor : roches et invertébrés.
Qualité de l'eau : température = 23 à 26 °C ; densité = 1021 à 1026 ; pH = 7,5 à 8,5.
Notre conseil : le gramma royal est souvent recommandé au débutant en raison de sa coloration et de sa robustesse. L'idéal est de se procurer un petit groupe dans un aquarium de bonne taille. Pour qu'il n'y ait pas de problèmes, choisissez un gros spécimen et plusieurs individus plus petits. Cela augmente les chances de disposer d'un couple car, à l'âge adulte, les femelles sont légèrement plus petites que leurs compagnons.

Dans son milieu naturel, c'est par dizaines d'individus que l'on peut observer le gramma royal. En aquarium, il faut beaucoup d'espace pour faire cohabiter plusieurs spécimens. Ce poisson nage en permanence parallèlement au décor ; il se retrouve fréquemment le ventre dirigé vers le haut. La nuit, le gramma dort dans un trou de roche. Il trouve tout à fait sa place dans un aquarium récifal où il se plaît à évoluer au milieu des coraux. La présence de quelques algues (caulerpes) est recommandée, car celles-ci servent à tapisser l'intérieur de la caverne dans laquelle le couple pond.

Hippocampus kuda

HIPPOCAMPE DORÉ

Taille : 20 cm.
Origine : océan Indien, Pacifique sud, mer Rouge.
Habitat naturel : récifs coralliens, entre les branches des coraux, prairies d'algues.
Comportement : cohabitation à éviter avec les crevettes ornementales et les tous petits poissons qui constitueraient rapidement un repas.
Alimentation : carnivore, petites proies vivantes (crustacés), puis congelées. Accepte rarement les nourritures sèches.
Reproduction : fréquente.
Aménagement du bac : volume minimal : 200 l ;
densité de population : 1 poisson pour 50 l ;
décor : roches, squelettes de corail et algues.
Qualité de l'eau : température = 23 à 26 °C ; densité = 1021 à 1026 ; pH = 7,5 à 8,5.
Notre conseil : l'aquariophile doit de préférence installer un aquarium spécifique. Le décor sera réalisé de façon à ce que les hippocampes puissent s'accrocher par la queue. Des algues, caulerpes par exemple, conviennent parfaitement. Un écumeur de protéines permet d'obtenir une qualité d'eau parfaite, en rapport avec le besoin des poissons.

Les célèbres « chevaux de mer » sont des poissons lents et peu agiles. Ils mettent un certain temps à attraper leur nourriture, qu'ils happent en émettant un claquement audible. Ils n'acceptent pratiquement que les proies vivantes, telles des artémias ou des petites crevettes. Leur lenteur impose de les placer dans un aquarium spécifique ou peuplé de poissons ne les mettant pas en concurrence alimentaire (*Synchiropus,* par exemple). Ce sont des poissons faciles à acclimater et à garder, mais qui ne tolèrent pas le courant. Évitez de les introduire en bac récifal où ils risquent d'abîmer les coraux vivants, auxquels ils ont l'habitude de s'accrocher. Lors de la reproduction, la femelle dépose les œufs dans la poche ventrale du mâle, qui les féconde aussitôt. Ces derniers sont incubés dans cette poche.

Lactoria cornuta

POISSON-VACHE

Taille : plus de 45 cm.
Origine : Indo-Pacifique, de la mer Rouge au sud de la Corée en passant par les Marquises et l'Indonésie.
Habitat naturel : récifs coralliens, de 18 à 100 m de profondeur.
Comportement : pacifique, plutôt craintif.
Alimentation : artémias, mysis et autres petites proies pour les juvéniles. Les adultes se régaleront de coquillages, crevettes et chair de poisson. En milieu naturel, il fouille le sable pour y prélever sa nourriture.
Reproduction : inconnue en aquarium.
Aménagement du bac : volume minimal : 1000 l ; densité de population : 1 mâle pour 1000 l ; décor : roches.
Qualité de l'eau : température = 23 à 26 °C ; densité = 1021 à 1028 ; pH = 7,5 à 8,5.
Notre conseil : il est indispensable d'éviter tout stress à ce poisson, sous peine de le voir sécréter des toxines. L'acclimatation se fera dans la pénombre et évitez de le marier à des colocataires trop agressifs. L'aquarium devra être riche en larges cachettes et grottes sombres.

Les jeunes poissons-vaches vivent en groupe dans les estuaires et les lagunes d'eau saumâtre avant de rejoindre le récif. En revanche, les adultes se montrent solitaires. Ce poisson est très sensible au stress ; et certains mouvements brusques, une acclimatation trop rapide ou encore l'extinction instantanée de l'éclairage peuvent déclencher des crises de panique. Il faut alors retirer d'urgence le poisson de l'aquarium car il est susceptible d'émettre des toxines fatales aux autres habitants. Les nourritures flottantes sont à proscrire, sinon ce poisson ingère malgré lui de l'air en surface, ce qui entraîne des problèmes de flottabilité. Si les juvéniles arborent des cornes particulièrement développées, elles seront proportionnellement plus petites chez l'adulte.

Nemateleotris decora

GOBIE DE FEU POURPRE

Taille : 8 cm.
Origine : océan Pacifique ouest, Grande Barrière de corail.
Habitat naturel : récifs coralliens et petites zones de sable, entre 27 et 70 m de profondeur.
Comportement : sociable, apprécie la compagnie de ses congénères ; pourtant, c'est le plus agressif des gobies de feu et on l'introduira de préférence seul ou en couple. Ce splendide poisson est l'hôte idéal d'un aquarium d'invertébrés marins.
Alimentation : carnivore, crustacés et autres petites proies vivantes. Accepte par la suite les nourritures sèches.
Reproduction : quelques pontes signalées, mais l'élevage des alevins ne connaît pas encore de succès.
Aménagement du bac : volume minimal : 200 l ; densité de population : 1 poisson pour 100 l ; décor : roches et invertébrés.
Qualité de l'eau : température = 23 à 27 °C ; densité = 1021 à 1026 ; pH = 7,5 à 8,5.
Notre conseil : ce poisson possède des couleurs magnifiques et particulièrement vives. Pour qu'il les conserve, il est indispensable de lui assurer un régime alimentaire riche et très varié. Une coloration terne est le premier signe d'une mauvaise alimentation.

Ce petit gobie se plaira dans un bac récifal. Introduisez-le dans un aquarium bien brassé dont le décor comprend de nombreuses petites cachettes et une large zone de sable. Comme dans la nature, où il n'est visible que par paire, installez deux individus dans votre aquarium. *Nemateleotris decora* nage toujours face au courant, pour attraper sa nourriture (animaux du plancton), et se tient à 50 cm environ de son refuge. À la moindre alerte, il disparaît à une vitesse foudroyante dans son repaire. C'est un poisson très peureux : il faut éviter les gestes brusques devant l'aquarium et, surtout, de taper contre la vitre.

Nemateleotris magnifica

POISSON DE FEU

Taille : 10 cm.
Origine : océan Indien, Pacifique sud, jusqu'à Hawaii.
Habitat naturel : récifs coralliens, aux abords des zones sablonneuses, entre 6 et 60 m de profondeur.
Comportement : sociable avec tous les poissons et idéal pour l'aquarium d'invertébrés. Il se montre toutefois assez timide et, dans un aquarium peuplé de poissons agressifs ou trop vifs, il sera stressé et cessera de s'alimenter.
Alimentation : carnivore, petites proies vivantes (surtout crustacés), puis congelées, et nourriture sèche.
Reproduction : inconnue en aquarium.
Aménagement du bac : volume minimal : 200 l ; densité de population : 1 poisson pour 100 l ; décor : roches, invertébrés et zones de sable.
Qualité de l'eau : température = 22 à 28 °C ; densité = 1021 à 1026 ; pH = 7,5 à 8,5.
Notre conseil : il est souvent conseillé de maintenir ce poisson en groupe. C'est une erreur qui se révélera douloureuse avec le temps. En effet, un individu prendra la domination du groupe puis chassera et tuera tous les autres jusqu'à rester seul ou éventuellement en couple. Ne prenez pas de risques !

Ces petits gobies vivent en bancs lorsqu'ils sont jeunes, puis en couples. Il n'existe pas de différenciation des sexes : vous ne pouvez sélectionner un couple que lorsqu'il se sépare d'un groupe d'individus. Cette espèce possède la nageoire dorsale la plus allongée de son genre. Faciles à acclimater à la vie en aquarium, ces poissons acceptent vite la nourriture sèche. Ils affectionnent particulièrement les plages de sable où ils creusent leur abri. Ils aiment, par ailleurs, se placer face à un courant modéré, aux abords de leur refuge, dont ils ne s'éloignent jamais. *Nemateleotris magnifica* est, en outre, peu sensible à la qualité de l'eau. Il se sentira à l'aise dans un aquarium récifal.

Ostracion cubicus

POISSON-COFFRE JAUNE

Taille : 30 cm.
Origine : océan Indien, Pacifique sud, mer Rouge.
Habitat naturel : récifs coralliens et zones d'algues, jusqu'à 35 m de profondeur.
Comportement : la cohabitation avec les invertébrés est à proscrire car ils seront goulûment grignotés. Le même sort est réservé aux crevettes peu rapides.
Alimentation : omnivore, toute nourriture adaptée à la taille de sa bouche (chair de poisson, chair de moule…), plus une fraction végétale.
Reproduction : inconnue en aquarium.
Aménagement du bac : volume minimal : 500 l ; densité de population : 1 poisson par aquarium ; décor : roches et algues.
Qualité de l'eau : température = 24 à 28 °C ; densité = 1021 à 1026 ; pH = 7,5 à 8,5.
Notre conseil : compte tenu de sa sensibilité au stress qui entraîne l'émission de toxines, il faut éviter tout dérangement à ce poisson. Ainsi, l'acclimatation sera effectuée dans la pénombre et l'on évitera les gestes brusques devant l'aquarium. En cas d'émission de toxines, retirez le poisson-coffre, changez une partie de l'eau et filtrez fortement sur charbon actif.

Ce poisson possède, à la place des écailles, des plaques osseuses. Elles entourent tout son corps (ne laissant sortir que les nageoires) et semblent former une sorte de boîte protectrice, ce qui lui vaut son nom. Nageant très lentement, ce poisson craint beaucoup la concurrence alimentaire : procurez-lui des compagnons très calmes. L'acclimatation du poisson-coffre jaune est fastidieuse, mais il se révèle par la suite facile à faire vivre en aquarium. Ne le placez pas avec des invertébrés, qu'il risque d'endommager. Dans un grand bac bien filtré, veillez à lui aménager quelques cachettes. Attention, le stress déclenche chez *Ostracion cubicus* l'émission de toxines, fatales aux autres poissons.

Ostracion meleagris

POISSON-COFFRE PINTADE

Taille : 15 cm.
Origine : océan Indien, Pacifique sud.
Habitat naturel : récifs coralliens et zones d'algues, jusqu'à 30 m de profondeur.
Comportement : broute les coraux et peut attaquer les crevettes de petite taille.
Alimentation : omnivore, toute nourriture adaptée à la taille de sa bouche (chair de poisson, chair de moule…), plus une fraction végétale.
Reproduction : inconnue en aquarium.
Aménagement du bac : volume minimal : 600 l ; densité de population : 1 couple pour un aquarium de plus de 1000 l ; décor : roches et algues.
Qualité de l'eau : température = 24 à 28 °C ; densité = 1021 à 1026 ; pH = 7,5 à 8,5.
Notre conseil : comme tous les poissons-coffres, *Ostracion meleagris* émet des toxines mortelles en cas de stress, pouvant décimer un aquarium entier, y compris lui-même. Évitez alors les mouvements brusques, les poissons agressifs, etc. En cas d'émanation, retirez le poisson-coffre, changez l'eau et filtrez sur charbon. Ne prenez jamais de risques et préférez isoler ou euthanasier un poisson-coffre malade ou mourant plutôt que de risquer la vie de toute une population.

Ostracion meleagris possède, comme tous les poissons-coffres, des plaques osseuses à la place des écailles. Il existe une différence de coloration bien marquée entre les deux sexes : alors que la femelle est sombre et maculée de points blancs, le mâle a les flancs bleus, ponctués de jaune ou d'orange, et le dos noir, tacheté de blanc. Dans leur environnement naturel, les couples nagent ensemble, mais les deux partenaires sont espacés de 20 m. Pour ne pas les faire souffrir de la concurrence alimentaire d'espèces plus agiles, placez vos poissons-coffres avec des compagnons calmes. Leur acclimatation est facile, ils acceptent vite toutes les nourritures. Évitez la cohabitation avec des invertébrés.

Oxycirrhites typus

POISSON-FAUCON À LONG NEZ

Taille : dépasse 12 cm.
Origine : océan Indien, Pacifique sud, mer Rouge.
Habitat naturel : récifs coralliens, entre les branches des coraux.
Comportement : peut avaler les tous petits poissons ou les poissons au corps fuselé et les crevettes ornementales qu'il apprécie beaucoup.
Alimentation : carnivore, petites proies vivantes (crustacés), puis congelées. Accepte par la suite les nourritures sèches.
Reproduction : rare en aquarium, ponte en pleine eau.
Aménagement du bac : volume minimal : 200 l ; densité de population : 1 poisson par aquarium ; décor : roches et invertébrés.
Qualité de l'eau : température = 23 à 26 °C ; densité = 1021 à 1026 ; pH = 7,5 à 8,5.
Notre conseil : ce poisson est idéal pour l'aquarium d'invertébrés, même de volume modeste. Il peut être conseillé sans réserves au débutant qui découvrira un poisson robuste, facile à maintenir et original dans son comportement comme dans sa coloration.

Ce poisson est toujours en alerte. Il choisit dans l'aquarium un poste d'observation en hauteur, puis reste là à surveiller les alentours. Il faut penser à bien couvrir l'aquarium, car *Oxycirrhites typus* est un excellent sauteur. Totalement inoffensif envers les coraux, il se plaira dans un aquarium récifal. Il faut, néanmoins, éviter de le faire cohabiter avec de tout petits poissons (gobiidés), qui pourraient lui servir de repas. On peut le nourrir avec des artémias, des mysis et du krill. On peut maintenir deux spécimens en aquarium, uniquement s'ils sont de sexe différent. Malheureusement, il est impossible de distinguer le mâle de la femelle ; on doit donc s'en remettre à la chance !

Oxymonacanthus longirostris

LIME À TACHES ORANGE

Taille : jusqu'à 10 cm.
Origine : océan Indien, Pacifique sud, mer Rouge.
Habitat naturel : récifs coralliens et lagons, entre 1 et 30 m de profondeur.
Comportement : c'est un poisson qui vit en groupe dans la nature et peut être maintenu de même en aquarium.
Alimentation : se nourrit presque exclusivement des polypes des coraux du genre *Acropora*.
Reproduction : inconnue en aquarium.
Aménagement du bac : volume minimal : 200 l ; densité de population : 1 poisson pour 100 l ; décor : roches et invertébrés autres que ceux du genre *Acropora*.
Qualité de l'eau : température = 23 à 26 °C ; densité = 1024 à 1028 ; pH = 7,5 à 8,5.
Notre conseil : ce poisson-lime est très prisé pour sa coloration, il en est hélas victime. En effet, il est presqu'impossible à nourrir car, même s'il accepte les artémias vivantes, cela ne suffit pas à pallier son régime alimentaire. Il est donc préférable de laisser ce poisson où il est, c'est-à-dire dans la nature. L'absence d'achat devrait limiter les prélèvements.

Ce poisson-lime, appartenant à la famille des monacanthidés, est très proche des balistes. Comme ces derniers, il peut hérisser son épine dorsale, avec laquelle il « s'ancre » solidement. Ainsi, un éventuel prédateur ne peut l'extraire de son refuge. *Oxymonacanthus longirostris* possède une proéminente mais minuscule bouche, dont il se sert pour broyer les polypes de *Acropora*. Cette espèce est difficile à acclimater en raison de son régime alimentaire particulier. Le lime à taches orange accepte, en effet, très rarement une nourriture de substitution. Il arrive cependant qu'il daigne attraper quelques artémias vivantes ou « picorer » un squelette de corail sur lequel vous aurez frotté de la nourriture.

Pseudanthias squamipinnis

BARBIER ROUGE

Taille : 8 à 10 cm.
Origine : océan Indien, Pacifique sud, mer Rouge.
Habitat naturel : récifs coralliens, zones fortement agitées, jusqu'à 35 m de profondeur.
Comportement : attention toutefois aux réactions face aux autres barbiers et aux autres mangeurs de zooplancton. Il faut éviter la compétition alimentaire dans un petit volume.
Alimentation : omnivore, accepte tout aliment à la taille de sa bouche.
Reproduction : rare en aquarium (ponte en pleine eau) ; l'élevage des alevins ne connaît pas encore de succès.
Aménagement du bac : volume minimal : 300 l ; densité de population : 1 poisson pour 100 l ; décor : roches, invertébrés et algues.
Qualité de l'eau : température = 24 à 28 °C ; densité = 1021 à 1026 ; pH = 7,5 à 8,5.
Notre conseil : ce poisson vivant en larges bancs, il est possible et préférable de récréer cette structure en aquarium. Pour éviter les bagarres entre mâles, on n'installera qu'un seul harem, constitué d'un mâle et de sept à neuf femelles. Dans un aquarium de plus de 1 000 litres, un décor rocheux haut et vertical, recréant un tombant récifal, sera apprécié de ces poissons.

Les barbiers rouges étant des poissons grégaires, ils ont besoin d'un grand aquarium pouvant accueillir plusieurs individus. Comme dans les conditions naturelles, un mâle, reconnaissable à ses couleurs vives et au premier rayon de sa nageoire dorsale prolongé comme un étendard, s'entoure d'un harem. S'il vient à disparaître, la femelle dominante subira une inversion sexuelle et prendra sa place à la tête du groupe (espèce hermaphrodite). Les barbiers rouges apprécient les vastes aquariums récifaux où sont aménagées des cachettes. Un fort courant de filtration recréant la houle naturelle est, en outre, le bienvenu.

Pseudochromis paccagnellae

VANILLE-FRAISE

Taille : 10 cm.
Origine : océan Pacifique ouest.
Habitat naturel : récifs coralliens, entre 1 et 10 m de profondeur.
Comportement : ce poisson est hélas l'un des plus agressifs *Pseudochromis*. Seul le volume de l'aquarium permet de « diluer » un peu cette agressivité.
Alimentation : carnivore, petites proies vivantes et congelées. S'adapte très vite aux nourritures sèches.
Reproduction : inconnue en aquarium, semble pondre dans des cavités.
Aménagement du bac : volume minimal : 200 l ; densité de population : 1 poisson par aquarium ; décor : roches et invertébrés.
Qualité de l'eau : température = 23 à 26 °C ; densité = 1021 à 1026 ; pH = 7,5 à 8,5.
Notre conseil : malgré ses couleurs chatoyantes et vives, ce poisson est à éviter en raison de son agressivité. En effet, sa présence dans un aquarium risque de compromettre l'équilibre d'une population jusque-là paisible, voire de provoquer la mort de certains poissons. Il vaut mieux alors s'abstenir plutôt que d'avoir à pêcher ce poisson et à le rapporter au magasin.

Le vanille-fraise, appelé ainsi à cause de sa robe bicolore, est un poisson qui a du caractère. Il a du mal, en effet, à supporter ses congénères, ainsi que les nouveaux venus dans l'aquarium. Il doit avoir suffisamment de place dans le bac, pour pouvoir s'approprier un territoire, dans lequel les autres poissons ne s'aventureront pas. Il se plaira particulièrement dans un aquarium récifal. Après une phase d'acclimatation très courte, on lui fait accepter toutes sortes de nourriture et il se révèle d'une grande robustesse. Bien que fort semblable à *Gramma loreto, Pseudochromis paccagnellae* n'appartient pas à la même famille.

Pterapogon kauderni

PTERAPOGON KAUDERNI

Taille : 7 cm.
Origine : mer d'Indonésie, entre l'île Banggai et l'île de Sulawesi.
Habitat naturel : zones rocheuses et prairies d'algues.
Comportement : il est recommandé de le maintenir avec un ou plusieurs oursins-diadème qui le rassurent et l'encouragent à la reproduction. La compatibilité avec les invertébrés est excellente.
Alimentation : carnivore, crustacés et autres petites proies vivantes. Accepte rapidement les nourritures sèches.
Reproduction : ponte et incubation fréquentes.
Aménagement du bac : volume minimal : 200 l ; densité de population : 1 poisson pour 100 l ; décor : roches, algues et invertébrés.
Qualité de l'eau : température = 23 à 26 °C ; densité = 1021 à 1026 ; pH = 7,5 à 8,5.
Notre conseil : il est préférable de le maintenir en groupe uniquement dans de grands aquariums. En effet, si la cohabitation se déroule parfaitement les premiers temps, un individu ou un couple prendra la domination et chassera jusqu'à l'épuisement les autres spécimens, quelquefois jusqu'à la mort.

Comme les autres membres de sa famille (apogonidés), ce poisson a un comportement plutôt nocturne, comme en témoignent ses grands yeux. Le décor de l'aquarium doit donc comporter des endroits sombres, afin qu'il s'y repose la journée. Nouveau dans le monde de l'aquariophilie, *Pterapogon kauderni* a manqué de disparaître, victime de son succès et de sa faible zone de répartition. Heureusement, sa reproduction en aquarium est assez facile. L'idéal est de posséder un banc, dans lequel les couples se formeront d'eux-mêmes. Après une parade nocturne au cours de laquelle la femelle pond ses œufs, l'un des deux futurs parents, souvent le mâle, prend ces derniers en bouche pour les incuber. Une fois relâchés, les alevins trouvent refuge entre les piquants d'un oursin diadème. Leur nourriture est composée de nauplies d'artémias.

Pterois radiata

RASCASSE À NAGEOIRES BLANCHES

Taille : 20 cm.
Origine : océan Indien, Pacifique sud, mer Rouge.
Habitat naturel : récifs coralliens et alentours.
Comportement : cette rascasse est placide et nage généralement en suivant le décor. Elle se retrouve donc souvent à l'envers. Cette apparence débonnaire ne doit pas vous donner confiance car ce prédateur à l'affût est impitoyable.
Alimentation : carnivore, crevettes ou poissons vivants au début, puis proies congelées (éperlans, crevettes, moules...).
Reproduction : inconnue en aquarium.
Aménagement du bac : volume minimal : 500 l ; densité de population : 1 poisson pour 200 l, à partir d'un volume de 600 l ; décor : roches et invertébrés.
Qualité de l'eau : température = 23 à 26 °C ; densité = 1021 à 1026 ; pH = 7,5 à 8,5.
Notre conseil : malgré sa robustesse et sa facilité d'élevage, ce poisson est à déconseiller au débutant en raison de sa venimosité. Toutes les manipulations doivent être effectuées en fonction de ce danger. Par exemple, on utilisera un seau plutôt qu'une épuisette pour la capture.

Comme la majorité des rascasses, *Pterois radiata* inflige à qui le touche une douloureuse piqûre à l'aide des rayons durs de sa nageoire dorsale. C'est un prédateur impitoyable, pour lequel il faut judicieusement choisir ses colocataires (balistes et gros poissons-anges conviennent très bien). Le faire vivre en aquarium récifal ne pose pas de problèmes, si ce n'est la cohabitation avec les occupants habituels de ce type de bac. Ce poisson est un gros pollueur et demande donc une bonne filtration. Pour se rapprocher des conditions naturelles, le brassage de l'eau doit être puissant et, si possible, produit par plusieurs pompes.

Pterois volitans

RASCASSE VOLANTE

Taille : 30 cm.
Origine : océan Indien, Pacifique sud, mer Rouge.
Habitat naturel : récifs coralliens.
Comportement : gobe tous les poissons plus petits qu'elle. Sociable avec les poissons de taille égale ou supérieure.
Alimentation : carnivore, crevettes ou poissons vivants au début, puis proies congelées (éperlans, crevettes, moules...).
Reproduction : inconnue en aquarium.
Aménagement du bac : volume minimal : 500 l ; densité de population : 1 poisson par volume de 200 l, à partir d'un volume total de 600 l ; décor : roches et invertébrés.
Qualité de l'eau : température = 23 à 26 °C ; densité = 1021 à 1026 ; pH = 7,5 à 8,5.
Notre conseil : malgré sa robustesse et sa facilité d'élevage, ce poisson est à déconseiller au débutant en raison de sa venimosité. Toutes les manipulations doivent être effectuées en fonction de ce danger. Par exemple, on utilisera un seau plutôt qu'une épuisette pour la capture et une plaque de verre séparatrice lors des opérations d'entretien de l'aquarium.

La rascasse volante est un prédateur qui chasse à l'affût. Les proies sont avalées grâce à l'aspiration provoquée par la rapide ouverture de la bouche (qui peut atteindre le diamètre du corps). En aquarium, la principale difficulté avec ce poisson est de lui faire accepter de la nourriture morte. Dans un premier temps, on peut agiter la nourriture avec une longue pince, mais surtout pas directement avec la main ! En effet, les poissons du genre *Pterois* sont extrêmement venimeux et infligent, avec les rayons épineux de leur nageoire dorsale, de violentes piqûres. En cas d'incident, tremper la partie blessée dans l'eau chaude et consulter sans tarder un médecin.

Pterosynchiropus splendidus

MANDARIN

Synonyme : *Synchiropus splendidus.*
Taille : 7 cm.
Origine : Pacifique ouest, Philippines, Australie.
Habitat naturel : vit en étroite relation avec le substrat des récifs coralliens.
Comportement : ignore et est ignoré des autres poissons. Ce poisson semble " voleter " au-dessus du décor, ses nageoires pectorales sont en effet perpétuellement en mouvement.
Alimentation : animalcules se trouvant dans les roches vivantes. Complément apporté par des artémias et d'autres petites proies vivantes ou congelées.
Reproduction : difficile. La ponte se déroule en pleine eau aux heures tardives. Pour l'instant, les tentatives d'élevage des alevins ne sont pas concluantes.
Aménagement du bac : volume minimal : 100 l ; densité de population : 1 couple ou un harem par aquarium ; décor : roches et invertébrés.
Qualité de l'eau : température = 23 à 26 °C ; densité = 1021 à 1026 ; pH = 7,5 à 8,5.
Notre conseil : il est vraiment impératif d'introduire ce magnifique poisson dans un aquarium récifal en route depuis plusieurs mois afin qu'il puisse y trouver un complément nutritif indispensable. À l'achat, veillez à choisir un exemplaire à l'abdomen rebondi, car beaucoup de spécimens sont très mal nourris.

Poisson à la robe fabuleusement colorée. Les mâles se reconnaissent par le premier rayon plus long de la nageoire dorsale. Ces mâles ne se tolèrent pas, ils se livrent des combats mortels dans la plupart des cas. Les femelles sont plus calmes. Vous devez introduire ces poissons dans un aquarium déjà « rodé » (plus de six mois) afin que la microfaune contenue dans les roches vivantes soit assez importante pour les contenter. Les mandarins délogent ces animalcules à l'aide de leur bouche en forme de pincette. Les poissons amaigris pourront être nourris avec des vers de vase vivants pendant leur phase d'acclimatation.

Rhinecanthus aculeatus

BALISTE-PICASSO

Taille : 25 cm.
Origine : océan Indien, Pacifique sud.
Habitat naturel : récifs coralliens, zones rocheuses et prairies d'algues, jusqu'à 5 m de profondeur.
Comportement : agressif envers les autres balistes s'ils ne sont pas introduits en même temps dans l'aquarium et envers les poissons de plus petite taille. L'agressivité se développe avec l'âge. Il attaque même les anémones sans aucune crainte.
Alimentation : carnivore, toutes sortes de nourriture (poisson vorace).
Reproduction : inconnue en aquarium.
Aménagement du bac : volume minimal : 600 l ; densité de population : 1 poisson par aquarium ; décor : roches, avec de nombreuses cachettes, et algues.
Qualité de l'eau : température = 24 à 28 °C ; densité = 1021 à 1026 ; pH = 7,5 à 8,5.
Notre conseil : prévoyez des protections autour de tous les appareillages présents dans l'aquarium car ce baliste s'attaque aux tuyaux, chauffage, etc. On évitera également les décors synthétiques qui peuvent être grignotés.

Ce baliste salissant beaucoup l'aquarium, vous devez l'installer dans un grand bac très bien filtré et fortement brassé. Aménagez des grottes dans le décor rocheux, pour qu'il puisse s'y reposer la nuit. Vous ne devez en aucun cas le faire vivre avec des invertébrés, car il s'en nourrit. Ses compagnons doivent être des poissons capables de lui tenir tête : gros pomacanthidés, *Pterois* (rascasses), *Arothron* (poissons-ballons), etc. Attention aux doigts lors des distributions de nourriture, car ses dents soudées en forme de bec sont extrêmement tranchantes. Il existe plusieurs espèces de *Rhinecanthus*, aux motifs proches *(R. assasi, R. rectangulus, R. verrucosus).*

Sphaeramia nematoptera

POISSON-CARDINAL, POISSON-PYJAMA

Taille : 7 à 9 cm.
Origine : océan Indien, Pacifique sud, côtes australiennes.
Habitat naturel : récifs coralliens et toute grotte à l'abri de la lumière.
Comportement : la compatibilité avec les invertébrés est parfaite et ce cardinal convient tout à fait à l'aquarium récifal du débutant.
Alimentation : carnivore, petites proies vivantes (crustacés), puis congelées. Accepte par la suite les nourritures sèches.
Reproduction : facile.
Aménagement du bac : volume minimal : 200 l ; densité de population : 1 poisson pour 100 l ; décor : roches (avec des surplombs) et invertébrés.
Qualité de l'eau : température = 23 à 26 °C ; densité = 1021 à 1026 ; pH = 7,5 à 8,5.
Notre conseil : afin de le rassurer et donc de le voir un peu plus souvent, il est conseillé d'introduire ce poisson en groupe. Ainsi, un banc de cinq à dix individus peut prendre place dans un aquarium de 250 litres ou plus s'il dispose d'une grotte suffisamment spacieuse pour contenir tout le groupe.

Ce timide poisson n'entre en activité qu'au crépuscule pour aller se nourrir et se dégourdir les nageoires. Il passe la journée à l'abri de la lumière dans les grottes et les surplombs. Il est donc impératif que vous aménagiez de nombreuses cachettes dans votre décor. Un bac récifal convient parfaitement au poisson-cardinal : il aime vivre en bancs et sa reproduction facile en fait un pensionnaire tout à fait intéressant. Offrez-lui une filtration efficace et une bonne oxygénation et contrôlez la qualité de l'eau. Le mâle féconde les œufs sitôt qu'ils sont pondus par la femelle, puis les prend en bouche pour les incuber. Les alevins sont difficiles à nourrir ; ils n'acceptent que du plancton vivant.

Symphorichthys spilurus

NÉMIPTÈRE À TACHE CAUDALE

Taille : dépasse les 30 cm.
Origine : océan Indien, Pacifique sud (Indonésie, Australie).
Habitat naturel : récifs coralliens et zones rocheuses.
Comportement : les crevettes sont consommées sans sommations. Généralement trop gros pour la plupart des aquariums d'invertébrés, il peut pourtant y être introduit sans crainte.
Alimentation : carnivore, crustacés et autres petites proies vivantes. Accepte rapidement les nourritures sèches.
Reproduction : inconnue en aquarium.
Aménagement du bac : volume minimal : 1 000 l ; densité de population : 1 poisson par aquarium ; décor : roches et algues.
Qualité de l'eau : température = 23 à 26 °C ; densité = 1021 à 1026 ; pH = 7,5 à 8,5.
Notre conseil : poisson splendide à l'âge adulte. À l'achat, vérifiez avec le vendeur l'appétit de ce poisson. Tout sujet amaigri doit être impérativement écarté, quitte à programmer une seconde visite au magasin quelques jours plus tard pour voir l'évolution du sujet.

Ce superbe poisson possède de long filaments qui prolongent sa nageoire dorsale. Veillez donc à ne pas lui adjoindre des compagnons susceptibles de les lui raccourcir, comme les labridés, les tétraodontidés ou les balistes. La robe des juvéniles diffère fortement de celle des adultes : les jeunes portent une barre noire horizontale sur une robe brune, alors que les adultes ont une teinte jaune marbrée de bleu. Malgré sa taille imposante, *Symphorichthys spilurus* a un comportement placide. Il a besoin de vivre dans un bac puissamment filtré, car c'est un gros pollueur. Les sujets amaigris sont difficiles à acclimater, car ils se font voler leur nourriture par les autres poissons, mais un individu en bonne santé ne tarde pas à accepter toutes sortes d'aliments.

Synchiropus ocellatus

MANDARIN LSD, POISSON PSYCHÉDÉLIQUE

Taille : 7 à 9 cm.
Origine : océan Pacifique (Philippines, Malaisie).
Habitat naturel : récifs coralliens.
Comportement : il ignore et est ignoré des autres poissons. Le mandarin psychédélique est idéal en aquarium d'invertébrés.
Alimentation : carnivore, petites proies vivantes, puis congelées.
Reproduction : la ponte est possible, mais les alevins sont difficiles à élever.
Aménagement du bac : volume minimal : 100 l ; densité de population : 1 couple ou 1 harem par aquarium ; décor : roches, invertébrés ou prairie d'algues.
Qualité de l'eau : température = 24 à 26 °C ; densité = 1021 à 1026 ; pH = 7,5 à 8,5.
Notre conseil : à l'achat, il est impératif de pouvoir vérifier que l'individu choisi mange. N'hésitez pas à demander au vendeur de lui proposer à manger. Évitez alors tous les spécimens qui ne mangent pas et sont amaigris. Afin de faciliter l'acclimatation, les vers de vase vivants sont des proies idéales pour redonner l'appétit aux mandarins.

Comme la plupart des mandarins, *Synchiropus ocellatus* doit être introduit dans un aquarium riche en petites proies vivantes (« microfaune »), qui constituent sa principale nourriture. Les autres aliments ne peuvent représenter qu'un complément. Un bac récifal installé depuis au moins six mois représente un bon environnement. Les combats entre les mâles de cette espèce (ainsi qu'avec les mâles de *Pterosynchiropus splendidus*) sont souvent mortels et imposent donc de posséder un seul individu mâle par aquarium. La différence d'aspect entre les sexes est surtout marquée au niveau du premier rayon de la nageoire dorsale, plus long chez le mâle. Ce poisson demande un peu d'expérience pour qu'il vive dans les meilleures conditions possible.

Zanclus cornutus

IDOLE MAURESQUE

Synonyme : *Zanclus canescens.*
Taille : 20 cm (sans le filament dorsal).
Origine : océan Indien, Pacifique sud, mer Rouge, de l'Afrique au Mexique.
Habitat naturel : récifs coralliens et zones rocheuses couvertes d'algues.
Comportement : poisson particulièrement timide, il a besoin d'un décor comprenant de larges grottes rassurantes, mais aussi une très vaste zone de large.
Alimentation : omnivore, éponges et algues en milieu naturel, crustacés et algues en aquarium.
Reproduction : inconnue en aquarium.
Aménagement du bac : volume minimal : 500 l ; densité de population : 1 adulte par aquarium, en banc à partir de 1000 l ; décor : roches, invertébrés (sous réserve) et algues.
Qualité de l'eau : température = 24 à 28 °C ; densité = 1021 à 1026 ; pH = 7,5 à 8,5.
Notre conseil : très sensible aux maladies de peau et extrêmement difficile à faire manger, ce poisson est à réserver aux aquariophiles très expérimentés, ayant déjà pratiqué avec succès les acclimatations à problèmes. Le débutant doit s'abstenir afin d'éviter une déconvenue quasi inévitable.

La nageoire dorsale de ce superbe poisson est prolongée par un très long filament. Son museau protubérant lui permet, dans son milieu naturel, d'aller chercher sa nourriture dans les recoins des récifs coralliens. Sensible au stress et ayant un régime spécifique, ce poisson est très difficile à acclimater en aquarium. Un grand bac permet de posséder plusieurs individus, qui deviennent alors plus faciles à habituer à la captivité. Avec beaucoup de patience, faites-leur accepter de la nourriture vivante (artémias, crustacés...), puis de la nourriture riche en fibres (algues). Attention, en bac récifal, *Zanclus cornutus* peut s'attaquer aux vers tubicoles et à divers coraux.

32 autres espèces

■ *Amblygobius phalaena*
GOBIE À TACHES BLANCHES

Taille : 15 cm.
Origine : de Sumatra à l'Australie.
Sociabilité : excellente.
Mode de vie : dans un terrier sous une roche ou dans le sable.
Vie dans l'aquarium : facile à acclimater et à maintenir.
Densité de population : un couple par aquarium.
Décor : roches, algues, invertébrés.
Température de l'eau : 24 à 26°C.
Densité : 1 022 à 1 024. **pH :** 7,5 à 8,5.

■ *Antennarius sp.*
POISSON-PÊCHEUR

Taille : 22 cm.
Origine : de la mer Rouge à Hawaï.
Sociabilité : prédateur.
Mode de vie : chasseur à l'affût.
Vie dans l'aquarium : ne faire cohabiter qu'avec des poissons plus gros que lui.
Densité de population : un exemplaire pour 300 l.
Décor : roches, algues, invertébrés.
Température de l'eau : 24 à 26°C.
Densité : 1 022 à 1 024. **pH :** 7,5 à 8,5

■ *Arothron meleagris*
TÉTRODON PINTADE

Taille : 50 cm.
Origine : de l'Afrique de l'Est à Hawaii.
Sociabilité : bonne avec des poissons de sa taille.
Mode de vie : parcourt le récif pour se nourrir de coraux et d'invertébrés.
Vie dans l'aquarium : à réserver aux bacs de gros poissons.
Densité de population : un exemplaire par bac.
Décor : roches, algues.
Température de l'eau : 24 à 26°C.
Densité : 1 022 à 1 024. pH : 7,5 à 8,5.

■ *Canthigaster solandri*
CANTHIGASTER TACHETÉ

Taille : 11 cm.
Origine : de l'Afrique de l'Est à la Nouvelle-Calédonie.
Sociabilité : très sociable.
Mode de vie : parcourt les lagons et les prairies d'algues.
Vie dans l'aquarium : peut émettre des toxines lorsqu'il est stressé.
Densité de population : un exemplaire par aquarium.
Décor : roches, algues, invertébrés.
Température de l'eau : 24 à 26°C.
Densité : 1 022 à 1 024. **pH :** 7,5 à 8,5

■ *Canthigaster valentini*
CANTHIGASTER À SELLES

Taille : 10 cm.
Origine : de la mer Rouge au sud du Japon.
Sociabilité : bonne mais pas avec les invertébrés.
Mode de vie : poisson territorial vivant en harem.
Vie dans l'aquarium : émet des toxines mortelles lorsqu'il est stressé.
Densité de population : seul ou en harem dans un très grand bac.
Décor : roches, algues.
Température de l'eau : 22 à 26°C.
Densité : 1 022 à 1 028. **pH :** 7,5 à 8,5.

■ *Chaetoderma penicilligera*
POISSON-LIME FEUILLU

Taille : 31 cm.
Origine : du sud du Japon à la Grande Barrière australienne.
Sociabilité : assez bonne, poisson timide.
Mode de vie : prairies algales des récifs.
Vie dans l'aquarium : présence d'algues recommandée.
Densité de population : un exemplaire par aquarium.
Décor : roches, algues.
Température de l'eau : 24 à 26°C.
Densité : 1 022 à 1 024. **pH :** 7,5 à 8,5.

■ *Cirrhitichthys aprinus*
POISSON-FAUCON À TACHES ROUGES

Taille : 12,5 cm.
Origine : du sud du Japon à la Grande Barrière australienne.
Sociabilité : excellente sauf avec les crustacés.
Mode de vie : prédateur de crustacés à l'affût.
Vie dans l'aquarium : idéal en aquarium corallien.
Densité de population : un exemplaire par aquarium.
Décor : roches, algues, invertébrés.
Température de l'eau : 24 à 26°C.
Densité : 1 022 à 1 024. **pH :** 7,5 à 8,5.

■ *Duckeroramphus dactyliophorus*
POISSON-TUYAU ANNELÉ

Taille : 18 cm.
Origine : de la mer Rouge à la Nouvelle-Calédonie.
Sociabilité : excellente.
Mode de vie : zones sécurisantes des récifs.
Vie dans l'aquarium : demande une nourriture spécifique (nauplies, copépodes, etc.).
Densité de population : un exemplaire pour 50 l.
Décor : roches vivantes, algues, invertébrés.

Température de l'eau : 22 à 26°C.
Densité : 1 022 à 1 028. **pH :** 7,5 à 8,5.

■ *Ecsenius bicolor*
BLENNIE BICOLORE

Taille : 10 cm.
Origine : des Maldives à la Grande Barrière australienne.
Sociabilité : très bonne.
Mode de vie : fonds rocheux et coralliens.
Vie dans l'aquarium : aime les trous dans les roches.
Densité de population : un exemplaire par aquarium
Décor : roches, algues, invertébrés.
Température de l'eau : 24 à 26°C.
Densité : 1 022 à 1 024. **pH :** 7,5 à 8,5.

■ *Ecsenius midas*
BLENNIE DE MIDAS

Taille : 13 cm.
Origine : de la mer Rouge à la Polynésie française.
Sociabilité : bonne.
Mode de vie : fréquente les récifs ; se trouve quelquefois au milieu des bancs de barbiers.
Vie dans l'aquarium : apprécie les petites proies vivantes.
Densité de population : un individu par aquarium.
Décor : roches, algues, invertébrés.
Température de l'eau : 22 à 26°C.
Densité : 1 022 à 1 028. **pH :** 7,5 à 8,5.

■ *Equetus lanceolatus*
POISSON-RUBAN SABRE

Taille : 25 cm.
Origine : de la Caroline du Sud au Brésil.
Sociabilité : assez bonne avec des poissons de sa taille.
Mode de vie : souvent caché à l'abri du récif.
Vie dans l'aquarium : attention aux crustacés et aux vers.
Densité de population : un individu par aquarium.
Décor : roches, algues, coraux.
Température de l'eau : 24 à 26°C.
Densité : 1 022 à 1 024. **pH :** 7,5 à 8,5.

■ *Exallias brevis*
BLENNIE LÉOPARD

Taille : 14,5 cm.
Origine : de la mer Rouge à Hawaï.
Sociabilité : incompatible avec les invertébrés.
Mode de vie : vit dans les coraux branchus.
Vie dans l'aquarium : incompatible avec les coraux.
Densité de population : un individu par aquarium.
Décor : roches, algues, invertébrés.
Température de l'eau : 22 à 26°C.
Densité : 1 022 à 1 028. **pH :** 7,5 à 8,5.

■ *Gobiodon citrinus*
GOBIE CITRON

Taille : 7 cm.
Origine : de la mer Rouge à la Grande Barrière australienne.
Sociabilité : excellente.
Mode de vie : loge dans les coraux branchus.
Vie dans l'aquarium : idéal en aquarium d'invertébrés.
Densité de population : un individu pour 50 l.
Décor : roches, algues, invertébrés.
Température de l'eau : 22 à 26°C.
Densité : 1 022 à 1 028. **pH :** 7,5 à 8,5.

■ *Gobiodon histrio*
GOBIODON ZÉBRÉ

Taille : 3,5 cm.
Origine : de la mer Rouge à la grande barrière australienne.
Sociabilité : excellente.
Mode de vie : loge dans les coraux branchus.
Vie dans l'aquarium : idéal en aquarium d'invertébrés ; attention aux poissons qui pourraient l'avaler.
Densité de population : un individu pour 50 l.
Décor : roches, algues, invertébrés.
Température de l'eau : 22 à 6°C.
Densité : 1 022 à 1 028. **pH :** 7,5 à 8,5.

■ *Gobiosoma evelynae*
GOBIE À MUSEAU DE REQUIN

Taille : 5 cm.
Origine : des Bahamas aux Petites Antilles.
Sociabilité : excellente.
Mode de vie : poisson-nettoyeur vivant en groupes.
Vie dans l'aquarium : demande de nombreuses cachettes.
Densité de population : un individu pour 20 l.
Décor : roches, algues, invertébrés.
Température de l'eau : 24 à 26°C.
Densité : 1 022 à 1 024. **pH :** 7,5 à 8,5.

■ *Gramma melacara*
GRAMMA ROYAL

Taille : 10 cm.
Origine : Antilles, Caraïbes, Amérique centrale.
Sociabilité : excellente, sauf avec ses congénères.
Mode de vie : seul ou en groupe dans les grottes et cachettes du récif.
Vie dans l'aquarium : poisson idéal pour l'aquarium récifal.
Densité de population : un exemplaire par aquarium, plusieurs si très grands volumes.
Décor : roches, algues, invertébrés.
Température de l'eau : 24 à 26°C.
Densité : 1 022 à 1 024. **pH :** 7,5 à 8,5.

■ *Histrio histrio*
POISSON-PÊCHEUR DES SARGASSES

Taille : 14 cm.
Origine : toute la ceinture tropicale, sauf Pacifique est.
Sociabilité : prédateur piscivore.
Mode de vie : vit en surface dans les algues flottantes.
Vie dans l'aquarium : à mettre avec des poissons d'au moins sa taille.
Densité de population : un exemplaire pour 300 l.
Décor : roches, algues, invertébrés.
Température de l'eau : 22 à 26°C.
Densité : 1 022 à 1 028. **pH :** 7,5 à 8,5.

■ *Neocirrhites armatus*
POISSON-FAUCON ROUGE

Taille : 8 cm.
Origine : du sud du Japon à l'Australie.
Sociabilité : excellente, sauf avec les petits crustacés.
Mode de vie : inféodé aux massifs coralliens.
Vie dans l'aquarium : difficile à acclimater.
Densité de population : un exemplaire par aquarium.
Décor : roches, algues, invertébrés.
Température de l'eau : 24 à 26°C
Densité : 1 022 à 1 024 **pH :** 7,5 à 8,5

■ *Odonus niger*
BALISTE BLEU

Taille : 40 cm.
Origine : de la mer Rouge à la Nouvelle-Calédonie.
Sociabilité : bonne dans un grand bac.
Mode de vie : grégaire en pleine eau au-dessus du récif.
Vie dans l'aquarium : facile à acclimater, grand nageur.
Densité de population : 1 exemplaire pour 1 000 l.
Décor : roches, algues, invertébrés sous réserve.
Température de l'eau : 22 à 26°C.
Densité : 1 022 à 1 028.
pH : 7,5 à 8,5.

■ *Opistognathus aurifrons*
GOBIE À FRONT D'OR

Taille : 10 cm.
Origine : de la Floride à la Barbade.
Sociabilité : très bonne.
Mode de vie : vit dans un terrier creusé dans le sable.
Vie dans l'aquarium : demande une bonne épaisseur de substrat (10 cm).
Densité de population : un individu pour 30 cm^2.
Décor : roches, algues, invertébrés.
Température de l'eau : 24 à 26°C.
Densité : 1 022 à 1 024.
pH : 7,5 à 8,5.

■ *Parracirrhites arcatus*
POISSON-FAUCON STRIÉ

Taille : 14 cm.
Origine : Indo-Pacifique occidental.
Sociabilité : excellente, sauf avec les petits poissons et crustacés.
Mode de vie : solitaire fréquentant les coraux branchus.
Vie dans l'aquarium : demande une eau de très bonne qualité.
Densité de population : un exemplaire par aquarium.
Décor : roches, algues, invertébrés.
Température de l'eau : 24 à 26°C.
Densité : 1 022 à 1 024.
pH : 7,5 à 8,5.

■ *Platax pinnatus*
PLATAX À NAGEOIRES JAUNES

Taille : 45 cm.
Origine : océan Pacifique.
Sociabilité : bonne avec de grands poissons.
Mode de vie : grégaire au début, puis solitaire une fois adulte.
Vie dans l'aquarium : demande un très grand volume à réserver aux aquariums publics.
Densité de population : 1 exemplaire pour 1 000 l.
Décor : roches, algues, invertébrés.
Température de l'eau : 24 à 26°C.
Densité : 1 022 à 1 024. **pH :** 7,5 à 8,5.

■ *Pseudanthias pleurotaenia*
BARBIER À TACHE CARRÉE

Taille : 20 cm.
Origine : de l'Indonésie à la Nouvelle-Calédonie.
Sociabilité : très bonne.
Mode de vie : grégaire à proximité du récif.
Vie dans l'aquarium : planctophage facile à acclimater.
Densité de population : un exemplaire pour 200 l.
Décor : roches, algues, invertébrés.
Température de l'eau : 24 à 26°C.
Densité : 1 022 à 1 024. **pH :** 7,5 à 8,5.

■ *Pseudanthias tuka*
BARBIER POURPRE

Taille : 12 cm.
Origine : du Japon à l'Australie.
Sociabilité : excellente.
Mode de vie : vit en banc sur le récif.
Vie dans l'aquarium : demande une vaste zone de nage.
Densité de population : un exemplaire pour 200 l.
Décor : roches, algues, invertébrés.
Température de l'eau : 24 à 26°C.
Densité : 1 022 à 1 024. **pH :** 7,5 à 8,5.

■ *Pseudochromis diadema*
PSEUDOCHROME DIADÈME

Taille : 6 cm.
Origine : Pacifique occidental.
Sociabilité : assez agressif.
Mode de vie : solitaire et territorial.
Vie dans l'aquarium : aquarium récifal recommandé.
Densité de population : un individu par aquarium.
Décor : roches, algues, invertébrés.
Température de l'eau : 24 à 26°C.
Densité : 1 022 à 1 024. **pH :** 7,5 à 8,5.

■ *Pseudochromis flavivertex*
PSEUDOCHROME À DOS JAUNE

Taille : 8 cm.
Origine : mer Rouge et golfe d'Aden.
Sociabilité : l'un des seuls pseudochromes dénués d'agressivité.
Mode de vie : solitaire au milieu des coraux.
Vie dans l'aquarium : demande un décor riche en cachettes.
Densité de population : un couple pour 300 l.
Décor : roches, algues, invertébrés.
Température de l'eau : 22 à 24°C.
Densité : 1 024 à 1 028. **pH :** 7,5 à 8,5.

■ *Pseudochromis fridmani*
PSEUDOCHROME DE LA MER ROUGE

Taille : 7 cm.
Origine : mer Rouge.
Sociabilité : territorial mais peu agressif.
Mode de vie : solitaire ou quelquefois en groupe sous les surplombs.
Vie dans l'aquarium : idéal en aquarium récifal.
Densité de population : un exemplaire ou un couple par aquarium.
Décor : roches, algues, invertébrés.
Température de l'eau : 22 à 24°C.
Densité : 1 024 à 1 028. **pH :** 7,5 à 8,5.

■ *Pseudochromis porphyreus*
PSEUDOCHROME PORPHYRE

Taille : 5 cm.
Origine : des Philippines aux Molluques.
Sociabilité : assez agressif.
Mode de vie : très territorial.
Vie dans l'aquarium : demande de nombreuses cachettes.
Densité de population : un seul exemplaire par aquarium.
Décor : roches, algues, invertébrés.
Température de l'eau : 24 à 26°C.
Densité : 1 022 à 1 024. **pH :** 7,5 à 8,5.

■ *Pseudochromis springeri*
PSEUDOCHROME À RAYURES BLEUES

Taille : 6 cm.
Origine : mer Rouge.
Sociabilité : légèrement agressif.
Mode de vie : solitaire auprès des coraux.
Vie dans l'aquarium : très territorial, demande un riche décor.
Densité de population : un exemplaire par aquarium.
Décor : roches, algues, invertébrés.
Température de l'eau : 24 à 26°C.
Densité : 1 022 à 1 024. **pH :** 7,5 à 8,5.

■ *Ptereleotris evides*
POISSON-FLÉCHETTE TRICOLORE

Taille : 12 cm.
Origine : mer Rouge et Indo-Pacifique.
Sociabilité : très bonne.
Mode de vie : grégaire, puis en couple.
Vie dans l'aquarium : en groupe dans de grand volumes.
Densité de population : un exemplaire pour 200 l.
Décor : roches, algues, invertébrés.
Température de l'eau : 22 à 26°C.
Densité : 1 022 à 1 028.
pH : 7,5 à 8,5.

■ *Ptereleotris zebra*
POISSON-FLÉCHETTE ZÉBRÉ

Taille : 10 cm.
Origine : mer Rouge et Indo-Pacifique.
Sociabilité : bonne, même avec ses congénères.
Mode de vie : en petit groupe près d'une caverne.
Vie dans l'aquarium : peut s'acclimater en petit groupe.
Densité de population : un individu pour 100 l.
Décor : roches, algues, invertébrés.
Température de l'eau : 22 à 26°C.
Densité : 1 022 à 1 028.
pH : 7,5 à 8,5.

■ *Pterois antennata*
RASCASSE À ANTENNES

Taille : 20 cm.
Origine : de l'Afrique de l'Est à l'Australie.
Sociabilité : prédateur piscivore.
Mode de vie : chasseur à l'affût.
Vie dans l'aquarium : à ne placer qu'avec des poissons de sa taille. Attention, rayons dorsaux venimeux.
Densité de population : un exemplaire pour 300 l.
Décor : roches, algues, invertébrés.
Température de l'eau : 24 à 26°C.
Densité : 1 022 à 1 024. **pH :** 7,5 à 8,5.

guide des plantes

PLANTES D'EAU DOUCE TROPICALE

La lumière filtre à travers une jungle aquatique : des rubans échevelés ondoient mollement et des racines enchevêtrées forment une aire de jeu idéale sous des feuillages vert tendre. Un plaisir des yeux auquel il ne manque plus que des pensionnaires satisfaits, glissant en paix dans ce décor. Mais, attention, si les végétaux participent à l'harmonie d'un aquarium qui répond à vos souhaits esthétiques, ils doivent être compatibles avec l'eau, les roches, le sol et bien sûr avec les poissons. Du choix des végétaux dépend l'équilibre du milieu reconstitué : les plantes jouent, en effet, un rôle important dans la dégradation des déchets. Elles produisent, en outre, de l'oxygène dans la journée et peuvent constituer le menu favori de vos poissons. Certaines peuvent aussi ne pas être compatibles entre elles. Il faut donc bien réfléchir à ce tableau vivant avant de se lancer dans la disposition des éléments du décor et dans la plantation. Néanmoins, il existe environ 200 espèces de plantes tropicales d'eau douce, aux formes et aux couleurs variées, vendues dans le commerce et, par conséquent, un grand nombre de compositions possibles. Il est important de planter l'ensemble de son bac lors de son installation : les végétaux s'acclimatent ainsi plus facilement et contribuent à la régulation de l'aquarium. L'astuce est d'associer des plantes à croissance lente *(Anubias, Cryptocoryne, Ludwigia)* avec des plantes à croissance rapide *(Aponogeton, Echinodorus, Vallisneria)*.

Alternanthera reineckii

ALTERNANTHÈRE DE REINECK

Famille : amaranthacées.
Hauteur maximale : 40 cm (parfois 60 cm).
Origine : régions tropicales d'Amérique du Sud.
Habitat naturel : marais.
Emplacement dans le bac : en terrasse et en groupe (mais sans trop serrer les plants).
Densité de plantation : 4 ou 5 pieds/ par carré de 25 cm de côté.
Éclairage : intense.
Qualité de l'eau :
température = 24 à 26 °C ;
dureté = 6 à 10 °f ; pH = 6,5 à 7,5.

Les feuilles lancéolées (en fer de lance) de l'alternanthère de Reineck s'insèrent de part et d'autre de la tige, en alternance. Leur teinte dominante, rouge ou lilas, apparaît d'autant plus vive que l'éclairage est fort. Cette espèce est idéale dans les grands bacs bien plantés où sa couleur apporte un contraste. Elle s'acclimate facilement en aquarium. Néanmoins, un apport régulier en engrais ferreux est indispensable pour la maintenir en parfaite santé. Vous pouvez la multiplier par bouturage (il faut alors couper et repiquer des rejets latéraux). Lors de la plantation d'un groupe d'alternanthères, espacez de 10 cm les différents plants, afin de permettre aux feuilles situées en bas de la tige d'être suffisamment éclairées.

Anubias afzelii

ANUBIAS DE AFZEL

Famille : aracées.
Hauteur maximale : 30 cm en aquarium.
Origine : Guinée, Mali, Sénégal, Sierra Leone.
Habitat naturel : marais.
Emplacement dans le bac :
au centre ou sur les côtés des grands bacs, à l'arrière des petits bacs.
Densité de plantation :
1 pied/par carré de 10 cm de côté.
Éclairage : faible à moyen.
Qualité de l'eau :
température = 22 à 26 °C ;
dureté = 6 à 15 °f ; pH = 6 à 8.

Les longues feuilles coriaces de cette plante lui permettent de supporter sans dommage la cohabitation avec des poissons herbivores, comme les cichlidés des grands lacs d'Afrique de l'Est. Dans la nature, elle affectionne les rives ombragées des cours d'eau et les marais, où son épais rhizome se propage en rampant sur le sol. En aquarium, il convient de lui offrir des conditions similaires en évitant d'enterrer son rhizome, ce qui le ferait pourrir. Vous pouvez le fixer sur un support, roche ou racine, ou le bloquer dans une anfractuosité du décor. L'éclairage doit être tamisé, pour éviter que les algues en pinceau ne colonisent le feuillage. La croissance de cet anubias est assez lente en aquarium ; elle est beaucoup plus rapide en aquaterrarium.

Anubias barteri var. nana

ANUBIAS NAIN

Famille : aracées.
Hauteur maximale : 15 cm.
Origine : Cameroun (région de la ville de Victoria).
Habitat naturel : marais (plante totalement immergée ou amphibie).
Emplacement dans le bac : au premier plan.
Densité de plantation : 1 pied/par carré de 10 cm de côté.
Éclairage : faible.
Qualité de l'eau :
température = 24 à 26 °C ;
dureté = 6 à 10 °f ; pH = 6 à 8.

Cette plante est du meilleur effet lorsqu'elle est placée sur le devant de l'aquarium. Ses feuilles, disposées en rosette et de couleur vert foncé, résistent à la plupart des poissons, notamment aux cichlidés. En revanche, sa tige (ou rhizome) et ses racines sont fragiles. Lors de la plantation, prenez garde à ne pas les enterrer ou les pincer : coincez délicatement le rhizome sous les pierres ou les branches du décor. La culture de l'anubias nain est aisée ; celui-ci ne réclame pas d'entretien particulier. Un éclairage moyen permet d'éviter la prolifération des algues filamenteuses qui ont tendance à se fixer sur les feuilles. Pour le multiplier, il faut fractionner le rhizome en morceaux portant chacun 3 ou 4 feuilles et repiquer ailleurs ces nouveaux plants.

PLANTES D'EAU DOUCE TROPICALE

Anubias heterophylla

ANUBIAS DU CONGO

Synonymes : *Anubias affinis, A. bequaertii, A. congensis, A. congensis var. crassispadix, A. engleri, A. undulata.*
Famille : aracées.
Hauteur maximale : plus de 60 cm.
Origine : Afrique occidentale.
Habitat naturel : marais.
Emplacement dans le bac : au milieu (ou sur les côtés des grands aquariums).
Densité de plantation : 1 pied/par carré de 10 cm de côté.
Éclairage : faible.
Qualité de l'eau :
température = 24 à 26 °C ;
dureté = 6 à 10 °f ; pH = 6 à 8.

Cette plante, aux grandes feuilles vertes à long pétiole, est assez résistante pour décourager les poissons herbivores. Cette particularité, associée à la facilité de sa culture, autorise à la placer dans tout type de bac. Son envergure lui permet, par exemple, d'occuper une place centrale dans un aquarium régional d'Afrique de l'Ouest : disposez d'abord dans le bac un amoncellement de roches et de racines, au sein desquelles vous coincez les tiges, ou « rhizomes », de l'anubias du Congo. Des plantes plus petites seront placées sur les côtés. Enfin, pour peupler le bac, vous pouvez choisir un banc de tétras du Congo et un couple de pelmatos *(Pelvicachromis pulcher)*. La multiplication de cette plante est identique à celle de tous les anubias.

Aponogeton crispus

APONOGÉTON CRISPÉ

Synonymes : *Spathium undulatum, Ouvirandra undulata.*
Famille : aponogétonacées.
Hauteur maximale : 40 cm (parfois plus).
Origine : sud de l'Inde et Sri Lanka.
Habitat naturel : eaux stagnantes et divers cours d'eau.
Emplacement dans le bac : solitaire et au centre ; en groupe dans les aquariums de grande taille.
Densité de plantation : 3 ou 4 pieds/ par carré de 50 cm de côté.
Éclairage : moyen à fort.
Qualité de l'eau :
température = 23 à 28 °C ;
dureté = 5 à 15 °f ; pH = 6,5 à 7,5.

Les longues feuilles, disposées en rosette, de l'aponogéton crispé ont une forme en fer de lance (feuilles « lancéolées ») et les bords gaufrés. Elles forment rapidement un important bosquet de verdure dans l'aquarium. En outre, il n'est pas rare que la plante fleurisse (les fleurs se forment hors de l'eau). *Aponogeton crispus* s'entretient facilement, mais sa culture nécessite un apport en engrais ferreux et un sol riche. En milieu naturel, sa croissance se caractérise par une phase de repos hivernal, mais en aquarium, sous un éclairage intense, ce repos végétatif n'est pas nécessaire et la plante croît continuellement. La reproduction par semis est possible, mais assez difficile.

Aponogeton madagascariensis

DENTELLE DE MADAGASCAR

Synonymes : *Aponogeton fenestralis, A. henkelianus, A. guillotii.*
Famille : aponogétonacées.
Hauteur maximale : 50 cm.
Origine : Comores, Madagascar.
Habitat naturel : eau stagnante.
Emplacement dans le bac : solitaire.
Densité de plantation : 1 pied/par carré de 20 cm de côté.
Éclairage : faible à moyen.
Qualité de l'eau :
température = 20 à 26 °C ;
dureté = 2 à 10 °f ; pH = 5,5 à 7.

Cette plante à bulbe est pourvue de belles feuilles dentelées. Elle s'avère malheureusement difficile à acclimater et présente une durée de vie limitée. Son entretien est rigoureux, car elle réclame une eau douce (dureté peu élevée) et légèrement acide. En outre, vous devez enlever méticuleusement toutes les algues qui se développent rapidement sur ses feuilles. Pour éviter cette prolifération, multipliez les changements d'eau (renouvellement hebdomadaire de la moitié du volume du bac). Enfin, il est impératif de respecter sa période de repos annuel, sans quoi votre pied ne durerait qu'une saison. *Aponogeton madagascariensis* est destinée tout particulièrement à l'amateur chevronné, qui la réservera à un aquarium régional. Sa reproduction, malheureusement difficile, s'effectue par semis.

Aponogeton ulvaceus

ÉPI D'EAU, LAITUE

Synonyme : *Aponogeton ambongensis.*
Famille : aponogétonacées.
Hauteur maximale : 1 m (rare en aquarium).
Origine : Madagascar.
Habitat naturel : cours d'eau assez rapides.
Emplacement dans le bac : solitaire, de préférence dans le courant de filtration.
Densité de plantation : 1 pied/par carré de 30 cm de côté.
Éclairage : moyen à fort.
Qualité de l'eau :
température = 24 à 26 °C ;
dureté = 11 à 15 °f ; pH = 7.

Les longues feuilles vert clair délicatement ondulées de cet aponogéton sont disposées en rosette autour du bulbe. Atteignant facilement 40 cm pour 5 cm de large, elles tendent encore à s'allonger lorsque la lumière est insuffisante. Les fleurs jaunes, disposées en épis doubles, ne peuvent en général se féconder elles-mêmes ; la reproduction sexuée nécessite la présence d'au moins deux plants dans le bac. Lors de la plantation, le bulbe ne doit pas être entièrement recouvert, mais dépasser à moitié du sable. Vous devez impérativement respecter la période de repos annuel pour pouvoir conserver la plante plusieurs saisons. La multiplication se fait grâce à des pousses latérales (la reproduction par semis est difficile).

Barclaya longifolia

BARCLAYA À LONGUES FEUILLES

Synonymes : *Hydrostemma longifolium, Barclaya pierreana, B. oblonga.*
Famille : nymphéacées.
Hauteur maximale : 35 cm.
Origine : Sud-Est asiatique.
Habitat naturel : cours d'eau rapides.
Emplacement dans le bac :
en solitaire ; au centre ou sur les côtés des grands bacs, à l'arrière des petits bacs.
Densité de plantation :
1 pied/par carré de 20 cm de côté.
Éclairage : moyen à intense.
Qualité de l'eau :
température = 25 °C à 28 °C ;
dureté = 6 à 15 °f ; pH = 6 à 7.

Ses feuilles gaufrées et bicolores donnent à *Barclaya longifolia* un aspect très décoratif. Son rhizome nécessite une épaisse couche de substrat riche en argile et peu calcaire, sa partie supérieure devant rester visible.
La croissance de cette plante est rythmée par des périodes de repos végétatif, au cours desquelles son développement ralentit, résultat d'une adaptation à des biotopes dont le niveau d'eau varie au cours de l'année. Il est possible d'accélérer son redémarrage en déplaçant le pied pour provoquer l'émission de nouvelles feuilles, à condition d'agir avec délicatesse.
Cette espèce ne convient pas aux aquariums hébergeant des escargots ou des poissons turbulents.

Bacopa caroliniana

HERBE DU PAUVRE HOMME

Synonymes : *Bacopa amplexicaulis, Monniera crenata, Hydrotrida caroliniana*
Famille : scrophulariacées.
Hauteur maximale : 60 cm.
Origine : centre et sud des États-Unis.
Habitat naturel : marais.
Emplacement dans le bac : au centre, en groupe.
Densité de plantation : 4 ou 5 pieds/par carré de 20 cm de côté.
Éclairage : fort.
Qualité de l'eau :
température = 19 à 23 °C ;
dureté = 6 à 10 °f ; pH = 6,5 à 7,5.

Ses nombreux rameaux donnent un aspect touffu à *Bacopa caroliniana.* Ses feuilles ovales ont tendance à prendre une teinte rouge cuivré sous un éclairage intense. Cette plante prend toute sa valeur décorative au centre de l'aquarium, en petit groupe. Lorsqu'elles sortent de l'eau, ses fleurs violettes offrent un beau contraste. Facile à cultiver et de croissance assez rapide, l'herbe du pauvre homme préfère une eau douce et du sable aux grains moyens, enrichi en argile. Apportez-lui régulièrement des substances nutritives pour lui assurer un meilleur développement. Vous pouvez la multiplier aisément en replantant des sections de tiges (bouturage).

Bolbitis heudelotii

FOUGÈRE DU CONGO

Synonyme : *Gymnopteris heudelotii.*
Famille : polypodiacées ou lomariopsidacées.
Hauteur maximale : 40 cm (voire 60 cm).
Origine : Afrique tropicale, de l'Éthiopie à l'Afrique du Sud.
Habitat naturel : cours d'eau assez rapide (plante amphibie).
Emplacement dans le bac : dans le courant (sortie de la filtration).
Densité de plantation : 1 pied/par carré de 20 cm de côté.
Éclairage : moyen.
Qualité de l'eau :
température = 24 à 26 °C ;
dureté = 6 à 10 °f ; pH = 6 à 7.

Comme le précise son nom français, *Bolbitis heudelotii* fait partie du groupe des fougères. Ses feuilles, qui s'insèrent sur une tige horizontale, ou rhizome, peuvent atteindre 60 cm. Selon les conditions, leur couleur varie du vert translucide au vert foncé. Dans la nature, la plante croît le long des berges dans les zones où l'eau est fortement agitée. En aquarium, elle s'épanouit dans une eau propre et sous un éclairage réduit. Attachez le rhizome sur un support au moyen de fil de Nylon, afin de ne pas enterrer les racines et d'éviter ainsi qu'elles ne pourrissent. Pour la multiplier, découpez son rhizome en fragments de 4 à 5 cm et fixez-les délicatement sur des supports.

Cabomba aquatica

ÉVENTAIL AQUATIQUE

Synonymes : *Nectris aquatica, Cabomba schwartzii.*
Famille : cabombacées.
Hauteur maximale : jusqu'à 150 cm.
Origine : du sud du Mexique au centre du Brésil.
Habitat naturel : eaux stagnantes ou courantes.
Emplacement dans le bac : massifs installés sur les côtés ou rideau végétal à l'arrière-plan.
Densité de plantation : 5 à 6 pieds/par carré de 20 cm de côté.
Éclairage : intense à très intense.
Qualité de l'eau :
température = 15 à 28 °C ;
dureté = 6 à 10 °f ; pH = 6,5 à 7.

Cette plante à tige possède des feuilles composées de 200 à 500 segments filiformes vert clair à vert blanchâtre. La partie supérieure des tiges se courbe mollement pour flotter à la surface de l'eau.
Les eaux calcaires lui sont particulièrement néfastes, tout comme la diffusion d'air dans l'aquarium. A contrario, un apport en gaz carbonique est très favorable à sa croissance, sinon indispensable. Éclairage intense et eau limpide sont essentiels pour obtenir des massifs touffus. Tous les facteurs susceptibles d'endommager son feuillage sont à proscrire : poissons herbivores ou turbulents, courant trop fort ou prolifération d'algues.

Cabomba caroliniana

CABOMBE DE CAROLINE

Synonymes : *Cabomba aubletii, C. pinnata, Nectris peltata.*
Famille : cabombacées ou nymphéacées.
Hauteur maximale : 80 cm (voire plus).
Origine : continent américain.
Habitat naturel : eau plutôt stagnante et limpide.
Emplacement dans le bac : en arrière-plan, en groupe.
Densité de plantation : 5 ou 6 pieds/par carré de 20 cm de côté.
Éclairage : fort à intense.
Qualité de l'eau :
température = 18 à 28 °C ;
dureté = 6 à 10 °f ; pH = 6,5 à 7.

Son port gracieux et ses feuilles très découpées, en forme d'éventail, valent à cette plante un beau succès auprès des aquariophiles. Cependant, elle est également très appréciée des poissons herbivores et il faut en tenir compte au moment où vous peuplez votre aquarium. Un banc de cardinalis *(Paracheirodon axelrodi)* est du meilleur effet, les couleurs bleu électrique et rouge de cette espèce contrastant avec le vert tendre des feuilles de cabombe. Cette plante à tige se révèle assez facile à acclimater, à condition qu'elle bénéficie d'un éclairage suffisamment fort et d'une eau toujours propre. La reproduction est possible par bouturage. Il faut alors couper et repiquer les tiges latérales ou l'extrémité de la tige principale.

Cabomba furcata

CABOMBE ROUGE

Synonyme : *Cabomba piauhyensis.*
Famille : nymphéacées ou cabombacées.
Hauteur maximale : 80 cm (voire plus).
Origine : Brésil, Cuba, Guyanes (du Venezuela à la Guyane française), Porto Rico.
Habitat naturel : eau plutôt stagnante et limpide.
Emplacement dans le bac : en arrière-plan, en groupe (pas trop serré) et de préférence associé aux plantes à feuilles larges.
Densité de plantation : 5 ou 6 pieds/ par carré de 20 cm de côté.
Éclairage : intense.
Qualité de l'eau : température = 22 à 30 °C ; dureté = 4 à 12 °f ; pH = 6,2 à 6,8.

Cette très belle plante se différencie des autres cabombes par ses couleurs variant du rougeâtre au doré. Cependant, son entretien en aquarium se révèle plus délicat, la calombe rouge nécessitant une eau douce et propre, du sable grossier et bien siphonné, un éclairage intense et un apport régulier en engrais ferreux. Si votre eau du robinet est dure (riche en sels minéraux, notamment en calcium), utilisez un diffuseur de gaz carbonique (CO_2). Lors de la plantation, faites attention à ne pas écraser les tiges et à ne pas trop serrer les pieds (afin que la base des plants demeure assez éclairée). La reproduction est possible par bouturage.

Cardamine lyrata

CARDAMINE DU JAPON, CRESSON AMER

Synonyme : *Nastourtium japonicum.*
Famille : crucifères (brassicacées).
Hauteur maximale : 30 cm (voire 40 cm).
Origine : Chine (du Nord et de l'Est), Corée, Japon, Sibérie orientale.
Habitat naturel : marais.
Emplacement dans le bac : au milieu ou sur les côtés, en groupe.
Densité de plantation : 2 ou 3 pieds/ par carré de 20 cm de côté.
Éclairage : intense.
Qualité de l'eau : température = 15 à 22 °C ; dureté = 6 à 20 °f ; pH = 6 à 6,5.

La cardamine du Japon est une plante rampante qui possède de petites feuilles vert clair en forme de lyre. Sa culture en aquarium exige des conditions précises : une lumière intense, une eau assez douce et une température relativement basse. Ces paramètres respectés, elle se développe rapidement. Certains médicaments d'aquariophilie provoquant souvent sa dégénérescence, le seul remède est de l'isoler pendant le traitement. Cette plante des marais peut vivre, en été, dans un bassin de jardin. Pour la reproduire, il faut l'étêter (section de l'extrémité de la tige) et replanter des boutures de plus de 15 cm.

Ceratophyllum demersum

CORNIFLE ÉMERGÉ, HERBE À CORNE

Synonymes : *Ceratophyllum aspera, C. cornutum, C. cristatum, C. gibbum, C. muricatum.*
Famille : cératophyllacées.
Hauteur maximale : 80 cm (voire plus).
Origine : cosmopolite.
Habitat naturel : eau stagnante, bras morts de rivières, certains cours d'eau lents.
Emplacement dans le bac : pas d'emplacement particulier.
Densité de plantation : 5 ou 6 pieds/ par carré de 20 cm de côté.
Éclairage : intense.
Qualité de l'eau : température indifférente ; dureté indifférente ; pH = 6,5 à 7,5.

Cette plante aux fines feuilles disposées en paliers tout autour de la tige (feuilles « verticillées ») est dépourvue de racines, mais certaines de ses feuilles se transforment en organes d'ancrage, les « rhizoïdes ». On l'exploite pour lutter contre la prolifération d'algues : elle produit, en effet, des substances qui freinent leur développement. Vous pouvez également l'utiliser pour la mise en route d'un aquarium : en se développant, elle permet à l'eau du bac de s'équilibrer naturellement. Comme plante flottante, elle offre par ailleurs un bon refuge aux alevins. Pour la multiplier, replantez des boutures (fragments de tiges) d'au moins 20 cm.

Ceratopteris thalictroides

FOUGÈRE DE SUMATRA

Synonymes : *Acrostichum siliquosum, Ellobocarpus oleraceus, Pteris succulenta.*
Famille : parkeriacées ou ptéridacées.
Hauteur maximale : 60 cm.
Origine : cosmopolite, en milieu tropical.
Habitat naturel : eau stagnante.
Emplacement dans le bac : en arrière-plan, solitaire ou en groupe (dans un grand bac), et en surface (plante flottante).
Densité de plantation : 1 ou 2 pieds/ par carré de 15 cm de côté.
Éclairage : intense.
Qualité de l'eau :
température = 18 à 26 °C ;
dureté = 5 à 20 °f ; pH = 6,5 à 7,2.

Cette fougère aquatique possède une courte tige (rhizome) et des feuilles finement découpées. Elle peut croître sous l'eau comme hors de l'eau (plante amphibie). Sa culture ne pose pas de problème majeur. Il suffit de veiller à lui apporter assez de substances nutritives. Au moment de la plantation, vous ne devrez pas trop enterrer les racines pour éviter leur pourrissement. Vous pouvez aussi maintenir la plante en position flottante. La multiplication rapide de la fougère de Sumatra est assurée par des rejets de la tige. Pour éviter qu'elle ne devienne trop envahissante, éclaircissez-la régulièrement.

Crinum calamistratum

LYS D'EAU RHÉOPHYTE

Synonyme : *Crinum natans forma crispu.*
Famille : amaryllidacées.
Hauteur maximale : 80 cm (parfois 1 ou 2 m).
Origine : Cameroun.
Habitat naturel : cours d'eau rapides.
Emplacement dans le bac : en arrière-plan ou au centre des grands bacs.
Densité de plantation : 3 à 5 pieds/ par carré de 20 cm de côté.
Éclairage : moyen.
Qualité de l'eau :
température = 22 à 26 °C ;
dureté = 4 à 10 °f ; pH = 6 à 7.

Cette plante à bulbe est pourvue de longues feuilles rubanées, étroites et gaufrées. Comme toutes les espèces du genre *Crinum*, elle ne réclame aucune condition spécifique d'entretien. En revanche, vous devez couper périodiquement ses feuilles avant que celles-ci n'envahissent la surface de l'aquarium. Celles-ci s'avèrent, par ailleurs, suffisamment coriaces pour résister à l'assaut des cichlidés. Les rivières à fort courant constituant l'habitat naturel de *Crinum calamistratum,* il est préférable, pour une croissance optimale, de la placer à la sortie de votre pompe. La multiplication se fait par division du bulbe, mais, à la différence des autres plantes du genre, le lys d'eau rhéophyte produit peu de bourgeons (ou caïeux).

Crinum thaianum

LYS D'EAU DE THAÏLANDE

Famille : amaryllidacées.
Hauteur maximale : 80 cm (parfois 1,50 m).
Origine : Thaïlande.
Habitat naturel : cours d'eau.
Emplacement dans le bac : en arrière-plan ou au centre des grands bacs.
Densité de plantation : 3 à 5 pieds/ par carré de 20 cm de côté.
Éclairage : intense.
Qualité de l'eau :
température = 22 à 30 °C ;
dureté = 6 à 20 °f ; pH = 6,5 à 7,5.

Le lys d'eau de Thaïlande possède un bulbe (ou oignon) de plus de 5 cm de diamètre. Ses feuilles, longues et dures, en forme de ruban, ont une largeur de 3 à 5 cm. Il trouve sa place au sein d'aquariums d'une hauteur minimale de 60 cm. L'entretien de cette belle plante, à la croissance assez lente, est facile. Taillez-la régulièrement pour éviter qu'elle n'envahisse la surface du bac. De nombreuses algues peuvent se fixer sur les bords de ses feuilles. Pour stopper leur prolifération, réduisez quelque temps la puissance du système de filtration, ce qui provoque ainsi une baisse du taux d'oxygénation, néfaste pour les algues. Pour la multiplier, séparez les nouveaux bulbes du bulbe principal, lorsqu'ils représentent le tiers de la taille de ce dernier.

Cryptocoryne beckettii

CRYPTOCORYNE DE BECKETT

Synonymes : *Cryptocoryne bekitti, C. wijnbergii.*
Famille : aracées.
Hauteur maximale : 30 cm.
Origine : Sri Lanka.
Habitat naturel : marais.
Emplacement dans le bac : au premier ou au second plan, selon la hauteur de l'aquarium.
Densité de plantation : 4 ou 5 pieds/ par carré de 15 cm de côté.
Éclairage : moyen.
Qualité de l'eau :
température = 24 à 28 °C ;
dureté = 3 à 25 °f ; pH = 6,5 à 7,5.

Disposées en rosette, les feuilles de *Cryptocoryne beckettii* sont pourvues de longs pétioles rougeâtres. La tige (rhizome) et les racines doivent être enterrées, ce qui distingue cette plante des aracées du genre *Anubias*. Plante des marais, comme la majorité des membres du genre *Cryptocoryne*, la cryptocoryne de Beckett s'adapte facilement à différentes qualités d'eau. Néanmoins, pour qu'elle s'épanouisse, enrichissez le sol et procédez à des changements d'eau réguliers. Pour se multiplier, elle produit des jeunes pousses qui lui donnent un aspect buissonnant. Lors de la plantation, disposez-la en petits groupes de 4 ou 5 plants espacés de 10 cm. En poussant, ils formeront un tapis uniforme.

Cryptocoryne crispatula var. balansae

CRYPTOCORYNE DE BALANSA

Synonymes : *Cryptocoryne balansae, C. longispatha, C. kwangsiensis.*
Famille : aracées.
Hauteur maximale : 60 à 70 cm.
Origine : Thaïlande, Viêt Nam.
Habitat naturel : marais.
Emplacement dans le bac : en arrière-plan, sur les côtés ou en groupe, selon les dimensions de l'aquarium.
Densité de plantation : 2 ou 3 pieds/ par carré de 15 cm de côté.
Éclairage : faible à moyen.
Qualité de l'eau :
température = 20 à 28 °C ;
dureté = 5 à 20 °f ; pH = 6,5 à 7,5.

Cette plante aux feuilles rubanées et gaufrées est facile à cultiver en aquarium. Elle s'épanouit bien dans une eau moyennement dure et sur un sol riche. Cependant, même dans les conditions les plus favorables, sa croissance n'est pas rapide. En dépit de sa lenteur de développement, la cryptocoryne de Balansa est très appréciée pour ses vertus décoratives. Ses longues feuilles si particulières ondoient gracieusement dans le courant de filtration (à ne pas régler trop fort). Au sein d'un grand aquarium, disposez les plants en groupe pour un effet optimal. La multiplication est assez lente, car la cryptocoryne de Balansa donne peu de tiges porteuses de plantules (stolons).

Cryptocoryne wendtii

CRYPTOCORYNE DE WENDT

Famille : aracées.
Hauteur maximale : 40 cm.
Origine : Thaïlande, Sri Lanka.
Habitat naturel : marais.
Emplacement dans le bac : au premier ou au second plan.
Densité de plantation : 5 ou 6 pieds/ par carré de 15 cm de côté.
Éclairage : moyen.
Qualité de l'eau :
température = 24 à 28 °C ;
dureté = 7 à 25 °f ; pH = 6,5 à 7,3.

Les feuilles de la cryptocoryne de Wendt, disposées en rosette, ont une forme de fer de lance (feuilles « lancéolées ») et une couleur variant du vert au brunâtre. La plante doit en partie sa renommée dans le monde aquariophile à l'importance de son potentiel d'adaptation : elle peut s'acclimater à des conditions difficiles et est ainsi particulièrement recommandée aux débutants. Elle pousse sans avoir besoin d'un entretien particulier (il est toutefois préférable de demeurer dans les intervalles de qualité de l'eau donnés ci-dessus). Très prolifique, la plante produit de nombreux « stolons », c'est-à-dire des tiges portant de nouvelles pousses qui formeront rapidement des plantes autonomes. Vous pouvez détacher ces pousses pour les replanter ailleurs.

Didiplis diandra

POURPIER AQUATIQUE

Synonyme : *Peplis diandra.*
Famille : lythracées.
Hauteur maximale : 40 cm.
Origine : États-Unis.
Habitat naturel : eaux stagnantes (plante amphibie).
Emplacement dans le bac : au premier ou au second plan, en groupe peu serré.
Densité de plantation : 5 ou 6 pieds/ par carré de 20 cm de côté.
Éclairage : moyen à fort.
Qualité de l'eau :
température = 20 à 23 °C ;
dureté = 5 à 20 °f ; pH = 6 à 7.

Les feuilles vert clair de cette plante à tige ressemblent à des aiguilles de pin. Totalement immergée, la plante rampe au fond du bac. Mais elle peut aussi se dresser hors de l'eau. Les extrémités des feuilles tendent alors vers la lumière et se colorent en rouge. Originaire des zones tempérées d'Amérique du Nord, elle s'acclimate pourtant parfaitement aux bacs tropicaux, pour peu que l'on respecte la fourchette de température adéquate. La croissance de *Didiplis diandra* est rapide et ses ramifications sont nombreuses, veillez donc à ne pas trop serrer les plants quand vous les installez. Ses besoins sont réduits, mais vous devez lui apporter régulièrement des substances nutritives. Pour la multiplier, coupez des boutures de 10 cm environ, que vous replanterez en groupe.

Echinodorus cordifolius

ÉPÉE D'EAU CORDIFORME

Synonymes : *Alisma cordifolia, Sagittaria radicans, Echinodorus radicans, E. ovalis, E. fluitans.*
Famille : alismatacées.
Hauteur maximale : 1,20 m.
Origine : sud et sud-est des États-Unis, Mexique.
Habitat naturel : marais.
Emplacement dans le bac : solitaire.
Densité de plantation : 1 pied/par carré de 20 cm de côté.
Éclairage : intense.
Qualité de l'eau :
température = 18 à 25 °C ;
dureté = 6 à 25 °f ; pH = 6,5 à 7,5.

Cette plante est pourvue de feuilles pétiolées vert clair, en forme de cœur (« cordiformes »). Des petites fleurs blanches se forment à l'extrémité d'une tige fertile (hampe florale). Celle-ci ayant tendance à sortir de l'eau, il est recommandé de faire pousser l'épée d'eau cordiforme dans un bac ouvert. Il arrive que la hampe florale se courbe jusqu'au sol, dans lequel les nouvelles pousses (plantules adventives) se fixent. Ce mode de reproduction est d'ailleurs très efficace chez *Echinodorus cordifolius.* Son envergure impressionnante lui confère une position centrale dans les grands bacs. Élaguez régulièrement les feuilles les plus hautes afin d'éviter qu'elles n'envahissent la surface. En outre, cette coupe fortifie le pied.

Echinodorus grisebachii

ÉPÉE D'EAU DE GRISEBACH

Synonymes : *Echinodorus intermedius, E. amazonicus, E. parviflorus, E. bleheri.*
Famille : alismatacées.
Hauteur maximale : 50 cm.
Origine : Brésil, Colombie, Costa Rica, Cuba, Surinam.
Habitat naturel : cours d'eau lents.
Emplacement dans le bac : en arrière-plan (dans un grand bac), solitaire ou en groupe.
Densité de plantation : 1 pied/par carré de 30 cm de côté.
Éclairage : moyen à intense.
Qualité de l'eau :
température = 22 à 28 °C ;
dureté = 5 à 20 °f ; pH = 6 à 7,3.

Les feuilles en fer de lance de *Echinodorus grisebachii* sont légèrement courbées, en forme de sabre, et disposées en rosette. La variété *E. amazonicus* fait partie du décor de base dans la réalisation d'un aquarium régional de type amazonien. Assez robuste, elle s'acclimate bien à la vie en aquarium. Néanmoins, un apport régulier en fer est nécessaire pour éviter qu'elle ne dégénère. Vous pouvez aussi utiliser un diffuseur de gaz carbonique (CO_2) et renouveler régulièrement l'eau. De telles attentions l'aident à croître de façon spectaculaire. Pour la multiplier, séparez de la plante-mère les jeunes plantes « adventives » qui apparaissent sur la tige florale.

Echinodorus schlueteri

ÉCHINODORUS DE SCHLUETER

Famille : alismatacées.
Hauteur maximale : 30 cm
(moins pour certaines variétés).
Origine : Amérique du Sud.
Habitat naturel : cours d'eau lents.
Emplacement dans le bac :
au premier et au second plan.
Densité de plantation :
1 pied/par carré de 30 cm de côté.
Éclairage : intense.
Qualité de l'eau :
température = 20 à 28 °C ;
dureté indifférente ; pH = 6 à 8.

Cette belle plante possède des feuilles de forme ovale disposées en rosette. La variété de culture (cultivar) nommée « léopard » est plus petite et ses feuilles sont nettement tachetées de brun-rouge. L'éclairage augmente l'intensité des taches. Cette variété demande des conditions assez strictes pour se développer (concernant notamment la quantité de lumière ainsi que les taux de gaz carbonique et de substances nutritives). En revanche, les autres échinodorus de Schlueter s'acclimatent facilement à différentes qualités de l'eau. Sur la tige portant les fleurs, de petites plantes « adventives » se développent : il suffit de les prélever, dès que les racines sont suffisamment grandes pour multiplier votre échinodorus.

Echinodorus tenellus

ÉCHINODORUS NAIN

Famille : alismatacées.
Hauteur maximale : 15 cm.
Origine : continent américain.
Habitat naturel : eau stagnante.
Emplacement dans le bac :
au premier plan ; en groupe,
pour former un tapis de verdure.
Densité de plantation :
6 ou 7 pieds/par carré de 10 cm de côté.
Éclairage : intense.
Qualité de l'eau :
température = 18 à 28 °C ;
dureté = 6 à 10 °f ; pH = 6 à 8.

La plus petite des plantes du genre *Echinodorus* (appelées aussi « amazones ») possède de courtes feuilles vertes en fer de lance (feuilles « lancéolées »), qui la font plutôt ressembler à une sagittaire. Dans de bonnes conditions (lumière intense et apport régulier en engrais ferreux), elle forme rapidement un véritable matelas de verdure. De temps en temps, éclaircissez-la pour éviter que les touffes ne deviennent trop denses. Pour ne pas meurtrir ses délicates racines, utilisez du sable fin. Lors de l'installation de nouveaux pieds, respectez un espacement de quelques centimètres entre les plants. Pour se multiplier, l'échinodorus nain produit une grande quantité de tiges portant de nouvelles plantes (stolons).

Echinodorus uruguayensis

ÉCHINODORUS D'URUGUAY

Synonymes : *Echinodorus subulatus, E. martii var. uruguayensis, E. horemanii.*
Famille : alismatacées.
Hauteur maximale : 60 cm.
Origine : Uruguay, Paraguay, Argentine, sud du Brésil.
Habitat naturel : marais, cours d'eau, lacs.
Emplacement dans le bac :
solitaire, au centre ou sur les côtés.
Densité de plantation :
1 pied/par carré de 20 cm de côté.
Éclairage : moyen à intense.
Qualité de l'eau :
température = 18 à 24 °C ;
dureté = 6 à 15 °f ; pH = 6 à 7.

Cette plante à rosette possède de longues feuilles rubanées à la pointe émoussée et aux bords légèrement ondulés. Contrairement à la majorité des grands échinodorus, elle développe rarement une hampe florale et des feuilles émergées.
Son puissant rhizome doit être planté dans un sol profond et riche en substances nutritives. Des apports de fer et de gaz carbonique permettront d'obtenir des spécimens vigoureux ne souffrant pas de chlorose, qui la rendrait fragile et peu esthétique.
Compte tenu de sa taille adulte, cet échinodorus est destiné aux bacs de grand volume (300 litres et 50 cm de hauteur d'eau au minimum).

Elodea densa

ÉLODÉE D'ARGENTINE, PESTE D'EAU

Synonymes : *Anacharis densa, Philotria densa, Egeria densa.*
Famille : hydrocharitacées.
Hauteur maximale : 80 cm.
Origine : cosmopolite.
Habitat naturel : cours d'eau et eau stagnante.
Emplacement dans le bac : en arrière-plan.
Densité de plantation : 5 ou 6 pieds/par carré de 20 cm de côté.
Éclairage : intense.
Qualité de l'eau : température = 10 à 22 °C ; dureté = 15 à 35 °f ; pH = 6,5 à 8.

Les feuilles vert clair et translucides de l'élodée d'Argentine sont disposées en paliers tout autour de la tige. Ses petites fleurs blanches s'épanouissent près de la surface. Pour le débutant, cette plante offre le double avantage d'une croissance rapide et d'un entretien réduit. En outre, elle aide à lutter contre les algues qui tendent à envahir les aquariums, car elle produit des substances freinant leur développement. Robuste, malgré sa tendance à végéter et à pourrir rapidement dans une eau trop chaude, elle peut s'acclimater à une eau dure, à condition d'enrichir son milieu en gaz carbonique et en substances nutritives. Pour la multiplier, repiquez des boutures d'au moins 20 cm.

Hemianthus micranthemoides

MICRANTHÈME D'AMÉRIQUE

Synonymes : *Micranthemum nuttalli, M. micranthemoides.*
Famille : scrophulariacées.
Hauteur maximale : 30 cm (voire 40 cm).
Origine : Cuba, sud-est des États-Unis.
Habitat naturel : marais (plante amphibie).
Emplacement dans le bac : au premier et au second plan ; dans un endroit dégagé.
Densité de plantation : dépend de l'effet buissonnant voulu.
Éclairage : intense à très intense.
Qualité de l'eau : température = 20 à 28 °C ; dureté = 6 à 10 °f ; pH = 6 à 7.

Avec ses feuilles ovales disposées en paliers tout autour de la tige (feuilles « verticillées »), la micranthème d'Amérique forme un matelas vert au premier plan de l'aquarium. Sa couleur claire apporte un contraste au sein du décor. Taillez-la régulièrement pour la fortifier et éviter qu'elle ne prenne trop d'ampleur. Il s'agit d'une plante amphibie (pouvant pousser hors de l'eau) qui s'acclimate facilement en aquarium. Néanmoins, il lui faut un éclairage intense et un apport régulier en substances nutritives. Il est important d'éviter les produits de traitement contenant de la trypaflavine. Pour la multiplier, plantez des boutures (sections de la tige) d'environ 10 cm.

Heteranthera zosterifolia

HÉTÉRANTHÈRE À FEUILLES DE ZOSTÈRE

Synonymes : *Heteranthera zosteraefolia, H. osteniana, Schollera zosterifolia.*
Famille : pontédériacées.
Hauteur maximale : 100 cm.
Origine : Brésil, Bolivie, Paraguay, Uruguay, Argentine.
Habitat naturel : marais, eaux stagnantes ou cours d'eau lents.
Emplacement dans le bac : en massif, dans la zone intermédiaire ou l'arrière-plan selon la taille du bac.
Densité de plantation : 5 ou 6 pieds/par carré de 20 cm de côté.
Éclairage : intense.
Qualité de l'eau : température = 20 à 27 °C ; dureté = 6 à 30 °f ; pH = 7 à 8.

Heteranthera zosterifolia est une plante amphibie, dont les tiges flottent ou rampent sur le sol. Ses pousses submerses sont fortement ramifiées. Ses feuilles oblongues alternent le long des rameaux et forment une touffe dense à leur extrémité. Elles noircissent en vieillissant.
La culture de cette plante est facile. Elle forme des buissons très touffus très décoratifs, parfaits pour un aquarium hollandais.
Peu exigeante, elle s'adapte admirablement bien à une eau dure. Elle n'atteindra pourtant un développement satisfaisant qu'à condition de disposer d'une lumière intense et diffuse.

Hydrocotyle leucocephala

ÉCUELLE D'EAU

Famille : apiacées.
Hauteur maximale : 60 cm.
Origine : Équateur, Venezuela.
Habitat naturel : marais et bras morts des rivières.
Emplacement dans le bac : au second plan ; en groupe.
Densité de plantation : 3 ou 4 pieds/par carré de 15 cm de côté.
Éclairage : intense.
Qualité de l'eau : température = 20 à 25 °C ; dureté = 4 à 20 °f ; pH = 6 à 7,2.

Cette curieuse plante à tige vrillée est pourvue de feuilles vert clair, arrondies et crénelées. Elle est assez facile à acclimater à la vie en aquarium et à entretenir. Néanmoins, elle préfère une eau douce, une dureté pas trop élevée et un éclairage intense. Si vous la laissez se développer à la surface, elle aura tendance à former de nombreux rejets latéraux et il sera nécessaire de l'éclaircir régulièrement pour renforcer le pied. La plante peut aussi se décrocher et flotter à la surface de l'aquarium. Pour la multiplier, prélevez des portions de tige (boutures) d'une vingtaine de centimètres. Enterrez-les suffisamment profond pour bien les fixer.

Hygrophila corymbosa

HYGROPHILE GÉANT

Synonymes : *Justicia stricta, Nomaphila stricta.*
Famille : acanthacées.
Hauteur maximale : 60 cm.
Origine : Inde, Malaisie, Indonésie.
Habitat naturel : marais.
Emplacement dans le bac : sur les côtés et au fond ; en groupe.
Densité de plantation : 5 ou 6 pieds/par carré de 20 cm de côté.
Éclairage : intense.
Qualité de l'eau : température = 20 à 28 °C ; dureté = 5 à 25 °f ; pH = 6,5 à 7,5.

Cette plante à tige possède des feuilles d'une dizaine de centimètres, en forme de fer de lance et poussant de part et d'autre de la tige (feuilles « lancéolées » et « opposées »). Il en existe de nombreuses variétés assez différentes : les feuilles peuvent être plus ou moins larges et leurs couleurs varient du vert tendre au vert brunâtre. En aquarium, l'hygrophile géant pousse rapidement si certaines exigences sont respectées : une lumière intense et un apport régulier en engrais ferreux. Pour les hygrophiles géantes rouges, la puissance de l'éclairage est primordiale pour que les couleurs resplendissent. La multiplication par bouturage est facile : après avoir éclairci vos pieds, replantez des pousses d'environ 20 cm.

Hygrophila difformis

GLYCINE AQUATIQUE INDIENNE

Synonyme : *Synnema triflorum.*
Famille : acanthacées.
Hauteur maximale : 60 cm.
Origine : Inde.
Habitat naturel : marais.
Emplacement dans le bac : sur les côtés et au fond ; en groupe.
Densité de plantation : 1 pied/par carré de 20 cm de côté.
Éclairage : intense.
Qualité de l'eau : température = 20 à 28 °C ; dureté = 6 à 25 °f ; pH = 6,5 à 7,5.

Très décorative, cette plante possède un feuillage vert clair. Il est amusant d'observer, la nuit, le mouvement des feuilles qui se recroquevillent. La glycine aquatique indienne est exigeante : elle réclame un sol riche, un apport régulier en fer et en substances nutritives. Pour qu'elle pousse dans de bonnes conditions, l'éclairage doit être intense. Une luminosité insuffisante provoquerait la perte des feuilles situées près du pied et leur donnerait un aspect moins dentelé. Aussi est-il important de ne pas serrer les plants, pour permettre une meilleure diffusion de la lumière. La plante se multiplie facilement : prélevez des boutures d'une vingtaine de centimètres à l'extrémité de la tige ou sur les rejets latéraux, puis replantez-les.

Limnophila sessiliflora

LIMNOPHILE À FLEURS SESSILES

Synonyme : *Ambulia sessiliflora.*
Famille : scrophulariacées.
Hauteur maximale : 40 cm (voire plus).
Origine : Asie du Sud-Est.
Habitat naturel : eau calme.
Emplacement dans le bac : au second plan ou à l'arrière-plan ; en groupe.
Densité de plantation : 5 ou 6 pieds/par carré de 20 cm de côté.
Éclairage : intense.
Qualité de l'eau : température = 20 à 28 °C ; dureté = 5 à 20 °f ; pH = 6 à 7,5.

Cette plante est pourvue de feuilles vert clair étagées tout autour de la tige (feuilles verticillées), et dont la pointe se colore en brun sous un éclairage très intense. Elle exige, pour se développer, des conditions précises et strictes : apport régulier en substances nutritives, en gaz carbonique et surtout en fer (notamment si la dureté de l'eau est élevée). Lorsque vous la plantez, respectez un espace d'environ 10 cm entre les pieds, afin que la lumière diffuse bien jusqu'à la base des plants. Pour la multiplier, coupez l'extrémité de la tige ou les rejets latéraux de celle-ci pour obtenir des boutures d'environ 20 cm. En les plantant, faites attention à ne pas écraser les tiges, pour éviter qu'elles ne pourrissent.

Ludwigia glandulosa

LUDWIGIE GLANDULEUSE

Synonymes : *Jussiaea brachycarpa, Ludwigia cylindrica, Ludwigia heterophylla.*
Famille : onagracées.
Hauteur maximale : 40 cm.
Origine : Amérique du Nord.
Habitat naturel : marais.
Emplacement dans le bac : au second plan ou en arrière-plan, selon la profondeur de l'aquarium.
Densité de plantation : 5 ou 6 pieds/par carré de 20 cm de côté.
Éclairage : intense.
Qualité de l'eau : température = 20 à 28 °C ; dureté = 8 à 25 °f ; pH = 6,5 à 7,2.

La tige et les feuilles de la ludwigie glanduleuse se caractérisent par leur couleur rougeâtre, mais il existe des variétés aux feuilles vertes. La plante demande des conditions précises pour se développer. En effet, il est important d'utiliser un diffuseur de gaz carbonique et un système d'éclairage puissant. L'intensité de la lumière donne aux feuilles une coloration rouge plus soutenue. En outre, vous devez éclaircir régulièrement la plante pour que sa base ne soit pas à l'ombre des pousses les plus hautes. Si malgré vos efforts la plante dépérit, vous pouvez la cultiver quelque temps hors de l'eau. Elle se bouture de la même façon que la ludwigie rampante.

Ludwigia repens

LUDWIGIE RAMPANTE

Famille : onagracées.
Hauteur maximale : 60 cm (plus pour certaines variétés).
Origine : sud des États-Unis et Amérique centrale.
Habitat naturel : marais.
Emplacement dans le bac : au second plan ou en arrière-plan, selon la taille de l'aquarium ; en groupe.
Densité de plantation : 5 ou 6 pieds/par carré de 20 cm de côté.
Éclairage : fort.
Qualité de l'eau : température = 20 à 30 °C ; dureté = 5 à 20 °f ; pH = 5,5 à 7,5.

Les feuilles de la ludwigie rampante ont une coloration vert olive sur le dessus et rougeâtre sur le dessous. Cette plante est fréquente en aquarium, car son entretien ne pose pas de réels problèmes. Seul un fort éclairage est nécessaire. Comme sa croissance est rapide, vous devez l'éclaircir régulièrement. Cela permet de la renforcer et d'éviter qu'elle n'envahisse votre bac. Lorsque vous coupez les rejets latéraux gênants, gardez-en quelques-uns, d'une longueur d'une quinzaine de centimètres : ces boutures sont faciles à replanter (vous pouvez également en faire profiter un de vos amis aquariophiles).

Microsorum pteropus

FOUGÈRE DE JAVA

Synonymes : *Leptochilus decurrens, Microsorum pteropus.*
Famille : polypodiacées.
Hauteur maximale : 30 cm.
Origine : régions tropicales d'Asie du Sud-Est.
Habitat naturel : cours d'eau.
Emplacement dans le bac : au milieu ou en arrière-plan.
Densité de plantation : 2 ou 3 pieds/par carré de 20 cm de côté.
Éclairage : fort.
Qualité de l'eau : température = 20 à 24 °C ; dureté = 6 à 10 °f ; pH = 5,5 à 7.

Cette plante est une fougère amphibie de couleur vert foncé, dont la tige (rhizome), rampante, a tendance à s'accrocher à tout support. Elle possède la particularité de s'adapter à des eaux dures ou saumâtres. Sa croissance est lente. Comme elle s'épanouit dans le courant, vous pouvez la placer à la sortie de votre système de filtration. De temps en temps, certaines feuilles noircissent : en les coupant, vous fortifierez la plante. Pour la multiplier, divisez le rhizome : les fragments à l'origine de nouveaux plants doivent posséder au moins 5 ou 6 feuilles. Pour les fixer, utilisez un fil de Nylon. Cette technique évite d'enterrer les racines, qui, ainsi, ne pourrissent pas.

Myriophyllum aquaticum

MILLE-FEUILLES AQUATIQUE

Synonymes : *Myriophyllum brasiliense, M. proserpinacoides.*
Famille : haloragacées.
Hauteur maximale : 60 cm.
Origine : Brésil, Argentine, Uruguay, Pérou, Chili.
Habitat naturel : eau stagnante (plante amphibie).
Emplacement dans le bac : au second plan ou en arrière-plan ; en groupe.
Densité de plantation : 5 ou 6 pieds/par carré de 20 cm de côté.
Éclairage : intense.
Qualité de l'eau : température = 15 à 25 °C ; dureté = 5 à 20 °f ; pH = 5,5 à 7,5.

Son abondant feuillage finement découpé lui donne une très belle allure, tout en fournissant des abris aux alevins. Difficile à conserver en aquarium, cette plante demande une lumière intense, un apport régulier en engrais ferreux et en gaz carbonique, ainsi qu'un sol riche. Lors de la plantation, vous devez impérativement espacer les pieds pour que la lumière puisse atteindre les feuilles inférieures. Sous un éclairage suffisamment fort, les tiges arrivant à la surface ont tendance à se développer hors de l'eau. La multiplication est possible par bouturage, en sectionnant et en replantant des boutures d'au moins 20 cm.

Myriophyllum tuberculatum

MYRIOPHYLLE ROUGE

Synonyme : *Myriophyllum mattogrossense.*
Famille : haloragacées.
Hauteur maximale : 60 cm.
Origine : Amérique du Sud.
Habitat naturel : eau stagnante (plante amphibie).
Emplacement dans le bac : au second plan ou en arrière-plan ; en groupe.
Densité de plantation : 5 ou 6 pieds/par carré de 20 cm de côté.
Éclairage : très intense.
Qualité de l'eau : température = 22 à 27 °C ; dureté = 5 à 10 °f ; pH = 6,5 à 7.

Cette belle plante, particulièrement difficile à acclimater en aquarium, possède des feuilles fines, étagées tout autour de la tige (verticillées), de couleur brun-rouge avec des reflets dorés. Hormis la coloration, son aspect évoque beaucoup *Myriophyllum aquaticum*. Cependant, ses conditions de vie sont plus strictes. Elle ne doit absolument pas manquer de lumière et de gaz carbonique (vous devrez disposer d'un diffuseur). Lorsque ces paramètres sont respectés, elle pousse rapidement. Lorsqu'elle atteint la surface, elle produit de nombreux rejets latéraux, que vous pouvez couper et repiquer, en respectant un espace de 8 à 10 cm entre les plants. Ces boutures doivent mesurer environ 20 cm.

Nymphaea lotus

LOTUS TIGRÉ

Famille : nymphéacées.
Hauteur maximale : 40 cm (voire plus).
Origine : est de l'Afrique (et Madagascar), sud-est de l'Asie.
Habitat naturel : eau stagnante.
Emplacement dans le bac : indifférent ; plante solitaire.
Densité de plantation : 1 pied/par carré de 20 cm de côté.
Éclairage : intense.
Qualité de l'eau : température = 22 à 28 °C ; dureté = 6 à 20 °f ; pH = 5,5 à 7,5.

Le lotus tigré est l'une des plus belles plantes solitaires d'aquarium. Ses feuilles rondes ou en fer de lance ont des couleurs variant du vert tendre au marron rougeâtre. Sous un éclairage intense, certaines variétés montrent sur leurs feuilles des marques pigmentées, plus ou moins visibles. Il est préférable de la conserver dans une eau douce (dureté faible), mais riche en substances nutritives. Pour son entretien, coupez les feuilles touchant la surface, afin de donner plus de force au pied. Cependant, si vous désirez la voir fleurir, laissez flotter quelques feuilles. La floraison est magnifique dans un bac découvert. Le lotus tigré se multiplie en formant des plantes filles, accrochées à son bulbe.

Riccia fluitans

HÉPATIQUE FLOTTANTE

Synonymes : *Riccia frankoniae, Ricciella fluitans.*
Famille : ricciacées.
Hauteur maximale : 1 cm.
Origine : cosmopolite.
Habitat naturel : eau stagnante.
Emplacement dans le bac : placer sur un support ou laisser flotter.
Densité de plantation : constituer des touffes plus ou moins importantes selon l'effet voulu.
Éclairage : fort.
Qualité de l'eau : température : indifférente ; dureté : indifférente ; pH = 6 à 7.

Cette plante originale, aux petites expansions fourchues semblables à des feuilles, appartient au groupe des mousses (bryophytes). Comme les autres hépatiques, elle ne possède ni véritables feuilles, ni racines. Lorsqu'elle flotte, juste en dessous de la surface, elle se développe rapidement. Cependant, vous pouvez aussi la maintenir fixée à un substrat. Pour l'accrocher, utilisez un fil de Nylon. Son entretien ne pose pas de problèmes si vous lui apportez régulièrement des substances nutritives, ainsi que du gaz carbonique (utilisation d'un diffuseur de CO_2). *Riccia fluitans* possède la particularité de former des petites bulles d'oxygène à l'extrémité de ses « feuilles ». Pour la multiplier, il suffit de diviser les touffes.

Rotala macrandra

ROTALA À FEUILLES DENSES

Synonyme : *Ameletia rotundifolia.*
Famille : lythracées.
Hauteur maximale : 60 cm.
Origine : sud de l'Inde.
Habitat naturel : marais, cours d'eau rapides.
Emplacement dans le bac : Densité de plantation : 5 à 6 pieds/ par carré de 20 cm de côté.
Densité de plantation : 4 ou 5 pieds/par carré de 25 cm de côté.
Éclairage : intense.
Qualité de l'eau : température = 24 à 28 °C ; dureté = 6 à 15 °f ; pH = 6,5 à 7.

Les feuilles ovales de *Rotala macrandra* sont teintées de rouge sur leur face supérieure, ce qui donne à la plante un aspect flamboyant particulièrement décoratif dans l'aquarium.
Cette espèce, très gourmande en lumière, a tendance à s'étirer en longueur si l'éclairage est insuffisant, ce qui la rend moins esthétique. Sa culture assez délicate exige un sol nutritif riche en fer chélaté et des apports de CO_2.
Une certaine agitation de l'eau lui est favorable, d'autant qu'elle limite la colonisation des jeunes pousses par les algues filamenteuses. Les chocs thermiques doivent lui être évités, tout comme la cohabitation avec des poissons herbivores ou turbulents.

Sagittaria platyphylla

SAGITTAIRE À LARGES FEUILLES

Synonymes : *Sagittaria graminea var. platyphylla, S. recurva.*
Famille : alismatacées.
Hauteur maximale : 30 cm.
Origine : sud des États-Unis et sud-est de l'Asie.
Habitat naturel : cours d'eau.
Emplacement dans le bac : au second plan ; en groupe.
Densité de plantation : 4 ou 5 pieds/par carré de 15 cm de côté.
Éclairage : fort à intense.
Qualité de l'eau : température = 20 à 28 °C ; dureté = 4 à 25 °f ; pH = 6 à 7,5.

Sagittaria platyphylla se différencie de *Sagittaria subulata* par sa taille plus petite et, surtout, par ses feuilles plus larges. Plantée au second plan dans l'aquarium, elle en recouvrira le sol, formant un buisson dense et continu, refuge des alevins et de certains poissons craintifs. Son entretien réclame quelques attentions : il faut supprimer les feuilles mortes, éclaircir les touffes et apporter des substances nutritives. La plante croît rapidement. Pour la multiplier, il est conseillé de couper les axes (ou stolons) portant des plantules, lorsque ces dernières mesurent au moins le tiers de la plante mère. Repiquer les nouveaux plants à 6 ou 7 cm de distance les uns des autres.

Sagittaria subulata

SAGITTAIRE

Synonymes : *Alisma subulatum, Sagittaria natans.*
Famille : alismatacées.
Hauteur maximale : 15 à 80 cm, selon les variétés.
Origine : Amérique centrale.
Habitat naturel : cours d'eau.
Emplacement dans le bac : au fond et sur les côtés ; en groupe.
Densité de plantation : 4 ou 5 pieds/par carré de 15 cm de côté.
Éclairage : intense.
Qualité de l'eau : température = 18 à 28 °C ; dureté : indifférente ; pH = 6 à 8.

Les longues feuilles rubanées de *Sagittaria subulata* sont très esthétiques. Groupées en rosette (la plante n'a pas de tige), ces feuilles forment une barrière végétale qui s'étoffera rapidement. Facile à entretenir, cette sagittaire est tout particulièrement conseillée aux débutants. Elle peut même s'accommoder de l'eau du robinet, exigeant seulement une forte intensité lumineuse. La multiplication est assurée par le développement d'axes portant de nouveaux pieds (stolons). La variété pusilla *(Sagittaria subulata var. pusilla)* est la plus petite (environ 15 cm). Placée au premier plan de l'aquarium, elle permet de réaliser un tapis gazonnant.

Saururus cernuus

QUEUE-DE-LÉZARD, PLANTE DE LEIDEN

Synonyme : *Saururus lucidus.*
Famille : saururacées.
Hauteur maximale : 30 cm.
Origine : régions côtières (Atlantique) des États-Unis et du Canada.
Habitat naturel : marais.
Emplacement dans le bac : en terrasse (plante souvent utilisée dans les aquariums « hollandais »).
Densité de plantation : 3 ou 4 pieds/par carré de 20 cm de côté.
Éclairage : intense.
Qualité de l'eau : température = 19 à 23 °C ; dureté = 5 à 25 °f ; pH = 6,5 à 7,5.

Cette plante, capable de se développer dans l'eau comme hors de l'eau (plante amphibie), possède des feuilles vert tendre en forme de cœur. Dans un aquarium ouvert, elle atteint une trentaine de centimètres et a tendance à émerger. Vous pouvez aussi la cultiver en bassin de jardin (seulement l'été), où elle peut mesurer jusqu'à 1 m de hauteur. L'intensité de l'éclairage est primordial pour une bonne croissance. Sous une lumière trop faible, les feuilles dépérissent. Pour la multiplier, vous devez prélever des portions de la tige (boutures) d'environ 15 cm, que vous replanterez sans écraser leur tige.

Vallisneria americana

VALLISNÉRIE AMÉRICAINE

Synonymes : *Vallisneria spiralis var. americana, V. asiatica, V. neotropicalis, V. gigantea.*
Famille : hydrocharitacées.
Hauteur maximale : 80 cm (voire plus pour certaines variétés).
Origine : sud-est des États-Unis, Cuba, Jamaïque.
Habitat naturel : cours d'eau.
Emplacement dans le bac : en arrière-plan.
Densité de plantation : 4 ou 5 pieds/par carré de 20 cm de côté.
Éclairage : fort.
Qualité de l'eau : température = 20 à 26 °C ; dureté = 6 à 20 °f ; pH = 6,5 à 7,5.

Cette plante possède une petite tige horizontale (rhizome), d'où part une rosette de feuilles rubanées. Elle est adaptée à l'arrière-plan des grands aquariums, où elle forme une véritable haie. Sa culture aisée et sa croissance rapide lui valent souvent d'être recommandée aux débutants. Comme pour la vallisnérie spiralée, il est nécessaire d'élaguer régulièrement ses feuilles, afin d'éviter qu'elles n'envahissent la surface de l'aquarium. Pour la multiplier, coupez les axes portant des plantules (stolons), lorsque ces dernières mesurent au moins le tiers de la plante mère. Repiquez-les à environ 7 cm de distance les unes des autres.

Vallisneria spiralis

VALLISNÉRIE SPIRALÉE

Synonymes : *Vallisneria aethiopica, V. caulescens, V. gracilis, V. jacquinii, V. pusilla, V. linne.*
Famille : hydrocharitacées.
Hauteur maximale : 80 cm.
Origine : cosmopolite des régions tropicales et subtropicales.
Habitat naturel : cours d'eau à courant plus ou moins fort.
Emplacement dans le bac : en arrière-plan ou au centre des aquariums de grande taille ; en groupe.
Densité de plantation : 4 ou 5 pieds/par carré de 25 cm de côté.
Éclairage : fort.
Qualité de l'eau : température = 20 à 27 °C ; dureté = 7 à 20 °f ; pH = 6,5 à 7.

Cette plante possède de très longues feuilles, fines et rubanées, et des filaments spiralés, qui portent les fleurs femelles, blanches (les fleurs mâles se détachent de la plante et flottent). Son aspect buissonnant et sa hauteur permettent de planter la vallisnérie spiralée à l'arrière du bac, où elle forme une haie. Elle peut cependant devenir envahissante et obscurcir l'aquarium dont elle envahit la surface. Pour remédier à ce problème, taillez-la régulièrement. La plante produit des tiges portant à leur extrémité de nouveaux pieds (multiplication par stolons).

Vesicularia dubyana

MOUSSE DE JAVA

Synonyme : *Hypnum dubyanum.*
Famille : hypnacées.
Hauteur maximale : feuilles de 10 à 14 mm.
Origine : Asie du Sud-Est.
Habitat naturel : eau stagnante.
Emplacement dans le bac : sur tout support immergé, ou flottant en surface.
Densité de plantation : constituer des touffes plus ou moins importantes selon l'effet voulu.
Éclairage : faible.
Qualité de l'eau : température = 20 à 28 °C ; dureté = 4 à 25 °f ; pH = indifférent.

Vesicularia dubyana est une mousse très prolifique. Elle étend de nombreux rameaux rampants qui forment un véritable matelas végétal. Son aspect touffu la rend utile dans les bacs de reproduction, où elle sert de support pour les œufs de certains poissons et de cachette pour les alevins. Son entretien ne présente aucune difficulté. Toutefois, il est préférable de la nettoyer régulièrement, en la rinçant directement sous le robinet. Cette technique permet d'éliminer une multitude de particules qui restent accrochées à ses ramifications (ce problème est souvent aggravé par une filtration faible). Pour la multiplier, divisez la touffe.

34 autres plantes

■ *Ammannia gracilis*
AMMANNIE GRACILE

Synonyme : *Ammannia diffusa.*
Famille : lythracées.
Origine : Sénégal, Gambie.
Hauteur maximale : 60 cm.
Emplacement dans le bac : en massif, dans la zone intermédiaire ou à l'arrière-plan.
Densité de plantation : 5 ou 6 pieds/par carré de 20 cm de côté.
Éclairage : intense.
Température de l'eau : 24 à 28 °C.
Dureté : 6 à 10 °f. **pH :** 6 à 7.

■ *Bacopa monnieri*
BACOPA DE MONNIER

Synonymes : *Gratiola monnieri, Herpestis monnieria, Lysimachia monnieri.*
Famille : scrophulariaciées.
Origine : régions tropicales et subtropicales du globe.
Hauteur maximale : 40 cm.
Emplacement dans le bac : en massif, dans la zone intermédiaire ou à l'arrière-plan.
Densité de plantation : 6 à 10 pieds/par carré de 15 cm de côté.
Éclairage : moyen à intense.
Température de l'eau : 18 à 30 °C.
Dureté : 6 à 15 °f. **pH :** 6 à 7,5.

■ *Blyxa japonica*
BLYXA DU JAPON

Synonymes : *Hydrilla japonica, Blyxa laevissima, Enhydria angustifolia.*
Famille : hydrocharitacées.
Origine : Chine, Japon, Viêt Nam, Malaisie.
Hauteur maximale : 60 cm.
Emplacement dans le bac : en massif, dans la zone intermédiaire ou à l'arrière-plan.
Densité de plantation : 5 ou 6 pieds/par carré de 20 cm de côté.
Éclairage : intense.
Température de l'eau : 25 à 30 °C.
Dureté : 6 à 10 °f.
pH : 5 à 6.

■ *Ceratopteris cornuta*
FOUGÈRE CORNUE

Synonyme : *Pteris cornuta.*
Famille : ptéridacées.
Origine : Afrique, Madagascar, Inde, Indonésie, Australie.
Hauteur maximale : 50 cm.
Emplacement dans le bac : flottante ou enracinée dans la zone intermédiaire ou à l'arrière-plan.
Densité de plantation : 1 pied/par carré de 20 cm de côté.
Éclairage : moyen à intense.
Température de l'eau : 22 à 28 °C.
Dureté : 6 à 15 °f. **pH :** 6,5 à 7,5.

■ *Cladophora agaegropila*
CLADOPHORA

Synonymes : *Cladophora sauteri, Conferva agaegropila.*
Famille : cladophoracées.
Origine : espèce cosmopolite.
Hauteur maximale : 20 cm.
Emplacement dans le bac : forme des boules qui se posent sur le sol.
Densité de plantation : 2 ou 3 boules/par carré de 20 cm de côté.
Éclairage : faible à moyen.
Température de l'eau : 20 à 24 °C.
Dureté : 6 à 30 °f. **pH :** 7 à 8.

■ *Crinum natans*
CRINUM DES FLOTS

Famille : amaryllidacées.
Origine : Afrique occidentale.
Hauteur maximale : 140 cm
Emplacement dans le bac : en solitaire ; au centre ou sur les côtés des grands bacs, à l'arrière des petits bacs.
Densité de plantation : 1 pied/par carré de 20 cm de côté.
Éclairage : intense.
Température de l'eau : 25 à 30 °C.
Dureté : 11 à 30 °f.
pH : 7 à 8.

■ *Cryptocoryne parva*
PETITE CRYPTOCORYNE

Synonyme : *Cryptocoryne nevillii sensu auct.*
Famille : aracées.
Origine : Sri Lanka.
Hauteur maximale : 10 cm.
Emplacement dans le bac : en tapis, à l'avant-plan.
Densité de plantation : 4 à 5 pieds/par carré de 10 cm de côté.
Éclairage : faible à moyen.
Température de l'eau : 23 à 28 °C.
Dureté : 6 à 30 °f. **pH :** 6 à 8.

■ *Cryptocoryne petchii*
CRYPTOCORYNE DE PETCH

Famille : aracées.
Origine : Sri Lanka.
Hauteur maximale : 15 cm.
Emplacement dans le bac : au premier ou au second plan, selon la hauteur de l'aquarium.
Densité de plantation : 4 à 5 pieds/par carré de 10 cm de côté.
Éclairage : moyen.
Température de l'eau : 20 à 30 °C.
Dureté : 6 à 30 °f. **pH :** 6 à 8.

■ *Cryptocoryne undulata*
CRYPTOCORYNE ONDULÉE

Synonymes : *Cryptocoryne pseudobeckettii, C. willisii, C. axelrodii.*
Famille : aracées.
Origine : Sri Lanka.
Hauteur maximale : 25 cm.
Emplacement dans le bac : au premier ou au second plan, selon la hauteur de l'aquarium.
Densité de plantation : 4 ou 5 pieds/par carré de 15 cm de côté.
Éclairage : faible à intense.
Température de l'eau : 22 à 30 °C.
Dureté : 6 à 30 °f. **pH :** 6 à 7.

■ *Cyperus helferi*
PAPYRUS DE HELFER

Famille : cypéracées.
Origine : Inde, Asie du Sud-Est.
Hauteur maximale : 60 cm.
Emplacement dans le bac : en massif, dans la zone intermédiaire ou à l'arrière-plan.
Densité de plantation : 4 ou 5 pieds/ par carré de 15 cm de côté.
Éclairage : intense.
Température de l'eau : 22 à 26 °C.
Dureté : 6 à 30 °f. **pH :** 6 à 8.

■ *Echinodorus grandiflorus*
ÉCHINODORUS À GRANDES FLEURS

Synonymes : *Alisma grandiflorum, Echinodorus argentinensis, Echinodorus muricatus.*
Famille : alismatacées.
Origine : Amérique centrale, Amérique du Sud.
Hauteur maximale : 250 cm.
Emplacement dans le bac : solitaire, au centre ou sur les côtés.
Densité de plantation : 1 pied/par carré de 20 cm de côté.
Éclairage : intense.
Température de l'eau : 20 à 28 °C.
Dureté : 6 à 15 °f. **pH :** 6 à 7.

■ *Echinodorus « oriental »*
ÉCHINODORUS ORIENTAL

Synonyme : *Echinodorus orientalis*
Famille : alismatacées.
Origine : espèce hybride qui n'a pas de zone de répartition naturelle.
Hauteur maximale : 40 cm.
Emplacement dans le bac : solitaire, au centre ou sur les côtés.
Densité de plantation : 1 pied/par carré de 20 cm de côté.
Éclairage : moyen à intense.
Température de l'eau : 22 à 30 °C.
Dureté : 6 à 15 °f. **pH :** 5,5 à 7,5.

■ *Echinodorus parviflorus*
ÉCHINODORUS NOIR

Synonymes : *Echinodorus peruensis, Echinodorus tocatins*
Famille : alismatacées.
Origine : inconnue.
Hauteur maximale : 45 cm.
Emplacement dans le bac : solitaire, au centre ou sur les côtés.
Densité de plantation : 1 pied/par carré de 20 cm de côté.
Éclairage : moyen à intense.
Température de l'eau : 20 à 24 °C.
Dureté : 6 à 15 °f. **pH :** 6 à 7.

■ *Eleocharis acicularis*
SCIRPE AIGUILLE

Synonymes : *Scirpus acicularis, Limnocharis acicularis, Isolepis acicularis.*
Famille : cypéracées.
Origine : cosmopolite.
Hauteur maximale : 50 cm.
Emplacement dans le bac : au premier ou au second plan, selon la hauteur de l'aquarium.
Densité de plantation : 5 à 6 pieds/ par carré de 15 cm de côté.
Éclairage : intense.
Température de l'eau : 15 à 25 °C.
Dureté : 10 à 15 °f. **pH :** 6,5 à 7.

■ *Eusteralis stellata*
ROTALA ÉTOILÉ

Synonymes : *Mentha stellata, Dysophylla verticillata, Dysophylla stellata.*
Famille : lamiacées.
Origine : Chine, Japon, Taïwan, Malaisie, Australie.
Hauteur maximale : 50 cm.
Emplacement dans le bac : en massif sur les côtés ou en rideau végétal à l'arrière-plan.
Densité de plantation : 5 à 6 pieds/par carré de 20 cm de côté.
Éclairage : très intense.
Température de l'eau : 22 à 26 °C.
Dureté : 6 à 15 °f. **pH :** 6,5 à 7.

■ *Glossostigma elatinoides*
GLOSSOSTIGMA

Synonyme : *Tricholoma elatinoides.*
Famille : scrophulariacées.
Origine : Australie, Nouvelle-Zélande, Tasmanie.
Hauteur maximale : 3,5 cm.
Emplacement dans le bac : en tapis, à l'avant-plan.
Densité de plantation : 4 à 5 pieds/ par carré de 10 cm de côté.
Éclairage : intense à très intense.
Température de l'eau : 18 à 26 °C.
Dureté : 6 à 15 °f. **pH :** 6 à 7.

■ *Gymnocoronis spilanthoides*
FAUX HYGROPHILE

Synonymes : *Alomia spilanthoides, Gymnocoronis attenuata, Adenostemma gymnocoronis.*
Famille : asteracées.
Origine : zones tropicales d'Amérique du Sud.
Hauteur maximale : 200 cm.
Emplacement dans le bac : massifs installés sur les côtés ou rideau végétal à l'arrière-plan.
Densité de plantation : 5 à 6 pieds/ par carré de 20 cm de côté.
Éclairage : intense à très intense.
Température de l'eau : 15 à 30 °C.
Dureté : 6 à 30 °f. **pH :** 6 à 8.

■ *Hemigraphis colorata*
HÉMIGRAPHIS, LIERRE ROUGE

Synonyme : *Ruellia colorata.*
Famille : acanthacées.
Origine : Java, disséminée dans le Pacifique en Asie du Sud-Est.
Hauteur maximale : 25 cm.
Emplacement dans le bac : massifs installés sur les côtés ou rideau végétal à l'arrière-plan ; tolère mal l'immersion prolongée.
Densité de plantation : 5 à 6 pieds/ par carré de 20 cm de côté.
Éclairage : moyen à intense.
Température de l'eau : 18 à 28 °C.
Dureté : 6 à 30 °f. **pH :** 6 à 8.

■ *Hottonia palustris*
HOTTONIE PALUSTRE

Synonyme : *Hottonia millefolium.*
Famille : primulacées.
Origine : Europe, nord de l'Asie.
Hauteur maximale : 140 cm.
Emplacement dans le bac : massifs installés sur les côtés ou rideau végétal à l'arrière-plan.
Densité de plantation : 5 à 6 pieds/ par carré de 20 cm de côté.
Éclairage : intense.
Température de l'eau : 15 à 25 °C.
Dureté : 6 à 10 °f. **pH :** 6 à 7.

■ *Hydrocotyle verticillata*
ÉCUELLE D'EAU AMÉRICAINE

Synonymes : *Hydrocotyle vulgaris var. verticillata, Hydrocotyle volckmannii.*
Famille : apiacées.
Origine : zones tempérées et subtropicales d'Amérique du Nord et du Sud.
Hauteur maximale : 50 cm.
Emplacement dans le bac : à l'avant-plan ou dans la zone intermédiaire.
Densité de plantation : 5 à 6 pieds/ par carré de 15 cm de côté.
Éclairage : intense.
Température de l'eau : 22 à 25 °C.
Dureté : 6 à 30 °f. **pH :** 6 à 8.

■ *Hygrophila polysperma*
HYGROPHILE À NOMBREUSES GRAINES

Synonymes : *Justicia polysperma, Ruellia polysperma, Heliadelphis polysperma.*
Famille : acanthacées.
Origine : Inde, Bhoutan.
Hauteur maximale : 50 cm.
Emplacement dans le bac : massifs installés sur les côtés ou rideau végétal à l'arrière-plan.
Densité de plantation : 5 à 6 pieds/ par carré de 20 cm de côté.
Éclairage : intense à très intense.
Température de l'eau : 22 à 28 °C.
Dureté : 11 à 30 °f. **pH :** 6,5 à 7,5.

■ *Lemna minor*
LENTILLE D'EAU MINEURE

Synonymes : *Lemna minota, Lenticula vulgaris.*
Famille : lemnacées.
Origine : cosmopolite.
Hauteur maximale : 1 mm.
Emplacement dans le bac : plante flottante.
Densité de plantation : constituer des touffes plus ou moins importantes, selon l'effet voulu.
Éclairage : intense.
Température de l'eau : -15 à 32 °C.
Dureté : 6 à 30 °f. **pH :** 5 à 8.

■ *Lilaeopsis brasiliensis*
FAUX TENELLUS

Synonymes : *Lilaeopsis novae-zelandiae, Crantzia brasiliensis, Lilaeopsis minor.*
Famille : apiacées.
Origine : Brésil, Paraguay, Argentine.
Hauteur maximale : 6 cm.
Emplacement dans le bac : en tapis, à l'avant-plan.
Densité de plantation : 4 à 5 pieds/ par carré de 10 cm de côté.
Éclairage : moyen à intense.
Température de l'eau : 22 à 26 °C.
Dureté : 6 à 30 °f. **pH :** 6 à 7,5.

■ *Limnophila aquatica*
AMBULIE AQUATIQUE

Synonymes : *Cyrilla aquatica, Ambulia racemosa, Limnophila gigantea.*
Famille : scrophulariacées.
Origine : Inde, Sri Lanka, Sulawesi.
Hauteur maximale : 60 cm.
Emplacement dans le bac : massifs installés sur les côtés ou rideau végétal à l'arrière-plan.
Densité de plantation : 5 à 6 pieds/ par carré de 20 cm de côté.
Éclairage : intense.
Température de l'eau : 22 à 28 °C.
Dureté : 6 à 15 °f. **pH :** 6 à 7.

■ *Ludwigia arcuata*
LUDWIGIE ARQUÉE

Synonymes : *Ludwigia pedunculosa, Isnardia pedunculosa, Ludwigiantha arcuata.*
Famille : onagracées.
Origine : États-Unis.
Hauteur maximale : 50 cm.
Emplacement dans le bac : massifs installés sur les côtés ou rideau végétal à l'arrière-plan.
Densité de plantation : 5 à 6 pieds/ par carré de 20 cm de côté.
Éclairage : intense.
Température de l'eau : 24 à 26 °C.
Dureté : 6 à 15 °f. **pH :** 6,5 à 7.

■ *Lysimachia nummularia*
MONNAIE D'EAU

Synonymes : *Nummularia repens, Lysimachia rotundifolia.*
Famille : primulacées.
Origine : Europe centrale, disséminée aux États-Unis et au Japon.
Hauteur maximale : 40 cm.
Emplacement dans le bac : à l'avant-plan ou dans la zone intermédiaire.
Densité de plantation : 5 à 6 pieds/ par carré de 15 cm de côté.
Éclairage : intense à très intense.
Température de l'eau : 10 à 20 °C.
Dureté : 6 à 15 °f. **pH :** 6,5 à 7.

■ *Micranthemum umbrosum*
LYSIMAQUE DU JAPON

Synonymes : *Anonymos umbrosus, Globifera umbrosa, Micranthemum orbiculatum.*
Famille : scrophulariacées.
Origine : États-Unis.
Hauteur maximale : 20 cm.
Emplacement dans le bac : à l'avant-plan ou dans la zone intermédiaire.
Densité de plantation : 5 à 6 pieds/ par carré de 15 cm de côté.
Éclairage : intense.
Température de l'eau : 18 à 24 °C.
Dureté : 6 à 15°f. **pH :** 6 à 7.

■ *Nuphar japonica*
NÉNUPHAR DU JAPON

Synonyme : *Nymphaea lutea.*
Famille : nymphéacées.
Origine : Japon.
Hauteur maximale : 30 cm.
Emplacement dans le bac : en solitaire ; au centre ou sur les côtés des grands bacs, à l'arrière des petits bacs.
Densité de plantation : 1 pied/ par carré de 20 cm de côté.
Éclairage : moyen.
Température de l'eau : 20 à 28 °C.
Dureté : 6 à 30 °f. **pH :** 6 à 8.

■ *Nymphoides aquatica*
PLANTE BANANE

Synonymes : *Menyanthes trachysperma, Anonymos aquatica, Villarsia aquatica.*
Famille : menyanthacées.
Origine : États-Unis.
Hauteur maximale : 15 cm en absence de feuilles flottantes.
Emplacement dans le bac : à l'avant-plan ou dans la zone intermédiaire.
Densité de plantation : 1 pied/ par carré de 15 cm de côté.
Éclairage : intense.
Température de l'eau : 20 à 26 °C.
Dureté : 6 à 15 °f. **pH :** 6,5 à 7.

■ *Pistia stratiotes*
LAITUE D'EAU

Synonymes : *Pistia brasiliensis, Pistia africana, Pistia aethiopica.*
Famille : aracées.
Origine : cosmopolite, zones tropicales.
Hauteur maximale : 25 cm.
Emplacement dans le bac : plante flottante.
Densité de plantation : constituer des touffes plus ou moins importantes selon l'effet voulu.
Éclairage : moyen à intense.
Température de l'eau : 22 à 30 °C.
Dureté : 6 à 30 °f. **pH :** 6,5 à 7,5.

■ *Potamogeton gayi*
POTAMOT DE GAY

Synonyme : *Potamogeton burkartii.*
Famille : potamogetonacées.
Origine : Amérique du Sud.
Hauteur maximale : 100 cm.
Emplacement dans le bac : massifs installés sur les côtés ou rideau végétal à l'arrière-plan.
Densité de plantation : 5 à 6 pieds/ par carré de 20 cm de côté.
Éclairage : moyen.
Température de l'eau : 16 à 26 °C.
Dureté : 6 à 25 °f. **pH :** 6,5 à 7,5.

■ *Rotala indica*
ROTALA DES INDES

Synonymes : *Peplis indica, Ammannia indica, Ameletia peploides.*
Famille : lythracées.
Origine : Asie tropicale.
Hauteur maximale : 40 cm.
Emplacement dans le bac : massifs installés sur les côtés ou rideau végétal à l'arrière-plan.
Densité de plantation : 5 à 6 pieds/ par carré de 20 cm de côté.
Éclairage : intense à très intense.
Température de l'eau : 23 à 26 °C.
Dureté : 6 à 15 °f. **pH :** 6,5 à 7.

■ *Rotala rotundifolia*
ROTALA À FEUILLES RONDES

Synonymes : *Ammannia rotundifolia, Ameletia rotundifolia, Ameletia subspicata.*
Famille : lythracées.
Origine : Sud-Est asiatique.
Hauteur maximale : 70 cm.
Emplacement dans le bac : massifs installés sur les côtés ou rideau végétal à l'arrière-plan.
Densité de plantation : 5 à 6 pieds/ par carré de 20 cm de côté.
Éclairage : moyen à intense.
Température de l'eau : 24 à 28 °C.
Dureté : 6 à 30 °f. **pH :** 6,5 à 7,5.

■ *Rotala wallichii*
MAYACA DES INDES

Synonymes : *Ammannia wallichii, Ammannia myriophylloides, Hydrolythrum wallichii.*
Famille : lythracées.
Origine : Sud-Est asiatique, Chine.
Hauteur maximale : 40 cm.
Emplacement dans le bac : massifs installés sur les côtés ou rideau végétal à l'arrière-plan.
Densité de plantation : 5 à 6 pieds/ par carré de 20 cm de côté.
Éclairage : intense à très intense.
Température de l'eau : 24 à 28 °C.
Dureté : 6 à 10 °f. **pH :** 6 à 7.

PLANTES D'EAU DE MER TROPICALE

Les mêmes règles écologiques qu'en eau douce régissent le milieu marin, avec pour différence essentielle la salinité de l'eau. Sur terre comme en mer, les plantes sont l'élément-clé de la vie. Premier maillon des chaînes alimentaires, elles permettent, grâce à l'oxygène qu'elles rejettent, aux animaux de respirer. Présentes dans toutes les mers du globe, elles nécessitent une seule condition pour s'installer : la lumière. C'est pourquoi elles disparaissent à partir de 200 m de profondeur. Mais, en aquariophilie, les plantes marines ne sont pas courantes, excepté les végétaux dits « inférieurs », c'est-à-dire les algues. Celles-ci se distinguent par l'absence de différenciation entre tige, feuille et racine. Microscopiques ou immenses comme le kelp, qui mesure plus de 30 m de hauteur, les espèces sont innombrables. Les plus connues en aquariophilie sont celles du genre *Caulerpa* (dont *Caulerpa taxifolia,* tristement célèbre pour les ravages qu'elle occasionne en Méditerranée). Ces algues doivent leur succès à leur couleur vert vif et à leur croissance extrêmement rapide. Quelle que soit l'espèce à laquelle elles appartiennent, les algues représentent une nourriture idéale pour les poissons végétariens. Mais elles sont toutes, aussi, des spécialistes de la « guerre chimique » : elles produisent des toxines afin de défendre leur espace vital, si bien que faire cohabiter plusieurs espèces est compromis. Au bout d'un moment, une seule l'emportera.

Caulerpa prolifera

CAULERPA PROLIFERA

Famille : caulerpacées.
Hauteur maximale : 25 cm.
Origine : cosmopolite des mers chaudes, jusqu'en Méditerranée.
Habitat naturel : tous les substrats, y compris le sable.
Emplacement dans le bac : au second plan ou en arrière-plan.
Densité de plantation : 1 pied par aquarium.
Éclairage : intense.
Qualité de l'eau :
température = 15 à 28 °C ;
densité = 1021 à1026 ; pH = 7,5 à 8,5.

Malgré son nom d'espèce *(prolifera)*, cette algue est une des caulerpes les plus capricieuses et les plus lentes à croître en aquarium. Cependant, taillez-la régulièrement si vous ne voulez pas qu'elle finisse par envahir l'aquarium. Elle demande un très bon éclairage ou, à défaut, à être placée juste sous la surface. Elle peut servir de nourriture à une multitude de poissons végétariens, tels que les chirurgiens. Dans cette perspective, un bac spécifique d'une cinquantaine de litres peut être utilisé pour la cultiver. La multiplication de cette algue est simple, il suffit d'en prélever n'importe quel fragment et de le repiquer ailleurs dans l'aquarium (dans le sable ou sur une roche, fixé au moyen de fil de pêche).

Caulerpa racemosa

CAULERPA RACEMOSA

Famille : caulerpacées.
Hauteur maximale : 15 cm.
Origine : cosmopolite des mers chaudes.
Habitat naturel : tous les substrats, y compris le sable, jusqu'à 40 m de profondeur.
Emplacement dans le bac : au second plan ou en arrière-plan.
Densité de plantation : 1 pied par aquarium.
Éclairage : moyen à intense.
Qualité de l'eau :
température = 20 à 28 °C ;
densité = 1021 à 1026 ; pH = 7,5 à 8,5.

Cette caulerpe se distingue des autres par son aspect insolite, rappelant les grappes de raisin. Elle pousse facilement et très rapidement, vous devez donc limiter son extension dans l'aquarium. Elle fait le régal de beaucoup de poissons, notamment des centropyges qui semblent apprécier de croquer ses vésicules. *Caulerpa racemosa*, comme toutes les caulerpes, n'est pas formée de cellules distinctes, ce qui est très original dans le monde vivant. Elle est constituée d'un unique « siphon » aux nombreux noyaux (éléments centraux des cellules), qui forme des structures ressemblant à des feuilles et des racines. Elle émet, par ailleurs, des substances toxiques pour les autres végétaux, préservant ainsi son territoire de leur concurrence.

Halimeda opuntia

ALGUE CACTUS

Famille : halimédacées.
Hauteur maximale : 20 à 30 cm.
Origine : océan Indien, Pacifique sud, mer Caraïbe.
Habitat naturel : récifs coralliens et zones rocheuses, jusqu'à 25 m de profondeur.
Emplacement dans le bac : au second plan, sur les premières hauteurs.
Densité de plantation : 1 pied/par carré de 20 cm de côté.
Éclairage : moyen à intense.
Qualité de l'eau :
température = 20 à 28 °C ;
densité = 1021 à 1026 ; pH = 7,5 à 8,5.

Halimeda opuntia évoque les cactus du genre *Opuntia* (figuiers de Barbarie). Cette algue calcaire, assez couramment importée avec les roches vivantes (roches à base de corail colonisées par de petits êtres vivants), participe avec les coraux à la formation des récifs. Elle a besoin d'un taux de calcium très important pour la formation de son « squelette » calcaire (une dureté carbonatée de 8 °f est un minimum pour sa croissance). L'algue cactus est, en outre, très exigeante vis-à-vis de la qualité de l'eau et son développement est le garant d'un bon équilibre dans un aquarium récifal. Sa pousse est assez lente, mais sa multiplication par bouturage (prélèvement d'un fragment et repiquage) est facile.

guide des invertébrés

INVERTÉBRÉS D'EAU DOUCE TROPICALE

Depuis quelques années, l'aquariophilie n'est plus seulement définie comme le maintien en vie et la reproduction des poissons. En effet, une autre faune originale commence à faire son apparition dans les bacs d'eau douce, même si elle est plus connue encore dans les aquariums marins : les invertébrés. Ces derniers font partie intégrante des milieux où l'on rencontre les poissons et trouvent donc une place toute naturelle dans les « maisons de verre » des passionnés. Les mollusques, par exemple, contribuent activement à l'équilibre d'un aquarium. Les moules filtrent l'eau et servent de site de ponte aux fameuses bouvières. Certains escargots aquatiques sont d'excellents mangeurs d'algues et donc de précieux auxiliaires pour vos travaux d'entretien. Mais pensez aussi aux crustacés. Les crevettes caracolent entre les plantes, les unes graciles, les autres chatoyantes, affichant des comportements alimentaires très divers. Elles nettoient inlassablement le sol des déchets ou bien filtrent les particules avec leurs pinces transformées en véritables filets de pêche. Les crabes, attrayants par leurs couleurs vives, peuvent se révéler de dangereux prédateurs : mieux vaut les conserver seuls. Tout ce groupe d'animaux vient agrémenter et diversifier la faune classique de l'aquarium d'eau douce tropicale.

Ampullaris gigas

AMPULLAIRE, ESCARGOT D'EAU GÉANT

Dimensions : coquille de 5 à 6 cm de diamètre.
Origine : cosmopolite tropical.
Comportement : inoffensif envers les poissons.
Alimentation : algues, débris de plantes, restes alimentaires des poissons, quelquefois certaines plantes. Vous compléterez ce régime par quelques feuilles de salade et des granulés.
Reproduction : ces œufs sont pondus en agglomérats gélatineux cylindriques et généralement sur les plantes.
Aménagement du bac :
volume minimal : 20 l ;
densité de population : 1 exemplaire pour 20 l ; décor : roches, sable, plantes.
Qualité de l'eau :
température = 18 à 25 °C ;
dureté > 5 °f ; pH = 6,5 à 8,5..

Ces escargots sont de grands mangeurs d'algues, et également de plantes quand la nourriture fait défaut. La maintenance des ampullaires est tout ce qu'il y a de plus facile. Vous pourrez les introduire en aquarium d'eau froide où ils sont de précieux nettoyeurs. Il existe un grand nombre de variétés de couleurs au niveau de la coquille jaune, beige rayé de noir, etc. Le corps présente également beaucoup de variantes.

Anodonta sp.

MOULE D'EAU DOUCE, ANODONTE

Dimensions : 20 cm (longueur de la coquille).
Origine : Europe.
Comportement : immobile ; inoffensive envers les poissons.
Alimentation : animal filtreur (se nourrit des particules alimentaires et d'animaux microscopiques, en suspension dans l'eau).
Reproduction : difficile.
Aménagement du bac :
volume minimal : 100 l ;
densité de population : 1 moule pour 40 l ;
décor : roches, sable fin, plantes.
Qualité de l'eau :
température = 10 à 20 °C ;
dureté > 5 °f ; pH = 6,5 à 8,5.

Contrairement aux moules d'eau de mer (du genre *Mytilus*), les moules d'eau douce ne se fixent pas aux rochers. Ces mollusques lamellibranches s'enfoncent dans le sable aux deux tiers, ne laissant dépasser que leurs organes de filtration. Un courant très léger et une eau de bonne qualité sont obligatoires. Ces moules d'eau douce ont un mode de reproduction très original. Leurs œufs se fixent sur la peau de poissons, surtout au niveau des nageoires, sans causer le moindre préjudice à ces derniers. Lorsque les larves sont matures, quelques semaines plus tard, elles se détachent et tombent sur le fond ; elles ont alors leur forme adulte.

Atyopsis moluccensis

CREVETTE CUIVRÉE, CREVETTE-BALAI

Synonyme : *Atya moluccensis.*
Dimensions : mâle : 6 cm, femelle : 9 cm.
Origine : Asie.
Comportement : sociable ; inoffensive envers les poissons.
Alimentation : restes de nourriture des poissons, particules alimentaires en suspension dans l'eau, larves d'artémias.
Reproduction : difficile. Une centaine d'œufs est incubée pendant 3 semaines ; l'élevage des larves pose des problèmes.
Aménagement du bac :
volume minimal : 100 l ;
densité de population : 1 crevette pour 25 l ;
décor : roches, racines et plantes.
Qualité de l'eau :
température = 23 à 28 °C ;
dureté > 5 °f ; pH = 7 à 8,5.

La coloration de cette crevette, qui varie de l'orangé au brun, en passant par un « cuivré verdâtre », dépend non seulement de son origine géographique, mais également de son alimentation et de la couleur du décor. La crevette cuivrée se caractérise par la forme en balai de ses premières pattes marcheuses. Celles-ci lui servent à attraper sa nourriture dans le courant et sur le fond de l'aquarium. Sensible aux nitrates et, dans une moindre mesure, aux nitrites, cette crevette exige une bonne qualité d'eau et un léger courant de filtration. Si ces conditions sont respectées, elle change de carapace (mue), toutes les 3 ou 4 semaines.

INVERTÉBRÉS D'EAU DOUCE TROPICALE

Caridina sp.

CREVETTE-ABEILLE

Dimensions : 2 à 4 cm, selon l'espèce.
Origine : cosmopolite.
Comportement : inoffensive envers les poissons ; peut vivre en groupe.
Alimentation : particules alimentaires en suspension dans l'eau ou déposées sur les plantes et le décor. Accepte aussi les paillettes écrasées.
Reproduction : difficile, seuls quelques œufs – entre 5 et 10 – sont pondus par les espèces les plus connues.
Aménagement du bac :
volume minimal : 50 l ;
densité de population : 1 crevette pour 10 l ;
décor : roches (avec des cavernes) et algues.
Qualité de l'eau :
température = 25 °C ;
dureté > 10 °f ; pH = 6,5 à 8,5.

Les crevettes d'eau douce du genre *Caridina* demeurent mal connues et il règne encore une sérieuse confusion quant à leur détermination scientifique précise. Pour l'instant, la plupart des spécimens proviennent d'Asie du Sud-Est. Ces animaux sont encore peu courants dans le commerce aquariophile. Les crevettes-abeilles représentent pourtant des locataires insolites, très intéressants pour les aquariums peuplés de petits poissons calmes. Des reproductions ont été observées dans des aquariums densément plantés, procurant cachettes et nourriture aux jeunes.

Cardisoma armatum

CRABE TRICOLORE

Dimensions : carapace de 5 à 7 cm.
Origine : Ouest africain, bords du lac Malawi.
Comportement : à réserver à l'aquaterrarium, susceptible d'attaquer les poissons. Tolère difficilement ses congénères.
Alimentation : omnivore ; végétaux, détritus, etc.
Reproduction : inconnue en aquarium.
Aménagement du bac :
volume minimal : 200 l ;
densité de population : 1 exemplaire pour 1/2 m^2 ; décor : roches, sable, racines de mangroves.
Qualité de l'eau :
température = 20 à 27 °C ;
dureté > 5 °f ; pH = 7 à 8,5.

Ce superbe crabe particulièrement coloré doit être maintenu en aquaterrarium. Il lui est en effet indispensable de pouvoir sortir de l'eau. Ces crustacés passent d'ailleurs plusieurs heures hors de l'eau dans la journée. Plutôt crépusculaire, c'est le soir qu'il faut le nourrir avec de gros morceaux (moule, chair de poisson, végétaux, etc.) ; il ne mange pas les fines particules. La partie émergée sera sablonneuse et légèrement humide de façon que l'animal puisse y creuser des terriers.
Attention aux manipulations, les pincements sont douloureux !

Macrobrachium sp.

CREVETTE FANTÔME

Dimensions : 1,5 à 6 cm.
Origine : Sud-Est asiatique.
Comportement : inoffensif envers les poissons.
Alimentation : algues et débris de plantes ; également détritivore.
Reproduction : les femelles portent des œufs verdâtres. Les larves sont très difficiles à élever, une nourriture spécifique est indispensable.
Aménagement du bac :
volume minimal : 50 l ;
densité de population : 1 exemplaire pour 20 l ; décor : roches, sable, plantes.
Qualité de l'eau :
température = 23 à 27 °C ;
dureté > 5 °f ; pH = 6 à 7.

Ces crevettes voisines des bouquets de nos côtes tiennent leur succès de leur transparence. De plus, elles aident à lutter contre les algues vertes, en particulier les filamenteuses. Les mâles se reconnaissent par des pattes antérieures plus développées et des pinces plus fortes. Ces crevettes sont timides et apprécient donc une végétation dense ou un riche décor comprenant des cachettes. Elles aiment vivre en groupe, ce que l'on peut facilement recréer dans un aquarium de taille moyenne (environ 200 litres).

Melanoides tuberculata

MALAIS

Dimensions : coquille de 2 à 4 cm de long.
Origine : toutes les régions tropicales, excepté les marais à papyrus. Présent au Sahara.
Comportement : inoffensif envers les poissons, vit la nuit et reste enfoui durant la journée.
Alimentation : algues et débris de plantes, restes de nourriture
Reproduction : les sexes sont séparés chez cette espèce parthénogénétique. Les œufs sont pondus dans un amas gélatineux disposé sur les plantes ou sur la vitre de l'aquarium.
Aménagement du bac : volume minimal : 10 l ; densité de population : incontrôlable, sauf manuellement ; décor : roches, sable, plantes.
Qualité de l'eau : température = 18 à 27 °C ; dureté > 5 °f ; pH = 6,5 à 8,5.

Ces escargots respirent grâce à des branchies. Ils ne peuvent pas quitter le point d'eau et ne supportent pas les assèchements. En aquarium, ils sont invisibles le jour, sauf en cas de déséquilibre du bac. Ils participent à l'ameublissement et à l'aération du substrat en le sillonnant constamment et apportent de ce fait les nutriments près des racines des plantes. Ces escargots arrivent dans l'aquarium par l'intermédiaire des plantes.

Planorbarius spp.

PLANORBE

Dimensions : coquille de 3 à 4 cm de diamètre.
Origine : nord de l'Europe de l'Est et ouest de l'Asie.
Comportement : inoffensif envers les poissons.
Alimentation : algues et débris de plantes, quelquefois certaines plantes tendres. Vous compléterez ce régime par quelques feuilles de salade si votre décor végétal est insuffisant.
Reproduction : ses œufs sont pondus en agglomérats gélatineux, généralement sur les plantes ; ils éclosent en une douzaine de jours.
Aménagement du bac : volume minimal : 10 l ; densité de population : Elle s'établit d'elle-même ; décor : roches, sable, plantes.
Qualité de l'eau : température = 18 à 27 °C ; dureté > 5 °f ; pH = 6,5 à 8,5.

Ces mollusques sont souvent une bonne alternative biologique pour la lutte contre les algues en aquarium d'eau douce. Leur maintenance ne pose guère de problème. Si peu d'ailleurs que leur prolifération est rapidement envahissante et donne un aspect inesthétique à l'aquarium. Ces escargots viennent la plupart du temps avec l'arrivée de nouvelles plantes. Vous devez prendre garde de ne les introduire que dans un aquarium comportant une végétation robuste.

Uca sp.

CRABE VIOLONISTE

Dimensions : carapace de 5 à 10 cm selon les espèces.
Origine : plages sableuses tropicales, mangroves, marais d'eau douce près de la mer.
Comportement : à réserver à l'aquaterrarium, susceptible d'attaquer les poissons.
Alimentation : algues et débris de plantes, détritus, cadavres, c'est le parfait omnivore.
Reproduction : inconnue en aquaterrarium. La fécondation a lieu dans un terrier et la femelle lâche ses œufs en mer.
Aménagement du bac : volume minimal : 100 l ; densité de population : 1 mâle et 2 femelles pour 1/2 m^2; décor : roches, sable, racines de mangroves.
Qualité de l'eau : température = 20 à 27 °C ; dureté > 5 °f ; pH = 7 à 8,5.

Le crabe violoniste, dont le mâle se reconnaît par sa pince hypertrophiée, demande à être maintenu en aquaterrarium. Il faudra installer une large zone de sable humide dans laquelle il creusera son terrier. L'eau de la partie aquatique sera légèrement salée. Des racines de mangroves permettront à ce crabe de vaquer d'une partie à l'autre. Ne s'alimentant que de fines particules, il passe sa journée à préparer sa nourriture et à se nourrir.

INVERTÉBRÉS D'EAU DE MER TROPICALE

Poissons-clowns, anges, papillons ou demoiselles côtoient dans les milieux coralliens une infinité d'invertébrés. Baignant dans une transparente clarté, le milieu regorge de vie. Il peut désormais, grâce aux progrès réalisés dans le domaine des transports, se transposer à l'échelle plus modeste et non moins magnifique d'un aquarium. Les invertébrés marins, comme les célèbres coraux, révèlent alors leurs mille couleurs. Chaque recoin du décor est le siège d'une intense activité, rythmée par des formes de vie différentes, ici une étoile de mer azur, là un oursin aux reflets ocre, plus loin une éponge, une anémone orangée, des vers, des crustacés, des mollusques et beaucoup d'autres animaux insolites. De nombreux aquariophiles marins ne conçoivent plus leurs aquariums sans ces nouveaux hôtes. Les spécialistes développent des techniques de plus en plus affinées pour maintenir en vie ces invertébrés et les multiplier. Néanmoins, la conception d'un tel bac doit être bien étudiée, les invertébrés marins ayant des régimes alimentaires spécifiques et variés, sans oublier que certains poissons se nourrissent de ceux-ci. Ne négligez pas non plus un aspect important de l'aquariophilie marine : les prélèvements de ces animaux sont toujours effectués dans le milieu naturel avec pour seul but la conservation des espèces, en espérant que cette réserve sera suffisante pour pallier la destruction de plus en plus rapide des récifs coralliens.

Invertébrés mobiles

Chaque recoin du récif, trou dans la roche ou touffe d'algues abrite un être vivant. Les invertébrés qualifiés de mobiles, puisqu'ils se déplacent par leurs propres moyens, sont les artisans de la formidable animation qui règne dans les récifs de coraux. Ils égalent souvent, par leurs étonnantes couleurs, les livrées somptueuses des poissons coralliens. Certaines crevettes possèdent, en effet, d'élégantes robes aux teintes vives. Elles sont, en outre, inlassablement occupées à un travail acharné. La plupart du temps, elles se chargent de l'hygiène des poissons, en mettant en place, au sein de l'aquarium, de véritables stations de nettoyage. Quant aux oursins et aux étoiles de mer, ils broutent avec appétit le décor du bac, à la recherche de leur nourriture. Plus loin, des petits crabes se prélassent entre les tentacules des anémones. Chacun de ces animaux réclame des conditions précises pour vivre en aquarium. À vous, donc, d'étudier leurs besoins alimentaires et la qualité d'eau requise pour répondre à leurs exigences.

Astraea tecta

ASTREA, ASTRÉE

Dimensions : coquille de 5 à 6 cm de diamètre.
Origine : mer Rouge et Indo-Pacifique
Comportement : mangeur d'algues inoffensif envers les habitants de l'aquarium.
Alimentation : toute la couverture d'algues, débris de plantes, restes alimentaires des poissons.
Reproduction : émission synchrone des gamètes en pleine eau ; se déclenche souvent après un changement d'eau.
Aménagement du bac : volume minimal : 50 l ; densité de population : 1 exemplaire pour 20 l ; décor : roches, invertébrés, algues.
Qualité de l'eau : température = 22 à 28 °C ; densité = 1 022 à 1 028 ; pH = 7,5 à 8,5.

Ces escargots sont les plus célèbres des grands mangeurs d'algues en eau de mer. Ils sont généralement introduits en grand nombre dès que les composés azotés ont disparu. Ainsi, ils régulent automatiquement la prolifération des algues indésirables. Ces mollusques peuvent être mangés par les bernard-l'ermite et de nombreux labres. Lors de l'introduction, placez-les avec leur coquille dirigée vers le haut car ils sont incapables de se retourner et meurent rapidement dans ces conditions.

Clibanarius tricolor

BERNARD-L'ERMITE À PATTES BLEUES

Dimensions : de 3 à 6 cm, selon la taille de la coquille hôte.
Origine : Caraïbes.
Comportement : grand bivalve fixe.
Alimentation : ce végétarien consomme les algues vertes filamenteuses et les cyanobactéries. Il est également détritivore.
Reproduction : effectuée dans des fermes d'élevage, la reproduction en semi-captivité est soumise à l'intervention de l'homme.
Aménagement du bac : volume minimal : 50 l ; densité de population : 1 exemplaire pour 30 l ; décor : roches, invertébrés, algues.
Qualité de l'eau : température = 24 à 26 °C ; densité = 1 022 à 1 026 ; pH = 7,5 à 8,5.

Ces bernard-l'ermite de petite taille sont appréciés pour leur régime alimentaire. En effet, ils permettent de réguler les proliférations d'algues et ont toute leur place dans un aquarium en démarrage, juste après la phase de maturation. Si les algues tendent à disparaître, il est indispensable de nourrir ces crustacés avec un apport végétal (algues séchées). Des coquilles vides de différentes tailles doivent être laissées à disposition.

INVERTÉBRÉS D'EAU DE MER TROPICALE

Cypraea tigris

PORCELAINE TIGRÉE

Dimensions : 5 à 10 cm.
Origine : océan Indien et Pacifique sud, mer Rouge.
Comportement : sociable, mais susceptible de s'attaquer aux autres invertébrés du bac.
Alimentation : carnivore ; chair de poisson, chair de moule, etc.
Reproduction : inconnue en aquarium.
Aménagement du bac :
volume minimal : 200 l ; densité de population : 1 coquillage pour 200 l ; décor : roches (avec des cavernes) et algues.
Qualité de l'eau : température = 25 °C ; densité = 1021 à 1024 ; pH = 7,5 à 8,5.

Les collectionneurs de coquillages ont rendu cette magnifique espèce rare. Sa coquille, d'abord spiralée, devient ovale chez l'adulte. Les individus de petite taille n'ont pas besoin de recevoir une alimentation complémentaire. L'eau du bac doit être, par ailleurs, de bonne qualité. Tenez compte du fait que la porcelaine tigrée ne supporte pas le cuivre contenu dans les traitements pour poissons. En outre, veillez à ce que le décor soit solide et stable, car cet animal risque de déplacer les roches ou de les faire tomber lors de ses mouvements.

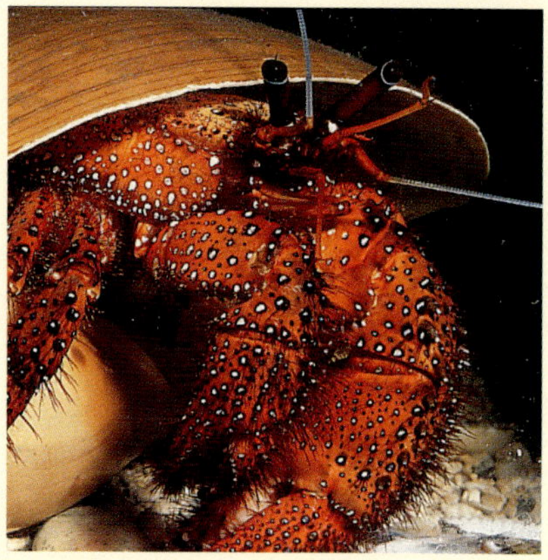

Dardanus megistos

BERNARD-L'ERMITE À POINTS BLANCS

Dimensions : 10 cm environ (taille variable selon la coquille habitée).
Origine : océan Indien et Pacifique sud.
Comportement : sociable, mais agressif envers ses congénères. Peut dégrader le décor.
Alimentation : omnivore ; chair de moule, chair de poisson, nourriture sèche, etc.
Reproduction : inconnue en aquarium.
Aménagement du bac :
volume minimal : 200 l ; densité de population : 1 individu par aquarium ; décor : roches, algues et invertébrés.
Qualité de l'eau : température = 25 °C ; densité = 1021 à 1024 ; pH = 7,5 à 8,5.

Ce bernard-l'ermite, qui promène sa coquille d'emprunt, est un véritable bulldozer. En conséquence, introduisez-le dans un aquarium dont le décor est stable et solide. Au fur et à mesure de son développement, vous devez lui proposer des coquilles de plus en plus grandes. Conservez un seul exemplaire par aquarium, car plusieurs individus se livreraient des combats mortels. Une bonne filtration est, par ailleurs, nécessaire. La cohabitation avec des invertébrés fragiles est déconseillée.

Diadema setosum

OURSIN-DIADÈME

Dimensions : 9 cm pour la coquille (ou test), 40 cm avec les piquants.
Origine : océan Indien et Pacifique sud, mer Rouge, jusqu'à 25 m de profondeur.
Comportement : sociable.
Alimentation : herbivore ; végétation du décor, à compléter avec des épinards ou des brocolis bouillis.
Reproduction : fréquente (mâles et femelles émettent simultanément leurs cellules reproductrices, en pleine eau).
Aménagement du bac :
volume minimal : 300 l ; densité de population : 1 oursin pour 300 l ; décor : roches et invertébrés fixés (anémones, coraux).
Qualité de l'eau : température = 25 °C ; densité = 1021 à 1024 ; pH = 7,5 à 8,5.

Diadema setosum est l'oursin le plus recommandé en aquarium, car il cohabite sans problème avec les autres invertébrés, tout en respectant l'agencement du décor. Dans un grand bac, conservez de préférence un groupe de 3 ou 4 individus. L'oursin-diadème figure au menu des balistes – l'association de ces animaux est donc à proscrire –, mais reste totalement ignoré des autres poissons. Il est sensible aux brusques changements de densité de l'eau, lesquels entraînent la chute de ses piquants. Il est surtout actif la nuit, nettoyant alors soigneusement le décor.

Fromia monilis

ÉTOILE DE MER ORANGE

Dimensions : 10 à 15 cm de diamètre. (ou test), 30 cm avec les piquants.
Origine : Pacifique, quelques stations dans l'océan Indien et en mer Rouge.
Comportement : vit en solitaire sur tout type de substrat.
Alimentation : principalement détritivore, cette étoile consomme également les micro-organismes qu'elle rencontre.
Reproduction : surtout connue en aquarium par autotomie (un bras coupé donne une nouvelle étoile).
Pas de reproduction générative signalée.
Aménagement du bac :
volume minimal : 100 l ;
densité de population : 1 exemplaire pour 50 l ; décor : roches, invertébrés, algues.
Qualité de l'eau :
température = 22 à 26 °C ;
densité = 1 022 à 1 028 ; pH = 7,5 à 8,5.

L'interêt de cette étoile de mer, en plus d'une superbe robe, est qu'elle s'alimente sans intervention du soigneur. Bien sûr, une moule ou un peu de chair de poisson sera un complément apprécié. Même si cette étoile ne se nourrit pas d'invertébrés, il faudra veiller à ne pas introduire trop d'exemplaires dans un aquarium récifal. En effet, les passages répétés de ces invertébrés peuvent endommager les coraux.

Heterocentrotus mammillatus

OURSIN-CRAYON

Dimensions : 8 cm pour la coquille (ou test), 30 cm avec les piquants.
Origine : océan Indien et Pacifique sud, mer Rouge, jusqu'à 10 m de profondeur.
Comportement : sociable, mais peut perturber l'agencement du décor.
Alimentation : herbivore ; végétation du décor, à compléter avec des légumes bouillis et de la nourriture sèche.
Reproduction : rare (mâles et femelles émettent simultanément leurs cellules reproductrices, en pleine eau). L'élevage des larves est encore impossible.
Aménagement du bac :
volume minimal : 300 l ;
densité de population : 1 oursin pour 300 l ;
décor : roches (avec des cavernes) et algues.
Qualité de l'eau : température = 25 °C ;
densité = 1021 à 1024 ; pH = 7,5 à 8,5.

L'oursin-crayon doit son nom commun à ses robustes piquants, autrefois utilisés comme crayons. Le décor de l'aquarium dans lequel vous recevrez cet oursin doit être stable, car sa taille et la solidité de ces piquants en font un excellent « déménageur ». De mœurs principalement nocturnes, il passe sa journée à l'abri dans les crevasses aménagées dans le décor. Mieux vaut ne pas l'associer à des invertébrés fragiles, car il les abîmerait involontairement. Cette espèce est, par ailleurs, très résistante.

Limaria scabra

LIMARIA SCABRA

Dimensions : 6 à 8 cm (pour la coquille).
Origine : mer des Caraïbes.
Comportement : sociable.
Alimentation : filtreur de plancton, nécessite un apport régulier de plancton ou de jus de moule en faibles quantités.
Reproduction : inconnue en aquarium.
Aménagement du bac :
volume minimal : 100 l ;
densité de population : 1 coquillage pour 50 l ;
décor : roches, algues et invertébrés.
Qualité de l'eau : température = 25 °C ;
densité = 1021 à 1024 ; pH = 7,5 à 8,5.

Ce superbe mollusque bivalve (lamellibranche), au manteau rouge vif, déploie des tentacules d'une bonne dizaine de centimètres. Il utilise des morceaux de roche ou de corail pour se fabriquer un abri. Une qualité d'eau irréprochable et une alimentation régulièrement distribuée sont impératives. Malheureusement, il est encore impossible de maintenir en vie ce mollusque plus d'un an en aquarium. Lorsqu'il est inquiété, il est capable de se propulser par réaction, en ouvrant et en refermant rapidement sa coquille. D'autres espèces du même genre ont le bord du manteau blanc.

Linckia laevigata

ÉTOILE DE MER BLEUE

Dimensions : 30 cm (diamètre maximal en aquarium).
Origine : océan Indien et Pacifique sud, mer Rouge, jusqu'à 25 m de profondeur.
Comportement : sociable ; vit en solitaire ; risque de s'attaquer à certains coraux.
Alimentation : restes de nourriture des poissons (régime détritivore).
Reproduction : reproduction sexuée rare en aquarium, mais grand pouvoir de régénération : un bras coupé peut donner un nouvel individu.
Aménagement du bac :
volume minimal : 300 l ; densité de population : 1 étoile de mer par aquarium ; décor : roches et invertébrés fixés (anémones, coraux).
Qualité de l'eau : température = 25 °C ; densité = 1021 à 1024 ; pH = 7,5 à 8,5.

Cette superbe étoile de mer est un excellent « éboueur » de l'aquarium. Idéale dans n'importe quel bac marin, elle participe efficacement à son entretien. Cependant, selon le régime alimentaire qu'elle avait sur son lieu de capture, elle peut « grignoter » des coraux. Vous pouvez compléter sa nourriture par des comprimés pour poissons. Les juvéniles, bleus, sont couverts de points noirs. Maintenez, par ailleurs, cette étoile de mer en compagnie de poissons non prédateurs.

Lysmata amboinensis

CREVETTE D'AMBOINE

Dimensions : 6 à 7 cm.
Origine : océan Indien et Pacifique sud, mer Rouge.
Comportement : sociable ; vit en groupes.
Alimentation : restes de nourriture des poissons (régime détritivore), à compléter avec tout type d'aliments usuels pour poisson.
Reproduction : il semblerait que l'espèce soit hermaphrodite (individu à la fois mâle et femelle) ; les œufs sont incubés par le seul parent. Les larves sont difficiles à nourrir.
Aménagement du bac :
volume minimal : 100 l ; densité de population : 1 crevette pour 100 l ; décor : roches et invertébrés fixés (anémones, coraux).
Qualité de l'eau : température = 25 °C ; densité = 1021 à 1024 ; pH = 7,5 à 8,5.

Cette superbe petite crevette est l'hôte idéal pour un aquarium récifal. Elle n'est absolument pas farouche et peut même venir chercher sa nourriture dans votre main. Dans de bonnes conditions, elle renouvelle sa carapace (mue) toutes les trois semaines. *Lysmata amboinensis* est la plus célèbre des crevettes nettoyeuses : elle établit une véritable « station de nettoyage » pour les poissons de l'aquarium, qu'elle débarrasse de leurs parasites.

Lysmata debelius

CREVETTE DE SANG

Dimensions : 4 à 5 cm.
Origine : océan Indien et Pacifique sud.
Comportement : sociable ; vit de préférence en couple.
Alimentation : restes de nourriture des poissons (régime détritivore), à compléter avec de la nourriture vivante ou congelée, ou avec tout type d'aliments usuels pour poisson.
Reproduction : inconnue en aquarium.
Aménagement du bac :
volume minimal : 100 l ; densité de population : 1 crevette pour 100 l ; décor : roches et invertébrés fixés (anémones, coraux).
Qualité de l'eau : température = 25 °C ; densité = 1021 à 1024 ; pH = 7,5 à 8,5.

Sa coloration diffère selon sa provenance. L'abdomen est rouge ponctué de blanc pour les spécimens originaires des Maldives, alors que seule la tête est tachetée pour les individus provenant d'Indonésie. Facile à faire vivre dans un aquarium récifal, cette crevette nettoyeuse débarrasse activement les poissons de leurs parasites. Aménagez des zones d'ombre (grottes, surplombs) dans le décor : elle s'y sentira en sécurité. L'idéal est de faire vivre ces crevettes en couple ; elles sont alors moins agressives entre elles et plus confiantes. Néanmoins, il est possible de faire cohabiter plusieurs spécimens dans un même bac.

Neopetrolisthes maculatus

CRABE D'ANÉMONE

Dimensions : 2 à 4 cm.
Origine : océan Indien et Pacifique sud.
Comportement : sociable ; vit de préférence en couple sur une grande anémone.
Alimentation : plancton, accepte aussi la nourriture fine pour poissons.
Reproduction : inconnue en aquarium.
Aménagement du bac :
volume minimal : 100 l ; densité de population : 2 crabes par anémone ; décor : roches et invertébrés fixés (anémones, coraux).
Qualité de l'eau : température = 25 °C ; densité = 1021 à 1024 ; pH = 7,5 à 8,5.

Ce petit crabe vit en symbiose avec les grandes anémones (genres *Heteractis, Entacmaea, Stichodactyla...*) : il bénéficie de leur protection et se charge, en échange, du nettoyage de leurs tentacules. Sa nourriture se compose essentiellement des particules qu'il capte grâce à une paire de pattes transformées en « filet à plancton ». Ses deux dernières pattes, situées très haut en arrière, lui permettent de nettoyer sa carapace. Ignoré des poissons, il demeure en permanence sur son anémone. Une autre espèce de crabe, *Neopetrolisthes ohshimai,* arbore sur sa carapace des taches plus grosses et moins régulières.

Panulirus versicolor

LANGOUSTE ORNÉE

Dimensions : 35 à 40 centimètres.
Origine : Indo-Pacifique et mer Rouge.
Comportement : apprécie les cachettes sécurisantes.
Alimentation : principalement détritivore, toutes sortes de nourriture sont consommées.
Reproduction : inconnue en aquarium.
Aménagement du bac :
volume minimal : 300 l ;
densité de population : 1 exemplaire pour 200 l ; décor : roches, invertébrés robustes, algues.
Qualité de l'eau :
température = 22 à 26 °C ;
densité = 1 022 à 1 028 ; pH = 7,5 à 8,5.

Il est possible de maintenir plusieurs spécimens de cette superbe langouste dans un aquarium spacieux (au moins 1 000 litres). Le décor sera bien fixé et comportera une épaisse couche de sable sur une vaste zone. Il est par contre nécessaire d'écarter de la population les invertébrés fragiles et les petits poissons. Très facile à nourrir, ce crustacé accepte la chair de moule, de poisson, etc. Très robuste, il craint toutefois les nitrates, qui empêchent la mue de se dérouler correctement. En revanche, une alimentation iodée facilite le processus.

Periclemenes brevicarpalis

CREVETTE ŒIL-DE-PAON

Dimensions : 2 à 3 cm.
Origine : Indo-Pacifique, en particulier Australie.
Comportement : crevette symbiotique de certaines anémones de mer *(Stoichactis)* et quelquefois des concombres de mer.
Alimentation : se nourrit de petites proies et particules passant à sa portée et du nettoyage de son hôte.
Reproduction : inconnue en aquarium.
Aménagement du bac :
volume minimal : 100 l ;
densité de population : 1 exemplaire pour 50 l, un couple par hôte ;
décor : roches, invertébrés, algues.
Qualité de l'eau :
température = 24 à 26 °C ;
densité = 1 022 à 1 026 ; pH = 7,5 à 8,5.

Ces superbes petites crevettes jouent sur leur transparence pour passer inaperçues sur leur hôte. En aquarium, elles acceptent les artémias et autres petites proies. Il faut en revanche éviter la cohabitation avec des prédateurs potentiels, car la petite taille de ce crustacé est handicapante en aquarium d'ensemble. On veillera par exemple à l'absence de mantes de mer au sein des roches vivantes ; les poissons-faucons sont également à bannir de la population.

Periclemenes pedersoni

CREVETTE DE PEDERSON

Dimensions : 2 à 3 cm.
Origine : côte ouest de l'Atlantique tropical, Antilles (sauf les Bermudes).
Comportement : crevette symbiotique de certaines anémones de mer *(Bartholomea annulata)*. Vivant en couple, et quelquefois en groupe, elles déparasitent les gros poissons.
Alimentation : se nourrit de petites proies et particules ainsi que des parasites et peaux mortes des poissons.
Reproduction : inconnue en aquarium.
Aménagement du bac :
volume minimal : 100 l ;
densité de population : 1 exemplaire pour 50 l, un couple par hôte ;
décor : roches, invertébrés, algues.
Qualité de l'eau :
température = 24 à 26 °C ;
densité = 1 022 à 1 026 ; pH = 7,5 à 8,5.

Ces crevettes peuvent être maintenues seules ou en groupe. Dans ce dernier cas, l'anémone, qui doit être suffisamment grande, verra s'établir une véritable hiérarchie entre les divers membres de la communauté. La présence d'une anémone est par ailleurs indispensable. Toutefois, certains coraux peuvent servir d'hôte de remplacement. Sans hôte, la crevette s'étiole.

Pseudocolochirus violaceus

ÉTOILE DE MER ORANGE

Dimensions : 15 à 20 cm de diamètre.
Origine : Indo-Pacifique.
Comportement : vit en solitaire en filtrant l'eau grâce à ces « tentacules ».
Alimentation : cette holothurie filtre l'eau pour y prélever des matières dissoutes et des particules en suspension.
Reproduction : inconnue en aquarium.
Aménagement du bac :
volume minimal : 100 l ;
densité de population : 1 exemplaire pour 100 l ; décor : roches, invertébrés, algues.
Qualité de l'eau :
température = 22 à 26 °C ;
densité = 1 022 à 1 028 ; pH = 7,5 à 8,5.

Pour accueillir cet animal, la qualité de l'eau de votre aquarium doit être parfaite. Facile à nourrir, cette holothurie accepte les artémias et autres petites proies. La variété bleu et jaune de ce concombre de mer est encore trouvée sous le nom de *Pseudocolochirus tricolor*. Si vous désirez maintenir des holothuries, sachez qu'elles sont toxiques et que leur mort peut tuer toute la population d'un aquarium. Au moindre signe de mauvaise santé, il vous faut donc sortir l'animal plutôt que de courir un gros risque.

Spondylus sp.

SPONDYLE

Dimensions : 5 à 15 cm de diamètre.
Origine : toutes mers tropicales.
Comportement : grand bivalve fixe à coquille généralement ornée d'appendices.
Alimentation : filtreur. Récupère les particules en suspension et les substances dissoutes.
Reproduction : non conclue en aquarium.
Aménagement du bac :
volume minimal : 100 l ;
densité de population : 1 exemplaire pour 50 l ; décor : roches, invertébrés, algues.
Qualité de l'eau :
température = 22 à 28 °C ;
densité = 1 022 à 1 028 ; pH = 7,5 à 8,5.

Surtout remarquables par les colorations extrêmement variées de leurs manteaux, ces bivalves sont très appréciés des amateurs d'invertébrés originaux. Ces mollusques sont hélas assez fragiles, et sensibles en particulier aux changements de paramètres de l'eau (salinité, température, etc.). Ils doivent également être nourris quotidiennement de façon ciblée avec un mélange de nourriture pour invertébrés. Étant des invertébrés sessiles, ils peuvent être victimes d'attaques de vers polychètes. Pour éviter ces déboires, l'idéal est donc de les placer en hauteur.

Stenopus hispidus

GRANDE CREVETTE NETTOYEUSE

Dimensions : 6 à 7 cm.
Origine : toutes les mers tropicales.
Comportement : sociable avec les poissons, mais ne tolère pas un congénère de même sexe.
Alimentation : restes de nourriture des poissons (régime détritivore), à compléter avec tout type d'aliments usuels pour poissons.
Reproduction : difficile. Les œufs sont incubés six semaines sous l'abdomen de la femelle. Le nourrissage des larves pose encore des problèmes.
Aménagement du bac :
volume minimal : 100 l ;
densité de population : 1 couple pour 200 l ;
décor : roches et invertébrés fixés (anémones, coraux).
Qualité de l'eau : température = 25 °C ;
densité = 1021 à 1024 ; pH = 7,5 à 8,5.

Cette crevette nettoie les poissons et les débarrasse de leurs parasites, tout en déployant ses grandes antennes, qu'elle maintient constamment en contact avec la roche près de laquelle elle est positionnée. Dans un grand bac, elle peut cohabiter avec d'autres crevettes. Le décor doit comporter des roches en surplomb et des grottes : dans la journée, elle s'y tient cachée, à l'envers. Avec un peu de patience, vous la verrez venir chercher sa nourriture dans votre main.

Stenorhynchus seticornis

CRABE DES CARAÏBES

Dimensions : 3 cm pour le corps, 25 cm pour l'envergure des pattes.
Origine : mer des Caraïbes.
Comportement : sociable avec les poissons, se promène dans tout l'aquarium (surtout sur les parties hautes).
Alimentation : restes de nourriture des poissons (régime détritivore), à compléter avec tout type d'aliments usuels pour poissons.
Reproduction : difficile. Les pontes sont possibles, mais le nourrissage des larves pose encore des problèmes.
Aménagement du bac :
volume minimal : 100 l ;
densité de population : 1 couple pour 200 l ;
décor : roches et invertébrés fixés pas trop fragiles (coraux durs).
Qualité de l'eau : température = 25 °C ;
densité = 1021 à 1024 ; pH = 7,5 à 8,5.

Malgré son nom commun, *Stenorhynchus seticornis* est plus proche des araignées de mer que des crabes. Le mâle se reconnaît à son abdomen triangulaire alors que, chez la femelle, celui-ci est arrondi. Son « museau » (rostre) suggère qu'il se nourrit parfois, dans son milieu naturel, de petits poissons. Il respecte les anémones et se montre assez familier : vous pouvez aisément le nourrir à la main. Il est, malheureusement, devenu relativement rare dans le commerce.

Tridacna spp.

BÉNITIERS

Dimensions : coquille de 20 cm à plus de 1 m de largeur.
Origine : mer Rouge, Indo-Pacifique.
Comportement : grands bivalves fixes.
Alimentation : ils utilisent les zooxanthelles présentes dans leur manteau. Également filtreurs, ils récupèrent les particules en suspension et les substances dissoutes.
Reproduction : effectuée dans des fermes d'élevage, la reproduction en semi-captivité est soumise à l'intervention de l'homme.
Aménagement du bac :
volume minimal : 200 l pour les espèces commercialisées ;
densité de population : 1 exemplaire pour 50 l ; décor : roches, invertébrés, algues.
Qualité de l'eau :
température = 22 à 28°C ;
densité = 1 022 à 1 028 ; pH = 7,5 à 8,5.

Les bénitiers sont sans aucun doute les invertébrés les plus prisés des amateurs. La somptueuse beauté de leur manteau est à l'origine de cette passion inconditionnelle. Les bénitiers demande une eau de qualité parfaite et un éclairage puissant. Pour leur permettre de croître et donc former leur coquille, on veillera à maintenir une alcalinité haute et une bonne teneur en calcium. Après placement, les bénitiers se fixent seuls sur le décor.

Anémones de mer

Ces invertébrés étranges, appelés aussi « actiniaires », sont très connus pour leur pouvoir urticant. Leurs tentacules, couverts de milliers de cellules, fonctionnent comme de minuscules seringues inoculant du poison. Les anémones se servent de cette arme redoutable pour se défendre et capturer leurs proies. Mais quelques animaux marins semblent immunisés contre ces tentacules venimeux ; ils vivent alors en étroite relation avec les anémones, tels certains crabes et quelques crevettes. Mais l'hôte le plus célèbre de l'anémone reste sans conteste le poisson-clown. L'un et l'autre échangent, à dire vrai, un précieux service. Le poisson-clown passe ses journées bien à l'abri entre les tentacules, laissant en contrepartie les reliefs de son repas à sa protectrice. Cette dernière réclame un aquarium spécifique avec un bon brassage et une qualité d'eau irréprochable. Les risques de brûlure qu'une anémone peut occasionner à certains poissons et invertébrés ne sont pas négligeables ; quelques-uns n'en réchapperaient pas. Votre bac doit être assez volumineux, la plupart des espèces atteignant à l'âge adulte une taille imposante.

Amplexidiscus fenestrafer

OREILLE D'ÉLÉPHANT

Dimensions : jusqu'à 50 cm de diamètre.
Origine : océan Indien et Pacifique sud.
Position dans le bac : sous une lumière modérée à forte ; dans un léger courant de filtration.
Reproduction : par division ou par bourgeonnement (reproduction sexuée très rare en aquarium).
Aménagement du bac :
volume minimal : 300 l ;
décor : roches et invertébrés.
Qualité de l'eau :
température = 23 à 26 °C ;
densité = 1021 à 1024 ; pH = 7,5 à 8,5.

L'oreille d'éléphant demande beaucoup d'espace pour se développer. Cette anémone est facile à faire vivre en aquarium, mais vous devez veiller à ce que le courant de filtration ne soit pas trop fort. Vous pouvez la nourrir une fois par semaine avec une moule, une crevette ou avec de la chair de poisson. Sa manière de manger est assez étonnante : elle se referme sur sa proie pour former une sphère qui maintient cette dernière prisonnière. Adulte, elle est capable d'avaler un poisson imprudent mesurant une dizaine de centimètres. Il faut en tenir compte lorsqu'on souhaite introduire un nouveau pensionnaire dans le bac.

Bartholomea annulata

ANÉMONE ANNELÉE

Dimensions : jusqu'à 30 cm.
Origine : des Bermudes aux côtes du Brésil.
Comportement : anémone solitaire se déplaçant assez peu. Vit avec de nombreux animaux symbiotiques.
Alimentation : toutes proies passant à portée de ses longs tentacules. Contient également des zooxanthelles.
Reproduction : par séparation du pied. Reproduction sexuée inconnue en aquarium.
Aménagement du bac :
volume minimal : 100 l ;
densité de population : 1 exemplaire pour 100 l ; décor : roches, invertébrés, algues.
Qualité de l'eau :
température = 24 à 26 °C ;
densité = 1 022 à 1 026 ; pH = 7,5 à 8,5.

Cette anémone originale est fréquemment colonisée dans son milieu par des crevettes symbiotiques *(Periclemenes pedersoni, P. yucatanicus,* etc.). Élisant souvent domicile dans un trou de la roche, *Bartholomea annulata* peut se rétracter entièrement jusqu'à devenir invisible, ou alors se détendre pour atteindre un diamètre supérieur à 30 cm. Tout à fait à sa place en aquarium récifal, elle peut toutefois constituer un danger pour certains poissons de petite taille. Veillez à laisser une vaste zone de nage autour de l'animal.

Cerianthus spp.

CÉRIANTHE

Dimensions : jusqu'à 30 cm.
Origine : toutes les mers du globe.
Comportement : vit en solitaire dans un long fourreau, souvent profondément enfoui dans le substrat.
Alimentation : toute proie passant à la portée de ses fins tentacules.
Reproduction : une seule espèce reproduite en aquarium. La reproduction est uniquement sexuée et l'autofécondation est possible.
Aménagement du bac :
volume minimal : 200 l ;
densité de population : 1 exemplaire pour 50 l ; décor : roches, invertébrés, algues.
Qualité de l'eau :
température = 0 à 26 °C ;
densité = 1 022 à 1 028 ; pH = 7,5 à 8,5.

Ces animaux doivent être réservés à l'aquarium récifal strict, sans poissons. En effet, les poissons plus gros s'attaquent aux cérianthes et les plus petits sont dévorés. Il convient de leur offrir une bonne épaisseur de sable (10 cm) afin qu'ils puissent y installer leur fourreau protecteur dans lequel ils se réfugient au moindre danger. Les cérianthes sont faciles à acclimater ou à maintenir (longévité supérieure à 100 ans), la nourriture est constituée de petites proies déposées dans les tentacules.

Discosoma spp.

ANÉMONE DISQUE, MUSHROOM

Dimensions : 4 à 12 cm de diamètre.
Origine : océan Indien et Pacifique sud.
Position dans le bac : sous une lumière modérée à forte ; dans un léger courant de filtration.
Reproduction : par division ou par bourgeonnement (reproduction sexuée très rare en aquarium).
Aménagement du bac :
volume minimal : 100 l ;
décor : roches et invertébrés.
Qualité de l'eau :
température = 23 à 26 °C ;
densité = 1021 à 1024 ; pH = 7,5 à 8,5.

Les anémones du genre *Discosoma* représentent sans doute les invertébrés les plus simples à faire vivre en aquarium. Elles se reproduisent facilement et peuvent rapidement coloniser une partie du décor. Leurs couleurs et leurs motifs sont innombrables. Elles abritent des algues microscopiques (zooxanthelles) dont le type détermine leur coloration, de même que leur besoin en lumière. Les anémones vertes apprécient une lumière modérée, les bleues demandent un éclairage intense, tandis que les rouges doivent être placées au fond de l'aquarium, voire à l'ombre. Les espèces vertes présentent, en outre, une fluorescence remarquable lorsqu'elles sont éclairées par un tube bleu.

Heteractis crispa

ANÉMONE CUIR

Dimensions : jusqu'à 30 cm.
Origine : mer Rouge et Indo-Pacifique, jusqu'aux îles Tuamotu.
Comportement : anémone solitaire se déplaçant assez peu. Vit avec de nombreux animaux symbiotiques (clowns, demoiselles, crevettes, etc.).
Alimentation : cette anémone contient des zooxanthelles. C'est également un prédateur carnivore (crustacés, poissons, etc.).
Reproduction : par séparation du pied. Reproduction sexuée inconnue en aquarium.
Aménagement du bac :
volume minimal : 200 l ;
densité de population : 1 exemplaire pour 100 l ; décor : roches, invertébrés, algues.
Qualité de l'eau :
température = 22 à 26 °C ;
densité = 1 022 à 1 028 ; pH = 7,5 à 8,5.

Mieux vaut réserver un aquarium spécifique aux anémones, avec des poissons-clowns par exemple. En effet, elles constituent un risque pour les coraux et les poissons. *Heteractis crispa* se reconnaît par ses tentacules nombreux et fins, dont l'extrémité est quelquefois ponctuée de rose ou de violet. Elle doit être nourrie une fois par semaine avec une moule décoquillée, une crevette ou de la chair de poisson.

Heteractis magnifica

HETERACTIS MAGNIFICA

Dimensions : jusqu'à 1 m de diamètre.
Origine : océan Indien et Pacifique sud, mer Rouge.
Position dans le bac : sous une lumière forte ; dans un fort courant de filtration.
Reproduction : inconnue en aquarium.
Aménagement du bac : volume minimal : 300 l ; décor : roches et algues.
Qualité de l'eau : température = 25 °C ; densité = 1021 à 1024 ; pH = 7,5 à 8,5.

Heteractis magnifica est l'une des plus grosses anémones. En milieu naturel, elle vit en solitaire ou en grands groupes. Évitez de la faire vivre avec des invertébrés fixés (coraux), qu'elle risque de tuer avec ses tentacules urticants. En revanche, elle cohabite sans problème avec des invertébrés mobiles (étoiles de mer, oursins...). Faites attention à la qualité de l'eau, cette anémone étant sensible aux nitrates. Elle se nourrit grâce aux algues microscopiques qu'elle contient (zooxanthelles) ; celles-ci lui fournissent l'énergie dont elle a besoin, en utilisant la lumière. Vous pouvez aussi l'alimenter de moules, de crevettes, etc. C'est l'anémone préférée des poissons-clowns (genre *Amphiprion*).

Ricordea spp.

ANÉMONE DISQUE CHEVELUE

Dimensions : 5 à 10 cm de diamètre.
Origine : océan Indien et Pacifique sud.
Position dans le bac : sous une lumière modérée à forte ; dans un léger courant de filtration.
Reproduction : par division ou par bourgeonnement (reproduction sexuée très rare en aquarium).
Aménagement du bac : volume minimal : 100 l ; décor : roches et invertébrés.
Qualité de l'eau : température = 23 à 26 °C ; densité = 1021 à 1024 ; pH = 7,5 à 8,5.

Les anémones du genre *Ricordea* se distinguent de celles du genre *Discosoma* par leurs tentacules, nettement plus gros. Elles s'intègrent parfaitement dans un aquarium récifal. Cependant, les systèmes standards d'éclairage (tubes fluorescents) ne conviennent pas à long terme à ces animaux. Acclimatez de préférence les espèces fluorescentes sous des projecteurs HQI (à iodures métalliques), qui, en outre, renforcent leur teinte métallique. Il existe une espèce originaire de la mer des Caraïbes, *Ricordea florida*, qui se caractérise par l'absence de tentacules près de la bouche. Plus exigeante sur les conditions de vie que les autres anémones du genre *Ricordea*, elle possède toutefois un plus bel éclat métallique.

Stichodactyla haddoni

ANÉMONE CARPETTE

Dimensions : plus de 50 cm de diamètre.
Origine : océan Indien, Pacifique sud et mer Rouge (jusqu'à 40 m de profondeur).
Position dans le bac : sous une lumière modérée à forte.
Reproduction : inconnue en aquarium.
Aménagement du bac : volume minimal : 300 l ; décor : roches et algues.
Qualité de l'eau : température = 25 °C ; densité = 1021 à 1024 ; pH = 7,5 à 8,5.

Les innombrables tentacules ras qui la recouvrent donnent à cette anémone une apparence de carpette. Elle prend place dans le sable, où son pied s'enfonce d'une vingtaine de centimètres. En milieu naturel, elle vit en solitaire, en compagnie de différentes espèces de poissons-clowns *(Amphiprion)*. Elle renferme des algues microscopiques (zooxanthelles) qui la nourrissent en utilisant l'énergie lumineuse, mais vous pouvez aussi l'alimenter avec des moules ou des crevettes, deux ou trois fois par semaine. Faites attention de ne pas toucher ses tentacules, très urticants. Il est déconseillé de la faire vivre avec des coraux ou d'autres invertébrés fixés ; en revanche, elle cohabite sans problème avec des invertébrés mobiles (étoiles de mer, oursins...).

Coraux mous

Ramures fragiles ondoyant dans l'eau claire, structure rampante ou massive, les coraux mous se présentent sous les formes les plus diverses. Chaque espèce a son originalité. La grande majorité appartient à la sous-classe des octocoralliaires, c'est-à-dire que les polypes ont un nombre de tentacules multiple de huit. Ces animaux coloniaux se distinguent par de minuscules éléments squelettiques inclus dans leurs tissus. Leur corps se rigidifie en se gonflant d'eau. Beaucoup hébergent, comme les coraux durs, des algues microscopiques dites « symbiotiques » qui, en échange d'un abri et d'engrais – elles récupèrent les déchets produits par les coraux –, couvrent les besoins en énergie des polypes, par photosynthèse. Les coraux mous réclament donc de la lumière. Hormis quelques rares exceptions, ils sont les invertébrés marins les plus faciles à entretenir et à multiplier en aquarium. Ils participent à la mise en place d'un décor aquatique luxuriant qui vous transforme en « aquariophile-jardinier ». Bouturage et marcottage sont en effet les occupations principales du soigneur de ces « animaux-fleurs ».

Briareum spp.

BRIAREUM

Dimensions : se répand de proche en proche, colonisant le substrat vierge..
Origine : Caraïbes, Pacifique ouest, signalé sans certitude en mer Rouge.
Position dans le bac : sous un éclairage modéré à fort, emplacements fortement et aléatoirement brassés.
Alimentation : contient des zooxanthelles.
Reproduction : par prélèvement d'un morceau de colonie ou d'une éventuelle ramification.
Aménagement du bac :
volume minimal : 100 l ;
densité de population : 1 exemplaire à diviser pour un aquarium ;
décor : roches, invertébrés, algues.
Qualité de l'eau :
température = 24 à 26 °C ;
densité = 1 022 à 1 028 ; pH = 7,5 à 8,5.

Souvent confondu avec *Pachyclavularia*, il s'en distingue par un tissu terne et non violet. Il peut revêtir deux formes morphologiques différentes. La première est encroûtante et la seconde est arborescente ; quelquefois, cette dernière forme résulte de la colonisation d'une gorgone se trouvant sur le chemin de la colonie. La couleur des polypes peut également varier, de brun au vert fluorescent de celui d'Indonésie, très recherché. Ce corail est facile à acclimater et à maintenir, sa croissance est rapide.

Cladiella spp.

CLADIELLA

Dimensions : 60 cm (diamètre et hauteur).
Origine : océan Indien et Pacifique sud.
Position dans le bac : sous une lumière modérée ; dans un léger courant de filtration.
Reproduction : facile, par séparation d'une partie de la colonie.
Aménagement du bac :
volume minimal : 200 l ; décor : roches.
Qualité de l'eau :
température = 23 à 28 °C ;
densité = 1021 à 1028 ; pH = 7,5 à 8,5.

Les coraux du genre *Cladiella* sont « mous » : ils forment des colonies arborescentes qui ne sont pas protégées par un squelette calcaire externe. Toutefois, des épines calcaires internes renforcent les colonies, qui se gonflent d'eau pour acquérir leur rigidité. Vous pouvez placer les coraux mous n'importe où dans le bac, mais il est préférable d'obtenir un léger balancement des branches. Un apport de plancton, bien que non indispensable, est bénéfique. La plupart des espèces sont sensibles à une lumière trop intense. Si vous possédez des lampes à iodures métalliques (HQI), placez la colonie dans la moitié inférieure de l'aquarium. Pour la reproduction, prélevez une branche à l'aide d'une lame de rasoir et maintenez-la sur une roche propre avec du fil de Nylon.

Clavularia spp.

CLAVULARIA

Dimensions : la colonie s'étend de proche en proche, pouvant couvrir n'importe quelle surface.
Origine : de l'Indonésie à l'Australie.
Position dans le bac : sous une lumière modérée à forte. Les polypes se déploient pendant la journée et aiment un bon brassage.
Alimentation : contient des zooxanthelles.
Reproduction : par propagation horizontale, et donc par division de la colonie mère.
Aménagement du bac :
volume minimal : 100 l ;
densité de population : 1 exemplaire à diviser pour un aquarium ;
décor : roches, invertébrés, algues.
Qualité de l'eau :
température = 24 à 26 °C ;
densité = 1 022 à 1 026 ; pH = 7,5 à 8,5.

Clavularia est souvent confondu avec *Anthelia*. Le premier possède des polypes capables de se rétracter dans des calices rigides, ne laissant apparaître que de petites « boules », alors que ceux d'*Anthelia* ne peuvent que se vider de leur eau. La propagation de la colonie est très rapide, des stolons reproductifs sont envoyés dans tous les sens. Ce corail est extrêmement facile à acclimater et à maintenir, il peut être recommandé sans restriction au débutant.

Dendronephthya spp.

DENDRONEPHTHYA

Dimensions : la colonie peut dépasser 1 m de longueur.
Origine : mer Rouge et Indo-Pacifique.
Position dans le bac : les colonies sont souvent présentes dans les grottes à larges ouvertures et sous les surplombs. Placez-les dans les endroits sombres.
Alimentation : se nourrit des remontées de plancton et d'assimilation de substances dissoutes. Ne contient pas de zooxanthelles.
Reproduction : se réalise en aquarium par division du pied ou bouturage d'une ramification.
Aménagement du bac :
volume minimal : 200 l ;
densité de population : 1 exemplaire pour 50 l ; décor : roches, invertébrés, algues.
Qualité de l'eau :
température = 22 à 26 °C ;
densité = 1 022 à 1 028 ; pH = 7,5 à 8,5.

Ces animaux très peu urticants apprécient un bon brassage et un éclairage faible. On gagnera d'ailleurs à les placer à l'ombre. Ces coraux, qui changent de morphologie et de taille en se gonflant d'eau, présentent des sclérites et des polypes de couleur vive. Ils doivent être nourris une à deux fois par jour à l'aide de liquide nutritif spécifique. Une longue seringue, ou une pipette, permet d'arroser tous les polypes.

Lobophytum spp.

LOBOPHYTUM

Dimensions : plus de 1 m de diamètre pour certaines espèces.
Origine : mer Rouge et Indo-Pacifique.
Position dans le bac : ce corail apprécie la lumière et les emplacements bien brassés.
Alimentation : contient des zooxanthelles.
Reproduction : par prélèvement d'un lobe ou bouturage d'une éventuelle ramification.
Aménagement du bac :
volume minimal : 200 l ;
densité de population : 1 exemplaire pour 50 cm^2 ; décor : roches, invertébrés, algues.
Qualité de l'eau :
température = 24 à 26 °C ;
densité = 1 022 à 1 028 ; pH = 7,5 à 8,5.

Très semblable à *Sarcophyton*, *Lobophytum* présente des lobes ou des extensions digitées. La colonie varie du brun au jaune vif, rarement au vert. Les polypes sont généralement blancs. Très résistant, ce corail convient tout à fait au débutant. La reproduction est facile, mais impose d'« amputer » souvent de façon inesthétique la colonie mère. En effet, celle-ci est généralement très symétrique lorsqu'elle est lobée. Ce corail, comme son cousin *Sarcophyton*, exfolie régulièrement un film cireux afin de se débarrasser des dépôts et des algues.

Nephthea spp.

NEPHTHEA

Dimensions : l'arborescence peut avoisiner 1 m de haut pour 80 cm de diamètre.du bac (plusieurs mètres en milieu naturel).
Origine : mer Rouge et indo-pacifique.
Position dans le bac : ce corail apprécie les lieux de bon brassage. Prévoyez sa croissance verticale.
Alimentation : contient des zooxanthelles.
Reproduction : par division du pied ou bouturage d'une ramification.
Aménagement du bac :
volume minimal : 200 l ;
densité de population : 1 exemplaire à diviser pour un aquarium ;
décor : roches, invertébrés, algues.
Qualité de l'eau :
température = 24 à 26 °C ;
densité = 1 022 à 1 028 ; pH = 7,5 à 8,5.

Plus connu sous le nom de *Litophyton arboreum*, qui ne serait que sa forme grêle, *Nephthea* est un corail très prisé à cause de sa forme et de sa facilité de maintenance et de reproduction. Sa couleur est généralement brune, rarement verte, mais les spécimens de mer Rouge peuvent être jaune vif. Le bouturage de ce corail étant très facile et sa croissance rapide, un gros exemplaire suffit pour coloniser rapidement tout un aquarium, ce qui réduit d'autant les besoins de prélèvement en milieu naturel.

Pachyclavularia violacea

PACHYCLAVULARIA VIOLACEA

Dimensions : proportionnelles à la taille du bac (plusieurs mètres en milieu naturel).
Origine : océan Indien et Pacifique sud, mer Rouge.
Position dans le bac : sous une lumière forte (de préférence) ; dans un léger courant de filtration.
Reproduction : très facile, par extension de la colonie.
Aménagement du bac :
volume minimal : 100 l ; décor : roches.
Qualité de l'eau :
température = 23 à 28 °C ;
densité = 1021 à 1028 ; pH = 7,5 à 8,5.

Ce corail représente un excellent choix pour démarrer un aquarium récifal. Il supporte les tubes fluorescents (éclairage standard) et tolère plus facilement que d'autres coraux une eau moins pure. Les petits animaux garnis de tentacules (polypes) dont l'association en colonie forme le corail ont une couleur qui va du brun clair au vert métallique, en passant par le jaune vif. La rapidité de développement de *Pachyclavularia violacea* est l'un de ses points forts : il s'étend rapidement et colonise une partie du décor. Il renferme des algues microscopiques (zooxanthelles) qui, en utilisant l'énergie lumineuse, l'alimentent, mais les polypes capturent aussi du plancton.

Sarcophyton spp.

CORAIL CUIR

Dimensions : 60 cm de diamètre, pour certaines espèces.
Origine : océan Indien et Pacifique sud.
Position dans le bac : sous une lumière modérée à forte, suivant la profondeur à laquelle le corail a été pêché.
Reproduction : facile, par bourgeonnement (rejets à la base du pied) ou par séparation d'une partie de la colonie.
Aménagement du bac :
volume minimal : 200 l ;
décor : roches et invertébrés.
Qualité de l'eau :
température = 23 à 28 °C ;
densité = 1021 à 1028 ; pH = 7,5 à 8,5.

Généralement beiges ou brunes, parfois vertes, les espèces du genre *Sarcophyton* se présentent sous la forme d'un tronc surmonté d'un polypier. Le corail cuir se fixe sur n'importe quel support et est moins exigeant pour la pureté de l'eau que la majorité des autres coraux, ce qui en fait un hôte de choix dans un aquarium marin, recommandé aux débutants. Une bonne qualité d'eau est tout de même nécessaire. Ce corail renferme des algues microscopiques (zooxanthelles), qui l'alimentent en utilisant l'énergie lumineuse, mais vous pouvez aussi procéder à des apports occasionnels de plancton. Pour reproduire cette espèce, vous pouvez prélever une partie du corail à l'aide d'une lame de rasoir, puis la disposer sur un roche propre.

Sinularia dura

SINULARIA DURA

Dimensions : plus de 1 m de diamètre pour certaines colonies.
Origine : mer Rouge et Indo-Pacifique.
Position dans le bac : ce corail apprécie la lumière et les emplacements bien brassés.
Alimentation : contient des zooxanthelles.
Reproduction : par prélèvement d'un lobe ou d'une partie assez grosse.
Aménagement du bac :
volume minimal : 200 l ;
densité de population : 1 exemplaire pour 50 cm^2 ; décor : roches, invertébrés, algues.
Qualité de l'eau :
température = 24 à 26 °C ;
densité = 1022 à 1028 ; pH = 7,5 à 8,5.

Sinularia dura est sans aucun doute l'un des coraux mous les plus résistants. Si le débutant doit commencer par un corail, c'est évidemment par celui-là. Très tolérant, il s'adapte assez facilement à des conditions de lumière et de brassage variées. La reproduction est moyennement aisée du fait de la forme de la colonie et la croissance est modérée pour un corail mou. Veillez à laisser à la colonie une zone de sécurité sur son pourtour, car elle craint l'agressivité d'autres coraux. Par ailleurs, *Sinularia dura* est peu urticant.

Sinularia polydactyla

CORAIL MOU DIGITÉ

Dimensions : 40 cm de diamètre.
Origine : océan Indien et Pacifique sud, mer Rouge.
Position dans le bac : sous une lumière modérée à forte ; dans un léger courant de filtration.
Reproduction : facile, par bourgeonnement (rejets à la base du pied) ou par séparation d'une partie de la colonie.
Aménagement du bac :
volume minimal : 200 l ; décor : roches.
Qualité de l'eau :
température = 23 à 28 °C ;
densité = 1021 à 1028 ; pH = 7,5 à 8,5.

Ce corail, brun plus ou moins foncé, possède un tronc massif surmonté de protubérances en forme de doigts (ou « digitées »). Facile à faire vivre en aquarium, il supporte bien les tubes fluorescents (éclairage standard). L'acclimatation sous des lampes à iodures métalliques (HQI) est délicate, car ce type d'éclairage risque de brûler les polypes, les petits animaux dont l'association forme le corail. Le corail mou digité héberge des algues microscopiques (zooxanthelles) qui, en utilisant l'énergie lumineuse, l'alimentent : un complément nutritif n'est pas indispensable. Vous pouvez le multiplier en prélevant, à l'aide d'une lame de rasoir, un de ses « doigts », que vous maintenez ensuite sur un support, avec un élastique.

Xenia spp.

XENIA

Dimensions : 10 à 15 cm.
Origine : océan Indien et Pacifique sud, jusqu'à 20 m de profondeur.
Position dans le bac : sous une lumière forte mais indirecte ; dans un léger courant de filtration.
Reproduction : facile, par bourgeonnement (rejets à la base du pied), par division du pied ou par séparation d'une partie de la colonie.
Aménagement du bac :
volume minimal : 150 l ; décor : roches.
Qualité de l'eau :
température = 23 à 26 °C ;
densité = 1021 à 1024 ; pH = 7,5 à 8,5.

Ce corail est formé d'un tronc surmonté de plusieurs branches. Sa couleur varie du vert au brun, mais peut être exceptionnellement bleue ou violette. *Xenia* se caractérise par le mouvement perpétuel de ses polypes (les petits animaux dont l'association forme le corail), dont la couronne de tentacules s'ouvre et se ferme jusqu'à 30 fois par minute. Ce battement, servant à assurer les échanges gazeux, est interrompu si le taux de nitrates dépasse 10 mg/l, ou si la colonie est placée dans un courant trop fort. Ce corail héberge des algues microscopiques (zooxanthelles), qui l'alimentent en utilisant l'énergie lumineuse ; un apport de plancton est néanmoins bénéfique. Difficile à acclimater, il est à réserver aux amateurs expérimentés.

Coraux durs

Si ces bouquets calcaires aux couleurs somptueuses vous paraissent inanimés, sachez qu'ils sont bien vivants, réclamant des soins spécifiques pour vivre et se multiplier. Les madréporaires ou scléractiniaires, plus couramment appelés « coraux durs », regroupent une infinité d'espèces très colorées aux formes variées. Ils possèdent la faculté de fixer le calcaire dissous dans l'eau pour édifier leur squelette et sont ainsi les principaux constructeurs de récifs. Constitués de polypes qui possèdent des tentacules multiples de six, ces animaux hébergent dans leurs tissus des algues microscopiques, nommées « zooxanthelles ». Celles-ci permettent aux coraux de subvenir à leurs besoins énergétiques et, comme toutes les algues, ont besoin de lumière. C'est pourquoi, en aquarium, les coraux demandent un éclairage puissant assorti d'une qualité d'eau irréprochable. La majorité des espèces apprécie aussi un fort brassage. Avec une surveillance rigoureuse associée à une bonne connaissance du mode de vie de ces animaux, vous aurez le plaisir de les voir grandir et proliférer, transformant votre aquarium en un jardin féerique.

Acropora spp.

ACROPORA

Dimensions : 1 m (diamètre et hauteur).
Origine : océan Indien et Pacifique sud, mer Rouge, mer des Caraïbes (3 espèces).
Position dans le bac : dans la partie supérieure de l'aquarium ; sous une lumière intense ; dans un fort courant de filtration.
Reproduction : facile, par bourgeonnement (rejets à la base du pied), par division du pied ou par séparation d'une partie de la colonie.
Aménagement du bac : volume minimal : 200 l ; décor : roches.
Qualité de l'eau : température = 23 à 28 °C ; densité = 1021 à 1028 ; pH = 7,5 à 8,5.

Leurs innombrables formes et couleurs valent aux coraux du genre *Acropora* leur succès auprès des aquariophiles. Toutefois, ces coraux sont parmi les plus exigeants en ce qui concerne la lumière et la qualité de l'eau. Un écumeur (filtre éliminant les particules organiques) est indispensable, ainsi qu'un contrôle régulier du pH de l'eau, qui doit obligatoirement être supérieur à 7 (basique). Si ces différentes conditions sont respectées, les espèces croissent rapidement, formant un « jardin » multicolore. Celles-ci se multiplient sans problème par bouturage : coupez une branche et collez-la sur une roche.

Blastomussa sp.

BLASTOMUSSA

Dimensions : colonies hémisphériques de 1 m de diamètre.
Origine : de la mer Rouge au centre de l'océan Pacifique.
Position dans le bac : placé sur le sable ou les roches sous un éclairage et un brassage modérés.
Alimentation : contient des zooxanthelles, mais peut capturer occasionnellement de petites proies.
Reproduction : par séparation des ramifications du squelette.
Aménagement du bac : volume minimal : 200 l ; densité de population : 1 exemplaire pour 50 cm^2 ; décor : roches, invertébrés, algues.
Qualité de l'eau : température = 24 à 26 °C ; densité = 1 022 à 1 028 ; pH = 7,5 à 8,5.

Ce somptueux corail aux couleurs innombrables est assez facile à acclimater et à maintenir. Le squelette est arborescent ; les polypes, indépendants les uns des autres, ne sont jointifs que lorsqu'ils sont bien ouverts. Veillez à laisser une zone de sécurité d'une dizaine de centimètres autour de la colonie afin d'éviter les brûlures entre coraux. La croissance de ces colonies est assez lente. Des artémias vivantes peuvent être projetées directement sur les polypes, qui les captureront.

Catalaphyllia jardinei

CATALAPHYLLIA JARDINEI

Dimensions : plus de 50 cm de diamètre.
Origine : océan Indien et Pacifique sud.
Position dans le bac : sous une lumière modérée à forte ; dans un léger courant de filtration.
Reproduction : rare, par division du pied ou par bourgeonnement (rejets à la base du pied).
Aménagement du bac :
volume minimal : 200 l ;
décor : roches et sable.
Qualité de l'eau :
température = 23 à 28 °C ;
densité = 1021 à 1028 ; pH = 7,5 à 8,5.

Lorsque ses tentacules sont entièrement déployés, ce superbe corail, dont les couleurs varient du brun au vert fluorescent, ressemble étrangement à une anémone. Facile à se procurer et à conserver en aquarium, il s'épanouit sur un support plat, voire sur du sable. Même si ce corail vit naturellement dans des eaux contenant de nombreuses particules en suspension, il est préférable de lui fournir, en aquarium, une eau de bonne qualité. Il héberge des algues microscopiques (zooxanthelles) qui, en utilisant l'énergie lumineuse, lui fournissent sa nourriture. Un apport de plancton est néanmoins conseillé. Placez *Catalaphyllia jardinei* dans une zone dégagée de l'aquarium afin que ses tentacules ne brûlent pas les autres coraux.

Caulastrea sp.

CORAIL TROMPETTE

Dimensions : colonies à ramifications massives dépassant 60 cm de diamètre.
Origine : côtes est de l'Afrique et Indo-Pacifique.
Position dans le bac : sous un éclairage modéré à intense et un brassage fort.
Alimentation : contient des zooxanthelles.
Reproduction : par séparation des ramifications du squelette.
Aménagement du bac :
volume minimal : 200 l ;
densité de population : 1 exemplaire pour 50 cm^2 ; décor : roches, invertébrés, algues.
Qualité de l'eau :
température = 24 à 26 °C ;
densité = 1 022 à 1 026 ; pH = 7,5 à 8,5.

Corail très prisé pour sa robustesse, *Caulastrea* n'en est pas moins superbe. Dans ce genre, les calices sont distincts, mais les polypes sont reliés entre eux. De mœurs plutôt nocturnes, ce corail déploie des tentacules lui permettant de compléter son régime alimentaire de quelques proies planctoniques. La croissance d'une colonie est hélas assez lente, mais la multiplication est aisée. La demande en brassage diffère d'une espèce à l'autre. Ainsi, *C. furcata* aime le courant alors que *C. curvata* affectionne les zones plus calmes.

Cynarina cf. lacrimalis

CYNARINA LACRIMALI

Dimensions : jusqu'à 30 cm polype déployé.
Origine : de la mer Rouge au Japon et aux îles Fidji.
Position dans le bac : placé sur le sable sous un éclairage modéré à fort, emplacement moyennement brassé.
Alimentation : contient des zooxanthelles.
Reproduction : inconnue en aquarium.
Aménagement du bac :
volume minimal : 100 l ;
densité de population : 1 exemplaire pour 50 cm^2 ; décor : roches, invertébrés, algues.
Qualité de l'eau :
température = 24 à 26 °C ;
densité = 1 022 à 1 028 ; pH = 7,5 à 8,5.

Corail très résistant formé d'un seul polype. La nuit, les tentacules apparaissent afin de capturer les proies. Vous pouvez d'ailleurs nourrir occasionnellement avec un petit morceau de manteau de moule ou de crevette. La variété des couleurs du polype est incroyable et fait de ce corail l'un des plus beaux. *Cynarina lacrimalis* possède un tissu transparent et constitué de nombreuses vésicules. Peu agressif, ce corail est sensible aux attaques des autres coraux. Bien que le polype s'étende sur presque 30 cm de diamètre, celui du squelette ne dépasse pas 10 cm.

Euphyllia divisa

EUPHYLLIA DIVISA

Dimensions : 40 cm de diamètre (1 m en milieu naturel).
Origine : océan Indien et Pacifique sud, entre 10 et 20 m de profondeur.
Position dans le bac : sous une lumière modérée à forte ; dans un léger courant de filtration.
Reproduction : facile, par bourgeonnement (rejets à la base du pied).
Aménagement du bac : volume minimal : 300 l ; décor : roches.
Qualité de l'eau : température = 23 à 26 °C ; densité = 1021 à 1024 ; pH = 7,5 à 8,5.

Ce robuste corail constructeur de récifs (madréporaire), qui va du vert au marron, déploie des polypes (les petits animaux dont l'association forme le corail) ramifiés et couronnés d'une calotte généralement blanche. Les tentacules des polypes se balancent dans le courant. La cohabitation avec d'autres coraux se fait sans problème, mais une zone de sécurité s'impose entre la colonie, très urticante, et les autres invertébrés fixés. *Euphyllia divisa* contient des algues microscopiques (zooxanthelles) qui le nourrissent en utilisant l'énergie lumineuse. Un léger apport de plancton est toutefois bénéfique. Ce corail s'épanouit, par ailleurs, sur un support plat.

Fungia fungites

CORAIL-CHAMPIGNON

Dimensions : 15 cm de diamètre.
Origine : océan Indien et Pacifique sud, mer Rouge.
Position dans le bac : sous une lumière modérée à forte ; dans un léger courant de filtration.
Reproduction : pontes fréquentes, mais sans résultats. Il peut y avoir production d'anthocauli, c'est-à-dire de petits individus issus du polype initial. Ces anthocauli peuvent être élevés à part.
Aménagement du bac : volume minimal : 200 l ; décor : roches.
Qualité de l'eau : température = 23 à 26 °C ; densité = 1021 à 1024 ; pH = 7,5 à 8,5.

La forme générale du corail-champignon est circulaire. Chaque individu est constitué d'un seul animal (polype). Sa couleur varie du beige au vert, et une auréole violette entoure la bouche du polype. Disposez ce corail sur un support plat, de préférence sur du sable. Veillez à acquérir un exemplaire indemne, car, malgré sa forte capacité de régénération, le corail-champignon peut facilement succomber à une attaque bactérienne, malheureusement impossible à soigner. Vous pouvez, occasionnellement, lui distribuer quelques toutes petites proies.

Galaxea fascicularis

GALAXEA FASCICULARIS

Dimensions : 30 cm de diamètre (plusieurs mètres en milieu naturel).
Origine : océan Indien et Pacifique sud, mer Rouge, entre 3 et 20 m de profondeur.
Position dans le bac : dans une zone bien dégagée ; sous une lumière intense ; dans un fort courant de filtration.
Reproduction : facile, par division du pied.
Aménagement du bac : volume minimal : 300 l ; décor : roches.
Qualité de l'eau : température = 23 à 26 °C ; densité = 1021 à 1024 ; pH = 7,5 à 8,5.

La palette de couleurs de ce superbe corail est très étendue : marron, vert, rouge, violet, blanc. La colonie peut avoir des formes aussi variées que ses couleurs : plate, hémisphérique, en colonnes… *Galaxea fascicularis* contient des algues symbiotiques (zooxanthelles) qui, en utilisant l'énergie lumineuse, lui apportent sa nourriture. La nuit, il capture également du plancton. Très résistant, il convient tout à fait à une première expérience avec les coraux durs. Prenez toutefois garde à son agressivité : il déploie ses tentacules urticants jusqu'à 30 cm autour de lui.

Goniopora sp.

GONIOPORA

Dimensions : colonies hémisphériques ou quelquefois ramifiées de 60 cm de diamètre.
Origine : de la mer Rouge jusqu'aux îles Tuamotu.
Position dans le bac : placé sur le sable ou les roches sous un éclairage puissant et un brassage modéré à fort.
Alimentation : contient des zooxanthelles.
Reproduction : par séparation des ramifications du squelette ou prélèvement des rejets au pied de la colonie.
Aménagement du bac :
volume minimal : 200 l ;
densité de population : 1 exemplaire pour 50 cm^2 ; décor : roches, invertébrés, algues.
Qualité de l'eau :
température = 24 à 26 °C ;
densité = 1 022 à 1 028 ; pH = 7,5 à 8,5.

Ce magnifique corail est à observer de préférence dans la nature plutôt que dans son aquarium. Très difficile à maintenir, il est en effet préférable de s'en priver si l'on ne dispose pas d'une solide expérience en aquariophilie récifale. Les colonies ont tendance à dépérir petit à petit en aquarium et vivent rarement plus de six mois. Cependant, les colonies ramifiées en provenance d'Indonésie sont a priori beaucoup plus faciles à maintenir.

Lobophyllia corymbosa

LOBOPHYLLIA CORYMBOSA

Dimensions : colonies hémisphériques à ramifications massives dépassant 60 cm de diamètre.
Origine : mer Rouge et Indo-Pacifique jusqu'à la Nouvelle-Calédonie.
Position dans le bac : sous un éclairage et un brassage modérés à forts.
Alimentation : contient des zooxanthelles.
Reproduction : par séparation des ramifications du squelette.
Aménagement du bac :
volume minimal : 200 l ;
densité de population : 1 exemplaire pour 50 cm^2 ; décor : roches, invertébrés, algues.
Qualité de l'eau :
température = 24 à 26 °C ;
densité = 1 022 à 1 028 ; pH = 7,5 à 8,5.

Lobophyllia corymbosa est l'une des rares espèces du genre à pouvoir se multiplier en aquarium. En effet, de nombreuses espèces ne sont pas ramifiées. Les polypes, charnus, sont indépendants les uns des autres et portés par les extrémités des branches. Ouverts, ils sont jointifs. Ce corail est assez robuste mais sensible aux attaques des algues filamenteuses et des autres coraux. Les chutes sont également traumatisantes, la colonie devra donc être collée après lui avoir trouvé sa place. Les colorations sont très variées.

Montipora sp.

MONTIPORA

Dimensions : colonies de formes variées, souvent ramifiées pouvant atteindre un mètre de diamètre.
Origine : de la mer Rouge jusqu'aux îles Tuamotu.
Position dans le bac : à placer sous un éclairage puissant et un brassage modéré à fort.
Alimentation : contient des zooxanthelles.
Reproduction : par séparation des ramifications du squelette.
Aménagement du bac :
volume minimal : 200 l ;
densité de population : 1 exemplaire pour 50 cm^2 ; décor : roches, invertébrés, algues.
Qualité de l'eau :
température = 24 à 26 °C ;
densité = 1 022 à 1 028 ; pH = 7,5 à 8,5.

De nombreuses colonies possèdent des couleurs vives (violet, orange, etc.) et doivent bénéficier d'un éclairage extrêmement puissant pour les conserver, sans quoi, elles deviennent vert pâle ou brunes. Les formes les plus courantes sont encroûtantes, foliacées ou arborescentes. Ces coraux, peu agressifs, fréquentent les lagons et les zones peu profondes. La multiplication par bouturage est très facile pour les spécimens ramifiés et foliacés. Avec un bon taux de calcium, la croissance est rapide.

Nemenzophyllia turbida

NEMENZOPHYLLIA TURBIDA

Dimensions : colonies à squelette flabelloméandroïde atteignant 30 cm de diamètre.
Origine : de l'Indonésie à la Nouvelle-Guinée.
Position dans le bac : apprécie un éclairage modéré et un brassage faible à nul.
Alimentation : contient des zooxanthelles.
Reproduction : par séparation des éventuelles ramifications du squelette.
Aménagement du bac : volume minimal : 200 l ; densité de population : 1 exemplaire pour 50 cm² ; décor : roches, invertébrés, algues.
Qualité de l'eau : température = 24 à 26 °C ; densité = 1 022 à 1 026 ; pH = 7,5 à 8,5.

Ce corail assez rare est idéal pour habiller la zone inférieure de l'aquarium et les plages de sable. Son squelette peut venir se ficher simplement dans le substrat. Les polypes présentent des boursouflures les faisant ressembler à *Plerogyra sinuosa*. En revanche, ils sont dépourvus de tentacules. Ce corail est assez facile à acclimater et à maintenir. La coloration varie du brun-gris translucide au vert fluorescent. Le courant laminaire est à éviter absolument car cela risque de décoller le polype de son squelette.

Plerogyra sinuosa

CORAIL-BULLE

Dimensions : 40 cm de diamètre (1 m en milieu naturel).
Origine : océan Indien et Pacifique sud, entre 3 et 20 m de profondeur.
Position dans le bac : sous une lumière modérée à forte ; dans un léger courant de filtration.
Reproduction : facile, par bourgeonnement (rejets à la base du pied).
Aménagement du bac : volume minimal : 200 l ; décor : roches.
Qualité de l'eau : température = 23 à 27 °C ; densité = 1021 à 1025 ; pH = 7,5 à 8,5.

Ce corail est sûrement le constructeur de récifs (madréporaire) le plus facile à faire vivre en aquarium. Il déploie la nuit des tentacules très urticants : laissez donc une zone de sécurité d'une dizaine de centimètres entre le corail-bulle et les autres invertébrés fixés. *Plerogyra sinuosa* contient des algues microscopiques (zooxanthelles), qui lui apportent sa nourriture en utilisant l'énergie lumineuse. Il peut également – surtout la nuit – capturer de petites proies (krill, artémias, moules hachées…). Il possède des vésicules sphériques caractéristiques, qui lui servent à capter un maximum de lumière, utilisée pour les algues. Si vous lui apportez un complément nutritionnel régulier, il supporte un éclairage faible.

Pocillopora verrucosa

POCILLOPORA VERRUCOSA

Dimensions : colonies arborescentes à branches épaisses pouvant dépasser 60 cm de diamètre.
Origine : mer Rouge et Indo-Pacifique.
Position dans le bac : sous un éclairage et un brassage modérés à forts.
Alimentation : contient des zooxanthelles.
Reproduction : par séparation des ramifications du squelette.
Aménagement du bac : volume minimal : 200 l ; densité de population : 1 exemplaire pour 50 cm² ; décor : roches, invertébrés, algues.
Qualité de l'eau : température = 24 à 26 °C ; densité = 1 022 à 1 028 ; pH = 7,5 à 8,5.

Pocillopora est un corail aux ramifications généralement assez massives et quelquefois foliacées. Il se distingue par ce caractère de nombreux *Acropora* et de *Seriatopora*. Selon l'éclairage et le brassage, la morphologie d'une même colonie peut fortement changer. Les colorations sont très variables allant du brun verdâtre à des roses très vifs. Les colonies très colorées demandent un éclairage intense. Ce corail est assez robuste, mais il se développe assez lentement. Les variétés les plus souvent importées sont *Pocillopora verrucosa* et *P. damicornis*.

Seriatopora hystrix

SERIATOPORA HYSTRIX

Dimensions : colonies arborescentes hémisphériques de 30 à 40 cm de diamètre.
Origine : mer Rouge et indo-pacifique.
Position dans le bac : apprécie un éclairage puissant et un brassage modéré à fort.
Alimentation : contient des zooxanthelles.
Reproduction : par séparation des ramifications du squelette.
Aménagement du bac :
volume minimal : 200 l ;
densité de population : 1 exemplaire pour 50 cm^2 ; décor : roches, invertébrés, algues.
Qualité de l'eau :
température = 24 à 26 °C ;
densité = 1 022 à 1 028 ; pH = 7,5 à 8,5.

Seriatopora hystrix est un corail dur arborescent très apprécié pour sa robustesse et sa rapidité de croissance. La coloration des colonies est généralement brune à verdâtre, mais les quelques spécimens roses sont très recherchés. Le bouturage de cette espèce est l'un des plus faciles et il est donc recommandé pour faire ses premiers pas dans la multiplication des coraux durs. La morphologie de la colonie est très variable en fonction des conditions d'éclairage et de brassage. Les polypes, parfaitement alignés, sont typiques du genre.

Trachyphyllia geoffroyi

TRACHYPHYLLIA GEOFFROYI

Dimensions : jusqu'à 50 cm de diamètre.
Origine : océan Indien et Pacifique sud.
Position dans le bac : sous une lumière intense ; dans un fort courant de filtration.
Reproduction : facile, par division du pied ou par bourgeonnement (rejets à la base du pied).
Aménagement du bac :
volume minimal : 200 l ;
décor : roches et sable.
Qualité de l'eau :
température = 23 à 26 °C ;
densité = 1021 à 1024 ; pH = 7,5 à 8,5.

De forme typique en huit, ce corail peut également adopter une forme hémisphérique. Généralement facile à faire vivre en aquarium, il se colore de superbes teintes vert métallique ou, quelquefois, d'un rouge ou d'un rose intenses. *Trachyphyllia geoffroyi* est idéal pour meubler les plages de sable de votre bac. Ne dirigez pas le courant directement sur le corail et réservez une zone de 10 cm autour de lui, pour que ses tissus puissent se gonfler sans problème. Ce corail contient des algues symbiotiques (zooxanthelles), qui l'alimentent en utilisant la lumière. Vous pouvez compléter sa nourriture par un morceau de moule ou une crevette décortiquée, une fois par semaine.

Turbinaria peltata

TURBINARIA PELTATA

Dimensions : 40 à 50 cm (plusieurs mètres en milieu naturel).
Origine : océan Indien et Pacifique sud, mer Rouge.
Position dans le bac : sous une lumière modérée à intense ; dans un fort courant de filtration.
Reproduction : par division des parties en forme de colonne.
Aménagement du bac :
volume minimal : 200 l ; décor : roches.
Qualité de l'eau :
température = 23 à 28 °C ;
densité = 1021 à 1028 ; pH = 7,5 à 8,5.

Ce corail adopte fréquemment une forme en coupelles, mais peut aussi présenter une disposition en colonnes. Sa couleur est brune ou verte, parfois jaune intense. Il tire principalement sa nourriture des algues microscopiques qu'il héberge dans ses tissus (zooxanthelles), mais vous pouvez également lui fournir du plancton. De croissance rapide, il est relativement aisé à conserver en aquarium. Il existe d'autres espèces du genre *Turbinaria* telles que *T. reniformis*, *T. mesenterina* et *T. bifrons*, un peu plus rares dans le commerce. Seules les parties en forme de colonnes peuvent être cassées et collées à un support, pour donner de nouvelles colonies.

Glossaire

A

Acclimater. Adapter un animal ou un végétal à un milieu de vie différent de celui dont il est originaire.

Acide. Un *milieu acide* a un pH inférieur à 7 (c'est-à-dire contenant des ions hydrogène dissous), ce qui est souvent dû à de la végétation en décomposition ou à une filtration sur de la tourbe. Opposé à basique.

Acide humique. Acide de l'humus, constituant du sol provenant de la décomposition et de la transformation des débris végétaux.

Adipeux. La *nageoire adipeuse* est une nageoire charnue, sans rayons de soutien, qui est située sur le dos de certains poissons (notamment chez les characidés).

Adventif. Une *racine adventive* apparaît directement sur la tige d'une plante.

Aérobie. Un *organisme aérobie* a besoin d'oxygène pour vivre.

Alcalin. Voir basique.

Alevin. Jeune poisson ne présentant pas encore les caractéristiques de l'adulte, mais capable de nager et de se nourrir.

Algicide. Une *substance algicide* a la propriété de détruire les algues.

Alterne. Les *feuilles alternes* sont situées à des niveaux différents sur la tige.

Ammoniac. Gaz très soluble, composé d'azote et d'hydrogène (NH_3) ; principal constituant des produits d'excrétion des poissons. Très toxique pour beaucoup d'entre eux.

Amphibie. Un *végétal* ou un *animal amphibie* peut vivre dans le milieu aquatique et dans le milieu terrestre.

Anaérobie. Un *organisme anaérobie* peut se développer en l'absence d'oxygène.

Anal. La *nageoire anale* est la nageoire unique située en arrière de l'anus, sous le corps du poisson.

Antifongique. Une *substance antifongique* prévient ou soigne les maladies dues à des champignons (mycoses).

Artémia. Petit crustacé primitif d'environ 1 cm et peuplant les marais salants (eaux saumâtres) du monde entier. Il constitue une proie vivante appréciée de nombreux poissons d'aquarium. Les larves, appelées « nauplies », mesurent environ 3 mm.

Asexué. La *reproduction asexuée* est un mode de reproduction qui ne fait intervenir ni les organes sexuels, ni les cellules reproductrices ou gamètes (ovules, spermatozoïdes). Dans le cas des végétaux, la reproduction asexuée porte aussi le nom de multiplication végétative.

Autofertile. Qui se féconde lui-même. Une fleur autofertile est fécondée par son propre pollen ou encore par celui d'une fleur portée sur la même plante.

B

Banc. Groupe de poissons, généralement de la même espèce, nageant ensemble.

Barbillon. Appendice filiforme entourant la bouche de certains poissons, utile pour localiser les aliments. Le nombre, la longueur et la disposition des barbillons servent à caractériser les espèces.

Basique. Un *milieu basique* a un pH supérieur à 7, en raison de la présence de sels dissous, généralement de calcium et de magnésium. Opposé à acide.

Biotope. Milieu où les conditions écologiques sont considérées comme homogènes. Le biotope d'un organisme est le milieu, caractérisé par des paramètres (températures, flore...) bien définis, auquel il est plus spécialement adapté.

Bouche inférieure. Bouche située vers le bas ; orientation de la bouche des poissons se nourrissant sur le fond.

Bouche supérieure. Bouche située vers le haut ; orientation de la bouche des poissons se nourrissant en surface.

Bouche terminale. Bouche située à l'extrémité de la tête ; orientation de la bouche des poissons se nourrissant en pleine eau.

Bouturage. Multiplication végétative réalisée à partir d'une bouture.

Bouture. Fragment d'une tige, d'une racine, d'un rhizome qui, mis en terre ou dans l'eau, redonne une nouvelle plante.

Branchie. Organe respiratoire des poissons et d'autres animaux aquatiques qui permet, grâce à une forte vascularisation, les échanges gazeux avec l'eau environnante.

Bulbe. Ensemble des feuilles charnues (gorgées de réserves) serrées les unes contre les autres. L'oignon est un bulbe.

C

Caïeu. Bulbe accessoire formé, chez certaines plantes, sur le côté d'un bulbe. Un seul bulbe peut former plusieurs caïeux, avec lesquels on peut obtenir autant de nouveaux pieds.

Calcaire. Se dit de l'eau, d'une roche, d'un sédiment, contenant du carbonate de calcium ($CaCO_3$).

Carnivore. Une *espèce carnivore* se nourrit plus ou moins régulièrement de chair.

Caudal. La *nageoire caudale* est située à l'extrémité postérieure du corps du poisson. Elle est aussi appelée « queue ».

Charbon actif. Matériau filtrant servant à absorber les produits de déchets dans l'eau.

Colorimétrie. Méthode de dosage du pH, de la dureté ou de la concentration de certaines substances dans un liquide, à l'aide d'indicateurs colorés.

Cosmopolite. Une *espèce cosmopolite* est répandue dans le monde entier.

Crustacé. Animal formé de segments portant des appendices et souvent recouvert d'une carapace dure.

Cultivar. Variété de plante issue d'une sélection par l'homme et non naturelle.

D

Daphnie. Minuscule crustacé faisant partie du plancton d'eau douce, utilisé pour alimenter les poissons d'aquariums d'eau douce.

Densité. Rapport entre la masse d'un certain volume d'eau chargée en sels minéraux dissous et celle du même volume d'eau pure.

Détritivore. Une *espèce détritivore* se nourrit de débris animaux et végétaux.

Dimorphisme sexuel. Différence de forme entre le mâle et la femelle de la même espèce.

Dorsal. La *nageoire dorsale* se trouve sur le dos du poisson. Généralement unique ; certaines espèces en possèdent deux.

Drageon. Rejet qui apparaît sur la racine d'une plante.

Dureté. Terme désignant la concentration de certains minéraux dissous dans l'eau douce (en opposition à l'eau salée). Une eau « dure » contient beaucoup de minéraux dissous ; une eau « douce » en contient peu.

E

Écaille. Petite plaque osseuse et fine. Les écailles se recouvrent partiellement comme les tuiles d'un toit, chez les poissons téléostéens (poissons dont le squelette est ossifié). Chez les sélaciens (poissons cartilagineux), ce sont des sortes de denticules cutanés appelés « écailles placoïdes ».

Écosystème. L'ensemble des animaux et du milieu dans lequel ils vivent.

Endémique. Une *espèce endémique* est spécifique à une région et on ne la trouve nulle part ailleurs.

Érectile. Un *organe érectile* peut se dresser en réaction à certaines stimulations.

Espèce. Unité de la classification systématique des êtres vivants appartenant à un genre et dont les membres, qui partagent les mêmes caractéristiques, peuvent se reproduire entre eux, engendrant des individus féconds.

Espèce annuelle. Espèce dont le cycle vital (naissance, croissance, reproduction, mort) s'effectue en un an. Les poissons annuels vivent souvent dans des milieux qui se dessèchent de façon saisonnière.

Espèce semi-annuelle. Espèce à cycle non obligatoire, pouvant vivre éventuellement plusieurs années dans la nature.

Étêtement. Action qui consiste à supprimer le sommet d'un végétal.

F

Famille. Unité de la classification systématique des êtres vivants dans laquelle sont regroupés des genres présentant des caractères communs.

Frai. Ensemble des activités de ponte chez les poissons.

Fronde. Nom donné aux « feuilles » des fougères. Les frondes portent les fructifications des fougères : les sporanges.

G

Genre. Unité de la classification systématique des êtres vivants au sein de laquelle on regroupe des espèces ayant des caractéristiques communes.

Gonade. Glande sexuelle : ovaire (chez la femelle), testicule (chez le mâle) ou glande hermaphrodite (ovotestis).

Gonopode. Organe copulateur issu d'une modification de la nageoire anale chez certains poissons pratiquant la fécondation interne.

Gravide. Une *femelle gravide* porte des œufs ou des embryons.

Grégaire. Un *animal grégaire* vit en groupe ou en communauté, mais sans structure sociale.

H

Habitat. Environnement physique d'une espèce particulière.

Hampe. Tige portant les fleurs. Cet organe part directement du collet de la racine et ne porte pas de feuilles.

Hermaphrodite. Un *animal hermaphrodite* possède les deux sexes fonctionnels, soit simultanément (par exemple, certains mollusques), soit successivement (par exemple, certains poissons dont les mâles se transforment en femelles ou les femelles en mâles).

Hybride. Un *être vivant hybride* est issu du croisement entre deux espèces différentes. Un *animal hybride* peut être issu du croisement entre des lignées sélectionnées et plus ou moins consanguines à l'intérieur d'une même espèce. Une *plante hybride* peut être issue du croisement entre des parents nettement différents, appartenant à la même espèce ou à des espèces voisines.

I

Incubation. Laps de temps s'écoulant entre la ponte et l'éclosion des œufs.

Incubation buccale. Conservation des œufs ou des alevins dans la bouche d'un parent (parfois des deux). Cette incubation permet une protection efficace de la progéniture.

Indicateur. Substance chimique prenant une couleur caractéristique en présence d'une certaine dose d'une autre substance, chimique ou organique, et utilisée pour les dosages.

Inflorescence. Manière dont sont regroupées les fleurs d'une même plante.

Infusoire. Organisme microscopique se développant dans l'eau. Les infusoires peuvent servir à l'alimentation des alevins. Le terme, qui fait référence à l'idée ancienne selon laquelle ces organismes apparaissaient dans les infusions végétales, est remplacé par celui de « protozoaires », mais il est encore utilisé en aquariophilie.

Invertébré. Animal dépourvu de colonne vertébrale et de squelette osseux interne.

L

Labyrinthe. Organe respiratoire annexe chez certains poissons (labyrinthoïdes) permettant d'utiliser l'oxygène de l'air.

Laitance. Sperme des poissons.

Lancéolé. Une *feuille lancéolée* est une feuille dont le limbe a l'aspect d'une lance.

Larve. Stade de la vie d'un animal, se situant après l'éclosion de l'œuf et différant fortement des stades suivants par la forme, le régime alimentaire ou le milieu de vie. Très jeune poisson, au premier stade de sa vie, juste après éclosion, avant la nage libre et la première prise de nourriture.

Ligne latérale. Organe sensoriel situé le long des flancs et caractéristique des poissons, leur permettant de percevoir les vibrations de l'eau, donc de s'orienter (même dans l'obscurité) et de détecter les proies et les prédateurs.

Lignée. Ensemble d'individus descendant les uns des autres et se transmettant des caractéristiques particulières, comme la coloration.

M

Madrépore. Animal marin du groupe des coraux doté d'un squelette externe. Les madrépores jouent un grand rôle dans l'édification des récifs coralliens.

Mangrove. Forêt littorale tropicale caractérisée par la présence de palétuviers, arbres dont les racines, en forme d'échasses, s'enfoncent dans la vase des estuaires et des lagunes saumâtres.

Marcottage. Mode de multiplication des végétaux consistant à provoquer le développement de racines sur de jeunes tiges, puis à séparer ces dernières du pied d'origine afin d'en obtenir une nouvelle plante.

Morphologie. Aspect général d'un animal ou d'une plante. Étude scientifique des liens entre la forme d'un animal ou d'une plante et son milieu de vie.

Mucus. Fluide gluant produit par les animaux pour lubrifier ou protéger les surfaces délicates de l'organisme. Chez les poissons, les écailles sont recouvertes de mucus, ce qui facilite les mouvements dans l'eau et limite la pénétration de micro-organismes susceptibles de causer des maladies.

N

Nauplie. Larve planctonique caractéristique des crustacés. Les nauplies d'artémias sont une nourriture idéale pour les alevins.

Nitrate. Composé constituant l'ultime étape de la dégradation des substances azotées par des bactéries dans la filtration biologique. Les nitrates sont assimilés par les plantes, peu dangereux pour les poissons, mais toxiques pour les invertébrés. Formule chimique : NO_3^-.

Nitrite. Composé intermédiaire entre l'ammoniac et les nitrates, apparaissant lors de la dégradation des substances azotées par des bactéries dans la filtration biologique. Les nitrites sont toxiques pour la majorité des animaux. Formule chimique : NO_2^-.

Nœud. Partie de la tige d'une plante où apparaissent la ou les feuilles.

O

Ocelle. Tache colorée cerclée d'une zone de couleur différente, habituellement très tranchée, visible sur le corps ou les nageoires des poissons.

Oligo-élément. Élément chimique dont la présence en très petite quantité est nécessaire à la croissance et à la vie des animaux et des végétaux (fer, strontium, zinc...).

Omnivore. Une *espèce omnivore* consomme une grande variété d'aliments.

Opercule. Plaque osseuse recouvrant les branchies et dont les battements permettent la circulation de l'eau dans la cavité branchiale.

Opposé. Des *feuilles opposées* sont insérées deux par deux, l'une en face de l'autre, de chaque côté de la tige.

Ovipare. Une *espèce ovipare* est une espèce où la femelle pond des œufs.

Ovovivipare. Une *espèce ovovivipare* est une espèce où la femelle incube les œufs dans ses voies génitales et donne naissance à des alevins capables de nager. Pendant son développement, l'alevin se nourrit exclusivement des réserves contenues dans l'œuf.

P

Paludéen. Une *plante paludéenne* vit dans un milieu marécageux.

Palustre. Un *milieu palustre* est un milieu marécageux.

Parasite. Animal ou plante se nourrissant aux dépens d'un autre organisme vivant, sans le tuer obligatoirement.

Pathogène. Un *organisme pathogène* est susceptible de causer une maladie.

Pectoral. Les *nageoires pectorales* sont des nageoires paires situées à l'avant du corps des poissons, de chaque côté, juste derrière les branchies.

Pédoncule caudal. Rétrécissement du corps des poissons juste avant la nageoire caudale.

Pelvien. Les *nageoires pelviennes,* paires, sont situées sous le ventre des poissons. Elles peuvent être positionnées au niveau de la gorge (position jugulaire), des nageoires pectorales (position thoracique) ou de l'abdomen (position abdominale).

Penné. Les *feuilles pennées* sont composées de folioles disposées de part et d'autre d'un axe médian, à la manière des barbes d'une plume.

Pétiole. Organe végétatif qui relie le limbe de la feuille à la tige.

pH. Mesure exprimant le degré d'acidité ou de basicité d'une solution aqueuse (dont le solvant est l'eau). Si le pH est inférieur à 7, la solution est acide ; s'il est supérieur à 7, la solution est basique ; s'il est égal à 7, la solution est neutre.

Photosynthèse. Procédé par lequel les plantes assimilent leur nourriture sous l'action de la lumière, consommant du gaz carbonique et libérant de l'oxygène.

Phytophage. Une *espèce phytophage* se nourrit de végétaux.

Phytoplancton. Ensemble des organismes aquatiques chlorophylliens du plancton. La plupart des organismes du phytoplancton sont microscopiques.

Plancton. Ensemble des animaux et des végétaux flottant passivement dans les milieux aquatiques.

Planctophage. Une *espèce planctophage* se nourrit de plancton.

Plantule. Premier stade d'une plante.

Protozoaire. Voir infusoire.

Q-R

Quarantaine. Action d'isoler dans un bac séparé tout nouveau venu avant de l'introduire dans l'aquarium collectif afin d'éliminer les risques de contagion en cas de maladie.

Radicelle. Petite racine secondaire apparaissant sur la racine principale.

Rayon. Arête qui rigidifie les tissus des nageoires des poissons.

Repos végétatif. Période durant laquelle les plantes ne présentent aucun signe de croissance.

Rhizome. Tige horizontale d'une plante, habituellement souterraine, souvent gonflée de réserves, capable de produire de nouvelles plantes à partir de ses bourgeons.

Rosette. Une *plante en rosette* possède des feuilles disposées en cercle au collet de la racine. Elle ne possède pas de tige.

Rubané. Une *feuille rubanée* possède un limbe qui a l'aspect d'un ruban.

S

Sac vitellin. Reste du vitellus (substance de réserve) de l'œuf dont l'alevin se nourrit juste après l'éclosion. Lorsque le sac vitellin (ou vésicule vitelline) est entièrement résorbé, l'alevin commence à rechercher sa nourriture dans le milieu extérieur.

Salinité. Quantité relative de sels minéraux dans l'eau.

Saumâtre. Un *milieu saumâtre* contient une certaine proportion d'eau de mer (lagune, estuaire…).

Scalpel. Épine érectile située sur le pédoncule caudal de certains poissons de mer.

Sel minéral. Substance chimique dont la présence en petite quantité est indispensable à la croissance et à la vie des animaux et des végétaux (calcium, magnésium, phosphore, potassium, sodium).

Spore. Organe reproducteur des espèces végétales. Chez les végétaux inférieurs (mousses, fougères…), la spore donne naissance à une nouvelle plantule qui portera les organes reproducteurs. Chez les végétaux supérieurs (plantes à fleurs), une spore mâle et une spore femelle s'unissent pour donner naissance à un nouvel individu.

Stolon. Rejet rampant issu d'une plante sur lequel apparaissent des racines.

Substrat. Désigne le matériau utilisé pour garnir le fond de l'aquarium. Désigne également le lieu de ponte des poissons qui déposent leurs œufs.

Symbiose. Association biologique entre deux organismes d'espèces différentes, ne pouvant vivre l'un sans l'autre, chacun d'eux tirant un bénéfice de cette association.

Systématique. Science de la classification hiérarchisée des êtres vivants.

T

Taxinomie. Science s'occupant de répartir les êtres vivants dans différentes unités de classification (espèce, genre, famille…) et de les nommer ; science étroitement liée à la systématique.

Territoire. Zone occupée par un animal qui en interdit l'accès aux autres. Certains poissons ne sont territoriaux qu'au moment de la reproduction.

Tourbe. Substance incomplètement décomposée, provenant de débris végétaux et racines des plantes vivant dans les zones marécageuses (surtout des mousses).

Tubercule. Renflement dans une tige ou une racine servant au stockage de réserves nutritives.

V

Variété. Groupe au sein d'une espèce végétale ou animale dont les représentants diffèrent des autres par la coloration, la morphologie…

Vertébré. Animal possédant une colonne vertébrale : poissons, amphibiens, reptiles, oiseaux, mammifères.

Verticillé. Les *feuilles verticillées* sont disposées en cercle autour de la tige.

Vésicule vitelline. Voir sac vitellin.

Vessie natatoire. Sac interne rempli de gaz permettant aux poissons de se tenir entre deux eaux.

Vitamine. Substance chimique indispensable pour la bonne santé d'un organisme, mais sans valeur énergétique.

Vivipare. Une *espèce vivipare* est une espèce où les femelles donne naissance à des alevins capables de nager. Lors de la gestation, l'embryon est nourri et reçoit de l'oxygène grâce à des échanges avec sa mère à travers des connections comparables au placenta des mammifères. On appelle parfois abusivement vivipares les ovovivipares.

Z

Zooplancton. Ensemble des animaux du plancton, allant d'une taille microscopique à plusieurs mètres (certaines méduses).

Zooxanthelle. Algue symbiotique vivant dans les tissus des madrépores (coraux bâtisseurs de récifs) et de certains mollusques marins.

Aquariums publics

FRANCE

→ *Amnéville*
Imperator aquarium
Centre touristique et thermal
57360 Amnéville
Tél. : 03 87 70 36 61
Fax : 03 87 72 02 22
Site : imperator-aqua@wanadoo.fr
L'Imperator aquarium vous fait découvrir la faune tropicale d'eau douce et d'eau de mer, ainsi que la faune méditerranéenne, dans ses aspects physiques et biologiques.

→ *Arcachon*
Aquarium de la station biologique
2, rue du Professeur-Jolyet
33120 Arcachon
Tél. : 05 56 83 33 32
Une trentaine d'aquariums sont consacrés à la faune régionale du bassin d'Arcachon. Une section de l'aquarium est réservée aux poissons tropicaux. Vous pouvez, par ailleurs, découvrir les différentes étapes de l'ostréiculture.

Aquarium tropical d'Arcachon
Maison des jeunes
8, allée José-Maria-de-Heredia
33120 Arcachon
L'aquarium tropical d'Arcachon présente la faune et la flore tropicales des eaux de mer et des eaux saumâtres (deltas, estuaires...).

→ *Banyuls-sur-Mer*
Aquarium du laboratoire Arago
Avenue du Fontaulé
66650 Banyuls-sur-Mer
Tél. : 04 68 88 73 39
Fax : 04 68 88 16 99
Site : http://www.obs-banyuls.fr
L'aquarium du laboratoire Arago est le plus ancien aquarium public de Méditerranée, créé en 1885 par l'université de Paris. Il présente la faune et la flore marines régionales dans 40 bacs de 400 à 7 000 litres. Vous pourrez observer une centaine d'espèces de poissons et plus de 200 espèces d'invertébrés.

→ *Biarritz*
Musée de la Mer
Esplanade des anciens combattants
64200 Biarritz
Tél. : 05 59 24 02 59
Fax : 05 59 24 41 98
Inauguré en 1935, le musée de la Mer de Biarritz a été construit sur le site prestigieux du rocher de la Vierge. Le musée est organisé selon deux axes : la vie marine, d'une part, et l'homme et la mer, d'autre part. Vous pouvez notamment y voir 150 espèces de poissons du golfe de Gascogne et observer des phoques évoluer dans leur bassin.

→ *Boulogne-sur-mer*
Nausicaa - Centre national de la Mer
Boulevard Sainte-Beuve
62200 Boulogne-sur-mer
Tél. : 03 21 30 99 99
Fax : 03 21 30 93 94
Site : www.nausicaa.fr
Nausicaa est un centre de culture scientifique consacré au monde marin et à sa bonne gestion par l'homme. Les aquariums sont associés à d'autres supports muséographiques (diaporamas, vidéo, maquettes). Environ 4000 animaux provenant de toutes les mers du monde sont présentés dans une trentaine d'aquariums.

→ *Brest*
Océanopolis
Port de plaisance du Moulin Blanc
29200 Brest
Tél. : 02 98 34 40 60
Fax : 02 98 34 40 69
Site : http://www.oceanopolis.com
Trois grands thèmes sont développés dans une perspective pédagogique : la navigation et la sécurité en mer, la recherche océanographique et industrielle et enfin la flore et la faune marines des côtes bretonnes. Le volume total des bassins est de 500 000 litres.

→ *La Rochelle*
Aquarium de La Rochelle
Port des Minimes - BP 4
17002 La Rochelle
Tél. : 05 46 34 00 00
Fax : 05 46 45 35 71
L'aquarium de la Rochelle dispose de 27 aquariums dans lesquels évolue la faune marine de l'Atlantique, de la Méditerranée et des mers tropicales, dans 550 000 litres d'eau de mer. Une grande variété d'invertébrés y est également présentée (anémones, coraux, ascidies...). Un bassin de 250 000 litres d'eau permet, par ailleurs, d'observer une quinzaine de requins. Un bassin, situé dans une serre qui présente la luxuriante végétation tropicale, accueille des piranhas.

→ *Le Croisic*
Océarium du Croisic
Avenue de Saint-Goustan BP 44
44490 Le Croisic
Tél. : 02 40 23 02 44
Fax : 02 40 23 22 93
Site : www.océarium-croisic.fr
Dans un espace entièrement dédié aux milieux marins, l'océarium vous invite à contempler plus de 1000 spécimens de 150 espèces différentes, évoluant dans 40 aquariums. Vous pouvez en outre découvrir les premiers stades de la vie des animaux marins (œufs de seiche, juvéniles de homard, de raie...) ou toucher des étoiles de mer dans un bassin de contact.

→ *Monaco*
Musée océanographique de Monaco
Avenue Saint-Martin
98000 Monaco
Tél. : 00 377 93 15 36 00
Fax : 00 377 93 50 52 97
Site : http://www.oceano.org
L'aquarium a été inauguré en 1910 sur le site exceptionnel du rocher de Monaco. Au total, 6 000 poissons évoluent dans cet aquarium. Vous pouvez y découvrir 70 espèces de coraux qui reconstituent un récif corallien vivant. De surcroît, un micro-aquarium vous donne l'occasion d'observer la faune microscopique qui peuple les aquariums : planctons, œufs de poissons ou de crustacés. Si vous cherchez à vous documenter, l'aquarium est doté d'une des meilleures bibliothèques océanographiques du monde.

→ *Nancy*
Muséum Aquarium de Nancy
zoologique de Nancy
34, rue Sainte-Catherine
54000 Nancy
Tél. : 03 83 32 99 97
Fax : 05 53 33 75 00
Site : http://www.uhp.u-nancy.fr/MAN/
L'aquarium tropical du musée zoologique de Nancy est un établissement à but éducatif et scientifique. Il regroupe plus de 300 espèces de la faune des récifs coralliens et des eaux douces tropicales qui vous sont présentées dans 70 bassins, totalisant près de 50 000 litres d'eau douce et d'eau de mer.

→ *Ottrott*
Les Naïades
30, route de Klingenthal
67530 Ottrott
Tél. : 03 88 95 90 32
Fax : 03 88 95 99 65
La faune et la flore aquatiques sont présentées à travers une reproduction fidèle des milieux naturels. Une grotte met en scène les animaux et les végétaux des eaux souterraines. Vous pouvez également observer les espèces présentes dans les eaux rapides des torrents, les eaux calmes des fleuves, les eaux stagnantes des lacs, les eaux saumâtres des estuaires et, enfin, dans les eaux salées des mers et océans. L'aquarium rassemble environ 3 000 poissons exotiques dans 300 000 litres d'eau.

→ *Paris*
Aquarium de la Porte Dorée
293, avenue Daumesnil
75012 Paris
Tél. : 01 44 74 85 22
Fax : 01 43 43 27 53
L'aquarium du musée national des Arts d'Afrique et d'Océanie présente la faune aquatique tropicale, dans 300 000 litres d'eau dont 50 000 litres d'eau de mer. Les thèmes abordés dans un objectif pédagogique sont : évolution, biogéographie, physiologie... Vous pouvez en particulier découvrir une collection de poissons primitifs d'Afrique et d'Amérique.

→ *Saint-Malo*
Le Grand Aquarium
La Ville Jouan
35400 Saint-Malo
Tél. : 02 99 21 19 00
Situé au pied des remparts, le Grand Aquarium de Saint-Malo possède un échantillon de la faune des mers froides, des mers chaudes et de Méditerranée. Vous pouvez observer les espèces grâce à un anneau panoramique de 600 000 litres d'eau.

→ *Trouville-sur-Mer*
Aquarium écologique
de Trouville-sur-Mer
17, rue de Paris
14360 Trouville-sur-mer
Tél. : 02 31 88 46 04
Fax : 02 31 81 20 70
L'aquarium écologique de Trouville-sur-Mer est composé de 75 bassins totalisant 95 000 litres d'eau. Il présente une reconstitution des milieux tels que les plages de Normandie, les fonds rocheux de la Manche et de l'Atlantique, les coraux du Pacifique. Vous pourrez y voir des poissons de mer coralliens et des poissons d'eau douce tropicaux.

→ *Villeherviers*
Aliotis, l'aquarium de Sologne
Le moulin des Tourneux
41200 Villeherviers
Tél. : 02 54 95 26 26
Fax : 02 54 95 26 20
L'aquarium d'Aliotis compte 4 millions de litres d'eau dans plus de 115 bassins. Il accueille 10 000 animaux aquatiques de 400 espèces différentes. Il présente une collection unique de méduses. Il est possible d'assister au repas des 1 200 piranhas. Vous pourrez également vous mesurer à la réplique grandeur nature d'une baleine de 28 m.

DOM TOM

→ *Guadeloupe*
Aquarium de la Guadeloupe
2, place Créole – Marina Bas du Fort
97190 Le Gosier
Tél. : 05 90 90 92 38
Fax : 05 90 90 79 29

→ *Martinique*
Aquarium de la Martinique
Boulevard de la Marne
97200 Fort-de-France
Tél. : 05 96 71 33 96
Fax : 05 96 71 33 96

BELGIQUE

→ *Liège*
Aquarium M. Dubuisson
Musée zoologique de l'université de Liège
Quai Van Beneden 22
4020 Liège
Tél. : (04) 366 50 21
Fax : (04) 366 50 93
E-mail : aquarium@ulg.ac.be
Site : www.ulg.ac.bc/aquarium

→ *Anvers*
Zoo d'Anvers
Kon.Astridplein 26
2018 Anvers
Tél. : 32 (0) 3 202 45 40
Fax : 32 (0) 3 231 00 18
Site : www.zooantwerpen.be/nl/zoo

SUISSE

→ *Bâle*
Vivarium du jardin zoologique de Bâle
Binningerstrasse 40
4011 Bâle
Tél. : 00 41 61 295 35 35
Fax : 00 41 61 281 00 05
Site : www.zoobasel.ch

→ *Genève*
Aquarium Terrarium Club
Genève-Vernier
15, avenue de Pailly
Case postale 9
CH-1219 Châtelaine
Tél. : 022/782 00 83

CANADA / QUÉBEC

→ *Montréal*
Le biodôme de Montréal
4777, Pierre de Coubertin
Montréal H1V 1b3
Tél. : (514) 868 30 00
Fax : (514) 868-3065
E-mail : biodome@ville.montreal.qc.ca
Site :
www.ville.montreal.qc.ca/biodome.htm

→ *Québec*
Aquarium du Québec
1675, avenue des Hôtels Sainte-Foy
G1W4S3 Québec
Tél. : (418) 659 52 66
Fax : (418) 646 92 38
Site : www.aquarium.qc.ca

Adresses utiles

ASSOCIATIONS ET FÉDÉRATIONS NATIONALES

AFC (Association France-Cichlid)
5, rue Clemenceau
67800 Hoenheim
Président : Antoine Seva
Tél. : 03 87 82 31 92
Site : www.francecichlid.com
Revue : Revue française des cichlidophiles

AFV (Association France Vivipares)
42, rue d'Auvergne
41000 Blois
Contact : Jean-Claude Sanglebœuf
Tél. : 02 54 78 98 03
Site : http://France.vivipare.free.fr
Revue : Le Vivipare

CIL France (Comité International pour les Labyrinthidés)
35, rue André Malraux
41000 Blois
Contact : Michel Dantec
Tél. : 02 54 43 28 63
Site : http://cil.france.free.fr
Revue : Le Macropode

FAF (Fédération Aquariophile de France)
136 A, boulevard de Dijon
10800 Saint-Julien-les-Villas
Secrétaire général : Jean-Jacques Lorrin
Tél. : 03 25 75 37 87
Fax : 03 25 75 37 87
E-mail : fedeaqua@club-internet.fr.
Revue : Livrets techniques de la F.A.F.

FFAAT (Fédération française des associations aquariophiles et terrariophiles)
Muséum Aquarium de Nancy
34, rue Sainte Catherine
54000 Nancy
Tél. : 03 83 36 62 03
Site : http://www.uhp.u-nancy.fr/MAN/

IBSC (International Betta Splendens Club)
Contact : Marc Maurin
Tél. : 04 91 09 77 07
E-mail : marcmaurin@free.fr

Killi Club de France
9, rue Lucien-Oriol
77570 Château-Landon
E-mail : subq@aol.com
Revue : Killi revue

PRESSE AQUARIOPHILE

Aqua plaisir
Bd de Bigorre
Tél. : 05 45 25 11 11
Fax : 05 45 25 11 22
E-mail: aquamedia@aqua-loisir.com
Site : www.aquaplaisir.com

AGENCE PHOTOGRAPHIQUE DE PRESSE

Aqua Press
24140 St Julien de Crempse
Tél. : 05 53 24 23 22
E-mail : info@aquapress.com
Site : www.aquapress.com

Index

N

O

P

Q-R

REMERCIEMENTS

Pour leur aide à la réalisation d'une partie des photos de l'ouvrage : Gireg Allain, Marc Boyer, Michel Dantec, Marc Maurin, Jean-Claude Nourissat, Jean-Claude Sanglebœuf, Patrick Sourdoulaud, Philippe Toulumas...

Importateurs, fournisseurs de poissons et de plantes, fabricants de matériels : Amblard Ov. Tr.®, Aquamadern®, Aquarium Systems®, Aquascience®, Eheim®, Exomarc®, Grébil®, Guinéa®, Hagen®, Pisciculture d'Estalens®, Planète des animaux®, Rena®, Strub®, Tetra®, Tropica®, Vitakraft®, Zolux®.

Magasins aquariophiles : Aquafloral (Schiltigheim), Equinoxe (Paris), Animalerie Le Lann (Gradignan), Scandia (Cannes).

Aquariums publics : Aquarium de la porte Dorée (Paris), Aquarium de Nancy, Aquarium de Vannes, Océanopolis (Brest), Seaquarium (Le Grau du Roi).

Photogravure Nord-Compo, Villeneuve d'Ascq
Imprimerie Mame, Tours
Dépôt légal : octobre 2003 - Imprimé en France (Printed in France) - 560310-01
10099846 (I) octobre 2003

Bildnachweis

Allmende Stetten: Seite 51, 52 | **Adobe Stock:** Jag_cz: Umschlag, Seite 1, 2, 3, 11, 63, 94, 115, kubais: Seite 13, Umschlag, Manuel Schönfeld: Seite 16, 53, Givaga: Seite 20, patron74: Seite 22, Eberhard: Seite 24, 26, JensHN: Seite 26, lsg 919: Seite 27, msl33: Seite 28, Zerbor: Seite 30, OceanProd: Seite 83, 5ph: Seite 84, 95, 122, New Africa: Seite 90, FreeProd: Seite 91, Karin & Uwe Annas: Seite 93, Gina Sanders: Seite 94, Dreadlock: Seite 96, karepa: Seite 97, Ilshat: Seite 101, hjschneider: Seite 103, contrastwerkstatt: Seite 117, uckyo: Seite 119, Thor Jorgen Udvang: Seite 121, peterschreiber.media: Seite 122, kustvideo: Seite 127, Marion Photographies: Seite 131, Karin Jähne: Seite 131, KW-Photography: Seite 131, Sergey Fedoskin: Seite 131, marcelheinzmann: Seite 132, 133, eAlisa: Seite 134, Markus Rentzow: Seite 139, Andrii Zastrozhnov: Seite 144, stone36: Seite 145, Africa Studio: Seite 150 | 185pz: Umschlag **Deutsches Wein Institut (DWI):** Seite 4, 5, 10, 15, 17, 18, 21, 23, 24, 25, 29, 31, 32, 33, 34, 36, 37, 39, 43, 44, 45, 47, 55, 56, 60, 61, 65, 66, 67, 68, 69, 78, 79, 80, 81, 82, 85, 86, 87, 88, 91, 92, 99, 104, 105, 106, 107, 109, 112,113, 118, 120, 129, 130, 131, 135, 136, 138, 146, 148, 153, 154, 156, 157 |
Durbacher Winzergenossenschaft eG: Seite 49, 50 | **Armin Faber:** Umschlag Rückseite |
Fellbacher Weingärtner eG: Seite 48 | **Fotolia:** Umschlag Klappe, Seite 7, 9, 11, 30, 35, 94, 98, 102, 107, 108, 118, 123, 124, 125, 128, 129, 130, 131, 141, 142, 143, 145, 150, 152, 155, 158, 159 | **Johannes Guggenberger:** Seite 70,,71, 72, 73, 74, 75, 76, 77, 110, 111 | **Klaus Hennig-Damasko:** Umschlag Klappe, Seite 9 | **istock/gilaxia:** Seite 126 | **Junges Schwaben:** Seite 40 | **Alexander Linke:** Seite 7, 151, 154 | **Renchtal Tourismus GmbH:** Seite 58 | **Stölzle Lausitz:** Seite 149 | **Wager Archiv:** Seite 66, 83

Impressum

Bibliografische Information der Deutschen Nationalbibliothek.
Die Deutsche Nationalbibliothek verzeichnet diese Publikation in der Deutschen Nationalbibliografie; detaillierte bibliografische Daten sind im Internet über http://www.dnb.de abrufbar.

Redaktion: Wulf Wager, Dirk Zimmermann
Texte: Natalie Lumpp
Lektorat: Andrea Hahn | Text & Presse
Produktion & Gestaltung:
WAGER Kommunikation GmbH, Altenriet
Druck und Bindung: Appl, aprinta druck, Wemding

www.belser.de

FSC www.fsc.org MIX Papier aus verantwortungsvollen Quellen FSC® C004592

ISBN: 978-3-7630-2854-2

»Wein ist Poesie
in Flaschen.«
Robert Louis Stevenson